A MISÉRIA DA TEORIA
E OUTROS ENSAIOS

Dados Internacionais de Catalogação na Publicação (CIP)
(Câmara Brasileira do Livro, SP, Brasil)

Thompson, E. P., 1924-1993
  A miséria da teoria e outros ensaios / E. P. Thompson ; tradução Adail Sobral. – 1. ed. – Petrópolis, RJ : Vozes, 2021.

  Título original: The poverty of theory : or an orrery of errors

  1ª reimpressão, 2022.

  ISBN 978-65-5713-122-0

  1. Escritos – Coletâneas 2. Estruturalismo 3. Filosofia 4. Marxismo 5. Materialismo histórico 6. Socialismo I. Título.

21-63386   CDD-824

Índices para catálogo sistemático:
1. Ensaios : Literatura inglesa 824

Maria Alice Ferreira – Bibliotecária – CRB-8/7964

A MISÉRIA DA TEORIA
E OUTROS ENSAIOS

E.P. Thompson

Tradução de Adail Sobral

Petrópolis

© E.P. Thompson, 1995.
Publicado primeiramente em 1978 por The Merlin Press Ltd.
Nova edição em 1995.

Tradução realizada a partir do original em inglês intitulado
The Poverty of Theory: or an Orrery of Errors

Direitos de publicação em língua portuguesa – Brasil:
2021, Editora Vozes Ltda.
Rua Frei Luís, 100
25689-900 Petrópolis, RJ
www.vozes.com.br
Brasil

Todos os direitos reservados. Nenhuma parte desta obra poderá ser reproduzida ou transmitida por qualquer forma e/ou quaisquer meios (eletrônico ou mecânico, incluindo fotocópia e gravação) ou arquivada em qualquer sistema ou banco de dados sem permissão escrita da editora.

CONSELHO EDITORIAL

Diretor
Gilberto Gonçalves Garcia

Editores
Aline dos Santos Carneiro
Edrian Josué Pasini
Marilac Loraine Oleniki
Welder Lancieri Marchini

Conselheiros
Francisco Morás
Ludovico Garmus
Teobaldo Heidemann
Volney J. Berkenbrock

Secretário executivo
Leonardo A.R.T. dos Santos

Diagramação: Raquel Nascimento
Revisão gráfica: Nilton Braz da Rocha
Capa: SGDesign

ISBN 978-65-5713-122-0 (Brasil)
ISBN 978-0-85036-446-9 (Reino Unido)

Este livro foi composto e impresso pela Editora Vozes Ltda.

"Deixar um erro sem refutação é estimular a imoralidade intelectual."

Karl Marx

Sumário

Prefácio a "A miséria da teoria", 9

Introdução, 13

A miséria da teoria ou um planetário de erros (1978), 19

Fora da baleia (1960), 301

As peculiaridades dos ingleses (1965), 349

Carta aberta a Leszek Kolakowski (1973), 427

Uma observação sobre os textos aqui contidos, 561

Prefácio a "A miséria da teoria"

Este ensaio é uma raridade entre o trabalho publicado de Edward. Embora por toda a vida se interessasse pela filosofia da história e por várias formulações teóricas, ele se dedicava a isso especialmente em leituras e discussões privadas. Como historiador e escritor de tópicos políticos, buscava antes examinar determinados problemas do que enunciar princípios gerais de amplo alcance. Ele certamente abordou seu objeto com expectativas – e mesmo suposições – que deveriam ser testadas em confronto com provas. Esses conceitos prévios muitas vezes exigiam novas espécies de provas, e uma das contribuições de Edward para a historiografia foi que, ao lado de outros de sua geração, ele abriu novas fontes para o estudo de sociedades passadas, assim como interrogou muitas fontes existentes de novas maneiras. Veio de uma tradição da historiografia marxista, mas sempre preferia referir-se a uma tradição em vez de a um sistema. Perto do final da vida, deixou de considerar-se "marxista" – não porque já não respeitasse a tradição, mas porque o termo tinha adquirido uma conotação quase religiosa que parecia envolver discussões irrelevantes para o desenvolvimento frutuoso dos elementos positivos na tradição. Ele preferiu considerar-se um "materialista histórico".

Por que então escreveu este ensaio? Ele havia lido as obras de Louis Althusser e tinha descoberto que muito pouco nelas afetava o seu trabalho. Tem havido numerosos proponentes de sistemas fechados de pensamento religioso, bem como nas fronteiras da filosofia, cujo trabalho não tem interessado os historiadores de nenhuma maneira significativa. O modo platônico básico de pensamento mediante o qual o empreendimento humano deve ser julgado por seu grau da aproximação de um ideal preexistente se faz presente na maioria dos sistemas de pensamento religioso no qual o mestre, mediante a exegese ou a hermenêutica, extrai a verdade de algum tipo de escrito sagrado.

Não se pode negar que tenha havido elementos dessa abordagem em algumas formas de escrita marxista, mas em geral os historiadores que escreviam na tradição dos anos de 1950 e 1960 interessaram-se mais por Marx antes como uma grande influência intelectual do que como profeta. Quando apareceu em cena, Althusser causou pouco impacto em historiadores ativos. Por alguma razão, contudo, ele repentinamente se tornou uma grande força entre pós-graduandos e alguns jovens historiadores e estudiosos da literatura. A maioria dos historiadores estava disposta a esperar que a nova influência demonstrasse sua validade na produção de obras inovadoras em história; não apenas isso não aconteceu como os seguidores de Althusser – mesmo alguns historiadores – começaram a declarar que a história é uma não disciplina e que seu estudo não tem valor algum.

Foi a influência que os escritos de Althusser tiveram no saber acadêmico que fez Edward empreender a desagradável tarefa de defender a história contra o sistema fechado de Althusser. Estávamos assistindo uma série de seminários internacionais sobre história social em Paris e descobrimos que os estudiosos que compartilhavam de nossa perspectiva na França, na Alemanha e nos Estados Unidos tinham a mesma experiência. Edward leu todas as obras publicadas relevantes e encheu o carro de volumes e notas; e fomos passar quinze dias da estação turística na costa do Lago Garda. Caminhávamos nas colinas toda manhã, almoçávamos e depois passávamos a tarde e a noite escrevendo. Assim, este ensaio foi escrito na verdade durante duas semanas de trabalho intensivo, tendo sido discutido e revisto ao longo desse processo. Foi concebido como uma declaração polêmica e escrito para um determinado momento.

Naturalmente, ele gerou réplicas. Algumas delas surgiram em uma tarde extraordinária durante uma conferência que fazia parte de uma Oficina de História em Oxford, no mês de dezembro de 1979. Esta se realizou por alguma razão em um prédio desgastado e vagamente iluminado e foi instituída como uma discussão. Terminou, contudo, como um evento com forte carga emocional cujas repercussões continuaram durante meses, senão anos. Infelizmente, o artigo a que Edward replicava, e que o tinha aborrecido em particular quando ele o viu pouco antes do debate, parece ter sido completamente reescrito para a versão publicada[1]. No entanto, o aspecto a que ele se opunha particularmente está explicado em sua resposta publicada – trata-se de sua categorização como "culturalista". No final da tarde, uma importante figura da Oficina de História perguntou se ele iria continuar a publicar material relevante. Edward respondeu que pensava em não publicar muita coisa por algum tempo, pois julgava que seu tempo seria dedicado à tentativa de organizar a oposição à instalação de mísseis *Cruise* [cruzeiro] na Grã-Bretanha. A réplica foi "*que* cruzeiro, Edward?"

Como trabalho definitivo de "teoria", o ensaio tem muitas falhas. É muito mais uma defesa da história do que uma exposição de uma alternativa à visão althusseriana do marxismo. Edward viu a disputa não só como um debate erudito, mas como a abordagem de alguns pressupostos intelectuais que, na política, poderiam ser usados para justificar o stalinismo e os desacreditados métodos dos velhos partidos comunistas. Os leitores da autobiografia de Althusser[2], um volume estranhamente pungente disponível agora tanto em inglês como em francês, podem sentir que o hiato que separa os dois autores está não apenas em suas abordagens intelectuais diferentes, mas também em sua vida como um todo. Não será talvez possível usar a desprezada palavra "experiência"?

Dorothy Thompson

---

1. SAMUEL, Raphael. *People's History and Socialist Theory*. Londres: Routledge and Kegan Paul, 1981, p. 375-409.
2. ALTHUSSER, Louis. *The Future Lasts Forever*. Nova York: New Press, 1993. [Ed. bras. *O futuro dura muito tempo*. Seguido de Os Fatos. São Paulo: Companhia das Letras, 1992.]

Introdução

Comecei a pensar aos trinta e três anos e, a despeito de meus melhores esforços, nunca consegui deixar de lado esse hábito.

Adquiri o hábito pela primeira vez em 1956, quando, com John Saville e outras pessoas, envolvi-me na produção de uma revista de discussão mimeografada do Partido Comunista, *The Reasoner* [O Pensador]. Pensar era algo que causava desagrado à liderança do Partido, e os editores tiveram suspensa sua condição de membros. Como essa suspensão coincidiu com a repressão à Revolução Húngara (outubro-novembro de 1956) – e com o êxodo de cerca de 10.000 membros do Partido Comunista Inglês –, decidiu-se que nossas atividades ofensivas teriam melhor continuidade fora da estrutura; e, com a ajuda de outros companheiros, *The New Reasoner* foi fundado em 1957. Essa revista trimestral durou dois anos e meio. Depois se fundiu com a *Universities & Left Review* a fim de formar a *New Left Review*.

O primeiro ensaio deste livro, "Fora da baleia", vem desse momento. Por volta de 1963, distintas correntes se mostravam presentes na primeira *New Left*, e os fundadores desta a deixaram. O segundo ensaio, "As peculiaridades dos ingleses", foi escrito dois anos depois disso, e oferece uma definição de algumas divergências. Em 1967, alguns de nós voltaram a se unir e (aos cuidados editoriais de Raymond Williams) publicamos o *May Day Manifesto* [Manifesto de 1º de Maio]*. Mas essa análise e essa iniciativa política bruscamente se tornaram supérfluas, em 1968, devido aos eventos de maio em Paris, a revivescência da militância industrial voltada para questões salariais (porém, o mais das vezes, apolítica) e pela repressão da "Primavera" de Praga.

---

* *May Day* indica tanto "1º de maio", dia do trabalhador, como "socorro": "May Day, May Day". N.T.

Os dois primeiros eventos pareciam oferecer aos impacientes rotas bem mais rápidas para algo chamado "revolução", enquanto o terceiro induzia necessariamente quem estava comprometido com uma perspectiva de "Manifesto" a uma admissão de pessimismo. De todo modo, o caráter teatral e irracional de parte do que respondia pelo nome de "Nova Esquerda" entre a *intelligentsia* ocidental na época tendia a descartar por completo o pensamento.

A corrente principal do movimento trabalhista inglês nunca recebeu muito bem os exercícios teóricos; e, quando se considera a teoria que lhe era oferecida, vinda tanto da "Direita" como da "Esquerda", isso pode ter nos poupado desastres além daqueles que ela, com regularidade e no curso político normal, já causa a si mesma. Porém, ao mesmo tempo, ocorriam estranhas coisas no arquipélago à "Esquerda" do Partido Trabalhista. Ali, a teoria e a prática se dividiram em duas metades. A teoria se apresentava de maneiras ainda mais doutrinárias e intelectualizadas, como "marxismo" ressurgente. Mas prosseguia igualmente uma prática *anti*-intelectual que por vezes também se denominava "marxismo". Não se tratava do *ouvriérisme* [obreirismo] de um movimento da classe operária, mas, com muita frequência, de anti-intelectualismo e culto da violência dos intelectuais, menos perdoáveis.

Menciono isso para explicar uma sensação de isolamento em que alguns de nós se viram mergulhados naqueles anos. Por mais que as modas mudassem (e elas mudavam com grande rapidez), pensar não era uma delas. Era um momento de o pensar se encerrar em sua cabana – uma tática para a qual há precedentes históricos. Permanecíamos identificados com a "Esquerda" mediante solidariedades e campanhas comuns (contra a guerra do Vietnã, por exemplo). Mas, ao mesmo tempo, boa parte dessa Esquerda não queria nossos argumentos e desenvolvia ideias, atitudes e práticas hostis aos princípios racionais, libertários e igualitários com os quais estávamos comprometidos. Quem se oferecia para argumentar recebia como resposta, não argumentos, mas rótulos ("moralismo", "empirismo", ilusões "liberais", ou, bem comumente, desdém biológico (as "manias da geração") que impedia toda argumentação ulterior.

Tratava-se de uma real sensação de isolamento, e mesmo de alienação, de parte da Nova Esquerda e de boa parte daquele "marxismo", o que deve explicar o tom – e mesmo as posturas – pessoais de meu texto "Carta aberta a Leszek Kolakowski" (1973). Talvez eu deva me desculpar por parte do tom dessa carta, e por ter escrito o que era de fato um argumento bem geral (que envolvia bom número de outros) na forma de uma meditação privada. E eu de fato peço desculpas: eu não deveria ter reduzido uma questão tão geral a termos tão pessoais quanto aqueles.

Mas não me desculpo demais. A sensação de isolamento era real e aquela era minha maneira de sair da cabana; e eu tinha de escrever daquela maneira. Durante alguns anos, a "Esquerda" intelectual estivera em um estado de intensa paranoia, e não se podia simplesmente indicar uma adesão descomplicada a ela. Cada fariseu era mais revolucionário do que o outro; alguns deles assumiram um ar tão tenebroso que provavelmente o envergarão o resto da vida. Na época, aquela "Esquerda" não era lugar dos mais amigáveis; a maioria das pessoas que passavam pelas portas estava tentando jogar os outros porta a fora a fim de provar que estes nunca falavam seriamente em ficar dentro.

Nos últimos dois anos, houve sinais de que parte da Esquerda intelectual vem recuperando a razão. É com essa esperança que publico este livro. Pretende-se que seja o primeiro de dois volumes. No segundo, que deverá sair no próximo ano, vou reunir escritos diretamente políticos dos últimos vinte anos, e farei um relato mais abrangente do contexto político e das iniciativas práticas da primeira Nova Esquerda. Isso pode oferecer alguma correção a certa abstração e ausência de textura realista desta coletânea, ausência decorrente da fragmentação da primeira Nova Esquerda depois de 1963, e do fracasso de alguns de nós quanto a manter uma presença política ativa correspondente a nossas posições teóricas.

Não suponho ser detentor de dons de "teórico político". Talvez haja demasiada sensibilidade misturada em meu pensamento – uma recaída em um "idiomatismo inglês"* que pode prejudicar intercâmbios internacionais. Mas as experiências de minha vida são do tipo que requer uma resposta que não pode ser simplesmente negociada mediante os estratagemas da "Teoria". Os

---

* *Idiom* no original, que não se refere, aqui, a língua, mas a "forma de expressão" típica, como o autor explica adiante neste volume. N.T.

ensaios deste livro se vinculam entre si por meio de dois temas comuns: a exploração da crise do comunismo internacional, que veio a ser plenamente declarada em 1956, e o exame crítico da tradição marxista. No primeiro, "A miséria da teoria", reúno mais uma vez esses dois temas. Minha esperança é que eu tenha defendido de modo coerente essas posições, e ao longo de muitos anos, e que esses ensaios representem parte da experiência política das três últimas décadas. É tolice pedir mais desculpas. Quando publico esta obra, ela se torna propriedade pública, a ser usada como os leitores acharem melhor.

Há mais uma ressalva a fazer: descobri, para minha surpresa, que ao longo desses anos tenho trazido um estandarte com a inscrição "socialismo populista" e, na companhia do improvável "nacionalista inglês" que é Raymond Williams, venho desenvolvendo um "nacionalismo cultural" marcado por "excessos românticos e empirismo indiscriminado". (Obtenho essa sabedoria do livro de Tom Nairn, *The Break-Up of Britain* [A cisão da Inglaterra] (1977, p. 303-304).

Como não posso saber agora se terei tempo e paciência para me ocupar de Tom Nairn quando compuser o segundo volume de *Reasoning*, julgo necessário repudiá-lo liminarmente. Em nenhum momento ergui um estandarte de "socialismo populista". Se houve algum estandarte, ele foi o de internacionalismo socialista. Minha consciência política começou em favor das causas da Espanha e da independência da Índia, passou por uma guerra mundial (em que tive parte ativa) e desde então tem sido suprida por questões internacionais – Iugoslávia e Bulgária, Movimento da Paz e Guerra da Coreia, e, em seguida, "1956", Suez, Chipre, Argélia, Cuba, Vietnã, Chile. "1956" foi um confronto internacional no âmbito do movimento comunista, e a primeira Nova Esquerda desenvolveu, por um breve momento, uma presença internacional.

O "estandarte" do internacionalismo socialista de fato se desfez nas duas últimas décadas, e por todos os lados. Não tem sido um estandarte que se possa carregar com orgulho. Temos carregado no máximo umas poucas folhas de papel, e em geral nos vimos reduzidos a ficar murmurando em solilóquio. O compromisso tem sido com uma "Internacional" imaginária, que teve apenas uma fugidia presença em movimentos reais, inequivocamente apartada do stalinismo e da cumplicidade com as razões do poder capitalista. Manter o compromisso tem sido fazer as vezes de "alienígena" não só neste país, mas em grandes seções do próprio movimento dito socialista e marxista.

Nos últimos anos, nem sempre tem sido fácil manter essa posição. Alguns diálogos prosseguem (por exemplo, com Roy Medvedev e dissidentes soviéticos de mesma persuasão sua). O que mais tem acontecido – em parte graças a uma pressão geral da época e em parte como decorrência de minha própria atividade de escrita da história – é a entrada em um discurso teórico crescentemente internacional. Aprendi muito com isso, e com intercâmbios cada vez mais próximos com amigos norte-americanos, indianos, franceses, alemães e outros.

Mas o internacionalismo, nesse sentido, não deve consistir em se prostrar diante dos teóricos ("marxistas ocidentais") de nossa escolha ou em buscar imitar suas modalidades de discurso. São complexos os motivos pelos quais esse tipo de imitação nunca produz mais do que um débil crescimento nativo. Por alguma razão, o mimetismo pode copiar, mas não originar ou criar. A "adoção" de outras tradições – quer dizer, aquela não trabalhada, questionada e traduzida por inteiro nos termos de nossas próprias tradições – não pode ser mais, na maioria das vezes, do que a evacuação dos reais lugares de conflito em nossa própria cultura intelectual, bem como a perda das reais relações políticas com nosso próprio povo.

Articular o passado historicamente, disse Walter Benjamin, "significa se apropriar de uma lembrança quando esta se apresenta em momentos de perigo". Há várias décadas estamos vivendo em um contínuo "momento de perigo", de modo que nossa história e cultura passada se mostra a uma mente atenta ao perigo, buscando indícios de resistência democrática e recursos de poder e progresso cultural. E parte desse legado cultural não pode deixar de ter caráter "nacional", com suas próprias pressões, resiliência e idiomatismo particulares; ele deve constituir não apenas parte daquilo que pensamos e sentimos sobre as coisas, como também parte do que pensamos e sentimos em conjunto. Esses recursos são incomumente amplos e complexos nesta ilha; não são sempre, longe disso, recursos de força, mas os historiadores britânicos de tendência marxista, que os submeteram a detido escrutínio, não os veem como tão inertes e regressivos quanto parecem nas sátiras de Nairn. Caso se pretenda criar um futuro, alguma parcela deste terá de ser criada a partir desses recursos, não a partir da cabeça de algum teórico.

Se me for dado passar do ridículo ao sublime, não creio que o fato de Gramsci ter fundado seu pensamento em uma interrogação sobre a história e a cultura italianas o tenha tornado menos internacionalista. E o internacionalismo tem de consistir não somente em escutar com atenção o discurso internacional como também contribuir para ele à nossa maneira peculiar. Não estamos de fato presentes em uma conversação se nos limitarmos a ser ouvintes emudecidos. Assim, gostaria de supor que não sou alguma espécie de "socialista populista" inglês, mas um socialista internacionalista que se manifesta em inglês. Fui um dia influenciado por Kolakowski, e escutei Althusser. E então *retruquei*. O internacionalismo não tem de ser como uma rede de estações de televisão, cada uma delas transmitindo programas nacionais a telespectadores passivos de terras remotas. Ele tem de ser uma assembleia, um intercâmbio. O debate é seu verdadeiro signo.

Os agradecimentos, em um livro como este, têm de ser inadequados ou infinitamente prolongados. Essas discussões foram parte do trabalho de um movimento difuso, em parte nacional e em parte internacional, e devo tudo a isso. No segundo volume, vou me referir mais especificamente aos companheiros que apoiaram a *The New Reasoner* e àqueles que iniciaram a Nova Esquerda. Aqui, agradeço apenas a John Saville e Ralph Miliband, em cuja *Socialist Review* foram publicados dois dos ensaios; a Martin Eve, o editor da *Register* e deste volume; a Leszek Kolakowski, por ter recebido minha carta imoderada e ter-lhe dado uma resposta, apresentando razões; e a Dorothy Thompson, por ter estado pensando comigo e em oposição a mim por mais de vinte anos – ela não concorda com todos os meus motivos, mas, sem suas restrições, eles seriam ainda piores. Naturalmente, nenhum desses amigos são responsáveis por minhas concepções – e menos ainda por "A miséria da teoria".

Worcester, fevereiro de 1978.

A miséria da teoria ou um planetário de erros*

> Os discípulos devem aos mestres apenas uma crença e uma suspensão temporárias de seu próprio juízo até estarem completamente instruídos, e não uma resignação absoluta ou cativeiro perpétuo... Assim, que os grandes autores recebam o que lhes é devido, e que o tempo, que é o autor dos autores, não seja privado de sua parte, isto é, descobrir mais e mais a verdade.
>
> Francis Bacon

> A razão, ou a *ratio*, de tudo o que já sabemos, não é a mesma que será quando soubermos mais.
>
> William Blake

I

Há algum tempo, há várias décadas, tem aumentado a autoconfiança da concepção materialista da história – o primeiro rebento intelectual de Marx e Engels. Como prática amadurecida ("materialismo histórico") ela talvez seja a mais robusta disciplina derivada da tradição marxista. Mesmo durante minha própria vida como historiador – e no trabalho de meus s compatriotas – os

---

* O autor incluiu a seguinte nota: "Este ensaio é uma intervenção polêmica, não um exercício acadêmico, e não julguei necessário documentar todas as afirmações. As edições de Althusser citadas no texto são: *Essays – Essays in self-criticism* (New Left Books, 1976); *FM – For Marx* (Vintage Books, 1970). *L. & P. – Lenin and philosophy* (New Left Books, 1971); *P. & H. – Politics and history* (New Left Books, 1977); *RC – Reading Capital* (New Left Books, 1970); *C.W.* – Karl Marx, Friedrich Engels, *Collected Works* (Lawrence & Wishart, em vias de publicação); *Grundrisse* (Pelican, 1973).

[Por uma questão de fidelidade, apresentarei sempre uma tradução das citações feitas pelo autor, em vez da versão em português das referidas obras, mantendo as abreviaturas indicadas. N.T.]

avanços têm sido consideráveis, e foram considerados possíveis avanços no *conhecimento*.

Isto não significa dizer que esse conhecimento seja finito, ou sujeito a alguma "prova" do cientismo positivista. Nem supor que o avanço tenha sido unilinear e sem problemas. Há profundas discordâncias, e permanecem problemas complexos não apenas sem solução, mas também com parca apresentação. É possível que o próprio êxito do materialismo histórico como prática tenha estimulado uma letargia conceptual que ora faz pesar sobre nós sua necessária vingança. E isso é ainda mais possível nas áreas do mundo anglófono em que uma prática vigorosa do materialismo histórico foi realizada no âmbito de um idiomatismo de discurso "empírico" herdado que é reproduzido por fortes tradições educacionais e culturais[1].

Tudo isso é possível, e mesmo provável. Ainda assim, não devemos lhe dar demasiada importância. Pois aquilo que um filósofo dotado de um conhecimento apenas casual da prática histórica pode perceber e rejeitar, franzindo com irritação o cenho, como sendo "empirismo", pode na verdade ser o resultado de árduos confrontos, ocorridos tanto em batalhas conceptuais (a definição das questões apropriadas, a elaboração de hipóteses e a revelação de compromissos ideológicos na historiografia preexistente) como nos interstícios do próprio método histórico. E a historiografia marxista, que tem agora presença internacional, deu uma importante contribuição não apenas para a sua própria autocrítica e amadurecimento (de maneiras *teóricas*) como também para impor (mediante repetidas controvérsias, muito trabalho intelectual árduo e alguma polêmica) sua presença à historiografia ortodoxa: impor (no sentido de Althusser) sua própria "problemática" – ou a de Marx – a áreas relevantes da investigação histórica.

Empenhados nesses embates, negligenciamos, suponho eu, nossas linhas de abastecimento teórico. Porque quando parecíamos prontos a fazer novos avanços, fomos subitamente atacados pela retaguarda – e não uma retaguarda de "ideologia burguesa" manifesta, mas uma retaguarda

---

1. Busquei distinguir "empirismo" e "idiomatismo" empírico em "The peculiarities of the English", *Socialist Register*, 1965, p. 336-337. [Cf. "As peculiaridades dos ingleses", neste volume.]

que se arvorava a ser mais marxista do que Marx. Louis Althusser e seus numerosos seguidores desferiram um violento ataque ao "historicismo". Os avanços do materialismo histórico, seu suposto "conhecimento", estavam fundados – alegam – em um frágil e desgastado pilar epistemológico (o "empirismo"); quando Althusser o submeteu a um implacável interrogatório, esse pilar se abalou e se desmanchou no ar. E todo o empreendimento do materialismo histórico se desfez ao seu redor. Não apenas se mostra que os homens nunca "fizeram sua própria história" (sendo apenas *träger*, ou vetores, de determinações estruturais ulteriores) como também que o empreendimento do materialismo histórico – a obtenção do conhecimento histórico – tinha sido malconcebido desde o começo, já que a "verdadeira" história é incognoscível e não se pode afirmar que exista. Nas palavras de dois pós-althusserianos cujo mérito é ter levado a lógica althusseriana à sua própria *reductio ad absurdum**, "a história está condenada, pela natureza de seu objeto, ao empirismo". Mas o empirismo, como sabemos, é uma vergonhosa manifestação da ideologia burguesa: "A despeito das pretensões empiristas de prática histórica, o real objeto da história é inacessível ao conhecimento." Segue-se que:

> O marxismo, como prática teórica e política, nada ganha com sua associação à historiografia e à pesquisa histórica. O estudo da história é desprovido de valor, não só em termos científicos, mas também políticos[2].

Assim, denuncia-se como uma ilusão (se for "inocente") e como algo pior (se não o for) o projeto a que muitas vidas, em sucessivas gerações, se dedicaram. Ainda assim, materialistas históricos de minha própria geração têm demorado para perceber sua denúncia abjeta; eles continuam trabalhando à maneira antiga, condenada. Alguns estão demasiado ocupados para ler as acusações que lhes foram feitas, mas os que leram parecem ter reagido de duas maneiras. Muitos lançaram um olhar de desdém ao antagonista, vendo-o como algum estranho fantasma, um monstro intelectual

---

* Redução ao absurdo, ou argumentação contraditória. N.T.

2. B. Hindess e P.Q. Hirst, *Pre-Capitalist Modes of Production* (Londres, 1975), p. 310, 312. [Ed. bras.: *Modos de produção pré-capitalistas*. Trad. de Alberto Oliva. Rio de Janeiro: Zahar, 1976.]

que vai acabar por desaparecer se fecharem os olhos. Talvez tenham razão quanto ao primeiro pressuposto – o de que o "marxismo" althusseriano é um monstro intelectual – mas nem por isso ele vai desaparecer. Os historiadores deveriam saber que as monstruosidades, se toleradas – e até lisonjeadas e alimentadas –, podem gozar de espantosa influência e longevidade; afinal, para qualquer espírito racional, a parcela majoritária da história das ideias é uma história de monstruosidades. Esse monstro particular (vou alegar) está agora firmemente instalado numa determinada *couche* [camada] social, a dos intelectuais aspirantes a *lumpen-intelligentsia*[3] burguesa, cujo preparo intelectual amadorístico os deixa impotentes diante dos evidentes absurdos e dos equívocos filosóficos elementares, e cuja inocência na prática intelectual os deixa presos à primeira teia de argumentação acadêmica que encontram. E são *burgueses* porque, embora muitos deles *desejassem* ser "revolucionários", são eles próprios os produtos de uma "conjuntura" determinada que rompeu os circuitos entre intelectualidade e experiência prática (tanto em movimentos políticos reais como na segregação concreta imposta pelas estruturas institucionais contemporâneas). Desse modo, são capazes de encenar psicodramas revolucionários *imaginários* (nos quais todos se superam em adotar ferozes posturas verbais), mas na verdade recaem numa velhíssima tradição de elitismo burguês para a qual a teoria althusseriana foi feita sob medida. Enquanto seus antepassados eram intervencionistas políticos, estes tendem com mais frequência a ser diversionistas (encerrados e aprisionados em seu próprio drama) ou "exilados internos"[4]. Mas sua importância prática continua a ser considerável na desorganização do discurso intelectual construtivo da esquerda, e na reprodução contínua da divisão elitista entre teoria e prática. Pode ser que, se padecermos com experiências suficientemente violentas, a monstruosidade *venha a* desaparecer, e muitos de seus devotos possam ser resgatados

---

3. Devo essa categoria a meu amigo Rodney Hilton, embora ele não seja responsável pelos usos que lhe dou. [Termo criado a partir de "lumpen-proletariado", a camada mais baixa do proletariado N.T.]

4. Cf. Hans Magnus Enzensberger, *Raids and reconstructions* (Pluto Press, 1976), p. 296; e (discutindo "uma forma muito perigosa de exílio interno") Raymond Williams, Notes on marxism in Britain since 1945. In: *New Left Review*, 100, novembro de 1976 – janeiro de 1977, p. 92.

para um movimento político e intelectual sério. Mas o momento requer que façamos algum esforço nesse sentido.

A outra reação comumente encontrada entre os materialistas históricos é mais repreensível – trata-se da cumplicidade. Eles contemplam o marxismo althusseriano e não o compreendem inteiramente (nem gostam daquilo que compreendem), mas o aceitam como "um" marxismo. Não se pode esperar que filósofos compreendam história (ou antropologia, literatura ou sociologia), mas Althusser é um filósofo que trabalha em seu próprio campo. E algum rigor conceptual é sem dúvida necessário; talvez possamos utilizar certos aspectos ("sobredeterminação", "instâncias")? Afinal, somos todos marxistas. Assim, negocia-se uma espécie de compromisso tácito, embora a maior parte da negociação seja composta pelo silêncio, e *toda* a negociação consista em ceder terreno a Althusser. Porque Althusser nunca se dispôs a qualquer espécie de compromisso; e por certo não com o "historicismo", o "humanismo" e o "empirismo".

Isto é condenável porque é teoricamente desonesto. Althusser e seus acólitos questionam, essencialmente, o próprio materialismo histórico. Não pretendem modificá-lo, mas substituí-lo. Em troca, oferecem um teorismo a-histórico que revela ser, a um simples exame, um idealismo. Como podem os dois coexistir em uma única tradição? Ou vem ocorrendo nos últimos anos, na tradição marxista, uma modificação sobremodo extraordinária ou ela agora está se dividindo em duas – ou várias – partes. O que está sendo ameaçado – o que está sendo agora ativamente rejeitado – é toda a tradição de análise marxista histórica e política substantivas, e o conhecimento que vem oferecendo (ainda que provisório). E se, como suponho, o marxismo althusseriano é não apenas um idealismo como exibe muitos atributos de uma *teologia*, então o que está em jogo, na tradição marxista, é a defesa da própria razão.

II

Vou apresentar de início um mapa de onde pretendo chegar, já que haverá inevitavelmente certos desvios, e retornos sobre meus próprios passos. Vou dirigir minha atenção principalmente a Althusser – e aos textos formativos essenciais, *A favor de Marx* [*FM*] e *Ler O capital* [*RC*]– sem gastar tempo com sua numerosa progênie. É verdade que grande parte desta renega seu mestre e outras parcelas são influenciadas apenas em certas áreas de seu pensamento. Mas espero que se considerem alguns de meus argumentos gerais (em particular sobre "empirismo" e "moralismo") como incluindo também esses rebentos. Peço desculpas por essa falha, mas a vida é demasiado curta para seguir (por exemplo) Hindess e Hirst em cada uma de suas tocas teóricas. Também não batalharei com um adversário mais formidável, Poulantzas, que – ao lado de Althusser – repetidamente deixa de compreender as categorias *históricas* (de classe, ideologia etc.) usadas por Marx. Talvez em outra oportunidade. Fiquemos por ora com o Aristóteles do novo idealismo marxista.

Apresentarei as proposições a seguir, e as examinarei em sequência:

(1) A epistemologia de Althusser é derivativa de uma espécie limitada de processo acadêmico de aprendizagem, e não tem validade geral; (2) Em consequência, não dispõe de categoria (nem de meio de "tratar") da "experiência" (ou da influência do ser social sobre a consciência social). Por isso, falsifica o "diálogo" com a evidência* empírica inerente à produção do conhecimento e à própria prática de Marx, caindo assim, continuamente, em modos de pensamento que a tradição marxista considera "idealistas"; (3) De modo especial, confunde o necessário diálogo empírico com *empirismo*, e oferece consistentemente (das mais ingênuas maneiras) uma representação falsa da prática do materialismo histórico (incluindo a de Marx); (4) A crítica do "historicismo" disso resultante é em certos pontos *idêntica* à crítica antimarxista específica do historicismo (tal como representada por Popper), embora seus autores derivem delas conclusões opostas.

Esse argumento nos fará avançar um pouco em nosso caminho. Vou então propor que:

---

* Embora "evidence" possa ser traduzida como "prova", há nos textos deste livro uma distinção de "evidence" e "proof", razão pela qual traduzi como "evidência". N.T.

(5) O estruturalismo de Althusser é um estruturalismo de estase que se aparta do método histórico do próprio Marx; (6) Por conseguinte, o universo conceptual de Althusser não tem categorias adequadas para explicar a contradição ou a mudança – ou a luta de classes; (7) Essas debilidades vitais explicam por que Althusser tem de silenciar (ou ser evasivo) quanto a outras categorias importantes, entre elas a de "econômico" e a de "necessidades"; (8) Disso decorre que Althusser (e sua progênie) são incapazes de lidar, exceto da maneira mais abstrata e teórica, com questões de valor, cultura – e teoria política.

Quando essas proposições elementares estiverem estabelecidas (ou, como diria Althusser, "provadas"), poderemos então afastar-nos um pouco de toda essa estrutura complexa e sofística. Poderemos até mesmo tentar outro tipo de "leitura" de suas palavras. E, se não estivermos exauridos, poderemos propor algumas questões de outro tipo: como essa extraordinária fratura ocorreu na tradição marxista? Como devemos entender o estruturalismo althusseriano, não em sua autoavaliação como "ciência", mas como *ideologia*? Quais foram as condições específicas para a gênese e maturação dessa ideologia e sua rápida reprodução no Ocidente? E qual a significação* política desse desmesurado ataque ao materialismo histórico?

III

Começo minha argumentação com uma evidente desvantagem. Poucas lentes seriam mais ridículas do que as de um historiador inglês – e, mais do que isso, um historiador manifestamente autoincriminado por práticas empíricas – tentando oferecer correção epistemológica a um rigoroso filósofo parisiense.

Posso sentir, ao contemplar o papel à minha frente, as faces sinistras de um público expectante, mal podendo conter sua crescente hilaridade. Não pretendo satisfazê-lo. Não compreendo as proposições de Althusser sobre

———

* Traduzo "significance" por "significação", e "meaning" como significado, pois não são sinônimos no texto.

a relação entre "mundo real" e "conhecimento" e, portanto, não me posso arriscar a discuti-las.

É verdade que *tentei* compreendê-las. Ao longo de todo o *A favor de Marx*, clama por uma resposta a questão de como essas "matérias-primas" do mundo real chegam ao laboratório da prática teórica (para serem processadas segundo as Generalidades I, II e III). Mas a oportunidade de desvelá-la passa em branco. Voltando-nos para *Ler O capital*, aprendemos, com crescente entusiasmo, que agora finalmente haverá uma resposta. Mas é um anticlímax que nos é oferecido. Em primeiro lugar, suportamos certo tédio, e mais exasperação, ao ver ser empreendida uma condenação ritual contra o "empirismo": mesmo uma mente destituída de rigor filosófico não pode deixar de perceber que Althusser continuamente confunde e mistura o modo (ou as técnicas) empírico de investigação com a formação ideológica, tão distinta, *empirismo*, além de simplificar suas próprias polêmicas ao caricaturar até mesmo esse "empirismo", atribuindo-lhe, de maneira indiscriminada e errônea, processos "essencialistas" de abstração[5]. Mas, bem depois, passadas cinquenta páginas, chegamos – a quê?

> Podemos dizer então que o mecanismo de produção do efeito de conhecimento repousa no mecanismo que está na base da ação das formas de ordem no discurso científico de prova. (*RC*, 67).

Trinta e uma palavras. E, depois, silêncio.

Se entendo essas palavras, julgo-as escandalosas. Porque seguimos todo esse caminho apenas para nos ver oferecida uma repetição, com novos termos, da questão original. Os efeitos de conhecimento chegam, na forma de "matérias-primas" (Generalidades I, que são já artefatos da cultura, com maior ou menor impureza ideológica), obedientemente da maneira como "o discurso científico da prova" requer. Devo explicar qual é minha objeção, e, antes, o que *não* é minha objeção.

---

5. Cf. Leszek Kolakowski, "Althusser's Marx", *Socialist Register*, 1971, p. 124-125: "O leitor dotado de um conhecimento elementar de história da filosofia vai perceber imediatamente que aquilo que Althusser entende por "empirismo" bem poderia ser considerado a teoria aristotélica ou tomista da abstração, mas que o empirismo moderno – que começa não com Locke, mas pelo menos com os nominalistas do século XIV – significa exatamente o oposto dessa ideia."

Não tenho objeções ao fato de Althusser não oferecer "garantias" de uma identidade entre o objeto "real" e sua representação conceptual. É de esperar que essa garantia formal tenha eficácia duvidosa: mesmo um conhecimento casual de filosofia sugere que essas garantias têm um curto prazo de validade e trazem muitas cláusulas em letra pequena que isentam o autor de toda responsabilidade. Também não tenho objeções ao fato de Althusser ter saído do tedioso terreno que é buscar elucidar uma correspondência ponto a ponto entre o acontecimento ou objeto material "real" e essa percepção/intuição/impressão sensória/conceito. Talvez tivesse sido mais honesto se ele tivesse confessado abertamente que, assim agindo, estava do mesmo modo abandonando algumas das proposições de Lenin em *Materialismo e empiro-criticismo*; mas ele demonstra um respeito religioso pela menor das sílabas de Lenin[6]. E ele certamente poderia ter confessado que, ao alterar seus fundamentos, estava *seguindo*, em vez de criar, uma moda filosófica.

Nos velhos tempos (supõe-se) quando, trabalhando à luz de lâmpadas em seu gabinete, chegava a esse ponto de sua argumentação, o filósofo pousava a pena e olhava ao redor, à procura de um objeto no mundo real para interrogar. Era comum que esse objeto fosse o que estava mais à mão: a mesa. Ele dizia: "Mesa, como posso saber que existes e, se existes, como sei que meu conceito de mesa representa tua existência real?" A mesa o contemplaria sem pestanejar, e, por sua vez, interrogaria o filósofo. Era uma conversa difícil e, a depender de quem vencesse o confronto, o filósofo seria classificado como idealista ou materialista. Ou ao menos é o que se pode supor, dada a frequência com que aparecem mesas. Hoje o filósofo interroga, em vez disso, a palavra: um artefato linguístico dado de antemão que tem uma gênese social imprecisa e *uma história*.

E aqui começo a encontrar elementos para minha objeção. Em primeiro lugar, o fato de Althusser interrogar essa palavra (ou essa "matéria-prima" ou "efeito de conhecimento") com demasiada brevidade. Ela existe apenas para ser trabalhada pela prática teórica (Generalidades II) para chegar à concei-

---

6. Só mais tarde (*L. & P.*, 53) Althusser admitiu, *sotto voce*, que as categorias de Lenin "podem" ter sido "contaminadas por suas referências empiristas (por exemplo, a categoria do reflexo)".

tuação estrutural ou conhecimento concreto (Generalidades III). Althusser fala tão pouco da linguística e da sociologia do conhecimento quanto da história ou da antropologia. Sua matéria-prima (objeto do conhecimento) é uma substância imóvel e maleável sem inércia ou energia próprias, esperando passivamente sua transformação em conhecimento. Ela pode conter grosseiras impurezas ideológicas, claro, mas estas podem ser erradicadas no alambique da prática teórica.

Em segundo lugar, essa matéria-prima parece apresentar-se ao processamento como eventos mentais discretos (fatos, *idées reçues* [ideias recebidas], conceitos banais): e ela também o faz discretamente. Não desejo agora escarnecer das sérias dificuldades encontradas pelos filósofos nessa vital área epistemológica. Como todo filósofo as enfrenta, devo acreditar que elas são realmente imensas. E, nesse nível, não posso pretender acrescentar coisa alguma ao seu esclarecimento. Porém um historiador de tradição marxista tem o direito de lembrar a um filósofo marxista que os historiadores também se ocupam, em sua prática cotidiana, da formação da consciência social e das tensões em seu âmbito. Nossa observação raramente é singular: a de um objeto do conhecimento, um fato, um conceito complexo, específicos. É mais comum que nos ocupemos de múltiplas evidências, cujas inter-relações são, inclusive, objeto de nossa pesquisa. Ou então, caso isolemos uma dada evidência singular para um exame à parte, esta não fica obedientemente parada, como a mesa, para ser interrogada: ela se agita, entrementes, diante de nossos olhos. Essas agitações, esses eventos, caso estejam incluídos no "ser social", com frequência parecem chocar-se com a, lançar-se sobre a, irromper contra a consciência social existente. Propõem novos problemas e, sobretudo, produzem continuamente *experiência* – uma categoria que, por mais imperfeita que seja, é indispensável ao historiador, pois abrange a resposta mental e emocional, de um indivíduo ou de um grupo social, a muitos eventos inter-relacionados ou a muitas repetições do mesmo tipo de evento.

Talvez se possa dizer que a experiência é de fato um nível muito inferior de mentação, que ela pode produzir no máximo o mais grosseiro "senso comum", "matéria-prima" ideologicamente contaminada, que dificilmente se qualificaria para entrar no laboratório de Generalidades I. Não creio que seja assim – pelo contrário, julgo a suposição de que seja assim uma ilusão muito característica dos intelectuais, que supõem que os mortais comuns são estúpidos. A meu ver, a verdade é mais nuançada: a experiência é válida e efetiva, porém até certos limites específicos: o agricultor "conhece" suas estações, o marinheiro "conhece" seus mares, mas os dois permanecem atônitos em relação à monarquia e à cosmologia.

Mas a questão que temos imediatamente diante de nós não é a dos limites da experiência, mas a das maneiras de chegar a ela, ou produzi-la. A experiência surge espontaneamente no ser social, mas não o faz sem pensamento; surge porque homens e mulheres (e não apenas filósofos) são racionais, e pensam sobre o que acontece a si e ao seu mundo. Se tivermos de empregar a (difícil) noção de que o ser social determina a consciência social, como vamos supor que assim é? Sem dúvida não iremos supor que o "ser" está aqui, como materialidade bruta da qual se abstraiu toda idealidade, e que a "consciência" (como idealidade abstrata) está ali[7]. Pois não é possível conceber nenhuma forma de ser social independentemente de seus conceitos e expectativas organizadores, nem pode o ser social reproduzir a si mesmo, um único dia, sem o pensamento. Queremos com isso dizer que ocorrem mudanças no ser social que dão origem a uma *experiência* modificada; e essa experiência é *determinante*, no sentido de exercer pressões sobre a consciência social existente, propor novas interrogações e proporcionar grande parte do material que é o objeto dos exercícios intelectuais mais elaborados[8]. Supõe-se que a experiência constitui uma parte da matéria-prima oferecida aos procedimentos do discurso científico de prova. Na verdade, alguns intelectuais atuantes sofreram, eles próprios, experiências.

A experiência, portanto, não nos chega obedientemente da maneira proposta por Althusser. Suspeita-se aqui da presença de alguma noção bem

---

7. Obviamente que se sustentou essa suposição, e em certos âmbitos ela persiste: os primeiros capítulos do livro de Raymond Williams, *Marxism and literature* (Oxford, 1977) constituem em certo sentido uma vigorosa polêmica contra ela. [Ed. bras.: *Marxismo e literatura*. Rio de Janeiro: Zahar, 1979.]

8. Para os fins da exposição nestas páginas, não vou considerar a questão das experiências de classe diferenciais (e as predisposições ideológicas que delas decorrem), algo que discuto alhures.

estiolada de conhecimento. Ele nos ofereceu menos uma epistemologia que leve em conta os movimentos formativos reais da consciência do que uma descrição de certos procedimentos da vida acadêmica. Ele saiu do estúdio iluminado por uma lâmpada e interrompeu o diálogo com uma mesa exausta: está agora nas instalações da *École Normale Supérieure*. Os dados chegaram, obedientemente processados por graduados e assistentes de pesquisa, em um nível bastante inferior de desenvolvimento conceptual (G I), tendo sido interrogados e separados em categorias por um rigoroso seminário de professores aspirantes (G II), e os G III estão prestes a subir à tribuna e propor as conclusões do conhecimento concreto.

Mas, fora das instalações da universidade, outro tipo de produção de conhecimento se processa o tempo inteiro. Concordo que nem sempre é rigoroso. Não desconsidero os valores intelectuais nem desconheço a dificuldade de chegar a eles. Mas tenho de lembrar a um filósofo marxista que conhecimentos se formaram e ainda se formam fora dos procedimentos acadêmicos. E, no teste da prática, não se pode considerá-los insignificantes. Esses conhecimentos ajudaram homens e mulheres a trabalhar os campos, construir casas, manter complicadas organizações sociais, e até, ocasionalmente, questionar eficazmente as conclusões do pensamento acadêmico.

Mas isso não é tudo. A explicação de Althusser também deixa de lado a força propulsora do "mundo real", que, espontaneamente e sem nenhum decoro, propõe aos filósofos questões até então não articuladas. A experiência não espera discretamente, fora dos gabinetes destes, o momento em que o discurso científico de prova vai convocá-la. A experiência entra sem bater à porta e anuncia mortes, crises de subsistência, guerras de trincheira, desemprego, inflação, genocídio. Pessoas morrem de fome: seus sobreviventes pensam o mercado de novas maneiras. Pessoas são presas: na prisão, pensam de novos modos sobre as leis. Diante dessas experiências gerais, antigos sistemas conceptuais podem ruir e novas problemáticas insistir em impor sua presença. Essa apresentação imperativa de efeitos do conhecimento não está prevista na epistemologia de Althusser, que é a de um recipiente – um fabricante que não se importa com a origem de sua matéria-prima, desde que ela chegue a tempo.

O que Althusser desconsidera é o *diálogo* entre o ser social e a consciência social. Obviamente, esse diálogo é bilateral. Se o ser social não é uma mesa inerte que não pode refutar um filósofo com suas pernas, a consciência social também não é um recipiente passivo de "reflexos" daquela mesa. Claro que a consciência, seja como cultura não consciente de si mesma, ou como mito, ciência, lei ou ideologia articulada, também afeta o ser: assim como o ser é pensado, assim também o pensamento é vivido – as pessoas podem, dentro de limites, *viver* as expectativas sociais ou sexuais que lhes são impostas pelas categorias conceptuais dominantes.

Foi habitual entre os marxistas – na verdade, foi um dia considerado prioridade metodológica característica do marxismo – ressaltar as pressões determinantes do ser sobre a consciência, embora nos últimos anos grande parte do "marxismo ocidental"* tenha feito o diálogo pender, mais uma vez, de modo acentuado, no sentido da dominação ideológica. Essa difícil questão, de que muitos de nós frequentemente nos ocupamos, pode ser deixada de lado por agora; de todo modo, ela é mais proveitosamente resolvida pela análise histórica e cultural do que por pronunciamentos teóricos. Se destaquei o primeiro participante do diálogo, mais do que o segundo, é porque Althusser quase nada tem a dizer sobre ele – e se recusa a atentar para as exposições dos historiadores ou antropólogos que têm algo a dizer. Seu silêncio quanto a isso é tanto culposo quanto necessário aos seus propósitos. Decorre de sua determinação anterior de fechar quaisquer interstícios, por menores que sejam, pelos quais o "empirismo" possa penetrar.

IV

Façamos um resumo. A "epistemologia" de Althusser está fundada numa exposição de procedimentos teóricos que deriva em todos os pontos não só de disciplinas intelectuais acadêmicas, mas também de *uma* (e no máximo,

---

* Cf. teste de pensamento marxista surgido nos anos de 1920 na Europa Ocidental e Central que se opunha à versão soviética "oficial", restrita à mudança do modo de produção (infraestrutura), sem considerar mudanças culturais e outras (superestrutura). N.T.

três) disciplina(s) altamente especializada(s)[9]. Trata-se, obviamente, de sua própria: a filosofia. Mas é uma filosofia de uma tradição cartesiana de exegese lógica específica, marcada já em sua origem pelas pressões da teologia católica, modificada pelo monismo de Spinoza (cuja influência satura a obra de Althusser[10]), e caracterizada, em sua conclusão, por um diálogo parisiense entre fenomenologia, existencialismo e marxismo. Desse modo, os procedimentos de que deriva uma "epistemologia" não são os da "filosofia" em geral, mas os de um determinado momento de sua presença. Não há razão que obrigue os filósofos a necessariamente identificar seus próprios procedimentos com os de todos os outros gêneros de produção de conhecimento, e muitos tiveram grandes dificuldades para estabelecer distinções. Essa é uma confusão elementar, decorrente do imperialismo acadêmico, uma tendência bastante fácil de corrigir. E que com frequência o foi.

Mas não por Althusser. Ao contrário, ele transforma em virtude seu próprio imperialismo teórico. A peculiaridade de certos ramos da filosofia e da matemática é o grau incomum de seu fechamento em si mesmos e sua autorreprodução: a lógica e a quantidade examinam seus próprios materiais, seus próprios procedimentos. Isso é o que Althusser nos oferece como paradigma dos próprios procedimentos da *Teoria*: G II (prática teórica) age sobre G I para produzir G III. A "verdade" potencial dos materiais em G I, apesar de todas as impurezas ideológicas, é garantida por um monismo spinozista oculto (*idea vera debet cum suo ideato convenire*) : uma ideia verdadeira deve concordar com seu original em natureza, ou, nos termos althusserianos, G I não se apresentaria se não correspondesse ao "real". É trabalho dos procedimentos científicos de G II purificar G I de misturas ideológicas, e produzir conhecimento (G III), cujas próprias garantias teóricas residem em sua coerência teórica (*veritas norma sui et falsi* – a verdade é o critério tanto de si mesma como da falsidade). Num breve excurso, Althusser admite que

---

9. As outras duas são a matemática – mais louvada do que utilizada – e a psicanálise, da qual se confiscam certos conceitos da maneira mais arbitrária.   .

10. A influência, raramente admitida (ver, contudo, *FM*, p. 66, nota 40) é mais evidente em *RC* (p. 42: "A filosofia de Spinoza introduziu uma revolução teórica sem precedentes na história da filosofia") e plenamente admitida nos *Essays*, p. 104, 132-141,187, 190. Cf. os úteis comentários de Perry Anderson em *Considerations on Western Marxism* (New Left Books, 1976), p. 64-65, 85.

G II possa, em certas disciplinas, seguir procedimentos um tanto diferentes: o discurso científico de prova pode até mesmo ser realizado na forma de experimento. Eis sua única concessão: as Generalidades II (ele admite) "mereceriam um exame bem mais meticuloso do que posso empreender aqui"[11]. E de fato merecem. Pois esse exame, se realizado escrupulosamente, teria revelado a confusão contínua, deliberada e teoricamente crucial, que faz Althusser entre "empirismo" (isto é, o positivismo filosófico e tudo o que lhe é afim) e o modo empírico de prática intelectual.

Essa questão se aproxima da questão do "historicismo" (assunto em que tenho um interesse declarado), e por isso não posso descartá-la muito depressa. As Generalidades I incluem aqueles eventos mentais habitualmente chamados de "fatos" ou "evidências". "Contrariamente às ilusões ideológicas (...) do empirismo ou do sensualismo" (diz-nos Althusser) esses "fatos" não são singulares ou concretos: já são "conceitos (...) de natureza ideológica." (*FM*, 183-184). A tarefa de todas as ciências[12] consiste em *Elaborar seus próprios fatos científicos, através de uma crítica dos 'fatos' ideológicos elaborados por uma prática teórica ideológica anterior*":

> Elaborar seus próprios "fatos" específicos é, ao mesmo tempo, elaborar sua própria "teoria", porque um fato científico – e não o autointitulado fenômeno puro – só é identificado no campo de uma prática teórica (*FM*, 184).

Esse trabalho de "*Elaborar seus próprios fatos*" a partir de matéria-prima de conceitos ideológicos preexistentes é feito pelas Generalidades II, que são o corpo elaborador dos conceitos e procedimentos da disciplina em questão. É admitida a existência de "dificuldades" no modo de operação de G II, mas estas não são examinadas ("devemos contentar-nos com essas indicações esquemáticas, sem entrar na dialética desse labor teórico" (*FM*, 185).

---

11. Cf. a opaca nota de rodapé de *FM*, p. 184-185.

12. Althusser segue a noção bachelardiana de uma ciência constituída por uma "ruptura epistemológica" com sua pré-história "ideológica". Tanto *FM* (ver p. 148-149) como *RC* veem o marxismo pós-1846 como constituindo uma ciência ("Teoria") dessa maneira. Em sua autocrítica ulterior, Althusser tira essa noção com a mão esquerda e em seguida a reintroduz (através do Partido) com a direita: *Essays*, p. 107-125.

Sábia opção, uma vez que as dificuldades são substanciais. Uma delas é: como o conhecimento vem a modificar-se, ou a avançar? Se a matéria-prima, ou a evidência (G I), apresentada a uma ciência (G II) já está fixada no âmbito de um determinado campo ideológico – e se G I é o *único* caminho (ainda que obscuro) pelo qual o mundo da realidade material e social pode penetrar (ideológica e envergonhadamente), nos laboratórios da Teoria, não é possível compreender mediante o que G II pode realizar alguma crítica relevante ou realista das impurezas ideológicas que lhe são apresentadas. Em resumo, o esquema de Althusser ou nos mostra como as ilusões ideológicas podem reproduzir a si mesmas interminavelmente (ou evoluir de maneiras aberrantes ou fortuitas), ou então nos propõe (com Spinoza) que os procedimentos teóricos são *em si mesmos* capazes de refinar as impurezas ideológicas dos materiais dados apenas mediante o discurso científico de prova; ou então, por fim, propõe alguma Ideia marxista (Ideia de que este mundo é um "efeito") imanente sempre preexistente fora do mundo material e social. Althusser argumenta usando alternadamente a segunda e a terceira proposições, embora seu trabalho seja na verdade uma demonstração da primeira.

Mas podemos deixar de lado essa dificuldade, já que seria cruel interrogar com muito rigor uma Generalidade que nos foi oferecida apenas com "indicações esquemáticas". É possível que Althusser esteja descrevendo procedimentos adequados a certos tipos de exercício de lógica: examinamos (digamos) uma passagem de um texto de Rousseau (G I); os usos das palavras e a coerência lógica são submetidos a escrutínio de acordo com rigorosos procedimentos filosóficos ou críticos (G II); e chegamos a um "conhecimento" (G III), que pode ser útil (e que é, nos termos de sua própria disciplina, "verdadeiro"), mas que é antes crítico do que substantivo. Confundir esses procedimentos (adequados dentro de seus próprios limites) com todos os processos de produção de conhecimento constitui o tipo de erro elementar passível de ser cometido apenas (poderíamos supor) por alunos iniciantes, habituados a assistir seminários de crítica textual desse tipo, e que são mais aprendizes do que praticantes de sua disciplina. Ainda não chegaram aos outros procedimentos (igualmente difíceis) de pesquisa, experimentação e apropriação intelectual do mundo real, sem os quais os procedimentos críticos secundários (mas importantes) não teriam sentido nem existência.

Naquela que é de longe a maior área de produção de conhecimento tem ocorrido um tipo de diálogo bem diferente. É inverídico que os indícios ou os "fatos" sob investigação cheguem sempre (como G I) numa forma já ideológica. Há nas ciências experimentais procedimentos extremamente elaborados, apropriados a cada disciplina, destinados a garantir que isso não aconteça. (Isso naturalmente não significa que os fatos científicos "revelem" seus próprios "significados" independentemente da organização conceptual). Para todas as outras disciplinas aplicadas (nas "ciências sociais" e "humanidades"), tem importância central que se elaborem procedimentos similares, embora sejam necessariamente menos exatos e mais sujeitos a determinações ideológicas. A diferença entre uma disciplina intelectual madura e uma mera formação ideológica (teologia, astrologia, certas partes da sociologia burguesa e do marxismo estalinista ortodoxo – e talvez do estruturalismo althusseriano) reside exatamente nesses procedimentos e controles. Porque, se o objeto do conhecimento consistisse apenas de "fatos" ideológicos elaborados pelos próprios procedimentos dessa disciplina, jamais haveria uma maneira de validar ou falsificar alguma proposição: não poderia haver um tribunal superior científico ou disciplinar.

O absurdo de Althusser está no modo idealista de suas construções teóricas. Seu pensamento é fruto do determinismo econômico fascinado pelo idealismo teorista. Postula (sem tentar "provar" ou "garantir") a existência da realidade material: este último ponto aceitamos. Postula ainda a existência de um mundo ("exterior") material de realidade social, cuja organização determinada é sempre, em última instância, "econômica"; a prova disto está, não na obra de Althusser – nem seria razoável pedir essa prova à obra de um filósofo – mas na obra madura de Marx. Esse trabalho já chega pronto no começo da pesquisa de Althusser, como conhecimento concreto, embora nem sempre cônscio de sua própria prática teórica. A tarefa de Althusser consiste em aprimorar o conhecimento que ele tem de si mesmo, assim como rejeitar várias repugnantes impurezas ideológicas que surgiram nos silêncios de seus interstícios. Logo, um conhecimento dado (a obra de Marx) é a base dos procedimentos de Althusser em cada um dos três níveis de sua hierarquia: a obra de Marx chega a G I – por mais elaborada que seja – como "matéria-prima"; é interrogada e processada (G II) de acordo com princípios de "ciência" derivados de seus *aperçus* [exames] maduros, pressupostos tácitos, metodologias implícitas etc.; e o resultado é a confirmação e reforço do conhecimento concreto (G III) que as partes aprovadas da obra de Marx já anunciam.

Mal parece necessário insistir que esse procedimento é totalmente autoconfirmador. Ele se move no círculo não só de sua própria problemática, mas também de procedimentos autoperpetuadores e autoelaboradores. Esta é (aos olhos de Althusser e seus seguidores) justamente a virtude dessa prática teórica. Trata-se de um sistema fechado em cujo âmbito os conceitos circulam interminavelmente, reconhecem-se e interrogam-se uns aos outros – e a intensidade de sua repetitiva vida introversiva é confundida com uma "ciência". Essa "ciência" é então projetada de volta na obra de Marx – propõe-se que seus procedimentos eram da mesma ordem e que, depois do milagre da "ruptura epistemológica" (uma concepção imaculada que não exigiu nenhuma fecundação empírica vulgar), tudo se seguiu em termos da elaboração do pensamento e de sua organização estrutural.

> Posso resumir numa frase tudo o que precede? Essa frase descreve um círculo: uma leitura filosófica de *O capital* só é possível como a aplicação daquilo que constitui o próprio objeto de nossa investigação: a filosofia marxista. Esse círculo só é possível epistemologicamente devido à existência da filosofia de Marx nas obras do marxismo (*RC*, 34).

Para facilitar o "discurso científico de prova", voltamos a certos trechos de Marx, mas agora como matéria-prima (G I): a mão se estende sobre toda a obra "imatura" de Marx, sobre quase todas as obras de Engels, as passagens da obra madura de Marx que exemplificam a prática do materialismo histórico, a correspondência entre Marx e Engels (que nos leva diretamente ao seu laboratório e nos mostra seus procedimentos) e a maior parte do próprio *O capital* ("ilustrações"). Contudo, por entre os dedos da mão podemos espreitar frases de Marx tiradas de contexto, "silêncios", e mediações subarticuladas, que são castigadas e disciplinadas até que se conformem à autossuficiência da prática teórica. Naturalmente. Se as questões são propostas assim, e se o material é interrogado desse modo, já contendo suas respostas, e podendo responder a essas perguntas e não a outras, é de esperar que ofereça ao interrogador uma submissa obediência.

Esse modo de pensar é *exatamente* o que de modo geral se considera, na tradição marxista, idealismo. Esse idealismo consiste não em postular ou negar o primado de um mundo material ulterior, mas em postular um universo conceptual autogerador que impõe sua própria idealidade aos fenômenos da existência material e social, em vez de entabular um diálogo contínuo com eles. Se há um "marxismo" do mundo contemporâneo que Marx ou Engels reconheceriam imediatamente como idealismo, trata-se do estruturalismo althusseriano[13]. A categoria ganhou uma primazia sobre seu referente material; a estrutura conceptual paira sobre o ser social e o domina.

V

Não me proponho a contrapor ao paradigma da produção do conhecimento proposto por Althusser um paradigma universal, alternativo, de minha autoria. Mas vou acompanhar Althusser um pouco mais em minha própria disciplina. Não é fácil fazê-lo mantendo a calma, pois suas repetidas referências à história e ao "historicismo" demonstram seu imperialismo teórico em suas formas mais arrogantes. Em nenhum momento seus comentários revelam familiaridade nem compreensão dos procedimentos históricos, isto é, dos procedimentos que fazem da "história" uma *disciplina* e não uma algaravia de afirmações ideológicas alternativas e que lhe proporcionam seu próprio discurso científico de prova relevante.

---

13. Para uma excelente demonstração da incompatibilidade entre o método de Althusser e o de Marx, cf. Derek Sayer, "Science as critique: Marx versus Althusser", em J. Mepham e D. Rubin (orgs.). *Essays in marxist philosophy* (Harvester, 1978). Julguei todo esse ensaio útil, o mesmo ocorrendo com o lúcido e completo estudo de Simon Clarke, "Althusserian Marxism", um importante estudo ainda inédito (cópias podem ser obtidas do autor no Departamento de Sociologia da University of Warwick).

Mas não vamos nos perturbar. Abordemos esse problema não a partir de seus subúrbios (aquilo que os historiadores *julgam* fazer ao consultar e argumentar sobre "evidências"), mas na própria cidadela: a noção althusseriana de teoria. Se pudermos tomar essa cidadela imperial, altaneira, encastelada (e absurda), pouparemos nossas energias das escaramuças no terreno circundante. Teremos nos apossado do território.

A história (diz-nos Althusser) "dificilmente existe a não ser (...) como a 'aplicação' de uma teoria (...) que não existe em nenhum sentido real". As "'aplicações' da teoria da história de algum modo ocorrem nas costas dessa teoria ausente, e são naturalmente confundidas com ela". Essa "teoria ausente" depende de "esboços de teoria mais ou menos ideológicos":

> Devemos levar a sério *o fato de que a teoria da história, no sentido estrito, não existe*, ou que só existe para os historiadores, que os conceitos de história existentes são, portanto, quase sempre conceitos "empíricos" mais ou menos em busca de seu fundamento teórico – "empíricos" no sentido de fortemente marcados por uma ideologia oculta sob sua "obviedade". Esse é o caso dos melhores historiadores, que se distinguem dos outros precisamente por sua preocupação teórica, mas que buscam essa teoria num nível em que ela não pode se encontrar, o nível da *metodologia* histórica, que não pode definir-se fora da *teoria* que a fundamenta (*RC,* 110).

Façamos uma breve pausa para observar algo estranho. Existe há 50 anos ou mais (muito mais, se nos lembrarmos de Engels e Marx) uma historiografia marxista que, como já observei, tem hoje uma presença internacional. É curioso, portanto, que todos esses historiadores (grupo que pode conter, supomos, um ou dois que Althusser situaria entre "os melhores") tenham trabalhado ao longo de todas essas décadas sem nenhuma teoria. Porque eles acreditavam que sua teoria fosse exatamente derivada em parte de Marx; ou daquilo que Althusser designaria como Teoria. Isto é, figuravam entre os conceitos críticos empregados por esses historiadores todo dia em sua prática os de exploração, luta de classes, classe, determinismo, ideologia, e de feudalismo e capitalismo como modos de produção etc. etc. – conceitos derivados de uma tradição teórica marxista e por ela validados.

Eis, portanto, algo estranho. Os historiadores não têm teoria. Os historiadores marxistas também não. A Teoria Histórica, portanto, tem de ser algo diferente da teoria histórica marxista.

Mas retomemos nosso exame da cidadela. Temos de escalar penhasco após penhasco até alcançar o topo. A teoria não pode ser encontrada "no nível" da prática histórica, seja marxista ou não. *Esplêndido!*

> A verdade da história não pode ser lida em seu discurso manifesto, porque o texto da história não é um texto em que uma voz (o Logos) fale, mas a notação inaudível e ilegível dos efeitos de uma estrutura de estruturas (*RC*, 17).

Não são muitos os historiadores que supõem que o "discurso manifesto" da história revela voluntariamente alguma "verdade", nem que o Logos está murmurando em seus ouvidos. Mesmo assim, a antítese formulada por Althusser é um tanto imprópria. "Inaudível e ilegível"? Não totalmente. "Notação dos efeitos"? Talvez: como metáfora poderíamos deixar passar. Mas não seria ela uma metáfora que leva precisamente à noção da abstração de uma essência "do real que a contém e a encerra, ocultando-a" que Althusser, num estado de espírito diferente, critica como a marca distintiva do "empirismo"? (ver *RC*, 35-37). "Dos efeitos de uma estrutura de estruturas"? Onde, então, estará situada essa "estrutura de estruturas" se ela não está sujeita a nenhuma investigação "empírica" e (lembramos) está fora do "nível" da metodologia histórica? Se pudermos fazer uma pergunta vulgar: essa "estrutura de estruturas" está *aí*, mergulhada nos acontecimentos da história, ou está em algum outro lugar fora daí – por exemplo, um Logos que fala, não a partir do texto da história, mas a partir de alguma cabeça filosófica?

A questão é irrelevante, e, pior ainda, é imprópria, diz Althusser; ela é culposa: nasce de uma problemática burguesa e empirista. Dizer que a estrutura poderia ser revelada pelos procedimentos da investigação histórica não tem sentido, porque tudo o que nos é dado conhecer da história são certas representações conceptuais: Generalidades I impuras. Assim, a "verdade" histórica só pode ser revelada dentro da própria teoria, mediante procedimentos teóricos ("o processo que produz o conhecimento-concreto ocorre totalmente na prática teórica") (*FM*, 186). O rigor formal desses procedimentos é a única prova da "verdade" desse conhecimento, e de sua correspondência aos fenômenos "reais": o conhecimento-concreto assim estabelecido traz consigo todas as "garantias" necessárias – ou que podem ser obtidas. "A história em si não é uma temporalidade, mas uma categoria epistemológica que designa o objeto de uma certa ciência, o materialismo histórico"[14]. "O conhecimento da história não é mais histórico do que o conhecimento do açúcar é açucarado" (*RC*, 106).

Essa escalada final até a cidadela é defendida por uma rede idealista de asserções cuja textura é tão densa que a faz quase impenetrável. Só podemos construir nosso conhecimento da história *"no interior do conhecimento*, no processo de conhecimento, e não no desenvolvimento do real-concreto" (*RC*, 49/11). E, claro, como tudo o que pensamos se passa no interior do pensamento e em símbolos, códigos e representações, isso é um truísmo. O que causa surpresa é que tenha sido possível a um filósofo, no final da década de 1960, repetir esses truísmos com tamanha fúria retórica, tão contundente crítica a adversários (nunca identificados) e tamanha pretensão de novidade. Mas a retórica e as atitudes de severidade não são "inocentes"; constituem recursos para levar o leitor desses truísmos à proposição muito diferente de que o conhecimento surge *totalmente* no interior do pensamento, por meio de sua própria autoextrapolação teórica. Assim é possível, numa única supressão, rejeitar tanto a questão da experiência (como G I se apresenta à teoria) como a questão dos procedimentos específicos de investigação (experimental ou outra) que constituem aquele "diálogo" empírico que logo vou considerar. Diz Althusser:

> Uma vez que estejam verdadeiramente constituídas e desenvolvidas[15], [as ciências] não precisam absolutamente da verificação de práticas *exteriores* para declarar que os conhecimentos que produzem são "verdadeiros, isto é, que são *conhecimentos*. Nenhum matemático do mundo espera que a física *verifique*

---

14. Tal como definido no glossário preparado para a edição inglesa de *Lire le Capital* por Ben Brewster e aprovado por Althusser.

15. Cf. a nota 12 acima. A ênfase em *RC* (p. 63-64 e outros trechos) tende a sugerir que a experiência e "outras práticas" (embora talvez sejam permissíveis nas ciências naturais) são indícios da pré-história de uma ciência.

> um teorema para o declarar demonstrado... A "verdade" de seu teorema é 100% fornecida por critérios puramente internos da prática da demonstração matemática, e, portanto, pelo *critério da prática matemática*, isto é, pelas formas exigidas pela cientificidade matemática existente. Podemos dizer o mesmo sobre os resultados de toda ciência (*RC*, 29).

Podemos de fato? Mais uma vez, Althusser recorre a uma disciplina que, na medida em que considera a lógica de seu próprio material, é um caso especial: a noção de que a matemática poderia servir de paradigma, não só para a lógica mas para a produção do conhecimento, tem sido frequente na tradição cartesiana, tanto quanto no pensamento herege de Spinoza. E Althusser continua, declarando triunfalmente:

> Devemos dizer o mesmo da ciência que nos interessa ao máximo: o materialismo histórico. A teoria de Marx pôde ser aplicada com êxito por ser "verdadeira", em vez de ser verdadeira por ser aplicada com êxito (*RC*, 63/1).

A afirmação encerra a sua própria premissa: *como* é verdadeira (não demonstrada), a teoria de Marx foi aplicada com êxito. As teorias verdadeiras podem, em geral, ser aplicadas com êxito. Mas como vamos determinar esse êxito? Dentro da disciplina histórica? E que dizer das ocasiões em que as teorias de Marx foram aplicadas sem sucesso? Se propuséssemos isso na forma de "foi possível aplicar a teoria de Marx com êxito na medida em que ela é 'verdadeira'; onde teve êxito, a teoria confirmou a sua verdade", então nos encontraríamos no âmbito de um discurso epistemológico diferente.

Resumindo: Althusser admite, numa cláusula perfunctória (e esta é, decerto, uma questão em um nível realmente muito baixo de teoria) que "não há dúvida alguma de que existe entre o *pensamento* sobre o real e esse *real* uma relação de conhecimento, uma relação de adequação ou de inadequação do conhecimento, e não uma relação real, no sentido de relação inscrita *nesse real* de que o pensamento é o conhecimento adequado ou inadequado":

> Essa relação de conhecimento entre conhecimento do real e real não é uma relação *do real* que é conhecido nessa relação. A distinção entre relação do conhecimento e relação do real é fundamental; se não a respeitarmos, cairemos infalivelmente

ou no idealismo especulativo (se, como Hegel, confundirmos o pensamento e o real pela redução do real ao pensamento, ao *'conceber o real como o resultado do pensamento...'*) ou então no idealismo empirista, se confundirmos o pensamento com o real ao reduzir o pensamento do real ao próprio real (*RC*, 24/11).

Não tenho a pretensão de entender isso muito bem. Não me ocorreria definir a relação entre o conhecimento e seu objeto real em termos de uma "relação" na qual houvesse duas partes *ativas* – o "real", por assim dizer, tentando revelar-se ativamente à mente receptora. O real, embora ativo em suas outras manifestações, é epistemologicamente nulo ou inerte: quer dizer, só se pode tornar objeto da investigação epistemológica no ponto em que penetra o campo de percepção ou conhecimento. Nas palavras de Caudwell, "objeto e sujeito, tal como se mostram na relação mental, passam a existir simultaneamente" e "o conhecer é uma relação mutuamente determinante entre conhecer e ser"[16]. Não pode haver meios de decidir sobre a "adequação ou inadequação" do *conhecimento* (em contraposição aos casos especiais da lógica, matemática etc.) a menos que suponhamos haver procedimentos (um "diálogo" da prática) destinados a estabelecer a correspondência entre esse conhecimento e propriedades "inscritas" nesse real.

Mais uma vez, Althusser pulou de um truísmo para um solipsismo teórico. Abordou o problema afirmando um lugar-comum que não oferece dificuldades:

> O pensamento do real, a concepção do real, e todas as operações de pensamento pelas quais o real é pensado e concebido, pertencem à ordem do pensar, ao elemento do pensamento, que não se pode confundir com a ordem do real (*RC*, 24/11).

Onde mais poderia ocorrer o pensamento? Mas a "relação de conhecimento entre conhecimento do real e real" pode ainda perfeitamente ser uma relação real e determinante, isto é, uma relação de apropriação ativa por uma parte (pensamento) da outra parte (atributos seletivos do real), e essa relação pode ocorrer *não em quaisquer termos que o pensamento prescreva*, mas de maneiras que são determinadas pelas propriedades do objeto real: as

---

16. Cf. meu ensaio sobre "Caudwell", *Socialist Register*, 1977, p. 241.

propriedades da realidade determinam tanto os procedimentos adequados de pensamento (isto é, sua "adequação ou inadequação") como seu produto. Nisso consiste o diálogo entre consciência e ser.

Vou dar um exemplo (...) e eureka! Eu vejo minha mesa. O fato de ser um objeto "nulo ou inerte" não impede que esse objeto seja uma parte determinante em uma relação sujeito-objeto. Não se conhece nenhum pedaço de madeira que se tenha um dia transformado a si mesmo em uma mesa; nem se conhece qualquer marceneiro que tenha feito uma mesa de ar ou de serragem. O marceneiro se apropria da madeira e, ao transformá-la com seu trabalho numa mesa, é governado tanto por sua habilidade (prática teórica, nascida de uma *história*, ou "experiência", de fazer mesas, bem como uma história da evolução das ferramentas adequadas) como pelas qualidades (tamanho, textura, amadurecimento) do próprio pedaço de madeira. A madeira impõe suas propriedades e sua "lógica" ao marceneiro, assim como este impõe suas ferramentas, suas habilidades e sua concepção ideal de mesas à madeira.

Essa ilustração pode nos dizer pouco sobre a relação entre o pensamento e seu objeto, já que o pensamento não é um marceneiro, nem se ocupa ele desse tipo de processo de manufatura. Mas pode servir para ressaltar uma possível forma de relação entre um sujeito ativo e um objeto "inerte", relação na qual o objeto permanece (dentro de limites) determinante: a madeira não pode determinar o que é feito, nem se é bem ou malfeito, mas pode sem dúvida determinar o que não pode ser feito, os limites (tamanho, resistência, etc.) daquilo que é feito e as habilidades e ferramentas necessárias para a feitura. Numa equação assim, o "pensamento" (se é "verdadeiro") só pode representar o que é adequado às propriedades determinadas de seu objeto real, e deve operar dentro desse campo determinado. Se sai dele, então se transforma num remendar malfeito, extravagante e especulativo, e na autoextrapolação de um "conhecimento" de mesas a partir de um fanatismo preexistente. Dado que não corresponde à realidade da madeira, esse "conhecimento" logo demonstrará sua "adequação ou inadequação": assim que nos sentarmos, a mesa provavelmente vai desabar, derramando no chão toda a sua série de elaborados molhos epistemológicos.

O objeto real (como eu disse) é epistemologicamente inerte: isto é, ele não pode se impor ou se revelar ao conhecimento; tudo isso ocorre no pensamento e em seus procedimentos. Mas isso não significa que seja inerte de outras maneiras: ele de forma alguma precisa ser sociológica ou ideologicamente inerte. E, sobretudo, o real não está "lá fora" enquanto o pensamento está no silencioso auditório de nossas cabeças, "aqui dentro". Pensamento e ser habitam um único espaço, que somos nós mesmos. Mesmo quando pensamos, também sentimos fome e ódio, adoecemos ou amamos, e a consciência se entrelaça ao ser; mesmo quando contemplamos o "real" sentimos nossa própria realidade palpável. Assim, os problemas que as "matérias-primas" apresentam ao pensamento consistem com frequência justo em suas qualidades muito ativas, indicativas e invasivas. Porque o diálogo entre a consciência e o ser se torna cada vez mais complexo – na verdade, chega imediatamente a uma *ordem* distinta de complexidade, que apresenta uma *ordem* distinta de problemas epistemológicos – quando a consciência crítica está atuando sobre uma matéria-prima constituída de seu próprio material: artefatos intelectuais, relações sociais, o fato histórico.

Um historiador – e sem dúvida um historiador marxista – deveria ter plena consciência disso. O texto morto e inerte de sua evidência não é de forma alguma "inaudível"; ele tem uma clamorosa vitalidade própria; vozes clamam do passado, afirmando seus próprios significados, parecendo revelar seu próprio conhecimento de si mesmas como conhecimento. Se nos referimos a um "fato" corriqueiro – "O Rei Zed morreu em 1100 A.D." – já estamos nos referindo a um conceito de realeza: as relações de dominação e subordinação, as funções e papel do cargo, o carisma e dotes mágicos vinculados a esse papel etc., e isso nos é apresentado não apenas como um objeto de investigação, um conceito que desempenhou determinadas funções na mediação de relações em uma dada sociedade, com (talvez) várias notações conflitantes desse conceito endossadas por diferentes grupos sociais (sacerdotes, criadas) naquela sociedade – e não somente isso, algo que o historiador tem de reconstituir com dificuldade, mas também o fato de a evidência ser recebida por ele em um dado quadro teórico (a disciplina da história, que também tem uma história e um presente controvertido) que aprimorou o conceito de realeza, a partir do estudo de muitos exemplos de realeza em sociedades bem diferentes entre si, de que resultam conceitos de realeza muito diferentes dos existentes na imediaticidade, no poder, no senso comum ou no mito, daqueles que testemunharam na prática a morte do Rei Zed.

Essas são dificuldades imensas. Mas as dificuldades se multiplicam muitas vezes quando *consideramos não um fato ou conceito* (realeza) mas eventos que a maioria dos historiadores considera centrais ao seu estudo: o "processo" histórico, a inter-relação de fenômenos díspares (como economias e ideologias), a causação. A relação entre o pensamento e seu objeto fica agora extremamente complexa e mediada; além disso, o conhecimento histórico resultante estabelece relações entre fenômenos que nunca poderiam ser vistos, sentidos ou vivenciados pelos atores dessa maneira naquela época; e ele organiza as constatações de acordo com conceitos e segundo categorias que eram desconhecidos dos homens e mulheres cujos atos constituem o objeto de estudo – todas essas dificuldades são tão imensas que fica evidente que a história "real" e o conhecimento histórico são coisas totalmente distintas. E eles certamente são. Que mais poderiam ser? Mas disso vai se concluir que devemos derrubar a ponte entre eles? Não pode o objeto (história real) permanecer ainda numa relação "objetiva" (empiricamente verificável) com seu conhecimento, uma relação que (dentro de limites) tem caráter determinante?

Diante das complexidades dessa conclusão, certa espécie de mente racional (e, em particular, uma mente racional que desconhece o saber prático dos procedimentos históricos e impaciente por achar um caminho fácil para o Absoluto) recua. Trata-se de um recuo que pode assumir muitas formas. É interessante (e deve ser interessante para marxistas) que, na fase inicial do recuo, tanto o empirismo como o estruturalismo althusseriano cheguem a um idêntico repúdio ao "historicismo". Logo, as posições de Althusser, longe de serem originais, significam uma capitulação a décadas de crítica acadêmica convencional da historiografia, cujo resultado tem sido às vezes relativista (a "história" como uma expressão das preocupações do presente), outras vezes idealista e teorista e outras ainda um ceticismo extremamente radical quanto às credenciais epistemológicas da história. Uma via pode ter passado por Husserl e Heidegger; outra, por Hegel e Lukács; e, outra ainda, por uma tradição mais "empírica" de filosofia linguística "anglo-saxã" – mas todas as vias levaram a um destino comum.

Ao final de sua laboriosa vida, o formidável praticante do materialismo histórico que foi Marc Bloch pôde supor com robusta confiança o caráter objetivo e determinante de seu material: "O passado é, por definição, um dado que nada no futuro vai modificar"[17]. Na década de 1960, tal confiança não podia ser expressa em companhia intelectual respeitável; era possível que um autor talentoso, parte da tradição marxista, supusesse que o relativismo histórico é um lugar-comum:

> Para as ciências humanas, a individualidade histórica é construída mediante a escolha do que é essencial *para nós*, isto é, em termos de nossos juízos de valor. Logo, a realidade histórica se altera de época para época, com modificações na hierarquia dos valores[18].

As razões particulares propostas para a falta de credibilidade epistemológica da história foram diferentes, tal como o foram as soluções oferecidas; mas Oakeshott e Althusser, Lucien Goldmann e Raymond Aron, Popper e Hindess/Hirst, todos eles voltaram sua atenção para a mesma área, com intentos semelhantes[19].

A "história" talvez tenha causado essa vingança contra si mesma. Não pretendo negar que os séculos XIX e XX criaram autênticos e por vezes monstruosos "historicismos" (noções evolutivas, teleológicas e essencialistas da automotivação da "história"); nem que esse mesmo historicismo impregnou certa parte da tradição marxista, na noção de uma sucessão *programada*

---

17. Marc Bloch, *The historian's craft* (Manchester, 1954), p. 58.

18. Lucien Goldmann, *The human Sciences and philosophy* (Londres, 1969), p. 42-43.

19. Os motivos dessa compatibilidade residem em uma compatibilidade maior entre a epistemologia althusseriana e a positivista. Isso foi apontado há um bom tempo, numa forte polêmica, por Paul Piccone, "Structuralist Marxism?", *Radical America*, III, n. 5, setembro 1969, que concluiu: "Althusser não conhece a história do positivismo recente, e por isso não compreende que se apropriou, sem o perceber, de toda a problemática abandonada por esse movimento" (p. 27-28). Para uma correspondência exata com as proposições de Althusser, cf. M. Oakeshott, *Experience and its Modes* (Cambridge, 1933), p. 168. Para um resumo dessa compatibilidade, cf. H. Gilliam, "The dialetics of realism and idealism in modern historiographic theory". *History and Theory*, XV, 3, 1976.

de "fases" históricas que rumam para um fim predeterminado pela luta de classes. Tudo isso mereceu severas admoestações. Mas a admoestação dirigida ao materialismo histórico supunha com demasiada frequência sua culpa, sem proceder a uma investigação escrupulosa da sua prática; ou, se eram identificados exemplos de culpa (frequentemente na obra de ideólogos, mais que na prática madura de historiadores), supunha-se então que estes invalidavam todo o exercício, em vez de apenas colocar na berlinda o praticante ou a maturidade do conhecimento histórico. E se críticos e filósofos (exceto Collingwood) foram geralmente culpados dessa conveniente elisão, ninguém foi mais exagerado na atribuição de "historicismo" à prática do materialismo histórico do que Althusser: do começo ao fim, a prática dos historiadores (e dos historiadores marxistas) é considerada por ele de uma dada maneira, mas não examinada.

Lancemos contra os críticos o exame detido da crítica, e vejamos como Althusser e Popper chegaram à rejeição comum do "historicismo". Para Popper, há um sentido bem limitado no qual admite que certos "fatos" da história são empiricamente verificáveis. Mas quando entramos na obscura (porém vital) fronteira que vai dos fatos isolados ou evidências particulares a questões de processo, formações sociais e relações, ou causação, adentramos imediatamente um domínio no qual devemos ser ou culpados de "historicismo" (que consiste, para ele, em parte, na atribuição à história de leis de previsão, ou na proposição de "interpretações gerais" que derivam de categorias "holistas" impróprias impostas pela mente interpretadora, que são empiricamente inverificáveis e que nós mesmos contrabandeamos para a história), ou estar confessadamente oferecendo uma interpretação como um "ponto de vista". Os fatos discretos estão, seja como for, contaminados pela sua proveniência aleatória ou pré-selecionada. Indícios sobre o passado sobrevivem seja de maneiras arbitrárias ou de maneiras que impõem uma pressuposição particular ao investigador histórico; e já que

> As chamadas "fontes" da história registram apenas os fatos que se mostraram suficientemente interessantes para ser registrados (...), as fontes em geral contêm apenas fatos que se enquadram numa teoria preconcebida. E como não há fatos adicionais dis-

poníveis, não será possível, de modo geral, comprovar esta ou qualquer outra teoria subsequente.

A maioria das interpretações serão "circulares no sentido de que devem se enquadrar na interpretação usada na seleção original dos fatos". Por isso, o conhecimento histórico, em qualquer sentido amplo ou geral, constitui seu próprio artefato. Embora Popper admita que uma interpretação possa ser *falseada* se não corresponder a fatos discretos empiricamente verificáveis (uma admissão que Althusser não pode fazer), segundo seus critérios de prova – derivados das ciências naturais –, não podemos ir mais longe. Sendo impossível a prova experimental de toda interpretação, esta pertence a uma categoria externa ao conhecimento histórico ("ponto de vista") – embora cada geração tenha o direito, e mesmo uma "necessidade premente", de apresentar sua interpretação ou ponto de vista como contribuição a seu próprio autoentendimento e autoavaliação[20].

Por isso, Popper diz que não podemos conhecer a "história", ou no máximo podemos conhecer somente fatos isolados (aqueles que vieram a sobreviver mediante sua própria autosseleção ou a autosseleção histórica). A interpretação consiste na introdução de um ponto de vista, que pode ser legítimo (com outros fundamentos), mas não constitui um conhecimento verdadeiro. Althusser parte mais ou menos da mesma premissa[21], ainda que mesmo a sugestão de que podemos conhecer os fatos isolados seja menosprezada por ele, já que nenhum fato pode obter identidade epistemológica (ou a significação de qualquer significado) sem ser situado em um campo teórico (ou ideológico); e o ato teórico é anterior a tudo que pretenda ser investigação "empírica", e a constitui.

No esquema de Althusser, a ideologia (ou Teoria) assume as funções propostas por Popper como interpretação ou ponto de vista. É apenas nas conclusões dos dois que encontramos entre eles alguma discordância marcada. Para Popper, "não há história da humanidade, mas apenas um número

---

20. K.R. Popper, *The open society and its enemies* (1962) II, p. 265-268. [Ed. Bras. *A sociedade aberta e seus inimigos*. Belo Horizonte/São Paulo: Itatiaia/Edusp, 1988.]
21. Hindess e Hirst seguem as mesmas premissas positivistas de modo ainda mais servil: cf. p. 2-3, 310, 311.

indefinido de histórias de todos os tipos de aspectos da vida humana". Essas histórias são criadas por historiadores a partir de uma "matéria infinita" de acordo com preocupações contemporâneas[22]. A ênfase recai, com a monotonia de um martelo de vapor, sobre a incognoscibilidade de todo processo histórico objetivo e sobre os perigos da atribuição "historicista". Devemos procurar, às apalpadelas, o caminho de volta na penumbra empirista, identificando os fatos obscuros aos nossos pés, aos poucos e um por vez. Mas onde Popper vê perigo, Althusser vê uma excelente oportunidade, um espaço conceptual, um espaço vazio que convida à sua ocupação imperial. O processo histórico é incognoscível como objeto real: o conhecimento histórico é produto da teoria; a teoria *inventa* a história, seja como ideologia ou como Teoria ("ciência"). O único problema é (lembramos) que "a teoria da história, no sentido forte, não existe". Contudo, Althusser pode oferecer essa teoria aos historiadores. Não precisamos tatear no escuro: vamos passar, dando um gigantesco salto epistemológico, da escuridão à luz.

Já comentamos esse espantoso idealismo. Na verdade, Althusser é rigoroso, e até rígido, em relação ao idealismo. "O idealismo especulativo" (ele nos diz) confunde o pensamento e o real ao reduzir o real ao pensamento e ao "conceber o real como resultado do pensamento". Althusser, no entanto, não faz, com tantas palavras, esse gesto supérfluo. (A negação explícita da existência prévia de um mundo material poderia até mesmo atrair para ele alguns olhares curiosos dos líderes do PCF.) Como um fiel "materialista", Althusser afirma que o real *existe*, em algum lugar lá fora.

> Para nós, o "real" não é um *slogan teórico*; o real é o objeto real, existe independentemente de seu conhecimento – mas que só pode ser definido por seu conhecimento. Nessa segunda relação, de cunho teórico, o real é idêntico aos meios de seu conhecimento (*FM*, 219).

E, do mesmo modo, há mais de 350 anos, um filósofo, partindo da posição oposta, declarou:

> Para nós, Deus não é um *slogan teórico*; Deus é a Causa Primeira que existe independentemente de nosso conhecimento etc.

---

22. Popper, op. cit. v. II, p. 270. Comparar com Hindess e Hirst, p. 311.

Ou, para sermos mais precisos, "O certo é que Deus nada fez na natureza que não fosse por causas segundas". Esse argumento não impediu Francis Bacon de ser acusado de secretamente ateu, e Althusser não deve se surpreender por ser acusado de dissolver a realidade numa ficção idealista. Porque, uma vez que se faça esse gesto piedoso e necessário (como uma espécie de *a priori* genético, uma cláusula "em última instância"), o "real" é lançado rapidamente fora de cena. Tudo o que o pensamento pode conhecer é o pensamento – e na verdade artefatos de pensamento bem malfeitos, "porque a mente do homem é (...) como um espelho encantado, cheia de superstição e impostura, se não for liberta e reduzida"[23]. A teoria deve corrigir isso.

Althusser não confunde tanto o pensamento com o real quanto, ao asseverar que o real é incognoscível, priva a realidade de suas propriedades determinantes, reduzindo assim o real à Teoria. Essa Teoria permanecia imanente, esperando a ruptura epistemológica de Marx. E o conhecimento que foi então apropriado (embora "revelado" fosse uma palavra melhor) por Marx não era determinado de modo algum por seu objeto. Os historiadores interpretaram *O capital* de maneira totalmente errônea:

> Eles não viram que a história aparece em *O capital* como objeto de teoria, e não como objeto real, como objeto "abstrato" (conceptual), e não como objeto concreto-real; e que os capítulos em que Marx aplica as primeiras etapas de um tratamento histórico, seja às lutas pela redução da jornada de trabalho ou à acumulação primitiva do capital, se referem à teoria da história como seu princípio, à construção do conceito de história e de suas "formas desenvolvidas", da qual a teoria econômica do modo de produção capitalista constitui uma "região" determinada (*RC*, 59/11).

E, mais uma vez:

> Apesar das aparências, Marx não analisa nenhuma "sociedade concreta", sequer a Inglaterra, que menciona constantemente no Volume I, mas o MODO DE PRODUÇÃO CAPITALISTA e nada mais. (...) Não devemos imaginar que Marx esteja analisando a situação concreta na Inglaterra quando ele a discute.

---

23. Francis Bacon, *Of the advancement of learning* (Everyman edition), p. 132.

Ele o faz apenas para "ilustrar" sua teoria (abstrata) do modo de produção capitalista (*L & P*, 76).

Usando esse manto escarlate de pele da Teoria, Althusser pode agora irromper em todo salão de conferências adjacente e, em nome da filosofia, denunciar os titulares e expropriá-los de suas pobres e falhas disciplinas que têm a pretensão de ser conhecimentos. Antes de poderem de algum modo prosseguir, essas disciplinas devem primeiro sentar-se diante de sua tribuna e aprender suas lições:

> Em particular, os especialistas que trabalham nos domínios das "Ciências Humanas" e das Ciências Sociais (domínio menor), isto é, economistas, historiadores, sociólogos, psicólogos sociais, psicólogos, historiadores de arte de literatura, da religião e de outras ideologias, e mesmo linguistas e psicanalistas – todos esses especialistas devem saber que não podem produzir conhecimentos verdadeiramente científicos em suas especialidades, a menos que reconheçam a indispensabilidade da teoria fundada por Marx. Pois ela é, em princípio, a teoria que "abre" ao conhecimento científico o "continente" no qual eles trabalham, no qual produziram até agora uns poucos conhecimentos preliminares (linguística, psicanálise) ou uns quantos elementos ou rudimentos de conhecimento (um ocasional capítulo de história, sociologia ou economia) ou puras e simples ilusões ilegitimamente chamadas de conhecimentos (*L & P*, 72).

Não importa que os vassalos desses continentes ou "domínios menores" já se considerem marxistas. Eles eram impostores e talvez devam agora arcar com um duplo imposto a ser pago à "teoria fundada por Marx" mas que ninguém, inclusive (o que é peculiar) o próprio Marx, entendeu antes da anunciação de Althusser. Quanto à minha pobre, e laboriosa, disciplina da história, a expropriação de nosso desimportante principado (sem dúvida um domínio realmente pequeno) é completa:

> Temos, mais uma vez, de purificar nosso conceito de teoria da história, e purificá-lo radicalmente, de toda contaminação pelas obviedades da história empírica, pois sabemos que essa "história empírica" não passa do aspecto desnudo da ideologia empirista da história. (...) Temos de conceber do modo mais rigoroso

a necessidade absoluta de libertar a teoria da história de todo compromisso com a temporalidade "empírica" (*RC*, 46/11).

Devemos sobretudo derrubar o "incrível poder " de um preconceito,

Que constitui a base do historicismo contemporâneo, e que nos levaria a confundir o objeto de conhecimento com o objeto real ao atribuir ao objeto de conhecimento as mesmas "qualidades" do objeto real de que ele é o conhecimento (*RC*, 46/11).

É claro que Althusser e seu regimento de assistentes pretendem impor uma tributação punitiva a esse ínfimo (e agora subjugado) domínio da história, e condenar por nossos pecados nossos descendentes até a terceira geração.

Ficamos atônitos perante esse mundo invertido de absurdos. Mas sua magia penetra as mentes que nele perambulam, a não ser que se sujeitem às armas e à disciplina da crítica. (O "senso comum" não lhes será de recurso: todo visitante é revistado na fronteira e privado dele.) Mentes encantadas se movem por campos visionários, sem humor, negociando obstáculos imaginários e degolando monstros míticos ("humanismo", "moralismo") e executam ritos tribais com a prática de textos aprovados. Há um drama: os iniciados sentem que têm algo a fazer (estão desenvolvendo uma "ciência") ao descobrir novos "silêncios" em Marx, e extrapolam ainda mais, para além das razões autoextrapolantes da Teoria. E há um drama maior, o dos hereges e das heresias, quando pupilos e discípulos se afastam da fé e surgem profetas rivais, e quando se multiplicam sub- e pós-althusserianismos e estruturalismos (linguísticos e semióticos) derivativos. Muito natural, pois é justo quando uma teoria (ou uma *teologia*) não se acha sujeita a controles empíricos que as disputas sobre a colocação de algum termo levam aos partos teóricos: o parto da partenogênese intelectual.

Eis, portanto, onde estamos: mais um espantoso espetáculo aberrante se soma à fantasmagoria de nossa época. Eis um mau momento em que viver a mente racional: para uma mente racional da tradição marxista, trata-se de uma época insuportável. Porque o mundo real também acena para a razão com suas próprias inversões. Obscenas contradições se manifestam, fazem gracejos e desaparecem; o conhecido e o desconhecido trocam de lugar; mesmo as categorias, quando as examinamos, se dissolvem e se transformam em seus opostos. No Ocidente, uma alma burguesa anseia por um "marxismo" para curar sua própria alienação; no mundo "comunista", uma autoproclamada "base socialista" dá origem a uma "superestrutura" de fé cristã ortodoxa, materialismo corrupto, nacionalismo eslavo e Soljenitsin. Nesse mundo, o "marxismo" desempenha a função de um "Aparelho ideológico de Estado" e os marxistas são alienados, não em sua autoidentidade, mas no desprezo do povo. Uma antiga e laboriosa tradição racional se decompõe em duas partes: um árido escolasticismo acadêmico e um brutal pragmatismo de poder.

Nada disso é sem precedentes. O mundo já passou por essas mudanças de cenário. Elas indicam a solução de certos problemas (ou que estes estão sendo contornados), a chegada de novos problemas, a morte de antigas questões, bem como a presença invisível de questões novas e ainda não formuladas ao nosso redor. A "Experiência" – a experiência do fascismo, do stalinismo, do racismo e do fenômeno contraditório da "afluência" da classe operária em setores de economias capitalistas – está irrompendo e exigindo de nós a reconstrução de nossas categorias. Mais uma vez, testemunhamos o "ser social" determinando a "consciência social", à medida que a experiência se impõe ao pensamento e o pressiona. Mas, desta vez, não é a ideologia burguesa e sim a consciência "científica" do marxismo que está ruindo sob essa tensão.

Eis uma época em que a razão deve ranger os dentes. Conforme o mundo se altera, devemos aprender a alterar nossa linguagem e nossos termos. Mas nunca deveríamos modificá-los *sem razão*.

VI

Para responder a Althusser, não vou me dar a vantagem de travar essa batalha em terreno favorável – ou seja, no terreno dos próprios escritos de Marx e Engels. Embora em uma batalha nesses termos quase todas as escaramuças pudessem ser ganhas (porque Marx e Engels, repetidamente e nos termos mais específicos, inferem a realidade tanto do processo como da estrutura "inscritos" na história, afirmam a objetividade do conhecimento histórico e criticam acerbamente modos de pensar "idealistas" idênticos aos de Althusser), eu me recuso a discutir nesse terreno por três motivos. Em primeiro lugar, embora cada escaramuça pudesse ser ganha, a batalha permaneceria sem decisão: tudo o que o dogma forçado a recuar precisa fazer é "ler" Marx ainda mais seletivamente, descobrir novos silêncios, repudiar mais textos[24]. Em segundo, há muito deixei de me interessar por esse tipo de defesa do marxismo como doutrina[25]. Em terceiro, embora *eu conheça esses textos*, e quem sabe até saiba como "lê-los" de uma maneira que difere da leitura de Althusser – isto é, eu os conheço como aprendiz, e, na condição de praticante do materialismo, os tenho usado na minha prática durante muitos anos, tendo-os testado e contraído uma dívida com eles, além de, ocasionalmente, descobrir neles diferentes tipos de "silêncio" ou inadequação – embora tudo isso seja verdade, creio que o momento desse tipo de exegese textual já passou.

Quanto a isso, e somente quanto a isso, posso me aproximar de alguma concordância com Althusser. Porque o fato de algum de nós apontar para uma congruência entre nossa posição e um determinado texto de Marx nada pode provar quanto à validade da proposição em questão, mas apenas confirmar uma congruência. No intervalo de cem anos, o universo intelectual se alterou, e mesmo as proposições de Marx que não exigiam revisão nem elucidação foram definidas em um determinado contexto, muitas vezes em antagonismo a opositores particulares hoje esquecidos; e em nosso novo contexto, diante de objeções novas, e talvez mais sutis, essas proposições têm de ser objeto de detida reflexão e reformulação. Trata-se de um problema histórico conhecido: tudo tem de ser repensado outra vez, e todo termo deve ser submetido a novos exames.

Tenho de me alongar mais um pouco quanto a certas objeções práticas. Embora estas se apresentem instantaneamente a todo praticante da história,

---

24. Em 1969, Althusser reduzira a dois os textos totalmente aprovados: a "Crítica do Programa de Gotha" (1875) e as "Notas marginais sobre 'Lehrbuch der poiitischen Okonomie'", de Wagner (1880): apenas estes "estão total e definitivamente isentos de todo traço de influência hegeliana". (*L. & P.*, 90.) Cf. também François George, "Lire Althusser", *Les temps moderns* (maio, 1969).

25. Cf. minha "Open letter to Leszek Kolakowski". *Socialist Register*, 1973, p. 18-33. [Incluído neste volume: "Carta aberta a Leszek Kolakowski. N.T.]

um filósofo sem dúvida as considera corriqueiras: pode-se fazê-las desaparecer com uma varinha de condão epistemológica. Mas as objeções devem ser mencionadas. Porque as descrições dos procedimentos históricos propostas por Popper ou Althusser não correspondem àquilo que a maioria dos historiadores *pensa* que está fazendo, ou "se veem" fazendo na prática. Percebe-se que alguns filósofos (e, mais ainda, sociólogos) têm uma noção teórica, porém imprecisa, do que são "fontes" históricas. Por isso, pouco se reconhece na afirmação (de Popper) de que "as chamadas 'fontes' da história registram apenas os fatos que se mostraram suficientemente interessantes para ser registrados"; nem na afirmação (de Hindess-Hirst) de que "os fatos nunca são *dados*, mas sempre produzidos". A afirmação de Popper parece dirigir a atenção para a *intencionalidade* dos atores históricos: as evidências históricas abrangem apenas os registros que esses atores *pretendiam* transmitir à posteridade e, por isso, impõem ao historiador suas intenções como regra heurística. Hindess e Hirst, que se reconhecem, em sua epistemologia, althusserianos verdadeiros (embora mais rigorosos do que seu mestre), tiram a atenção da gênese das evidências e levam para sua apropriação (dentro de um determinado campo teórico) pelo historiador, o qual "produz" fatos a partir de alguma coisa não "dada".

As duas afirmações são meias-verdades, ou seja, são inverdades. A maioria das evidências históricas sobreviveu por motivos de modo algum vinculados com a intenção dos atores de projetar uma imagem de si mesmos para a posteridade: é o caso dos registros administrativos, de tributação, de legislações, crenças e práticas religiosas, a contabilidade dos templos e mosteiros e as evidências arqueológicas de suas localizações. Talvez seja verdade que, quanto mais remontamos nas margens do tempo registrado, tanto maior a parcela das evidências que se sujeitam à atribuição de intenção de Popper. Mas isso não é uma propriedade das evidências que os historiadores e os arqueólogos antigos tenham negligenciado irresponsavelmente. Com efeito, quando eles examinam os primeiros glifos maias ou inscrições cuneiformes da Babilônia antiga, um importante objeto de estudo é justamente a intenção dos autores do registro e, por meio disso, a reconstituição de sua cosmologia, de sua astrologia e de seus calendários, seus exorcismos e sortilégios – os "interesses" dos autores dos registros.

As evidências pretendidas (oferecidas intencionalmente à posteridade) podem ser estudadas, na disciplina histórica, tão objetivamente quanto as evidências não intencionais (ou seja, a maior parte das evidências históricas, que sobrevivem por motivos independentes das intenções dos atores). No primeiro caso, as intenções são elas mesmas um objeto de pesquisa; e, nos dois casos, os "fatos" históricos são "produzidos", pelas disciplinas adequadas, com base em fatos evidenciais. Mas acaso essa confissão de que, neste sentido disciplinado, os fatos históricos são "produzidos" justifica a meia-verdade de Hindess e Hirst, de que os "fatos nunca são *dados*"? Se eles *não* fossem, em algum sentido, dados, a prática histórica ocorreria numa oficina vazia, fabricando a história (como Althusser e Hindess/Hirst gostariam de fazer) a partir de ar teórico. E o próprio *caráter dado* dos fatos, as propriedades determinadas que apresentam ao praticante, constituem metade do diálogo que caracteriza a disciplina do historiador.

Popper parece ver todas as evidências históricas como a Crônica dos Reis do Antigo Testamento. Poucas são as evidências históricas "registradas" nesse sentido autoconsciente: e aquilo que há ainda pode ser lido no sentido "infernal" de Blake, isto é, posto de cabeça para baixo e sacudido até que se revele o que os autores supunham mas não pretendiam registrar – pressupostos e atributos implícitos inscritos no texto. A maioria das fontes escritas tem valor, pouco importando o "interesse" que levou a seu registro. Um acordo de casamento entre o filho de um latifundiário e a filha de um mercador das Antilhas no século XVIII pode deixar um depósito substancial em um arquivo administrativo sobre negociações prolongadas, atos legais, acordos de propriedade, e mesmo (embora raramente) uma troca de cartas de amor. Nenhum autor teve a intenção de registrar fatos interessantes para alguma posteridade genérica, mas sim de unir e garantir propriedades de maneiras específicas, e, quem sabe, negociar uma relação humana. O historiador vai ler esse material e, à luz das questões que propõe, pode derivar dele evidências relativas a transações de propriedade, procedimentos legais, mediações entre grupos proprietários de terras e mercantis, estruturas familiares e laços de parentesco específicos, à instituição do casamento burguês ou a atitudes sexuais – evidências que nenhum dos autores teve a intenção de revelar, algumas das quais eles (talvez) se horrorizassem ao saber que seriam reveladas.

Isso acontece repetidamente: *o tempo todo*! Pessoas foram tributadas, e as listas de impostos de lareira são apropriadas não por historiadores da taxação, mas por demógrafos históricos. Pessoas pagaram dízimos, e os registros imobiliários são usados como evidência por historiadores agrários. Pessoas foram arrendatárias tributárias ou enfiteutas: seus títulos de arrendamento foram arrolados e transferidos nos arquivos do tribunal senhorial. Essas fontes essenciais são interrogadas repetidamente pelos historiadores, não só em busca de novas evidências, mas também em um diálogo no qual propõem novas questões. Assim, a um mero historiador parece tolice (de "fato", eu sei que é tolice) afirmar, com Popper, que "as fontes encerrarão, em geral, apenas fatos que se enquadram na teoria preconcebida".

A *presença* dos fatos, inscritos no registro histórico, com determinadas propriedades, não implica, naturalmente, alguma noção de que esses fatos revelam seus significados e relações (conhecimento histórico) por si mesmos e independentemente de procedimentos teóricos. Poucos empiristas diriam isto, e Popper sem dúvida não. Contudo, na medida em que essa noção sobrevira, ela o faz antes no plano da metodologia do que no da teoria; isto é, se se puder elaborar o *método* correto, geralmente quantitativo (positivismo armado com um computador), os fatos revelarão seus significados independentemente de qualquer exercício conceptual rigoroso. Já discuti com a estase desse tipo de posição "empirista" durante muitos anos em minha própria prática[26], e não pretendo me repetir aqui. Uma pequena parcela daquilo que Althusser tem a dizer sobre o "empirismo" (quando concebido como ideologia) é justa[27]. E é o reconhecimento imediato da obviedade dessa justiça – seu

---

26. Cf. por exemplo, o capítulo "Exploitation" (Exploração), de *The Making of the English Working Class*. [Ed. bras. *A formação da classe operária inglesa*.]

27. Se bem que isso é demasiada generosidade, pois a "definição" de empirismo de Althusser é tão imprecisa e deslocada, de um lado, e tão abrangente ("racionalista, "sensualista" e "pensamento hegeliano") do outro, que nos deixa apenas com um epíteto para atribuir a toda concepção que não lhe agrade. Cf. *RC*, p. 35-36.

"senso comum" e sua aceitabilidade acadêmica geral – que constitui habitualmente a porta de entrada para leitores inexperientes, e que os convida a penetrar em seu absurdo mundo silogístico.

Em vez de repetir mais uma vez essa velha história, vamos apresentá-la da seguinte maneira: o historiador está autorizado, em sua prática, a fazer uma suposição provisória de caráter epistemológico, a de que a evidência que está usando tem uma existência "real" (determinante) independentemente de sua existência nas formas de pensamento, de que essa evidência testemunha um processo histórico real e que esse processo (ou alguma compreensão aproximada dele) é o objeto do conhecimento histórico. Sem essa suposição, ele não pode agir, devendo então sentar-se em uma sala de espera na porta do departamento de filosofia a vida inteira. Supor isso não implica pressupor toda uma série de noções intelectualmente iletradas, como a de que os fatos revelam involuntariamente seus próprios significados, que as respostas são fornecidas independentemente das questões e assim por diante. Não estamos falando da pré-história, mesmo que, em certos círculos, esta sobreviva e até se instale pomposamente nas cátedras. Todo historiador sério sabe que os "fatos" são mentirosos, que trazem suas próprias cargas ideológicas, que perguntas abertas, inocentes, podem ser uma máscara para atribuições exteriores, e que mesmo as técnicas mais sofisticadas e supostamente neutras de pesquisa empírica – técnicas que nos dariam a "história" já embalada e intocada pela mente humana, através da ingestão automática do computador – podem ocultar as mais vulgares intromissões ideológicas[28]. Assim, uma coisa se sabe: conhecemos nosso ofício tão bem quanto os filósofos o deles.

As evidências históricas existem, em sua forma primária[29], não para revelar seu próprio significado, mas para serem questionadas por mentes trei-

---

28. Pode ser motivo de encorajamento a fundamentada crítica lançada (com um pequeno atraso) pelos historiadores americanos a *Time on the cross*, de Fogel e Engerman [obra que aborda a escravidão nos Estados Unidos do ponto de vista econômico usando análises estatísticas computadorizadas]. Os historiadores franceses (a julgar pelos *Annales E.S.C.* [a célebre revista francesa de história] nos últimos anos) nem sempre fizeram a mesma defesa de princípio contra as pretensões universalistas do computador.

29. Em sua forma secundária, as "descobertas" aceitas, ou o conhecimento acumulado, dos historiadores, é que sofre (ou deveria sofrer) um contínuo escrutínio crítico.

nadas em uma disciplina de desconfiança atenta. Os fatos discretos podem ser interpelados de ao menos seis maneiras diferentes: (1) antes de toda outra interrogação, devem ter examinadas suas credenciais como fatos históricos: como foram registrados? Com que objetivo? Podem ser confirmados por evidências adjacentes? E assim por diante. Eis um aspecto básico do ofício; (2) no nível de seu próprio surgimento, ou aparente autorrevelação, mas segundo uma pesquisa histórica disciplinada. Quando os fatos sob escrutínio são fenômenos sociais ou culturais, veremos que na maioria das vezes a pesquisa aduz *evidências valoradas** nas quais as próprias qualidades da autoavaliação inerente aos fenômenos (por exemplo, atitudes com relação ao casamento ou em seu âmbito) se tornam objeto de estudo; (3) como *evidências isentas de valor,* mais ou menos inertes, "neutras" (índices de mortalidade, séries de salários etc.) que são então submetidas a indagação, à luz das questões particulares propostas (de cunho demográfico, econômico, agrário). Essas indagações têm seus procedimentos próprios e adequados (por exemplo, estatísticos) voltados para limitar (embora nem sempre com sucesso) a intrusão de atribuições ideológicas; (4) como *elos em uma série linear* de ocorrências ou fatos contingentes – isto é, a história "tal como de fato aconteceu" (mas tal como nunca poderá ser plenamente conhecida) – na construção de uma exposição narrativa. Essa reconstrução (por mais desprezada que seja por filósofos e sociólogos, e por um número crescente de historiadores contemporâneos que se deixaram intimidar pelos primeiros) é um *constituinte essencial da disciplina histórica*, um pré-requisito e premissa de todo conhecimento histórico, a base de toda noção objetiva (distinta de teórica) de causação, e a preliminar indispensável da construção de uma exposição analítica ou estruturada (que identifica relações estruturais e relações causais), ainda que, no curso dessa análise, a narração primária sequencial sofra ela mesma uma radical transformação; (5) como *elos numa série lateral* de relações sociais/ideológicas/econômicas/políticas (por exemplo – este contrato é um caso especial da forma geral de contratos daquela época: esses

---

* *Valued, value-bearing, value ladden* e expressões parecidas também podem ser e têm sido traduzidas como "carregado de valor", "portador de valor", "determinado por valores". "Valorado" é mais conciso e evita os eventuais problemas de definir "carregado", "determinado"... N.T.

contratos eram governados por essas formas de lei, impunham essas formas de obrigação e subordinação), permitindo-nos então reconstituir, ou inferir, com base em muitos exemplos, pelo menos uma "secção" provisória de uma dada sociedade no passado – suas relações características de poder, domínio, parentesco, servidão, relações de mercado etc.; (6) pode decorrer disso, se aprofundarmos um pouco mais a questão, que mesmo fatos isolados possam ser questionados na busca de *evidências "sustentadoras da estrutura".*

Esta última sugestão é mais controversa. Muitos (talvez a maioria) dos historiadores praticantes concordariam com meus cinco primeiros pontos: essas formas de interrogar as evidências pertencem à disciplina e a seu próprio "discurso de prova". Um materialista histórico pode objetar que a organização estrutural de determinadas sociedades pode ser inferida não somente a partir de evidências maiores (a que chegaremos, no devido tempo) mas até certo ponto a partir de certos tipos de fatos aparentemente isolados. Nesse sentido, um arrendamento de terra existe como "fato" como uma fórmula latina inscrita em um registro de tribunal. Mas o que esse arrendamento "significava" não pode ser compreendido independentemente de toda uma estrutura de ocupação da terra e leis relacionadas, isto é, no âmbito de um *sistema* de ocupação. Portanto, esse "fato" – e muito certamente uma série de fatos da mesma ordem (pois certos filósofos da história isolam os "fatos" para escrutínio epistemológico e os colocam em sua mesa de seminário um de cada vez, ao passo que os historiadores estão sempre lidando com fatos em grupos e séries) – traz consigo um certo "índice" que aponta para o sistema, ou ao menos deveria propor ao interrogador uma questão indicativa. Da mesma forma, uma letra de câmbio é um "índice" de um determinado sistema de crédito no qual essa letra pode ser negociada.

Essa questão é significativa não só em relação à noção de Althusser de que a "estrutura" não pode ser "inscrita" no real (de que a teoria "produz" essa história), mas em relação ao nominalismo popperiano, e ao "individualismo metodológico", que considera todas as noções de coletividade e de estrutura ficções "holistas" ou abstrações impostas pelo observador. Mas, como MacIntyre mostrou, "o exército" é, no sentido de Popper, um conceito abstrato; "o soldado" é um conceito concreto, uma evidência discreta que ele admite. Entretanto,

> Não se pode caracterizar um exército com referência aos soldados que lhe pertencem. Para isso, seria necessário identificá-los como soldados; mas fazer isso já é introduzir o conceito de exército. Porque o soldado é justamente um indivíduo que pertence a um exército. Vemos assim que a caracterização dos indivíduos e a das classes têm de ser feitas em conjunto. Trata-se essencialmente de duas tarefas não separáveis[30].

Um nominalista, se fosse suficientemente rigoroso, teria que descrever o registro da enfiteuse e a letra de câmbio como textos de escritos sobre velino ou papel, além de ter dificuldades para descrever a escrita independentemente do conceito de linguagem. São os filhos dos nominalistas de antanho que hoje são os discípulos de Althusser.

Vamos parar por aqui. Mostrei certas maneiras de interrogar os fatos; e sem dúvida outros meios disciplinados e adequados podem ser propostos. Eles têm dois atributos comuns: (1) supõem que o historiador está engajado em algum tipo de encontro com uma evidência que não é infinitamente maleável ou sujeita a manipulação arbitrária, que há um sentido real e significativo no qual os fatos "existem" e que estes são determinantes, mesmo que as questões que se podem propor sejam variadas e elucidem várias interrogações e (2) envolvem uma aplicação disciplinada e ponderada, bem como uma disciplina desenvolvida precisamente para detectar toda tentativa de manipulação arbitrária; os fatos não revelarão nada por si mesmos, tendo o historiador de trabalhar arduamente para permitir que eles encontrem "suas próprias vozes". Mas, por favor, percebam: não é a voz do historiador, mas sim *a própria voz dos fatos*, mesmo que aquilo que eles podem "dizer" e certa parte de seu vocabulário sejam determinados pelas questões lançadas pelo historiador. Os fatos não podem "falar" enquanto não tiverem sido "interrogados".

Apresentei, na argumentação precedente, algumas "objeções práticas" a partir de aparências, ou seja, aquilo que o historiador pensa estar fazendo e o

---

30. Alasdair MacIntyre, "Breaking the chains of reason". *Out of apathy* (Londres, 1960), p. 219-220.

conhecimento que tem de seus próprios processos. Isso sugere procedimentos bem diferentes dos apontados por Popper. E Althusser iria encontrar em minha exposição repreensíveis capitulações à "ideologia empirista". Mas não pretendo me alongar nessa linha de defesa: ela poderia ser amplamente estendida, e amplamente desenvolvida, e poderíamos adentrar mais intimamente a oficina de trabalho do historiador. Mas apresentar uma defesa seria admitir que se fez uma acusação séria que exige essa defesa. Esse não é, no entanto, o caso: nem Popper nem Althusser evidenciam algum conhecimento íntimo dos procedimentos do historiador e nenhum deles compreende a natureza do conhecimento histórico. Popper mostra mais curiosidade, e por isso suas objeções merecem a cortesia de alguma resposta[31]. Mas suas repetidas confusões entre procedimentos nas ciências experimentais e na disciplina histórica, bem assim entre os diferentes tipos de conhecimento resultantes tornam inválido seu questionamento.[32] Althusser não mostra nenhuma curiosidade. Ele não gosta do produto, o conhecimento histórico, e sua aversão talvez seja tão grande que impeça uma maior aproximação. Ele sabe que a Teoria poderia escrever uma história melhor.

"O conhecimento da história não é mais histórico do que o conhecimento do açúcar é açucarado". Eis o que diz Althusser. Examinemos um pouco esse admirável epigrama. Ele obtém a concordância de um espírito desatento devido ao seu óbvio senso comum, e até à sua banalidade: nenhum conhecimento pode ser a mesma coisa que seu objeto. Grande verdade! E poderíamos criar uma Casa da Moeda epistemológica para cunhar epigramas da mesma ordem: "O conhecimento do Partido Comunista Francês não é mais comunista do que o conhecimento da água é molhado". (Poderíamos recomendar essa prática como distração mental durante viagens monótonas de trem.) Mesmo assim, os termos desse epigrama banal foram apresentados de modo a nos le-

---

31. As objeções de Popper ao caráter "preditivo" de certas noções de "leis" históricas têm peso, e são levantadas obstinadamente. Althusser se beneficiaria de sua leitura.

32. Num capítulo vigoroso ("The need for a philosophy of history" [A necessidade de uma filosofia da história]) em sua *Autobiography*, R.G. Collingwood denunciou exatamente essas confusões. "Estava claro para mim que todo filósofo que oferecesse uma teoria do 'método científico' sem estar em condições de oferecer uma teoria do método histórico estava enganando seu público ao apoiar seu mundo em um elefante e esperando que ninguém perguntasse o que sustentava o elefante." (Pelican, 1944, p. 61.)

var a uma falsa conclusão. Na primeira parte ("história (...) histórico"), somos lançados deliberadamente em uma ambiguidade, porque "histórico" pode significar relacionado aos acontecimentos ou evidências históricos reais ou relativo à disciplina histórica (o conhecimento da história). Althusser pretende de nós – porque um filósofo rigoroso não poderia cometer inocentemente um tal solecismo – que confundamos esses dois significados. Se ele tivesse proposto que o "conhecimento histórico não está mais relacionado com a história do que é açucarado o conhecimento do açúcar", não iríamos reconhecer imediatamente uma revelação da verdade. Suspeitaríamos (com bons motivos) de que estávamos sendo "engambelados". E examinaríamos mais criticamente a segunda parte. Por que "doce"? Que relações há entre "histórico" e "doce" que torne possível uma analogia lógica? "Histórico" é uma definição genérica; define muito geralmente uma propriedade comum de seu objeto (pertinente ao passado e não ao presente ou ao futuro). "Doce" isola uma só propriedade, entre várias outras que se poderiam propor. O açúcar tem propriedades e constituição químicas, pode ser mascavo ou branco, vir em cubos ou em pó, tem o peso x e seu preço continua subindo. A propriedade isolada por Althusser – doçura – não se relaciona com o conhecimento, mas com a percepção sensória. O açúcar tem *gosto doce*, mas ninguém já provou o sabor da história, que talvez fosse amargo. Portanto, essas duas partes da afirmação têm entre si apenas uma relação retórica ou polêmica.

Um equilíbrio honesto das duas nos teria dado o seguinte: "O conhecimento da história não é mais histórico do que o gosto do açúcar é doce". Isso não teria surpreendido os inocentes leitores com a sabedoria da Teoria, nem os teria feito correr para consultar Bachelard e Lacan. A afirmação poderia ter sido proposta de uma outra forma ainda: "O conhecimento da história não é mais histórico do que o conhecimento do açúcar é químico". Isso nos teria aproximado mais de uma analogia, só que não teria servido tão bem ao propósito do artifício enganador de Althusser. Porque, nesse caso, raciocinaríamos que o conhecimento da história *é* histórico (pertinente à disciplina histórica) exatamente do mesmo modo como o conhecimento do açúcar é químico (encontra sua definição na ciência química).

O que Althusser quer nos transmitir com seu epigrama é o seguinte: "o conhecimento da história não tem com a história real maior relação do que o conhecimento do açúcar tem com o açúcar real". Veríamos, então, que não nos foi oferecida uma admirável descoberta, mas ou um truísmo epistemológico (o pensamento não é a mesma coisa que seu objeto) ou então uma proposição cujos dois segmentos são inexatos e cujas implicações são até um pouco absurdas. Contudo, somos convidados a entrar no teatro althusseriano mediante muitas roletas verbais desse tipo: "compramos" essas proposições exaltadas como o preço da entrada. Tudo o que precisamos dar em troca é um pouco de nossa razão. E assim que entramos no teatro, verificamos que *não* há saídas.

Seria possível examinar outras proposições corrompidas da mesma maneira, mas não vou expor meus leitores ao tédio. É hora de fazer uma pergunta mais séria: como Althusser, o arquiteto racional, construiu esse teatro do absurdo? De que problemas ele se ocupava, problemas cujas complexidades o levaram a essas agonias de autoengano? Poderíamos propor uma resposta em dois níveis diferentes: o ideológico e o teórico. Deixemos de lado, por ora, a investigação ideológica. Primeiro vamos fazer-lhe a justiça de considerar suas ideias segundo sua autoavaliação: vamos supor que Althusser chegou ao irracionalismo por processos racionais (ainda que falhos).

Vimos que a fratura central que percorre todo o pensamento de Althusser é uma confusão entre procedimentos empíricos, controles empíricos e alguma coisa que ele chama de "empirismo". Essa fratura invalida não uma ou outra parte de seu pensamento, mas seu pensamento como um todo. Sua posição epistemológica o impede de compreender os dois "diálogos" a partir dos quais se forma nosso conhecimento: em primeiro lugar, o diálogo entre o ser social e a consciência social, que origina a experiência; em segundo, o diálogo entre a organização teórica (em toda a sua complexidade) das evidências, de um lado, e o caráter determinado de seu objeto, do outro. Em consequência do segundo fracasso, ele não pode compreender (ou tem de representar erroneamente) o caráter dos procedimentos empíricos que são elaborados, nas diferentes disciplinas, não só para interrogar os "fatos" como também para garantir que respondam, não com a voz do interrogador, mas com a sua própria voz. Em consequência do primeiro fracasso, Althusser não pode compreender nem a gênese real, existencial, da ideologia, nem as maneiras pelas quais a práxis humana contesta essa imposição ideológica e faz pressão contra seus laços. Como ignora ambos os diálogos, ele não pode entender como "acontece" (na qualidade de experiência) o conhecimento histórico, nem os procedimentos de investigação e verificação da disciplina histórica. A "ruptura epistemológica" de Althusser é um rompimento *com* o autoconhecimento disciplinado e um salto na autogeração do "conhecimento", de acordo com seus próprios procedimentos teóricos, ou seja, um salto para fora do conhecimento e para dentro da teologia.

Ele dá esse salto porque não consegue ver outra saída do compulsivo campo ideológico do empirismo genuíno, com sua própria complacência intelectual e suas técnicas positivistas autoconfirmadoras. "O positivismo, com sua visão estreita da racionalidade, sua aceitação da física como paradigma da atividade intelectual, seu nominalismo, seu atomismo, sua falta de hospitalidade para com todas as visões gerais do mundo"[33] – isso não foi inventado por Althusser. Aquilo de que ele quer escapar – a prisão empirista, fechada em si mesma, cujas metodologias patrulham com chaves (estatísticas, linguísticas) presas à cintura, fechando todas as portas para impedir o ingresso do processo estruturado – sem dúvida existe. Althusser escalou seus muros, pulou, e agora constrói seu teatro em um local adjacente. Prisão e teatro se entreolham com desconfiança. Mas (curiosamente) tanto a prisão como o teatro são construídos em grande parte com os mesmos materiais, ainda que os arquitetos rivais sejam inimigos jurados. Vistas da perspectiva do materialismo histórico, as duas estruturas revelam uma extraordinária identidade. Sob certas luzes, parecem ecos uma da outra, uma fusão, um exemplo de identidade dos opostos. Porque uma e outra são produtos da estase conceitual, edificadas, pedra sobre pedra, com categorias estáticas, a-históricas.

A questão vital se vincula menos com a epistemologia em sua relação com fatos discretos (embora já tenhamos notado certas semelhanças) do que

---

33. MacIntyre. Op. cit., p. 234.

à legitimidade epistemológica do conhecimento *histórico* quando considerado em seu aspecto de conhecimento de causação, de estrutura, das modalidades de relação entre grupos ou instituições sociais e da lógica (ou das "leis") do processo histórico. É nesse ponto que prisão e teatro se unem contra o materialismo histórico, pois os dois afirmam que esse conhecimento (como conhecimento do real) é epistemologicamente ilegítimo. Althusser não pode atingir o "empirismo" de forma alguma, pois parte da mesma premissa e simplesmente "irrompe", em certo ponto, em uma conclusão idealista. Tanto Popper (a) como Althusser (b) afirmam ser a incognoscibilidade da história um processo que traz sua própria causação, seja porque (a) toda noção de estruturas e mediações estruturais acarreta atribuições "holistas" impróprias, e as noções "historicistas" de causação e de processo não são verificáveis por testes experimentais ou porque (b) a noção de que o conhecimento "já está *realmente* presente no objeto real que tem de conhecer" é uma ilusão do empirismo "abstracionista", que confunde suas próprias atribuições ideológicas com descobertas empíricas. O que importa que Althusser salte *então* para a conclusão de que o conhecimento pode e deve fabricar, a partir de sua própria matéria teórica, um "conhecimento" histórico que é (no uso popperiano da expressão) um notório "historicismo"? Um verdadeiro empirista ficará satisfeito com isso, pois, para ele, Althusser apenas confirmou, com sua agilidade idealista, o caráter inverificável e ideológico de todas as pretensões ao conhecimento histórico. Althusser oferece um excelente exemplo da discussão no seminário – um epílogo de *A miséria do historicismo*.

As objeções ao materialismo histórico que esses antagonistas apontam em comum são: os "fatos" (mesmo que conhecíveis) são discretos; são como uma "matéria-prima" impura – logo (algo não explicitado, mas pressuposto), múltiplos "fatos" multiplicam as impurezas. Os fatos históricos sobrevivem (como textos) de maneiras fortuitas ou pré-selecionadas: chegam sempre já no âmbito de um campo ideológico (de uma certa sociedade do passado, e em termos da própria autoavaliação desta); não são, em consequência, de modo algum "neutros". As noções históricas de causação ou de estrutura são constructos teóricos altamente elaborados e, assim, propriedades da teoria e não de seu objeto, a história "real". Nenhum procedimento empírico pode identificar a categoria "classe social"; não se pode fazer nenhuma experiência que prove o caráter burguês da ideologia burguesa, nem, com efeito, que autorize essa noção holista. O vocabulário pode ser distinto, mas a lógica das duas partes é convergente. Nesse ponto, os filósofos apertam-se as mãos, beijam-se nas bochechas e se vão. O verdadeiro empirista então diz: "Os fatos discretos são tudo o que se pode conhecer. A 'história' é um conceito holista inadequado para cobrir uma sequência de fatos discretos do modo como de fato estes sucederam. Se introduzimos conceitos, nós o fazemos tomando-os como 'modelos' que nos ajudam a investigar e organizar esses fatos. Mas devemos ter claro que esses modelos existem em nossa mente e não 'na' história. E devemos desenvolver técnicas empíricas cada vez mais aprimoradas, livres de valores e preferivelmente quantitativas, a fim de permitir que esses fatos se revelem tal como realmente aconteceram. Aconteça o que acontecer, farei que os fatos não escapem de suas celas discretas, não entrem em relação nem realizem assembleias de massa". O marxista estruturalista exaltado diz: "Adeus! Seus procedimentos me entediam. Vou voltar ao meu teatro para escrever o roteiro a partir de alguma história melhor, revolucionária desta vez".

Porém o curioso é que, seguindo direções opostas, eles acabam chegando exatamente ao mesmo lugar. Veremos como isso acontece. As "ciências" (propôs Althusser) "não precisam absolutamente da comprovação de práticas *exteriores* para declarar 'verdadeiros' os conhecimentos que produzem". E (lembremos) ele cita explicitamente o materialismo histórico como uma dessas ciências: "A prática teórica de Marx é que constitui o critério da 'verdade' dos conhecimentos produzidos por Marx" (*RC*, 61/11). É certo que ele diz uma vez, numa rara concessão a um mundo extrafilosófico, que os sucessos e fracassos desse conhecimento teórico "constituem 'experimentos' pertinentes à reflexão da teoria sobre si mesma e sobre seu desenvolvimento interno"[34]. Mas a concessão é imprecisa; os "experimentos" não são identificados;

---

34. Cf. nota 15. O argumento é pouco mais do que um aceno a uma tradição francesa de epistemologia e de estruturalismo idealista: Bachelard, Cavailles, Canguilhem e Foucault. Cf. Simon Clarke, "Althusserian marxism", parte III, seção 1, e *RC*, 45-47. É digno de nota que o único historiador comentado por Althusser seja Foucault, seu ex-aluno, que, em sua obra inicial (dominada pelo

os critérios de sucesso ou fracasso não são especificados; o tom sugere que esses "experimentos" são pertinentes mas não essenciais; e não há sugestão de que possam determinar, em algum aspecto, o "desenvolvimento interno" da teoria. Portanto, mais uma vez, vemos uma notável compatibilidade entre o estruturalismo idealista de Althusser e o "empirismo fraco" de Popper.

Nossos dois filósofos estiveram trilhando caminhos distintos, mas paralelos, cumprimentando-se por cima dos canteiros dos historiadores epistemologicamente iletrados. Mas eis que os caminhos voltam a convergir. O ceticismo radical de Popper parecia nos deixar sob a direção de uma lógica vigilante; a epistemologia de Althusser nos leva aos rigores da prática teórica. Os dois parecem dignificar a teoria ou a lógica, colocando-as acima das aparências ilusórias da "realidade objetiva". Mas isso tem como consequência o encontro dos dois, não na fonte do pensamento, mas contemplando abismados o lago de peixinhos dourados das aparências. Os dois caminhos da lógica levam à mesma sujeição das coisas.

Popper desautoriza o que não pode ser percebido pelos sentidos, testado por experimentos, verificado; mas as interconexões dos fenômenos sociais, e a causação no processo histórico, parecem a seu ver estar além de toda prova experimental. Por isso, o empirismo fraco nos deixa contemplando, sem compreender, as manifestações mais imediatas do mundo, aceitando-as tal como são porque isso é o que parecem ser. Althusser, pelo contrário, o que mais faz é vigiar as aparências do "senso comum". Ele suspeita de *toda* manifestação, de *todo* sinal "exterior" – a prática teórica é dotada de seus próprios critérios e de seu próprio discurso de prova. Mas o que decorre disso? Como a teoria tem somente meios internos para sua autoverificação, pode ela se desenvolver, pela via de sua própria extrapolação, da maneira que melhor lhe aprouver. (E isso, em algumas expressões altamente teóricas, é o que ela faz.) Mas, com efeito, não podemos abordar as questões da vida dessa maneira, nem tratar de alguma maneira substantiva as questões do pensamento ou qualquer problema relevante. Quando abandonamos a epistemologia e faze-

---

conceito do "episteme") também nos apresenta a história como uma estrutura sem sujeito na qual homens e mulheres são obliterados por ideologias.

mos perguntas sobre nossos vizinhos, ou sobre a economia, a história ou a prática política, devemos fazer algum tipo de suposição (relativa ao *objeto* de nosso pensamento) antes mesmo de podermos começar a pensar.

Como a teoria desautoriza toda apropriação ativa do mundo exterior da única maneira possível, que é por meio do relacionamento ativo ou diálogo com suas evidências, *todo esse mundo tem de ser pressuposto*. As "matérias-primas" (G I) que chegam são simplesmente tomadas *como dadas*, e não há volume de processamento puramente interno de G II para G III capaz de produzir bolsas de seda com essas orelhas de porco – elas permanecem sendo (embora fantasiadas e sofisticadas) precisamente o que eram no inícios – suposições (preconceitos, interpretações de "senso comum" daquilo que "todo mundo sabe") que servem convenientemente à confirmação (ou "ilustração") das proposições anteriores da teoria. Pouco importa de fato que Popper e Althusser, inclinados com estupor sobre o mesmo lago, vejam peixes de cores diferentes, pois as noções empírico-burguesas e estrutural-marxistas daquilo que "todo mundo sabe" são apoiadas por pressupostos ulteriores distintos. Os dois têm imaculadas razões epistemológicas para ver exatamente o que queriam ver.

Nesse lago, as aparências ficam nadando: para Althusser, os peixes parecem vermelhos e, para Popper, cinzentos – o primeiro vê um esplêndido Estado dos Trabalhadores passar nadando, e o outro vê, entre as algas, uma reticente Sociedade Aberta. E os dois vão acabar ficando com as aparências, pois começaram negando que estas sejam a inscrição de uma realidade ulterior, de relação e práticas, cuja significação só pode ser desvelada depois de um árduo interrogatório.

As aparências não vão revelar essa significação espontaneamente e por si mesmas – será preciso repeti-lo? Não é meu intento negar a sedutora e autoevidente mistificação das aparências, ou negar nosso próprio autoaprisionamento em categorias não examinadas. Se supomos que o Sol se move em torno da Terra, teremos a confirmação diária disso dada pela "experiência". Se supomos que uma bola rola morro abaixo pelas suas próprias energias e vontade inatas, nada há na aparência das coisas que nos venha desautorizar.

69

Se supomos que as más colheitas e a fome advêm do castigo de Deus por causa de nossos pecados, não podemos fugir a esse conceito apontando a seca, as geadas tardias e as pragas, porque Deus pode ter escolhido esses instrumentos para nos visitar. Temos de destruir as velhas categorias e criar outras, novas, antes de poder "explicar" as evidências que sempre estiveram ali.

Mas a criação e a destruição de conceitos, a proposição de novas hipóteses, a reconstrução de categorias, não são uma questão de *invenção* teórica. Qualquer um pode fazer isso. Quem sabe um surto de inanição seja uma brincadeira do diabo; as pragas nas plantações inglesas consequência da feitiçaria francesa; ou talvez a concretização de uma antiga maldição, consequência do adultério da Rainha? As aparências vão confirmar cada uma dessas hipóteses: todo mundo sabe muito bem que o diabo anda solto, que os franceses são feiticeiros e que quase todas as rainhas são adúlteras. E, se supomos que a União Soviética é um Estado de Trabalhadores guiado por uma teoria marxista esclarecida, ou então que as forças do mercado na sociedade capitalista sempre vão maximizar o bem comum, em todos esses casos podemos ficar no mesmo lugar o dia inteiro, observando o brilhante sol socialista percorrer o céu azul, ou a bola do Produto Nacional Bruto rolar pela colina da abundância, acumulando novas bênçãos à medida que desce. Não precisamos repetir esse bê-a-bá.

Mas ele não é um código especial, compreendido apenas pelos lógicos. É um alfabeto comum, a ser dominado na fase de aprendizagem de todas as disciplinas. Nem é ele uma lição rigorosa a ser periodicamente ministrada aos "empiristas" (e apenas a eles). Há sem dúvida empiristas que precisam dessa correção. Mas a lição é uma faca de dois gumes. Hipóteses autogeradoras, não sujeitas a algum controle empírico, vão nos levar à escravização da contingência com tanta rapidez – e talvez mesmo mais rapidamente – quanto aquela com que se renderão ao "óbvio" e manifesto. Na verdade, um erro gera e reproduz o outro, e eles podem com frequência ser encontrados na mesma mente. O que parece precisar ser recitado de novo é a natureza árdua do embate entre o pensamento e seus materiais objetivos: o "diálogo" (seja como *praxis* ou em disciplinas intelectuais mais conscientes de si mesmas) a partir do qual se obtém todo conhecimento.

VII

Haverá agora um breve intervalo. Podemos imaginar que as luzes se acenderam e vendedores de sorvete estão circulando entre as poltronas. Durante essa pausa, pretendo discutir a lógica histórica. Os filósofos ou sociólogos avessos a esse assunto ou que têm quanto a ele uma profunda desconfiança são aconselhados a se retirar para o saguão e o bar. Podem voltar a se unir a nós na seção VIII.

Não é fácil discutir esse tema. Algum tempo atrás, eu estava em Cambridge como convidado de um seminário de antropólogos ilustres, e, quando me pediram que justificasse uma proposição, respondi que ela era validada pela "lógica histórica". Meus amáveis anfitriões não conseguiram disfarçar o riso. Claro que partilhei de sua hilaridade, mas também fui levado a refletir sobre o sentido "antropológico" desse intercâmbio. Porque, nos rituais acadêmicos, é comum que os praticantes de diferentes disciplinas demonstrem respeitar, não tanto as descobertas da disciplina de cada um, mas as credenciais autênticas das próprias disciplinas. E se um seminário de historiadores viesse a rir das próprias *credenciais* (isto é, da lógica ou disciplina central de sua prática) de um filósofo ou de um antropólogo, esse agir seria considerado uma ofensa. E a significação desse intercambio foi que havia uma suposição muito generalizada segundo a qual a "história" constitui uma exceção a essa regra, que a disciplina central de sua prática era motivo de riso e que, longe de me ofender, eu, na condição de praticante, iria partilhar da hilaridade.

Não é difícil perceber como isso acontece. Os modos de escrever a história são tão diversos, as técnicas empregadas por historiadores são tão variadas, os temas da investigação histórica são tão díspares e, sobretudo, as conclusões são tão controversas e contestadas com tamanha veemência no âmbito da profissão, que fica difícil oferecer alguma coerência disciplinar. E posso perfeitamente perceber que há na Escola de História de Cambridge coisas que poderiam provocar o riso dos antropólogos, ou de outros. Mesmo assim, o estudo da história é empreendimento muito antigo, e seria surpreendente se, isolada entre as ciências e humanidades, ela, em vários milhares de anos, fosse a única a fracassar no desenvolvimento de sua disciplina própria, ou seja, no desenvolvimento de seu próprio discurso de prova. E não consigo ver o que esse discurso próprio seja se não assumir a forma da lógica histórica.

Quero dizer que se trata de uma lógica *específica*, adequada ao material do historiador. Não há utilidade em enquadrá-la nos mesmos critérios da lógica da física, pelas razões aduzidas por Popper e por muitas outras; logo, a "história" não oferece um laboratório de verificação experimental, mas oferece evidências de causas necessárias, porém nunca (na minha opinião) de causas suficientes: as "leis" (ou, como prefiro, a lógica ou as pressões) do processo social e econômico estão sendo continuamente afetadas pelas contingências de modos que invalidariam toda regra nas ciências experimentais etc. Mas essas razões não são objeções à lógica histórica, nem impõem (ao contrário do que Popper supõe) a imputação de "historicismo" a toda noção de história como o registro de um processo unificado com sua própria "racionalidade". Elas apenas ilustram (e de vez em quando, com maior utilidade, definem) a conclusão de que a lógica histórica não equivale aos procedimentos disciplinares da física.

Do mesmo modo, a lógica histórica não pode ser submetida aos mesmos critérios da lógica analítica, o discurso de prova do filósofo. Os motivos disso residem não na falta de lógica do historiador, mas em sua necessidade de um tipo *distinto* de lógica, adequado a fenômenos que estão sempre em movimento, que mostram – mesmo em um único momento – manifestações contraditórias cujas evidências específicas só podem encontrar definição em contextos particulares, e, mais do que isso, cujos termos gerais de análise (isto é, as perguntas adequadas à interrogação das evidências) raramente são constantes e, o mais das vezes, estão em transição, de acordo com os movimentos do evento histórico: assim como se altera o objeto de investigação, assim também se alteram as questões adequadas. Como comentou Sartre: "A história não é ordem. É desordem; uma desordem racional. No momento mesmo em que mantém a ordem, ou seja, a estrutura, a história já está agindo para desfazê-la"[35].

---

35. "Sartre aujourd'hui", *L'Arc.* traduzido para o inglês em *Telos* (1971), p. 110-116.

Mas uma desordem desse tipo perturba todo procedimento de lógica analítica, que deve, como primeiro requisito, tratar de termos não ambíguos e mantê-los estáveis em um mesmo lugar. Já observamos uma propensão dos filósofos, quando do exame das credenciais epistemológicas da "história", de colocar na mesa os "fatos" como entidades discretas, em vez do material habitual do historiador – as evidências de comportamentos (incluindo comportamentos mentais e culturais) que se processam no tempo. Quando acusam os historiadores de não ter "nenhuma teoria", Althusser e muitos outros deveriam pensar que aquilo que tomam por inocência ou letargia pode ser *rejeição* explícita e autoconsciente: rejeição de conceitos analíticos estáticos, de uma lógica inadequada à história.

Por "lógica histórica" designo um método lógico de pesquisa adequado a materiais históricos, projetado, na medida do possível, para testar hipóteses quanto à estrutura, causação etc., e para eliminar procedimentos autoconfirmadores ("instâncias", "ilustrações"). O discurso histórico disciplinado de prova consiste em um diálogo entre conceito e evidências, diálogo realizado por meio de hipóteses sucessivas, de um lado, e pesquisa empírica, do outro. O interrogador é a lógica histórica; a interrogação é uma hipótese (por exemplo, acerca de como diferentes fenômenos agiram uns sobre os outros); e o interrogado são as evidências, com suas propriedades específicas. Mencionar essa lógica não é, por certo, proclamar que ela esteja sempre evidente na prática de todo historiador, ou na prática de todo historiador todo o tempo. (A história não é, julgo eu, a única a quebrar seus próprios juramentos). Mas mencioná-la é dizer que ela não se revela involuntariamente; que a disciplina requer uma árdua preparação; e que três mil anos de prática nos ensinaram alguma coisa. E é dizer que essa lógica é que constitui a corte final de apelação da disciplina: não – por favor, notem – as "evidências" por si mesmas, mas as evidências interrogadas dessa maneira.

Definir por inteiro essa lógica – e dar resposta a algumas das objeções de Popper – exigiria a elaboração de um ensaio diferente, mais acadêmico, com muitos exemplos e ilustrações. Ocupando-me mais particularmente das posições de Althusser, talvez seja suficiente apresentar, em defesa do materialismo histórico, algumas proposições:

1. O objeto imediato do conhecimento histórico (isto é, os materiais a partir dos quais se aduz esse conhecimento) compreende "fatos" ou evidências por certo dotados de existência real, mas que só se tornam cognoscíveis de maneiras que são, e devem ser, a preocupação de métodos históricos vigilantes. Esta proposição já foi discutida.

2. O conhecimento histórico é, por sua natureza, (a) provisório e incompleto (mas nem por isso inverídico), (b) seletivo (mas nem por isso inverídico), (c) limitado e definido pelas perguntas feitas às evidências (e pelos conceitos que fundamentam essas perguntas), e, portanto, "verdadeiros" apenas no campo assim definido. Nesses aspectos, o conhecimento histórico pode se afastar de outros paradigmas de conhecimento quando submetidos à investigação epistemológica. Quanto a isso estou pronto a concordar que a tentativa de designar a história como "ciência" sempre foi inútil e motivo de confusão[36]. Se Marx, e, mais ainda, Engels, por vezes incidiram nesse erro, podemos pedir desculpas, mas não devemos confundir a alegação com seus procedimentos reais. Marx por certo sabia também que a História é uma Musa e que as "humanidades" constroem conhecimentos.

3. As evidências históricas têm propriedades específicas. Ainda que várias questões possam lhes ser feitas, somente algumas são adequadas. Embora se possa propor qualquer teoria do processo histórico, são falsas todas as teorias que não estejam em conformidade com as determinações das evidências. É isso que constitui a corte de apelação disciplinar. Nesse sentido é verdade (podemos concordar com Popper) que, mesmo que o conhecimento histórico deva ficar sempre aquém das provas positivas (do tipo adequado à ciência experimental), o falso conhecimento histórico está, em geral, sujeito a *refutação*[37].

---

36. Parte dessa pretensão proveio de autênticos esforços no sentido de estabelecer procedimentos "científicos" de pesquisa (quantitativos, demográficos etc.) e outra parte decorreu do embuste acadêmico, na medida em que os "cientistas sociais" tentaram manter paridade com seus colegas cientistas nas estruturas educacionais (e diante dos órgãos de fomento), dominadas por critérios utilitários. A noção mais antiga, "amadorística", da História como uma "Humanidade" disciplinada sempre foi a mais exata.

37. A "regra de realidade", de J.H. Hexter – "a história mais provável que pode ser sustentada pelas evidências relevantes existentes" – é, em si, útil. Por infelicidade, foi sendo usada por seu autor de

4. Segue-se dessas proposições que a relação entre o conhecimento histórico e seu objeto não pode ser compreendida em nenhum termo que suponha que um deles seja função (inferência, revelação, abstração, atribuição ou "ilustração") do outro. A interrogação e a resposta são mutuamente determinantes, e a relação entre elas só pode ser compreendida *como um diálogo*.

Podemos apresentar agora, mais extensamente, quatro outras proposições.

5. O objeto do conhecimento histórico é a história "real", cujas evidências devem ser necessariamente incompletas e imperfeitas. Supor que um "presente", por se transformar em "passado", modifica por isso seu *status* ontológico, é compreender erroneamente tanto o passado como o presente[38]. A realidade palpável de nosso próprio presente (já em passagem) não pode de forma alguma ser mudada, porque está *desde já* tornando-se o passado para a posteridade. Na verdade, a posteridade não pode interrogá-lo da maneira como o fazemos; com efeito, nós, experienciando o momento presente e sendo atores nesse nosso presente, só vamos sobreviver na forma de certas evidências de nossos atos ou pensamentos.

Embora os historiadores possam decidir selecionar essas evidências, e escrever uma história de aspectos discretos do todo (uma biografia, a história de uma instituição, uma história da caça à raposa etc.), o objeto real continua unitário. O passado humano não é um agregado de histórias discretas, mas uma soma unitária do comportamento humano, cada aspecto do qual se vincula com outros de determinadas maneiras, tal como os atores individuais se relacionavam de certas maneiras (por meio do mercado, das relações de poder e subordinação etc.). Na medida em que essas ações e relações originaram mudanças, as quais se tornam objeto de pesquisa racional, podemos definir essa soma como um *processo* histórico, isto é, *práticas* ordenadas e estruturadas de maneiras racionais. Embora essa definição venha em respos-

---

maneiras cada vez menos úteis, para defender um pressuposto prévio de que *toda* história "marxista" *tem de* ser improvável.

38. Para um exemplo primordial dessa compreensão errônea, cf. Hindess e Hirst, op. cit., p. 312.

ta à pergunta formulada[39], esta não "inventa" o processo. Devemos assumir aqui uma posição contra Goldmann e a favor de Bloch (cf. p. 46). Os processos acabados da mudança histórica, com sua complexa causação, realmente ocorreram, e a historiografia pode falsificá-los ou não os entender, mas não pode modificar em nenhum grau o *status* ontológico do passado. O objetivo da disciplina histórica é chegar a essa verdade da história.

Cada época, ou cada praticante, pode fazer novas perguntas às evidências históricas, ou trazer à luz novos níveis de evidências. No tocante a isso, a "história" (quando examinada como produto da pesquisa histórica) se modifica, e deve modificar-se, com as preocupações de cada geração ou, talvez, cada sexo, cada nação, cada classe social. Mas isso não implica absolutamente que os próprios acontecimentos passados se modifiquem de acordo com cada pesquisador ou que as evidências sejam indeterminadas. As discordâncias entre os historiadores podem ser de vários tipos, mas continuam a ser meras mudanças de atitude, ou exercícios de ideologia, a não ser que se admita que são realizadas no âmbito de uma disciplina comum que busca o conhecimento objetivo.

Cabe um adendo a esta proposição. Quando falamos da "inteligibilidade" da história, podemos estar nos referindo ao entendimento da racionalidade (de causação etc.) do processo histórico: trata-se de um conhecimento objetivo, revelado em um diálogo com evidências determinadas. Mas podemos também estar fazendo referência à "significação" desse passado, seu significado* *para nós*; trata-se de um juízo de valor subjetivo, e a essas interrogações as evidências não podem dar respostas. Isso não leva à conclusão de que todos esses exercícios sejam impróprios. Podemos concordar (com Popper) que cada geração, cada historiador, tem direito de exprimir um "ponto de vista", ou (com Kolakowski) que temos o direito de atribuir uma "inteligibilidade imanente" à história como um "ato de fé", com a condição de

---

39. Isso não significa que a "história" possa ser vista *somente* como processo. Em nossa época, os historiadores – e sem dúvida os historiadores marxistas – elegeram o processo (e as questões correlatas de relação e causação) como o objeto supremo da investigação. Mas há outras maneiras legítimas de interrogar as evidências.

* *Significance* e *meaning*. N.T.

deixarmos claro que isso se baseia não em procedimentos científicos, mas em uma "escolha de valores"[40].

Podemos admitir não apenas que esses julgamentos quanto ao "significado" da história são uma atividade adequada e importante, uma maneira de os atores de hoje identificarem seus valores e metas, mas também que são uma atividade inevitável. Isto é, as preocupações de cada geração, sexo ou classe devem inevitavelmente conter um conteúdo normativo que vai encontrar expressão nas perguntas feitas às evidências. Mas isso de modo algum põe em questão a determinação objetiva das evidências. Limita-se a ser uma afirmação quanto à complexidade, não apenas da história, mas de nós mesmos (que somos simultaneamente seres racionais e valorativos) – uma complexidade que influencia todas as formas de autoconhecimento social e que requer, em todas as disciplinas, salvaguardas metodológicas. É justo no âmbito da lógica histórica que essas atribuições de significado, encobertas e impróprias, se evidenciam; é assim que os historiadores apontam as falhas uns dos outros. Um historiador feminista dirá, ou deverá dizer, que um certo livro de história está errado, não por ter sido escrito por um homem, mas porque o historiador deixou de lado as evidências contíguas ou formulou perguntas conceitualmente inadequadas, impondo dessa maneira, às respostas, um "significado" ou tendenciosidade masculina. O mesmo ocorre com os debates um tanto destemperados que eu e meus colegas marxistas com frequência provocamos no âmbito da profissão acadêmica. A questão não é (ou raramente é) a de uma escolha de valores, dizendo antes respeito à lógica da disciplina. E se negamos as propriedades específicas do objeto, nenhuma disciplina persiste.

Não posso, porém, concluir este adendo deixando a impressão de que a atribuição de "significado", como significação valorada, é apenas uma questão de lamento, uma consequência da falibilidade humana. Creio que se trata de algo bem mais importante. Não me causa nenhum constrangimento o fato de que, ao apresentar os resultados de minha própria pesquisa histórica, for-

---

40. Leszek Kolakowski, "Historical understanding and the intelligibility of history", *Tri-Quarterly*, n. 22, outono de 1971, p. 103-117. Fiz uma restrição a esse argumento em minha "Carta aberta a Leszek Kolakowski" [neste volume, p. 427].

mulo juízos de valor quanto a processos passados, seja clara e incisivamente ou na forma de ironias e apartes. Isso é adequado, em parte, porque o historiador examina vidas e escolhas individuais, e não apenas acontecimentos históricos (processos). E embora possamos não fazer atribuições de valor a processos, essas mesmas objeções não vêm com a mesma força quando examinamos opções dos indivíduos, cujos atos e intenções podem sem dúvida ser julgados (como foram julgados por seus contemporâneos) no devido e relevante contexto histórico!

Mas esse é apenas um caso especial de uma questão mais geral. Somente nós, que vivemos agora, podemos atribuir um "significado" ao passado. Mas esse passado sempre foi, entre outras coisas, o resultado de uma discussão acerca de valores. Quando reconstituímos esse processo, quando mostramos como a causação se efetuou na realidade, temos de manter sob controle nossos próprios valores, na medida das possibilidades de nossa disciplina. Contudo, uma vez reconstituída essa história, temos liberdade de apresentar nosso julgamento a seu respeito.

Esse julgamento tem de estar ele mesmo sob controles históricos. Tem de ser adequado ao material. Não faz sentido reclamar que a burguesia não foi comunitária, ou que os Lavellers não criaram uma sociedade anarco-sindicalista. O que podemos fazer é, em vez disso, nos identificarmos com certos valores aceitos por atores do passado, e rejeitar outros. Podemos dar nosso voto a Winstanley e a Swift; podemos votar contra Walpole e Sir Edwin Chadwick.

Nosso voto não vai modificar coisa alguma, ainda que, em outro sentido, possa mudar tudo. Porque estamos dizendo que esses valores, e não aqueles outros, são os que tornam a história significativa para nós, e que são esses os valores que pretendemos ampliar e sustentar em nosso próprio presente. Se temos sucesso, recuamos na história e lhe atribuímos nossos próprios significados: congratulamo-nos com Swift. Endossamos em nosso presente os valores de Winstanley, e garantimos que o baixo e impiedoso oportunismo que distinguiu a política de Walpole seja abominado.

No fim, também nós estaremos mortos, e nossa vida estará inerte nesse processo acabado, nossas intenções estarão assimiladas a um acontecimento passado que nunca foi objeto de nossa intenção. Podemos apenas esperar que os homens e mulheres do futuro venham até nós, afirmem e renovem nossos significados, e tornem nossa história inteligível em seu próprio presente. Só eles e elas poderão fazer uma seleção entre os muitos significados oferecidos por nosso conturbado presente, e transmutar alguma parte de nosso processo em progresso para si.

Porque "progresso" é um conceito sem significado – ou, pior, quando imputado como um atributo *ao* passado (atribuições que podem ser denunciadas, com razão, como "historicistas") – que só pode adquiri-lo a partir de uma dada posição no presente, uma posição de valor em busca de sua própria genealogia. Essas genealogias *existem* nas evidências: houve homens e mulheres de honra, de coragem e de "visão", e houve movimentos históricos constituídos por essas qualidades. Contudo, apesar da autoridade de Goldmann, devemos alegar não que "a realidade histórica se modifica de época para época, a par das modificações na hierarquia de valores", mas que o "significado" que atribuímos a essa realidade se altera dessa maneira.

Esse "adendo" à minha proposição nos afastou um pouco de nosso caminho. A proposição se referia à objetividade da história "real". Parecemos voltar, repetidas vezes, aos círculos cada vez mais estreitos desse remoinho epistemológico. Busquemos avançar.

6. A investigação da história como processo, como materialização ou "desordem racional", envolve noções de causação, de contradição, de mediação e de organização (por vezes estruturação) sistemática da vida social, política, econômica e intelectual. Essas elaboradas noções[41] "pertencem" à teoria histórica, sendo aprimoradas nos procedimentos dessa teoria, pensadas dentro do pensamento. Mas não é verdade que pertençam *apenas* à teoria. Toda noção, ou conceito, surge de engajamentos empíricos, e por mais abstratos que sejam os procedimentos de sua autointerrogação, esta deve ser remetida a um compromisso com as propriedades específicas das evidências e defender sua causa diante de juízes vigilantes na "corte de apelação" da his-

---

41. Cf. a interessante distinção de Sartre entre "noção" e "conceito", citada adiante p. 176. Mesmo assim, continuarei a usar os dois termos.

tória. Trata-se mais uma vez, em um sentido deveras vital, de uma questão de diálogo. Na medida em que uma tese (conceito ou hipótese) é posta em relação com sua antítese (determinação objetiva não teórica) e disso resulta uma síntese (conhecimento histórico), podemos dar a isso o nome de dialética do conhecimento histórico. Ou poderíamos ter feito isso antes de a "dialética" ter sido rudemente arrancada de nossas mãos e transformada no brinquedinho do escolasticismo.

A prática histórica se empenha sobretudo nesse tipo de diálogo. Este envolve um debate entre, de um lado, conceitos, ou hipóteses, recebidos, inadequados ou ideologicamente fundados[42], e, do outro, evidências recentes ou inconvenientes; a elaboração de novas hipóteses; o teste dessas hipóteses diante das evidências (o que pode exigir interrogar as evidências existentes, mas de novas maneiras, ou novas pesquisas para confirmar ou rejeitar as novas noções); a rejeição das hipóteses que fracassam nessas provas e o aprimoramento ou revisão daquelas que têm êxito à luz desse engajamento.

Na medida em que uma noção é endossada pelas evidências, temos todo o direito de dizer que ela *existe* "lá fora", *na* história real. É claro que ela não existe realmente, seja como um plasma que adere aos fatos ou como um caroço invisível na casca das aparências. O que dizemos é que a noção (conceito, hipótese relativa à causação) foi posta em diálogo disciplinado com as evidências e mostrou ser operacional, isto é, não foi *re*provada [*dis*proved] por evidências contrárias, e que ela organiza com sucesso, ou "explica", evidências até então inexplicáveis. Por isso ela é uma representação adequada (mesmo que aproximada) da sequência causal, ou da racionalidade, desses acontecimentos e se conforma (no âmbito da lógica da disciplina histórica) a um processo que de fato ocorreu no passado. Por isso, essa noção existe ao mesmo tempo como conhecimento "verdadeiro" e como representação adequada de uma propriedade real desses eventos.

---

42. Entendo por "conceitos" (ou noções) categorias gerais – classe, ideologia, Estado-nação, feudalismo etc., ou formas e sequências históricas específicas, como crise de subsistência, ciclo de desenvolvimento familiar etc. – e entendo por "hipóteses" a organização conceitual das evidências para explicar certos episódios de causação e relação.

7. O materialismo histórico não difere (ou não difere necessariamente) de outras organizações interpretativas das evidências históricas em termos de alguma premissa epistemológica, mas devido a suas categorias, hipóteses características e respectivos procedimentos[43], e ao reconhecido parentesco conceptual entre esses elementos e os conceitos desenvolvidos pelos praticantes marxistas em outras disciplinas. Não vejo a historiografia marxista como dependente *de* algum corpo geral de marxismo como teoria, localizado em algum outro lugar (na filosofia, talvez?). Pelo contrário, se há um terreno comum a todas as práticas marxistas, ele tem de estar onde o próprio Marx o situou, no materialismo histórico. É esse o solo do qual surge toda a teoria marxista, e ao qual ela deve retornar no final.

Com isso não pretendo dizer que os historiadores marxistas não tenham uma dívida, com relação a certos conceitos, com uma teoria marxista geral que abrange marxistas que trabalham em outros campos, e se beneficia de suas constatações. É esse, evidentemente, o caso; nosso trabalho se processa em um contínuo intercâmbio. Estou questionando a ideia de que se trate de uma Teoria, que ela tenha uma Sede, independentemente dessas práticas: uma Sede textual autoconfirmadora, uma Sede na sabedoria de algum partido marxista ou uma Sede em uma prática teórica purificada. A pátria da teoria marxista permanece onde sempre esteve, no objeto humano real, em todas as suas manifestações (passadas e presentes). Contudo, esse objeto não pode ser conhecido em um *coup d'oeil** teórico (como se a Teoria pudesse deglutir a realidade com uma só bocada), mas somente por meio de disciplinas separadas, constituídas por conceitos unitários. Essas disciplinas ou práticas se encontram em suas bordas, trocam conceitos, discutem, corrigem os erros umas das outras. A filosofia pode (e deve) monitorar, aprimorar e dar assistência a essas conversas. Se, no entanto, deixamos a filosofia abstrair os conceitos das práticas, e construir com base neles uma Sede para a Teoria, independentemente daquelas, e deveras distante de todo diálogo com o objeto da teoria, eis o que teremos: o teatro de Althusser!

---

43. Um útil esclarecimento desse procedimento está em E.J. Hobsbawm, "Karl Marx's contribution to historiography", em R. Blackburn (org.). *Ideology in social Science* (1972).
* Golpe de vista. N.T.

Disso decorre que, se os conceitos marxistas (ou seja, conceitos desenvolvidos por Marx e no âmbito da tradição marxista) diferem de outros conceitos interpretativos na prática histórica, e se são considerados mais "verdadeiros", ou mais adequados para uma explicação do que outros, é porque se saem melhor no teste da lógica histórica – e não porque sejam "derivados de" uma Teoria verdadeira externa a essa disciplina. De todo modo, isso eles efetivamente não são. Considerando que eu mesmo tenho uma grande dívida, no tocante a certos conceitos, com a prática do próprio Marx, recuso-me a fugir à responsabilidade recorrendo à autoridade dele ou a esquivar-me das críticas pulando fora da corte de apelação. Para o conhecimento histórico, o único lugar dessa corte é a disciplina da história.

A apelação pode tomar duas formas: (a) probatória, a que foi suficientemente discutida, e (b) teórica – pertinente à coerência, adequação e consistência dos conceitos, e à sua congruência com o conhecimento de disciplinas adjacentes. Contudo, essas duas formas de apelação só podem ser realizadas segundo o vocabulário da lógica histórica. A corte está há cem anos reunida para julgar o materialismo histórico, e tem sempre adiado seu parecer. O adiamento é, com efeito, um tributo à saúde perfeita da tradição; nesse longo intervalo, fizeram-se acusações a uma centena de outros sistemas de interpretação e os acusados "desceram pelo ralo". O fato de a corte ainda não se ter pronunciado terminantemente em favor do materialismo histórico se deve não apenas ao *parti pris** ideológico de alguns juízes (apesar de isso ser comum) mas também por causa do caráter inconstante dos conceitos explicativos, dos silêncios *reais* (ou mediações ausentes) existentes, do caráter primitivo e não reconstruído de algumas categorias, bem como da determinação inconclusiva das evidências.

8. Minha proposição final lança uma restrição fundamental à epistemologia althusseriana, assim como a certos estruturalismos ou sistemas funcionais (por exemplo, a sociologia parsoniana) que procuram recorrentemente sobrepujar a disciplina histórica. Determinadas categorias ou conceitos fundamentais usados pelo materialismo histórico só podem ser compreendidos

---

* Partidarismo. N.T.

como *categorias históricas*, quer dizer, categorias ou conceitos adequados à investigação de processos, ao exame de "fatos" que, no momento mesmo de sua interrogação, alteram sua forma (ou a conservam, mas modificam seus "significados"), ou se dissolvem em outros fatos; conceitos adequados ao tratamento de evidências não passíveis de representação conceitual estática, mas apenas como manifestação ou contradição.

A construção de conceitos históricos não é, naturalmente, um privilégio especial peculiar do materialismo histórico. Esses conceitos surgem no âmbito do discurso comum dos historiadores, ou então se desenvolvem em disciplinas adjacentes. O conceito clássico de crise de subsistência[44] propõe uma sequência racional de eventos, como, por exemplo: má colheita -> escassez -> aumento da mortalidade -> consumo das sementes do ano seguinte -> nova má colheita -> escassez extrema -> intensificação da mortalidade, acompanhada por epidemias -> taxa de concepção em rápido incremento. O conceito do ciclo de desenvolvimento familiar propõe uma sequência trigeracional em uma mesma família camponesa, sequência alterada pelas condições particulares de ocupação da terra e pelas práticas de herança. Esses conceitos, que são generalizados pela lógica com base em inúmeros exemplos, são confrontados com as evidências, não propriamente como "modelos", mas como "expectativas". Eles não impõem uma regra, mas aceleram e facilitam o interrogatório das evidências, ainda que com frequência se perceba que cada caso se afasta da regra sob algum aspecto. As evidências (e os acontecimentos reais) não são governados por regras, mas não podem ser compreendidos sem a regra, à qual oferecem suas próprias irregularidades. Isso deixa impacientes alguns filósofos (e até sociólogos), que consideram que um conceito com tal elasticidade não é um verdadeiro conceito, e que uma regra só é uma regra se as evidências se conformarem a ela, e permanecerem em posição de sentido no mesmo lugar.

Os conceitos e regras históricas são com frequência desse gênero. Têm extrema elasticidade e admitem grandes irregularidades; o historiador parece estar fugindo ao rigor ao desaparecer por um momento no oceano das mais

---

44. Devemos isso, em especial, à demografia histórica francesa.

amplas generalizações para no momento seguinte se perder nas particularidades das qualificações de algum caso especial. Isso causa desconfiança, e até hilaridade, em outras disciplinas. O materialismo histórico usa conceitos com igual generalidade e elasticidade – "exploração", "hegemonia", "luta de classes" – e como expectativas em vez de regras. E mesmo categorias que parecem dotadas de menor elasticidade – "feudalismo", "capitalismo", "burguesia" – surgem na prática histórica não como tipos ideais materializados na evolução histórica, mas como famílias inteiras de casos especiais, famílias com órfãos adotados e filhos da miscigenação tipológica. A história não conhece verbos regulares.

A desgraça dos historiadores marxistas (e sem dúvida nosso próprio infortúnio hoje) é que parte de nossos conceitos são moeda corrente em um universo intelectual mais amplo, sendo adotados por outras disciplinas, que lhes impõem sua própria lógica e os reduzem a categorias estáticas, não históricas. Não há categoria histórica que tenha sido mais incompreendida, atormentada, transfixada e desistoricizada do que a de classe social[45], uma formação histórica autodefinidora que homens e mulheres elaboram a partir de sua própria experiência de luta, se viu reduzida a uma categoria estática ou a efeito de uma estrutura ulterior de que os homens não são autores, mas vetores. Althusser e Poulantzas não apenas causaram esse mal à história marxista, como também se queixaram ainda de que a história (de cujos braços sequestraram esse conceito) não tem uma teoria de classe adequada! O que eles, e tantos outros, de todos os matizes ideológicos, compreendem erroneamente é que não é e jamais foi tarefa da história elaborar esse tipo de teoria inelástica. E se o próprio Marx teve uma prioridade metodológica suprema, foi ela, precisamente, a de destruir a fabricação de teorias não históricas desse gênero.

A história não é uma fábrica para a manufatura da Grande Teoria, como um Concorde do ar global. Nem é ela uma linha de montagem para a produção em série de teorias ineficazes ou uma gigantesca estação experimental

---

45. Reafirmei recentemente minha posição em "Eighteenth-century English society: class struggle without class?", *Social History*, III, n. 92 (maio de 1978). Cf. tb. E.J. Hobsbawm, "Class consciousness in history", em I. Meszaros (org.) *Aspects of history and class consciousness* (1971), e C. Castoriadis, "On the history of the worker's movement". *Telos*, 30, inverno de 1976-1977.

na qual teorias de manufatura estrangeira possam ser "aplicadas", "testadas" e "confirmadas". Essa não é de modo algum sua função. Seu objetivo é reconstituir, "explicar", e "compreender" seu objeto: a história real. As teorias que os historiadores elaboram estão voltadas para esse objetivo, nos termos da lógica histórica, e não há procedimento cirúrgico capaz de transplantar teorias estrangeiras, como órgãos inalterados, em outras lógicas estáticas e conceituais ou vice-versa. Nosso objetivo é o conhecimento histórico; nossas hipóteses são apresentadas para explicar uma dada formação social do passado, uma sequência particular de causação.

Nosso conhecimento (esperamos) nem por isso fica preso a esse passado. Ele nos ajuda a saber quem somos, o motivo de estarmos aqui, as possibilidades humanas que se manifestaram e tudo quanto nos for dado saber sobre a lógica e as formas de processo social. Parte desse conhecimento pode ser teorizada, menos como regra do que como expectativa. E pode e deve haver intercâmbios com outros conhecimentos e teorias. Mas o intercâmbio requer vigilância, de vez que a moeda teórica de uma disciplina é convertida na moeda de outra. A filosofia não deveria se postar em todas as fronteiras como traficantes oferecendo um papel-moeda "universal" espúrio que circularia em todas as terras. Ela poderia, em vez disso, funcionar como uma vigilante *bureau de change* [casa de câmbio].

As proposições do materialismo histórico que afetam a relação entre ser social e consciência social, as relações de produção e suas determinações, os modos de exploração, a luta de classes, a ideologia, ou então formações capitalistas sociais e econômicas, são (em um polo de seu "diálogo") derivadas da observação da materialização histórica de eventos *ao longo do tempo*. Não se trata da observação de fatos isolados *em série*, mas de *conjuntos* de fatos com suas próprias regularidades; da repetição de certos tipos de evento; da congruência de certos tipos de comportamento em contextos distintos – em resumo, das evidências de formações sociais sistemáticas e de uma lógica comum do processo. As teorias históricas surgem (não por si mesmas, mas no outro polo do diálogo, mediante árdua conceitualização), não podem ser testadas, ao contrário do que se costuma supor, impondo ao processo uma pausa, "congelando" a história e fazendo uma seção geológica estática que vá mostrar o capitalismo, ou as hierarquias de classe a qualquer momento dado do tempo, como uma estrutura elaborada[46]. Quando investigamos a história não estamos passando em revista uma série de instantâneos cada um dos quais mostra um momento do tempo social transfixado em uma única pose eterna: porque cada um desses instantâneos é não somente um momento do ser mas também um momento do vir a ser. E mesmo no interior de cada seção aparentemente estática vamos encontrar contradições e ligações, elementos subordinados e dominantes, energias declinantes ou ascendentes. Todo momento histórico é ao mesmo tempo resultado de algum processo anterior e um índice da direção de seu fluxo futuro.

Há dificuldades bem conhecidas, tanto na explicação de processos históricos como na verificação de toda explicação. A "história" em si é o único laboratório possível de experimentação, e nosso único equipamento experimental é a lógica histórica. Se impusermos analogias impróprias com as ciências experimentais, cedo vamos perceber serem elas insatisfatórias. A história nunca apresenta as condições para replicar experimentos, e mesmo que possamos, usando processos comparativos, observar experimentos em alguma medida semelhantes em diferentes laboratórios nacionais (a emergência do Estado-nação, a industrialização), jamais podemos voltar a esses laboratórios, impor-lhes nossas próprias condições, e repetir o experimento.

Mas analogias como essas nunca tiveram utilidade. O fato de as dificuldades de explicação histórica serem imensas não deve causar surpresa a ninguém. Vivemos em um mesmo elemento (um presente em vias de tornar-se passado), um elemento humano de hábitos, necessidades, razões, vontades, ilusões e desejos, e deveríamos saber ser ele constituído por um material obstinado. Ainda assim, há um sentido no qual o passado melhora o presente, porque a "história" continua a ser seu próprio laboratório de processo e materialização. Uma seção estática pode nos mostrar certos elementos (A, B e C) em inter-relação ou contradição mútua: a materialização nos mostrará, ao longo do tempo, de que modo essas relações foram vividas, sofridas e resolvi-

---

46. Claro que esses "modelos" estáticos podem ser úteis em certos tipos de investigação.

das, e como ABC originou D. E essa materialização vai, por seu turno, lançar luz sobre as maneiras como os elementos se relacionavam antes e sobre a força da contradição.

Nesse sentido, a materialização confirma ou refuta, consolida ou restringe a hipótese explicativa. Em certo sentido, trata-se de um laboratório ruim: o fato de o evento ter-se processado dessa maneira pode ser consequência de algum elemento contingente (X) negligenciado na explicação. Logo, ABC + X podem ter se manifestado de certo modo (D), mas ABC + Y poderiam ter se manifestado de modo diferente (E); e ignorar isso é cair no erro comum de argumentar que *post hoc ergo propter hoc**. Trata-se de um problema presente em toda explicação histórica, e os filósofos que lançaram os olhos aos nossos procedimentos encontraram aí um bom prato. Eles, no entanto, esquecem que, em outro sentido, a "história" é um bom laboratório, porque o processo, o ato de se materializar, está presente em cada momento das evidências, testando cada hipótese em algum resultado, proporcionando resultados para cada experimento humano já realizado. Nossa lógica é falível, mas a própria multiplicidade dos experimentos, e a congruência entre eles, reduzem os riscos de erro. As evidências referentes a qualquer episódio particular podem ser imperfeitas: haverá muitas lacunas se examinamos a materialização na forma de fatos isolados em séries, mas (pelo menos na história menos remota)[47] sobrevivem evidências suficientes para desvelar a lógica do processo, seu desfecho, as formações sociais características, e como ABC na verdade deu origem a D.

Podemos tornar mais claro este aspecto examinando o problema não a partir do passado, mas do presente histórico. A União Soviética é um desses problemas. Para explicar um aspecto desse problema – quem detém o poder e que rumo seu processo político tende a seguir? – se propõem várias hipóteses explicativas. Por exemplo, a União Soviética é um Estado de Trabalhadores (talvez com certas "deformações") capaz de um autodesenvolvimento ascendente sem nenhuma luta interna grave ou rompimento de continuidade:

---

* Trata-se da falácia "se veio depois disso, é consequência disso". Em latim no original. N.T.
47. O problema das "lacunas" nas evidências relativas às sociedades antigas é examinado em M.I. Finley, *The use and abuse of history* (1971), p. 69-71.

todas as "deficiências" são passíveis de autocorreção, graças à orientação de um partido proletário fundado na teoria marxista e, portanto, abençoado pelo *know-how* da história. Ou, alternativamente: a União Soviética é um Estado no qual o poder caiu nas mãos de uma nova classe burocrática cujo interesse é garantir seus próprios privilégios e a posse permanente do poder – uma classe que só será derrubada por outra revolução proletária. Ou, também: o Estado soviético é o instrumento de uma forma historicamente específica de industrialização forçada, a qual promoveu uma instalação arbitrária e contingente de grupos dirigentes, dos quais se pode agora esperar que sejam os agentes da "modernização" da sociedade soviética, levando-a a uma conformidade tardia e imperfeita com aquele que é o verdadeiro modelo do homem moderno: os Estados Unidos. Ou ainda (o que se aproxima mais de minha opinião): o Estado soviético só pode ser compreendido com o auxílio do conceito de "parasitismo"; e a questão de saber se seus grupos dirigentes estão ou não cristalizados em uma *classe* burocrática, se uma reforma episódica lhes pode ser imposta mediante pressões de vários tipos (advindas das necessidades e resistências dos trabalhadores e agricultores, de dissidentes intelectuais e da lógica que vem de suas próprias contradições internas, das lutas entre facções e da incapacidade de executar as funções essenciais etc.) é uma questão que permanece historicamente aberta e indeterminada, podendo ser precipitada em uma ou em outra direção mais plenamente determinada por contingências.

Há um sentido real e importante no qual essas (e outras) hipóteses só vão ser confirmadas ou refutadas na práxis dos acontecimentos. O experimento está ainda se realizando e (por mais que o coloquialismo manchesteriano de Engels desagrade a Althusser), "a prova do bolo está em comê-lo". O resultado, quando submetido ao exame de historiadores futuros, pode vir a confirmar uma hipótese, ou a propor alguma outra, nova. Toda "confirmação" desse tipo, caso ocorra, nunca poderá deixar de ser uma aproximação: a história não é governada por regras e não conhece causas suficientes; e, caso venham a pensar de outro modo, futuros historiadores estarão caindo no erro do *post hoc ergo propter hoc*. As hipóteses, ou a fusão da ideologia e do autoconhecimento, que nós, ou o povo soviético, adotamos no presente serão elas mesmas um elemento do processo resultante. E se alguma "contingência" diferente tivesse afetado esses elementos (por exemplo, se a Terceira Guerra Mundial tivesse sido provocada pela crise dos mísseis em Cuba), então tudo teria ocorrido de maneira diferente, as forças militares e de segurança teriam sido enormemente fortalecidas e então uma hipótese distinta teria parecido dotada de força explicativa.

Mas essa restrição não é tão devastadora quanto poderia parecer a princípio. Porque será a forma *como* as coisas se processam, *como* o "experimento" se realiza, que vai proporcionar a historiadores futuros uma imensa percepção adicional com respeito às relações vitais que estruturam a sociedade soviética, o que se acha na base das aparências de nosso presente histórico. O "resultado" lhes dará uma visão adicional sobre que formidáveis elementos (talvez a ideologia marxista-leninista do Estado) se iriam mostrar, no caso, frágeis e em declínio, e que elementos inarticulados, e mal-estruturados, prefiguravam uma oposição emergente. Os historiadores do futuro, que saberão *como* os fatos se passaram, vão contar com um auxílio ponderável para entender não por que *tiveram* de se passar como se passaram, mas porque de fato assim foi. Em outras palavras, vão observar no laboratório dos eventos as evidências de determinação, vistas não como lei governada por regras, mas em seu sentido de "fixação de limites" e "exercício de pressões"[48]. E os historiadores de hoje estão exatamente na mesma posição com respeito ao passado histórico, que é, ao mesmo tempo, o objeto de investigação e seu próprio laboratório experimental.

O fato de a explicação histórica não poder tratar de absolutos nem apresentar causas suficientes irrita muito algumas almas simples e impacientes. Elas supõem que, não podendo ser tudo, a explicação histórica é, portanto, nada, mera narração fenomenológica consecutiva. Eis um tolo engano! Pois a explicação histórica não revela como a história *deveria* ter se processado, mas sim por que se processou de uma dada maneira, e não de outra; ela revela que o processo não é arbitrário, mas tem sua regularidade e racionalidade próprias, que certos tipos de eventos (políticos, econômicos, culturais) não se

---

48. Cf. Raymond Williams, *Marxism and literature*, e o importante capítulo sobre "Determinação".

relacionam de alguma maneira de nosso agrado, mas de maneiras particulares e no âmbito de determinados campos de possibilidade; que determinadas formações sociais não obedecem a uma "lei", nem são "efeitos" de um teorema estrutural estático, caracterizando-se antes por determinadas relações e uma lógica particular de processo. E assim por diante. E muito mais do que isso. Nosso conhecimento pode não satisfazer a alguns filósofos, mas é suficiente para nos manter ocupados.

Passamos por nossas oito proposições, e podemos agora repassá-las. As categorias adequadas à investigação da história são categorias históricas. O materialismo histórico se distingue de outros sistemas interpretativos por sua teimosa coerência (teimosia que de resto foi por vezes doutrinária) em elaborar essas categorias e articulá-las em uma totalidade conceitual. Essa totalidade não é uma "verdade" teórica (ou teoria) acabada, mas não é igualmente um "modelo" fictício, e sim um *conhecimento* em desenvolvimento, muito embora provisório e aproximado, pleno de inúmeros silêncios e impurezas. O desenvolvimento desse conhecimento ocorre tanto na teoria como na prática, surge de um diálogo e seu discurso de prova se desenvolve nos termos da lógica histórica. As operações concretas dessa lógica não são visíveis, passo a passo, em cada página do trabalho de um historiador; se o fossem, os livros de história acabariam com a paciência de qualquer um. Contudo, essa lógica deveria estar implícita em cada confronto empírico, e explícita na maneira como o historiador se posiciona diante das evidências e questões propostas. Não sugiro que a lógica histórica seja sempre tão rigorosa ou tão autoconsciente quanto deveria ser, nem que nossa prática corresponda frequentemente àquilo que professamos – sugiro apenas que essa lógica existe e que nem todos somos inexperientes.

VIII

O intervalo terminou. Pede-se aos filósofos e sociólogos que parem de conversar nos corredores e retomem seus lugares nas poltronas vazias ao meu redor. As luzes do auditório se apagam. Cai um silêncio sobre o teatro. E Althusser volta ao palco.

O grande produtor de espetáculos voltou descansado, e em um raro estado de cordialidade. Ele anuncia que o pesado drama epistemológico será suspenso: por hora, chega de história e tragédia. Em vez disso, ele vai apresentar um esquete burlesco de sua autoria, um tanto influenciado por Sade. Um palhaço aposentado com pretensões de respeitabilidade epistemológica vai ser trazido à cena (o público deve fazer o favor de permanecer sério a princípio), interrogado, denunciado, zombado, atormentado e finalmente vaiado e expulso aos chutes do palco. Eis que surge, arrastando-se dos bastidores, atacado pela gota, de olhos cansados, um gorro de bobo na cabeça, o pobre velho palhaço Friedrich Engels.

O esquete começa um tanto lentamente, e com sutileza. Engels é interrogado sobre "paralelogramas de forças", "vontades individuais" e "resultantes" históricos; é condenado por tautologia, baixa a cabeça e é perdoado. ("Disponho-me a ignorar a referência de Engels à *natureza*.") É condenado por uma confusão ainda pior, de associação com a ideologia burguesa. Baixa novamente a cabeça, é repreendido com veemência (uma "construção fútil"), mas lhe dão então um bombom (ele tem "intuições teóricas geniais"). Ele sorri e faz um aceno de cabeça para o público, mas suspeitando do que vem a seguir. É um tanto difícil acompanhar o diálogo, especialmente porque não se permite que o palhaço responda. Vamos levar o roteiro para casa e comentá-lo mais tarde[49].

Entra agora em cena o capataz:

> Quando, no *Anti-Dühring*, escreve que "a Economia Política é essencialmente uma ciência histórica" porque "lida com material que é histórico, isto é, que muda constantemente", Engels toca precisamente no ponto em que está a ambiguidade: aquele em que a palavra "*histórico*" pode pender tanto para o conceito marxista como para o conceito ideológico de história, conforme designe o *objeto de conhecimento* de uma teoria da história ou, pelo contrário, o objeto real de que essa teoria oferece o conhecimento. Podemos legitimamente afirmar que a teoria marxista da economia política deriva da teoria marxista da história como uma de suas regiões; mas podemos igualmente pensar [isto é, as palavras de Engels poderiam nos permitir supor] que a teo-

---

49. *FM*, p. 102-113, examinadas adiante, p. 134-138.

ria da economia política é afetada até em seus conceitos teóricos pela *qualidade* peculiar da história real (seu "material", que *"muda constantemente"*).

O palhaço "nos impõe esta última interpretação em certos textos surpreendentes que introduzem a história (no sentido empirista-ideológico) até nas categorias de Marx". Absurdo dos absurdos! Ele chega a dizer que é errado esperar "definições fixas, sob medida, e definitivamente aplicáveis nas obras de Marx". E argumenta:

> É evidente por si mesmo que quando as coisas e suas relações recíprocas são concebidas não como fixas, mas como variáveis, seus reflexos mentais, *os conceitos, também estão sujeitos a variação e transformação*.

Pior ainda, ele é surpreendido com o traseiro à vista, em uma obscena postura antiteorista:

> *Para a ciência, as definições não têm valor* porque sempre são inadequadas. A única definição *real* é o *desenvolvimento* da própria *coisa*, mas este *já não é uma definição*[50]. Para conhecer e mostrar o que é a vida, temos de examinar todas as formas de vida e representá-las em sua interligação (*RC*, 113. Os grifos exclamativos são de Althusser).

Assim, o velho palhaço é flagrado em uma "assombrosa" reincidência na "ideologia" empirista. Ele é acusado de supor que "os conceitos necessários de toda teoria da história são afetados em sua substância conceitual pelas *propriedades* do objeto *real*":

> Assim, Engels aplica aos conceitos da teoria da história um *coeficiente de mobilidade* diretamente tomado de empréstimo da sequência empírica concreta (da ideologia da história), transpondo o "concreto-real" no "concreto-pensado", e o histórico como mudança real no próprio conceito (*RC*, 56/11).

Mas, desta feita, as desculpas abjetas do velho palhaço não lhe garantem o perdão dos pecados. A bota e o chicote recaem sobre ele inexoravelmente. Porque fica claro que ele não é, absolutamente, um palhaço, mas um indiví-

---

50. Cf. Anon., *The making of the English working class*, p. 11: "A classe é definida pelos homens conforme vivem sua própria história e, no fim, essa é a única definição".

92

duo astucioso, ardilosamente fantasiado de palhaço, que espera fazer passar como piadas a malícia de sua verdadeira natureza. Essa natureza se revela por completo no final do ato – porque, em março de 1895, cinco meses antes de falecer, o velho se despe de todos os disfarces ao escrever a Conrad Schmidt:

> As objeções que levantas à lei do valor se aplicam a todos os *conceitos*, vistos do ângulo da realidade. A identidade entre o pensamento e o ser, para me exprimir à maneira hegeliana, coincide em todos os pontos com seu exemplo do círculo e do polígono. Ou então os dois, o conceito de uma coisa e sua realidade, vão lado a lado como duas assíntotas, aproximando-se sempre sem nunca se tocarem. *Essa diferença entre as duas é a própria diferença que impede que o conceito seja direta e imediatamente realidade e que a realidade seja imediatamente seu próprio conceito.* Porque um conceito tem a natureza essencial daquele conceito e não pode, portanto, *prima facie*, coincidir diretamente com a realidade, da qual deve ser primeiro abstraído; ele é algo mais do que uma ficção, a menos que se declare serem ficções todos os resultados do pensamento porque a realidade só corresponde a eles de maneira sobremodo indireta, e mesmo assim somente com uma aproximação assintótica.

Eis que o esquete se aproxima do final, o velho é chutado para os bastidores e a cortina desce. A carta de Engels "é espantosa (apesar de sua obviedade ser tão banal)". Os grosseiros erros de Engels deixariam sua marca na "teoria filosófica marxista... e que marca! A marca da teoria empirista do Conhecimento..." À minha volta, o público rompe em aplausos entusiastas.

Que esquete inteligente! É pena, talvez, que tenha sido tão breve, porque – agora que já nos foi oferecido – podemos lembrar trechos anteriores desse mesmo palhaço que poderiam ter levado ao mesmo resultado. Houve, por exemplo, o ataque, malicioso (e certamente não inocente), à própria filosofia, em *Ludwig Feuerbach*, que Althusser sem dúvida não esqueceu, e do qual agora está se vingando. "A prova" da concepção marxista da história (confessou Engels descaradamente) "está na própria história":

> Mas essa concepção põe fim à filosofia no âmbito da história, assim como a concepção dialética da natureza tornou toda a filosofia natural tanto desnecessária quanto impossível. Já não se trata, em lugar algum, de inventar conexões a partir de nossos

cérebros, mas de descobri-las nos fatos. Resta apenas à filosofia, que foi expulsa da natureza e da história, o âmbito do pensamento puro (se é que este ainda permanece): a teoria das leis do próprio processo de pensamento, a lógica e a dialética (*L.F.*, 69).

Quanta moderação em Althusser, para não fustigar essas noções ("descobri-las nos fatos"!!!). Mas a comédia teria sido demasiado fácil. Há ainda aquele outro "surpreendente" texto em *Anti-Dühring*:

Se deduzirmos o esquematismo do mundo não a partir de nossa mente, mas apenas *por meio de* nossa mente, a partir do mundo real, deduzindo os princípios básicos do ser daquilo que ele é, não precisaremos, para esse propósito, da filosofia, mas do conhecimento positivo do mundo e do que nele ocorre; e o que isso proporciona também não é filosofia, mas ciência positiva (*A-D*, 45).

(Como é possível que não se tenha feito nenhum registro da explosão de Marx diante dessa apostasia?) Ou poderíamos ter folheado mais amplamente as últimas cartas do velho palhaço. Nem a carta dirigida a Schmidt, que Althusser destacou para tratamento corretivo, termina ali: ela *prossegue*, e, com efeito, fica ainda *pior!* Nenhum dos conceitos econômicos de Marx – a taxa geral de lucro, a lei de salários, rendas –, na verdade, "as leis econômicas em geral –, tem alguma realidade exceto como uma aproximação, tendência, média, e não como realidade *imediata*". E o mesmo se aplica aos conceitos históricos:

O feudalismo correspondeu alguma vez ao seu conceito? Fundado no reino dos francos ocidentais, desenvolvido depois na Normandia pelos conquistadores noruegueses, sua formação continuou com os normandos franceses na Inglaterra e no Sul da Itália, e chegou mais perto de seu conceito em Jerusalém, no reino de um dia, que, nas *Assises de Jerusalém**, deixou em sua esteira a expressão mais clássica da ordem feudal. Terá sido essa ordem, nesses termos, uma ficção, visto que teve apenas uma curta existência, em sua plena forma clássica, na Palestina – e ainda assim principalmente apenas no papel?

---

* Coletânea de tratados medievais referentes às Cruzadas nos reinos de Jerusalém e Chipre. N.T.

E essa mesma irresponsabilidade epistemológica é exibida inclusive com referência ao presente e ao futuro! Porque Engels diz a Schmidt que as leis do valor e do lucro

> ...só alcançam sua realização aproximada mais completa no pressuposto de que a produção capitalista foi completamente estabelecida em toda parte, sendo a sociedade reduzida às classes modernas de latifundiários, capitalistas (industriais e comerciantes) e trabalhadores – porém com a eliminação de todos os estágios intermediários. Isso não existe sequer na Inglaterra, e nunca existirá – não deveremos deixá-la ir tão longe.

Que solecismo! Introduzir no discurso de prova uma categoria, "nós" (a agentividade de um velho e de seus amigos imaginários), derivada de uma "região" diferente (e, além disso, suspeita – não cheira ela a "humanismo"?), região para a qual a Teoria não tem nenhuma previsão!

Mas (como somos críticos rigorosos) não poderia o dramaturgo certamente ter enriquecido seu esquete de outras maneiras? Por que apenas *um* palhaço? Por que não *dois*, um magro e curvado pelo peso da idade, e outro mais gordo, robusto e juvenil, para criar um contraste? Arrastemos dos bastidores, suado, atormentado pelo carbúnculo, o superpalhaço, o gorducho Marx! Ele faz sua mesura para o público, e recita um trecho de uma carta anterior (dirigida a P.V. Annenkov, em dezembro de 1846) (e *depois* da "ruptura epistemológica") que é uma crítica a Proudhon:

> Ele não percebeu que as *categorias econômicas* são apenas *expressões abstratas* das relações reais e só permanecem verdadeiras enquanto essas relações existirem. Incide, portanto, no erro dos economistas burgueses, que consideram essas categorias econômicas como leis eternas e não como leis históricas, que são apenas leis para um desenvolvimento histórico particular... Logo, em vez de considerar as categorias político-econômicas como expressões abstratas de relações sociais históricas, reais, transitórias, Monsieur Proudhon vê somente, graças a uma transposição mística, as relações reais como materializações dessas abstrações. Assim, estas são fórmulas que vinham adormecidas no coração de Deus Pai desde o princípio do mundo.

As categorias, por conseguinte, "são produtos históricos e transitórios", ao passo que, de acordo com Proudhon, "elas, e não os homens, fazem história":

A *abstração, a categoria tomada como tal*, isto é, apartada dos homens e de suas atividades materiais, é por certo imortal, imóvel e imutável, apenas uma forma do ser da razão pura – o que é simplesmente outra maneira de dizer que a abstração como tal é abstrata. Uma admirável *tautologia*!

E, escrevendo a Schweitzer cerca de vinte anos depois (janeiro de 1865), Marx voltou à crítica de Proudhon exatamente nos mesmos termos: "ele partilha das ilusões da filosofia especulativa em seu tratamento das *categorias econômicas*; porque, em vez de concebê-las como *a expressão teórica de relações históricas de produção, correspondentes a uma fase particular de desenvolvimento da produção material*, ele as distorce como *ideias eternas* preexistentes..."

Mas vamos parar de imaginar melhorias para o esquete. Vamos nos sentar e examiná-lo da maneira como nos foi apresentado.

IX

Mas a que vem tudo isso? Seria simples descartar toda a argumentação alegando que Althusser propôs uma questão espúria, requerida por suas confusões epistemológicas anteriores. Isso constitui, com efeito, grande parte da resposta, e uma resposta suficiente a Althusser – e que pode ser apresentada em breves termos. Ele propôs uma pseudo-oposição. De um lado, apresenta a Teoria (e o próprio *O capital*) "como ocorrendo exclusivamente no conhecimento e referente apenas à ordem necessária de aparecimento e desaparecimento dos conceitos no discurso científico de prova" (*RC*, 114). Do outro, diante desse projeto bastante grandioso, ele apresenta os ínfimos projetos do "empirismo", que constituem "ideologia". Engels está tentando misturar os dois, o que seria desastroso (a marca da besta empirista!), porque o discurso de prova deve, como pré-requisito, exigir a fixidez e a clareza dos conceitos. Vimos, porém, que a noção de "empirismo" de Althusser é falsa, e que ela impõe os cânones da filosofia a procedimentos e disciplinas bem diferentes entre si. Não precisamos ir mais longe nessa argumentação.

Mesmo em seus próprios termos, a argumentação de Althusser traz autocontradições e evasivas. Nesse sentido, ele nos diz que "temos todo o direito de afirmar que a teoria da economia política marxista deriva da teoria marxista da história como uma de suas regiões"; mas também nos diz (cf. p 23) que a teoria da história, mesmo agora, 100 anos depois de *O capital*, "não existe em nenhum sentido real". Desse modo, em uma de suas "regiões" a teoria política marxista foi muito diretamente derivada de "uma teoria ausente". Acompanhando isso, vem o desconhecimento do fato evidente de que, em *outras* regiões suas, essa economia política foi derivada, muito diretamente, do engajamento empírico, seja mais (da montanha de publicações oficiais etc. etc., a que Marx presta um tributo tão generoso)[51] ou menos, do intenso e crítico escrutínio de estudos de base empírica, realizados por outros autores.

Em consequência, Althusser partiu de uma má argumentação e misturou seus termos, para lhe dar melhor aparência. Engels parece ter defendido duas proposições. Em primeiro lugar, a natureza inerentemente "aproximada" de todos os nossos conceitos e especialmente dos conceitos necessariamente "fixos" que surgem da análise do desenvolvimento social mutável, *não* fixo, e são levados até ela. Isso pode ser uma "banalidade", em sua "obviedade", para um filósofo que supõe ser essa "apenas uma outra maneira de dizer que a abstração como tal é abstrata", uma "admirável tautologia", algo que raramente sai dos lábios de Althusser. Contudo, para um historiador ou um economista, trata-se na verdade de (embora "óbvio" como teoria) algo excepcionalmente complexo: constitui uma obviedade que pode facilmente ser esquecida na prática, e da qual precisamos ser lembrados.

Além disso, Engels não está apenas afirmando que os conceitos e seu "objeto real" são diferentes. Ele sem dúvida exagera na crítica em um momento de exasperação com a velha escolástica burguesa e os novos esquematistas "marxistas" de toda parte: "as definições são inúteis para a ciência". Compreendemos demasiado bem sua exasperação. Mas o objetivo da carta a Schmidt é argumentar que (a) o fato de todos os conceitos serem aproximações não os torna "ficções", (b) só os conceitos nos permitem "ver o sentido" da realidade objetiva, compreendê-la e conhecê-la, mas que (c) mesmo no ato de conhecer podemos (e devemos) saber que nossos conceitos são

---

51. *O capital* (1938), p. xviii.

mais abstratos e mais lógicos do que a diversidade dessa realidade – e, mediante a observação empírica, *também podemos saber disso*. Não podemos compreender a sociedade medieval europeia sem o conceito de feudalismo, muito embora, auxiliados por esse conceito, possamos saber também que o feudalismo (em sua lógica conceitual) nunca se exprimiu "em uma forma clássica completa", o que é outro modo de dizer que o feudalismo é um conceito heurístico que representa (corresponde a) formações sociais reais mas, como é o caso dos conceitos desse gênero, ele o faz de uma forma abertamente purificada e lógica. A definição não consegue nos dar o evento real. De todo modo, as palavras de Engels são mais claras do que minha paráfrase. Aquilo a que remetem é, como ocorre com tanta frequência nessas últimas cartas, a busca da "dialética", cujo verdadeiro significado estará menos em sua tentativa de reduzi-la a um código formal do que em sua prática. E parte importante dessa prática é exatamente o "diálogo" entre conceito e evidência que já discuti.

O segundo argumento de Engels se vincula com a natureza de conceitos especificamente *históricos*, adequados à compreensão de materiais que se acham em contínua mudança. Althusser clama contra a noção de que "a teoria da Economia Política é afetada mesmo em seus conceitos pela *qualidade* peculiar da história real (seu 'material', que é 'mutável')". A resposta resumida a isso é que, se o objeto real desse conhecimento é mutável e se os conceitos não podem acompanhar o processo de mudança, vamos fazer uma Economia Política extremamente ruim. Não só a Economia Política marxista, como também a Economia Política ortodoxa burguesa, dispunha de um arsenal desses conceitos de mudança (leis disso e daquilo, taxas ascendentes e decrescentes daquilo outro e mesmo mobilidades da oferta e da procura). Aquilo contra que Althusser tenta protestar é uma irreverência diante da rigidez das categorias. Engels afirma não apenas que o objeto se modifica, como também que *os próprios* conceitos devem estar "sujeitos a mudança e transformação". Para Althusser, o capitalismo deve ser uma coisa ou outra coisa, ou então nada. Ele não pode ser uma coisa agora e outra coisa amanhã. E, se for uma coisa, as categorias essenciais devem permanecer as mesmas, por maior que seja a "encenação" em seu interior. Se as categorias se modificam, tal como o objeto, de acordo com um "coeficiente de mobilidade", então a ciência ou a Teoria estão perdidas: vemo-nos levados ao sabor das marés dos fenômenos, e são as próprias marés que operam o leme; transformamo-nos (como Marx acusou os alunos de Ranke) nos "criados" da história.

Contudo, não está claro que Engels nos tenha posto assim à deriva. As palavras ofensivas (a meu ver) não são "conceitos... estão sujeitas a mudança e transformação" (pois isso pode muito bem indicar, e *de fato* indica para Engels, o extenuante diálogo teórico-empírico que a transformação envolve), mas as palavras anteriores, isto é, "seus reflexos mentais"[52]. E Engels pode estar, igualmente, apontando – e acredito que esteja, em seu estudo do conceito de feudalismo – a flexibilidade particular dos conceitos adequados à análise histórica, isto é, a generalidade e elasticidade necessárias das categorias históricas, que são mais expectativas do que regras. Tive suficientes oportunidades de observar, em minha própria prática, que, se uma categoria tão generosa como "classe operária" for indevidamente forçada pelos teóricos a fim de corresponder a um determinado momento histórico da presença de classes (que, ademais, é um momento ideal), a categoria logo começa a produzir falsos e desastrosos resultados históricos/políticos. E, no entanto, sem a categoria (elástica) de classe – uma expectativa justificada pelas evidências –, eu não poderia ter feito absolutamente nada.

Dessa maneira, parece-me que o que Engels diz faz sentido, que Althusser o interpretou erroneamente e que a fala deste último não faz sentido. Ainda assim, é claro que permanece um problema real. Não podemos simplesmente alegar que Engels está certo e Althusser errado. Althusser confundiu o problema, mas ao menos podemos admitir que ele assinalou a área em que este reside. O problema concerne, sob um dado aspecto, aos diversos modos de análise da estrutura e do processo. E, sob outro aspecto, tem que ver com

---

52. Significativamente, Althusser passa por alto o mais sério erro epistemológico de Engels (a "teoria do reflexo") sem lhe mover nenhuma crítica. O motivo é que uma crítica lhe teria exigido (a) examinar todo o problema do "diálogo", (b) uma crítica consequente a Lenin (cf. nota 6) e (c) uma autocrítica que teria levado à autodestruição, pois sua própria epistemologia (com Generalidades I surgindo sem ser convidada e sem escrutínio) é uma espécie de teoria do reflexo "teórica", reproduzida em termos idealistas.

o *status* da "Economia Política" e, portanto, de *O capital*. Vamos considerar primeiro este último aspecto.

Devemos começar concordando de imediato que *O capital* não é uma obra de "história". Há nele uma história do desenvolvimento das formas de capital, mas ela raramente é desenvolvida dentro da disciplina histórica, ou testada pelos procedimentos da lógica histórica. As passagens históricas são pouco mais que "exemplos" e "ilustrações", mas estão aquém da história real. Adiante explicaremos isso mais detalhadamente. Devemos, contudo, dizer desde já que Marx nunca pretendeu, ao escrever *O capital*, escrever a história do capitalismo. Embora isso seja bem sabido, ainda assim vamos recordar. Marx espera (como é evidente nos cadernos de notas do *Grundrisse*) que seu trabalho "também forneça a chave para o entendimento do passado – um trabalho independente que esperamos ser também capazes de realizar"[53]. Essa esperança não se confirmou. O trabalho terminado foi aquele descrito (a Lassalle, em 1858) como "uma crítica das categorias econômicas ou do sistema da economia burguesa, apresentada criticamente" (*sic*); e tratava (disse ele a Kugelmann) do "capital em geral". O primeiro volume "contém o que os ingleses chamam de 'princípios de Economia Política'". E seu título era: *O capital, uma crítica da Economia Política*[54].

Um modo de proceder pode ser nos afastarmos por um momento da estrutura e perguntar de que tipo de estrutura se trata. Antes de tudo devemos observar que parte da força da obra vem não de seus procedimentos explícitos, ou do desvelamento de seu objeto, mas de escolhas quanto a valores (e a sua vigorosa e relevante expressão), escolhas que não poderiam ser deduzidas dos próprios procedimentos conceituais, e que não constituem o objeto de estudo. Em outras palavras, Marx não só desvela os processos econômicos de exploração, como também exprime (ou apresenta seu material de modo a evocar) indignação pelo sofrimento, pela pobreza, pelo trabalho

---

53. *Grundrisse*, p. 461.
54. O livro I de *O capital* ("Produção capitalista") apareceu, obviamente, antes dos livros II e III, e seu subtítulo, na edição inglesa organizada por Engels, foi "Uma análise crítica da produção capitalista".

infantil, pelo desperdício de possibilidades humanas, bem como o desprezo pelas mistificações intelectuais e pela apologética.

Faço esse comentário sem querer elogiar ou condenar, embora a relevância disso possa surgir mais tarde. Como a escolha de valores de Marx só poderia ser justificada com referência a uma "região" que Althusser rejeita liminarmente, como "ideologia", poderíamos ter que explicar (e mesmo tolerar) isso como resquício do moralismo burguês, e mesmo do humanismo. Claro está que esse resquício não surge em Althusser ou Balibar: ao "lerem" *O capital*, eles o higienizaram de tudo isso. Podemos preferir, ou não, a primeira "leitura" de *O capital* à segunda. A questão é que, no tocante a esse significativo aspecto, trata-se de dois livros diferentes.

Em segundo lugar, pode decorrer disso, e creio que de fato decorre, que, se depuramos assim *O capital* de todas as interferências "moralistas", uma parcela bem considerável do livro – a maior parte – poderia ser tomada tão-somente como "aquilo que os ingleses chamam de 'princípios de Economia Política'", ou seja, uma crítica analítica da "ciência" existente, e a exposição de uma "ciência" alternativa das funções, relações e leis econômicas. Isso significa que, se não desaprovarmos (por "motivos" exteriores de valor) a exploração, o desperdício e o sofrimento, vamos nos ver diante de uma estrutura alternativa das relações econômicas submetida a leis. A bem dizer, o leitor cujos interesses estão com o "capital" consideraria suas conclusões pessimistas, porque o sistema é apresentado como marchando rapidamente para uma crise final (que ainda não ocorreu). Isso, contudo, não forneceria nenhuma razão "científica" para discordância.

Essas duas considerações não são introduzidas com propósitos "moralistas". Elas nos ajudam a ver *O capital* no contexto intelectual de seu momento de gênese. E nos recordam que as noções de *estrutura* e *sistema* não foram invenções de Marx (embora assim se pudesse supor considerando certas afirmações contemporâneas). Tivemos na Grã-Bretanha do século XVIII, como bem se sabe, estruturas maravilhosas, objeto da admiração do mundo e de inveja dos franceses. Em especial, as estruturas constitucionais eram exemplares, e talvez tivessem sido dadas aos ingleses por Deus:

101

A incomparável Constituição britânica, soma
de Poderes que se apoiam e se contêm mutuamente,
Reis, Lordes e Representantes do Povo...

[Britain's matchless Constitution, mixt
Of mutual checking and supporting Powers,
Kings, Lords and Commons...]

Ou, na bem conhecida analogia mecânica usada por William Blackstone: "Assim, cada ramo de nossa sociedade civil apoia e é apoiado, regula e é regulado, pelos outros... Como três forças distintas na mecânica, impelem em conjunto a máquina do governo em uma direção diferente daquela em que uma delas, isolada, a teria impelido..."

Deus, como observou Bacon, operava mediante causas secundárias e estas, seja na natureza, na psicologia ou na constituição, com frequência se apresentavam como *conjuntos* de causas que interagiam entre si (estruturas). Os conjuntos que o materialismo mecânico propunha seguiam o paradigma do relógio ou do moinho. O conjunto constitucional era governado pelo direito. Mas a Economia Política burguesa (a partir de Adam Smith) descobriu um conjunto diferente, considerado agora mais um "processo natural", cujo nexo era o mercado, no qual interesses conflitantes eram mediados, sob o governo das leis desse mercado. Na época em que Marx se propôs a estudá-la, a Economia Política se tornara mesmo, graças a Malthus, Ricardo e os Utilitaristas, uma estrutura realmente bem sofisticada, rigorosa em seus procedimentos e abrangente em suas pretensões.

Marx identificou essa estrutura como seu principal inimigo, e concentrou todas as suas energias mentais em desestabilizá-la[55]. Por cerca de vinte anos, essa foi sua principal preocupação. Ele teve que penetrar em cada uma das categorias da Economia Política, desfazê-las e reestruturá-las. Podemos ver as provas desses embates nos cadernos de notas do *Grundrisse* de 1857-1858, e é comum que nos admiremos com sua dedicação exaustiva. E eu de

---

55. Quando fiz essa observação tão óbvia, em 1965, fui severamente censurado por minha "visão incrivelmente empobrecida da obra de Marx": Perry Anderson, "Socialism and pseudo-empiricism", *New Left Review*, 35 (janeiro-fevereiro de 1966), p. 21. Na época, eu não havia lido o *Grundrisse*. Estará essa questão estabelecida seguramente, acima de qualquer discussão, agora?

fato as admiro. Mas não posso me limitar a admirá-las. Porque elas evidenciam também que Marx *caiu em uma armadilha*: a armadilha armada pela "Economia Política". Ou, para ser mais preciso, ele foi sugado por um redemoinho teórico e, por maior a energia com que agita os braços e nada contra as correntes circulantes, fica girando lentamente ao redor de um vórtice que ameaça engolfá-lo. Valor, capital, trabalho, dinheiro, valor (*sic*) estão sempre reaparecendo, são questionados, recategorizados, porém retornam mais uma vez nas correntes revoltas das mesmas velhas formas, para a repetição do interrogatório[56]. E sequer consigo concordar que *tinha* que ser assim, que o pensamento de Marx só poderia ter-se desenvolvido desse modo. Quando examinamos os avanços filosóficos da década de 1840, e as proposições que conformam *A ideologia alemã* e o *Manifesto comunista*, parece haver indicações de estase, e mesmo de regressão, nos quinze anos seguintes. Apesar da significação da batalha *econômica* no *Grundrisse*, e das produtivas hipóteses que surgem em seus interstícios (quanto às formações pré-capitalistas etc.), há algo de obsessivo no embate de Marx com a Economia Política.

Pois o que era essa "Economia Política"? Ela não fornecia uma explicação total da sociedade ou de sua história; ou, se pretendia fazê-lo, suas conclusões já estavam presentes em suas premissas. Estas propunham que se podia não só identificar determinadas atividades como "econômicas", mas também separá-las como campo especial de estudos das outras atividades (políticas, religiosas, legais, "morais" – como a área das normas e valores era então definida – culturais etc.). Onde essa separação se mostrasse impossível, como no caso da influência da "política" ou do "direito" *sobre* a atividade "econômica", essa influência poderia ser vista como uma interferência indevida nos processos econômicos "naturais", ou então como problemas de segunda ordem ou realização de fins econômicos por outros meios.

---

56. Carta de Marx a Lassale, 22 de fevereiro de 1858: "A coisa avança bem lentamente porque tão logo se tenta uma solução final para questões que constituíram o principal objeto de estudos durante anos, vão elas sempre revelando novos aspectos e exigindo novas considerações". (*Selected correspondence*, p. 224.) Contudo, sete anos antes Marx assegurara a Engels que "em cinco semanas terei terminado toda essa merda econômica". Ele poderia então dedicar-se "a uma nova ciência (...) Estou começando a me cansar dela". Citado em David McLellan, *Karl Marx, his life and thought* (1973), p. 283.

Também seria possível propor (embora não necessariamente) que a economia e, com Malthus, a demografia, eram problemas de primeira ordem, e que elas determinavam (ou, em um estado "livre", deveriam e iriam determinar) o desenvolvimento social como um todo. Elas estão "subjacentes" às elaboradas superestruturas da civilização, determinando a riqueza das nações e o ritmo e a direção do "progresso". Isoladas dessa maneira, as atividades econômicas se tornaram objeto de uma "ciência" cujos postulados de base eram os interesses e as necessidades: interesses individuais em um micronível, e interesses de grupos ("agricultura" e "indústria") ou mesmo de classes ("Trabalho" e "Capital") em um macronível, sendo grupos e classes definidos segundo as premissas econômicas da ciência. Para desenvolver com rigor essa ciência era preciso haver definição precisa e rigidez de categorias, lógica matemática e a contínua circulação e reconhecimento internos de seus próprios conceitos: suas conclusões eram aclamadas como "leis".

É essa a estrutura da "Economia Política". Vista de fora na década de 1840, ela pareceu a Marx uma ideologia ou, pior do que isso, uma apologética. Ele entrou nela a fim de derrubá-la. Contudo, em seu âmbito, por mais categorias que desconstruísse (e por mais vezes que o fizesse), a estrutura permanecia. Porque as premissas supunham ser possível isolar dessa maneira as atividades econômicas e desenvolvê-las como uma ciência de primeira ordem da *sociedade*. É mais exato dizer que Marx, na época do *Grundrisse*, não permaneceu tanto na estrutura da "Economia Política" quanto desenvolveu uma *anti*estrutura, mas segundo as mesmas premissas. Os postulados deixaram de ser o autointeresse dos homens e passaram a ser a lógica e as formas do capital, a que os homens estavam subordinados; o capital foi revelado não como o benigno doador de benefícios, mas como o apropriador do trabalho excedente; os "interesses" faccionários foram revelados como classes antagônicas; e a contradição substituiu o progresso conjunto. Mas o que temos no final não é a derrubada da "Economia Política", mas *outra* "Economia Política"[57].

---

57. Naturalmente, tenho consciência de que se trata de uma área litigiosa que já rendeu cem livros e teses. Apenas relato minha própria conclusão ponderada. Althusser também vê *O capital* como uma obra de Economia Política (ciência marxista), embora considere isso um mérito: "a teoria

Na medida em que as categorias de Marx eram anticategorias, o marxismo viu-se marcado, em um estágio vital de seu desenvolvimento, pelas categorias da Economia Política, sendo a principal delas a noção *do* "econômico" como atividade de primeira ordem, passível desse tipo de isolamento na qualidade de objeto de uma ciência que elaborava leis cuja operação se sobrepunha às atividades de segunda ordem. Há ainda outra marca, que é difícil de identificar sem correr o risco de parecer absurdo. Mas os absurdos a que esse erro foi levado na obra de Althusser e colegas – quer dizer, os absurdos de um certo tipo de estruturalismo "marxista" estático e autocirculante – permite o risco de cair no ridículo. Há um sentido importante no qual o movimento do pensamento de Marx, no *Grundrisse*, se vê aprisionado *em uma estrutura estática, anti-histórica*.

Quando nos lembramos de que Marx e Engels ridicularizaram sem cessar as pretensões da economia burguesa de revelar leis "fixas e eternas", independentes da especificidade histórica; quando lembramos o movimento no *interior* da estrutura, a acumulação do capital, a taxa de lucro decrescente, e que Marx delineou, mesmo no *Grundrisse*, o capital em termos do desenvolvimento de suas formas históricas – então essa proposição parece absurda. Afinal, Marx e Engels permitiram o nascimento do materialismo histórico. E ainda assim a proposição tem força. Porque, uma vez que o capital surge na página, seu autodesenvolvimento é determinado pela lógica inata inerente à categoria, e pelas relações assim implicadas, mais ou menos da mesma maneira como o "mercado" opera segundo a Economia Política burguesa, e ainda o faz de acordo com algumas atuais "teorias da modernização". O capital é uma categoria operativa que desenvolve as leis de seu próprio desen-

---

da Economia Política – de que *O capital* é um exemplo (...) considera apenas uma parte relativamente autônoma da totalidade social" (*RC*, 109). Ele admite também que, se não for lido em *seu sentido*, o capítulo 1 de *O capital* seria "uma obra essencialmente hegeliana" (*RC*, 125-126). Insiste repetidas vezes que o objeto de *O capital* não é nem a teoria nem as formações sociais, mas o modo capitalista de produção (por exemplo, em *L. & P.* 76, citado acima, p. 51; P. & H., p. 186). Colletti acha que o problema ("Está Marx fazendo uma crítica da Economia Política *burguesa* ou criticando a Economia Política em si?") permanece não resolvido: "Interview", *New Left Review,* 86 (julho-agosto de 1974), p. 17-18; Castoriadis, examinando mais ou menos o mesmo problema, conclui simplesmente que a teoria econômica marxista é insustentável: "Interview", *Telos*, 23 (1975), especialmente p. 143-149.

volvimento, e o capital*ismo* (*sic*)é o efeito dessas leis nas formações sociais. Esse modo de análise deve ser necessariamente anti-histórico, pois a história real só pode ser vista como a expressão de leis ulteriores; e as evidências históricas, ou contemporâneas (derivadas empiricamente), vão então ser vistas como Althusser as vê, como exemplos ou ilustrações que confirmam essas leis. Mas quando o capital e suas relações são vistos como uma estrutura, em um determinado momento das formas do capital, essa estrutura tem uma estase categórica: isto é, não pode permitir nenhuma influência de alguma outra região (toda região não aprovada nos termos e discurso dessa disciplina) capaz de modificar suas relações, porque isso ameaçaria a integridade e a rigidez das próprias categorias.

Eis um modo extraordinário de pensamento em um materialista, porque então o capital se tornou Ideia que se desdobra na história. Lembramos tão bem as imprecações de Marx contra o idealismo, e suas pretensões de ter invertido Hegel, que não nos permitimos ver o que está claramente presente. No *Grundrisse* – e não uma ou duas vezes, mas em todo o modo de apresentação – temos exemplos de um hegelianismo *não reconstruído*. O capital estabelece condições "*de acordo com sua essência imanente*"[58], o que nos lembra que Marx rinha estudado a *Filosofia da natureza* de Hegel, e observado, sobre a "Ideia como natureza", que "a realidade é postulada com uma determinação imanente de forma"[59]. O capital postula isso e aquilo, cria isso e aquilo, e se queremos conceber o capital*ismo* ("a construção interna da sociedade moderna") só o podemos fazer vendo-o como "o capital na totalidade de suas relações"[60].

---

58. *Grundrisse*, p. 459. Grifos meus.

59. *C.W.*, I, p. 510.

60. *Grundrisse*. p. 276. Roman Rosdolsky, The marking of Marx's "Capital" (Londres, 1977) fez uma análise definitiva da estrutura hegeliana do *Grundrisse*, bem como da centralidade do conceito de "capital em geral", centralidade que continua fundamental em *O capital*. Essa questão surge constantemente, mas ver especialmente as p. 41-52, 367-368, e sua ênfase correta (p. 493) na ideia de que "o modelo de uma sociedade capitalista pura na obra de Marx (...) representou um recurso heurístico, que visava a auxiliar a ilustrar as tendências desenvolvimentistas do modo capitalista de produção, livre de "todas as perturbadoras circunstâncias disso decorrentes". Cf. também I.I. Rubin, *Essays on Marx's theory of value* (Detroit, 1972), p. 117.

É verdade que Marx nos lembra (ou lembra a si mesmo?) que "as novas forças de produção e relações de produção" do capital "não se desenvolvem a partir do *nada* (...) nem do útero da Ideia autopostulante". Mas acrescenta imediatamente que:

> Embora, no complicado sistema burguês, toda relação econômica pressuponha as outras em sua forma econômica burguesa, e tudo o que é postulado seja, portanto, também um pressuposto, é isso que acontece em todo sistema orgânico. O próprio sistema orgânico, como totalidade, tem seus pressupostos, e seu desenvolvimento rumo à sua totalidade consiste precisamente na subordinação de todos os elementos da sociedade a ele mesmo, ou na criação, a partir dela, dos órgãos de que ainda carece[61].

O "sistema orgânico" é então seu próprio súdito, e é essa estase anti-histórica, ou *fechamento*, que procuro indicar. O "isso" desse organismo é o capital, a alma do órgão, e "isso" subordina todos os elementos da sociedade a si mesmo e cria a partir da sociedade seus próprios órgãos.

Não importa apenas que, à luz desse tipo de lapso, as advertências feitas por Engels a Schmidt tenham sido necessárias e salutares: conceitos e leis econômicas não têm realidade "exceto como uma aproximação": "Terá o feudalismo alguma vez correspondido ao seu conceito?" Há um [outro] ponto de grande importância. Marx havia atravessado uma linha conceitual invisível que ia de *O capital* (uma abstração da Economia Política, que é a sua preocupação específica) para o *capitalismo* (o "complicado sistema burguês"), isto é, a totalidade da sociedade, concebida como um "sistema orgânico". Mas a totalidade da sociedade compreende muitas atividades e relações (de poder, de consciência, sexuais, culturais, normativas) que não são objeto da Economia Política, que foram *definidas a partir da* Economia Política e para as quais ela não tem termos. Portanto, a Economia Política não pode mostrar o capital*ismo* como "capital na totalidade de suas relações": ele não dispõe de linguagem ou termos para fazê-lo. Só um materialismo histórico capaz de abarcar em uma visão coerente todas as atividades e relações poderia fazê-lo. E, a meu ver, o materialismo histórico subsequente *não* encontrou

---

61. Ibid, p. 278. Esses trechos são as "permissões" para a visão que tem Althusser da história como um "processo sem sujeito".

esse tipo de "organismo", tendo elaborado sua própria autorrealização com uma inexorável lógica idealista, assim como não encontrou nenhuma sociedade que pudesse ser simplesmente descrita como o "capital na totalidade de suas relações". "Nós" *nunca* o deixamos ir tão longe: mesmo o fascismo, que poderia ser apresentado como a "sua" mais feroz manifestação, teria então de ser traduzido como uma expressão de sua irracionalidade, não de sua lógica racional inerente. Mas o materialismo histórico descobriu que Marx teve uma intuição deveras profunda, que na verdade *precedeu* o *Grundrisse*: a de que a lógica do processo capitalista encontrou expressão no âmbito de todas as atividades de uma sociedade, tendo exercido uma pressão determinante sobre o seu desenvolvimento e forma, o que nos deu assim o direito de falar de capitalismo, ou de sociedades capitalistas. Mas esta conclusão é muito diferente, uma conclusão criticamente diferente da que nos oferece, de um lado, um estruturalismo organicista (em última instância, a Ideia de um capital desdobrando-se a si mesmo) e, do outro, um processo histórico real.

Isso, naturalmente, é apenas uma parte do *Grundrisse*. E, como é obvio, Marx se via, combativamente, como um materialista. Em sua introdução, ele defende seu método, o de partir de abstrações para o concreto no pensamento; e seu método foi em grande parte justificado em seus resultados: só mediante a mais violenta abstração poderia ele ter decomposto essas categorias. Mas ele também antecipou, cavalheirescamente, os perigos inerentes ao método. Hegel se perdeu porque, usando esse método, "caiu na ilusão de conceber o real como produto do pensamento que se desdobra a si mesmo a partir de si mesmo".

Parecia bem fácil descartar essa tola ilusão, mas continuar seguindo quase o mesmo método. Contudo, se Marx nunca esqueceu que o pensamento não é autogerador, mas "antes um produto da elaboração da observação e concepção em conceitos"[62], esse modo de abstração ainda podia, ocasionalmente, fornecer o capital como desdobramento de sua própria ideia.

---

62. Ibid., p. 101. Claro que hoje há uma imensa bibliografia sobre a relação entre Hegel e Marx. A tentativa althusseriana de negar a influência de Hegel sobre *O capital* não resistiu a ela. Para meus fins, desejo ressaltar a forte e contínua influência hegeliana nesses anos críticos; para 1857-1858, ver McLellan, op. cit., p. 304; para os anos de 1861-1862, ver "Marx's précis of Hegel's doctrine of

Creio que durante dez anos Marx *esteve* nessa armadilha. Seus atrasos, seus carbúnculos, não podem ser todos atribuídos à burguesia. Quando ele começou a escrever *O capital*, a armadilha fora, em parte, rompida. Não tenho conhecimentos suficientes para descrever sua autolibertação parcial, mas poderia sugerir quatro considerações. Em primeiro lugar, a armadilha nunca cessou totalmente. Marx concebera o capitalismo em termos históricos na década de 1840, e continuou a fazê-lo, irregularmente, no *Grundrisse* – e esses foram também os anos em que a análise política aplicada e concreta continuou a ser elaborada. Em segundo, e simultaneamente, ele continuou a se desenvolver não apenas em sua experiência histórica, mas também em sua experiência política prática, na qualidade de ator histórico de seu próprio papel, bem como na observação do aumento, do fluxo e da queda das lutas das classes trabalhadoras na Europa. Essas duas considerações são evidentes por si mesmas.

As outras duas podem ser mais controversas. Quanto à terceira, eu ressaltaria outra vez a importante influência de *A origem das espécies* (1859). Sei que minha admiração por Darwin é considerada uma agradável (ou culpada) excentricidade e que há a tendência geral entre intelectuais progressistas de atribuir a Darwin os pecados do evolucionismo teleológico, do positivismo, do malthusianismo social, e defesas da exploração ("sobrevivência dos mais aptos") e do racismo[63]. Mas não estou convencido dessas objeções e, para dizer a verdade, sequer estou convencido de que todos esses críticos tenham lido *A origem das espécies*, e tampouco li avaliações científicas fundamentadas da obra. Sei muito bem como as ideias de Darwin foram usadas por outros, e também conheço seus lapsos (bem poucos) ulteriores. Contudo, o que é notável em sua obra é a maneira como ele discute, rigorosamente, e de modo empírico, a lógica da evolução, que *não* é uma teleologia, e cujas conclusões não estão pressupostas nas premissas, mas que ainda assim está sujeita a explicação racional[64]. De todo modo, minha admiração, seja ou não inocente, certamente foi partilhada por Engels e Marx. Marx leu o livro em

---

being in the minor logic", *International Review of Social History*, XXII, 3, 1977; e também T. Carver, "Marx and Hegel's logic", *Political Studies*, XXII, 1976, bem como Rosdolsky, op. cit., *passim*.

63. Cf., por exemplo. Anderson, "Socialism and pseudo-empiricism", p. 19-21.

64. Não sei a que *leis* se referem as menções de Gareth Stedman Jones, em "Engels and the end of classical German philosophy", *New Left Review* 79 (maio-junho de 1973), p. 25, de "leis darwi-

dezembro de 1860 e escreveu imediatamente a Engels: "Embora seja desenvolvido no rude estilo inglês, este é o livro que contém a base da história natural para a nossa concepção". E escreveu a Lassalle, no mês seguinte, que o livro "é muito importante e me serve como uma base de ciência natural para a luta de classes na história (...) Apesar de todas as deficiências, *não apenas é dado aqui o golpe de morte, pela primeira vez, na "teleologia" nas ciências naturais, como é empiricamente explicado seu significado racional*"[65].

Duas coisas importantes são reconhecidas aqui: em primeiro lugar, Marx reconheceu a contragosto que o método empírico, mesmo "rude" e "inglês", dera uma substancial contribuição para o conhecimento; em segundo, reconheceu, na explicação *não teleológica* de uma lógica racional no processo natural, "uma base (...) para a nossa concepção", e até "uma base de ciência natural para a luta de classes na história". Há aqui, com certeza, o reconhecimento de que essa "base" *não* fora oferecida antes (no *Grundrisse*), e mesmo a sugestão de que Marx estava consciente de que seu modo abstracionista de proceder não seria uma refutação dessa teleologia? Não que Marx supusesse que as analogias darwinianas poderiam ser transferidas, sem reformulação, do mundo animal para o mundo humano: ele vai censurar logo depois um correspondente que, com a ajuda de Malthus, formulara essa suposição[66]. Trata-se mais de uma questão de método, tendo o trabalho de Darwin sido tomado como exemplo da explicação racional da lógica do processo que, em

---

nistas da evolução", embora seja verdade que Engels, em *A dialética da natureza*, viu o processo evolutivo como um exemplo de leis dialéticas, algo que Darwin não fez.

65. Marx, *Selected correspondence*, p. 125-126. Grifos meus. Engels havia escrito anteriormente a Marx que Darwin havia "acabado" com a teleologia, e falou de sua "magnífica tentativa (...) de demonstrar a evolução histórica na natureza".

66. Ibid., p. 198. McLellan, por algum motivo, apresenta o "golpe de morte" de Marx na teleologia como um golpe na "teleologia religiosa" (o que Marx não diz). Mas ele também registra (o que é bem útil) as críticas subsequentes de Marx a Darwin (p. 423-424). Elas vão de comentários sobre a intromissão ideológica de noções de competição ("o 'bellum omnium contra omnes' [luta de todos contra todos] de Hobbes") à queixa (bem distinta) de que "em Darwin, o progresso é meramente acidental". Lawrence Krader é a única autoridade que conheço a ter feito uma definição erudita e exata do que está em questão: "O oposto de uma lei teleológica, dirigida, da natureza e do homem atraiu Marx para as concepções de Darwin"; ver *The ethnological notebooks of Karl Marx* (Assen, 1974), esp. p. 82-85, e tab. p. 2. 354-355, 392-393. Embora Engels por certo tivesse empregado maior número de analogias não avaliadas entre a evolução natural e o processo histórico do que Marx, é absurdo o esforço de muitos estudiosos recentes de Marx para distanciá-lo dessa admiração comum por Darwin.

novos termos, tem de ser desenvolvido na prática histórica. E não creio que tenhamos alguma autorização para considerar isso um capricho passageiro. Além disso, Marx se deu ao trabalho, em 1873, de enviar a Darwin um exemplar de *O capital* em cuja dedicatória se dizia "seu sincero admirador"[67].

Foi nessa época (1860) que começou o trabalho de transformar o *Grundrisse* em *O capital*. O que me leva à quarta consideração: a meu ver, Marx foi mais autocrítico em seu trabalho anterior do que admitem muitos comentaristas. Não me deterei em decifrar as várias pistas restantes de sua insatisfação consigo mesmo[68]. Contudo, penso que a redação de *O capital* implicou uma radical reestruturação de seu material, segundo caminhos parcialmente sugeridos por *A origem das espécies*. Alega-se (por exemplo, Martin Nicolaus, organizador da edição do *Grundrisse*) que as modificações poderiam ser atribuídas ao desejo de Marx de tornar seu trabalho mais "popular", mais "concreto" e, assim, mais amplamente acessível ao movimento revolucionário. Mas "a estrutura *interna* de *O capital* é *idêntica* em suas linhas principais ao *Grundrisse*". No primeiro, "o método é visível; em *O capital*, é deliberada e conscientemente disfarçado". Não concordo. E acredito ainda menos na tentativa de atenuar a carta de Marx a Engels (15 de agosto de 1863), na qual ele escreve sobre o lento progresso de *O capital* e esclarece que teve de "modificar tudo", tentativa que vê aí a expressão de que "ele tivera que derrubar virtualmente toda a Economia Política anterior". A frase é a seguinte: "quando olho agora esta compilação, vejo que tive de modificar tudo e tive de fazer até mesmo a parte *histórica* com base em material parte do qual era completamente desconhecida", e ela não admite essa construção. A "derrubada" da economia

---

67. Cf. o útil (ainda que excessivamente reverente) ensaio de Gerratana. "Marx and Darwin", *New Left Review*, 82 (novembro-dezembro de 1973), p. 79-80. Contudo, a suposição de que Marx tivesse desejado dedicar um volume de *O capital* a Darwin mostrou agora ser errada. (O correspondente de Darwin, na ocasião, era Edward Aveling.) Cf. Margaret A. Fay, "Did Marx offer to dedicate Capital to Darwin?", *Journal of History of Ideas*, XXXIX, janeiro-março de 1978; e *Annals of Science*, XXXIII, 1976.
68. Nesse sentido, Marx faz um lembrete a si mesmo a certa altura do Grundrisse: "corrigir o estilo idealista desta análise".

política preexistente já fora feita nos cadernos de notas (*Grundrisse*) de 1857-1858; o que havia de novo era "a parte histórica" e a "modificação" do resto[69].

Essa reviravolta, afirmo eu, envolveu não apenas o acréscimo de uma dimensão histórica ao trabalho, e uma exemplificação concreta bem maior (derivada da pesquisa empírica), mas igualmente a tentativa de colocar sob controle, e reduzir à explicação racional do processo, as formulações "idealistas" (e até autorrealizadoras, teleológicas) derivadas do procedimento abstracionista. O que surge em *O capital*, de um novo modo, é um sentido da história, bem como a concreção da exemplificação (acompanhada, lembramos, de expressões "extemporâneas" de cólera).

Nicolaus, contudo, não está totalmente errado; em parte – especificamente aquela da antiestrutura da "Economia Política" – a estrutura de *O capital* continua sendo a do *Grundrisse*[70]. Ele permanece sendo um estudo da lógica do capital, não do capitalismo, e as dimensões sociais e políticas da história, a irritação, e a compreensão da luta de classes surgem de uma região independente do sistema fechado da lógica econômica. Nesse sentido, *O capital* foi – e provavelmente tinha que ser – um produto de miscigenação teórica. Ocorre que a possibilidade de uma miscigenação desse tipo não é maior na teoria do que no reino animal, uma vez que não podemos saltar o obstáculo da rigidez das categorias ou das espécies. Dessa maneira, somos obrigados a concordar com sete gerações de críticos: *O capital* é uma monu-

---

69. Nicolaus [*Grundrisse*, p. 60] segue quanto a isso Rosdolsky. Como o trabalho deste último foi aclamado em certos círculos como definitivo, cabe fazer um comentário crítico sobre seu sério e escrupuloso estudo. A discussão que ele faz de toda a questão da dimensão histórica de *O capital* limita-se a uma nota de rodapé (p. 25, nota 56) em que rejeita a frase "faz tudo girar", bem como a breves discussões sobre a acumulação primitiva, na qual as análises histórica e empírica de Marx são elogiadas por sua "vivacidade e persuasão" (p. 61), sem um exame mais aprofundado. Em resumo, Rosdolsky mostra pouco interesse pelo materialismo histórico, vê a estrutura hegeliana ("capital em geral") de *O capital* sempre como meritória e por isso não chega a fazer justiça aos críticos (inclusive marxistas, notadamente Rosa Luxemburgo. Não tenho capacidade para comentar o *status* de Rosdolsky como teórico da economia, mas devemos lamentar que ele considere *O capital* apenas como um exercício acadêmico heurístico de teoria econômica, que seu estudo não traga uma análise de Darwin ou do contexto intelectual e político mais geral. Para resumir: trata-se de um trabalho sério, mas profundamente não histórico.

70. Como disse Rosa Luxemburgo numa carta privada, escrita na prisão: "o célebre Volume I de *O capital*, com sua ornamentação hegeliana rococó, causa em mim profundo desagrado": *Briefe an Freunde*, p. 85, citado por Rosdolsky, p. 492-493. Como Althusser exalta justo esses elementos "rococós" como "Ciência", compartilho dos sentimentos de Luxemburgo com respeito a eles.

mental incoerência. Como pura Economia Política, pode ser criticado por ter introduzido categorias externas; suas leis não podem ser verificadas e suas previsões estavam erradas. Como "história" ou "sociologia", é abstraído em um "modelo", que tem valor heurístico, mas segue com excessivo servilismo leis econômicas não históricas.

O capital não foi um exercício de ordem diferente daquela da Economia Política burguesa madura, mas um confronto total no *âmbito* desta. Nessa condição, é tanto a mais alta realização da "economia política" como sinal da necessidade de sua superação pelo materialismo histórico. Dizer isso não é diminuir a realização de Marx, porque é somente diante dessa realização que podemos fazer esse julgamento. Mas essa realização não *produz* o materialismo histórico; ele oferece as precondições para a sua produção. Um conhecimento unitário da sociedade (que está sempre em movimento, sendo esse, portanto, um conhecimento histórico) não pode ser obtido de uma "ciência" que, como pressuposto de sua disciplina, separe para estudo somente certos tipos de atividade, sem oferecer categorias para outros. E a estrutura de *O capital* continua marcada pelas categorias de seu adversário, notadamente a própria *economia*. Nesse sentido, claro está que, em *O capital*, a "história" é introduzida para oferecer exemplificação e "ilustração" a uma estrutura teórica que não é derivada dessa disciplina. Mesmo relutando, temos de recuar meio caminho na direção das posições de Althusser e Balibar. Não precisamos, contudo, refazer todo o caminho, porque essas "ilustrações" não teriam tido nenhum valor caso estivessem *erradas*, tivessem sido apartadas dos relatos recebidos da "história" e não tivessem sido pesquisadas ("tive que fazer até mesmo a parte *histórica* com base em material parte do qual era completamente desconhecido") e interrogada de novas perspectivas.

É mais verdadeiro dizer que a história, em *O capital*, e nos escritos resultantes, é imensamente fértil *como hipóteses*, e ainda assim como hipóteses que questionam, repetidas vezes, a adequação das categorias de Economia Política. Vemos aqui uma verdadeira cornucópia de hipóteses, fundadas em proposições teóricas consistentes (as pressões determinantes do modo de produção), hipóteses com que o materialismo histórico vem trabalhando desde então. Mas esse trabalho com elas não envolveu simplesmente "testá-las" ou "verificá-las"[71]. Tendo implicado ainda sua revisão e substituição. Mesmo as hipóteses históricas mais elaboradas de Marx (por exemplo, sobre a luta para ampliar a jornada de trabalho ou o movimento de cercamento [expropriação] de terras na Inglaterra e sua relação com a oferta de mão-de-obra para a indústria), assim como suas hipóteses mais obscuras ou mais complexas (por exemplo, sobre a transição do feudalismo para o capitalismo, a "revolução burguesa" britânica ou o "despotismo oriental" e o "modo de produção asiático") sempre sofreram, no próprio discurso de prova do materialismo histórico, reformulações ou modificações muito mais radicais[72].

E como poderia ter sido de outro modo? Esperar algo diferente seria supor não apenas que tudo pode ser dito de uma só vez, mas também que a Teoria (ou Conhecimento) imanente encontrou sua milagrosa concreção em Marx, na verdade não plenamente amadurecida (ainda teria de crescer para alcançar toda a estatura de Althusser), mas já perfeitamente formada e bem proporcionada em todas as partes. Trata-se de um conto de fadas, recitado para crianças nas escolas primárias soviéticas, e no qual nem elas acreditam. O volume I de *O capital* é rico em hipóteses históricas; os volumes II e III o são menos; a "antiestrutura" da Economia Política se estreita novamente[73].

---

71. Nesse sentido, Balibar (*LC* 154/11) declara que *O capital* põe a "hipótese" do materialismo dialético em operação, "e a *verifica* em contraponto com o exemplo da formação social capitalista", o que constitui um bom exemplo do absurdo geral de Balibar. Uma hipótese histórica só pode ser "verificada" na pesquisa histórica; e (como ele e Althusser repetem *ad nauseam*) o objeto de *O capital* é o modo capitalista de produção, e não "a formação social capitalista".

72. Os capítulos "históricos" de *O capital* tiveram inevitavelmente, sobre a tradição britânica de historiografia marxista, uma influência formativa maior do que em qualquer outro país; e, por esse mesmo motivo, a adoção servil das hipóteses de Marx logo foi substituída por um aprendizado crítico delas. Um exemplo interessante é o sugestivo capítulo final do Volume I, sobre "Acumulação primitiva", que suscitou questões reexaminadas por M.H. Dobb, *Studies in the development of capitalism* (1946) que, por sua vez, deu origem a controvérsias resumidas e discutidas por John Saville, em *Socialist Register*, 1969. Porém a análise de Saville deixa abertas áreas (como a acumulação mediante o "saque colonial") que estão sendo reabertas em várias frentes (Wallerstein, Perry Anderson e historiadores marxistas indianos como Irfan Habib) que exigem renovada atenção com respeito ao papel imperial e colonial britânico. O que importa é que são as hipóteses mais vivas de Marx que continuam a passar por questionamento e revisão.

73. O próprio Marx teve em várias ocasiões o cuidado de indicar os limites dessa estrutura. Nesses termos, *O capital*, Volume III (Chicago, 1909), p. 37, começa falando "do ciclo de vida do capital" e caracteriza o Volume I como uma análise do processo produtivo capitalista "sem consideração de quaisquer influências secundárias de condições fora dele". Na p. 968, lemos que "...os movimentos

A esperança de Marx de desenvolver ele mesmo o materialismo histórico na prática permaneceu em grande parte irrealizada. Coube ao velho palhaço, Friedrich Engels, fazer algumas tentativas de corrigir isso; seu ensaio de antropologia histórica, *A origem da família* (novamente a influência de Darwin!), é em geral considerado pelos antropólogos marxistas atuais como exemplo mais da infância do que da maturidade de seu conhecimento.

Em seus últimos anos, Engels olhou ao redor, alarmado, e observou as consequências acumuladas da grande omissão dele e de Marx. Há "muitas alusões" à teoria do materialismo histórico em *O capital* (disse ele em carta a Bloch, em 1890) e "Marx praticamente não escreveu nada em que o materialismo histórico não tivesse um papel". Mas não escreveu coisa alguma em que tivesse um papel principal, e Bloch foi remetido ao *Anti-Dühring* e a *Ludwig Feuerbach* como as obras nas quais poderia encontrar, "pelo que sei, a mais detalhada descrição do materialismo histórico existente". E, no mesmo ano, escreveu a Conrad Schmidt que "toda a história tem de ser estudada de novo, as condições de existência das diferentes formações de sociedade têm de ser examinadas individualmente antes que de se tentar deduzir delas as noções políticas, civis e jurídicas, estéticas, filosóficas, religiosas etc., que lhe correspondem. Só um pouco se fez nesse sentido até agora..."

É prudente refletir sobre quantas atividades humanas (nenhuma delas contemplada por categorias da Economia Política) estão compreendidas na frase a seguir. Mas Engels estava em um estado de espírito cada vez mais prudente:

> Um número demasiado grande de alemães mais jovens simplesmente usa a expressão "materialismo histórico" (e *tudo* pode ser transformado em uma expressão) para organizar seu conhecimento histórico relativamente escasso (pois a história econômica está ainda em seu berço!) em um sistema bem delineado o mais rapidamente possível, e, em seguida, passam a se considerar como algo deveras formidável.

---

reais da concorrência estão fora de nosso plano (...) porque temos de apresentar apenas a organização interna do modo capitalista de produção, por assim dizer em sua média ideal". E assim por diante. Em outras ocasiões, ele foi menos cuidadoso.

Desse modo, não apenas o materialismo histórico, mas sua região mais imediatamente próxima de *O capital*, a história econômica, eram considerados por Engels como estando "ainda em seu berço". Parecia-lhe então, com enorme premência, que o que estava errado na obra inacabada (de toda uma vida) de Marx, *O capital*, era não ser histórico *o bastante*. A Mehring, em 1893, ele escreveu:

> Falta apenas um outro aspecto que, não obstante, Marx e eu sempre deixamos de enfatizar suficientemente em nossos escritos, e em relação ao qual somos todos igualmente culpados. Quer dizer, todos nós demos, e éramos obrigados a dar, a maior ênfase, em princípio, à derivação de noções políticas, jurídicas e outras noções ideológicas, e de ações que surgiam mediante essas noções, a partir dos fatos econômicos básicos. Mas, com isso, deixamos de lado o aspecto formal – o modo como essas noções vêm a existir – em benefício do conteúdo.

"É a velha história", continua Engels: "a forma é sempre negligenciada a princípio em favor do conteúdo". Mas essa falha provocara a crítica dos "ideólogos", com sua

> Noção fátua (...) de que, como negamos um desenvolvimento histórico independente às várias esferas ideológicas que desempenham um papel na história, também negamos a elas todo efeito nessa história. A base disso é a concepção não dialética comum de causa e efeito como polos rigidamente opostos, a total desconsideração da interação...

As cartas são conhecidas, e o leitor pode questionar por que as repito. Faço-o agora para destacar, em primeiro lugar, que Engels reconhecia claramente que Marx havia *pressuposto* uma teoria do materialismo histórico que não havia postulado plenamente nem começado a desenvolver. Com relação a uma parte dessa proposição, na verdade dependemos das últimas cartas de Engels. Althusser as ridiculariza, mas deveríamos perceber um fato curioso em ele ser capaz, no mesmo momento, de tomar de empréstimo noções de importância central para seu pensamento (por exemplo, "autonomia relativa", "determinação em última instância") de trechos que estão bem próximos nas mesmas cartas que satiriza. Adiciono que elas já eram bem conhecidas por mim, e por alguns colegas praticantes do materialismo histórico tanto em

1948 quanto em 1978, e que foi *disso* que partimos. Não tivemos de esperar por Althusser para saber que os problemas *vitais* estão na área da "autonomia relativa" etc.; essas expressões indicaram problemas que nos propusemos então a examinar em nossa prática. Voltarei a essa questão, pois ela aponta uma tradição marxista bem distinta da de Althusser.

A segunda razão para repetir essas cartas é que vemos nelas que Engels indica corretamente (penso eu) a área do maior (e mais perigoso e ambíguo) silêncio real deixado pela morte de Marx – e selados pouco depois pela sua própria. Contudo, no mesmo momento, e nos próprios termos em que discute essa teoria ausente, ele revela a inadequação de seus termos. Porque as "noções políticas, jurídicas e outras noções ideológicas" não podem ser derivadas dos "fatos econômicos" em um discurso de Economia Política tão preciso que suas próprias definições de "econômico" não admitem a entrada dessas evidências extrâneas. E a noção de que os conceitos do marxismo devem ser categorias históricas e "sujeitas a mudança e transformação" destruiria as credenciais do marxismo como "ciência" exata do modo capitalista de produção. Assim, Engels diz, na verdade, que o materialismo histórico e a Economia Política Marxista não conseguiram encontrar um ponto de convergência e um vocabulário teórico capaz de abarcar tanto o processo como a estrutura; que o marxismo corre o risco de ficar preso nas categorias de *O capital*; mas que a pressão do materialismo histórico incipiente pode ser vista em sua estrutura (tanto em suas *in*consistências (*sic*) como em suas hipóteses), pressão que ele podia autenticar (com base em outros trabalhos de Marx e no longo projeto comum dos dois). Ele desejava, nessas missivas finais, dar ao materialismo histórico uma carta de alforria da estrutura do velho *Grundrisse*, mas não conseguiu resolver os problemas teóricos envolvidos nem encontrar os termos para tal. O materialismo histórico subsequente, em sua prática – embora insuficientemente em sua teoria –, procurou servir sob essa carta de alforria. Althusser e seus colegas buscam impelir o materialismo histórico de volta à prisão das categorias da Economia Política.

Acredito que os economistas marxistas contemporâneos estão certos ao dizer que "em *O capital* (...) Marx usa repetidamente o conceito do circuito de capital para caracterizar a estrutura da economia capitalista" – e, mais do que isso, da sociedade capitalista em geral[74]. Mas o materialismo histórico (tal como suposto pelas hipóteses de Marx, e tal como foi desenvolvido posteriormente em nossa prática) tem de ocupar-se de outros "circuitos" também: os circuitos do poder, da reprodução da ideologia etc., que pertencem a uma lógica diferente e a outras categorias. Ademais, a análise histórica não permite a contemplação estática de "circuitos", estando em vez disso imersa em situações nas quais todos os sistemas funcionam conjuntamente e todos os circuitos se intercomunicam. Nesse sentido, Engels está errado: não é verdade que ele e Marx deixaram "de lado o aspecto formal – o modo como essas noções vêm a existir – em benefício do conteúdo". O que ocorreu foi em vez disso o superdesenvolvimento do aspecto formal, na "antiestrutura" da Economia Política, que, em sua gênese e forma, foi derivada de uma construção burguesa e confinou o conteúdo histórico real em formas inadmissíveis e intoleráveis.

Nossa preocupação deve ser hoje a de abordar esse problema sob um aspecto diferente: a heurística alternativa de "estrutura" e "processo". Mas, antes disso, podemos dar um breve adeus a nosso velho palhaço? Neste momento, é *de rigeur* [obrigatório] fazer do velho Engels o culpado e imputar a ele todo pecado que se deseja atribuir aos marxismos subsequentes. Tudo isso já foi escrito, e por muitas mãos, e não preciso voltar mais uma vez à questão[75]. Estou disposto a concordar que várias acusações são procedentes. Creio, assim, ser verdade que, em seus escritos, Engels (i) conferiu credibilidade à "teoria do reflexo"[76] epistemológica, (ii) introduziu um paradigma do "processo natural" (um darwinismo mal-aplicado) em seu trabalho antropológico e histórico, que deslizou para um evolucionismo positivista, (iii) sem dúvida introduziu – como Marx também, e com igual certeza – noções historicistas de desenvolvimento predeterminado e governado por leis. Trata-se de pesadas acusações, embora eu não possa aceitar

---

74. Ben Fine e Laurence Harris, "Controversial issues in marxist economic theory", *Socialist Register*, 1976, p. 141.

75. Cabe lembrar ainda a defesa de Engels feita por Sebastiano Timpanaro, *On materialism* (New Left Books, 1976).

76. Em meu livro *William Morris, romantic to revolutionary* (Merlin Books, edição revista, 1977).

as defesas que sempre consideram Marx e Lenin inocentes e deixam Engels sozinho no banco dos réus. E a estas acusações acrescentei as minhas, mais marginais, quanto à influência infeliz e negativa de Engels sobre o movimento socialista britânico, então em formação[77]. Dito tudo isso, cabe, porém, reconhecer: que homem extraordinário, dedicado e versátil foi ele! Como acompanhou de perto a sua época, como correu riscos – muitas vezes ainda mais do que Marx – em seu engajamento com o pensamento histórico e cultural de sua contemporaneidade, como se empenhou profunda e passionalmente em um movimento que se difundia nos cinco continentes, com generosidade dedicou-se em seus últimos anos aos manuscritos de seu velho amigo e à incessante correspondência do movimento! Se por acaso temos algo a aprender com seus erros, então é isso que ele teria esperado. E se o devemos tomar como culpado, as cartas "revisionistas" de sua última década se configuram como o menor dos motivos.

Os jovens consideram um truísmo que o mais velho é pior do que o mais novo, mas não posso admitir que Engels exemplifique esse caso geral. O "General", em sua última década, não renegou as proposições da juventude – pelo contrário, deteve-se com nostalgia nos "anos de inexperiência" da década de 1840 e, com a sabedoria e previsão da maturidade, observou que havia algo no movimento jovem das décadas de 1880 e 1890 que se afastava das intuições das teses originais dele e de Marx. Se ele deve ser punido, essas últimas cartas com restrições e advertências devem ser consideradas o menor dos motivos. Podemos aceitar que essas cartas levantavam, sem resolver, muitos problemas; mas, se as advertências tivessem tido a devida atenção, a história do marxismo poderia ter sido diferente. Não vou permitir que Friedrich Engels seja considerado, afinal de contas, um palhaço senil. Ele deve ser visto, até seu último ano, como gostaria de ser: sua grande sensatez, seus erros, seu amplo entendimento (mas também sua excessiva possessividade de "família") do movimento, tudo isso se misturava.

---

77. Seja como for, as credenciais positivistas das ciências naturais há muito vêm sendo o centro de uma controvérsia – de tem como precursor Caudwell em *The crisis in physics* [A crise da física] e em *Further studies in a dying culture* [Novos estudos em uma cultura moribunda].

X

Vamos discutir agora "estrutura" e "processo". É costumeiro, nesse momento, fazer uma longa digressão sobre a heurística diacrônica e sincrônica. Contudo, espero que possamos considerar que isso já foi feito. Por mais eloquente, a digressão provavelmente nos levará à conclusão de que *as duas heurísticas são válidas e necessárias*. Tenho de deixar claro, sem dúvidas, que, na discussão a seguir, não duvido da necessidade de procedimentos sincrônicos na análise social, econômica e (em alguns casos) histórica. Esses procedimentos (uma visão geral de toda uma sociedade, "congelada" em certo momento, ou um isolamento sistemático, com relação ao todo, de algumas atividades selecionadas) sempre foram usados pelos historiadores, e um rápido exame de nossas revistas "profissionais" (por exemplo, *Past and Present, Annales E.S.C.* ou *Economic History Review*) vai mostrar que vocabulários sincrônicos especializados foram usados para interrogar a "história" com mais frequência nas três últimas décadas do que em qualquer outro período precedente.

O materialismo histórico pretende estudar o processo social em sua totalidade, isto é, se propõe a fazê-lo quando este se mostra não mais como outra história "setorial" – história econômica, política ou intelectual, história do trabalho ou "história social" definida também como mais um setor[78] – e sim como uma história total da sociedade que reúne todas as outras histórias setoriais. Ele se propõe a mostrar os modos determinados como cada atividade se relacionou com outras, a lógica desse processo e a racionalidade da causação. Basta afirmar essa pretensão para registrar duas observações que a ela devem se seguir de imediato. Em primeiro lugar, o materialismo histórico tem de ser, nesse sentido, a disciplina na qual todas as outras disciplinas humanas se encontram. É a disciplina unitária, que tem de se manter sempre vigilante diante das premissas isoladoras de outras disciplinas (e a estase ficcional que o congelamento do processo envolve em outras), mas cuja maturidade só pode consistir em sua abertura para as descobertas dessas outras

---

78. Cf. E.J. Hobsbawm, "From social history of the history of society", *Daedalus*, 100 (1971), esp. p. 31-32.

disciplinas, e na unificação dessas descobertas. Logo, a "História" deve ser reconduzida a seu trono como a rainha das humanidades, ainda que se tenha mostrado por vezes deveras surda a alguns de seus súditos (a antropologia em especial), bem como crédula com relação a cortesãos favoritos (como a econometria). Mas, em segundo lugar, e para conter suas pretensões imperialistas, deveríamos também observar que a "História", sendo a mais unitária e geral dentre todas as disciplinas humanas, tem de ser também *a menos* precisa. Seu conhecimento nunca será, não importa em quantos milhares de anos, mais do que aproximado. Quaisquer pretensões suas de ser uma ciência precisa são completamente espúrias. No entanto (como já defendi o suficiente), seu conhecimento continua a ser um conhecimento, e é alcançado através de seus próprios procedimentos rigorosos de lógica histórica, seu próprio discurso de prova.

Como vimos, as credenciais do materialismo histórico estiveram, nas últimas décadas, submetidas a um contínuo e violento ataque, provindo tanto de posições no âmbito das disciplinas acadêmicas ortodoxas "burguesas" (epistemologia, sociologia etc.) como de bolsões no interior da própria profissão da história (empirismo genuíno, positivismo quantitativo etc.) bem como de um estruturalismo "marxista". E, como se passa com a epistemologia, o que distingue todos esses ataques – e que deveria ser registrado pelos filósofos e sociólogos marxistas – é a *semelhança* de suas formas, de seus modos de argumentação e de suas conclusões. Tudo se inicia pelo questionamento da cognoscibilidade do processo, como uma lógica total de mudança de conjuntos de atividades inter-relacionadas, e termina fazendo pender os vocabulários do conhecimento, muito pesadamente (ou até absolutamente) no sentido de procedimentos sincrônicos em lugar de diacrônicos. O diacrônico é descartado como mera "narrativa" não estruturada, um fluxo ininteligível de uma coisa a partir de outra. Somente a estase da análise estrutural pode desvelar o conhecimento. O fluxo dos eventos ("tempo historicista") é uma fábula empirista. A lógica do processo é recusada.

Antes de abordar a questão mais detidamente, vou retroceder um momento e assumir uma perspectiva histórica desse problema: porque me parece que a ascensão do estruturalismo tem raízes reais na experiência histórica, e que esse deslize da mente moderna deve ser visto, em parte, como um deslize de *ideologia*. O estruturalismo pode com efeito ser visto como a ilusão desta época, tal como o evolucionismo ("progresso") e o voluntarismo caracterizaram momentos anteriores deste século. O evolucionismo foi uma confusão ideológica "natural" no âmbito do movimento socialista nas décadas anteriores à Primeira Guerra Mundial. Ano após ano (com pequenos "retrocessos"), o movimento foi ganhando força, novas adesões foram anunciadas à Internacional, o número de membros dos sindicatos e do partido aumentou, mais deputados socialistas foram eleitos. Como Walter Benjamin comentaria:

> Nada corrompeu a classe operária alemã tanto quanto a noção de que estava seguindo com a corrente. Ela considerava o avanço tecnológico como a inclinação da corrente com a qual se movimentava. A partir disso, era apenas um passo até a ilusão de que o trabalho fabril, que se supunha tender ao progresso tecnológico, constituía uma conquista política[79].

O marxismo sofreu, portanto, a infiltração do vocabulário (e mesmo das premissas) do "progresso" econômico e técnico – o que na Grã-Bretanha significava o vocabulário do utilitarismo – e de um evolucionismo impropriamente derivado das ciências naturais e do darwinismo. Nos maus momentos e nas adversidades, os militantes ainda podiam sustentar sua causa por meio de um evolucionismo que, como Gramsci mostrou, estava comprimido em uma espécie de vigor determinista: a "história" estava do seu lado e no fim iriam ser reconhecidos. Ainda que a Primeira Guerra Mundial tivesse contido esse evolucionismo, a Revolução de Outubro lhe forneceu uma nova, e mais utópica, encarnação. O utopismo (em sua conotação marxista pejorativa habitual)[80] tem uma reencarnação espantosa e florescente dentro do próprio marxismo, na forma de uma projeção edulcorada e totalmente fictícia da

---

79. Walter Benjamin, *Illuminations* (Fontana, 1973), p. 260.
80. Questionei essa notação no pós-escrito à edição revista de meu livro *William Morris*. Ela também é questionada, em termos ainda mais amplos, por M.-H. Abensour, "Les formes de l'utopie socialiste-communiste" (thèse pour le Doctorat d'État en Science politique. Paris, 1973).

122

"União Soviética": aos forasteiros essa utopia foi oferecida como o emblema de sua própria "história" futura, de seu próprio glorioso e inexorável futuro.

Esse evolucionismo (e seu vocabulário) persistiu, é claro, notadamente no antigo mundo colonial, onde a "evolução" parecia, mais uma vez, a aliada dos militantes: encontrei esse vocabulário (mesmo violentamente contestado) ainda vigoroso entre os marxistas da Índia atual. Mas penso que houve aspectos sob os quais a década 1936-1946 o colocou em magistral xeque. O marxismo, nas irrupções decisivas da insurreição fascista e da Segunda Guerra Mundial, começou a adquirir ares de voluntarismo. Seu vocabulário assimilou – tal como na Rússia depois de 1917 – mais verbos ativos de ação, escolha, iniciativa individual, resistência, heroísmo e sacrifício. A vitória, nessas irrupções, já não parecia estar no curso da "evolução". Longe disso! As próprias condições de guerra e repressão – a dispersão dos militantes nos exércitos, em campos de concentração, destacamentos de resistentes, organizações clandestinas, e mesmo em posições isoladas – impôs diretamente a eles, como indivíduos, a necessidade de julgamento político e de iniciação ativa. Parecia, como quando um grupo da resistência explodia uma ponte ferroviária crucial, que estavam "fazendo história"; parecia, quando as mulheres suportavam as bombas ou quando os soldados se mantinham firmes diante de Stalingrado, que a "história" dependia de sua resistência. Foi uma década de heróis, e havia Guevaras em cada rua e cada floresta. O vocabulário do marxismo passou a ser infiltrado a partir de uma nova direção: a do liberalismo autêntico (as escolhas do indivíduo autônomo) e talvez também do Romantismo (a rebelião do espírito contra as regras concretas). A poesia, e não as ciências naturais ou a sociologia, foi recebida como uma prima. Tudo isso foi muito repugnante, e como o provariam os eventos, fútil. Tudo o que restou foram apenas os ossos de nossos mais heroicos irmãos e irmãs a branquear nas planícies do passado sob um alucinado sol utópico. E, a bem dizer (embora esta fosse uma questão menor), uma guerra – um confronto necessário e histórico – que foi ganha. Mas não posso ignorar o fato de que meu próprio vocabulário e minha sensibilidade foram marcados por esse infeliz momento formativo. Mesmo agora tenho de me conter quando sinto que reverto à poesia do voluntarismo. É uma triste confissão, mas até hoje eu a prefiro ao vocabulário "científico" do estruturalismo.

O vocabulário do voluntarismo sobreviveu por mais algum tempo. Foi filmado em tecnicolor nas epopeias soviéticas da Grande Guerra Patriótica. Mais uma vez, sobreviveu por mais tempo, e com mais justiça e autenticidade, no mundo colonial e – depois – no "Terceiro Mundo". Uma ou outra ação política ou militar contra os imperialistas ainda podia despertar o heroísmo, reunir iniciativas, exigir escolhas e ser sentida como "fazer história". A poesia surgiu em um tardio lampejo de intensidade em Cuba. E, como ocorreu com o evolucionismo, o voluntarismo pôde até coexistir com a adversidade, por um dado tempo; pois só pela rebelião contra a presença esmagadora do "fato estabelecido" podia o homem afirmar sua humanidade[81]. Contudo, nas duas últimas décadas tanto o evolucionismo como o voluntarismo perderam força e silenciaram, notadamente no Ocidente. O vocabulário do estruturalismo afastou tudo o mais.

E seria ele, agora, finalmente a verdade, o verdadeiro vocabulário marxista, restaurado de acordo com o original de Marx? Vamos examinar isso em seus próprios termos em breve. Mas nossa perspectiva histórica deve continuar até chegarmos mais perto de nosso próprio autoconhecimento. O voluntarismo se desfez contra a muralha da Guerra Fria. Nenhum relato é capaz de transmitir o perturbador golpe que foi a desaceleração ocorrida entre 1945 e 1948. Mesmo neste país [Inglaterra] a esquerda marxista parecia seguir "a inclinação da corrente" em 1945; em 1948, lutava para sobreviver em meio a uma corrente antagônica. Na Europa Oriental, esse mesmo golpe nauseante paralisou o coração de militantes como Massaryk, Kostov e Raik.

---

81. Uma característica de *1956* foi o ressurgimento, entre "revisionistas" comunistas, de um vocabulário voluntarista – notadamente na Polônia e na Hungria, mas também no movimento mundial. As várias oposições de *1956* foram com frequência lideradas por militantes cuja sensibilidade se formara na década de *1936-1946*. Uma expressão semelhante de "rebelião contra o fato" evidenciou-se na Campanha Britânica pelo Desarmamento Nuclear. É obrigatório hoje deplorar o suposto "moralismo" desse movimento, embora este tivesse feito mais para pressionar e mudar os termos da política na Grã-Bretanha do que qualquer outro nos quinze anos subsequentes de "renascimento" marxista. [1956 designa a Revolução popular húngara contra as políticas impostas pelo governo e pela União Soviética. Durou de 23 de outubro a 10 de novembro de 1956, quando foi reprimida por iniciativa do *Politburo*, o comitê executivo do partido. N.T.]

No Ocidente, nossa cabeça foi projetada contra o para-brisa da sociedade capitalista; e esse para-brisa foi sentido como... *uma estrutura*. A "história", tão maleável à vontade heroica em 1943 e 1944, pareceu congelar-se de repente em duas monstruosas estruturas antagônicas; cada uma das quais só permitia uma margem mínima de movimento em seu âmbito de operação. Por mais de duas décadas, todo impulso no sentido de um movimento de avanço independente, no interior de qualquer um dos blocos (Hungria em 1956, Praga em 1968, Chile em 1973), foi suprimido com uma brutalidade que confirmou o paradigma da estase estrutural. Até nas partes do Terceiro Mundo em que as estruturas rivais só operavam por extensão diplomática, econômica e ideológica, o mesmo campo de força se fez sentir. Só a enorme e enigmática presença da China escapou (ao custo do autoisolamento) a essa estase estrutural.

Esse confronto mútuo de estruturas imperiais não tem precedente histórico: nem mesmo o cristianismo e o Império Otomano se enfrentaram (exceto em suas fronteiras conflagradas) de maneira tão maciça, tão vigilante, com tão generalizada refração ideológica. No Ocidente, o fluxo "natural" do processo social coagulou-se na forma de uma débil correnteza de hesitante reformismo (sendo cada reforma individual alcançada mediante um esforço imensamente desproporcional). Isso na melhor das situações. Com mais frequência, o modo de produção capitalista regenerado simplesmente cooptou e assimilou essas reformas (que eram o produto de lutas anteriores), atribuindo-lhes novas funções e desenvolvendo-as como "órgãos" próprios. Ou pelo menos foi essa a *impressão* – porque, atentem por favor para isso: ao avançar na direção de nossa época atual, já recaí, como que involuntariamente, no vocabulário do estruturalismo, e reifiquei um processo que, mesmo confusamente, ainda foi o resultado de opções e lutas humanas. Eis assim o que desejo dizer: o vocabulário do estruturalismo foi fornecido pelo aparente "senso comum", pelas aparências manifestas, das três décadas da estase da Guerra Fria. E em suas variedades mais generalizadas, tratava-se de um vocabulário *burguês*, uma apologia do *status quo*, bem como um ataque aos hereges "utópicos" e "mal-adaptados". Na década de 1950, os estruturalismos – em alguns casos produto de espíritos solitários que trabalhavam em contextos anteriores – estavam fluindo *com* a corrente, e se reproduzindo por toda parte como ideologia; a psicologia preocupava-se com o "ajustamento" à "normalidade", a sociologia com o "ajustamento" a um sistema social autorregulador ou com a definição dos hereges como "desviantes" em relação ao "sistema de valores" do consenso, e a teoria política com os circuitos da psefologia[82]. No fim, estruturalismos mais ambiciosos e mais sofisticados se tornaram moda. Os vocabulários estruturalistas foram tomados de empréstimo não da ciência natural ou da poesia, mas ora da sociologia, ora da linguística e da antropologia, ora da antiestrutura da Economia Política marxista – o "lado *Grundrisse*" de Marx.

Devo me acautelar de um mal-entendido. Quando falo de vocabulários nesse sentido, refiro-me certamente ao seu sentido de ideologia. Em outras palavras, afirmei que em cada um desses períodos houve uma pressão da experiência real que pareceu autorizar a adoção de uma linguagem particular de análise social e política, uma predisposição ideológica para um vocabulário ou outro. Isso nos deve deixar em alerta. As experiências das décadas anteriores à Primeira Guerra Mundial predispuseram as mentes à adoção das premissas e termos do evolucionismo; os anos de crise de 1917 e 1936-1946 foram, como todos os momentos revolucionários, propícios às premissas e termos do voluntarismo; e a estase sem precedentes e, no sentido mais profundo, o conservadorismo histórico (a contínua reprodução de bens materiais e ideologia em um circuito aparentemente fechado) provocou nas mentes contemporâneas uma acentuada predisposição para as premissas e termos do estruturalismo. Nesse sentido, um historiador reconhece no estruturalismo uma analogia com os sistemas justificativos circulatórios ou automáticos de sociedades anteriores, e observa que aqueles eram, em geral, *ancien régimes* [regimes antigos] ansiosos por validar o poder estabelecido, ou então regimes revolucionários de meia-idade, ávidos por consolidar o po-

---

82. Discuti esse fenômeno em "Outside the whale" [cf. neste volume, "Fora da baleia], *Out of apathy* (1960). [Psefologia: ramo da ciência política que estuda eleições. N.T.]

der com uma apologia ideológica. Logo, um historiador, diante do estruturalismo, tem de farejar e sentir no ar um cheiro de conservadorismo.

Mas sentir o cheiro do ar ideológico não encerra a questão. Em primeiro lugar, o simples fato de haver essa predisposição ideológica é por si só uma espécie de garantia de que as ideias em questão têm certa correspondência parcial com o momento histórico: *houve* um "progresso" do movimento operário antes da Primeira Guerra Mundial, *houve* iniciativas heroicas e atos de vontade entre 1936 e 1946, *há* atualmente um profundo conservadorismo sociológico à nossa volta, por todos os lados. Temos assim de lembrar que a ideologia tem seu próprio tipo de "verdade". E, em segundo lugar, uma predisposição ideológica para aceitar um determinado vocabulário não condena, por si só, aquela linguagem, suas premissas e seus termos como sendo inválidos. Isso deve ser objeto de uma investigação à parte. Talvez surja um dia uma "conjuntura" na qual milhares de mentes estarão simultaneamente predispostas a acreditar... na verdade! Na realidade, os historiadores não conhecem registros de eventos semelhantes. Mas quem pode dizer se com Althusser essa conjuntura utópica terá finalmente chegado?

Contudo, antes de voltar a Althusser, façamos uma pausa para admirar outro estruturalismo de nossa época, embora ele esteja hoje meio esquecido e fora de moda. Ele chegou até mim por ser um exercício um tanto raro e audacioso, uma tentativa de substituir a estrutura no âmbito do registro histórico e de superar o problema teórico mais difícil de todo sistema do gênero, a análise da mudança ao longo do tempo. Antes de tudo, vamos diretamente ao seu vocabulário:

> Da perspectiva industrial, a revolução têxtil algodoeira se mostra como uma dramática reorganização de todos os fatores de produção. A revolução teve origem em uma série de descontentamentos legitimados pelo sistema de valores dominante na época. Em várias sequências de diferenciação, a indústria desenvolveu uma estrutura mais adequada para atender às demandas dos mercados externo e interno. Essa revolução não ocorreu, naturalmente, no vácuo. Foi iniciada por elementos não econômicos, como valores religiosos, disposições políticas

e estratificação social. Ao mesmo tempo, a Revolução Industrial no algodão criou *uma fonte de descontentamento* que, combinada com outros elementos, deu início a várias sequências de diferenciação em outros subsistemas sociais[83].

Não tenho tempo para fazer aqui uma discussão detalhada com o Professor Smelser quanto ao seu uso de fontes, e sua seleção e interpretação delas, nem em relação à falta de conteúdo de suas "caixas". Desejo agora apenas apontar a reificação do processo provocada pelo próprio vocabulário de análise. Sistemas e subsistemas, elementos e estruturas são dispostos para cima e para baixo das páginas como se se tratasse de pessoas. Smelser está ansioso para mostrar que o processo social ocorreu racionalmente e de uma adequada maneira parsoniana. Há um sistema social autorregulador (cuja sabedoria parece sempre mais evidente quando se está em seu topo) "governado" por um sistema de valores (que, mais uma vez, está entronizado nas instituições e atitudes dos governantes do sistema), dirigido a metas legitimadas por esse sistema de valores, sistema precipitado no desequilíbrio por toda diferenciação estrutural de um elemento mais importante, disso resultando descontentamentos (sempre muito malcompreendidos pelos que estão na base, aqueles que, quando sofrem, manifestam "reações emocionais negativas" e "injustificados sintomas de perturbação"). Mas mesmo essas manifestações plebeias de irracionalidade podem ser transformadas pelo sistema em um relato funcional, pois vários "elementos" superiores não econômicos situados em algum ponto no topo do sistema (como "arranjos políticos" ou valores religiosos superiores, ou, mais simplesmente, o exército e a polícia) "controlam e canalizam" esses sintomas de perturbação. E se os órgãos do sistema emitirem um sinal "justificado", são criadas, mediante vários "passos" refinados, "novas ideias" ou instituições (que no entanto são sempre concebidas em formas mais sábias do que aquelas concebidas pelas deludidas fontes de distúrbios) – proporcionando por meio disso, ao "sistema" estruturalmente diferenciado, um glorioso retorno a um "extraordinário crescimento da produção, da capitalização e dos lucros", embora, no fim, fique aquém das metas previstas pelo

---

83. Neil J. Smelser, *Social change in the Industrial Revolution* (1959), p. 180.

sistema de valores dominante, o que vai produzir novos descontentamentos que, por sua vez... Não sei como escapar desta frase, já que o sistema parsoniano na verdade descobriu até mesmo o segredo do moto perpétuo.

Nesse sistema não há homens bons ou maus, ou melhor, todos os homens têm uma vontade igualmente neutra, estando suas vontades submetidas à vontade inexorável do processo social. Eles são (ou deveriam ser) os *Träger*, ou vetores, desse processo. A vontade social é beneficente: "a indústria surgiu com uma estrutura mais adequada ao atendimento das exigências de... mercados". E fui injusto com Smelser ao sugerir que ele vê os homens e mulheres apenas como passageiros inertes nesse mecanismo diferenciador de reificação. *Deixado em paz*, o sistema nos levaria a todos a avançar para atingir a meta de mercados maiores. Mas, por infelicidade, os "sintomas de perturbação" da maioria dos que estão sendo afetados não apenas não se justificam em alguns aspectos pouco importantes, como são com frequência profundamente injustificados. Eles se tornam ludditas, sindicalistas, cartistas* e defensores de jornadas de dez horas. Impedem que a sociedade-coisa percorra tranquilamente seus caminhos-coisas até sua conclusão-coisa. É uma sorte contarmos nas sociedades contemporâneas com sociólogos que podem explicar aos perturbados que seus sintomas são injustificados, bem como aconselhar "medidas políticas" quanto às melhores maneiras de "controlar e canalizar". Sabemos todos, atualmente, que fenômenos que ao olho (ou ao estômago) desinformado poderiam parecer causa justificada de perturbação são na verdade manifestações da elaboração-coisa ulterior de uma sabedoria-coisa. E por trás disso podemos novamente vislumbrar uma velha forma teológica de pensamento: todo fenômeno, como prova da vontade Divina, *tem de* ter uma função.

Claro que a pretensão do sistema smelseriano de transcender a inserção na "história" da intenção e das normas é inteiramente enganosa. Temos nesse sistema, e em todos os estágios, a imposição de um valor externo. Em parte alguma isso é mais claro do que no tratamento dado por Smelser ao sistema

---

* Ludditas = membros de um movimento de trabalhadores ingleses do ramo de fiação inspirado pelo operário Ned Ludd; cartistas: defensores da Constituição (Carta). N.T.

de valores, seja como conceito generalizado ou em relação a grupos sociais específicos, como os tecelões manuais. Como teoria, ele propõe:

> Todo sistema social é governado por um sistema de valores que especifica a natureza do sistema, suas metas e os meios de atingi-las. A primeira exigência funcional de um sistema social é preservar a integridade do próprio sistema de valores e garantir que os atores individuais se conformem a ele. Isso envolve socializar e educar os indivíduos, bem como criar mecanismos controladores de tensão para manejar perturbações individuais relacionadas com os valores e solucioná-las.

Mas essa serpente já enfiou grande parte do rabo na própria boca. Porque, na mesma página, Smelser nos disse que:

> Um sistema social (...) é governado por um sistema de valores que define e legitima as atividades do sistema social. Em segundo lugar, esses valores são institucionalizados nos padrões reguladores que governam a interação das unidades mais concretas. Em terceiro, as unidades mais concretas se especializam em subsistemas sociais que se agregam em torno de imperativos funcionais que governam o sistema social.

Mas, do mesmo modo (em outra página), o sistema de valores é seu próprio juiz e árbitro: "ele especifica as condições nas quais os membros do sistema devem exprimir descontentamentos e preparar-se para promover mudanças". Só os valores ficam fora desse modelo de diferenciação estrutural. Se mudarem, eles mudam "mais vagarosamente do que a estrutura social", e isso é "um problema analítico à parte"[84].

Eis o verdadeiro pudim epistemológico. A primeira relação proposta entre o sistema de valores e o sistema social é simbiótica. O sistema social é "governado" pelo sistema de valores que, na verdade, seleciona as metas do sistema; mas a "primeira exigência funcional" do sistema social é também "preservar a integridade do próprio sistema de valores". Logo, o sistema de valores e o sistema social se apoiam mutuamente, mas, entre os dois, o primeiro é anterior. A primeira função do sistema social é reproduzir integralmente os valores que o governam. É aí que a serpente enfia o rabo na boca. E

---

84. Ibid., p. 11, 16 e *passim*.

agora ela começa a engolir-se a si mesma. Porque o sistema social também é constituído de "unidades concretas" (ainda não de pessoas!), especializadas em "subsistemas sociais que se agregam em torno de imperativos funcionais que governam o sistema social". Mas já fomos informados sobre qual é o *primeiro* imperativo funcional: preservar a integridade do próprio sistema de valores. O que é a sociedade? Um sistema de valores cuja função primeira é, através da mediação de caixas vazias e de uma terminologia horrenda, reproduzir seu próprio sistema de valores.

Quem mantém esses valores? Se houver possibilidade de escolha, quem decide que conjuntos de valores forma o sistema de valores dominante? A serpente – ou o que resta dela, já que se transformou agora em um nó estertorante – também tem uma resposta para isso: o sistema de valores dominante é exatamente aquele que domina. (Não é preciso chegar a dizer quais são os valores daqueles que detêm o *poder* político, econômico e outros poderes institucionais – por exemplo, o religioso e o acadêmico –, porque o poder foi tabulado em algum lugar entre as "disposições políticas," cuja função é a consecução das metas selecionadas pelo sistema de valores.) Ademais, o próprio sistema de valores "especifica" se os descontentamentos devem ou não surgir, ou seja, ele inibe ativamente o surgimento de valores alternativos e oferece "mecanismos controladores de tensão" para "solucionar as perturbações individuais relativas a valores". Plop! A serpente desapareceu em um total vácuo teórico.

Trata-se, sem dúvida, de um vácuo altamente conservador: o que é governa aquilo que é, tendo como primeira função preservar a integridade desse ser; o que domina tem o imperativo funcional de preservar seu próprio domínio. Tal como apresentada por Smelser, essa teoria estrutural não pode ser criticada em termos de teorias alternativas de processo ou de conflito de classe, porque a sua terminologia é concebida de maneira tal que esses conceitos não podem, em ponto algum, ser admitidos. O vocabulário exclui a crítica antes que ela possa começar.

Contudo, como eu já disse, temos nesse sistema, em todos os estágios, a imposição de valor exterior. Não houve, obviamente, na história industrial que Smelser se propõe a reconstituir, *um* sistema de valores dominante, mas muitos conjuntos concorrentes de valores, um dos quais predominou simplesmente por ser professado por homens que detinham o poder. Os valores dos membros da Comissão da Lei dos Pobres e os valores dos pobres, os valores dos membros da comissão que elaborou leis para os tecelões manuais e os valores dos tecelões manuais não podem ser abarcados pelo mesmo sistema. E ainda que tentássemos abarcá-los, em deferência a noções vagas como "independência", veríamos que o sistema social é tão estruturado que aquilo que cria a independência de alguns homens produz a dependência de outros. O "sistema social" não tinha "meta", nenhuma intencionalidade interior, pois os homens e mulheres em seu âmbito tinham metas e intenções opostas. Smelser simplesmente começou a análise pressupondo sua própria finalidade, que era a velha meta da racionalização weberiana em busca do crescimento econômico máximo. Bem no fundo desse mecanismo-coisa, mascarado, mas ainda no controle da situação, está o empreendedor de Sombart, o homem de ilibada boa vontade cuja única motivação é maximizar seus próprios lucros e, com eles, os recursos produtivos da humanidade. Aqui está o *primum mobile* [o principal móvel] do sistema capitalista. E, por isso mesmo, o sistema de Smelser, em suas pretensões mais amplas[85], não só é um ultraje ao discurso da lógica histórica como também, como sociologia, só pode ser entendido como um momento da ideologia capitalista.

Como ideologia, talvez ele possa ser considerado produto daquele momento, já mencionado, de estase ideológica polarizada no auge da Guerra Fria[86]. Foi também nesse momento que o stalinismo ofereceu uma caricatura do marxismo que proporcionou, com uma terminologia bem diferen-

---

85. Em seus capítulos menos pretensiosos, o livro de Smelser levanta interessantes questões relativas às novas inter-relações entre a organização do trabalho na indústria algodoeira e a estrutura familiar dos operários.

86. Considerando a análise de Alvin Gouldner sobre a gênese do estruturalismo parsoniano (*The coming crisis in western sociology* [A crise vindoura da sociologia ocidental]), devo deixar claro que não julgo que esse pensamento tenha sido geneticamente produto da estase da Guerra Fria. Gouldner está evidentemente certo ao situar a matriz experiencial crítica em um contexto anterior. Desejo dizer que a ascendência do parsonianismo como ideologia, com apoio acadêmico e institucional maciço, o foi.

te mas com um vocabulário igualmente abstrato, uma igual reificação do processo na qual uma "superestrutura" se reduzia a confirmar ou legitimar uma base. Essa "base" (escreveu Stalin em 1950) "é a estrutura econômica da sociedade em um determinado estágio de seu desenvolvimento", e a "superestrutura consiste nas opiniões políticas, jurídicas, religiosas, artísticas e filosóficas da sociedade, e nas instituições políticas, jurídicas e outras, que correspondem a elas:

> A superestrutura é um produto da base; mas isso não significa que ela meramente reflita a base, que seja passiva, neutra, indiferente ao destino de sua base, ao destino das classes, ao caráter do sistema. Pelo contrário, tão logo surge, ela se torna uma força extremamente ativa, contribuindo ativamente para que sua base tome forma e se consolide, e fazendo tudo o que pode a fim de ajudar o novo sistema a acabar e eliminar a velha base e as velhas classes.
>
> Não pode ser de outro modo. A base cria a superestrutura precisamente para servi-la, para ajudá-la ativamente a tomar forma e consolidar-se, para que possa empenhar-se ativamente na eliminação da velha e moribunda base e de sua velha superestrutura.

Isso parece dizer: "O que é cria aquilo que é, que tem como primeira função consolidar seu próprio ser – bem como destroçar o que era". Trata-se de uma descrição aproximada do Alto Stalinismo, no qual o Estado foi realmente "uma força extremamente ativa", fazendo tudo o que podia para "acabar e eliminar a velha base e as velhas classes", embora os historiadores da União Soviética alimentem a suspeita de que, em certo momento, o "é" da superestrutura de Stalin estava criando artificialmente (e de uma maneira teoricamente imprópria) sua própria base. Isso é menos facilmente compatível com outra das notáveis formulações de Stalin:

> A superestrutura não está diretamente ligada à produção, à atividade produtiva do homem. Está apenas indiretamente ligada à produção, através da economia, através da base. A superestrutura, em consequência, não reflete as mudanças de desenvolvimento das forças produtivas de modo imediato e direto, mas só depois das mudanças na base, pelo prisma das mudanças nela

operadas pelas mudanças na produção. Isso significa que a esfera de ação da superestrutura é estreita e restrita[87].

Minha intenção não tem sido, ultimamente, submeter a escrutínio as credenciais de Stalin como teórico marxista. Pretendo apenas apontar uma idêntica reificação do processo histórico tanto em Smelser como em Stalin implícita nas premissas e que se estende ao vocabulário de análise: os dois mostram (ou pretendem mostrar) a história como um "processo sem sujeito", colaborando para expulsar da história o agir humano (exceto como "apoios" ou vetores de determinações estruturais ulteriores) e apresentando a consciência e as práticas humanas como *coisas* automotivadas.

Há outra questão. O conceito explícito da história como "um processo sem sujeito" é uma descoberta não de Smelser ou Stalin, mas de Althusser, que, além disso, propôs ser essa "a base de todas as análises *em O capital* (*L & P*, 117; *P & A*, 182-185; *Essays*, 51). Podemos, contudo, presumir que a origem dessa visão notável esteja em *Marxismo e linguística* de Stalin, texto pelo qual Althusser sempre mostrou um respeito incomum. Sabemos que Althusser ingressou no Partido Comunista Francês em 1948, e se sentiu subjetivamente diante de uma grande dificuldade:

> Um filósofo profissional que ingressa no Partido continua a ser, ideologicamente, um pequeno burguês. Ele tem de revolucionar seu pensamento a fim de ocupar uma posição proletária de classe na filosofia (*L & P*, 17).

Perante essa dificuldade, ele se aplacou primeiro com a "original" contribuição de Stalin para a teoria (1950), responsável pelo "primeiro choque" que começou a afastar o sectarismo e o dogmatismo que caracterizavam o movimento comunista quando de sua [de Althusser] iniciação. Ou assim ele apresenta o acontecimento em retrospecto – um "período resumido caricatamente em uma expressão, um alto estandarte drapejando no vazio: 'ciência burguesa, ciência proletária'".

Paradoxalmente, não foi senão Stalin, cujo contagioso e implacável sistema de governo e de pensamento tinha induzido esses

---

87. J.V. Stalin, Marxism and linguistics (1950), reproduzido em Bruce Franklin (org.), *The essential Stalin* (1973), p. 407-409, 411.

delírios, que conferiu a essa loucura um pouco de razão. Lendo as entrelinhas de algumas páginas simples onde ele censurava o zelo dos que envidavam todos os esforços para provar ser a língua uma superestrutura, podíamos perceber que o uso do critério de classe tinha seus limites, e que fomos levados a tratar a ciência, um *status* reivindicado em cada página de Marx, como meramente a primeira dentre as ideologias. Era necessário retroceder, e, em meio a um semidesespero, voltar aos princípios, primeiros (*FM*, 22-27)[88].

É desse modo que ele apresenta seu próprio desenvolvimento intelectual: um "pequeno burguês", iniciado no dogmatismo stalinista, mas resgatado de seu extremo delírio – por Stalin! O resgate o deixou precisamente com o conceito imanente de história como "processo sem sujeito", com um vocabulário estruturalista reificado, uma metáfora inexorável e mecânica de base e superestrutura – e uma noção de marxismo como "ciência" que não pertencia a nenhuma destas!

Althusser, naturalmente negou, depois de *Reading Capital* [Ler O capital], que sua versão do marxismo seja um estruturalismo, ainda que admita que "o cachorrinho (...) passou entre minhas pernas"[89]. Não é essa argumentação, que gira quase totalmente em torno de algumas noções estruturalistas da "combinatória", que pretendemos abordar aqui. Em vez disso, voltamo-nos diretamente para seu próprio texto, seu vocabulário, suas premissas e seus termos.

O conceito vital da teoria sociológica althusseriana é o de "modo de produção". Poucos marxistas objetarão a isso. Pensamos, se somos historiadores, em *produção*; e em terra, tributos, rendas, propriedade, tecnologias, mercados, capital, salários e coisas semelhantes. Mas Althusser

---

88. Há outra referência reverente a Stalin no campo da linguística em *RC*, p. 133.

89. *Essays*, p. 125 e *passim*. Cf. também o prefácio à edição italiana de *RC*. Os praticantes teóricos ardorosos supõem que as "autocríticas" de Althusser removem todas as dificuldades possíveis em *FM* e *RC*. Mesmo levando em conta essas críticas, elas são ou (a) marginais e tão restritas que constituem negociações antes retóricas que intelectuais ou então (b) tão amplas que, se levadas a sério, poriam em questão a obra anterior *in toto*. Podemos assim tomar *FM* e *RC* como a parte mais elaborada e mais influente do corpo do pensamento de Althusser. Os escritos ulteriores são, em geral, versões brutalizadas dos primeiros, e devem se distinguir em larga medida pela postura "militante" e "revolucionária" exigida por seu posto de principal filósofo do P.C.F.

pressupõe tudo isso e avança para a essência da questão, o conceito, a "disposição" dos "termos":

> De um lado, a *estrutura* (a base econômica: forças produtivas e relações de produção); do outro, a *superestrutura* (o Estado e todas as formas jurídicas, políticas e ideológicas) [*FM*, 112].

Até agora fomos guiados pela mão firme de Stalin. Mas neste momento podemos aperfeiçoá-lo. Marx introduziu "uma *nova concepção* da relação entre as *instâncias determinantes* no complexo estrutura-superestrutura que constitui a essência de toda formação social" (*FM*, 111). Althusser adota então a postura de defensor da pureza da ciência marxista contra quatro antagonistas – "o *economicismo*, e mesmo o *tecnologismo*" (*FM*, 108), de um lado, e o humanismo e o historicismo, de outro. A relação entre base e superestrutura tem de ser verbalizada e sofisticada de novas maneiras, introduzindo-se os conceitos de estrutura em dominância, determinação em última instância e sobredeterminação. Marx nos fornece as "duas pontas da cadeia": "de um lado, *a determinação em última instância pelo modo (econômico) de produção*; do outro, *a autonomia relativa das superestruturas e a sua eficácia específica*" (*FM*, 111). (A rigor, não são as duas pontas de uma cadeia, mas duas maneiras de dizer a mesma coisa, porque o que é determinante, mas apenas em última instância, tem de permitir a eficácia de outros efeitos relativamente autônomos em outras instâncias.) Contudo, Althusser nos assegura que essa determinação, ainda que sempre presente, é apenas fictícia, porque "do primeiro ao último instante, a hora solitária da 'última instância', nunca se manifesta" (*FM*, 113). O problema (que, para um historiador, poderia parecer exigir maior investigação empírica e elaboração) aparece então, para Althusser, como um problema decorrente da deficiência da "*teoria da eficácia específica das superestruturas...*" (*FM*, 114). E ele procura corrigir isso: "e antes da teoria de sua eficácia, ou simultaneamente (porque é pela formulação de sua eficácia que se pode atingir sua *essência*), tem de haver a elaboração *da teoria da essência particular dos elementos específicos da superestrutura*" (*FM*, 99-114).

Sente-se que "formulações" desse gênero, que repetidamente alcançam a dignidade e a especial clareza dos itálicos, devem de fato nos preparar para a revelação do mistério. E não ficamos desapontados, porque somos apresentados a uma senhora deveras importante, que não deve de modo algum ser vista como uma delgada superestrutura sentada em uma base um tanto maior, mas como uma figura unitária, *La Structure à Dominante* [A estrutura em dominância]. Trata-se de uma "totalidade", mas não de uma espúria totalidade hegeliana ou sartriana, e sim de uma totalidade infinitamente mais "definida e rigorosa" (*FM*, 203). O que determina sua existência e estrutura sua personalidade dominante é, em última instância, o "econômico". No entanto, como a última instância nunca se manifesta, é de bom-tom esquecer com frequência essa determinação material. É indelicado lembrar constantemente a uma grande senhora que ela é determinada por sua barriga. É mais útil caracterizá-la de acordo com as contradições de seu temperamento, e examinar essas contradições em seus próprios termos, em lugar de insistir no fato de que elas se originam de uma má digestão.

> Se toda contradição é uma contradição em um todo complexo estruturado em dominância, não se pode considerar o todo complexo sem suas contradições, sem suas relações basicamente desiguais. Em outras palavras, cada contradição, cada articulação essencial da estrutura, e a relação geral das articulações na estrutura em dominância, todas elas constituem outras tantas condições da existência do próprio todo complexo. Essa proposição é de primordial importância. Porque ela significa que a estrutura do todo e, portanto, a "diferença" das contradições essenciais e sua estrutura em dominância, é a própria existência do todo; que a "diferença" das contradições... é idêntica às condições de existência do todo complexo. Em termos mais explícitos, essa posição implica que as contradições "secundárias" não são o puro fenômeno da contradição "principal", que a principal não é a essência de que as secundárias seriam fenômenos, de modo tal que a contradição principal pudesse existir praticamente *sem* as secundárias, ou sem algumas delas, ou então *antes* ou *depois* delas. Pelo contrário, isso implica que as contradições secundárias são tão essenciais para a existência da contradição principal, que na verdade constituem a condição de existência desta última, assim como a contradição principal constitui a condição de existência delas. Tomemos como exemplo o todo complexo estruturado que é a sociedade (*FM*, 204-205).

Ah, claro. Tomemos um exemplo, embora trivial: a "sociedade". Porque, em termos mais explícitos, chegamos mesmo a formular a suposição de que Althusser estava dando uma enorme e tortuosa volta para afirmar que, em qualquer todo ou organismo complexo, os atributos devem ser tomados, coletivamente, como um todo; e se a análise identifica uma "contradição principal", esta é (a) inerente à sua estrutura e (b) em consequência, não desautoriza contradições subordinadas. Mas a "sociedade", como se verá, pode ser despachada mais rapidamente:

> As "relações de produção" não são, aí, o puro fenômeno das forças de produção: são, também, a condição de existência destas. A superestrutura não é o puro fenômeno da estrutura, mas é também sua condição de existência... Que não me entendam aqui equivocadamente: esse condicionamento mútuo da existência das "contradições" entre si não anula a estrutura em dominância, que impera sobre as contradições e em seu interior (no caso, a determinação em última instância pela economia). Apesar de sua aparente circularidade, esse condicionamento não leva à destruição da estrutura de dominação que constitui a complexidade do todo e sua unidade. Bem ao contrário: mesmo no interior da realidade das condições de existência de cada contradição, é a manifestação dessa estrutura em dominância que produz a unidade do todo. *Esse reflexo das condições de existência da contradição no interior dela mesma, esse reflexo da estrutura articulada em dominância que constitui a unidade do todo complexo no interior de cada contradição* – esse é o aspecto mais profundo da dialética marxista, o que tentei há pouco exprimir com o conceito de "*sobredeterminação*" (*FM*, 205-206).

É bom saber que depois de tanto tempo chegamos ao "aspecto mais profundo da dialética marxista", embora o tenhamos feito mediante os métodos idealistas característicos de Althusser – a partir de premissas ideais, chegamos à "sociedade", como um exemplo! Essa reorganização do vocabulário foi imposta a Althusser pelas deficiências do "economicismo", que vê a relação entre a base e a superestrutura com base em uma analogia com um mecanismo automático:

> É o "*economicismo*" (o mecanismo), e não a verdadeira tradição marxista, que estabelece de uma vez por todas a hierarquia das instâncias, atribui a cada uma sua essência e seu papel e defi-

> ne o sentido unívoco de suas relações... É o economicismo que identifica eternamente de antemão a contradição-determinante-em-última-instância com o *papel* da contradição-dominante; é ele que assimila para sempre esse ou aquele "aspecto" (forças de produção, economia, prática...) com o *papel* principal, e algum outro "aspecto" (relações de produção, política, ideologia, teoria...) com o *papel* secundário – enquanto na história real a determinação em última instância pela economia se exerce precisamente nas permutações do papel principal entre a economia, a política, a teoria etc. (*FM*, 213).

A concessão à "história real" é bem-vinda (e rara), ainda que os historiadores praticantes dificilmente possam considerar esclarecedora a resolução apresentada no final da frase. O que Althusser parece estar dizendo é que o "economicismo" propôs uma analogia com um mecanismo tanto grosseira quanto indigna de crédito, e ele, em substituição a isso, se propõe a sofisticar o mecanismo:

> A desigualdade é, portanto, interior a uma formação social, porque a estruturação em dominância do todo complexo, essa invariante estrutural, *é ela mesma a precondição da variação concreta das contradições que a constituem*, e, portanto, de seus deslocamentos, condensações e mutações, etc. e, inversamente, porque *essa variação é a existência dessa invariante* (*FM*, 213).

O desenvolvimento desigual "não é, portanto, exterior à contradição, constituindo antes sua essência mais íntima" (*FM*, 213). Tudo isso parece por certo mais respeitável; livramo-nos do antigo relógio do avô de Stalin, que se afigurava cada vez mais uma feiosa velharia. Mas o que nos resta ainda é apenas um relógio de estilo moderno, mais complicado, com um número bem maior de peças móveis, partes que não são componentes substanciais, derivados da investigação histórica (sistemas monetários, constituições, normas, direitos de propriedade), mas neologismos interpolados. A reorganização ocorreu, não na análise substantiva (a teoria interagindo com a inquirição), mas apenas no vocabulário.

O motivo de continuarmos com um mecanismo automático (ou *mecanismo* filosófico) reside no próprio caráter da teoria: um estruturalismo. O sistema de Althusser é obviamente mais do que um "flerte" com os termos estruturalistas. Não importa nada se esse sistema se qualifica ou não como estruturalismo segundo certas recentes notações parisienses de linguística, antropologia ou psicanálise. O que constitui um estruturalismo, em um sentido mais amplo, é (i) que por mais variáveis que se introduzam e por mais complexas que sejam as suas permutas, essas variáveis conservam sua fixidez original como categorias – no caso de Smelser, o "sistema de valores", os fatores de produção, os "arranjos políticos" e a "diferenciação estrutural" (motriz); no de Althusser, a "economia", a "política", a "ideologia" e a "luta de classes" (motriz). Logo, trata-se de *categorias de estase*, embora sejam então postas em movimento como partes móveis, e (ii) o movimento só pode ocorrer *no campo fechado* do sistema ou estrutura. Ou seja, por mais complexos e mutuamente recíprocos que sejam os movimentos das peças, trata-se de movimento encerrado nos limites gerais e nas determinações da estrutura dada de antemão. Por esses dois motivos, a história *como processo*, como concretização de final aberto e indeterminado – mas nem por isso destituída de *lógica* racional ou *pressões* determinantes –, em que as categorias são definidas em contextos particulares, mas sofrem continuamente redefinição histórica, e cuja estrutura não é dada de antemão, mas proteica, mudando constantemente de forma e articulação – tudo isso (que pode ser considerado como constituindo, bem mais verdadeiramente, "o aspecto mais profundo da dialética marxista") deve ser negado.

E estamos aqui diante de um problema muito difícil, insuperável para os filósofos (e sociólogos) que supõem que uma "formulação" está em nível superior ao da análise "empírica", e que o necessário não é um *conhecimento* teoricamente informado, mas uma "teoria da história". Pois é excepcionalmente difícil verbalizar (como "teoria") a história como processo; e, em particular, nenhuma analogia derivada de dispositivos orgânicos ou mecânicos, e nenhuma reconstituição estrutural estática, pode abarcar a lógica do processo histórico indeterminado, processo que permanece sujeito a pressões determinadas. Em última análise, a lógica do processo só pode ser descrita em termos de análise histórica; nenhuma analogia derivada de qualquer outra área pode ter mais do que um valor limitado, ilustrativo e metafórico (e, com frequência, como ocorre com a base e a superestrutura, um valor estático e prejudicial); a "história" só pode ser teorizada em termos de suas propriedades específicas. Podemos muito bem concordar que o materialismo histórico deveria ser teoricamente mais alerta, tanto em seus procedimentos como em suas conclusões. Mas o que requer questionamento e teorização é o conhecimento histórico.

XI

De modo algum chegamos ao fim do exame de estrutura e processo, nem ao de nossos comentários sobre as proposições de Althusser. Podemos, contudo, neste ponto, tentar considerar o problema de uma perspectiva diferente, dando um passo aquém de Althusser e de Marx, e situando-nos na Nápoles do século XVIII, com Giambattista Vico.

O conceito de história como processo suscita imediatamente as questões de inteligibilidade e intenção. Cada evento histórico é único. Mas muitos eventos amplamente separados no tempo e espaço revelam, quando se estabelece relação entre eles, regularidades de processo. Vico, diante dessas regularidades, buscou definir o processo de maneiras que antecipam, simultaneamente, a disciplina antropológica e o materialismo histórico:

> Discutindo o direito natural dos povos, mostra em que momentos e de que maneiras nasceram os costumes que constituem a totalidade da economia desse direito. São eles: as religiões, línguas, direitos de propriedade, transações comerciais, ordens, impérios, leis, armas, julgamentos, punições, guerras, paz e alianças. E das épocas e maneiras pelas quais nasceram ele infere as propriedades eternas que determinam que a natureza de cada um, isto é, o momento e o modo de sua origem, seja dessa forma, e não de alguma outra[90].

Vico conseguiu, de maneira notável, manter em suspensão simultânea, sem contradição evidente, uma heurística hegeliana, uma marxista e uma estruturalista (variante lévi-straussiana). Com Hegel, ele descreveu "uma história eterna ideal percorrida no tempo pela história de cada nação"; "As ideias

---

90. M.H. Fisch e T.G. Bergin (eds.), *The Autobiography of Giambattista Vico* (Nova York, 1944), p. 171.

uniformes que se originam entre povos desconhecidos entre si devem ter uma base comum de verdade". Sob um aspecto, essa uniformidade pode ser tida como prova da "providência divina". Mas essa providência opera por meios naturalistas: "nossa Ciência se realiza mediante uma análise rigorosa dos pensamentos humanos sobre as necessidades humanas ou as utilidades da vida social, que constituem as duas molas perenes da lei natural das nações":

> A escolha humana, por natureza extremamente incerta, é tornada certa e determinada pelo senso comum dos homens em relação às necessidades ou utilidades humanas...

E o "senso comum" é "o julgamento sem reflexão, partilhado por toda uma classe, todo um povo, toda uma nação ou toda a raça humana". Logo, de outro ângulo, a providência pode ser vista como uma necessidade, necessidades ou utilidades humanas que determinam a consciência social de maneiras uniformes. Mas a uniformidade desse "julgamento sem reflexão" implica também uma uniformidade de estrutura mental:

> O direito natural das nações é contemporâneo dos costumes das nações, que se conformam uns com os outros em virtude de um senso humano comum...

E:

> Deve haver na natureza das coisas humanas uma linguagem mental comum a todas as nações, que apreende uniformemente a substância das coisas exequíveis na vida social humana...[91]

Em consequência, sob um terceiro aspecto encontramos a noção de uma "linguagem mental comum" e de uma estrutura comum do mito. Como essa linguagem mental foi dada ao homem pela providência divina, o círculo da argumentação se fecha.

Logo, Vico nos oferece a história como processo *com* um sujeito, mas isso não precisa ser necessariamente um historicismo. Se a "providência divina" é tomada como o sujeito (ou como o agente diretivo último) e a humani-

---

91. G. Vico, *The New Science* (Nova York, 1948), *passim*, esp. parágrafos 141, 347, 161, 349 [A Ciência Nova].

dade como vetor da vontade divina, então, é claro, ele nos está propondo uma teologia historicista. Mas como essa providência se manifesta por meio de determinações naturais, então podemos ver os homens e mulheres como sujeitos ou agentes de sua própria história. E a ambiguidade do termo de Vico é habitualmente traduzida como "lei" ("a lei natural dos povos", para traduzir *diritto naturale delle gente**) e vem perseguindo o materialismo histórico desde então. Se empregarmos "lei [law]" de modo a compreender predeterminação e previsão, estaremos sujeitos a 700 objeções, cerca de 650 das quais foram pacientemente expostas por Sir Karl Popper. Será inútil negar que tanto Marx como Engels ocasionalmente empregaram "lei [law]" nesse sentido; e quando eles o fazem, as objeções são às vezes válidas[92]. Mas, naturalmente, direito, lei, *law*, *droit*, *diritto* são palavras com muitas inflexões e ambiguidades de significado, em uma série que vai de *regra*, devido a *regularidade*, até *direção*. O materialismo histórico vem, desde a época de Vico, buscando uma expressão que denote as uniformidades de costumes etc., as regularidades das formações sociais e as analisa não como necessidades sujeitas a leis, nem como coincidências fortuitas, mas sim como pressões modeladoras e diretivas, articulações indicativas de práticas humanas. Já sugeri que a discussão vai avançar se abandonarmos o conceito de "lei" e o substituirmos pelo de "lógica do processo"[93].

É a percepção que tem Vico dessa lógica que assegura sua posição de precursor do materialismo histórico. Ele percebeu claramente que o acontecimento histórico é algo bem distinto da soma de objetivos e intenções individuais:

> É certo que os próprios homens fizeram este mundo de nações (...) mas este mundo veio sem dúvida de uma mente muitas vezes diversa, em alguns casos bastante contrária, e sempre

---

* Direito natural dos povos. N.T.

92. Digo que as objeções só podem ser sustentadas "às vezes" porque, em certos casos, quando os isolados da teoria econômica estão em questão, a noção é válida, e em outros casos podemos ver que "lei" está sendo usado metaforicamente, como "lógica", direção ou tendência. Isso, contudo, não pode desculpar as referências de Marx, como em seu primeiro prefácio a *O capital*, às "leis naturais da produção capitalista (...) tendências que funcionam com necessidade férrea no sentido de resultados inevitáveis". Como é possível que os "eruditos" marxistas, *diante disso*, acusem Engels de "positivismo" e exonerem Marx de toda culpa?

93. Em "Carta aberta a Leszek Kolakowski", neste volume.

143

superior aos fins particulares que os homens propunham a si mesmos, fins estreitos esses que se constituíram em meios para finalidades mais amplas, sendo sempre empregados para preservar a raça humana sobre esta terra. Os homens desejam satisfazer sua luxúria bestial e abandonar sua prole, e estabelecem a castidade do casamento, de que surgem as famílias. Os patriarcas desejam exercer sem limitações seu pátrio poder sobre suas clientelas, e os submetem aos poderes civis, de que surgem as cidades. As ordens reinantes de nobres desejam abusar de sua liberdade senhorial sobre os plebeus, e são obrigadas a se sujeitar às leis que estabelecem a liberdade popular. Os povos livres desejam libertar-se do jugo de suas leis e se tornam súditos de monarcas... O que fez tudo isso foi a mente, pois os homens o fizeram com inteligência; não foi o destino, porque o fizeram por escolha; nem foi o acaso, porque os resultados desse seu agir são perpetuamente os mesmos[94].

Chamo a atenção não para a tentativa de Vico de atribuir ao processo uma inteligibilidade cíclica, mas à sua esplêndida expressão de processo. Este é o ponto de que deve partir todo pensamento histórico sólido. Foi a este ponto que Engels voltou em sua famosa (talvez eu devesse dizer "notória", tendo em vista o cáustico tratamento dado a ela por Althusser – Carta a Bloch de setembro de 1890)[95]: "Fazemos nossa própria história, mas em primeiro lugar segundo pressupostos e condições bem definidos. Entre estes, os econômicos são os decisivos em última análise..." Como, então, se pode dizer que "fazemos nossa própria história" se "o movimento econômico acabar por afirmar-se como necessário"? Ao propor uma solução, Engels muda discretamente os sujeitos, e substitui "nós fazemos" por "a história se faz a si mesma":

A história se faz a si mesma de tal maneira que o resultado último surge de conflitos entre muitas vontades individuais, cada uma das quais se tornou o que é por uma série de condições particulares de vida. Assim, há numerosas forças em interseção, um paralelogramo infinito de forças que dão origem a uma resultante – o evento histórico. Este pode ele mesmo ser visto como o produto de um poder que, tomado como um todo, opera *inconscientemente* e sem volição. Porque cada vontade individual é obstruída por todas as outras, e o que surge é algo

---

94. *The new Science*, p. 382 (parágrafo 1.108).
95. *P.M.*, p. 117-128.

que ninguém pretendeu. Logo, a história passada se desenvolve à maneira de um processo natural, estando também essencialmente sujeita às mesmas leis de movimento.

E, em sua conclusão, Engels procura estabelecer uma relação entre os dois sujeitos alternativos. "As vontades individuais" (isto é, "nós") "não alcançam o que querem, mas são fundidas em um meio coletivo, uma resultante comum", porém, ainda assim, "cada qual contribui para a resultante e nessa medida dela participa."

Althusser não tem paciência com "toda essa fútil construção" (*FM*, 121), que, em certa parte de sua crítica, lê evidentemente de modo errôneo[96]. No entanto, com outras partes dessa crítica, eu mesmo estou excepcionalmente de acordo. Eu formularia minhas objeções de modo diferente, mas em alguns pontos nos encontramos: (1) Engels não ofereceu uma solução ao problema, mas o reformulou em novos termos. Começou com a proposição de que os pressupostos econômicos são "decisivos em última análise", e concluiu com ela; (2) no percurso, reuniu uma infinidade de "vontades individuais" cuja ingerência no resultado é neutralizada ("algo que ninguém pretendeu"); (3) o modelo de "um paralelogramo infinito de forças", tomado da física, obscurece o que deveria esclarecer; (4) ao adotar esse modelo, Engels recaiu inconscientemente nos "pressupostos da ideologia burguesa clássica e da economia política burguesa" (*FM*, 124) – a soma dos interesses pessoais, de Adam Smith; a vontade geral de Rousseau[97]. Mas a "resultante" histórica não pode ser concebida proveitosamente como o produto involuntário da soma de uma infinidade de volições individuais mutuamente contraditórias, pois essas "vontades individuais" não são átomos desestruturados em colisão, mas agem com, sobre e contra as outras como "vontades" *agrupadas* – famílias, comunidades, interesses e, acima de tudo, classes. Nesse sentido, Vico, que propõe não "vontades individuais", mas patriarcas/clientes, nobres/plebeus, povos livres/ monarcas, apresentou o problema do processo melhor do que Engels. E se,

---

96. Nesse sentido, ele começa sua "leitura" (*FM*, 117-118) fazendo uma tradução totalmente injustificada dos "*acidentes*" de Engels em "superestruturas"! (cf. *Selected correspondence*, p. 475).
97. Engels emprega o mesmo paradigma de indivíduos/história no trecho análogo de *Ludwig Feuerbach* (Martin Lawrence, s.d.), p. 58.

nessa carta escrita às pressas, tivesse lembrado de seu próprio pensamento e de seus próprios escritos sobre tudo isso, Engels teria oferecido não uma nova formulação do problema, mas alguma indicação de resolução. Porque essas "vontades individuais", por mais "particulares" que sejam as suas "condições de vida", foram condicionadas em termos de classes; e se a resultante histórica for então vista como a resultante de uma colisão de interesses e forças de classe contraditórios, poderíamos ver então como o agir humano dá origem a um resultado involuntário – "o movimento econômico afirma-se finalmente como necessário" – e como podemos dizer, ao mesmo tempo, que "fazemos a nossa própria história" e que "a história se faz a si mesma".

Afastei-me muito de Althusser, nestas últimas frases. Veremos o quanto em um instante. Uma ou duas de nossas críticas específicas ao texto são convergentes. Mas Althusser vê toda a construção como "fútil" porque Engels propôs um não problema: se o "movimento econômico" produz o resultado histórico, então deveríamos continuar com a análise das estruturas e pôr de lado as "vontades individuais". A própria noção de agir humano não é mais do que "a aparência de um problema para a *ideologia burguesa*" (*FM*, 126). Eu, pelo contrário, considero que Engels propôs um problema muito vital (agir e processo) e que, apesar das deficiências, a tendência geral de sua meditação é útil. Ele ao menos não negligencia a ambivalência crucial de nossa presença humana em nossa própria história, parte sujeitos e parte objetos, agentes voluntários de nossas próprias determinações involuntárias. Quatro anos antes da carta de Engels a Bloch, um comunista inglês havia refletido sobre o mesmo problema, em sua linguagem tão diferente:

> Ponderei todas essas coisas, e sobre como os homens lutam e perdem a batalha, e aquilo por que lutaram surge apesar de sua derrota e, quando surge, mostra que não era exatamente o que eles pretendiam, e outros homens têm que lutar pelo que imaginavam sob outro nome...[98]

Para William Morris, a ênfase recai ainda mais acentuadamente sobre o agir, mas os homens são considerados agentes sempre frustrados e sempre ressurgentes de uma história que não dominam.

---

98. William Morris, *The dream of John Ball* (1886).

Como o processo seguiu regularidades que não se conformavam às intenções dos atores, Vico viu a história como resultante "de uma mente... sempre superior aos fins particulares que os homens se propuseram a si mesmos". Engels foi reduzido a uma metáfora que introduzia analogias com o direito positivista: "o evento histórico (...) deve ele mesmo ser visto como produto de um poder que (...) opera inconscientemente" (uma evocação da providência divina de Vico); mas, igualmente, "a história se faz a si mesma" e se "desenvolve à maneira de um processo natural" (lembrando a necessidade que Vico tinha de "necessidades ou utilidades" humanas). É evidente que, quando dizemos que a história é não apenas processo, mas processo com regularidades e formas inteligíveis, a mente tem dificuldades em resistir à conclusão de que a história tem, portanto, de ser *programada* de algum modo (seja essa programação divina ou "natural"); e repetidamente observamos a atribuição de sequências e metas extra-históricas ou teleológicas – metas *em direção às quais* se vê o processo seguindo: "resultado de uma mente", "produto de um poder", a realização de uma *potentia** imanente na essência ou na origem do processo, e que se manifesta no "desenvolvimento de formas"[99]. Essa atribuição pode com certeza encontrar resistência, e *não* está implícita nas premissas do processo e das formações sociais. Mas nem Vico nem Engels conseguiram sempre resistir a ela; Marx também não (em sua "face *Grundrisse*"), assim como, sem sombra de dúvida, Althusser, apesar de sua insistente polêmica contra o "historicismo".

A solução oferecida por Althusser tem duas partes. Primeiro ele expulsa o agir humano da história, que se torna então um "processo sem sujeito". Os eventos humanos *são* o processo, mas a prática humana (e, menos ainda, as intenções, "vontades"...) em nada contribui para esse processo. Logo, longe de original, trata-se de um modo de pensar bem antigo: o processo é o destino. Mas se um processo humano sem sujeito (humano) parece ainda assim não ser totalmente fortuito – um mero resultado de colisões fortuitas – mas dispor de formas e padrões inteligíveis aos seres humanos, então, segundo

---

* Referência à distinção entre "potência" e "ato" de Aristóteles. N.T.
99. Cf., neste volume, "Carta aberta a Leszek Kolakowski", p. 427.

um modo de pensar igualmente antigo, deve ser visto como sendo *desejado*, sujeito a alguma compulsão extra-humana: a Providência, a Vontade Divina, a Ideia, o Destino evolutivo, a Necessidade.

Althusser deseja afastar essas teleologias ("historicismo"). Por isso, em sua segunda parte, expulsa o processo da história. Mais ou menos como uma representação medieval da morte, ele se inclina sobre o leito de morte da história, opera sobre o corpo prostrado e libera a alma. Depois desse parto cirúrgico, com o bisturi da "prática teórica", a história reaparece de duas formas. Forma 1: uma infinidade ("má infinidade") de eventos humanos e colisões das vontades humanas, que, no entanto, sendo informes, *não são "históricos"*. Os eventos revelam ser não eventos, porque "o que faz de *algo* um acontecimento histórico não é ser um *evento*, mas justamente *sua inserção em formas elas mesmas históricas*" (*FM*, 126). Tudo o que não puder ser inserido nessas formas são (historicamente) não eventos, e boa parte do corpo inerte da história é composta por eles. A Forma 1 pode ser agora desprezada, e rapidamente, pois o corpo se decompõe antes mesmo de ser enterrado. A Forma 2 da história é sua alma. Mas o que pode ser essa alma, se não é feita de eventos, a menos que se constitua naquelas formas que garantem que um acontecimento é verdadeiramente "histórico"? Um fato histórico é "*um fato que causa uma mutação nas relações estruturais existentes*" (*RC*, 102). O processo revela nada ter de processo histórico (a maldita alma encarnou-se no corpo errado), sendo antes a articulação estrutural de formações sociais e econômicas, como Smelser e outros há muito supunham. A Forma 2, a alma, tem, portanto, de ser rapidamente reencarnada em um corpo teoricamente mais higiênico. A alma do processo deve ser detida em seu voo e colocada na estátua de mármore do imobilismo estrutural: e ali fica ela, a graciosa Senhora que já encontramos, *La Structure à Dominante* [estrutura em dominância].

Este não é um dos trechos mais elegantes da argumentação de Althusser. Em uma primeira leitura de "senso comum", poderia ser tolerada. Afinal, se me levanto de minha mesa (como logo farei), para levar o danado do cachorro para passear, dificilmente se poderá considerar isso um fato "histórico". Assim, aquilo que torna históricos os fatos tem de ser definido de alguma outra forma. Mas os eventos históricos continuam a ser *eventos*, mesmo depois de termos feito uma seleção teórica; a teoria não reduz eventos a estruturas; mesmo depois de definirmos numerosos fatos como de pouco interesse para a análise histórica, o que temos de analisar continua sendo um processo de produzir eventos. Na verdade, é justa a significação do evento para esse processo que nos proporciona o critério de seleção. Do mesmo modo, não há nenhuma garantia contra a teleologia – ao contrário do que Althusser parece supor – na redução do processo à estase. Foi esse o velho erro do materialismo mecânico, bem como das analogias com "processo natural" transplantadas para questões humanas: supor que um mecanismo é um mecanismo é um mecanismo. Mas, olhando-se mais de perto, os fabricantes ideológicos do mecanismo foram identificados e as metas não apenas foram descobertas, no término do processo, mas também implantadas nos movimentos automáticos dos mecanismos. Porque se se propõe que um modo de produção implica uma forma regular e racional de desenvolvimento sequencial, e uma estruturação relacional interna complexa (mas uniforme), *independente da racionalidade e do agir dos atores humanos que efetivamente produzem e se relacionam*, logo serão feitas perguntas como: de quem é a vontade divina que programou essa estrutura automática, onde está o "poder inconsciente" ulterior?

Talvez Althusser tivesse consciência da textura espalhafatosa desse argumento em *For Marx* [A favor de Marx]. Porque, em escritos posteriores, ele voltou, com crescente obsessão, e essas duas expulsões da história: a do agir humano e a do tempo histórico, ou processo. Apresentei essas duas proposições em sequência, mas na verdade elas surgem simultaneamente em sua teoria. Examinemos primeiro sua elevada disquisição sobre o tempo histórico, em *Reading Capital* [Ler O capital].

É difícil para um historiador fazer isso com paciência. O texto se compõe, em partes mais ou menos iguais, de banalidades, elaboradas verbalizações que em nada interessam à análise histórica real, bem como erros ridículos. As banalidades são constituídas por polêmicas com antagonistas insignificantes e pomposas observações dirigidas aos historiadores (para "atrair a atenção deles para a ideologia empirista que domina fortemente, com poucas exceções, todas as variedades de história". *RC*, 109) quanto a questões que foram objeto de avançada pesquisa histórica durante muitas décadas. O máximo que podemos dizer sobre essas observações é que servem para revelar a ignorância de Althusser sobre a historiografia de seu próprio país (como os métodos comparativos de Marc Bloch e as reflexões de Braudel sobre o tempo histórico)[100]. A coisa mais delicada que se pode declarar é que um ou dois dos problemas que ele aponta tinham sido formulados há muito tempo na prática histórica: de que outra maneira poderiam os historiadores ingleses e franceses trocar opiniões sobre "a revolução burguesa", historiadores ingleses e indianos reunir em um discurso comum sociedades "medievais" governadas por plantagenetas e mongóis, historiadores americanos e japoneses trocar conhecimentos sobre os desenvolvimentos diferenciais das revoluções industriais sem fazer isso? A coisa pior que se pode dizer é que, mais uma vez, Althusser anuncia, como teoria marxista original e rigorosa, noções desintegradoras da totalidade do processo histórico, noções muito bem consideradas no campo da historiografia burguesa (especialmente nos Estados Unidos), bem como em certas formas de história comparativa, teoria do desenvolvimento e teoria da modernização, teorias fundadas em um complicado arsenal de metodologia positivista. Como tantas vezes antes, Althusser foi envolvido por conceitos burgueses e levado a um passeio burguês; ele busca não transformar esses conceitos, mas converter seu vocabulário.

Quanto às verbalizações e erros, podemos examiná-los conjuntamente.

> Temos de conceber do modo mais rigoroso a necessidade absoluta de libertar *a teoria da história* de todo envolvimento com a temporalidade "empírica", com o conceito ideológico de tempo que a sustenta e encobre, ou com a noção ideológica de que a teoria da história possa, *como teoria*, estar submetida às determinações "concretas" do "tempo histórico"... (*RC*, 105).

Em que consiste essa "libertação"? Consiste, precisamente, *em substituir* o processo pela estrutura. Mais estritamente, as estruturas (modos de produção, formações sociais) não se manifestam nem sofrem transformações

---

100. P. Vilar examinou isso em "Histoire marxiste, histoire en construction. Essai de dialogue avec Althusser". *Annales E.S.C.*, 1973, traduzido em *New Left Review*, 80 (julho-agosto de 1973). Tenho de dizer que (afora esses comentários) a resposta de Vilar me pareceu, no geral, excessivamente deferente.

no âmbito do processo histórico mais amplo. A estrutura, como uma baleia, abre suas mandíbulas e engole o processo: a partir de então, o processo sobrevive, infeliz, na barriga da estrutura. Para fazer esse truque de prática teórica é necessário redefinir a sincronia e a diacronia. A estrutura não pode ser revelada pelos procedimentos sincrônicos (em seu sentido habitual): por exemplo, congelando a "história" em uma pose momentânea, tomando-se uma "seção" em um momento de estase, analisando a articulação de uma "totalidade". Porque o processo (engolido) está inscrito na estrutura e sobrevive como o desenvolvimento das formas dela. Não apenas a estrutura tem uma progressão evolutiva (processo residual) como também é articulada com grande complexidade e caracterizada pelo desenvolvimento desigual.

> Mostrei[101] que, para conceber essa "dominância" de uma estrutura sobre as outras na unidade de uma conjuntura, é necessário remeter ao princípio de determinação "em última instância" das estruturas não econômicas pela estrutura econômica, e que essa "determinação em última instância" é uma condição absoluta da necessidade e da inteligibilidade dos deslocamentos de estruturas na hierarquia da eficácia, ou do deslocamento da "dominância" entre os níveis estruturados do todo... (*RC*, 99).

Mas, em toda "conjuntura" particular, quando poderíamos escolher deter a história ou tomar uma "seção" dela, a "última instância" (que, lembremos, nunca chega) provavelmente não estará por perto. Esse tipo de sincronia, que procura um instante simultâneo da "totalidade", interpretará erroneamente as evidências. Ademais, a maioria das outras "instâncias" ou "níveis" da estrutura se apresentará de maneira imprópria, já que estão todas se movendo em escalas diferentes:

> Podemos alegar, considerando a estrutura específica do todo marxista, que já não é possível pensar o processo do desenvolvimento dos diferentes níveis no todo *no mesmo tempo histórico*. Cada um desses diferentes "níveis" tem um tipo distinto de existência histórica. Pelo contrário, temos de atribuir a cada nível um *tempo peculiar* relativamente autônomo, e, portanto, relativamente independente, mesmo em sua própria dependência,

---

101. Cf. Kolakowski, "Althusser's Marx", p. 127: "Althusser faz muitas vezes uma afirmação de caráter geral, cita-a depois, para mais tarde referir-se a ela dizendo: "mostramos", ou "foi demonstrado".

dos "tempos" dos outros níveis. Podemos e temos de dizer: há, para cada modo de produção, um tempo e uma história peculiares, marcados de um modo específico pelo desenvolvimento das forças produtivas, um tempo e uma história peculiares às relações de produção, marcados de uma maneira específica: a superestrutura política tem sua própria história; ... a filosofia tem um tempo e uma história peculiares... produções estéticas...; elaborações científicas etc. Cada uma dessas histórias peculiares se apresenta segundo ritmos peculiares e só pode ser conhecida se tivermos definido o *conceito* da especificidade de sua temporalidade histórica, e de suas manifestações (desenvolvimento contínuo, revolução, cortes etc.). O fato de cada um desses tempos e cada uma dessas histórias serem *relativamente autônomos* não faz deles outros tantos domínios *independentes* do todo: a especificidade de cada um desses tempos e de cada uma dessas histórias, em outros termos, sua autonomia e independência relativas, se baseia em certo tipo de articulação no todo e, portanto, em certo tipo *de* dependência com relação ao todo (*RC*, 99/100).

E aí ficamos perdidos, pois as permutas possíveis de "estrutura", "níveis", "instâncias", "últimas instâncias", "autonomia relativa", "especificidade", "peculiar" e "articulação" não têm fim: "o modo e o grau de *independência* de cada tempo e de cada história são necessariamente determinados pelo modo e grau de *dependência* de cada nível no conjunto de articulações do todo".

A questão é que a noção costumeira ("ideológica") de sincronia provavelmente vai ignorar tudo isso. E tampouco podemos tomar uma "seção" da estrutura, fragmentada e temporariamente tendenciosa, porque embora isso nos pudesse dar uma indicação da hierarquia dos "níveis" (e na verdade Althusser está sempre nos oferecendo nebulosas "seções" verbais desse tipo), não nos mostraria os princípios operativos de dominância e desenvolvimento. Temos de poder "pensar, em sua articulação própria, a *função* de certo elemento ou nível na atual configuração do todo". A tarefa é:

Determinar a relação de articulação de um dado elemento como uma função de outros elementos, de uma dada estrutura como uma função de outras estruturas; isso nos obriga a definir o que veio a ser chamado de sua *sobredeterminação* ou *subdeterminação* como uma função da estrutura da determinação do todo; obriga-nos a definir o que em outra linguagem poderíamos chamar de *índice de determinação*, o *índice de eficácia* de que estão atualmente dotados o elemento ou a estrutura em questão na estrutura de conjunto do todo. Por *índice de eficácia* podemos entender o caráter de determinação mais ou menos dominante ou subordinado, e, portanto, sempre mais ou menos "paradoxal", de um dado elemento ou estrutura no mecanismo atual do todo. E isso nada mais é do que a teoria da conjuntura, indispensável à teoria da história.

Não é minha intenção aprofundar essa análise, embora ela dificilmente já tenha sido elaborada (*RC*, 106-107).

Isso é prudente, porque a "teoria da conjuntura", que é "indispensável", mas que não está elaborada em lugar algum, não pareceria de modo algum uma "teoria", mas uma forma exaltada de dizer "Agora". Mas "agora" (seja o "agora" de hoje, ou algum momento de "agora" no passado) também pode ser visto como conhecimento sincrônico:

O sincrônico, assim, não é senão *a concepção* das relações específicas existentes entre os diferentes elementos e as diferentes estruturas da estrutura do todo; é o *conhecimento* das relações de dependência e de articulação que o transformam em um todo orgânico, um sistema. *O sincrônico é a eternidade no sentido de Spinoza*, ou o conhecimento adequado de um objeto complexo pelo conhecimento adequado de sua complexidade (*sic*). É precisamente isso que Marx distingue da sucessão histórica real-concreta com as palavras:

Como, com efeito, poderia a fórmula lógica única do movimento, da sucessão, do tempo, explicar o corpo da sociedade, no qual todas as relações econômicas coexistem simultaneamente e se sustentam mutuamente? (*A miséria da filosofia*) (*RC*, 107).

O sincrônico é, portanto, nesse novo uso, um conceito de imensa dignidade: é nada menos do que a teoria da eternidade de Spinoza, o conhecimento do caráter extremamente complexo de *La Structure à Dominante*. Mas ainda há um pequeno lugar para o diacrônico que (lembremos) foi engolido pela estrutura há algum tempo, mas ainda leva uma existência empobrecida no estômago da estrutura. O "tempo histórico" é um conceito "ideológico" derivado, pelo "empirismo", da suposta "obviedade" da "sequência histórica real-concreta". Sob escrutínio teórico, a diacronia mostra ser "nada mais do que o falso nome do *processo*, ou do que Marx chamou de *desenvolvimento de formas*" (*RC*, 108). Mas esse "processo" já não é a totalidade do processo de manifestação histórica do qual surgem e são transformadas as estruturas e formações sociais. Esse "processo" é agora um *atributo* da estrutura, ou, mais precisamente, é a história de suas permutações, combinações e formas possíveis. Esse conceito de tempo histórico

> (...) só pode ter por base a estrutura em dominância, complexa e articulada diferencialmente, da totalidade social, a qual constitui a formação social advinda de certo modo de produção, só se podendo atribuir um conteúdo como uma função da estrutura dessa totalidade, considerada quer como um todo ou em seus diferentes "níveis". Em particular, só é possível atribuir um conteúdo ao conceito de tempo histórico definindo o tempo histórico como a forma específica de existência da totalidade social considerada, uma existência em que diferentes níveis estruturais de temporalidade interferem, devido às relações peculiares de correspondência, não correspondência, articulação, deslocamento e torção que existem entre os diferentes "níveis" do todo de acordo com sua estrutura geral (*RC*, 108).

Disso decorre a expulsão do processo da história, e sua subsequente incorporação como atributo secundário da estrutura. Em toda essa exposição, dei espaço bastante à "fala" de Althusser; e creio que até melhorei sua argumentação ao marcar proposições sequenciais com mais firmeza e comprimindo algumas de suas repetitivas invocações retóricas. Farei agora algumas observações. Em primeiro lugar, podemos ver que se trata de algo muito mais sério do que um "flerte" com o vocabulário do estruturalismo. É um estruturalismo inexorável, embora seja, nesse ou naquele aspecto, um estruturalismo diferente daqueles derivados de Saussure, Lévi-Strauss ou Lacan. Partilha plenamente da predisposição ideológica daquele momento ("conjuntura"?) de estase da Guerra Fria que Sartre identificou: uma "tendência dominante" no sentido da "negação da história". Nesse momento, o estruturalismo "dá às pessoas aquilo de que necessitavam":

> Uma síntese eclética na qual Robbe-Grillet, estruturalismo, linguística, Lacan e *Tel Quel* são sistematicamente utilizados para

demonstrar a impossibilidade da reflexão histórica. Por sob a história, é obviamente o marxismo que está sendo atacado[102].

Em segundo lugar, devemos notar a evidente "respeitabilidade" da acrobacia retórica. Se supusermos (como Althusser sempre parece fazer) que a única alternativa possível à sua versão do "marxismo" é a caricatura mais grosseira do "economicismo" vulgar, então qualquer aspirante a intelectual submetido ao cínico exame dos eruditos "burgueses" vai optar claramente por Althusser. Se tivermos de dizer ou (com Stalin) que "a base cria a superestrutura precisamente para que possa servi-la", *ou* (com Althusser) que "entre os diferentes 'níveis' do todo" há "relações peculiares de correspondência, não correspondência, articulação, deslocamento e torção", então, caso estejamos em um seminário na Sorbonne, o segundo vocabulário nos parecerá mais respeitável. Também podemos constatar que a atribuição de diferentes épocas e histórias a diferentes "níveis" (político, estético, científico, filosófico, etc.) ("relativamente autônomos") nos fornece uma legitimação "marxista" para levar adiante os antigos procedimentos acadêmicos de isolamento que são abjetamente desintegradores do empreendimento do materialismo histórico: o entendimento da plenitude do processo histórico. Logo, Althusser só pode posar de teórico "flexível" suprimindo todo reconhecimento da prática, da teoria, e das descobertas efetivas dos historiadores de tradição marxista e de outras tradições.

Em terceiro, podemos notar, mais uma vez, a natureza caracteristicamente idealista do discurso. Althusser supõe que podemos chegar a uma teoria da estrutura da história mediante a redisposição e a reformulação de nosso vocabulário. Ora, claro que toda afirmação, por mais "abstrata" ou por mais "empírica", é constituída por uma dada disposição de palavras. E certas descobertas conceptuais de vital importância podem a princípio ser formuladas de maneira altamente abstrata. Temos de elogiar o fundamentado escrutínio, feito pelos filósofos, do uso impreciso, por historiadores, de conceitos não examinados. Mas é difícil entender como se pode elaborar uma teoria da história que não se submeta, em nenhum momento, à disciplina histórica, ao

---

102. *Telos*, 9 (1971), p. 110.

discurso de prova próprio do historiador. E isso, como já mostrei suficientemente, envolve interrogar (empiricamente) as evidências, o diálogo entre hipóteses e "fatos". Talvez se pudesse então argumentar que Althusser, em sua generosidade, apresentou aos historiadores não um conceito, mas vários volumes de conceitos e hipóteses, os quais devem agora ser testados em laboratórios históricos.

No entanto, isso nunca será possível, exceto em fábricas como a dos senhores Hindess e Hirst*, que descobriram o segredo da produção de história sintética e da sociologia sintética a partir de ar conceitual. Porque as categorias de Althusser já foram dessocializadas e des-historicizadas antes de podermos começar. Elas iniciam a vida como *categorias de estase*, ou seja, por mais elaboradas que sejam as órbitas em que giram, as permutações entre as órbitas e as distorções por que passam nos diferentes campos de gravidade de outras categorias em órbita, e o grande poder de atração de *La Dominante* e por maior que seja a espalhafatosa complexidade de movimento simulada pelo vocabulário, as categorias permanecem distintas, isoladas entre si, inalteradas.

Além disso, oferecem-nos uma seleção arbitrária de categorias – como "economia", "política", "ideologia" – e não se examinam nem o princípio de seleção nem as próprias categorias. Nos trechos vitalmente importantes, que citamos na íntegra acima, nada nos é dito sobre o Estado e quase nada sobre as classes. Outras categorias estão totalmente ausentes: nada ouvimos sobre o *poder* – talvez ele seja a "política", embora na "história real" possa ser também, muitas vezes, a "economia" ou o "direito" ou a "religião". Nada nos é dito sobre a *consciência* (seja como *mentalité*, cultura ou *habitus*, ou então como consciência de classe) nem sobre valores ou sistemas de valor (exceto em sua rejeição, juntamente com "moralismo" e "ideologia"). Temos, portanto, uma seleção arbitrária (teoricamente injustificada) de categorias, e estas são estáticas, não examinadas, e supostamente mantêm sua eficácia analítica não somente ao longo de todo o desenvolvimento de formas de um dado modo de produção, como também nos diferentes modos de produção (porque o feu-

---

* Sociólogos ingleses que propuseram, em obras como *Pre-Capitalist Modes of Production* (1975) e *Mode of Production and Social Formation* (1977), uma "purificação" do marxismo, de cunho radicalmente estruturalista e idealista. N.T.

dalismo também tem "política", "economia", "religião" etc.). Mas, no tempo histórico, o conteúdo real dessas categorias mudou tão profundamente que impôs ao historiador um extremo cuidado em seu uso, assim como, no mesmo período, a "ciência" mudou de magia para alquimia, depois para ciência e então para tecnologia – e, por vezes, para ideologia.

A razão pela qual Althusser pode usar categorias estáticas dessa maneira é de estarem elas vazias de todo conteúdo histórico e social: tudo que se refere a isso foi descartado, e suas "instâncias" rotativas são umas tantas latas vazias. Se mal ouvimos falar de Estado ou classe, não podemos esperar ouvir algo sobre as formações particulares do Estado ou sobre determinadas classes, nem sobre crenças alternativas e conflitantes no âmbito da "ideologia". Os conceitos talismânicos são "autonomia relativa" e "determinação em última instância". Eles nos foram dados por Engels, e os aprendemos em nosso berço teórico. Althusser agora os lapida, para então devolvê-los a nós, e supõe que iluminam toda a paisagem histórica. Mas a *determinação*, que está no centro fixo desse campo gravitacional em rotação, não merece uma frase de exame teórico[103]. A expressão "em última instância" não é examinada, mas apenas eternamente adiada. "Autonomia relativa", pelo contrário, foi amorosamente elaborada, ao longo de muitas páginas, reaparecendo como "instâncias", "níveis", temporalidades diferenciais, deslocamentos e torções. Sim, sim, e talvez tudo isso seja mesmo assim. Mas como poderíamos operacionalizar esse conceito? O direito, por exemplo, é relativamente autônomo? E, se for, é autônomo com que respeito a quê? E quão relativamente?

Por acaso, interessei-me pessoalmente por isso em minha prática histórica – não, é claro, de maneira grandiosa, pela totalidade da história ou pelo modo de produção capitalista em todos os lugares, mas em uma conjuntura bem humilde: em uma ilha nas bordas do Atlântico, muito bem provida de advogados em um dado momento do século XVIII. Logo, minhas evidências são sobremodo marginais e gravemente contaminadas por conteúdo empírico. Mas o que ali descobri deixaria *La Structure à Dominante* alarmada.

---

103. Não há "determinação" no "Glossário" de *For Marx* e *Reading Capital*, mas "sobredeterminação" foi incluída.

Porque verifiquei que o direito não se mantinha polidamente em um "nível", mas estava em *todos* os níveis; estava imbricado no modo de produção e nas próprias relações de produção (como direitos de propriedade, definições de prática agrária) e simultaneamente presente na filosofia de Locke; intrometia-se bruscamente em categorias estranhas, reaparecendo de peruca e toga disfarçado de ideologia; dançava uma quadrilha com a religião, moralizava sobre o teatro de Tyburn*; tratava-se de um braço da política, sendo esta última um de seus braços; era uma disciplina acadêmica, sujeita ao rigor de sua própria lógica autônoma; contribuía para a definição da identidade de governantes e de governados; e, sobretudo, oferecia uma arena para a luta de classes, na qual se digladiavam noções alternativas de direito.

E que dizer da "determinação em última instância"? Por acaso a observei? Bem, na maior parte do tempo em que observei, o direito agia bem livre da economia, cumprindo seus mandados, defendendo sua propriedade, preparando o caminho para ela, e assim por diante... Mas... hesito em enunciar a heresia... em várias circunstâncias, enquanto eu observava de fato, a hora solitária da última instância *realmente chegou*. A última instância, como um fantasma atormentado, na realidade segurou o Direito e o esganou, obrigando-o a mudar sua linguagem e criar formas adequadas ao modo de produção, como as leis do cercamento de terras e novos códigos que excluíam os direitos consuetudinários. Mas era o direito "relativamente autônomo"? Ah, *sim*. Às vezes. Relativamente. *Claro*[104].

Por favor, não me entendam mal. Não estou apenas dizendo que Althusser tomou suas categorias não examinadas de seu próprio ambiente acadêmico, dos departamentos de Política, Direito, Economia etc. – entidades acadêmicas isoladas que qualquer historiador aprende, em seu aprendizado, a ignorar. Nem apenas afirmando que as complicadas construções de Althusser não levam ao mínimo avanço da pesquisa: que começamos com a "autonomia relativa" e, feitos tediosos exercícios de sofisticação (porém

---

* Local da Inglaterra em que havia execuções públicas que eram oferecidas como entretenimento para as massas que ali acorriam. Usavam-se monóculos de teatro para melhor assistir, donde a menção a "teatro". N.T.

104. Cf. meu livro *Whigs and hunters* (1976), esp. seção final.

sem dar ao conceito qualquer uso real nem prové-lo de qualquer conteúdo), terminamos com a mesmíssima "autonomia relativa" – uma espécie de molho oratório com que temperamos nossas pesquisas, mas pelo qual (pois meu paladar sempre o aprovou) temos que agradecer não a Althusser, mas a Engels. Igualmente, não estou só dizendo que os conceitos e concepções de Althusser são inúteis por serem apenas arranjos de palavras, tão privados de conteúdo substantivo que em nada interessam a um historiador como instrumentos analíticos. Todas essas coisas são verdadeiras. Mas também estou alegando que as construções de Althusser estão ativamente *erradas* e são totalmente enganosas. Sua noção de "níveis" percorrendo a história a diferentes velocidades e em diferentes momentos é uma ficção acadêmica. Porque todas essas "instâncias" e "níveis" são na verdade atividades, instituições e ideias humanas. Falamos de homens e mulheres, em sua vida material, em suas relações determinadas, em sua experiência dessas relações, bem como em sua autoconsciência dessa experiência. Por "relações determinadas" indicamos relações estruturadas em termos de classes em formações sociais particulares – um conjunto muito diversificado de "níveis", conjunto generalizadamente ignorado por Althusser – assim como indicamos que a experiência de classe vai encontrar expressão simultânea em todas essas "instâncias", "níveis", instituições e atividades.

É fato que a eficácia da experiência e do conflito de classes será diferentemente expressa em diferentes atividades e instituições, e que podemos, com um ato de isolamento analítico, escrever "histórias" distintas delas. Porém ao menos alguma parte do que é expresso – como o medo da multidão na "política" reaparecendo como desprezo pelo trabalho manual da parte dos nobres, desprezo pela *praxis* na academia, como Leis Negras no "direito", como doutrinas de subordinação na "religião" – será *a mesma experiência unitária* ou pressão determinante, concretizando-se no *mesmo* tempo histórico e movimentando-se no *mesmo* ritmo: uma revolta camponesa ou os Motins Gordon podem acentuar a pressão, uma *longue durée* [longa duração] de boas colheitas e equilíbrio demográfico podem permitir seu relaxamento. Assim, todas essas "histórias" distintas devem ser reunidas no mesmo tempo histórico real, o tempo no qual o processo se realiza. Esse processo integral é o objetivo último do conhecimento histórico, e é isso que Althusser se propõe a desintegrar.

Claro que a "autonomia relativa" é um talismã útil contra o reducionismo, contra a abjeta desintegração da arte, do direito ou da religião no plano da classe ou da "economia"; mas, sem acréscimo substancial, e sem análise substantiva, a noção continua a ser nada mais do que um alerta. Não há dúvida de que a hora da última instância nunca vai chegar se por ela entendemos o regresso absoluto de todas as atividades humanas aos termos elementares de um modo de produção. Essas regressões podem ser provocadas no papel (e com frequência o são), mas não observadas na história. Contudo, em outro sentido, a "última instância" *sempre já chegou*, e é onipresente como uma pressão em todas as "instâncias" de Althusser. E tampouco fica a última instância solitária em algum momento, visto ser ela acompanhada de todo o séquito de classe.

Esta foi uma longa observação. O modo de discurso de Althusser é idealista; ele usa categorias estáticas derivadas das disciplinas da academia: *La Structure à Dominante* é bem-educada demais para admitir classes em seu caráter; e suas construções têm efeito desintegrador sobre o processo. A quarta observação pode ser breve. A construção althusseriana da "teoria da história" não oferece termos para a *experiência*, nem para o processo, quando este é considerado *prática* humana. Já discutimos há muito as rejeições epistemológicas da experiência ("empirismo") da parte de Althusser. Trata-se de algo estranho, mas uma esquisitice perdoável em um filósofo, que pode citar formidáveis precedentes. Mas não é perdoável em quem se propõe a refletir sobre a história, visto que experiência e prática são manifestas, nem o é em um "marxista", pois experiência é um termo médio necessário entre o ser social e a consciência social: é a experiência (muitas vezes de classe) que colore a cultura, os valores e o pensamento, sendo por meio da experiência que o modo de produção exerce uma pressão determinante sobre outras atividades; e é pela prática que a produção é mantida. O motivo dessas omissões ficará claro quando examinarmos a outra expulsão, a expulsão do agir humano.

160

Minha quinta observação já foi discutida suficientemente de passagem. O estruturalismo de Althusser é, como todos os estruturalismos, um sistema de *fechamento* (p. 107), que não consegue estabelecer distinção entre "processo estruturado", que, embora sujeito a pressões determinadas, continua aberto e só parcialmente determinado, e "todo estruturado", no qual o processo está contido. Ele opta por este último, e passa a construir algo muito mais esplêndido do que um mecanismo. Podemos chamá-lo de planetário de Althusser, um mecanismo complexo no qual todos os corpos do sistema solar giram em torno do Sol dominante. Mas continua a ser um mecanismo no qual, como em todos esses estruturalismos, a prática humana é reificada, e "o homem é de algum modo desenvolvido pelo desenvolvimento da estrutura"[105]. Tão inexorável é esse mecanismo, na relação das partes com o todo em todo modo de produção, que é apenas por meio das mais acrobáticas formulações que podemos entrever a possibilidade de transição de um modo de produção a outro[106].

---

105. Sartre, op. cit., p. 112.

106. Hindess e Hirst ao menos se dão conta disso (*Pre-capitalist modes of production*, cap. 6) e oferecem arranjos verbais alternativos. Como, no entanto, suas produções são fabricadas a partir de um ar ainda mais rarefeito – um escolasticismo parasitário de um escolasticismo – não mais temos necessidade de segui-los.

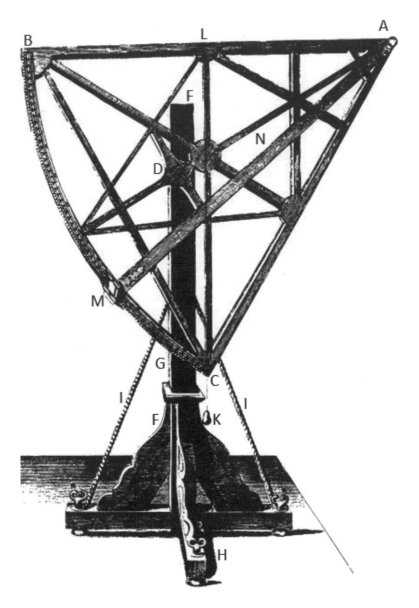

Marxismo vulgar, ou economicismo

H = Base (ou Infraestrutura)

A – B – C = Superestrutura

A máquina é operada pela roldana (K) da luta de classes.

Nota: Este modelo representa o estado primitivo do marxismo antes de Althusser.

FIGURA I

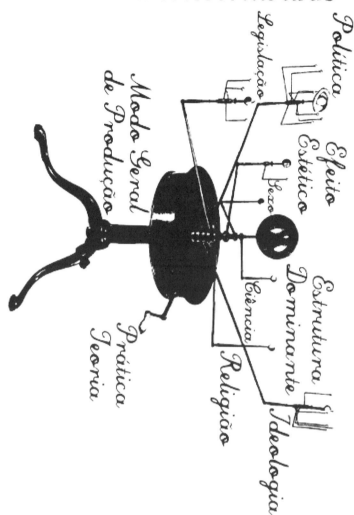

O planetário marxista de Althusser

Nota: Embora esta máquina possa ser acionada simplesmente girando-se a manivela da prática teórica, também se pode substituir a manivela por um motor: veja a figura III.

FIGURA II

As figuras II e III foram reproduzidas com autorização dos diretores do Museu Marítimo Nacional, Greenwich.

O motor da história: luta de classes

O motor, que pode ser anexado ao planetário, é operado por quatro alavancas simples em sua base: estas acionam, respectivamente, as quatro engrenagens da burguesia, da pequena-burguesia, do proletariado e do campesinato. Quando se permite que estas funcionem automaticamente, os movimentos são governados por quatro globos (dois em cima e dois na base) da consciência falsa e da consciência verdadeira da burguesia e do proletariado. Em ambos os casos os globos verdadeiros e falsos são mantidos sob tensão por uma mola (ideologia), e a torção resultante regula o motor.

FIGURA III

Modo de produção/Formação social

X = a base das forças produtivas. Sobre esta se assentam as relações de produção (W & T), reguladas pelo parafuso (V) de extração da mais-valia. O longo braço horizontal é a economia, ou, mais estritamente, o capital, estabelecendo as condições de sua reprodução. Esse braço define a forma e os limites da formação social (a parede, Y). O braço vertical alto é o Estado, e dele se desprendem duas roldanas: o Aparelho Repressivo de Estado (R) e o Aparelho Ideológico de Estado (Q).

Nota: um modelo muito mais sofisticado disso, sem nenhuma correspondência necessária entre o braço horizontal e a parede, foi agora patenteado pelos senhores Hindess e Hirst.

FIGURA IV

Em todas as passagens da argumentação acima citada há apenas um argumento que considero bom. Trata-se da crítica de Althusser aos métodos sincrônicos de outros estruturalismos (ou teorias sociológicas), que, ao deter o processo e extrair dele uma "seção", supõem que totalidade será revelada a articulação de uma (p. 123). Contudo, a crítica é inadequada, e por bons motivos, porque uma crítica adequada teria explodido na face do próprio Althusser. Não é apenas que a estrutura do processo (ou, como eu preferiria, a lógica congruente do processo) só possa ser revelada pela observação do processo no tempo, mas também que cada momento, cada "agora" ("conjuntura") não deve ser considerado um momento congelado da intersecção de determinações múltiplas subordinadas e dominantes ("sobredeterminação"), mas sim como um momento de *vir a ser*, de possibilidades alternativas, forças ascendentes e descendentes, oposições e pressões opostas (de classe), signos "bilingues". Há entre essas duas noções do "agora" um abismo intransponível que se situa entre a Necessidade (ou a vontade divina de Vico) e os sempre frustrados e sempre ressurgentes agentes humanos de Morris. De um lado, a história como processo sem sujeito; do outro, a história como prática humana não dominada. Sabemos de que lado Althusser está: no do processo programado no interior de uma estrutura, um planetário girado por uma mão oculta.

XII

No entanto – quase havíamos esquecido –, é proporcionada uma força motriz. Porque "a luta de classes é o motor da história". Encontramos pela primeira vez essa "proposição marxista fundamental" em *For Marx* (p. 215). Encontramos a mão oculta. Ouvimos menos sobre isso em *Ler O capital*: a luta de classes mal aparece em qualquer de suas formulações críticas sobre a história, o que pode explicar meu esquecimento. Só que reaparece, e com a mais séria catadura política, na repreensão de Althusser ao bom Dr. Lewis. Agora é uma tese do marxismo-leninismo: "'A luta de classes é o motor da história' (Tese do *Manifesto comunista*, 1847)" (*Essays*, 47).

Na verdade, há algumas observações a fazer acerca dessa "proposição marxista fundamental", por mais irrepreensível que ela seja. Em primeiro (e trivial) lugar, não consigo encontrar a proposição em nenhum lugar em escritos de Marx, nem o conseguem meus mais eruditos amigos. Ela certamente não está no *Manifesto comunista*, embora o leitor possa supor – eu supus – que nos estivesse sendo dada uma citação direta. O que o *Manifesto* de fato diz, em sua primeira linha, o que deveria ser conhecido o suficiente para que não tivéssemos de repetir, é: "A história de todas as sociedades existentes até agora é a história das lutas de classes", a que Engels adicionou depois uma nota de rodapé em que excluía dessa formulação as sociedades primitivas, as quais, temos de presumir, não tinham "motor". As duas afirmações, seja como for, não são a mesma coisa. Mas sem dúvida encontro, aqui e ali em textos de Marx e Engels, analogias que nos aproximam bastante do "motor". Por exemplo, em uma carta de 1879 aos líderes do Partido alemão (Bebel etc.), assinada pelos dois, eles escrevem:

> Há quase quarenta anos temos ressaltado a luta de classes como a força motriz imediata da história, em particular a luta de classes entre a burguesia e o proletariado como a grande alavanca da revolução social moderna...[107]

Bem, temos então apenas um jogo de palavras: Althusser pode manter seu "motor" e podemos oferecer-lhe também uma "alavanca".

Havia outra questão de que não consigo me lembrar agora... Ah, sim, "motor" não é uma "proposição fundamental", um conceito ou uma "tese", mas uma *analogia*. Esta questão é um pouco mais complexa. Se *tivesse* dito (e creio que não disse) que "a luta de classes é o motor da história", Marx não teria querido dizer que a luta de classes se havia, de alguma forma, transformado em uma locomotiva a vapor Boult & Watt para puxar os vagões da história. A afirmação é da ordem do "como se": podemos conceber a história da sociedade *como se* fosse impelida pela força (motor, máquina) da luta de classes. As analogias podem ser boas ou ruins, mas o que pretendo mostrar é que elas servem para explicar ou ilustrar; são um tempero da argumentação, com frequência usado apenas uma ou duas vezes, de passagem, sem constituir o próprio argumento. Podem às vezes ser muito esclarecedoras, e de

---

107. Cf. McLellan, op. cit., p. 437.

maneiras não previstas pelo autor; merecem uma leitura "sintomática". Em alguns autores (Burke, por exemplo) podem ser mais esclarecedoras do que o próprio argumento, e costumam evidenciar a vitalidade do pensamento. Mas, seja como for, analogias, metáforas e imagens não são o mesmo que conceitos. Elas não podem ser atravessadas pela seta da teoria, retiradas do texto que explicam e montadas como conceitos em um pedestal com a inscrição "Proposição Básica". Isso talvez não tenha muita importância em nosso caso. Mas tem importância, e muita, no tocante a outra analogia que tem sido muito mais comumente petrificada em conceito: a de base e superestrutura. O cemitério da filosofia está cheio de grandiosos sistemas que tomaram erroneamente analogias por conceitos. Já se está preparando uma lápide para o estruturalismo marxista.

Observação três: essa é uma boa analogia? Não particularmente. O leitor que se deu ao trabalho de me acompanhar até aqui certamente chegou sozinho a essa conclusão.

Aleguei antes (p. 140) que há claros motivos pelos quais as analogias derivadas de mecanismos ou processos naturais *nunca* podem ser adequadas ao processo humano, que envolve propriedades não encontradas em nenhum dos dois. Como por vezes é necessário lançar mão delas para fins de explicação, a analogia da "força motriz" é inofensiva. "Força motriz" não é decerto o mesmo que a locomotiva ou o próprio "motor" que dá início ao movimento. Marx e Engels, que viveram na pré-história do motor de combustão interna, talvez estivessem pensando em uma fábrica têxtil de Lancashire, e não na locomotiva e sua fornalha, mas sim nos eixos e correias de transmissão que dirigiam a mesma *energia* para diferentes máquinas e peças móveis: essa energia, transmitida tanto ao direito, à política como à ideologia, se torna, por analogia, a luta de classes, e todas as partes em movimento conjunto (a fábrica) se tornam a "história".

A analogia pode ser útil de certas maneiras[108], e inútil de outras. Mas nos interessa é o uso que dela faz Althusser. Pois, como lembramos, para ele a "história", em seu uso comum como um processo humano em realização, é

---

108. Observo que eu mesmo a uso em "As peculiaridades dos ingleses", neste volume.

um conceito "ideológico" a ser rejeitado ao lado do de "tempo histórico". Mas Althusser também tem de reconhecer que o próprio Marx não escapou a esse erro "ideológico". (Na verdade, como poderia não o fazer se as obras de Marx e Engels estão repletas de alusões e invocações à história como processo?) Marx nos oferece um estruturalismo (uma premonição do althusserismo), mas não tinha suficiente consciência (teórica) do que estava oferecendo, nem da diferença entre isso e o "historicismo". Ele "não pensou com toda a clareza que teria desejado o *conceito* dessa distinção; não pensou teoricamente... nem o conceito nem as implicações teóricas do passo teoricamente revolucionário que tinha dado" (*RC*, 120-121). Seguindo Vico, Marx chegou por acaso a um "notável pressuposto: o de que os 'atores' da história são os autores de seu texto, os sujeitos de sua produção" (*RC*, 139). (Pode-se notar, de passagem, que não se trata de um pressuposto, mas de duas analogias distintas: os atores certamente não costumam ser os autores de seu texto, mas são os sujeitos de uma produção teatral, ainda que de maneiras parcialmente determinadas pelo produtor.) No discurso de Marx há "lacunas, espaços em branco e falta de rigor", que ocorrem quando encontramos a palavra "história" – "palavra aparentemente plena", mas "em verdade uma palavra teoricamente vazia", carregada de ideologia. Entretanto, na "leitura epistemológica e crítica" de Althusser, "não podemos deixar de ouvir sob essa palavra proferida o silêncio que ela oculta, nem deixar de ver o espaço em branco do rigor suspenso, que mal dura o tempo de um relâmpago na obscuridade do texto" (*RC*, 143). É tarefa da prática teórica, como hábil restauradora de velhos manuscritos, emendar esses rasgões, consertar esses espaços em branco e silêncios e restaurar o texto (*RC*, 143).

Tem-se de concluir que, se tanto Marx como Althusser dizem que a luta de classes é o "motor" da história (o que Marx não diz), eles estão dizendo coisas diferentes: Marx está pensando distraidamente em um processo (ideológico?) de luta e de concretização, e Althusser concebeu rigorosamente um planetário estrutural:

> A história é um imenso sistema *natural-humano* em movimento, e o motor da história é a luta de classes. A história é um processo, e um *processo sem sujeito* (*Essays*, 51).

Para Marx, o processo histórico se concretiza *como se* fosse impelido por essa energia generalizada (de atores conflitantes); para Althusser, o planetário do sistema é *literalmente movido*, em todas as suas evoluções e permutas, pela luta de classes.

Não podemos nem por um momento supor que as classes sejam os *sujeitos* da história, que poderia então ser vista como o resultado do agir humano refratado. Como concessão a um público inglês supostamente limitado intelectualmente, Althusser oferece uma vez a tese: "São as *massas* que fazem a história" (*Essays*, 46). (Ao que parece, ninguém o avisou de que, nesta ilha empírica, a categoria de "massas" há muito foi examinada e considerada um conceito desmoralizado – na verdade, "burguês".[109]) Mas a concessão, mal acontece, e é negada: porque as massas são *feitas* para fazer a história, são impelidas pela luta de classes e as classes também (pelo que se vê) também são. A classe é uma categoria que, na obra mais importante de Althusser, fica sem exame. E as classes que de tempos em tempos entram e ficando andando de cima para baixo em suas páginas – a burguesia, o proletariado – são projeções extremamente toscas da Teoria, como impulsos primitivos sem consciência, pois a "política", o "direito" etc. foram decapitados e colocados em diferentes "níveis, e tal como consciência, valores e cultura, foram excluídos do vocabulário. Logo, embora nos digam que a luta de classes é o "motor" da história, há um limite teórico além do qual não podemos ir: não somos informados sobre a natureza das classes, nem sobre como a luta se processa ou como o "motor" funciona. A contribuição de Althusser para *Reading Capital* [Ler O capital] conclui: "O leitor vai saber como termina o Volume III [de *O capital*]. Um título: *Classes*. Vinte linhas, e depois o silêncio" (*RC*, 193). E depois o silêncio.

Depois de Althusser, seus epígonos – Balibar, Hindess e Hirst, Poulantzas e uma centena de outros – vêm preenchendo, felizes, aquele silêncio, aproveitando-se das páginas em branco do inacabado caderno de notas de Marx.

---

109. Cf. Raymond Williams, *Culture and society. Conclusion*, e *Keywords* (1976): "Na maioria de seus usos, 'massas' é um chavão..." Esse é sem dúvida o caso de seu uso por Althusser na polêmica com Lewis. [Ed. bras.: WILLIAMS, Raymond. *Cultura e sociedade*. São Paulo: Companhia Editora Nacional, 1978.]

Não me apraz o que escrevem. Porque o materialismo histórico também fez, ao longo de muitas décadas, suas próprias pesquisas substanciais sobre a luta de classes, tendo desenvolvido suas descobertas de maneiras teóricas. Óbvio que há discordâncias entre os praticantes; mas, nessa área, e no âmbito da tradição britânica de historiografia marxista, há uma concordância deveras substancial. E nossas descobertas não podem, com algum exercício de agilidade verbal, ser comprimidas nas formas do planetário de Althusser.

Escrevi sobre isso com tanta frequência que aborreci não apenas a meus leitores como a mim mesmo. Não vou repetir tudo isso novamente. As formações de classe (argumentei) surgem na interseção entre determinação e autoatividade: a classe trabalhadora "se fez a si mesma tanto quanto foi feita". Não se pode colocar "classe" aqui e "consciência de classe" ali, como duas entidades distintas que vêm uma depois da outra, já que as duas devem ser consideradas em conjunto – a experiência da determinação e o "tratamento" dela de maneiras conscientes. Do mesmo modo, não se pode deduzir classe de uma "seção" estática (porque classe é um *vir a ser* no tempo), nem como uma função de um modo de produção, porque as formações de classe e a consciência de classe (embora sujeitas a pressões determinadas) se manifestam em um processo inacabado de *relação* – de luta com outras classes – no tempo.

Por acaso, Althusser e eu parecemos partilhar uma proposição comum: a luta de classes é o conceito anterior ao de classe; a classe não antecede, mas advém da luta[110]. Mas a coincidência é só aparente. Porque, de acordo com uma concepção (partilhada pela maioria dos historiadores marxistas), as classes surgem porque homens e mulheres, em relações produtivas determinadas, identificam seus interesses antagônicos e começam a lutar, a pensar e a valorar em termos de classe. Logo, o processo de formação de classe é um processo de autoformação, ainda que em condições "dadas". Mas essa concepção é intolerável para Althusser, porque devolveria um sujeito ao processo, e este passaria a ser visto como o processo no qual homens e mulheres (por mais frustrados e por mais limitada que seja sua margem de ação) continuam a ser agentes. Althusser, contudo, embora silencie em relação a classe,

---

110. *Essays*, p. 49-50. Para uma reapresentação de minhas próprias opiniões, cf. nota 45.

jamais deu um passo nessa perigosa estrada "humanista". Isso porque, antes do conceito de "luta de classes", está o conceito de "contradição", sendo aquele uma função deste:

> A diferença específica da contradição marxista é a sua "desigualdade" ou "sobredeterminação", que reflete em si sua condição de existência, isto é, a estrutura específica da desigualdade (em dominância) do sempre-já-dado todo complexo que é sua existência. Assim compreendida, a contradição é o motor de todo desenvolvimento (*FM*, 217).

A totalidade dessa monstruosa "expressão teórica" (e várias linhas adicionais) está em itálico para destacar sua centralidade e seu rigor, mas poupei os olhos dos leitores. Não posso, porém, poupar-lhes com a mesma facilidade o pensamento. Porque vemos agora que a contradição é o motor que impele o motor da luta de classes. Revendo esses motores em série, Balibar conclui, com louvável lógica, que:

> As classes *são funções do processo de produção como um todo.* Elas não são seus sujeitos, mas, pelo contrário, são determinadas por sua forma (*RC*, 267).

O sujeito (ou agente) da história desaparece mais uma vez. O processo, pela enésima vez, é reificado. E como as classes são "funções do processo de produção" (processo em que, aparentemente, nenhum agir humano poderia entrar), o caminho fica novamente reduzido à tolice de deduzir classes, frações de classe, ideologias de classe ("verdadeiras" e "falsas") a partir de seu posicionamento imaginário – acima, abaixo, interpelatório, residual, inclinado – no modo de produção (ou no âmbito de suas múltiplas contradições, torções, deslocamentos etc. etc.) e esse modo de produção é concebido como alguma coisa diversa da sua realização no processo histórico e no âmbito do "conjunto das relações sociais", embora na verdade só exista como construção em um discurso metafísico.

Poderíamos definir a atual situação mais precisamente se usássemos uma categoria encontrada muitas vezes na correspondência de Marx com Engels, categoria que, contudo, escapou ao vigilante escrutínio sintomático de Althusser. Toda essa "merda" (*sic*) (*Geschichtenscheissenschlopff*) na qual tanto a sociologia burguesa como o estruturalismo marxista estão mergulhados até o pescoço (Dahrendorf ao lado de Poulantzas, a teoria da modernização ao lado da prática teórica) foi lançada sobre nós pela paralisia conceitual, pela des-historização do processo e a redução de classe, ideologia, formações sociais e quase todo o resto à estase categorial. A seção "sociológica": as complicadas rotações diferenciais no espaço fechado do planetário; as séries programadas autoextrapolantes de desenvolvimento; os modelos de equilíbrio moderadamente desequilibrados, em que o dissenso vaga infeliz por estranhos corredores, buscando reconciliação com o consenso; as análises sistêmicas e estruturalismos, com suas torções e combinatórias; as ficções contrafactuais; os chanfradores econométricos e cliométricos – todas essas teorias se arrastam por caminhos programados de uma categoria estática a outra. E todas são *Geschichtenscheissenschlopff*, merda não histórica.

E, não obstante, atualmente, pouco mais nos oferecem. Eles nos torturam no cavalete* de suas formulações intermináveis até o limite de nossa tolerância. Não podemos responder com nenhuma outra linguagem: só esta aqui é rigorosa e respeitável. Acima de nossa cabeça, nas altas academias, os inquisidores discutem; discordam violentamente, mas reconhecem a complexidade e a reputação uns dos outros. No final, arrancam de nós uma negação: negação do agir humano, da criatividade, negação até de nós mesmos. Mas, ao sairmos de seu cavalete teórico, vemos, pela janela, o processo da história se desenrolando. "*E pur' si muove!*" – e, no entanto, *se move*! Sabemos – porque, em algum recôndito de nossa personalidade, permanecemos determinados pela razão – que devemos reunir, de algum modo, coragem para repudiar nossa própria negação.

Recobrando os sentidos, lembramos por que nunca gostamos muito da analogia da luta de classes como motor da história. É que ela supõe duas entidades distintas: "história", que é inerte, uma intrincada composição de peças, e um "motor" (luta de classes) que é colocado *nela* e movimenta essas peças ou as coloca em movimento. Os escolásticos medievais teriam usado

---

* Aqui, estrutura de madeira com roletes em que se prendem os membros inferiores e superiores do preso com cordas e o vão esticando. N.T.

uma analogia distinta: a luta de classes teria sido o sopro vital, ou alma, que anima o corpo inerte da história. Mas a luta de classes *é* o processo (ou uma parte dele) e as classes em luta *são* o corpo (ou uma parte dele). Vista dessa perspectiva, a história é seu próprio motor.

Isso nos leva a uma reflexão geral sobre a linguagem do estruturalismo. Podemos, de novo, observar a pressão do ser social sobre a consciência social, não só na ideologia "burguesa", mas também no âmbito do pensamento marxista. Já esbocei o contexto político e sociológico: o congelamento de todo o processo social provocado pela Guerra Fria. Mas houve outras razões intervenientes. Os pensadores europeus inclinavam-se, no século XIX, a recorrer a analogias baseadas no processo natural (com frequência, o progresso), não apenas por evidentes motivos políticos e sociológicos, mas também porque essa linguagem parecia ser oferecida pela tecnologia e as ciências naturais de sua época. Os teóricos de hoje estão em situação deveras diferente. Em primeiro lugar, estão mais segregados do que nunca com relação à prática; trabalham em instituições complexamente estruturadas, segundo "horários" e programas; sua informação é menos obtida via observação (exceto por incursões "no campo") do que lhes chega na forma da G II ou G III de Althusser; seu conhecimento do mundo advém, cada vez mais, em sua cabeça ou em suas teorias, de meios que não os da observação. Estão cercados de todos os lados por "estruturas". Mesmo suas universidades (e especialmente as novas) não são manifestações arquitetônicas, e sim estruturas, com bases subterrâneas visitadas apenas por carregadores e caldeireiros proletários, ficando a economia e as ciências sociais nos dois primeiros andares, e a filosofia e a literatura, a que só se pode chegar por elevador, em níveis bem superiores. Enquanto isso, a tecnologia (ou o que sabem de tecnologia pelos relatos que lhes chegam) já não é uma questão de eixos e correias de propulsão e a extensão de estradas de ferro, mas uma questão de circuitos, engrenagens complicadas, programas automatizados; as ciências naturais relatam sobre complexas estruturas moleculares e o torque do DNA; as instituições se acham sujeitas à análise sistêmica; e no meio de tudo isso chegam, com inevitável pontualidade, a cibernética e o computador, que peneiram, separam e organizam imparcialmente todas as linguagens – da tecnologia, das ciências naturais, da sociologia, da economia, da história – com uma única condição: a de que as categorias que ele ingere sejam inambíguas e constantes, em conformidade com a constância de seu próprio complexo programa binário[111].

Não digo tudo isso para rejeitá-lo, em um acesso de irritação romântica. É assim que vivemos hoje; e isso nos dá parte de nossa experiência. Contudo, essa experiência deve inevitavelmente influenciar nosso vocabulário e, em particular, o vocabulário da analogia. E em algumas ocasiões temos de resistir diretamente a essa pressão, quando temos motivos para suspeitar que seu "senso comum" oculta a ideologia. Tal como Marx teve de repudiar a "merda" das analogias da Economia Política malthusiana e do mercado, também temos de repudiar as analogias impróprias de níveis, circuitos e fechamentos complexos. Não podemos, do mesmo modo, permitir que o computador determine que as nossas categorias se imobilizem para sua conveniência. As analogias orgânicas do século XIX, derivadas da observação de plantas, animais, do crescimento vegetal, eram às vezes aplicadas inadequadamente a situações humanas, mas eram ao menos analogias derivadas não da estrutura, mas do processo. Mas à medida que o campo de observação dos teóricos atuais se especializa cada vez mais e é mais segregado da prática, a que poderiam eles recorrer em busca de analogias comparáveis, um vocabulário de interação e concretização? Sugiro que podemos começar observando-nos a nós mesmos.

Já invectivei o suficiente contra a cabeça da estase categórica. E qual é a alternativa? Uma rejeição intuitiva e empírica da teoria? Um relativismo histórico a exigir novas categorias para cada contexto? Podemos contar neste ponto com a ajuda de Sartre, cujo pensamento nem sempre posso (como bom inglês) acompanhar em toda a sutileza – e com o qual nem sempre concordo –, mas cuja compreensão da história e relação com a realidade política são superiores, em todos os aspectos, às de Althusser.

Althusser, tal como Foucault, apega-se à análise da estrutura. Do ponto de vista epistemológico, isso equivale a retornar a

---

111. Cf. os comentários pertinentes de Raoul Makarius sobre Lévi-Strauss em "Structuralism – Science or ideology?" *Socialist Register*, 1974.

uma posição favorável ao *conceito* e contra a *noção*. O conceito é atemporal. Podemos estudar como os conceitos são criados, um após outro, no âmbito de determinadas categorias. Mas nem o próprio tempo nem, em consequência, a história, podem tornar-se objeto de um conceito. Há uma contradição em termos. Quando se introduz a temporalidade, passa-se a perceber que, no âmbito de um desenvolvimento temporal, o próprio conceito se modifica. A *noção*, pelo contrário, pode ser definida como o esforço sintético de produzir uma ideia que se desenvolve pela contradição e sua sucessiva superação e, portanto, é homogênea com respeito ao desenvolvimento das coisas[112].

Não tenho certeza de que aceito essa noção de noção (*sic*). Mas a argumentação de Sartre segue de perto minha ponderação anterior com respeito ao caráter aproximativo e provisório dos conceitos históricos, à sua "elasticidade" e generalidade ("classes", "luta de classes"), ao seu caráter de expectativas, mais do que de regras (ver p. 83). É também compatível com a vigilante rejeição do conceito, ou analogia, fechado e estático, em favor do conceito aberto, modelador, formativo, como a substituição de "lei do movimento" por "lógica do processo" e o entendimento do determinismo não como programação predeterminada ou implantação da necessidade, mas em seus sentidos de "estabelecimento de limites" e "realização de pressões"[113]. Isso significa conservar a noção de estrutura, mas como atuação estrutural (limites e pressões) em uma formação social que permanece proteica quanto a suas formas. Significa a rejeição do truque de pensamento discutido por Raymond Williams ao examinar "base" e "superestrutura", truque graças ao qual os "termos metafóricos para uma relação" são estendidos a "categorias abstratas ou áreas concretas" até que essas categorias analíticas,

> Como ocorre com frequência no pensamento idealista, se tornem (quase despercebidamente) descrições substantivas, que então assumem habitual prioridade sobre todo o processo social ao qual, na condição de categorias analíticas, estão tentando falar[114].

---

112. Sartre, op. cit., p. 114.
113. Raymond Williams, *Marxism and literature* ("Determination") e "Keywords" p. 87-91.
114. *Marxism and literature*, p. 80-81.

Significa que, mesmo quando decidirmos, por razões legítimas, isolar certas atividades humanas para análises específicas – como podemos fazer com modos de produção ou processos econômicos –, não nos deixamos iludir por nossos próprios procedimentos e assim não passamos a supor que esses sistemas sejam distintos. Significa que, nesses procedimentos, temos especial cuidado sempre que chegamos a esses "termos de junção" que se acham no ponto de junção entre disciplinas analíticas (como "necessidade" em economia, que pode ser vista como uma "norma" em antropologia) ou entre estrutura e processo (como "classe" e "modo de produção", que estão para sempre nessas fronteiras).

Mas isso não é tudo. Também precisamos de mais *pensamento* histórico; de uma maior autoconsciência teórica em relação a nossos próprios conceitos e procedimentos; e de um maior esforço, da parte dos historiadores, para comunicar suas descobertas aos outros de maneiras teoricamente convincentes. (Em toda a discussão de "prática teórica" sobre modos de produção, formações pré-capitalistas, ideologia, processo de trabalho, classe, Estado, AIEs e AREs, MFPs e MCPs*, os historiadores que fizeram desses problemas objeto de prolongada pesquisa foram em geral ignorados, tendo devolvido o cumprimento com um desdenhoso silêncio.) A comunicação flui, naturalmente, em ambas as direções. Mas aquilo de que *não* precisamos é uma "teoria da história" no sentido de Althusser. Porque essa teoria vai ser apenas um frágil enigma caso não adquira corpo alimentando-se do conteúdo da análise histórica substantiva. Se queremos saber *quão* "autônomo" é, e "relativamente" a *que*, podemos pensar o problema, mas então temos de *descobrir*, e pensar outra vez sobre nossas descobertas. Temos de pôr a teoria para trabalhar, e podemos fazê-lo tanto interrogando evidências (pesquisa) como interrogando a historiografia e outras teorias (crítica) – e ambos os métodos foram os empregados comumente por Marx. A prática teórica, que rejeita o primeiro procedimento ("empirismo") e reduz o segundo a uma caricatura ao avaliar todas as outras posições mediante o confronto com sua própria ortodoxia preestabelecida, não prova nada a não ser a autoestima de seus au-

---

* Aparelhos Ideológicos de Estado, Aparelhos Repressivos de Estado, Modo Feudalista de Produção, Modo Capitalista de Produção. N.T.

tores. Porque o projeto da Grande Teoria – encontrar uma conceituação total sistematizada de toda a história e situações humanas – é a heresia original da metafísica contra o conhecimento.

Não que isso seja apenas tentar apanhar água com a peneira. Não se trata apenas de nunca podermos reproduzir, finalisticamente, dentro das formas do pensamento,

> ...a história, que nunca dorme ou morre
> e, segura por um momento, queima a mão.

> [...history, that never sleeps or dies,
> And, held one moment, burns the hand.]

Não é simplesmente que a tentativa de fazê-lo, em uma "ciência" desprovida de substância, termina mais ou menos como a caracterização que Engels fez do legado hegeliano: "uma compilação de palavras e de torneios verbais que não tinha outro propósito senão estar à mão no momento exato, quando o pensamento e o conhecimento positivo faltavam"[115]. Tudo isso ainda não é tudo. O próprio projeto é mal-engendrado; é *um exercício de fechamento*, e nasce de uma espécie de agorafobia intelectual, uma ansiedade frente ao incerto e ao desconhecido, um anseio de segurança dentro da cabina do Absoluto. Como tal, reproduz velhos modos teológicos de pensamento, e suas construções são sempre elaboradas a partir de materiais ideológicos. Mais ainda, sistemas totais deste tipo, muito geralmente, colocam-se em oposição à razão e censuram a liberdade. Eles buscam não só dominar toda teoria – ou expulsar todas as outras teorias como heresias – mas também reproduzir-se a si mesmos dentro da realidade social. Como a teoria é um fechamento, a história deve ser levada a se conformar a ela. Eles buscam laçar o processo em suas categorias, sujeitá-lo, quebrar sua vontade e submetê-lo ao seu comando. Na "última instância", encontramos o anagrama de Stalin.

Isso também ainda não é tudo. Falta a questão da dialética. Muitos críticos observaram que Althusser expulsou, juntamente com Hegel, a dialética, o que deveria ser evidente, sem maior demonstração. Não me refiro à

---

115. Engels. Comentário sobre Crítica da Economia Política de Marx, em *Selected Works*, I, p. 370-371.

expulsão desta ou daquela "lei" da dialética, como no elogio que faz a Stalin pela sua presciência ao rejeitar as credenciais da "negação da negação". O estatuto ontológico de todas essas "leis" é questionável. Quero dizer que, no momento mesmo em que aclama *La Dialectique*, e se jacta possessivamente de sua intimidade com ela, Althusser a coloca em pose de estátua, pose na qual reconhecemos, de novo, nossa velha amiga, *La Structure à Dominante*. Ela está com uma nova roupagem que mostra à excelência sua natureza contraditória interna:

> *Esse reflexo das condições de existência da contradição em seu próprio interior, esse reflexo da estrutura articulada em dominância que constitui a unidade do todo complexo no interior de cada contradição* – eis a mais profunda característica da dialética marxista (*FM*, 205-206; ver acima, p. 138).

Essa roupagem é um reflexo da contradição, e a criação nos é apresentada por seu criador com o nome de "sobredeterminação". A roupa se adapta perfeitamente à forma da modelo, mas está tão justa que *esta não pode se mexer*. Em nenhum texto de Althusser a dialética, concebida como a lógica da lógica do processo, aparece alguma vez.

Meus leitores estão antecipando, ansiosamente, que venha uma discussão de umas 100 páginas sobre a dialética. Lamento desapontá-los. Isso está além de minha competência. Desejo apenas fazer algumas observações, situando-me *fora* de um debate em cujas complexidades seria temerário entrar. Antes de tudo, penso que o entendimento da dialética só pode avançar se se fizer um embargo absoluto à menção do nome de Hegel. Isso pode parecer absurdo e estranho, mas pretendo explicá-lo inteiramente. Claro que Engels e Marx "deviam" sua dialética a Hegel, que retornaram muitas vezes a Hegel e reconheceram frequentemente a sua dívida. Tudo isso foi examinado por outros autores, e com muita habilidade, e não pretendo discutir o valor dessa análise. Algum dia ele deveria ser retomado. Mas, neste ponto da discussão, ele não só está esgotado como se tornou contraproducente, visto que tendeu a alinhar seus protagonistas ou entre os marxistas "hegelianos", os quais, com todos os seus esforços de inversão, tendem a ver a dialética como uma infiltração hegeliana *no âmbito* do processo ou entre os anti-hegelianos (sejam eles "historicistas" empíricos ou althusserianos) cuja tendência é, com efeito, jogar fora a dialética juntamente com Hegel.

Mas, em segundo lugar, o relato que os teóricos apresentam de seus procedimentos não precisa ser igual aos procedimentos em si. Podemos concordar em rejeitar o relato de Engels em *A dialética da natureza*, mas a questão não pode se encerrar aí[116]. Restam ainda os próprios movimentos de pensamento implícitos em muitos trechos da análise de Marx e Engels, seus procedimentos e sua autoconsciência destes. Quando trovejou para Schmidt que "o que falta a todos esses cavalheiros é a dialética", o velho Engels acrescentou que não eram "leis" dialéticas, mas o modo de apreensão de uma concretização fluente e contraditória:

> Eles nunca veem coisa alguma, exceto efeito aqui e causa ali. Mas eles nunca começam a perceber que isso é uma abstração vazia e que esses polos opostos metafísicos só existem no mundo real em momentos de crise, enquanto todo o vasto processo se produz na forma de interação (embora de forças bem desiguais, sendo o movimento econômico, de longe, a mais vigorosa, mais elementar e mais decisiva destas) e que aqui tudo é relativo e nada é absoluto.

É certo que a carta termina dizendo: "Hegel nunca existiu para eles". Hegel (invertido) lhes "ensinou" a ver dessa maneira. Mas pensemos mais no modo de ver e menos no professor. Os trinetos de "todos esses cavalheiros" leram a sua *Lógica* de ponta-cabeça e de trás para a frente, mas não aprenderam coisa alguma. "Contradição" é antagonismo, um "motor" de luta: não é um momento de possibilidades opostas coexistentes. "Reformismo" tem de ser incorporação às estruturas capitalistas; não pode ser *também* reformas e a modificação dessas estruturas para permitir um espaço à incorporação. Etc., etc., etc. "Eles nunca veem coisa alguma, exceto efeito aqui e causa ali."

---

116. Quanto a mim, o excelente estudo de Jeff Coulter, "Marxism and the Engels' paradox" (*Socialist Register*, 1971), resolve a questão. A crítica lógica da *Naturdialektik* [Dialética da natureza] de Engels é, até onde alcança, coerente; e foi retomada, de modo parecido, por K. Popper, "What is dialetic?", *Conjectures and refutations* (1963), Colleti, em *Marxism and Hegel* e G. Stedman Jones, "Engels and the end of classical German philosophy", *New Left Review* (maio-junho de 1973) – que segue Colletti. Contudo todos eles jogam fora o bebê ("a interceptação consciente do objeto em seu processo de desenvolvimento") junto com a água hegeliana do banho: cf. Coulter, p. 129-132, 137-141.

Em consequência, sempre é possível que (como Marx observou sobre Spinoza) "a verdadeira estrutura interna de seu sistema seja, afinal, totalmente diferente da maneira pela qual ele a apresentou conscientemente"[117]. E, em terceiro, mesmo descartando Hegel, ainda temos de lidar com William Blake. Ofereço Blake não como um mestre até agora não reconhecido de Marx, mas antes para destacar que a dialética não era propriedade privada de Hegel. Blake nos recorda uma tradição hermética muito antiga, às vezes respeitável, outras vezes arcana – frequentemente uma tradição de poetas – que buscava articular modos de apreensão apropriados a uma realidade sempre em fluxo, em conflito, em decadência e em vir a ser. Contra a "visão única" do materialismo mecânico, Blake buscou pensar, e conseguiu, "estados contrários" coexistentes e casar o céu e o inferno. Temos de concordar ter Hegel sido o vetor através do qual essa tradição foi transmitida a Marx, e podemos concordar que essa transmissão foi um legado ambíguo e que os esforços de Hegel para objetivar um modo de apreensão em termos de leis foram inválidos. Isso, contudo, não invalida o modo de apreensão.

Sugiro que Hegel obscurece nossa visão. Ele se interpõe entre nós e a luz. Se o afastarmos, poderemos então olhar diretamente, com mais facilidade, para a própria dialética. Não estou certo quanto ao que veremos, exceto que sem dúvida não será a contradição capturada em uma pose estacionária. A tentativa de ver uma lógica inscrita no próprio processo "natural" foi incapacitante e enganosa. Porém, de outro ponto de vista, parecemos estar oferecendo uma descrição, nos termos da lógica, das maneiras como apreendemos esse processo[118].

Minha única certeza é que esse modo de apreensão do processo "de dois gumes e duas pontas" está presente na própria prática de Marx e Engels. Sei também (aqui posso falar com segurança por outros no âmbito de "minha" tradição) que em meu próprio trabalho de historiador observei repetidas vezes esse tipo de processo e, em consequência, passei a introduzir a dialética – não como esta ou aquela "lei" mas como um hábito de pensar

---

117. Citado em *Grundrisse*, p. 60.
118. Não tenho competência para dizer se a "teoria da catástrofe" de Zeeman, na matemática (prima primeira da lógica), oferece um novo ângulo de abordagem do problema.

(em opostos, ou "contrários", coexistentes) e como uma expectativa quanto à lógica do processo, em minha própria análise. De que outra maneira poderíamos estar preparados para compreender o paradoxo de que o agente aparente da revolução socialista, o PCUS (B)* acabou por se tornar o órgão que, sobretudo, articula e impõe ao processo social e intelectual autoativador da sociedade russa um sistema de *bloqueio*?

A expulsão da dialética do sistema althusseriano é lamentável, mas ela mostra ser consequência necessária da estase interna do estruturalismo[119]. Tenho menos certeza de que haja muito a ganhar se se der à "dialética" uma elaborada expressão lógica e formal. Ouvimos dizer com frequência que Marx tinha um "método", que esse método se situa em algum ponto na região da razão dialética e que isso constitui a *essência* do marxismo. É, pois, estranho que, apesar de muitas alusões, e várias declarações de intenção, Marx jamais tenha elaborado essa essência. Ele deixou muitos cadernos de notas. Ele foi, para dizer o mínimo, um trabalhador intelectual autoconsciente e responsável. Se tivesse encontrado a chave do universo, teria reservado um ou dois dias para registrá-la. Podemos concluir, portanto, que não foi escrita porque *não podia ser escrita*, assim como Shakespeare e Stendhal não poderiam ter reduzido sua arte a uma chave. Porque não era um método, mas uma prática, e uma prática aprendida ao ser praticada. Assim, nesse sentido, a dialética nunca pode ser registrada nem decorada. Pode somente ser assimilada pelo aprendizado crítico no âmbito da própria prática.

Vamos concluir esta seção com algumas observações diferentes. Prometi no começo não usar o método de ficar pinçando citações de Marx. Não estou interessado na defesa do marxismo como ortodoxia. Mas não podemos descartar como irrelevante a questão de se a leitura que Althusser faz de Marx é ou não "autorizada" – se, na verdade, a obra de Marx foi erro-

---

* Partido Comunista da União Soviética. O "B" é abreviatura de "British" [Britânico], em referência ao Partido Comunista da Grã-Bretanha. N.T.

119. A desconfiança que tem Althusser com relação à dialética segue, mais uma vez, o modismo contemporâneo, como o observa Coulter (p. 143, citando G. Pask, *An approach to cybernetics*, 1963). Considerações cibernéticas predominaram sobre noções de "salto dialético", em especial nas disciplinas que têm por objeto "estruturas com variáveis finitas que entram em estados definíveis de organização interna", ou seja, estruturalismos.

neamente considerada (como "historicismo") quando tinha sido sempre um estruturalismo, permitindo premonições do planetário althusseriano. Um modo satisfatório de responder a esta pergunta vai ser a observação de vários dos recursos empregados por Althusser para justificar sua leitura, não apenas como verdadeiramente ortodoxa como *mais* ortodoxa do que Marx.

Já observamos um artifício no "motor": *glosar* um texto ("tese do *Manifesto Comunista*") e *inventar* a partir dessa glosa uma "proposição marxista fundamental". Observamos outro, a transmutação de analogias em conceitos e de categorias analíticas em descrições substantivas. Outra tentativa poderia ser feita aqui com base no uso althusseriano de "em última instância". A "última" instância (*in letzter Instanz*) pode ser variamente traduzida por "em última análise", "em [no tribunal de] último recurso", "finalmente", "no julgamento final". Uma competente erudita comunista, Dona Torr, que trabalhou a uma distância de dez mil quilômetros dos meios acadêmicos e que primeiro traduziu para o inglês e organizou a *Selected Correspondence* em 1934, naquela época incrivelmente sombria na qual (como nos garantem Eagleton, Anderson e dezenas de outros) os *soi-disant* [autodeclarados] marxistas ingleses nada tinham em suas mãos exceto uns poucos e magros folhetos polêmicos – Dona Torr traduziu pela primeira vez a passagem da carta de Engels a Bloch (a passagem que se torna o eixo da oratória de Althusser, mas que, lembramos, foi abstraída de uma carta que também oferece o roteiro em que se faz o velho assumir papel de palhaço). Eis os termos de sua tradução:

> De acordo com a concepção materialista da história, o elemento* determinante na história é, *finalmente*, a produção e a reprodução na vida real. Mais do que isso nem Marx nem eu nunca afirmamos.

Assim, *in letzter Instanz* aparece primeiro como "finalmente" (*ultimately*) e, mais adiante na carta, como "em último recurso" ("*in the last resort*"). E, no asterisco, Torr permitiu-se uma de suas raras intromissões editoriais: "*Moment* [momento] – elemento no processo dialético de vir a ser". Pelo visto, ela já estava, 40 anos atrás, com um olho vigilante no horizonte para a chegada de Althusser. A versão dele é "a produção é o fator determinante"[120] (*FM*, 111) – sendo "produção" outra categoria que ele e Balibar pretendem estabilizar e reificar. E como pode uma última *análise* tornar-se então "instância" em um "nível", uma "instância política" ou uma "instância legal" a que se atribui uma força indicativa mediante *La Structure à Dominante*? Que faremos com a definição de Poulantzas, "Por *modo de produção* designaremos (...) uma combinação específica de várias estruturas e práticas que, em combinação, se mostram como instâncias e níveis..."?[121] Como pode um modo de produção surgir como instâncias (análises, julgamentos, últimos recursos) a menos que se tenha transformado em um modo metafísico, sem produzir bens nem saberes, mas se reproduza interminavelmente em níveis e instâncias diferenciadores, gerando apenas inanição teórica? "Mas a verdade é que não são as mais altas instâncias que dão a informação mais segura" –

> Como bem se pode exprimir na história tão comum do filósofo que, enquanto contemplava as estrelas lá em cima, caiu na água; porque, se tivesse olhado para o chão, teria visto as estrelas na água, mas, olhando para cima, não podia ver a água nas estrelas.

Poderíamos designar este último artifício como "transplante": um órgão de um argumento é arrancado e colocado ao lado de outro. Um recurso mais conhecido já foi bem descrito como "ventriloquismo"[122]. Althusser raramente deixa Marx falar e, quando deixa, impõe sua própria voz à de Marx. Ou então, o que não é tão diferente, *produz* Marx: prepara a cena; ensaia o roteiro; apresenta as deixas; e, então, permite poucas falas, adequadas ao momento da cena. Vejamos um exemplo. Althusser descobriu, feliz, uma *nota de rodapé* em *O capital* –, e, mais do que isso, uma nota que só existe na edição francesa – que define a palavra "processo":

> A palavra *procès* (processo), que exprime *um desenvolvimento considerado na totalidade de suas condições reais*, há muito é par-

---

120. *Selected correspondence*, p. 475. Não sei de que modo Althusser obtém "fator" a partir de "elemento" ("*Moment*"), já que não verifiquei as traduções francesas, mas isso é bem compatível com sua antiga noção fatorial de história: *FM*111-112; Althusser, *Pour Marx* (Paris, 1966), p. 111: "*La production est le facteur déterminant* etc.".

121. N. Poulantzas, *Political Power and Social Classes* (New Left Books, 1973), p. 13-15.

122. A. Glucksmann, "A Ventriloquist Structuralism", *New Left Review*, 72 (March-April 1972), originalmente publicado em *Les temps modernes*, 1967.

te da linguagem científica em toda a Europa. Na França, foi introduzida um tanto envergonhadamente em sua forma latina – *processus*. Depois, despida desse disfarce pedante, apareceu nos livros de química, física, fisiologia etc. e em obras de metafísica. No final, ela obterá uma certidão de naturalização plena (*L. & P.*, 117, *P. & H.*, 185).

A produção exige que, a essa altura, Marx tenha uma fala para autorizar a tese de Althusser da história como um "processo sem sujeito". Afora isso, ele quer pegar a palavra "processo" (que o leitor informado sabe que foi usada livremente por Marx) e colocá-la na cadeia. Se se pode definir o processo histórico como "um desenvolvimento considerado na totalidade de suas condições reais", então se pode repô-lo no *interior* da estrutura, como um mecanismo para fazer girar o planetário. Uma maneira (honesta) de abordar essa questão poderia ter sido mediante o exame dos argumentos em certos trechos centrais do texto de Marx em *O capital*. Althusser, porém, prefere uma nota de rodapé restrita à edição francesa; ele oferece essas linhas como sua autoridade. Por que, então, Marx escolheu um modo tão obscuro de exprimir algo de tamanha importância? Uma réplica chauvinista seria: "Porque só o leitor francês poderia dispor da lógica para compreender tão bela colocação". Mas Althusser não é, quanto a isso, chauvinista; ele tem um argumento melhor: somente os três ou quatro anos decorridos desde a publicação de *O capital* em alemão teriam permitido a Marx esclarecer seu pensamento, "e que lhe teria permitido perceber a importância dessa categoria e expressá-la para si mesmo" (*L. & P.*, 117).

Eis a produção; formidável! Ocorre que o produtor obtém pouca ajuda de seu roteiro: o dramaturgo cochilou. Porque a nota define *a palavra* processo tal como usada indiferentemente em trabalhos de química, física, fisiologia e metafísica. A nota não diz nada, absolutamente nada, sobre como Marx *aplica* a palavra, sobre sua noção de processo histórico (para isso teremos de recorrer a seus livros). E a própria nota indica ter sido inserida na edição francesa porque a palavra ainda não havia sido "naturalizada", ainda não era conhecida da teoria política e econômica (ou Marx assim supunha), talvez porque fosse um ataque à rigidez das categorias na lógica francesa, pode ser que devido ao fato de os intelectuais franceses submeterem a cuidadoso escrutínio as credenciais de intrusos conceptuais estrangeiros antes de lhes permitirem acesso íntimo a seu discurso. E não digo isso para criticar os franceses. Os intelectuais britânicos, tão ansiosos por se "europeizarem", poderiam aprender algo com a cautela dos franceses. Há no inglês alguns intrusos recentes – "conjuncture" [conjuntura], "overdetermination" [sobredeterminação], "instance" [instância], "structure in dominance" [estrutura em dominância] – cujas certidões de naturalização deveriam ser recusadas.

Já relacionamos os seguintes artifícios: invenção, transmutação de analogias em conceitos, transplantes conceptuais impróprios, "ventriloquismo" ou "produção". O expediente mais geral, porém, é o uso de leituras parciais ou totalmente enganosas, e de maneiras que não podem ser "inocentes". Como exemplo final, vejamos um desses casos. Já dissemos que Althusser, em um momento importante de sua argumentação, cita a autoridade de *A miséria da filosofia*, a polêmica de Marx contra Proudhon (em 1847):

> De que modo, com efeito, a fórmula lógica única do movimento, da sequência, do tempo, poderia explicar o corpo da sociedade, no qual todas as relações econômicas coexistem simultaneamente e se sustentam mutuamente?

Isto aparece, como já vimos (p. 153), em uma etapa criticamente importante de sua defesa de um modo de análise estruturalmente sincrônico. Não acredito que haja algum outro texto de Marx que Althusser explore mais. Esse texto é seu alvará para ter um planetário. É empregado em ao menos quatro momentos significativos em *Ler O capital* (RC, 65, 66, 98, 107); e definido com "rigorosa clareza" em "umas quantas frases lúcidas" em que Marx "nos adverte de que não busca uma compreensão do mecanismo de produção da sociedade como *resultado* da história, nas antes uma compreensão do mecanismo de produção do *efeito de sociedade* por meio desse resultado..." (RC, 71). Essas frases, em um trabalho que vem imediatamente depois da "ruptura epistemológica" – um dos primeiros enunciados do Marx "maduro" – são na verdade de "alcance absolutamente decisivo", e nos conduzem à essência de sua revolução na Teoria, sua descoberta da "ciência".

186

Não está claro o motivo disso, mas fica bem claro que a frase deve ser sustentada por seu contexto. Voltemos a ele. O contexto é o capítulo dois de *A miséria da filosofia*, intitulado "A metafísica da Economia Política", e se inicia com algumas observações sobre o método. O que mais aborrecera Marx em *La Philosophie de la misère* [A filosofia da miséria] é a pretensão de Proudhon com relação a um novo método metafísico: "Não estamos dando *uma história de acordo com a ordem no tempo*, mas *segundo a sequência de ideias*". Em lugar da sequência da história real, Proudhon se propõe a desenvolver teorias econômicas em "sua *sequência lógica* e em sua *relação serial no entendimento*: é essa ordem que nos orgulhamos de ter descoberto" (Proudhon, citado em *C.W.*, VI, 162).

As várias observações de Marx desenvolvem, bem enfaticamente, diferentes aspectos da mesma objeção: o caráter metafísico e não histórico do método de Proudhon. Os economistas burgueses desenvolveram "a divisão do trabalho, o crédito, o dinheiro etc. como categorias fixas, imutáveis, eternas", mas "não explicam (...) o movimento histórico que lhes deu origem". Proudhon considera essas categorias (dos economistas) como dadas, e deseja colocá-las em nova ordem sequencial, em uma relação serial no entendimento:

> O material dos economistas é a vida ativa, enérgica, do homem; o material de Messier Proudhon são os dogmas dos economistas. Contudo, quando deixamos de buscar o movimento histórico das relações de produção, de que as categorias são somente a expressão teórica (...), somos forçados a atribuir a origem desses pensamentos ao movimento da razão pura [Ibid., 162].

Marx vê isso como a heresia da metafísica. Tudo é apresentado, não na análise da realidade social e histórica, mas sim como uma sequência de categorias lógicas abstratas:

> Desse modo, os metafísicos que, ao fazer essas abstrações, pensam estar fazendo análises, e que, quanto mais se desligam das coisas, mais se imaginam próximos do ponto de penetração de sua essência – esses metafísicos estão, por sua vez, certos ao dizer que as coisas aqui embaixo são bordaduras de que as categorias lógicas constituem a tela.

187

(Nós nos mexemos, inquietos, e lembramos do "efeito de sociedade", e de homens como *Träger*: bordaduras na tela da estrutura). E Marx troveja:

> Se tudo o que existe, tudo o que vive sobre a terra e sob a água pode ser reduzido por abstração a uma categoria lógica – se todo o mundo real pode ser assim submerso em um mundo de abstrações, no mundo das categorias lógicas – quem precisaria se espantar com isso?
>
> Tudo o que existe, tudo o que vive sobre a terra e sob a água, existe e vive apenas em razão de alguma forma de movimento (Ibid., 163).

Isso ao menos Proudhon percebeu. E ele procura encerrar o movimento em suas categorias por meio de um grosseiro desdobramento da dialética hegeliana. Porém o que ele faz é abstrair o próprio movimento em uma série de categorias lógicas:

> Apliquemos esse método às categorias da economia política, e teremos a lógica e a metafísica da economia política ou, em outras palavras, teremos as categorias econômicas que todos conhecem traduzidas em uma linguagem pouco conhecida, o que lhes dá a aparência de terem florescido recentemente em um intelecto de razão pura, dado o ponto até o qual essas categorias parecem engendrar-se mutuamente, estar ligadas entre si e entretecidas umas nas outras pela própria operação do movimento dialético (Ibid., 165).

Agora começamos a compreender por que Althusser colocou a mão com tanta firmeza sobre o texto de *A miséria da filosofia*, permitindo-nos apenas espiar por entre seus dedos uma única frase. Entretanto, para compreender o contexto dessa frase e, em consequência, o sentido de Marx, temos de retornar por um momento do capítulo dois ("O método") ao um, no qual Marx se ocupa diretamente da questão do conceito de valor de Proudhon, que busca explicar a gênese do valor de troca, não em sua gênese histórica real, mas em sua gênese em uma sequência de categorias lógicas: a "história" é a história da gênese das *ideias* em uma "relação serial no entendimento". Proudhon assim apresenta sua sequência:

> Como muitas coisas de que preciso só ocorrem na natureza em quantidades moderadas, ou mesmo nem ocorrem, vejo-me

obrigado a ajudar na produção daquilo que me falta. E como não posso fazer tantas coisas, *proponho* a outros homens, meus colaboradores em várias funções, que me cedam uma parte de sua produção em *troca* da minha (Proudhon, citado em ibid. 111).

(Como Marx observa alhures, trata-se de uma noção caracteristicamente pequeno-burguesa das relações econômicas: o "eu" é um pequeno mestre chapeleiro ou fundidor de bronze que usaria esse modo de troca se o Estado, a taxação, o privilégio feudal, não interviessem.)[123] Dessa "sequência lógica" (uma "história", mas apenas nas ideias, ou na ideologia), Proudhon deduz a divisão do trabalho. Como observa Marx, "Um homem se põe a *propor* a outros homens..." que estabeleçam a troca, mas Proudhon não explicou a gênese dessa proposta, "como esse indivíduo isolado, esse Robinson Crusoé, teve de súbito a ideia de fazer 'a seus colaboradores uma proposta do tipo *conhecido* e como esses colaboradores a aceitaram sem o menor protesto'" (Ibid. 112). Eis um exemplo do que Proudhon descreve como seu "método histórico e descritivo" (Ibid. 113). A sequência lógica de categorias, uma engendrando a seguinte na série, pode então ser colocada em um pequeno balão chamado "eu", e este pode ser inflado de retórica até se tornar "a razão impessoal da humanidade", ou, alhures, "Prometeu", que "emergindo do seio da natureza" se põe a trabalhar, e "nesse primeiro dia", seu produto "é igual a dez":

> No segundo dia, Prometeu divide seu trabalho e seu produto se torna igual a cem. No terceiro..., Prometeu inventa a máquina, descobre novas utilidades nos corpos, novas forças na natureza... (Proudhon, citado em ibid. 157).

Contudo (quase não precisamos repetir a crítica de Marx) isso equivale a inverter a sequência histórica real:

> O trabalho é organizado, é dividido de maneira diferente, de acordo com os instrumentos de que dispõe. O moinho manual pressupõe uma divisão de trabalho distinta da divisão do trabalho do moinho a vapor. Logo, querer começar com a divisão do trabalho em geral para mais tarde chegar a um instrumento

---

123. Discuti a base experiencial dessas crenças em *The Making of the English Working Class* [A formação da classe operária inglesa], cap. 16, seções 3 e 4.

189

de produção específico, a máquina, é dar um tapa na cara da história (Ibid. 183).

Nesse sentido, é a máquina que (historicamente) "descobre" a divisão do trabalho e determina suas formas particulares[124]. Não podemos discutir com proveito a produção de riqueza "sem as condições históricas nas quais foi produzida". Se colocamos esse "Prometeu" de volta na história, o que ele revela ser?

> É a sociedade, relações sociais baseadas no antagonismo de classe. Essas relações não são relações entre indivíduo e indivíduo, mas entre trabalhador e capitalista, camponês e latifundiário etc. Apaguem-se essas relações e se aniquila toda a sociedade... (Ibid. 159).

Logo, toda *Miséria da filosofia*, uma notável e coerente polêmica, é um conjunto de variações sobre o tema da metafísica não histórica de Proudhon. Isso nos oferece o contexto e, portanto, o sentido da frase em que se baseou o "alvará" de uma frase de Althusser. As categorias econômicas são "as abstrações das relações sociais de produção" (Ibid. 165). Estas, contudo, se acham em contínuo movimento, e as categorias mesmas são *produtos históricos e transitórios*. Proudhon busca arrancar as categorias de seu contexto, eternizá-las e então reorganizá-las como uma relação serial no entendimento (Ibid. 166). Ele não quer apresentar "a história de acordo com a ordem temporal". Essa "história real" é, na opinião de Proudhon, a mera "sequência histórica na qual as categorias se *manifestaram*" [Ibid. 169]. Podemos, no entanto, melhorar a história real "tomando as categorias econômicas (...) sucessivamente, uma a uma..." (Ibid. 168). Como resultado, para Proudhon, "tudo aconteceu no *puro éter da razão*" (Ibid. 169). Não podemos, entretanto, separar as ca-

---

124. Mas somente nesse sentido. Foi no contexto dessa polêmica que surgiu o célebre epigrama de Marx ("O moinho manual nos dá a sociedade com o senhor feudal; o moinho a vapor, a sociedade com o capitalista industrial", *C.W.*, VI, 166) – aforisma que foi considerado um endosso ao determinismo tecnológico: as forças produtivas "nos dão" a sociedade (Stalin – mas também, em última instância, Althusser, Balibar, Poulantzas). A proposição, no entanto, só pode ser entendida como uma contraproposição a Proudhon, para quem a divisão do trabalho parte da ideia ("Eu proponho") e, numa série racional, chega à oficina e, daí, às máquinas; cf. esp. *C.W.*, VI, p. 178-190 e *Selected Correspondence*, p. 10 (toda essa carta a Annenkov, de 1846, é um excelente sumário de *Miséria da filosofia*).

tegorias econômicas de seu contexto dessa maneira, porque "as relações de produção de cada sociedade formam um todo". A relação serial de categorias no entendimento, de Proudhon, o leva a considerar as "relações econômicas como outras tantas fases sociais, que se engendram umas às outras, com uma resultando da outra como a antítese da tese, e realizando, em sua sequência lógica, a razão impessoal da humanidade". Ocorre que as relações produtivas, as relações econômicas, não podem ser analisadas como esse tipo de série, pois todas as relações (e as categorias) coexistem e se pressupõem mutuamente. Temos de tomá-las ao mesmo tempo como um conjunto. Para chegar ao valor, Proudhon "não podia prescindir da divisão do trabalho, da competição etc. Mas, na *série* (...) na *sequência lógica*, essas relações ainda não existiam":

> Quando se constrói o edifício de um sistema ideológico por meio das categorias da Economia Política, os membros do sistema social são deslocados. Os diferentes membros da sociedade se tornam outras tantas sociedades separadas, uma se seguindo à outra. *De que modo, com efeito, a fórmula lógica única do movimento, da sequência, do tempo, poderia explicar o corpo da sociedade, no qual todas as relações econômicas coexistem simultaneamente e se sustentam mutuamente?* (Ibid. 166-167; grifos meus).

Chegamos finalmente ao talismã de Althusser, à joia de "alcance absolutamente decisivo". Marx, contudo, não tinha terminado. Ele continua nas observações seguintes: Proudhon deslocou "os membros" do sistema social e os ofereceu como "sociedades" separadas – produção, troca, um sistema monetário, distribuição – que se seguem umas às outras em uma sequência categorial lógica. Temos que reconstituir esses membros e vê-los atuando juntos. Como, porém, se pode fazer isso a não ser no âmbito da "história real", a história na qual essas relações foram engendradas? Quando o fazemos, voltamos de novo ao ponto de origem do material dos economistas, "a vida ativa, enérgica, do homem". Ao fazermos isso, dissipamos finalmente a ilusão da teoria econômica burguesa – a de que a sociedade é o efeito de categorias e os homens são os suportes das estruturas:

> Somos necessariamente forçados a examinar minuciosamente como eram os homens no século XI, como eram no século

XVIII, quais eram suas respectivas necessidades, suas forças produtivas, seu modo de produção, as matérias-primas de sua produção – em suma, quais as relações entre os homens que resultaram de todas essas condições de existência. Para chegar ao fundo de todas essas questões – que mais se pode fazer senão recorrer à história real, profana, dos homens em todos os séculos e apresentar esses homens como sendo igualmente os autores e os atores de seu próprio drama? (Ibid. 170).

Por acaso há necessidade de maiores explicações sobre isso? Os argumentos, assim como as relações de produção, formam um todo. Não podemos cortar um membro, e um pequeno membro (uma frase), a falange superior do dedo mínimo. A argumentação de Marx não é, em nenhum momento, contra o "historicismo"; é um argumento em favor da análise histórica integradora, contra a "fórmula lógica única" desintegradora de Proudhon, na forma de uma relação serial de categorias. Ademais, podemos entender agora o silêncio de Althusser quanto aos argumentos substanciais de *A miséria da filosofia*, porque as "heresias" que ele deseja desmascarar – a heresia do "empirismo" ("examinar minuciosamente como eram os homens"), a heresia do "historicismo" ("a história real, profana, dos homens"), e a heresia do "humanismo" ("como sendo igualmente autores e atores de seu próprio drama") – essas heresias não emergem simplesmente como o momentâneo "espaço em branco do rigor suspenso, que mal dura o tempo de um relâmpago na obscuridade do texto" (ver p. 169), sendo em vez disso integrantes do texto; *são* o argumento, *são* o trovão e o relâmpago lançados contra as trevas de Proudhon.

Além disso, basta fazer uma pequena operação no texto de Marx – trocar a cada vez o nome de Proudhon pelo de Althusser – e o texto poderá ser lido como uma polêmica premonitória sistemática contra a "Teoria" deste último. É verdade que Althusser substituiu a lógica sequencial de Proudhon por uma lógica inconsequente. A polêmica, contudo, acerta o alvo quanto a todo o resto: a rigidez das categorias; a criação de categorias a partir da razão pura e não da análise histórica; a heresia metafísica, categorias que engendram a sociedade e os homens como seus efeitos; a "novidade" mistificadora do vocabulário; a reorganização da história real em uma lógica categorial mais adequada, "como o desenvolvimento de formas" (a estrutura engolindo o processo); o método desintegrador que separa um todo em "membros" ("níveis", "instâncias"); e a manipulação desses membros em um éter da razão pura independentemente das especificidades do tempo histórico e da classe. Indo ao gabinete da autoridade e retirando esse texto, Messier Althusser cometeu um grande erro. O que ele supunha ser licença para entreter o público com seu planetário era, na realidade, uma ordem judicial para abater seu próprio cão, a "prática teórica". E a ordem está assinada "Karl Marx". E deve ser executada, imediatamente, e pelo público, caso Althusser se recuse. Porque o cão já mordeu a filosofia e a sociologia e as deixou com hidrofobia.

Uma observação final, que vamos propor na forma de uma pergunta: como Althusser *se atreveu*?

XIII

Tantas páginas! E até o momento só rastreamos dois dos ogros de Althusser: o "historicismo" e o "empirismo". Em algum ponto da floresta, monstros ainda mais horrendos, o "humanismo" e o "moralismo", continuam soltos. Não creio, no entanto, que precisemos de tantas páginas para localizá-los. Como vimos (p. 51), uma bola rola morro abaixo por sua energia e vontade inatas. Todas as proposições ulteriores de Althusser rolam da mesma maneira uma vez colocadas nesse cume idealista.

Também deveria estar claro, a esta altura, que essas proposições não pertencem à razão ou à "ciência", mas à ideologia; e, portanto, podemos descartá-las um pouco mais rapidamente. Deve-se seguir, do conceito de um "processo sem sujeito", que os homens e as mulheres não são agentes de sua própria história, mas apenas *Träger* – suportes de estruturas, vetores de processo. Supor outra coisa seria cometer o pecado do "humanismo". O primeiro anátema elaborado por Althusser contra esse pecado apareceu em um artigo, "Marxismo e humanismo", em 1964. Por que terá aparecido *nesse momento*?

Veremos.

Para ver, entretanto, temos de tornar-nos historiadores por um momento. Estou certo de que meus mais críticos leitores não vão me acusar de ter confundido, até agora, a Teoria com a sociologia da ideologia. Nossa crítica foi "rigorosa", "dentro da Teoria" e de seu "discurso de prova". Quer dizer, na maior parte do tempo foi. Não se permitiu a entrada de nenhuma sílaba partidária ou pessoal. Não com frequência.

Agora, contudo, temos não só de admirar o planetário de Althusser (o que continuaremos a fazer) mas igualmente perguntar: por que ele foi feito, e a quem pretendia entreter? Bem, antes de tudo, *o texto*.

Eis como ele começa:

> O "Humanismo" socialista está na ordem do dia.
>
> Ao entrar no período que vai levá-la do socialismo (...) ao comunismo (...), a União Soviética proclama a palavra de ordem: Tudo para o homem. E aborda novos temas: liberdade do homem, respeito à legalidade, a dignidade da pessoa (*FM*, 194).

"Este é um acontecimento histórico", continua Althusser. É premonitório de um diálogo entre comunistas e homens de boa vontade "que se opõem à guerra e à miséria. Hoje, o excelso caminho do Humanismo parece levar também ao socialismo". Mas apenas *parece*. Com efeito, o humanismo (o "Homem") é um viciadíssimo conceito ideológico burguês, conceito de que o próprio Marx foi vítima em seus primeiros manuscritos. Ele se libertou no curso de seu encontro com Feuerbach – a argumentação (a discussão do *Ludwig Feuerbach* de Engels) é demasiado familiar para ser repetida. Sob as grandiosas expressões de "humanidade" ocultava-se a exploração do proletariado pela burguesia. Como decorrência, o "humanismo" proletário revolucionário só podia ser "humanismo de classe": "ao longo de mais de quarenta anos, na URSS, em meio a lutas gigantescas, o 'humanismo socialista' se exprimiu em termos de dditadura de classe em vez de como liberdade pessoal" (*FM*, 221). Mas "o fim da ditadura do proletariado na URSS abre uma segunda fase histórica":

> Os homens desde já são tratados na URSS sem distinção de classe, isto é, como *pessoas*. Assim, *na ideologia*, vemos os temas de um humanismo socialista de classe cederem lugar a temas do humanismo da pessoa (*FM, 222*).

Esplêndido. Antes, porém, de podermos encomendar um estoque desse mesmo artigo para nós, somos cruelmente lembrados de que se trata de um produto não da Teoria, mas da *ideologia*. A ideologia, "como tal, é parte orgânica de toda totalidade social". Goste-se ou não, mesmo os Estados socialistas têm de ter uma "ideologia". "As sociedades humanas secretam ideologia como o próprio elemento e atmosfera indispensáveis à sua respiração e à sua vida históricas" (*FM*, 232, 235). Esse estoque ideológico particular, no entanto, não pode ser exportado da URSS; na verdade, é uma semente cuidadosamente preparada apenas para as condições da Sibéria. O "mundo que se abre diante dos soviéticos" é um mundo de "infinitas perspectivas de progresso, da ciência, da cultura, do pão e da liberdade, do livre-desenvolvimento – um mundo que pode prescindir de sombras e dramas" (*FM*, 238). Mas esse é o mundo deles, não o nosso: "os temas do humanismo socialista (livre-desenvolvimento do indivíduo, respeito à legalidade socialista, dignidade da pessoa etc.) são a maneira como os soviéticos e outros socialistas *vivem* suas relações entre si e com esses problemas, ou seja, as *condições* nas quais se colocam." (*FM*, 238-239.). Se vivemos em condições diferentes, não podemos cultivar as mesmas plantas. Na "China etc.", apenas um "humanismo de classe" ainda pode ser cultivado (*FM*, 222). E quanto ao Ocidente capitalista? Bem claramente, o estoque não pode ser importado. Porque seria transfigurado na passagem, e floresceria, nessas condições, como uma virulenta seara burguesa de anticomunismo. Se mostraria, não como uma noção socialista, mas como a velha noção ideológica de "Homem". É que não podemos esquecer, nem por um momento, da diferença entre ideologia e ciência, bem como de que "a fronteira que separava a ideologia da teoria científica foi transposta por Marx há cerca de cento e vinte anos" (*FM*, 246). "Estritamente em respeito à teoria podemos e devemos então falar abertamente de um *anti-humanismo teórico de Marx...*" (*FM*, 229).

> Em simples palavras, o recurso à ética, profundamente inscrito em toda ideologia humanista, pode desempenhar o papel de um tratamento imaginário de problemas reais. Esses problemas, uma vez *conhecidos*, são colocados em termos precisos: são problemas de organização das formas da vida econômica, da vida política e da vida individual (*FM*, 247).

Esses problemas devem receber *"seus nomes científicos"*. Vemos assim que, na *teoria* (embora possa valer para a União Soviética como ideologia, isto é, retórica) o "humanismo socialista" é o velho inimigo; é a dupla formada por "boa vontade" abstrata (moralismo) e "Homem" (humanismo) em associação contra o comunismo real.

Mais uma vez, esplêndido! Mas quem são os *Träger*, ou vetores dessas tenebrosas impurezas ideológicas? É possível imaginar um "humanismo socialista" burguês *in corpore vile* [como mero objeto], e lhe dar uma habitação local e um nome? *Quem é o ogro?*

Veremos.

Mas cabem antes duas observações gerais sobre os procedimentos de Althusser. (1) Há um método de "prática teórica" que vou descrever como *O Fator Canguru*. Observamos há muito (p. 68) que esse tipo de idealismo, ao proibir todo envolvimento empírico real com a realidade social, é entregue, preso e amordaçado, nas mãos do mais vulgar empirismo. Em outras palavras, como não pode conhecer o mundo, este deve estar pressuposto em suas premissas. E o que é esse mundo, senão as manifestações e preconceitos mais vulgares "daquilo que todo mundo sabe"? Consequentemente, o praticante teórico percorre, mediante saltos gigantescos, os elementos conceptuais, com as mais graciosas curvaturas de pensamento; e enquanto salta, executa os mais elegantes giros acrobáticos e deixa no ar marcas de gestos sublimes. Contudo, de vez em quando (dado que a lei da gravidade não pode ser ignorada para sempre) ele cai: *Paft!* Ele tropeça em um pressuposto sobre o mundo. Mas não se detém nele; ele o cheira, prova a grama. *Hop!* Ei-lo novamente no ar.

Peço desculpas, pois a analogia é muito injusta com os cangurus, que saltam para a frente com o ar de quem tem um propósito, rumo a um objetivo, mantendo as patas no devido lugar, e de vez em quando param, comem e examinam o mundo. A teoria apenas vai pulando sempre para a frente, mesmo através da noite stalinista.

Claro que, se o leitor já partilha todo o "senso comum" de Althusser – de que a União Soviética em 1964 era um país que vivia os temas da dignidade da pessoa, do livre-desenvolvimento do indivíduo, do respeito à legalidade etc., com "infinitas perspectivas" de progresso, um mundo "sem sombras nem dramas" – então minha analogia é inútil, e ele faria melhor se parasse de ler este ensaio, pois estas pérolas não são para ele.

Voltaremos a falar do *Fator Canguru*.

(2) Segunda observação. A prática teórica de Althusser pode ser definida como uma contestação sem oponente. Em todo *A favor de Marx*, e em todo *Ler O capital*, seus antagonistas mal são definidos (exceto em uma alusão ou em uma nota de rodapé). A prática é a do monólogo, não a do diálogo, *no âmbito* do corpo dos conceitos marxistas. Mas isso não é estritamente verdadeiro. Em alguns poucos pontos, os opositores *são* definidos, e eles são: o jovem Marx, Hegel, o Marx maduro (seus espaços em branco e falhas de rigor), o pobre velho Engels e Gramsci. (Não vou me desviar agora para defender este pensador criativo, mas ambíguo: ele não precisa de minha defesa, e tem suficientes defensores.) Afora esses momentos de debate – um debate "produzido" – temos, não temos ogros específicos – antagonistas que desenvolveram argumentos específicos em lugares definidos – mas sim um *ogrismo* genérico. Temos "empirismo" sem empiristas, "historicismo" sem nenhuma atenção aos historiadores, e temos agora o "humanismo" e o "moralismo" sem qualquer rosto. Mas tanto faz. Não podemos ver os ogros por um excelente motivo: eles estão escondidos na densa vegetação rasteira da floresta da "ideologia burguesa".

Mas sobrevém então algo muito estranho. De repente, em 1972, um ogro de fato se arrasta para fora da floresta, espantado e confuso com a claridade com que não está familiarizado. Reúne-se apressadamente um público comunista ortodoxo ao seu redor. E eis que, na arena da Teoria, é encenado um torneio supremo com um antagonista *real*: o Dr. John Lewis.

E por que ele iria escolher *esse* oponente? Veremos.

Quem era John Lewis? É um capricho de Althusser (visto que até o rigor pode se permitir umas piadinhas) apresentá-lo como um filósofo ainda jovem – talvez ele seja um "homem de boa vontade" tentando ser marxista

197

mas ainda sem ter superado a influência de Sartre[125] – e não, como de fato era, o maduro guardião das tábuas da lei ideológica do Partido Comunista Britânico. Entre 1945 e 1956, no auge do stalinismo, Lewis foi o editor do órgão intelectual do partido, *The Modern Quarterly*. Os jovens são impiedosos, como tenho agora idade suficiente para saber. E, sem dúvida, eu e meus amigos mais próximos do Partido Comunista naquela época tínhamos uma opinião impiedosa sobre Lewis: nós o víamos como um superintendente da polícia ideológica de "King Street" [Rua do Rei], ao lado de Burns, Dutt, Garman, Klugman e Cia. Isto é, em termos intelectuais e culturais, ele era dois pontos fixos entre os quais sempre se podia traçar a "linha correta". Sua especialidade – e ele reservava para si mesmo um generoso número de páginas da revista – eram sermões sobre comunismo e ética, sobre moralidade e humanismo.

Ora, isso parece, à primeira vista, atender exatamente às necessidades de Althusser: Lewis é tomado como a tríplice personificação do ogro "dogmatismo", do ogro "humanismo" e do ogro "moralismo". Esses três ogros, de origem burguesa, se haviam introduzido, sem serem percebidos, de seu habitat natural, na floresta do *Stalinismo*. Ao desmascarar Lewis, Althusser está fazendo avançar ainda mais seu longo e rigoroso projeto de desmascarar o "desvio stalinista". E é mais fácil para ele fazê-lo selecionando um alvo já maduro no Partido Comunista Britânico (que os líderes do Partido Comunista Francês sempre desprezaram) do que um ogro de seu próprio partido, que sempre poderia mordê-lo de volta. Além disso, Althusser pode se apresentar como estando à frente de sua época atrasada, na *avant-garde* [vanguarda] da Teoria: "Em *A favor de Marx*, isto é, em 1965, eu já escrevia sobre o XX Congresso do Partido Comunista Soviético, e sobre a cisão no Movimento Comunista Internacional. John Lewis, por outro lado, escreve como se Stalin nunca tivesse existido..." (*Essays*, 36).

Mas isso, na verdade, não é um torneio; é uma corrida, *na mesma direção*, entre dois cangurus. Claro que, enquanto estão no ar, os dois cangurus

---

125. Cf. *Essays*, p. 124, nota 8, em que Althusser aposta que Lewis tem "certa inclinação por Jean-Paul Sartre". Mas pode não ter sido uma piada; talvez Althusser creia que nenhum inglês pode ter alguma ideia, por pior que seja, a não ser que venha de um filósofo francês.

fazem ruídos diferentes, em diferentes idiomas nacionais; mas como cada um dos outros países pode agora ter seu próprio marxismo "nacional", por que não permitir o "anglo-marxismo"? Se o franco-marxismo pode enunciar, em tons cartesianos, as *leçons* [lições] da *raison* [razão], por que o anglo-marxismo não pronuncia, nos tons do órgão de uma capela unitária ou teosofista, as homilias do homem moral? Mas os dois cangurus saltam no mesmo ritmo, vão na mesma direção e aterrissam de tempos em tempos, *bump*!, na mesma moita de "senso comum" não examinado – o partido, o marxismo-leninismo, e assombrosas ilusões quanto à história soviética e a realidade contemporânea.

O que Althusser fala sobre o "humanismo" burguês como ideologia e sobre o "humanismo de classe" proletário (materializado na ditadura do proletariado na União Soviética, materializado no partido guiado pela ciência marxista) é *exatamente* o mesmo que Lewis dizia na época de ouro do stalinismo, e o fazia repetitivamente, à exclusão de todos os outros temas. Esse era o ponto "forte" de Lewis. Em 1946 ("*The Great Moral Muddle* [A grande confusão moral]"), ele começou a saltar no mesmo ponto em que Althusser iniciou em 1964. "A estimativa mais conservadora da realização soviética", com base nos relatos dos "mais cautelosos investigadores", revela "um respeito pela personalidade, a realização da libertação da necessidade e da insegurança, uma igualdade de oportunidade, que deixaram o povo soviético com uma confiança e uma esperança ilimitadas". Lewis, no entanto, viu isso tudo na agenda já na época da nova Constituição Soviética, em 1936, em que Stalin proclamou a "igualdade de direitos para os cidadãos" assegurada por garantias legais. Ele não esqueceu de nos fazer passar pela mesma rotina de Feuerbach: "A ética só pode ser compreendida em termos dos interesses de classe a que é chamada a servir"; "para tornar concreto todo ideal, este tem de tornar-se o ideal de uma classe, ou seja, tem de exprimir o interesse real de uma classe" ("Marxism and Ethics [Marxismo e ética]", 1950). Temos assim o "humanismo de classe" de Althusser.

Como decorrência, temos também o novo humanismo do socialismo realizado. Isso não advém "de princípios metafísicos ou da aceitação de algum ideal utópico ou conjunto de princípios morais abstratos". Pelo contrário, tem de ser visto, tal como a "ideologia" de Althusser, como "o aspecto moral de um modo particular de produção". Eis a base da "nova moralidade" na Rússia. ("The Moral Complexion of Our People [A compleição moral de nosso povo]", 1951.) Contudo, novamente como Althusser – pois ambos ainda estão se *elevando* no ar, no ponto mais alto de sua graciosa curva –, há a mesma proibição rigorosa da importação, pelo mundo capitalista, da "nova moral" na forma de princípios abstratos: "É contra o pano de fundo do total colapso moral da sociedade burguesa que temos de colocar a má consciência que projeta todo o mal de que é culpada no mundo novo e mais nobre que está nascendo"; "Os robustos paladinos dos princípios eternos" devem ser denunciados por usarem "interesses de classe escamoteados sob a máscara de valores absolutos". Não há porém necessidade, para o proletariado, de usar essa máscara, já que "a realização dos objetivos proletários torna possível, pela primeira vez, uma moralidade verdadeiramente humana ...", que se consegue "por meio de uma vitória de *classe*, inspirada por uma moralidade de classe... Não há nenhuma outra maneira de realizar uma moralidade que está acima das classes".

É nesse ponto que os gestos e os tons de Lewis e Althusser (que ainda estão *subindo*) divergem um tanto – as inflexões da *raison* e as da plenitude moral:

> Como os trabalhadores sabem que, ao lutar por sua própria emancipação, estão lutando por toda a humanidade, o impulso ético que inspira seu movimento excede em muito, tanto em pureza como em intensidade, o que inspirou todos os sistemas precedentes de ética de classe, tornando-se uma das mais potentes entre as forças energizantes e mobilizadoras que, como Stalin observou, desempenham papel tão vital no desenvolvimento da sociedade ("Marxismo e ética").

Nesse momento, nossos dois moralistas descem ao chão, e não muito longe do ponto de que partiram. Esse chão, para Althusser, é um mundo soviético com "infinitas perspectivas de progresso", mundo "que pode prescindir de sombras e dramas". É verdade que os dois dão a essa utopia nomes diferentes: para Althusser, é o mundo da teoria realizada, da ciência encarnada, e, para Lewis, o mundo do homem verdadeiramente humano:

> É por estarem imbuídos de uma moral que os leva a *respeitar as pessoas e a zelar por elas* que os líderes da Comunidade Soviética tiveram êxito em sua grande tarefa. Eles devem muito dessa atitude altamente humana a Stalin, cuja profunda sabedoria e ampla humanidade inspirou por longo tempo o Partido, tal como hoje inspira o Estado de que ele é líder. Sua ética e todo o objetivo moral do Estado soviético estão bem resumidos em sua comovedora declaração sobre o supremo valor da personalidade humana: "Nossos líderes", diz ele, "devem evidenciar a mais solícita atitude para com nossos trabalhadores (...) Temos de aprender a valorizar as pessoas (...) É tempo de perceber que de todo o valioso capital que o mundo possui, o mais precioso, e mais decisivo, são as pessoas" ("A compleição moral de nosso povo").

E quando Stalin disse isso? Em seu discurso aos graduandos da Academia do Exército Vermelho, em 1935. Por infelicidade, tantos desses graduandos se revelaram, nos dois anos seguintes, não "pessoas", mas "elementos estranhos", os *Träger* da conspiração capitalista, que mereceram liquidação[126].

Assim, Lewis era um bem perfeito, e dócil, canguru. A retórica era diferente aqui e ali ("homem"/"massas": "ideologia" socialista/nova moral), mas os argumentos e pressupostos essenciais dos dois eram os mesmos. Como então pôde John Lewis arrastar-se em 1972, como o ogro do "humanismo", para fora das florestas da ideologia burguesa? E como os argumentos de Althusser, iniciados em 1964, podem ser apresentados como o início de uma rigorosa crítica do "desvio stalinista", enquanto Lewis, apresentando *os mesmos argumentos* entre 1946 e 1956, deveria ser visto como um exemplo desse desvio? E por que todo o torneio, assim como a arena na qual se trava, parecem tão irreais?

Vejamos.

Lamento ser tão entediante. Estas últimas páginas me causam enorme aborrecimento. Mas estou tentando desemaranhar um novelo de lã. E busco

---

126. "The Great Moral Muddle": *Modern Quarterly,* 1,4 (outono de 1946); "Marxism and ethics": *Modern Quarterly*, V. 3 (verão, 1950); "The moral complexion of our people": *Modern Quarterly*, VI, 1 (inverno 1950-1951); "Science and religions": *Modern Quarterly,* VIII, 4 (outono de 1953).

fazê-lo pacientemente, em benefício de uma geração que se considera "pós--stalinista" (mas que, muito frequentemente, *não o é)*, geração cujo "rigor" lhe permitiu repudiar, ao lado do "historicismo", o mais elementar conhecimento do passado imediato do movimento comunista, tanto na Rússia como na Grã-Bretanha e na França. Essa inocência a faz ser, a cada momento, vítima de um descomunal abuso de confiança, no qual o stalinismo ressurgente se mostra como antistalinismo, e em que a longa, explícita e árdua crítica ao stalinismo, sustentada em mil lugares e em mil lutas da Esquerda, é apresentada como "ideologia burguesa". O torneio entre esses gêmeos idênticos, *dogmatism* [dogmatismo] e *dogmatisme* [dogmatismo], foi criado por Althusser para promover esse truque.

Tudo é feito usando espelhos. Fomos atraídos para a câmara de um ilusionista. Voltemos ao artigo de 1964: por que Althusser achou necessário na época desmistificar o "humanismo socialista"? Terá sido por causa de algum erro grave já cometido por John Lewis? Não. Pelo que sei, Lewis não tinha o hábito de unir essas duas palavras. Mas elas despertam em minha mente uma vaga recordação. Porque houve outras pessoas, muitas delas ocupando posições de destaque no movimento comunista internacional, que estavam denunciando o "humanismo socialista" entre 1956 e 1964. Lembro-me de Arnold Kettle, o representante simbólico da cultura britânica na executiva do Partido Comunista Britânico, denunciando "pessoas da classe média (...) que arengam crédulas generalizações sobre o humanismo socialista"[127]. Por essas pessoas de classe média ele dificilmente poderia estar se referindo a si mesmo, ou a John Lewis, e sequer a Althusser, que, em 1964, dava uma aprovação muda à expressão – mas apenas como *ideologia*, e somente na União Soviética[128]. De todos os lados os espelhos se refletem mutuamente; mas todos estão vazios; em nenhum deles podemos ver um ogro real.

E então, enquanto arregalo os olhos e contemplo fixamente o espelho mais próximo, tenho uma terrível visão. Contemplo o rosto inchado e as pre-

---

127. Arnold Kettle, "Rebels and causes": *Marxism Today*, março de 1958.

128. No Glossário à edição inglesa de *Reading Capital*, que sugere que "a *ideologia* de uma sociedade socialista pode ser (...) um 'humanismo de classe' proletário". Althusser faz a concessão de adicionar uma ressalva: "expressão que usei evidentemente em sentido provisório, semicrítico", p. 314.

sas à mostra do mais hediondo dos ogros. E sou eu mesmo! Messier Althusser me prestou o incomparável tributo de dirigir um artigo a *mim*!

Os leitores hão de me perdoar o egoísmo dessa hipérbole. Obviamente que não podemos imaginar que uma publicação oriunda de Yorkshire possa ser aguardada em Paris. Mas é que fui, a partir de 1957, coeditor de uma revista, *The New Reasoner*, cujo subtítulo era "Revista Trimestral de Humanismo Socialista". E, na primeira edição, fui autor de um artigo longo e imaturo, mas a meu ver não radicalmente errado, sobre "Humanismo Socialista", artigo que era, bem especificamente, uma crítica à ideologia e à prática stalinistas[129]. O texto era parte de um discurso internacional e, se não chegou a Paris, certamente chegou a Moscou. Porque recebi mais de um tributo de teóricos soviéticos. Assim é que, no *Oktober* (1958), fui escolhido para um elogio especial:

> Um desses cruzados (...) é Edgar Thompson, o líder reconhecido dos revisionistas britânicos, ex-diretor de *The Reasoner*, revista que caiu no esquecimento demasiado rapidamente [foi suspensa pelo Comitê Executivo do Partido Comunista Britânico. E.P.T.], e hoje editor de *The New Reasoner*, que tem hoje sua existência inglória...

Meu artigo sobre o "Humanismo Socialista" foi particularmente notado: "Thompson repete calúnias (...) que são oferecidas, de uma forma ou de outra, por revisionistas de todos os matizes"[130]. Na *Novy Mir* [Novo Mundo] (1958), os tributos foram ainda mais tocantes. A revista sobre "Humanismo Socialista" foi criticada por ser dirigida por "um grupo de renegados": "os escribas venais que colaboram na imprensa imperialista reacionária bem poderiam processar o autor por plágio: Thompson repete constantemente suas fantasias sobre o 'stalinismo', 'zhdanovismo', sobre a supressão do indivíduo na URSS; ele pede fervorosamente nada menos do que uma 'revolta' contra a ideologia soviética"; "Como todos os traidores (...) como todos os renegados e anarquistas", E. Thompson usa a expressão "humanismo socialista" como

---

129. Uma versão revista e resumida será publicada em *Reasoning*, vol. II.
130. *New Reasoner* 1 (inverno de 1958-1959), p. 132-148.

uma cortina de fumaça (...) para proclamar a identidade da moral de classe proletária com "uma atitude administrativa, burocrática, despótica para com os seres humanos". Clamando uma revolta "contra a desumanidade", esse caluniador filoso-fante contrapõe, à sociedade, ao coletivo, ao partido comunista, de todas as maneiras possíveis, o "homem em geral" abstrato. Grandes alegações em favor de um "humanismo socialista" su-postamente novo são concluídas com a seguinte declaração: "É *humanismo* porque coloca mais uma vez homens e mulheres reais no centro da teoria e da aspiração socialistas, em vez das ressonantes abstrações – o Partido, o Marxismo-Leninismo--Stalinismo, os Dois Campos, a Vanguarda da Classe Ope-rária – tão caras ao stalinismo"[131].

Talvez – já que os ogros são notórios por sua vaidade – eu também possa citar a frase a seguir (que a *Novy Mir* esqueceu) –, que expõe ainda melhor meu medonho projeto: "É *socialista* porque reafirma as perspectivas revolu-cionárias do comunismo, a fé nas potencialidades revolucionárias não só da Raça Humana ou da Ditadura do Proletariado, mas também de homens e mulheres reais".

Lá está minha face, medonha, contorcida pela pérfida malícia, babando um cuspe burguês. Poderíamos observar ainda que o Sr. Ozerov, o talen-toso teórico da *Novy Mir*, antecipou o método althusseriano de exposição: "esse caluniador filosofante contrapõe, à sociedade, ao coletivo, ao partido comunista, de todas as maneiras possíveis, o 'homem em geral' abstrato", embora, na verdade, eu tivesse contraposto "homens e mulheres reais" às abstrações tão caras ao stalinismo. Minhas premissas eram "homens, não em algum isolamento ou definição fantásticos, mas em seu processo real, empiricamente perceptível, de desenvolvimento em condições definidas"[132]. E grande parte desses homens, por trás das cortinas abstratas da ortodoxia marxista, já haviam sido mortos.

Assim, vamos parar de mexer no novelo, que já está desembaraçado. Não sei quem primeiro reviveu a expressão "humanismo socialista" como o

---

131. V. Ozerov, "About proletarian humanism and abstract moralizing", *Novy Mir*, 6, 1958, com uma sinopse em *New Reasoner*, 9 (verão de 1959), pp. 147-148.
132. Anon., *The German Ideology*.

lema da oposição comunista libertária de 1956, embora com certeza a *New Reasoner* a tivesse levado a certas partes do mundo de língua inglesa. Porém ela surgiu simultaneamente em centenas de lugares, e em dez mil lábios. Foi proferida por poetas na Polônia, Rússia, Hungria, Tchecoslováquia; por delegados de fábrica em Budapeste; por militantes comunistas no VIII Pleno do Partido comunista polonês; por um primeiro-ministro comunista (Imre Nagy), que foi por isso assassinado. Ela estava na boca de homens e mulheres que saíam da cadeia, e na dos amigos e parentes daqueles que nunca saíram.

Depois de 4 de novembro de 1956, quando as forças soviéticas invadiram Budapeste, iniciou-se uma ação disciplinar generalizada por todo o movimento comunista internacional: para reimpor os controles disciplinares do Estado ou Partido, para restabelecer a ortodoxia ideológica – na verdade, para reconstruir, em condições modificadas, o stalinismo sem Stalin. Isso ocorreu em diferentes países, com ritmos diferentes e de diferentes formas. Em um lugar, uma ação policial aberta (Nagy morto a tiros, Tibor Dery preso, militantes antistalinistas dos Conselhos de Trabalhadores de Budapeste mortos ou presos); em outro, expulsão dos "revisionistas", fechamento de publicações dissidentes, restabelecimento das mais rígidas normas stalinistas de centralismo democrático. Claro que, ao lado disso, houve uma ação policial ideológica. O "principal inimigo" foi considerado não o trotskismo (que era uma tendência subordinada dentro da oposição), mas o "revisionismo", os "renegados", os "elementos pequeno-burgueses", sendo seu vírus ideológico identificado como "moralismo" e como – "humanismo socialista".

Desse modo, podemos ver o surgimento do althusserianismo como uma manifestação de uma ação policial geral dentro da ideologia, como a tentativa de restabelecimento do stalinismo no nível da teoria. Isso não significa (as coisas nunca são tão simples assim) que os líderes do Partido Comunista Francês tivessem imediatamente indicado Althusser chefe de polícia ideológica. Eles desconfiavam de *toda* filosofia, como área infectada; a linguagem de Althusser era difícil, e seu "rigor" ("anti-humanismo teórico") os privava de uma retórica antiga – pois a virtuosidade especial do canguru mais velho consistia em demonstrar (com adequadas citações de Stalin) que *tudo* o que ocorria no mundo comunista constituía uma Vitória para o Homem. John Lewis nos mostrou isso. Só depois de *Ler O capital* (1965) – e depois de acirrado debate – chegou-se a um acordo, e Waldeck Rochet, secretário-geral do P.C.F. [Partido Comunista Francês] passou um longo dia com Althusser (em junho de 1966) "conversando sobre Spinoza" (*Essays*, 104). Esse entendimento reproduzia um antigo projeto do Iluminismo: o monarca absoluto (o Partido) concordava em ser esclarecido pelo *philosophe* (Teoria)[133]. O preço do pacto, para Althusser, pode ser visto nos pequenos remendos subsequentes em seu planetário (ambíguas confissões de "teorismo"), na crescente brutalidade de suas formulações (AREs e AIEs, "filosofia como luta de classes") e em sua pose de veterano militante da verdadeira luta de classes, cheirando a pólvora das inúmeras árduas disputas com a heresia burguesa[134]. E também – e aí entramos no salão de espelhos – com o "dogmatismo" e o stalinismo.

Ocupo-me, neste ensaio, da teoria. Farei outros comentários sobre a história real em outro lugar[135]. Mas creio ter o direito de situar esse problema teórico específico dessa maneira. Em termos do tempo cronológico (que, como sabemos, é "ideológico") Messier Althusser é cerca de seis anos mais velho do que eu. Mas no real tempo teórico, estrutural, eu sou (o mesmo número de anos) politicamente mais velho do que ele. Ingressei no Partido Comunista em 1942, com 18 anos. Althusser ingressou no P.C.F. em 1948, com 30. Nada sei de sua história pregressa (o que é irrelevante para a Teoria) exceto que ele foi "atuante" como membro dos Jeunes Étudiants Catholiques [Jovens Estudantes Católicos]. Sua iniciação no movimento comunista ocorreu em um momento no qual o voluntarismo da guerra antifascista e da Resistência se reduzia, e as estruturas rivais (políticas e ideológicas) da

---

133. Como compensação, o Comitê Central do P.C.F. aprovou, em 1966, uma resolução especial que permitia aos filósofos do partido a publicação de seus trabalhos sem supervisão partidária.

134. Não procurei esboçar a história total e complexa. Uma consequência anterior da influência althusseriana foi expressa na embriaguez maoísta entre seus seguidores estudantes; depois, a postura conservadora de Althusser durante os acontecimentos de maio de 1968 levou a secessões e heresias althusserianas. E assim por diante. Esses trechos de teatro eram previsíveis. Parte da história se encontra nas agitadas apostasias de Jacques Rancière. La leçon d''Althusser (Gallimard, 1974); Rancière, "On the theory of ideology". *Radical Philosophy*, 1 (primavera de 1974) e em Simon Clarke. "Althusserian marxism".

135. Na "Introdução" de *Reasoning*, vol. III.

Guerra Fria estavam congeladas. O cheiro de pólvora que nos vem de suas alusões reminiscentes não é o dos "homens fazendo história", mas do "Apelo de Estocolmo e do Movimento de Paz" (*FM*, 12) – isto é, um período em que a necessária luta pela paz foi travada por cegos em um terreno de falsidade e sob o estandarte da ilusão. Quando as ilusões finalmente se dissiparam, em 1956, coube a Althusser costurar os olhos das pessoas e tapar seus ouvidos, recuperar toda a estrutura corrupta da falsidade, de forma mais requintada.

Essa estrutura nunca me enganou, nem por um momento. Nem a meus camaradas e amigos. Há muito a conhecíamos, e demasiado bem. Althusser era (para nós) o velho inimigo, as razões do poder stalinista. Contudo, para uma "geração pós-stalinista", o truque funcionou. Essa crítica rigorosa do "dogmatismo", do "economicismo" (deem sua própria versão), que ele fez quase sozinho, lhe atribuiu a árdua tarefa de restabelecer a ciência marxista; "já" em 1965, ele "escrevia sobre Stalin" (Ibid. 36). Em 1972, pôde, "com risco pessoal", antecipar uma "hipótese" sobre o "desvio stalinista" (Ibid. 89 etc.).

"Já" em 1965! *E onde estava Althusser em 1956?* Sabemos a resposta. Na verdade, esse "já" deveria ser incômodo também para mim, como para todos os cangurus arrependidos: por que 1956, e não 1953, 1948 etc.? Como foi a crítica de Althusser adiada de maneira tão inexplicável? Em 1956 foi, por fim, oficialmente "revelado" que o stalinismo vinha, há décadas, esmagando homens como moscas – comunistas ou não comunistas – e, depois de mais nove anos, Althusser tossiu, saiu de sua rigorosa meditação e murmurou "dogmatismo"; decorridos mais sete anos, tossiu novamente e arriscou a hipótese de um "desvio" ("a desforra póstuma da Segunda Internacional"!!) (*Essays*, 89); dois ou três anos depois, teve umas poucas palavras severas para Zhdanov e Lysenko[136]. Mas, no outro lado de seu rosto, foi ao mesmo tempo mais volúvel e incomparavelmente mais severo. O principal inimigo foi o humanismo socialista!

No entanto, o humanismo socialista foi, sobretudo, a voz de uma oposição comunista, de uma crítica total à prática e à teoria stalinistas. Afinal,

---

136. Cf. a introdução de Althusser ao livro de Dominique Lecourt, *The case of Lysenko* (New Left Books. 1977).

como pôde a ilusão althusseriana enganar alguém, ainda que por um momento? Ela teve que se apoiar em outras ilusões, cada uma delas espelho da primeira. Só há tempo para admirar três delas. A primeira é o velho truque (que é também um círculo de espelhos) de identificar toda oposição como sendo, por definição, "objetivamente", a voz do imperialismo reacionário. Proposição 1: esses críticos atacam o Partido, o marxismo etc. Proposição 2: mas o Partido *é* o bem último, a garantia da Teoria etc. Proposição 3: portanto, esses críticos são inimigos de tudo o que é bom e, objetivamente, são porcos imperialistas. Esta é a alta teoria da *Novy Mir*; e, para Althusser, críticas ao stalinismo, exceto se feitas nos termos prescritos por sua teoria, advêm do "mais violento anticomunismo burguês e antistalinismo trotskista" (*Essays*, 82-83). Q.E.D.*

A segunda, refletida do outro lado da câmara, é que a crítica é "burguesa" – "pessoas de classe média" arengando sobre o humanismo socialista. Essa crítica aparece mais comumente na boca de gente da classe média (Althusser, Kettle). Como caracterização da composição social da oposição comunista em 1956, isso é uma mentira deslavada. E não era mais verdadeiro em relação aos trabalhadores de Poznan, aos conselhos espontâneos de Budapeste, do que o seria com respeito às iniciativas do "socialismo de rosto humano" na Tchecoslováquia em 1968[137]. Também não era verdade quanto aos que formavam o "partido" do humanismo socialista na Grã-Bretanha em 1956. Para o veterano líder dos mineiros de Derbyshire, Bert Wynn, a solidariedade com nossa crítica significou (como o foi para muitos outros) o rompimento de ligações que ele valorizava bastante; para o ativista em tempo integral do Partido Comunista de Leeds, Jim Roche, a formulação de posições de humanismo socialista significou a retomada das ferramentas e o retorno à bancada de trabalho em uma fábrica; para o delegado dos mineiros

---

* Quod erat demonstrandum, "como se queria demonstrar". N.T.

137. Em *Essays*, p. 77. Althusser chegou ao ponto de escrever que "o movimento nacional de massa do povo tcheco (...) merece o respeito e o apoio de todos os comunistas", do mesmo modo como "as filosofias 'humanistas' dos intelectuais ocidentais (comodamente instalados em suas cátedras acadêmicas, ou em outros lugares)" mereciam suas críticas. Em que cadeira, então, esteve Althusser sentado nos últimos anos? E por que o mesmo fenômeno deveria merecer o respeito dos comunistas, mas, caso "os humanistas marxistas" o respeitassem, deveria requerer crítica?

de Ballingry, Lawrence Daly, representou uma crítica não só na teoria, como também na prática política, porque criou a Liga Socialista de Fife e convenceu os mineiros de West Fife, que tinham alto nível de consciência política, com seu "discurso" de agitação; para o representante sindical na Briggs Motor Bodies (Dagenham), Johnny McLoughlin, significou a convocação de um "movimento organizado da Esquerda marxista-antistalinista". Assim, essa ilusão não é só uma mentira, é uma insolente mentira elitista. E ela vem de um desprezo intelectual ulterior pela inteligência e sensibilidade moral da classe operária.

A terceira é que essa mentira se reflete em ouropéis e espelhos dourados em toda a câmara. O humanismo socialista (por ser, como sabemos, burguês) só pode ser uma abjeta recaída na "ideologia burguesa" – humanismo, moralismo etc. Essa ilusão é sobremodo interessante, em um exame teórico, por ser a mais comumente apresentada aos intelectuais. O stalinismo bloqueia todas as saídas de seu sistema ao definir antecipadamente toda saída possível como "burguesa". E, por infelicidade, sob esse aspecto o trotskismo na realidade fortaleceu o sistema intelectual stalinista, por repetir as mesmas lendas e montar barreiras idênticas. Logo, quando apresentei, em 1957, uma crítica da "teoria do reflexo" epistemológica, com referência a *Materialismo e empiro-criticismo*, de Lenin, Peter Fryer (recém-convertido ao trotskismo) declarou que eu estava realizando "um ataque frontal à filosofia do materialismo dialético" e seguindo um caminho "que leva inevitavelmente ao pântano do subjetivismo e do solipsismo"[138]. Althusser, em um curto Prefácio condescendente ("Aos meus leitores ingleses") a *A favor de Marx*, assim o explica, com paciência:

> A crítica ao "dogmatismo" stalinista foi "vivida", sobretudo pelos intelectuais comunistas, como uma "libertação": essa "libertação" originou uma reação ideológica de tendência "liberal" que reencontrou espontaneamente os velhos temas filosóficos da "liberdade", do "homem", da "pessoa humana" e da "alienação" (*FM*, 10).

---

138. Peter Fryer, "Lenin as philosopher", *Labour Review*, setembro-outubro de 1957.

(Deve ser difícil "enunciar" uma teoria como esta, já que, a cada duas palavras, é preciso "franzir" o cenho em um olhar significativo, a fim de mostrar ao leitor que "se conhece" o verdadeiro significado delas, por sob seu "significado" aparente.) Em 1972 ele estava mais direto; recorreu somente uma vez às aspas: "depois do XX Congresso, uma onda declaradamente direitista predominou entre muitos "intelectuais" (para mencionar apenas eles) marxistas e comunistas, não apenas nos países capitalistas, como também nos socialistas" (*Essays*, 83)[139].

Portanto, eis o que todos nós éramos: "uma onda declaradamente direitista". Althusser enfrentou, praticamente sozinho, esse perigo. Escreveu *A favor de Marx* "para combater o contágio que nos estava 'ameaçando'". É estranho que essa "onda direitista", esse "contágio", ainda que tivesse empolgado homens e mulheres de todas as ocupações e idades, tivesse carregado com mais intensidade a geração da luta antifascista e da Resistência, geração que guardava ainda mais dominada pelas ilusões do voluntarismo (a de que eram "autores da história") – a geração que Althusser parece ter perdido.

Eis, portanto, o protagonista ausente que Althusser combate em *A favor de Marx* e em *Ler O capital*: a revolta antistalinista, a crítica intelectual total, que se uniu por algum tempo sob o lema do "socialismo humanista". Por favor, não me entendam mal! Não estou oferecendo o "humanismo socialista" como uma ortodoxia alternativa nem como uma definição adequada de tudo o que essa crítica representava, e sequer como um lema endossado por todas as partes. A expressão teve sua própria história ambígua e não sou sensível à passagem do tempo a ponto de querer preservá-la em âmbar. Contudo, se houve um lugar para onde convergiram todas essas críticas e ações, foi sem dúvida ela.

É esse o objeto da ação policial de Althusser, o fantasma inominado a quem se dirigem seus argumentos. Só que o fantasma não pode dizer nada

---

139. Em 1975, quando, em uma curiosa peça teatral, Althusser defendeu sua "tese" de doutorado em Amiens, sua linguagem, como noticiou *Le Monde*, estava ainda mais feia: "Eu nunca teria escrito coisa alguma não fosse pelo XX Congresso e a crítica feita por Kruschev ao stalinismo, bem como a subsequente liberalização (...) Meu alvo foi, portanto, claro: delírios humanistas, frágeis dissertações sobre liberdade, trabalho ou alienação que resultaram de tudo isso entre intelectuais do Partido [Comunista] Francês". *Radical Philosophy*, 12 (inverno de 1975).

de seu. O leitor da "geração pós-stalinista" é levado a supor que o fantasma é algum intelectual tímido, apartado de toda ação política, "chocado", em sua sensibilidade moral burguesa, colocando os óculos, examinando os manuscritos de Marx de 1844 e recaindo em uma complacência feuerbachiana "direitista". Essa é outra mentira deslavada. Os temas reais da crítica são a estrutura e organização do Partido; o controle dos membros pela máquina em tempo integral; a orientação (e treinamento) moscovita dessa máquina; as formas autoperpetuadoras de controle ("centralismo democrático", o sistema de "painel", a proibição de "facções") – e destes aos temas políticos e intelectuais mais amplos: nenhum desses temas aparece.

Obviamente, se nos definirmos como estando no meio do mar, então todas as outras ondas *têm* de estar à "direita" ou à "esquerda". Porém essas outras ondas vão ver as posições de maneiras distintas. De minha própria posição, não posso conceber nenhuma onda no movimento da classe operária que seja mais à "direita" do que o stalinismo. A partir de qualquer consideração da atividade própria da classe operária, da liberdade socialista, como é possível estar mais à "direita" do que o anti-historicismo e o anti-humanismo de Althusser?

No entanto, há uma ilusão final, última, a realizar: o "humanismo socialista" pode ser o fantasma com que Althusser deblaterava. Porém o que se constata é que era somente o *pseudônimo* de um fantasma ainda maior, o ogro inominado cuja sombra atravessa as linhas de Althusser. Em 1972, esse ogro recebe finalmente um nome: o humanismo socialista é a máscara de Joseph Stalin! Não, entendam, por favor, o próprio Stalin; porque, atrás da máscara, o rosto de Stalin é nítido, proletário e teoricamente imaculado; seu pensamento "continua a manter-se confortavelmente acima da agitação, em suas bases, sua 'linha' e certas práticas suas" (*Essays*, 83). Contudo, em certas *outras* práticas, pode-se perceber o "desvio stalinista" – trata-se da dupla "economicismo/humanismo", que tem sempre de ser tomada como um "par ideológico". O "economicismo" de Stalin estava "oculto por declarações que eram, a seu modo, cruelmente 'humanistas'" (*Essays*, 85, 91). Devemos supor que o "desvio" surgiu de uma distração, uma reincidência na retórica da ideologia burguesa. Excessivamente preocupado com a construção de uma "base" produtiva ("economicismo"), ele escorregou nos sonhos exaltados do "Novo homem soviético" e não percebeu o que entrementes acontecia com as "relações produtivas" (isto é, homens e mulheres). Portanto, o "humanismo socialista" – um "tratamento imaginário de problemas reais" – é somente uma nova projeção do "desvio stalinista".

Nesse momento, trazem um contorcionista para ilustrar o truque. Um certo Grahame Lock, que se sentiu chamado a apresentar os mais recentes escritos de Althusser e Balibar ao público britânico, ocupa o centro da câmara e glosa os textos. O economicismo consiste em "esquecer a luta de classes, e esquecer a luta de classes é *humanismo*". Stalin esqueceu-se nesses termos, e "caiu tanto no economicismo como no humanismo". Portanto, caiu (assim como cairíamos em 1956) em certas armadilhas preparadas pela astúcia da burguesia. Os *gulags*, os julgamentos encenados, e tudo mais "eram *métodos burgueses* usados contra a burguesia que foram um desastroso tiro no pé".

> Os julgamentos e expurgos tiveram um papel *determinado em última instância pela luta de classes no interior da URSS*, mesmo que, na prática, suas vítimas tenham sido as "erradas" (*Essays*, 14-15).

Deixaremos o senhor Lock aí, contorcendo-se no chão, com um pé atrás do pescoço e o outro na boca. Só o apresentamos para os propósitos de um ligeiro descanso.

Toda esta seção foi terrível. A teoria é tão mais clara do que a história! Eu só a escrevi por pena da inocência de uma "geração pós-stalinista". Algum dia esta teria de saber. Tentei desembaraçar uma meada confusa, explicar a função do althusserianismo como uma ação policial ideológica *contra* toda crítica socialista fundamental do stalinismo, mas como uma ação policial que se apresenta (através de uma série de espelhos deformantes) exatamente como essa crítica. Espero ter afastado essas ilusões em duas ou três mentes.

Mesmo que convencidos, ainda que parcialmente, essas mentes farão novas perguntas. E devem fazê-lo. Podem perguntar: "Por que você nos leva de volta a toda essa velha história? Os pecados foram cometidos há muito tempo, em outro país e, seja como for, a prostituta morreu. Todos eles foram confessados. E o eurocomunismo tem uma natureza totalmente reformada. Por que deveríamos nós, de uma geração pós-stalinista, ser perseguidos por suas lembranças?"

Minha resposta pode ser breve ou longa. A breve é a seguinte: vocês *não são* uma "geração pós-stalinista". São uma geração em cujo âmbito as razões e legitimações do stalinismo estão sendo, por meio da "prática teórica", reproduzidas diariamente.

Podemos, agora, desenvolver a resposta. A agenda apresentada a cada geração é sempre, em larga medida, apresentada pelo passado. "Minha" geração socialista não foi "responsável" pelo fascismo ou pelo stalinismo. Eles já estavam aí quando nos tornamos adultos. Enfrentamos o primeiro e negligenciamos, em demasia, o segundo. Por isso ele foi transmitido, sendo talvez o maior de todos os problemas, aos socialistas de hoje.

Devemos distinguir (como é necessário em relação a todos esses fenômenos) entre o stalinismo como um acontecimento específico, histórico, político, sociológico, e a ideologia, instituições e práticas stalinistas que surgiram naquele momento da história. O stalinismo, no primeiro sentido, certamente pertence ao passado. Não foi astutamente planejado, nem – ao contrário do que Althusser e Lock parecem supor – o resultado de algum "desvio" *na teoria*, um lapso momentâneo no rigor teórico de Stalin. Foi produto da iniciativa humana malograda, em uma desesperada sucessão de contingências, e sujeita às graves determinações da história soviética. Esse difícílimo exame tem de ser empreendido à parte. Em certo ponto, o stalinismo pode ser visto como uma formação social sistemática, com sua consequente lógica e legitimação – o marxismo-leninismo-stalinismo.

Logo, a partir dessa matriz histórica, surgiu o stalinismo em seu segundo sentido. O stalinismo não se constituiu apenas de certos "erros" ou práticas insatisfatórias, que, passados cerca de 20 anos, mesmo Althusser pôde chamar de "crimes". Não estamos (lembrem-se, por favor) falando apenas de alguns milhões de pessoas (e, na maioria, das pessoas "erradas") que foram mortas ou vítimas de polícia política e exiladas. Falamos também da manipulação deliberada da lei, dos meios de comunicação, da polícia e dos órgãos de propaganda de um Estado, destinada a bloquear o conhecimento, disseminar mentiras, caluniar indivíduos; falamos de procedimentos institucionais que confiscaram do povo soviético todos os meios de autoativação (seja de feitio democrático ou em formas de controle dos trabalhadores), que colocaram o Partido no lugar da classe operária, os líderes (ou líder) do Partido e os órgãos de segurança no lugar de tudo o mais; do confisco e da centralização de toda expressão intelectual e moral em uma ortodoxia ideológica estatal – ou seja, não foi só a supressão das liberdades democráticas e culturais dos "indivíduos" (algo que até o eurocomunismo veio a lamentar, o que sem dúvida nos agrada, embora mesmo no momento de exprimir esse sentimento por vezes se deixasse implícito que essas liberdades de dissidência individual são "extras", adições ao menu da construção socialista que, passados 60 anos, o Estado soviético deveria ter condições de oferecer. É também o fato de ter havido, *no âmbito* do confisco dos "direitos" individuais ao conhecimento e à expressão, o confisco dos processos de comunicação e formação do conhecimento de todo um povo, sem o que nem os trabalhadores soviéticos nem os agricultores coletivos podem saber o que é verdade, nem o que pensam os outros.

Dessa matriz histórica, portanto, surgiu o stalinismo como um conjunto de instituições e práticas. E, ao lado disso, surgiu a apologia, a legitimação teórica da prática. Disseminando-se a partir da União Soviética, através da *Comintern* [Internacional Comunista], ela impregnou todo o movimento comunista internacional. As práticas e a ideologia foram reproduzidas, e os agentes dessa reprodução (as burocracias internas e confiáveis dos partidos comunistas nacionais) se tornaram, em uma analogia deveras precisa, o clero de uma Igreja universal, adeptos da apologética teológica e das pregações "humanistas", enganando, direta e conscientemente, seus próprios membros, ágeis na casuística, e fortalecendo seu controle por meio de procedimentos e formas claramente stalinistas – "centralismo democrático", supressão das facções e da discussão, controle exclusivo dos órgãos políticos, teóricos e (na medida do possível) intelectuais do Partido, a calúnia contra os críticos e oponentes e a manipulação disfarçada dos companheiros de viagem e de organizações de fachada. Não é verdade que o comunismo internacional "não sabia" do stalinismo antes do XX Congresso de PCUS: não só sabia como endossava o stalinismo, e não *desejava* saber do resto, denunciando-o como calúnia. O que ele "não sabia" é que agora passara a ser "correto" denunciar como crimes de um homem aquilo que antes haviam exaltado e justificado na linguagem da teoria marxista.

Pode-se ver que estou – como a revista *Novy Mir* e Althusser previram em relação ao humanismo socialista – recaindo "no mais violento anticomunismo burguês e antistalinismo trotskista". Mas ao menos não estou dando pulos como um canguru. Cada uma das afirmações feitas nos dois últimos parágrafos está abundantemente documentada, e não só nas obras de estudiosos que podem ser convenientemente rejeitados como "escribas burgueses", mas também em obras de autores soviéticos e socialistas (Victor Serge, Deutscher, Lewin, Claudin, Medvedev). Parte disso posso confirmar por experiência direta. Membros da "geração pós-stalinista" que padeceram com relação a Balibar e Lacan, mas que não se familiarizaram com a história elementar do socialismo neste século, podiam adiar sua prática teórica até amadurecerem sua capacidade de julgamento.

Mas, se posso falar pela "minha" geração, pelo momento de total contestação, *no âmbito* do stalinismo – isto é, entre o stalinismo e tradições e formas comunistas alternativas –, que se tornou mais evidente em "1956", há duas restrições importantes que têm de ser feitas. Em primeiro lugar, nós nunca, nem por um momento, dissemos ou supusemos que isso era *tudo* o que o comunismo internacional era, ou é, ou estava fazendo naquelas décadas. Os comunistas não podem nunca ser reduzidos a agentes de uma conspiração stalinista; eles estavam fazendo mil outras coisas, muitas delas importantes, e no âmbito de uma tradição socialista alternativa, autêntica, sendo algumas heroicas e outras ainda de que ninguém mais se encarregaria. É por isso que as disputas *no interior* do comunismo foram tão agudas. Além disso, em nossa luta contra o stalinismo, jamais relaxamos, nem por um momento, em nossa luta contra o capitalismo e o imperialismo ocidental. Mais do que isso, também nunca fizemos a tentativa desonesta de apartar o stalinismo de sua

215

gênese histórica na emergência e na contingência, emergências e contingências proporcionadas, em larga medida, pela hostilidade furiosa do capitalismo internacional ao surgimento de *toda* sociedade socialista. Nunca supusemos que se devesse atribuir o stalinismo, em sua origem, a esse ou aquele "erro" teórico, nem a uma tendência maligna inata do marxismo, do mesmo modo como nossa análise não terminou com muxoxos de desaprovação moral. Sempre vimos o capitalismo internacional como um coparticipante da degeneração socialista.

Mas não tínhamos dúvida de que se tratava de uma profunda degeneração, na prática, no pensamento e nas formas de organização. Combatê-la foi a tarefa que a "história" nos legou. A geração de "1956" não disse que Deus havia falhado; dissemos que *nós* havíamos falhado e que pretendíamos reparar essa falha. E então? Não está aquele momento ainda distante no passado? E não é que talvez tenhamos tido *êxito*? Porque muitos dos velhos sacerdotes stalinistas morreram ou sumiram. As contingências e contextos se alteraram; e, naquilo que acreditávamos ser o cadáver do comunismo internacional, pode-se perceber mais uma vez movimento. Ele respira e mexe os membros. Não será possível que a crítica de "1956" tenha sido demasiado precipitada, demasiado passional, demasiado purista, mas não totalmente errada? De maneiras misteriosas e por meio dos instintos básicos do organismo proletário, o comunismo se mostra capaz de autorreforma. O eurocomunismo há muito abandonou o stalinismo, tendo aprovado resoluções contra ele, e Althusser está fazendo uma crítica teórica.

Uma parte da questão é de fato assim. E essa parte é bem-vinda. Nunca supusemos que o stalinismo tivesse penetrado igualmente em todas as partes do movimento internacional. Nem dissemos que o comunismo (no qual "nós" também investimos tanto de nossos pensamentos e atos) fosse uma área insalubre. *Há* movimento. Há até genuíno autoquestionamento, discussão real, diálogo. Ele se movimenta em ritmos diferentes, aqui e ali. No comunismo italiano, que teve em Gramsci um momento de honra teórica, esse movimento seguiu rumos dignos de nota. E houve movimento até mesmo na França. *Messier* Marchais, como sabemos, prometeu que, se alcançar o poder, será bondoso para com os animais. Meu gato, que leu essa frase por cima de meu ombro, riu. Mas eu não. Acredito que, em certas contingências favoráveis, e, recordando, acima de tudo, as tradições libertárias dos povos francês e italiano expressando-se na composição desses partidos de massa e impondo sua vontade às lideranças – considerando tudo isso, o resultado da participação comunista nos governos da Esquerda poderia abrir novas possibilidades socialistas, e mais democráticas. Tudo isso é possível, como ocorrência histórica.

Mas isso não significa que o projeto de "1956" se tenha realizado. Mesmo que adotemos a mais generosa opinião sobre essas mudanças e a visão mais otimista das tendências futuras, esse projeto só pode se realizar atendendo a uma condição: a de que a agenda de 1956 seja realizada até seu amargo fim. Claro que o stalinismo como fato histórico pertence ao passado e não voltará sob aquela forma. O futuro se apresentará de outras maneiras. E é claro que há muitas razões oportunistas pelas quais os partidos comunistas do Ocidente desejam que o cheiro do passado desapareça. É inconveniente em termos eleitorais que Soljenítsin apareça na imprensa capitalista quase todos os dias. Ninguém *queria* que os *gulags* existissem, e ninguém – certamente não *Messier* Marchais – quer que passem a existir na França. O stalinismo pertence ao passado. Já estamos avançando.

Mas pertencerá *de fato* ao passado? Pois foi não só um fato histórico específico, mas igualmente um dos desastres últimos da mente e da consciência humanas, uma falência do espírito, uma área de desastre que destruiu e incinerou toda profissão socialista de "boa-fé". E alguém criado *nessa* área, pulando por aí e proclamando-a uma utopia, poderá sair dela dando apenas mais alguns pulos oportunistas?

Vamos, portanto, parar de jogar o "jogo da geração". Se consideramos o stalinismo em seu segundo sentido, como uma série de formas institucionais, práticas e teorias abstratas e atitudes dominadoras, então a "geração pós-stalinista" ainda nem nasceu. O stalinismo, nesse sentido, nos ofereceu a agenda do presente, e suas formas e modos "pesam como uma montanha" sobre o cérebro dos vivos. E os vivos (de todas as gerações) precisam de sua força combinada para abalar essa montanha. Quem tem uma montanha sobre a cabeça sabe que não será eliminada com um sacudir teórico de ombros ("economicismo", "humanismo").

Não digo apenas que a União Soviética, a maior montanha de todas, seja governada por práticas e legitimada por uma ideologia estatal ("marxismo") que deriva diretamente do stalinismo. (Posso prever com segurança que, nos próximos 20 anos, teremos lembretes bastante lúgubres disso; e que as autoafirmações multiformes do povo soviético tomarão, em sua maior parte, a forma de um nojo do partido e sua ideologia; e, também, que o senhor Marchais terá repetidas decepções eleitorais.) Não digo apenas que a enigmática China revive, ano a ano, lembranças muito perturbadoras; que quando os mais respeitados líderes e *clarividentes* marxistas do país se tornam, da noite para o dia, uma "camarilha dos quatro", não compreendemos o que está acontecendo, mas sabemos que nem nós, nem o povo chinês, seremos informados, lembrando, preocupados, as antigas denúncias de "traidores" na cúpula do poder. Tampouco digo apenas que há certas *continuidades* no pessoal, nas formas, nos procedimentos, no vocabulário, nas estratégias e métodos dos partidos eurocomunistas "reformados" – continuidades que podem ser alteradas por medidas oportunistas, mas que, com muita frequência, talvez não estejam submetidas a uma crítica firme e fundamentada (a não ser por algum "inimigo do Partido"). Perguntei ao meu gato, e ele me explicou que foi tudo isso que o fez rir. Mas há algo mais além de tudo isso. Esse tem sido o tópico deste ensaio.

O stalinismo, em seu segundo sentido, e considerado como teoria, não foi um "erro", nem mesmo dois "erros", que possam ser identificados, "corrigidos", reformando-se com isso a Teoria. O stalinismo não foi negligente em relação aos crimes; ele *gerou* crimes. No mesmo momento em que formulava uma retórica "humanista", o stalinismo eliminava as faculdades humanas como parte de seu modo necessário de respiração. Seu hálito exalava (e ainda exala) desumanidade, porque encontrou uma maneira de considerar as pessoas como suportes de estruturas (*kulaks*) e a história como um processo sem sujeito. Não é uma teoria admirável, maculada por erros, mas sim uma heresia contra a razão, que propõe que todo conhecimento pode ser reunido em uma única Teoria, da qual ele mesmo é o único árbitro e guardião. Não se trata de uma "ciência" imperfeita, mas de uma ideologia que suborna o bom-nome da ciência para negar todos os direitos e autenticidade independente às faculdades morais e imaginativas. Não é simplesmente um compêndio de erros, mas sim uma cornucópia da qual fluem sem cessar novos erros ("enganos", "linhas incorretas"). O stalinismo é um modo de pensar ideológico específico, uma organização teórica sistemática do "erro" para a reprodução de mais "erros".

Pude perceber tudo isso, embora imprecisamente, quando a fumaça se erguia sobre Budapeste*. Milhares de outros, em milhares de lugares diferentes, também puderam perceber. Relacionei os "erros" da teoria stalinista, um por um: a "ditadura do proletariado" (na sua versão stalinista); o "vocabulário militar"; a teoria do partido –

> E a teoria mecânica da consciência humana está errada; a teoria de que a ciência histórica pode se tornar tão precisa quanto uma ciência como o é, digamos, a biologia; a subordinação das faculdades imaginativas e morais à autoridade política e administrativa está errada (...) o medo do pensamento independente, (...) a personificação mecânica de forças de classe inconscientes (...) tudo isso está errado[140].

Identifiquei também os órgãos reprodutores de todo esse tão prolífico "erro": "o modo stalinista de pensar é (...) o do idealismo mecânico", e "devemos ver o stalinismo como uma ideologia – uma constelação de atitudes partidárias e de ideias falsas, ou parcialmente falsas", "que estabelecem um *sistema* de conceitos falsos no âmbito de um modo de pensar que é, no sentido marxista, idealista"[141]. Por fim, identifiquei a pretensão de Stalin à preeminência como praticante desse sistema. Ele não era apenas, como se descobriu recentemente em seu aniversário, o Maior Marxista, o Maior Filósofo, o Maior Linguista etc., mas também o Maior Canguru, pois um modo idealista

---

* Invasão soviética da Hungria. N.T.

140. "Through the smoke of Budapest", *The Reasoner*, 3 (novembro de 1956), parcialmente reproduzido em David Widgery, *The left in Britain* (Penguin, 1976), p. 66-72.

141. "Socialist Humanism", *New Reasoner*, 1 (verão de 1957), p. 107.

desse tipo tem necessariamente, mediante sua impermeabilidade ao discurso "empírico", de reproduzir repetidas vezes "erros" e "resultados errados". "O stalinista oscila entre o axioma e a *realpolitik* [realismo político], o dogmatismo e o oportunismo. Quando os axiomas deixam de produzir resultados, reconhece-se um "erro". Mas a cornucópia da qual fluem "erros" com tanta abundância nunca é reconhecida"[142]. *Salta pra lá!* (materialismo dialético) – *Salta pra cá* (prática teórica) – *Plaft!* E, no final daquele elevado exercício teórico: o discurso secreto de Kruschev.

Sim, milhares de nós puderam perceber tudo isso, mas não podíamos, finalmente, identificar a organização da estrutura teórica de Stalin. Isto não foi somente por causa de nossa incompetência, mas também porque aquela estrutura, em sua pura beleza teórica e coerência conceitual, ainda não tinha sido construída. Porque Stalin era uma mistura de marxista, teórico, pragmatista e hipócrita. Teve tempo de se ocupar de alguns pedaços do sistema (a "superestrutura é criada pela base precisamente para servi-la"), mas este estava repleto de furos e fendas, que ele remendou com retórica humanista, medidas práticas e decretos de segurança. Somente em nossa época o stalinismo encontrou a sua expressão teórica verdadeira, rigorosa e totalmente coerente. Trata-se do planetário de Althusser.

Não desejo ser mesquinho com uma "geração pós-stalinista", mas é preciso ser claro. Os praticantes teóricos estão familiarizados com um conceito central de Marx, o de que um dado sistema produtivo não só produz mercadorias, como também se reproduz a si mesmo, reproduz suas relações produtivas e suas formas e legitimações ideológicas. Estas, por sua vez, tornam-se uma condição necessária do processo de reprodução. O stalinismo como ideologia continuou a se reproduzir muito depois de ter passado o momento histórico específico do alto stalinismo. E assim como o faz na teoria, tenderá a se reproduzir de fato – não exatamente na mesma forma, como é óbvio, mas em uma forma suficientemente desconfortável para os seus objetos humanos, e mesmo para alguns dos intelectuais que lhe servem de sacerdotes. Longe de constituírem uma "geração pós-stalinista", os althusserianos e aqueles que

---

142. Ibid., p. 137.

partilham de suas premissas e modos idealistas trabalham com ardor, todos os dias, na linha de produção teórica da ideologia stalinista. Em termos de teoria, eles são stalinistas. São os portadores das "razões" de irracionalidade e desumanidade contra as quais preparamos a agenda de 1956...

> Mas isto é paixão, muitíssimo perto de nós,
> A realidade próxima e intensa demais,
> E mesclada, em meu espírito, com algo
> De desprezo e condenação pessoal...
>
> [But this is passion over-near ourselves,
> Reality too close and too intense,
> And mingled up with something, in my mind,
> Of scorn and condemnation personal...]

E o paciente leitor "pós-stalinista" que me acompanhou até aqui terá ainda outras perguntas: "E então? E vocês, pessoal, com sua 'agenda', identificaram corretamente as fontes teóricas do stalinismo? O que resultou de tudo isso? Construíram uma Teoria melhor?"

Vou responder a essas perguntas. E concluir.

XIV

Em primeiro lugar, deixemos a vulgar sociologia das ideias e voltemos à teoria e a seu discurso puro da verdade. Revisitemos o planetário pela última vez. Vamos não apenas admirar seus componentes, mas também os componentes de que *não* dispõe.

A expulsão do "humanismo" e do "moralismo" por Althusser, em *A favor de Marx,* foi um tanto brutal. Por isso ele voltou ao tema, com renovada sofisticação, em *Ler O capital.* O mundo "real", as grosseiras manifestações do "óbvio", os conceitos não purificados das Generalidades I, esses epifenômenos, nos levariam (exceto se estivéssemos guiados pela Teoria) para um mundo de *maya,* ilusão. O texto da história (lembramos) é "a inaudível e ilegível anotação dos efeitos de uma estrutura de estruturas" (*RC*, 17). Sob tudo isso encontraremos *La Structure à Dominante.* A teoria de *O capital* é "a teoria de um modo de produção". E "o que Marx estuda em *O capital* é o mecanismo que faz existir *como sociedade* o resultado da produção de uma história", assim "produzindo o '*efeito de sociedade*', que faz existir esse resultado *como sociedade*" (*RC*, 70/71):

> Começamos a suspeitar, mesmo que seja somente por causa dos trabalhos da etnologia e da história contemporâneas, que esse *efeito de sociedade* seja diferente segundo os diferentes modos de produção.

Além disso, esse efeito de sociedade é constituído de outros efeitos menores: "o efeito de conhecimento pela prática teórica, o efeito estético pela prática estética, o efeito ético pela prática ética etc." "A busca de cada um desses "efeitos" específicos exige a elucidação do *mecanismo* que o produz" (*RC*, 66). Esse "mecanismo" será encontrado na estrutura do modo de produção. Em duas ocasiões, nessas duas páginas vitais, Althusser apresenta orgulhosamente o que supõe ser seu certificado de autoridade – a frase de *A miséria da filosofia* que verificamos ser, na verdade, uma ordem judicial para abater o seu cão.

Assim a sociedade e as formações sociais são *efeitos* da estrutura de um modo de produção. *O capital* também nos habilita a compreender as partículas de que essa estrutura é composta:

> Ele define, para o modo de produção capitalista, as diferentes formas de individualidade requeridas e produzidas por esse modo de produção de acordo com as funções de que os indivíduos são "suportes" (*Träger* – vetores) na divisão do trabalho, nos diferentes "níveis" da estrutura. Claro que, mesmo aqui, o modo de existência histórica da individualidade de um modo de produção dado não é visível a olho nu na "história": seu conceito, portanto, tem de ser *construído*, e, como todo conceito, ele reserva surpresas, a mais notável das quais é o fato de que ele não se assemelha à falsa obviedade do "dado" – que não passa de máscara da ideologia corrente (RC, 112).

Mesmo se nos permitirmos por um momento a suposição de que isso constitui uma revelação espantosa, que desmistifica "a falsa evidência do 'dado'" e nos leva diretamente às verdades essenciais ilegíveis a "olho nu na 'história'", é difícil saber como nossa fulminante percepção pode, por assim dizer, ser "falada". Suponhamos que, em certa conjuntura, haja um momento no efeito de sociedade que "se dá" ao olho nu da "história", com a falsa evidência de um representante sindical dizendo aos seus companheiros: "Ei, companheiros! O gerente de produção vem hoje à cantina nos despejar aquela conversa fiada sobre o dia de trabalho medido. Vamos dar-lhe uma recepção calorosa!" Para desmistificar essas frases, e *construí-las*, na teoria, como conceitos rigorosos, devemos verbalizá-las do seguinte modo: "Ei, *Träger* das relações produtivas proletárias! O *Träger* que ocupa uma função dominante dentro das relações burguesas de produção se manifestará na 'cantina' nesta conjuntura sobredeterminada através do mecanismo de um efeito ético relativamente autônomo determinado em última instância pela lei do movimento das relações capitalistas de produção ao nível da extração intensificada de mais-valia da força de trabalho dos *Träger* proletários. Está determinado que essa conjuntura se manifeste na forma de uma contradição "calorosa"!"

Percebe-se que reduzimos com êxito a ideologia do representante sindical a *ciência*, com exceção de duas palavras. "Cantina" está insuperavelmente poluída pela obviedade do "fato", e "caloroso" é uma invasão irredutivelmente moralista, de modo que essas palavras devem estar colocadas entre aspas para que não contaminem a cientificidade adjacente do texto. Também se percebe que a desmistificação precisou de 75 palavras, em lugar de 26. É isso que, bem geralmente, ocorre. Mas esse é um inconveniente menor na consecução do rigor revolucionário. Sem sombra de dúvida, uma desmistificação de clareza tão devastadora, caso seja praticada no cerne das estruturas produtivas como uma práxis política (filosofia como luta de classes) vai explodir toda a ordem capitalista. Não posso compreender o que os althusserianos estão esperando. Por que não correm para Dagenham ou Longbridge* e tentam?

Mas ainda não me chegaram notícias de semelhante práxis. E para isso deve haver alguma razão *teórica*. E um pós-althusseriano ainda mais rigoroso – digamos, um hindessiano-hirstiano** – perceberá isso após uma leitura sintomática escrupulosa do "texto" claramente não inocente de Althusser.

---

* Distritos operários de Londres na época. N.T.
** Referência a Barry Hindess e Paul Hirst, autores do livro *Modos de produção pré-capitalistas*. N.T.

Porque submetido a esse escrutínio, o representante sindical – e mesmo *toda a frase* – podem ser denunciados como um pseudoproblema, como uma intromissão abjetamente ideológica. Isso se evidencia *já na primeira palavra*, o vocativo "Ei". Porque isso é reintroduzir na teoria tanto o historicismo como o moralismo, permitindo-nos supor que os trabalhadores são *sujeitos*, que podem "intervir" como "homens" na "história". Mas a situação a que se faz alusão nessas frases é na verdade um *efeito de sociedade* de contradição no modo de produção. Esse efeito já está inscrito nas relações produtivas e não requer interpelação imaginária de vocativos e sujeitos. Podemos relaxar em nossas cadeiras. Podemos até mesmo cochilar, pois a contradição continuará a manifestar seus efeitos como representantes sindicais. Não precisamos, afinal, ir até Dagenham.

Essa resposta foi vulgar, e mesmo empirista. Façamos um resumo de nossa exposição. O humanismo, alega Althusser, é a heresia que introduz "homens", como agentes ou sujeitos, em sua própria história mediante uma "redução disfarçada", ao tratar "as *relações de produção* como meras *relações humanas*" (*RC*, 139).

> A história se torna então transformação de uma natureza humana que permanece o verdadeiro sujeito da história que a transforma. Como resultado, introduz-se a história na natureza humana, tornando os homens contemporâneos dos efeitos históricos de que são os sujeitos, porém – e isso é absolutamente decisivo – as relações de produção, as relações sociais políticas e ideológicas terão sido reduzidas a "*relações humanas*" historicizadas, isto é, a relações inter-humanas, intersubjetivas. Esse é o terreno predileto do humanismo historicista (*RC*, 140).

Althusser tem com relação à antropologia um rancor ainda maior do que com respeito à "história"[143]. A noção de que o homem constrói a sua própria natureza foi adotada por "um sem número de antropólogos cultu-

---

143. Mais surpreendente ainda é que um trabalho antropológico dotado de vitalidade e originalidade tenha vindo a surgir na esfera de influência althusseriana. Talvez a ambígua redefinição de "econômico" feita por Althusser (ver p. 227) tenha devolvido aos antropólogos marxistas franceses certa margem de movimentação. Devemos também lembrar que a antropologia tem mais facilidade do que a história para coexistir com um estruturalismo. Seja como for, Godelier pelo menos abriu seu caminho, teimosamente, para fora do planetário; e ele sabe o porquê.

ralistas" (*RC*, 140). O próprio Marx é condenado por recair, de tempos em tempos, em uma "antropologia latente", uma "antropologia ingênua", contida nos pressupostos ocultos da Economia Política. Balibar é honesto o suficiente para admitir que Marx e Engels oferecem repetidamente apoio "à ideia de que *são os homens que fazem a história com base nas condições anteriores*". "Mas quem são esses 'homens'?" "O conceito de 'homens'... constitui assim um verdadeiro *ponto de fuga* do enunciado rumo às regiões da ideologia filosófica ou vulgar". "A 'obviedade', a 'transparência' da palavra 'homens' (carregada aqui de toda a consistência da carne), e sua aparência anódina são as armadilhas mais perigosas às quais tento escapar. Não ficarei satisfeito até... *eliminá-la* como um corpo estranho" (*RC*, 207-208).

Um problema desse modo de prática teórica é que uma mente não tutelada e contestadora continuará "fugindo" para reflexões totalmente irrelevantes. Por exemplo, diante de "consistência da carne", mergulho em uma fantasia, e pergunto se *Messier* Balibar também chegou ao amadurecimento intelectual entre os *Jeunes Étudiants Catholiques* [Jovens Estudantes Católicos]? E então, por associação aleatória, lembro-me de que Stalin realizou seu aprendizado intelectual em um seminário do clero ortodoxo grego... E sendo eu estilista abelhudo, pergunto se "*eliminá-la* como um corpo estranho" não poderia ser melhorado, ao considerarmos o "anódino" conceito de "homens", com o verbo "*liquidar*"? Porque, se pensamos nas pessoas de uma certa maneira, fica mais fácil realizar nossos pensamentos. Se pensamos nas mulheres como "bonecas", "pequenas", "galinhas" ou qualquer coisa assim, poderá ser mais fácil nos comportarmos com elas de acordo com isso. (Algumas mulheres até podem ver a si mesmas desse modo.) Se pensarmos nos homens como os *Träger* das estruturas – ou em suas ações como "sintomas injustificados de perturbação" – então o pensamento guiará nossos atos. Como costumavam dizer os altaneiros praticantes teóricos, os *daleks**, diante de homens: "*Exterminar!*"

Isto me lembra, mais uma vez, a antropologia. Althusser envolveu-se, por um momento, no capítulo VII de *Ler O capital*, em uma significativa

---

* Raça fictícia de mutantes extraterrestres da série britânica de ficção científica *Doctor Who*. N.T.

discussão. Ele se distanciou um pouco e encarou (como eu fiz antes, p. 102s.) a Economia Política como um objeto, como uma estrutura. E verificou, corretamente a meu ver, que a Economia Política se baseia em uma definição e delimitação prévias de um dado campo de atividades. Mas, para generalizar a partir dessas atividades, e afirmar-se como uma ciência universal ou fundamental da sociedade, tem de haver na Economia Política outro pressuposto, o qual pode ser localizado no conceito de "necessidade". Porque a "necessidade" é o que chamei de um "conceito de junção", no caso, da economia com a antropologia. (Pode-se notar que não estou seguindo as palavras de Althusser, mas esclarecendo-as e pondo-as em certa ordem.) Ele descobre então que a economia clássica se baseia no pressuposto de "uma *antropologia 'ingênua'* que funde nos sujeitos econômicos e suas necessidades todos os atos pelos quais são produzidos, distribuídos, recebidos e consumidos os objetos econômicos" (*RC*, 110/111). Assim, "necessidade" é definida de tal modo (interesse próprio) que suas conclusões estão implícitas em suas premissas. Todas as necessidades humanas básicas são necessidades econômicas, *tal como definidas* pela Economia Política; logo, a Economia Política é a ciência básica da sociedade.

O que, então, parece decorrer disso? Poderia parecer que Marx, ao esfacelar a Economia Política burguesa, libertaria a antropologia – ou, ao menos, proporcionaria uma precondição para a sua libertação, ao libertar a "necessidade" das definições impostas pela conveniência burguesa e utilitária, e ao permitir à antropologia investigar a maior ressonância da "necessidade". Contudo, isso de modo algum acontece! Ao penetrarmos no capítulo VIII, vemos que as "pretensões teóricas", não da Economia Política burguesa, mas da *antropologia*, foram "esfaceladas (...) pela análise de Marx" (*RC*, 166). Marx nos é oferecido agora como um *dalek*, caindo sobre a antropologia aos gritos de "*Exterminar!*" Contudo, se exterminarmos o próprio pressuposto de base da Economia Política – se retirarmos da economia seu apoio na "necessidade" – então ela vai parecer apoiada no vazio. Terá Marx encontrado um melhor conceito da necessidade, uma melhor base antropológica? De modo algum: "uma base antropológica se torna assim puramente mítica"!

(*RC*, 167). As necessidades não são econômicas, elas são *definidas pelo* econômico, estão "submetidas a uma dupla determinação... *estrutural*". As necessidades têm seu conteúdo e significado *atribuídos* pela "estrutura da relação entre as forças produtivas e as relações de produção" (*RC*, 167). Não é só seu conteúdo que lhes é atribuído, também o é seu significado como *econômicas*. Porque ser *econômico* não é ser "econômico" no "sentido comum", vulgar, de se preocupar com as necessidades "econômicas". Significa ocupar certo espaço, certa função, a que *La Structure à Dominante* atribui um significado, de acordo com a modulação e o fluxo de seu modo de produção. "Construir o conceito do econômico é defini-lo rigorosamente como um nível, instância ou região da estrutura de um modo de produção" (*RC*, 178).

> O econômico não pode possuir a qualidade de um *dado* (imediatamente visível, observável etc.) porque sua identificação requer o conceito da estrutura do econômico, que por sua vez requer o conceito da estrutura do modo de produção... pois sua identificação supõe, portanto, a construção do seu *conceito*. O conceito do econômico deve ser construído *para cada modo de produção*... (*RC*, 183).

Essa manobra resolve (ou deveríamos dizer "dissolve"?) vários problemas difíceis, que têm preocupado historiadores e antropólogos há décadas, em um único e úmido fundamento teórico. O parentesco nas sociedades primitivas é o "nível, instância ou região" a que a estrutura atribui o "econômico"; a dominação militar e política é a "instância" econômica na sociedade feudal. E assim por diante. A "necessidade" pode surgir em um caso como a necessidade de conseguir sete mulheres e, no outro, como a necessidade de degolar um traidor do juramento de fidelidade, mas uma e outra são "econômicas", e decerto não precisamos de nenhuma antropologia para decifrar qualquer uma delas. Ademais, o que poderia ser mais abjeto do que a ilusão ideológica de que homens e mulheres poderiam participar subjetivamente, em qualquer "nível", da definição de necessidade? Pois eles são *Träger* – suportes de estruturas dentro das quais as necessidades são atribuídas.

Estou ficando cansado, e minha mente deslizou novamente. Pois tudo que Althusser fez, ao exterminar a antropologia, foi lançar a "necessidade" de volta ao colo de *La Structure à Dominante*, de modo que agora não só uma parte ou "região" de sua "totalidade", mas também toda a sua pessoa, está sujeita ao grosseiro abraço utilitário do "econômico". Lembrei-me de uma crítica ao conceito utilitário de "necessidade", feita no despontar da mentalidade capitalista, nas palavras de um grande protomarxista, o Rei Lear:

> A razão, não a necessidade: o mendigo mais vil
> Tem uma riqueza de coisas mais pobres:
> Não demos à natureza mais do que necessita,
> A vida humana tão vã quanto a da besta.
> Mas, para a real necessidade,
> dai-me, ó céus, a paciência de que preciso!
> Ó céus, dai-me essa paciência, de paciência preciso.
>
> [O, reason not the need: our basest beggars
> Are in the poorest things superfluous:
> Allow not nature more than nature needs,
> Man's life is cheap as beast's.
> But for true need –
> You heavens, give me that patience, patience I need!]

A paciência é, certamente, nossa primeira "necessidade", se quisermos acompanhar o raciocínio de Althusser.

Serei paciente, mas pela última vez. Vou examinar novamente o conceito de *Träger*, questioná-lo por inteiro e então este escrutínio do planetário estará encerrado. O texto completo é o seguinte:

> A estrutura das relações de produção determina os *lugares* e *funções* que são ocupados e assumidos pelos agentes de produção, que nunca são mais do que ocupantes desses lugares, na medida em que são "portadores" (*Träger*) dessas funções. Os verdadeiros "sujeitos" (no sentido de sujeitos constituintes do processo) não são, pois, esses ocupantes nem esses funcionários; não são, apesar de todas as aparências, a "obviedade" do "dado" da antropologia ingênua, "indivíduos concretos", "homens reais" – mas *a definição e a distribuição desses lugares e dessas funções. Os verdadeiros "sujeitos" são, portanto, esses definidores e esses distribuidores: as relações de produção* (e as relações políticas e ideológicas). Mas como se trata de "relações", não podem ser pensados sob a categoria de *sujeito* (*RC*, 180).

Os erros de que esse argumento está carregado são tão elementares que nos basta indicá-los, um a um. Em primeiro lugar, há uma confusão entre a noção de estrutura e o estrutural*ismo* (*sic*). As estruturas (sociais, econômicas, conceituais) não são uma descoberta das duas últimas décadas, com um precursor solitário em Karl Marx. Logo que falamos de "organização" (ou "organismo"), de "sistema", das "leis" da oferta e procura ou das "instituições" (e dos "funcionários"), estamos falando de estrutura, e é provável que também estejamos falando das maneiras pelas quais o comportamento humano é regulado, ordenado, limitado e determinado. Essa noção, e a exploração teórica e empírica dessas estruturas, estão conosco há muitas gerações. Assim, longe de ser uma noção revolucionária, ela foi muitas vezes – quando levada pelos praticantes ao mais extremo "rigor" teórico – uma noção profundamente conservadora, já que tende a ver os homens e as mulheres como fixados em "estações", ou escalas de "posição", sujeitos a "leis" (de Smith ou de Malthus), com "papéis" atribuídos ou momentos de conformidade ou desvio no âmbito de um consenso ulterior.

Isso de modo algum equivale a alegar que a noção seja inverídica ou reacionária em si mesma, embora, quando levada ilegitimamente da estrutura para o estrutural*ismo* (*sic*), sempre seja as duas coisas. Trata-se apenas de um lembrete de que Althusser está, neste caso como em outros, simplesmente reproduzindo, em terminologia "marxista", noções há muito santificadas nas disciplinas ortodoxas ("burguesas"). Embora alguns de seus seguidores ainda não pareçam tê-lo descoberto[144], a noção dos homens como *Träger*, ou portadores de funções que lhes são atribuídas pelo mercado – "leis" de oferta e procura que são até mesmo moralizadas como "divinas" – ocupava o próprio centro da Economia Política burguesa vulgarizada. Durante a vida de Marx, essa ideologia procurou *impor* precisamente essa estrutura à classe operária e, ao mesmo tempo, convencê-la de que era impotente para resistir a essas leis "imutáveis". E boa parte da história da classe operária britânica nessas

---

144. É o caso de John Mepham, "Who makes History?", *Radical Philosophy*, 6 (inverno de 1973) que declara que, se supusermos que "os homens fazem a história", "teríamos de conhecer seus estados subjetivos, crenças, atitudes, preconceitos etc. Foi assim que a Economia Política pensou nos homens. Assim como a filosofia empirista, o utilitarismo etc." Se assim for, por que Dickens cria Mister Gradgrind [personagem defensor da frieza e da racionalidade, dos "fatos"]?

décadas só pode ser compreendida como uma *recusa* heroica (e mesmo "moral") a ser reduzida a suporte das razões e necessidades do capital. Quando se refere, a certa altura, ao operário como "o portador do trabalho vivo", Marx o faz justamente no contexto de um exame da alienação "das forças produtivas do trabalho social" como propriedade de um estranho, e como sujeitas às exigências (anti-humanas) da produção capitalista: "É totalmente diferente na fábrica de propriedade dos próprios trabalhadores, por exemplo, em Rochdale"[145]. Quando Marx, em seu conhecido comentário no primeiro Prefácio a *O capital*, negou a pretensão de fazer qualquer julgamento sobre os capitalistas individuais, a razão foi que "de *meu ponto de vista*, no qual a *formação econômica* da sociedade *é considerada* como um processo de história natural", os indivíduos podiam ser vistos não como agentes malévolos e responsáveis, mas como "a personificação das categorias econômicas, materialização de relações de classe e interesses de classe particulares". Mas isso era ver as pessoas tal como aparecem "*no domínio da Economia Política*"[146], isto é, como foram continuamente "*vistas*" no âmbito da apologética ortodoxa da época. Assim, Marx escrevia, com malícia e em um golpe preventivo contra seus críticos, copiando a retórica mais próxima do gosto de todo explorador que pudesse desculpar-se como sendo o *Träger* das "leis" econômicas.

Logo, como sempre ocorre com Althusser, é-nos oferecido um centavo ideológico, engordurado pelo uso burguês, como se fosse ouro marxista. O gêmeo desse centavo ainda está sendo passado todos os dias em sistemas parsonianos e estruturalista-funcionais: por trás da "*definição e distribuição de (...) lugares e funções*" de Althusser, com todo seu "rigor" grifado, encontramos o "sistema social" smelseriano[147]; por trás dos *Träger* encontramos "papéis" e, por trás da grotesca noção que tem Althusser de "interpelação" ou "chamado" ideológico, encontramos noções ainda mais chiques de homens e

---

145. *O capital*, v. III (1909), p. 102-103.

146. *O capital*, I (1938), p. xix. O grifo é meu

147. Entre outros que chamaram a atenção para a coincidência entre o pensamento althusseriano e o funcionalismo estrutural figuram Dale Tomich, em *Radical America*, III, 5 (1969), e IV, 6 (1970); Simon Clarke, em "Marxism, sociology and Poulantzas' theory of the State", em *Capital and Class* (verão de 1977). [Neil Smelser foi o sociólogo norte-americano que propôs a teoria do comportamento coletivo, estabelecendo as condições para o surgimento de movimentos sociais. N.T.]

mulheres (*exceto*, é claro, intelectuais seletos), não pensando ou agindo, mas sendo *pensados* e *performados*[148]. Todos esses exaltados pensadores, "burgueses" ou "marxistas", vêm da mesma "antropologia latente", da mesma suposição ulterior sobre o "Homem" – a de que todos os homens e mulheres (exceto eles mesmos) são *completos idiotas*.

Em segundo, há duas prestidigitações triviais e furtivas no argumento de Althusser que só poderiam enganar um público escolhido a dedo entre a *lumpen-intelligentsia*[149]: (a) Althusser procura obter uma outra autorização apontando para o rompimento teórico de Marx com o "Homem" feuerbachiano, a "essência humana". É claro, como descobre todo estudante do primeiro ano, que, ao rejeitar o "Homem" abstrato e genérico, Marx redescobriu os homens e mulheres no "conjunto das relações sociais", no âmbito de sociedades estruturadas em forma de classes, e em condições "empiricamente observáveis"[150]. É de fato um problema, e bastante difícil, o de saber até que ponto Marx e Engels chegaram a rejeitar o conceito de "homem", que reaparece no conceito de alienação, na noção da "moral verdadeiramente humana" e naquilo que, para certos estudiosos, é uma teleologia histórica da imanência humana. Menciono essa questão, que não posso descartar agora e que já foi exaustivamente examinada por outros, não só para mostrar que Althusser bloqueia e rejeita (como lapsos, imaturidades que sobreviveram após a "ruptura epistemológica") problemas teóricos evidentemente presentes nos

---

148. Essas noções (lacanianas) estão, em sua versão mais ridícula, em *L. & P.* (p. 160-170), na teoria da interpelação ideológica. Mais recentemente, Ernesto Laclau (*Politics and ideology in marxist theory*, New Left Books, 1977, capítulos 3 e 4) tentou utilizar essa história da carochinha. O fato de Laclau de vez em quando parecer mais sensível do que Althusser não decorre de nenhum aperfeiçoamento na "teoria", mas do fato de ele começar com mais informações sobre o mundo real. Ele sem dúvida ficaria constrangido com essa acusação – pois nos diz que "a epistemologia moderna afirma" (!!!) que "os 'fatos concretos' são produzidos pela própria teoria ou problemática" (p. 59) – mas *de fato* sabe um pouco sobre fascismo, populismo etc. Permanece sendo um *canguru*, só que um canguru que para por períodos mais longos e cheira a grama real antes de pular para os elementos teóricos.

149. Se alguém supuser que esse termo tem conotações elitistas, devo observar que se trata de uma categoria social que viceja com mais vigor nos terrenos de Oxford, Cambridge, Paris, Londres & Cia.

150. A sexta tese de Marx sobre Feuerbach declara que "a essência humana não é uma abstração inerente a cada indivíduo. Em sua realidade, é o conjunto das relações sociais". Mepham (ver nota 144) informa que "a formulação de Marx" foi a de que "os homens são 'conjuntos de relações sociais'"! Como é possível tolerar erros de leitura desse gênero?

escritos de Marx, que outros críticos consideraram ou férteis ou gravemente prejudiciais[151]. Minha preocupação imediata é somente observar que Marx e Engels, em suas investigações principais, desalojaram o conceito de "homem" para se voltarem para os *homens reais* empiricamente observáveis.

(b) A outra prestidigitação consiste no mesmo truque realizado de trás para a frente. Os "humanistas" – e todos os "antropólogos" – voltam ao conceito de "homem", "ao tratar as *relações de produção*" como meras *relações humanas*, isto é, reduzindo-as a relações "historicizadas", a "relações inter--humanas, intersubjetivas". O truque só poderia ter êxito para um público inocente de todo o conhecimento tanto de história como de antropologia, sendo preocupante que uma prática desse tipo tenha conseguido respeitabilidade acadêmica. Não estou de forma alguma endossando toda a sociologia, toda a historiografia, nem tudo o que foi produzido pelo "sem número de antropólogos culturais". Com efeito, alguns praticantes dessas disciplinas estão reduzindo os homens e mulheres a *Träger* de estruturas com a mesma satisfação que tem Althusser. Mas dificilmente se encontrará alguém entre eles que comece propondo uma "essência humana" ou que tome como objeto de estudo "os homens individuais", em "relações intersubjetivas", em contraposição à "sociedade". Seus objetos de estudo podem incluir sistemas de parentesco, práticas de herança, normas demográficas, sistemas de valores, estruturas sociais, instituições políticas, relações de classe, formas ideológicas, modos simbólicos, regras consensuais. As "ciências sociais" de hoje são produto de uma revolução metodológica que teve Marx como um de seus iniciadores. É exatamente sua preocupação estrutural que coloca seus pés na *glissade* [pista escorregadia] que leva ao estruturalismo, e prepara seus noviços para o abraço de Althusser.

O terceiro erro elementar consiste em confundir as descobertas de certas disciplinas analíticas com a "verdade" sobre o fenômeno total, do qual os procedimentos daquela disciplina selecionaram apenas evidências relevantes. Já propus isto, e com particular referência à Economia Po-

---

151. Quem as analisa é (entre outros) Norman Geras, "Althusserian marxism", *New Left Review*, 71 (janeiro-fevereiro de 1971); Geras, "Marx and the critique of political economy", em *Ideology and Social Science*.

lítica (p. 102-104) essa disciplina define seu próprio campo de investigação e escolhe suas evidências de acordo com essas definições, sendo suas descobertas relevantes nos seus próprios termos. Todos sabem disso; não voltamos a David Ricardo em busca de uma explicação da doutrina religiosa polonesa antitrinitária do socinianismo. Em certo sistema de parentesco, o segundo primo do irmão da esposa pode ser visto (na disciplina da antropologia) como um determinado ponto em um conjunto estruturado de relações, e, portanto, como (metaforicamente) um "portador" (*Träger*) dessas relações; e exatamente da mesma maneira, um capitalista pode ser "visto" como "portador" de relações produtivas capitalistas[152]. A disciplina já decidiu que definimos essa pessoa assim. O fato de que esse segundo primo ou esse capitalista possam ser definidos de maneira diferente por outras disciplinas, possam ser vistos (pela esposa ou por seus próprios operários) sob outra ótica não invalida – ou não *precisa* invalidar – as descobertas em questão.

Vemos com frequência praticantes teóricos, reunidos em aplicados grupos, questionando categorias. Mas seus bloqueios empíricos os tornam incapazes de interrogar o ponto (na sociedade ou na história) em que essas categorias entram em interseção. Em vez de interrogar uma categoria, interroguemos uma mulher. Vai ao menos ser mais agradável. Suponhamos que essa mulher seja "esposa" de um homem, "amante" de outro e "mãe" de três filhos em idade escolar. É operária em uma confecção de roupas e "representante" de seus colegas, "tesoureira" da seção local do Partido Trabalhista e, nas noites de quinta-feira, "segundo violino" em uma orquestra amadora. Tem (necessariamente) constituição forte, mas tem uma predisposição depressiva um pouco neurótica. É também (quase me esqueço) membro da Igreja Anglicana que ocasionalmente "comunga".

---

152. É certo que Marx por vezes parece esboçar uma pretensão maior, notadamente no capítulo XLVIII de *O capital*, III ("A Fórmula trinitária"). Esse capítulo, especialmente apreciado pelos praticantes teóricos, foi composto com base em três diferentes fragmentos (na verdade, três diferentes tentativas inacabadas de escrever a mesma coisa) que Engels descobriu entre os papéis de Marx. Podemos deixar aos marxólogos a questão do estatuto a ser atribuído a esses fragmentos. Eles me parecem sugestivos, mas também trazem renovada prova de que Marx estava preso à antiestrutura da Economia Política; o capital é visto como "uma máquina bombeadora perene de trabalho excedente" (p. 957) que (se esquecermos que a resistência do trabalho está continuamente entupindo a bomba) nos dá outro motor para um planetário.

Como se vê, ela está sempre muito ocupada. De certo ângulo, ela é o ponto em que várias "estruturas" entram em interseção. Quando estas últimas começam a pesar, sua depressão assume a forma de uma permanência na cama que a impede de desempenhar seus outros papéis. O psiquiatra a vê como determinada em seu comportamento devido a uma neurose estruturada. Mas ela não é "sobredeterminada"; sua constituição (base material) é sólida e ela se recupera em pouco tempo. Como "esposa", é vista por um sociólogo no âmbito da "instituição" do casamento, e desempenhando os "papéis" de dona de casa e mãe; ela é na verdade a portadora desses papéis. Segundo essa variante da teoria sociológica, o sociólogo vai tentar construir seu comportamento como amante; ele tem dificuldades para decidir se deve relacioná-lo na categoria de "desvio" ou excluí-lo do programa de computador como irrelevante. Porque a própria mulher, parte desse "papel" (o ato sexual), é objetivamente quase a mesma com o marido ou o amante; e o que define a diferença não é nada no ato (bem, talvez seja um pouco o ato), mas as expectativas e regras que a sociedade lhe impõe. Ela deve atender melhor a essas expectativas e o pastor (que ouviu falar de seu caso) tem para com ela uma atitude de censura.

Enquanto isso, a seção local do Partido Trabalhista, do qual é "funcionária", se endivida. O marido continua fazendo cenas e o amante está ficando entediado. No trabalho, onde ela é um *Träger* de relações proletárias produtivas, o patrão (o *Träger* etc. etc.) resolve reduzir o pagamento do trabalho por tarefa. Ela começa a ter dores de cabeça, e para de tocar na orquestra. Acossada pelas admoestações contraditórias do psiquiatra, do pastor, do marido, do amante, da sociedade, do maestro, do patrão, dos companheiros de trabalho, dos funcionários do partido, que veem nela uma portadora disso ou daquilo, bem como pelas compras, ela volta para a cama. Ali, lê o artigo de um demógrafo revelando que seu número de filhos diverge da norma, e outro, de um ecologista, que lhe diz que três filhos é um número excessivo. Sua depressão aumenta...

Deixemo-la nesse triste estado para observar que nenhuma das disciplinas ou categorias lhe fez algum mal. O demógrafo descreveu corretamente seu desvio da norma, e não tem o menor interesse em seu amante, mesmo que ela viesse a ter um filho dele, porque a questão de paternidade é irrelevante para essa norma. O funcionário do partido que está tentando cobrar as mensalidades atrasadas não quer saber de seus problemas domésticos: ele a vê, acertadamente, como uma funcionária ineficiente. Ela não é, em nenhum sentido, o sujeito das expectativas e normas sexuais da "sociedade" ou da Igreja, mas antes o objeto de seu escrutínio. E no trabalho pode, sem dúvida, ser considerada portadora de relações produtivas. Mas nenhuma dessas definições afeta o fato de que ela continua a ser uma mulher. Será então a mulher apenas o ponto em que todas essas relações, estruturas, papéis, expectativas, normas e funções *entram em interseção*? É ela assim a portadora de todos eles, simultaneamente, sendo *atuada* por eles e absolutamente determinada em sua interseção? Esta não é de forma alguma uma pergunta fácil, porque muitos desses papéis não são apenas impostos, mas internalizados, achando-se ligados como em um nó em sua cabeça. Para respondê-la, teríamos de *observar a história dessa mulher*.

Na verdade, não sei como continua a história dela. Tenho dois roteiros alternativos. Um deles é óbvio. Ela é levada a um hospital de doentes mentais depois de uma tentativa de suicídio, e mantida sob efeito do Valium. No outro, ela volta ao trabalho, já que, *em última instância*, a hipoteca tem de ser paga e os filhos alimentados. No trabalho, a situação se agrava a um ponto de crise. Um companheiro militante dá-lhe Althusser para ler (eis um detalhe improvável). Ela folheia as páginas. Faz-se a Luz, e ela exclama: "Eu não sou uma droga de COISA!" Ela atira o livro no encarregado. Promove uma greve na fábrica. Deixa o marido e abandona o amante. Ingressa no movimento de libertação feminina. Esquece a Igreja Anglicana. Volta à orquestra e sente grande satisfação por tocar naquela estrutura, um processo com 50 sujeitos determinados pelo maestro e pela pauta. Mas, infelizmente, apaixona-se pelo maestro e a confusão, mais uma vez, está prestes a recomeçar...

Na verdade, não conheço essa mulher, embora conheça muitas semelhantes a ela, que foram boas camaradas, assim como homens nas mesmas condições. Eu a apresentei somente como a "portadora" (*Träger*) de uma analogia. Esta não pode ser levada demasiado longe, pois os procedimentos requeridos para observar o comportamento de uma pessoa não são os mesmos exigidos para a observação dos eventos históricos. Não podemos construir nosso conhecimento histórico ou econômico postulando primeiro "indivíduos" isolados. Mas a analogia será útil se nos lembrar de que, nas pessoas que conhecemos e observamos, encontramos determinações que entram em interseção e que essas pessoas estão sempre tentando controlá-las e conciliá-las; que a "sobredeterminação" pode manifestar-se como doença ou imobilidade; que é legítimo ver uma pessoa como portadora de estruturas, mas só podemos chegar a ela mediante a soma de muitos ângulos; que, seja qual for nossa conclusão, na discussão infinita sobre a predeterminação e o livre-arbítrio – pois nossa amiga pode ter sido levada por sua formação protestante a exclamar "Não sou uma droga de COISA!" – tem vital importância que nosso preconceito protestante seja renovado, que nos *consideremos* "livres" (o que Althusser não nos permitirá) e que, por fim, nem uma pessoa, nem uma sociedade, podem ser vistas como a soma de determinações que entram em interseção, mas só podem ser conhecidas mediante a observação no tempo.

Podemos propor outra analogia, que evita a dificuldade de supor um "indivíduo". Conhecemos as analogias com as regras de um jogo. Todo jogo complexo é ininteligível até compreendermos suas regras. As pessoas parecem ficar correndo, voltar, andar e parar, de maneiras arbitrárias e confusas. Um observador cuidadoso (que já tenha alguma noção de jogos) pode inferir as regras; feito isso, tudo se torna claro, e a observação continuada vai confirmar ou aprimorar as regras que ele inferiu. O antropólogo ou historiador se acha mais ou menos na mesma posição desse observador. As sociedades (e uma "sociedade" é, ela mesma, um conceito que descreve pessoas no âmbito de um limite imaginário, sujeitas a regras comuns) podem ser vistas como "jogos" bem complexos, fornecendo às vezes indícios bem materiais de seu caráter (a cesta, o gol, as equipes), sendo às vezes governadas por regras visíveis (código e constituições) e, outras vezes, governadas por regras invisíveis que se acham tão profundamente conhecidas pelos jogadores que jamais são mencionadas, devendo ser inferidas pelo observador. Por exemplo, os jogadores raramente matam o árbitro.

Toda a vida se passa no âmbito de "estruturas" formadas por essas regras visíveis e invisíveis, que proíbem um dado ato e atribuem uma significação simbólica especial a outro. A realização mais extraordinária de Marx foi inferir – "ler" – "decodificar" – a estrutura apenas parcialmente visível das regras pelas quais as relações humanas são mediadas pelo dinheiro: o capital. Ele com frequência vislumbrou, e às vezes percebeu claramente, outras regras invisíveis que nós, 100 anos depois, somos – ou deveríamos ser – capazes de ler mais claramente. Houve outras regras, significativas, simbólicas e normativas que (penso eu) ele não viu. Algumas não estavam ao alcance do conhecimento de sua época, e para elas a Economia Política não dispunha de termos.

Tendo as regras de um jogo sido lidas ou inferidas, podemos atribuir a cada jogador seu papel ou função nele. O jogador é (nos termos dessas regras) o portador do jogo, um elemento de sua estrutura – um meia-direita ou goleiro. É exatamente nesse sentido que podemos dizer que um "trabalhador" é portador das relações produtivas; com efeito, já definimos a mulher de nosso exemplo como tal quando a chamamos de "operária", e não de "segundo violino". Porém devemos levar a analogia ainda mais longe. Porque não vamos dizer que o goleiro está *sendo jogado* ou o capitalista *capitalado* (*sic*). Isso é o que Althusser, assim como alguns antropólogos e sociólogos estruturalistas, queriam que disséssemos. Althusser nos oferece uma falsa escolha: ou devemos dizer que não há regras, mas somente um enxame de "indivíduos", ou que as regras *jogam* os jogadores.

A diferença entre "jogar" um jogo e ser jogado ilustra a diferença entre a estruturação governada por regras dos eventos históricos (dentro dos quais homens e mulheres continuam como sujeitos da sua própria história) e o estrutural*ismo*. Como sempre, Althusser apenas pegou uma moda da ideologia burguesa e a chamou de "marxismo". Antigamente, a Economia Política vulgar via o comportamento econômico dos homens como *determinado por leis* (mesmo que os trabalhadores fossem teimosos e refratários a obedecer a essas leis), mas oferecia ao indivíduo autônomo uma área de liberdade, em suas escolhas intelectuais, estéticas ou morais. Atualmente, os estruturalismos invadem essa área por todos os lados; somos *estruturados* por relações sociais, *falados* por estruturas linguísticas previamente dadas, *pensados* por ideologias, *sonhados* por mitos, *gerados* por normas sexuais patriarcais, *atados* por obrigações afetivas, *cultivados* por *mentalités* [mentalidades] e *atuados* pelo roteiro da história. Nenhuma dessas ideias é, em sua origem, absurda, e algumas se fundam em acréscimos substanciais ao conhecimento. Mas tudo, a uma certa altura, passa do sentido ao absurdo e, em seu conjunto, todos acabam chegando a um ponto-final comum de não-liberdade. O estruturalismo (o ponto-final do absurdo) é o produto final da razão autoalienada – "refletindo" o senso comum da época – razão na qual todos os projetos, empreendimentos e instituições humanos e a própria cultura humana parecem estar *fora* dos homens, *contra* os homens, como coisas objetivas, como o "Outro" que, por seu turno, movimenta os homens como se fossem coisas. Antigamente, o Outro era denominado "Deus" ou Destino. Hoje, foi rebatizado como Estrutura.

Eu disse que Marx tornou visíveis as "regras" do capital. Para isso, foi necessário proceder a uma "Crítica da Economia Política". Assim ele pôde formular o conceito de "modo" capitalista de produção, que é tanto o circuito do capital como um modo de autorreprodução mediante o qual o capital reproduz as relações produtivas que permitiram sua própria reprodução. Esse modo de produção pôde então ser conceituado como uma estrutura integral em que todas as relações devem ser consideradas simultaneamente como um conjunto, e em que cada regra tem sua definição no âmbito dessa totalidade. A partir disso, ele acrescentou (em alguns casos erroneamente) as formas de desenvolvimento pelas quais esse modo poderia passar e, mais do que isso (e com maior precipitação), projetou sua "lei de movimento" no futuro. O fato de essas "leis" ou "tendências" não operarem (ao contrário do que ele uma vez afirmou de modo truculento) com "necessidade férrea rumo a resultados inevitáveis" pode ser explicado, em parte, porque Marx subestimou as tendências contrabalançadoras em ação. Ao contrário da opinião de certos praticantes teóricos, nenhum trabalhador conhecido pelos historiadores permitiu um dia que a mais-valia lhe fosse arrancada do couro sem dar algum jeito de revidar (há muitas maneiras de "fazer cera"); e, paradoxalmente, *por causa de* sua reação, as tendências foram desviadas e as próprias "formas de desenvolvimento" se processaram de modos inesperados. Por outro lado, isso

238

foi decorrência do surgimento de outras tendências contrabalançadoras, que não tinham sido convidadas, a partir de "regiões" para as quais a Economia Política não dispunha de termos.

Mas essas restrições de modo algum servem para mostrar que o projeto de Marx não foi legítimo. Foi um avanço notável no conhecimento construir dessa maneira – mediante uma árdua luta teórica, hipóteses e uma investigação empírica igualmente dura – o conceito de modo estruturado de produção.

Perguntam-me: "Aha! Isso não é dar a Althusser com a mão esquerda o que você lhe tomou com a direita? E não estará Althusser autorizado a ver o capitalismo como estrutura?" A resposta é "não!" Quem tiver feito essa pergunta vai ficar de castigo. Um modo capitalista de produção não é o capital*ismo* (*sic*). Trocando duas letras, passamos de um adjetivo que caracteriza um modo de produção (um conceito da Economia Política, embora da "anti"-Economia Política marxista) a um substantivo que descreve uma formação social na totalidade de suas relações. Deixaremos nosso questionador de castigo por algumas páginas, para que medite sobre essa bobagem, e voltaremos ao modo de produção.

Depois de todo o rancor de minha crítica anterior, esta será finalmente a oportunidade para uma reunião feliz. Porque os historiadores da tradição marxista empregaram, por muitas décadas, o conceito de modo de produção, examinaram o processo de trabalho e as relações de produção. Posso me lembrar de uma época, na Inglaterra, em que esses historiadores não eram numerosos, em que essa era a nossa preocupação característica e em que ela não gozava de boa reputação. E agora – não só entre althusserianos, mas entre praticantes teóricos em geral – o "modo de produção" tornou-se o foco de uma preocupação verdadeiramente obsessiva. Esse é, sem sombra de dúvida, seu "negócio". Estão sempre desfazendo-o para fazê-lo outra vez. Sempre examinando seu "mecanismo", rearrumando seus componentes, colocando um novo pino aqui, uma engrenagem ali, lubrificando partes móveis com abstrações purificadas. O "modo de produção" é como uma base de operações da Teoria no Ártico, base da qual os exploradores não podem se afastar mais de 100m, por medo de se perderem em uma nevasca ideológica.

O que é estranho quanto a esse "modo de produção" é que pode ser construído e reconstruído no interior da Teoria sem nenhum recurso ao conhecimento dos historiadores, antropólogos e outros. Althusser e Balibar são rigorosos o bastante mesmo para admitir as descobertas dessas disciplinas; Hindess e Hirst mostram um conhecimento casual de algumas obras secundárias, e se dedicam a demonstrar que esse trabalho (sendo ideológico na origem) é desnecessário para a Teoria; e os historiadores pagam esses tributos não com irritação, mas com tédio. Eles não respondem, nem discutem, simplesmente porque todo o projeto da prática teórica é idealista e irrelevante. Porque a prática teórica gera esses modos de produção não na teoria ou na sociedade, mas na metafísica; e um modo metafísico de produção, por seu turno, produz não mercadorias, mas conceitos e categorias metafísicas, e ao mesmo tempo reproduz interminavelmente suas próprias condições de autorreprodução metafísica. Como todos os cozinheiros do Absoluto, esses praticantes descobriram a receita teórica instantânea, o punhado de ingredientes integrais com os quais se pode fazer um bolo com toda a história e todas as sociedades.

Desse modo, não se trata, afinal de contas, de um local de feliz reunião, mas de um lugar de dissociação total entre métodos e tradições incompatíveis. É como se fosse realizada uma conferência tendo, de um lado, todos os que se interessam pelas relações sexuais, papéis de gênero, as formas e a história da família, estruturas de parentesco, criação de filhos, homossexualidade, psicologia sexual, literatura do amor profano e romântico; e, do outro, um grupo de praticantes teóricos que tivesse reduzido tudo isso à contemplação metafísica dos órgãos de reprodução, que produzem todas essas "manifestações" e que, ao mesmo tempo, se reproduzem a si mesmos. Um grupo chegaria ao conhecimento pela investigação de uma multiplicidade de evidências, em sua expressão própria e autêntica, mas o outro ficaria fechado em um circuito metafísico de ovulação e esperma. Os participantes ficariam frustrados, decidiriam separar-se e continuar suas reuniões em salas diferentes. Como o fizeram a prática teórica e o materialismo histórico.

Não se trata de uma questão de discordância sobre esse ou aquele aspecto, mas de total incompatibilidade quanto às maneiras como o historiador e esse tipo de "teórico" se situam diante de um modo de produção. Temos autoridades em "relações produtivas" que nunca estudaram um arrendamento feudal, uma letra de câmbio, o mercado de lã ou uma luta relativa ao preço do trabalho por tarefa. E temos autoridades sobre o "processo de trabalho" que nunca julgaram relevante para sua exaltada teoria a obra de Christopher Hill sobre os "usos do sabatismo [guarda do sábado]", ou a minha sobre "tempo e disciplina de trabalho", a de Eric Hobsbawn sobre "o artesão errante" ou as de uma geração de "historiadores do trabalho" (americanos, franceses, britânicos, grupo muitas vezes rejeitado com desprezo)[153] sobre o estudo do tempo-e-movimento, taylorismo e fordismo.

O problema não é só o fato de esse tipo de idealismo teórico ser ativamente inútil; também acontece, por exemplo, de, na imensa área de estudos recentemente aberta, o das sociedades camponesas (em que tanta coisa depende da economia de subsistência, tributação e comercialização, normas tradicionais e de necessidades, práticas de herança, modos de família e direito consuetudinário particularista), os praticantes teóricos ficarem brincando com seu modelo, tentando levar em conta os milhões de indivíduos rurais que são de alguma forma "marginais" em relação aos circuitos adequados do capital. E não é apenas que a grosseira materialidade histórica se recuse, teimosamente, a "corresponder" à pureza de seu conceito nem apenas que, por maior que seja, a margem teórica admitida para a "contradição" nunca seja suficiente, porque, em todo "agora" histórico (conjuntura), o circuito do capital está sendo obstruído e encontrando resistência em todos os pontos – homens e mulheres se recusam a ser reduzidos a seus *Träger* – de maneira que as "formas" sejam "desenvolvidas" e desviadas de maneiras teoricamente impróprias pela própria luta de classes. Mais do que isso, esse idealismo é *ativamente* enganador e diversionário, oferecendo-nos a todo momento falsos resultados históricos, impondo seus próprios pressupostos à evidência, bloqueando todos os canais "empíricos" dos sentidos do conhecimento, e levando apenas, como a teoria política contemporânea, a estranhas estratégias de canguru (nas quais as conclusões já são previamente pressupostas pelas

---

153. Cf., por exemplo, Gareth Stedman Jones, "History: the poverty of empiricism", em *Ideology and Social Science,* p. 107.

premissas arbitrárias de um partido ou de uma seita) ou então à segurança de uma poltrona.

Mas não será essa rejeição injusta? Não será a prática teórica, com sua "autonomia relativa" e sua intrincada engrenagem, muito mais sutil e rigorosa do que o "economicismo vulgar" que ela substituiu? A resposta, em resumo, é que se trata de uma pergunta "tipo sim" a que devemos responder "não". É "tipo sim" porque reduz a uma caricatura sem rosto, inidentificável, toda a teoria e prática precedentes, buscando apagar toda evidência da vigorosa tradição alternativa que defendo aqui. E a resposta tem de ser "não" porque, apesar de toda a sua abstração e de suas ressalvas, o produto teórico disso é um reducionismo idealista tão vulgar em seu economicismo quanto qualquer coisa que a precedeu.

Vamos, porém, admitir uma resposta mais moderada. E assim podemos primeiro apresentar um pedido de desculpas aos economistas marxistas. A teoria de um modo de produção é muito adequadamente parte de seu próprio sistema conceitual. E apropriado interrogá-la e aprimorá-la. Os contínuos debates entre economistas podem muito bem ser significativos, e os historiadores esperam contar com a ajuda de suas descobertas. De modo mais geral, o emprego do conceito de "modo de produção" é um aperfeiçoamento em relação a certo uso negligente das expressões "base material" e "forças produtivas" – ou *poderia* ser um aperfeiçoamento para mentes abertas a alguma conversação empírica. Como observou Williams,

> Não foi o marxismo, mas os sistemas que ele combateu e continua combatendo que separaram e abstraíram várias partes da totalidade desse processo social. Foi a afirmação e a explicação de formas políticas e filosóficas e ideias gerais como independentes, ou "acima", do processo social material que produziram um tipo necessário de contraafirmação. No fluxo da polêmica, esta foi com frequência exagerada até chegar a repetir, em uma simples inversão de termos, o tipo de erro que atacava.

Por isso, o marxismo "assumiu por vezes as cores de um tipo especificamente burguês e capitalista de materialismo"[154]. Isso é sem dúvida verdade.

---

154. *Marxism and Literature*, p. 91-92.

Mas também é verdade – e pelas mesmas razões – que reduzir todos os fenômenos sociais e intelectuais a "efeitos" de um "modo de produção" essencialista, metafísico – sejam quais forem as elaborações de "mecanismos" – é simplesmente colocar o velho materialismo burguês no âmbar idealista.

Há também, admitimos, uma grande diferença na qualidade da prática teórica. É possível uma boa ou uma má prática com respeito a um modo de produção. A prática de Balibar é tão má que ele não admite o questionamento de um historiador. Mas Simon Clarke, ocupando-se de Althusser e Balibar, pôde demonstrar as incoerências e absurdos destes da maneira mais clara, apresentando, mediante a crítica, uma lúcida reformulação do conceito de modo de produção. Isso me parece útil e é, ao mesmo tempo, um alívio, pois me poupa o trabalho de realizar a tarefa. Clarke chegou, evidentemente, ao próprio limite da reserva dos cangurus. Mas ainda não o ultrapassou, pois consegue escrever, ao discutir as "diferentes formas de sociedade", que

> As relações de produção sobre as quais esses vários modos de produção se baseiam fornecem a base para diferentes formas de exploração e relações correspondentemente diferentes de distribuição. Elas também serão expressas em formas econômicas, ideológicas e políticas específicas que devem ser analisadas como formas *desenvolvidas* da relação fundamental de produção[155].

É o mesmo tipo de ato circular que observamos em Smelser, no qual a cobra come seu próprio rabo; em vez de um "sistema de valores", a "relação fundamental de produção" está engolindo seus próprios efeitos. E o problema crítico está nas últimas linhas – "formas econômicas, ideológicas e políticas (...) devem ser analisadas como formas *desenvolvidas* da relação fundamental de produção". A noção essencialista de "imanência", o platonismo final, reside aí.

Devemos voltar a Marx? Ou discutir a questão independentemente de qualquer autoridade? Tentemos fazer as duas coisas ao mesmo tempo. É, por certo, verdade – e isso em geral é considerado uma proposição "marxista" fundamental – que há certa correspondência entre um determinado modo

---

155. Simon Clarke, "Althusserian marxism", p. 54. Cf. nota 13.

de produção e uma formação social (incluindo formas políticas e ideológicas). Isso não surpreende, pois produção, relações sociais, modos políticos e construções ideológicas são, todos eles, atividades humanas. A proposição marxista vai além, e afirma que há não só "certa correspondência", mas uma correspondência na qual o modo de produção é determinado. Marx e Engels exprimiram essa correspondência e essa determinação de várias maneiras distintas: pela elaborada (mas em última análise mecânica e insatisfatória) analogia espacial de "base" e "superestrutura"; por meio de proposições diretas como "o ser social determina a consciência social" (ela mesma uma "contra-afirmação" polêmica do tipo indicado por Williams); mediante enigmáticas, mas sugestivas, analogias a partir das ciências naturais ("uma iluminação geral em que todas as outras cores são mergulhadas"); e por rápidas indicações metafóricas – o moinho manual *nos dá* a sociedade com o senhor feudal", ideologias religiosas são um "*reflexo*" das relações de produção que "*aparecem como*" categorias da Economia Política, e essas relações revelam o "mais íntimo segredo, a base oculta de toda a estrutura social e (...) a forma específica correspondente do Estado"[156]. Quando lembramos que alguma interação recíproca é igualmente proposta (por exemplo, entre a "superestrutura" e a "base"), há suficiente "margem de manobra" nessas proposições para muitos ajustes e interpretações.

Diante dessas proposições hesitantes, o praticante que trabalha na tradição "marxista" poderia seguir um dentre dois caminhos. Ele poderia decidir selecionar entre elas a formulação "correta" e "científica"; apertar seus parafusos, mexer no "mecanismo", eliminar toda "margem", teorizar sobre o "efeito de sociedade" e o "efeito ideológico" e aprimorar um planetário. Suponho que se possa tolerar esse caminho em um certo tipo de filósofo ou teólogo que nunca se deu ao difícil trabalho de reconstituir, a partir de material histórico, um modo de produção concreto, que não entende o recurso necessário do historiador às analogias e sugestões metafóricas como indicação das conexões e direções do processo social e as entende erroneamente

---

156. Eis outra autorização especial de Althusser para o estruturalismo (*O capital*, III, p. 919). Ela surgiu de uma análise bem condensada do "arrendamento do trabalho" feudal. Cf. a análise de Clarke, op. cit.

como afirmações literais sobre certo "mecanismo". Ele nunca ouviu a quebra de um galho seco na floresta quando um plebeu disputa seus direitos com o rei, nem ouviu o silêncio angustiado e em seguida a saturnália histérica de quando um herege é queimado. Acha que tudo pode ser organizado em um mapa em sua cabeça: esta base, aquele terreno, essa região, nível e instância. No fim, julga que é seu pensamento que faz as coisas: "o processo que produz o conhecimento concreto se passa totalmente na prática teórica" (*FM*, 162).

Há, no entanto, outro caminho possível. Podemos começar com essas várias proposições como hipóteses, e em seguida podemos *descobrir*. Isso vai nos levar imediatamente a uma série bem distinta de questões. Serão verdadeiras essas proposições? Marx mostrou que são verdadeiras, ou apenas as pressupôs, sem maiores verificações? Se são verdadeiras, são elas significantes e sugestivas, ou truísmos que ainda deixam tudo a ser descoberto? E, além disso, caso sejam verdadeiras, *por que* o são? De que maneira, e através de que meios, se afirma essa correspondência? E, por fim, nosso novo conhecimento (obtido em resposta a essas perguntas) nos permite voltar a Marx, não para ajustar e tornar mais precisa uma formulação, mas para modificar e reorganizar seus conceitos?

A tradição marxista alternativa tem feito essas perguntas há décadas. Não tenho procuração para falar em nome da "história", e por esse motivo só posso me referir ao meu próprio entendimento do conhecimento histórico. A primeira pergunta – "Serão verdadeiras essas proposições? – é, infelizmente, de caráter empírico. A meu ver, elas *se mostraram verdadeiras*, mas em termos ainda mais imprecisos e equívocos que os de Marx. Em diferentes circunstâncias históricas a pesquisa mostrou que "o movimento econômico finalmente se afirma a si mesmo como necessário"; o estudo comparativo das sociedades feudais, ou das revoluções industriais, demonstrou as maneiras como o modo genérico de produção encontrou uma expressão mais ou menos análoga em diferentes sociedades e instituições estatais; e a hipótese marxista mais fértil (tal como apresentada em bem conhecida carta de Marx a Weydemeyer, de 1852), de que "a *existência de classes* está ligada apenas a *fases históricas particulares no desenvolvimento da produção*", parece-me ter sido demonstrada sem sombra de dúvida, e com muitos corolários quanto às formas análogas de expressão de classe na vida intelectual e social.

Mas as descobertas, mesmo positivas, foram equívocas. Elas não só sugerem que há uma maior complexidade e reciprocidade de relações do que Marx havia proposto, como também levantam a questão da significação que podemos atribuir à correspondência. A complexidade, como argumentei o suficiente, não é em nada esclarecida dando-se a ela novo nome de boa reputação como "autonomia relativa" (cf. p. 158). O conceito vital (não examinado por Althusser) é o da própria "determinação", donde a importância – como Williams, eu e outros temos insistido há anos (e para surdos) – de definir "determinar" em seus sentidos de "estabelecer limites" e "exercer pressões", bem como de definir "leis de movimento" como "lógica do processo". Isso nos ajuda, imediatamente, a sair do circuito idealista; já não podemos ver, de um modo imanente, as formações sociais como "efeitos de sociedade" ou "formas desenvolvidas".

A questão da significação a ser atribuída à correspondência é ainda mais difícil. Porque a noção idealista começa com a proposição de que "o econômico" é (em última instância etc.) determinante, pulando em seguida, de mãos dadas com seu gêmeo, o "economicismo" vulgar, para o velho e bom pressuposto utilitário de que ele é, portanto, de certo modo mais "real" sob todos os aspectos. Chegando a isso, a prática teórica pode desenvolver vários argumentos. Assim, se, em uma determinada sociedade, a região decisiva parece ser não econômica (parentesco, poder militar), então se pode simplesmente redefinir essa como a área a que foi "atribuída" a "instância econômica" (cf. p. 227). O mais comum é que outras áreas sejam simplesmente consideradas menos reais – como problemas de segunda ou terceira ordem, como a preocupação de uma outra "região" da teoria (ainda imatura e não desenvolvida) ou simplesmente como não problemas que podem ser dissolvidos com a varinha mágica da "autonomia relativa".

Mas é de pouco consolo para um prisioneiro, padecendo nas celas fétidas e superlotadas de uma prisão de Calcutá, em 1976, ouvir dizer que seu problema é de terceira ordem e que ele é vítima de um efeito de sociedade relativamente autônomo. Pior do que isso é: a suposição semioculta de que aquilo que é "relativamente autônomo" é por isso menos "real" (e menos merecedor da atenção teórica ou histórica) do que o modo de produção pode permitir ao praticante teórico, se o capricho ou a ideologia a isso o incitarem, uma assombrosa lassidão na análise. Com efeito, religiões, ideologias e o próprio Estado, com todo o seu arsenal de aparelhos repressivos, por serem "relativamente autônomos", podem se desenvolver, em meio século ou durante séculos, *de qualquer maneira que queiram*, e os teóricos do "modo de produção", na segurança de suas proposições autoconfirmatórias, não precisam mexer um fio de cabelo teórico. Porque eles já definiram esse modo como sendo essencial e verdadeiramente real, e os efeitos, ou regiões, ou níveis, podem seguir em seu caminho autônomo. Exatamente dessa maneira Althusser agita sua varinha, em 1963, e o stalinismo desaparece (exceto como um problema de terceira ordem):

> Tudo o que se tem dito do "culto à personalidade" se refere exatamente ao domínio da *superestrutura*, e, portanto, da organização do Estado e das ideologias; refere-se, além disso, em larga medida, *apenas a esse domínio*, que, como sabemos na teoria marxista, possui uma "autonomia relativa" (o que explica bem simplesmente, na teoria, como a *infraestrutura* socialista pôde se desenvolver sem prejuízos essenciais nesse período de erros que afetaram a superestrutura) (*FM*, 240).

Bem simples. Mas essa separação arbitrária entre um "modo de produção" e tudo que de fato ocorre na história (tão característica da dupla idealista/economista) acaba não nos dizendo nada e desculpando tudo. Essa Teoria parece mais um médico que, quando o paciente agoniza com uma doença, o examina por uma hora e em seguida declara que, embora a doença seja determinada em última instância pelo corpo, ela é um efeito corpóreo relativamente autônomo. E ela efetivamente o é; a doença não é uma projeção da alma do paciente – mas a medicina aprendeu isso há muitos séculos. E, durante muito tempo, essa dissociação espúria entre "produção" e "consciência" – que é ela mesma apenas a velha dicotomia matéria/espírito ou corpo/alma, ressurgindo de forma marxista – foi questionada, na tradição marxista, de um lado, pelos historiadores e antropólogos, que insistiram que ideias, normas e regras fossem recolocadas *no* modo de produção, sem o que este não poderia sobreviver por um só dia[157]; e, de outro, pelos materialistas culturais, que insistiram que a noção de "superestrutura" "nunca foi materialista o suficiente"[158].

"Determinação" é uma palavra ampla, importante, que parece ser pronunciada em todos os casos com conhecimento de causa. Mas quando ela se afasta, em seu luxuoso Bentley, descobrimos que tudo ainda está por ser descoberto. Voltando à nossa analogia anterior, pode haver um sentido verdadeiro no qual a condição neurótica de um homem seja determinada em última instância por sua natureza sexual, a qual, por seu turno, é determinada por seus órgãos reprodutivos masculinos. Mas isso não torna sua neurose nem um pouco menos "real", e não a poderíamos compreender ou curar mediante um prolongado exame do pênis desse homem. Ademais, para complicar ainda mais as coisas, um dos sintomas de sua neurose pode ser justo a impotência. Trata-se de uma analogia simplista, pois as sociedades são tão complexas quanto as pessoas, mas de maneiras distintas. Contudo, essas duas ressalvas – relativas à complexidade da "correspondência" e à significação destas – são tão graves que questionam a eficácia das noções gerais de Marx. Poucos dos problemas de significação vital (os mais "reais") que enfrentamos em nossa vida real parecem estar *direta* e causalmente implicados nesse campo de correspondência: o nacionalismo, o racismo, a opressão sexual, o fascismo e o próprio stalinismo certamente não estão longe desse campo (uma vez que a pressão dos antagonismos de classe e das ideologias de classe pode ser sentida em todos), mas é igualmente verdade que não podem ser considerados "formas desenvolvidas da relação fundamental de produção"; são formas por direito próprio, e em sua análise requeremos (tal como o fazem os psiquiatras) uma nova série de termos, não implicados nas premissas da Economia Política.

Isso não significa dizer que as proposições de Marx estavam erradas, embora tivessem sido expressas, ocasionalmente, com tanta confiança que

---

157. Cf. a significativa reformulação de Maurice Godelier, *La Part idéelle du réel*. Essai sur l'idéologie. *Homme*, 1978, 18-3-4, p. 155-188.
158. Raymond Williams, op. cit., p. 92.

autorizaram conclusões errôneas. Foi importante descobrir que a neurose não era causada por possessão satânica, e importante vir a saber que as questões humanas não exprimem a mente da Divina Providência, ou a dos grandes homens, o desdobramento das Ideias nem um mercado benévolo e neutro em relação às classes. Marx fez o conhecimento transpor um limiar, mostrou-lhe o mundo e lhe disse que o fosse *descobrir*. E, nesse mundo exterior, além da "base" segura do modo de produção, estão muitas das mais caras preocupações humanas.

Acresce que isso suscita, de uma nova forma, todo o problema da eficácia da iniciativa humana, de homens e mulheres como sujeitos de sua própria história. Nos circuitos seguros de um modo de produção é bem fácil para Althusser ver os homens como *Träger*, e recair justamente no mesmo modo de pensar que Marx identificou em Proudhon: "De seu ponto de vista, o homem é apenas o instrumento usado pela Ideia ou a razão eterna para se manifestar"[159]. Porém, no mundo fora daquela porta, talvez se pudesse mostrar que o agir teve um âmbito mais amplo para exercer seus efeitos. Na verdade, esse agir não estará livre de pressões ulteriores determinadas, nem escapará a limites determinados. É improvável que apresse a resolução da complexidade e das contradições extraordinárias dos modos superpostos de produção observáveis na Índia. Contudo, poderia ser capaz de abrir os portões da prisão de Calcutá e libertar nosso prisioneiro. Na verdade, ele fez exatamente isso. Poderia inclusive ser capaz de resistir às, ou legitimar as, pressões ideológicas dominantes de nossa época. Poderia decair na cumplicidade com o predestinacionismo stalinista, ou discutir com Althusser e contribuir para libertar outra mente de sua influência.

Ademais, se olharmos qualquer futuro descrito como "socialista", não haverá erro mais prejudicial e ativamente perigoso para a prática de toda liberdade humana do que a noção de que há algum modo "socialista" de produção (como a propriedade pública ou estatal dos meios de produção) no âmbito do qual são *dadas* certas relações "socialistas" de produção, e que vai constituir uma garantia categórica de que uma sociedade (valores, ideias,

---

159. Carta de Marx a Annenkov, 28 de dezembro de 1846, *Selected Correspondence*, p. 9.

instituições etc.) socialista vai *se produzir a si mesma* – não, talvez, instantaneamente (porque existe a "autonomia relativa" etc. etc.), mas no devido tempo, advinda do ventre do próprio modo de produção. Isso é totalmente inexato: toda escolha e toda instituição está ainda por ser feita, e toda outra suposição constitui um erro tão espantoso em sua crueza mística quanto a noção de Althusser de que, com Stalin, a *"infraestrutura* socialista" pôde "se desenvolver sem prejuízos essenciais" (p. 216). Logo, a Teoria está longe de nos oferecer tão reconfortantes garantias; o surgimento, no âmbito de partidos e ideologias que se pretendem a "vanguarda" do movimento socialista, de teologias metafísicas tão monstruosas (nas quais a vontade, a escolha, o valor, os próprios homens e mulheres desaparecem), é uma premonição sobremodo ameaçadora. Devemos libertar nossa mente *agora*; se essa ideologia conseguir obter uma parcela do poder, será tarde demais.

XV

Podemos tentar, agora, concluir a argumentação. Propus em uma seção anterior que as hipóteses do materialismo histórico e da "anti"-Economia Política de *O capital*, embora intimamente ligadas, são distintas. Isso foi dito claramente por Marx em seu prefácio aos "Manuscritos de Paris" (1844), quando delineou seu ambicioso e impossível projeto de vida:

> Apresentarei, portanto, uma após a outra, uma crítica do direito, da moral, da política etc., em diferentes brochuras independentes e então, finalmente, em um trabalho separado, tentarei mostrar a conexão do todo e a relação das partes entre si e terminarei com uma crítica da elaboração do material pela filosofia especulativa. Portanto, neste trabalho, a ligação da economia política com o Estado, o direito, a moral, a vida civil etc., *é tratada apenas na medida em que a própria economia política professa se ocupar desses assuntos*[160].

---

160. Citado em D. McLellan, *Marx before marxism* (Penguin, 1972), p. 280. Grifos meus. Korsch argumentou, há muito tempo, que a Economia Política marxista e "a descrição 'subjetiva' da história como uma luta de classes" eram "duas formas independentes do pensamento marxista, igualmente originais e não derivadas uma da outra..." Karl Korsch, *Karl Marx* (Londres, 1938), p. 228-229.

Enquanto isso, as hipóteses do materialismo histórico ("a relação das partes entre si") foram rapidamente apresentadas, entre 1845 e 1848, em *A ideologia alemã*, *A miséria da filosofia* e *Manifesto comunista*. Friedrich Engels desempenhou um importante papel no desenvolvimento dessas hipóteses e, por trás dele, encontramos a influência direta das organizações de classe e da consciência de classe do movimento operário britânico. Como mostrou Stedman Jones em um útil estudo, Engels era bem modesto quanto ao seu papel nessa produção conjunta[161], o que constituiu maior razão para vermos com respeito os *esclarecimentos* de suas últimas cartas.

Desse modo, as hipóteses do materialismo histórico já haviam sido apresentadas em 1848. Elas foram retomadas por Engels em vários de seus prefácios subsequentes às edições do *Manifesto*. Assim (no Prefácio à edição alemã de 1883), diz:

> O pensamento básico que percorre todo o *Manifesto* – o de que a produção econômica e a estrutura da sociedade de qualquer época histórica que nascem necessariamente dela constituem o fundamento da história política e intelectual dessa época e de que, consequentemente (...) toda história tem sido história da luta de classes (...) – esse pensamento básico pertence única e exclusivamente a Marx[162].

Essas proposições, afirmou Engels no prefácio à edição inglesa de 1888, "destinavam-se a fazer pela história o que a teoria de Darwin fizera pela biologia". Não obstante, como já vimos (p. 115-116), elas continuaram em grande parte sem desenvolvimento nos 40 anos seguintes, tendo sido mais elaboradas por Engels do que por Marx e, ao final de sua vida, aqueie pôde ver claramente que "fez-se apenas um pouco".

Entrementes, e ao menos durante 20 anos, Marx se voltou para a luta com seu antagonista, a Economia Política, e nessa batalha empenhou-se em desenvolver aquilo que, para mim (p. 102-103), pode ser considerado uma

---

161. Gareth Stedman Jones, "Engels and the genesis of marxism", *New Left Review*, 106 (novembro-dezembro de 1977).

162. Como Jones mostra (ver supra), Engels era muito modesto. Podemos arriscar-nos a dizer que sua extrema generosidade com seu amigo foi motivada pelo fato de que Marx havia morrido apenas três meses antes. Numa nota subsequente (à nova edição alemã de 1890), ele fez mais justiça a si mesmo.

"antiestrutura" àquela estrutura. Argumentei que o próprio Marx ficou preso, durante algum tempo, na armadilha dos circuitos do capital – uma imanência que se manifesta em "formas" – e que apenas em parte ele escapou a essa armadilha em *O capital*. É a ela (ao lado do *Grundrisse* de Marx) que a prática teórica retorna com tanta ansiedade[163]; é do cerne dessa armadilha que Althusser extrai sua autoridade textual, e ele deseja nos fazer voltar à prisão conceitual (modo de produção = formação social) que fora imposta a Marx pelo seu antagonista burguês. Até que ponto Marx teve consciência de sua prisão é uma questão complexa, questão que (para mim) não tem muita importância quanto ao progresso atual do conhecimento. Interessa-nos fazer avançar a história e o entendimento de Marx, e não a marxologia. Devemos, pelo menos, contudo, observar que Marx, em sua crescente preocupação nos últimos anos de vida com a antropologia, estava retomando os projetos de sua juventude em Paris[164].

O problema, como já aleguei suficientemente, é passar dos circuitos do capital ao capital*ismo*; de um modo de produção altamente conceitualizado e abstrato, em que o determinismo surge como absoluto, às determinações históricas como o exercício de pressões, como uma lógica do processo no interior de um processo maior (e por vezes contrabalançador). Claro que seria ridículo afirmar que Marx, em *O capital*, não chegou repetidamente à linha divisória entre Economia Política e história, estrutura e processo, e não se referiu repetidas vezes – em muitos casos de modo bem esclarecedor – à pressão da primeira sobre as formas e a lógica da segunda. Mas as referências *continuam a ser hipóteses*; são supostas, não provadas; e, mais do que isso, as suposições se apoiam nas hipóteses anteriores do materialismo histórico, as quais precedem de muito *O capital*, mas ficaram sem desenvolvimento e sem exame. E surgem repetidamente problemas no que denominei "conceitos de junção" (p. 177): a "necessidade", que pode reaparecer na antropologia como "norma" e, na "história", como "vontades" ou "valores"; "modo de produção",

---

163. Althusser volta constantemente a esse momento de imobilismo teórico de Marx (e hegeliano): no índice das obras de Marx em *Lire le Capital*, a entrada mais extensa é a Introdução de "1857", e a segunda em extensão é a do "Prefácio à Crítica".
164. Cf. L. Krader, op. cit.

que pode reaparecer como uma pressão determinante no âmbito de um complexo processo histórico; "classe", postulada como a estruturação de um modo de produção, ou materializada de maneiras que nunca podem ser predeterminadas (como os historiadores mostraram suficientemente); o próprio "determinismo", como fechamento ou pressão.

Além disso, a Economia Política, incluindo a "anti"-estrutura de Marx, não dispunha de termos – tinha, deliberadamente, e para os propósitos de sua ciência analítica, *excluído* os termos – que se tornam imediatamente essenciais para compreendermos as sociedades e as histórias. A Economia Política tem termos para valor de uso, valor de troca, valor monetário e mais-valia, mas não para valor normativo. Não tem termos para outras áreas da consciência: como traduzir em termos de valor, preço e lucro os rituais simbólicos de Tyburn ou do mausoléu de Lenin (ou, agora, de Mao)? Podemos formular a hipótese de que um "vocabulário" "reaparecerá" no interior de outro, mas, mesmo assim, não sabemos como, por que meios ou mediações. E é aqui que verificamos que a analogia de Engels entre Darwin e Marx é, sob um dado aspecto, ainda mais próxima do que ele pretendia. Pois assim como Darwin propôs e demonstrou um processo evolutivo que se desenvolveu por meio de uma transmutação hipotética das espécies – espécies que até então haviam sido consideradas imutáveis e fixas – e ainda assim continuou totalmente ignorante quanto aos meios genéticos reais dessa transmissão e transmutação – assim também, analogamente, o materialismo histórico, como hipótese, se viu sem sua "genética" própria. Se fosse possível propor uma correspondência – e, em parte, demonstrá-la – entre um modo de produção e o processo histórico, como, e de que modo, se faria isso? Essa é uma pergunta importante, porque uma das respostas vai simplesmente ser descartar o problema sem solução. E a teologia dirá então que a evolução evidencia a manifestação peculiar da vontade divina, enquanto a prática teórica dirá que a história manifesta o "desenvolvimento das formas" do capital. A outra resposta (a tradição de Mendel e a do materialismo histórico e cultural) será *descobrir*.

O que descobrimos está (em minha opinião) em uma expressão que falta: "experiência humana". É exatamente essa expressão que Althusser e seus seguidores desejam expulsar, com injúrias, do clube do pensamento, sob o nome de "empirismo". Os homens e mulheres também retornam como sujeitos no âmbito dessa expressão – não como sujeitos autônomos, "indivíduos livres", mas como pessoas que vivenciam suas situações e relações de produção determinadas como necessidades, interesses e antagonismos, e em seguida, "lidam" com essa experiência em sua *consciência* e sua *cultura* (dois outros termos excluídos pela prática teórica) das mais complexas maneiras (sim, "relativamente autônomas") e então (frequentemente, mas nem sempre, mediante as estruturas de classe resultantes) agem, por sua vez, sobre sua situação determinada.

Temos de enfatizar que, embora isso não seja incompatível com as hipóteses de Engels e Marx, não é exatamente equivalente às suas proposições. Porque introduzimos um termo, "cultura", que, em sua origem "antropológica", seria deplorado por Althusser, e que, em sua definição e desenvolvimento ulteriores no conhecimento histórico, não estava disponível para Marx. Trata-se de um termo com cuja defesa estou totalmente comprometido e, caso os marxólogos insistam ser necessário, até mesmo *contra* Marx. Porque não é verdade que Marx tenha inocentemente negligenciado a necessidade de proporcionar certa "genética" à sua teoria. Marx tentou isso, inicialmente, em seus escritos sobre a alienação, o fetichismo da mercadoria e a reificação; e, depois, em sua noção do homem, em sua história, refazendo continuamente sua própria natureza. (Observemos, apenas de passagem, uma vez que outros críticos examinaram essa questão, que Althusser exclui de seu cânone toda exploração de todas as séries de noções sugestivas.) Sobre a primeira série de conceitos, quero dizer apenas que eles se propõem a fornecer uma "Genética" – explicar como a história é determinada de maneiras que se chocam com as intenções conscientes de seus sujeitos – em termos de *racionalidade* mistificada. Os homens se aprisionam em estruturas que eles mesmos criaram porque *mistificam a si mesmos*. Embora possam considerar essas noções sugestivas em certas áreas (como no estudo das ideologias), os historiadores argumentariam – e eu por certo argumentarei – que, em uma aplicação mais geral, eles são o produto de uma mente demasiado racional; oferecem uma

254

explicação em termos de racionalidade mistificada para comportamentos e crenças não racionais ou irracionais cujas fontes não podem ser inferidas da razão. Quanto à segunda série de conceitos (o homem fazendo sua própria natureza), embora seja importante e aponte o caminho correto, continua tão mal desenvolvida que, sem dúvida, faz pouco mais do que repetir a pergunta anterior em novos termos: ainda temos de *descobrir* "como"?

Retornamos assim ao termo que falta, "experiência", e enfrentamos imediatamente os verdadeiros silêncios de Marx. Não se trata apenas de um ponto de junção entre "estrutura" e "processo", mas de um ponto de *dis*-junção (*sic*) entre tradições alternativas e incompatíveis. Para uma delas, a do dogma idealista, esses "silêncios" são espaços em branco ou ausência de "rigor" em Marx (incapacidade de teorizar plenamente seus próprios conceitos) e devem ser reunidos entre si aproximando-se os conceitos gerados conceptualmente pela mesma matriz conceitual. Mas, como já vimos (p. 178), essa busca da segurança de uma teoria perfeita total é a heresia original contra o conhecimento. Essas perfeitas criações idealistas, magnificamente unidas por um ponto conceitual invisível, acabam sempre na banca de saldos. Se Marx tivesse de fato criado uma Teoria assim, ela já estaria no balcão das pechinchas, ao lado de Spencer, Dühring e Comte, de onde seria resgatado por algum estudante em busca de um material bizarro para colocar em algum lugar de sua tese de doutorado.

Em sua atual encarnação como "prática teórica", a noção de Teoria é como uma praga que se tivesse implantado na mente. Os sentidos empíricos são obstruídos, os órgãos morais e estéticos reprimidos, a curiosidade sedada, todas as evidências "manifestas" de vida ou de arte desacreditadas como "ideologia"; o ego teórico cresce (pois todas as outras pessoas estão mistificadas pelas "aparências"), e os devotos se reúnem fervorosamente ao redor do Modo de Produção. Como os caminhos que levam ao altar de Lakshmi em um velho templo hinduísta, os caminhos são longos, escorregadios e ornados, mas eis que finalmente lá está ela, a deusa da riqueza material, incrustada de ouro e joias, envolta em guirlandas e tendo visíveis apenas seus enormes olhos enigmáticos. Eles lhe prestam obediência, invocam seus muitos nomes – *La Structure à Dominante, O Modo*, o *MCP*. Os ritos que realizam são às vezes lamentáveis e outras vezes cômicos. Os críticos se empenham em decifrar poemas como a reapresentação da teoria ou da ideologia em termos opacos. E sob esses termos está O Modo, o MCP. Tal como, no platonismo inerte de sua teoria, toda cultura e toda vida social foram reduzidas ao Modo, assim também seu vocabulário é requentado até reduzir-se à mesma pasta desnaturada:

> É possível, por exemplo, uma dupla articulação MGP/IG-IG/IE/MLP, pela qual uma categoria IG, quando transformada por IE em um componente ideológico de um MLP, pode então entrar em conflito com as relações MGP que ela existe para reproduzir[165].

É uma gentileza desse crítico literário oferecer-nos um "exemplo". Mas supor que isso propõe uma "ciência" da estética materialista é caluniar tanto a ciência como o materialismo.

Nem todos os ritos são tão sinceros. Os peregrinos são às vezes críticos e impertinentes. Mas já que, em algum lugar de seu coração ainda desejam adorar o Absoluto, não repudiam, mas procuram apenas corrigir os ritos. Desse modo, os problemas (que eles de fato conseguem ver) se veem reduzidos a pseudoproblemas no âmbito de um sistema conceitual concebido para repelir a solução que eles mesmos propõem. Até excelentes historiadores, que deveriam ter mais conhecimento (e talvez tenham), ponderam sobre a falta de um "*mecanismo* estrutural preciso" para "ligar" a base e a superestrutura, e meditam sobre as maneiras como essa omissão poderia ser conceitualmente reparada[166]. Mas o que está errado, e sempre esteve errado, é a analogia inicial (corpo/alma), e a noção de que a articulação pode ser reparada com um "mecanismo". Algumas feministas socialistas, que têm um sincero ressentimento com relação aos "silêncios" do marxismo, procuram, mediante árduos exercícios teóricos, inserir uma nova engrenagem (reprodução da força de trabalho) no planetário, na esperança de que sua inércia movimente,

---

165. Terry Egleton. *Criticism and ideology* (New Left Books, 1976), p. 61. [MGP = modo geral de produção; MLP = modo literário de produção; IG = ideologia geral; IE = ideologia estética. N.T.]
166. Gareth Stedman Jones, "Engels and the end of classical German philosophy". Op. cit., p. 31. Cabe acrescentar que o autor superou esse legado idealista em sua obra posterior.

de alguma forma miraculosa, todas as variegadas "formas desenvolvidas" de repressão e expressão sexual, modalidades de famílias e papéis de gênero. Mas o erro não reside no fato de elas terem proposto o problema, mas no de o terem reduzido a um pseudoproblema, procurando inseri-lo em uma máquina concebida para excluí-lo. E, ao mesmo tempo, elas foram induzidas enganosamente a desmantelar todo o desafio e a identidade de seu problema, sujeitando-o à mesma praga geral.

Uma nuvem não maior que a mão de um homem atravessa o Canal da Mancha, vinda de Paris, e, em um instante, as árvores, o pomar, as sebes, o campo de trigo, ficam cobertos de gafanhotos. Quando por fim eles levantam voo para se dirigir ao próximo local, os burgos perderam todas as culturas, os campos foram privados de todas as folhas verdes da aspiração humana: e nessas formas esqueléticas e nessa paisagem desolada, a prática teórica anuncia sua "descoberta": o modo de produção. Não só o conhecimento substantivo, mas igualmente os próprios vocabulários do projeto humano – compaixão, ambição, amor, orgulho, autossacrifício, lealdade, traição, calúnia – foram devorados até só restarem os circuitos de capital. Esses gafanhotos são platônicos muito eruditos: se houvessem pousado sobre *A República*, a teriam desnudado de tudo, exceto da ideia de uma contradição entre um filósofo e um escravo. Por mais elaborados que sejam seus mecanismos internos, torções e autonomias, a prática teórica constitui o ponto extremo do reducionismo: uma redução, não da "religião" ou da "política" à "economia", mas das disciplinas do conhecimento a apenas um tipo "básico" de teoria. A teoria está sempre recaindo em uma teoria ulterior. Ao desautorizar a pesquisa empírica, a mente está para sempre confinada aos seus próprios limites. Ela não pode sair, imobilizada como está pela cãibra teórica, e a dor só é suportável se ela não mover os membros.

É esse, assim, o sistema de *fechamento*. É o lugar em que todos os marxismos, concebidos como sistemas teóricos autossuficientes, autovalidadores, autoextrapolantes, têm de terminar. No pior dos casos (no qual geralmente está) a prática teórica *é* esse fim, e podemos agradecer a Althusser por demonstrar isso com tamanho "rigor". Mas se voltamos à "experiência", podemos passar, desse ponto, mais uma vez, a uma exploração *aberta* do mundo e de nós mesmos. Essa exploração faz exigências de igual rigor teórico, mas no âmbito do diálogo entre a conceitualização e o engajamento empírico que já examinamos (p. 73-75). Essa exploração pode continuar situada na tradição marxista, no sentido de que estamos tomando as hipóteses de Marx, e alguns de seus conceitos centrais, e colocando-os em operação. Mas o final dessa exploração não é descobrir um sistema conceitual finito (reformado), o mar*xismo*. Não há, nem pode haver jamais, esse sistema finito.

Lamento decepcionar os praticantes que supõem que tudo o que se precisa saber sobre a história pode ser construído a partir de um aparato conceitual mecânico. Podemos apenas voltar, ao final dessas explorações, com melhores métodos e um melhor mapa, certa apreensão de todo o processo social, expectativas quanto ao processo e às relações estruturadas; certa maneira de nos situar diante do material; certos conceitos-chave (a serem eles próprios usados, testados e reformulados) do materialismo histórico: classe, ideologia, modo de produção. Nas margens do mapa, encontraremos sempre as fronteiras do desconhecido. O que resta a fazer é interrogar os silêncios reais através do diálogo do conhecimento; e à medida que esses silêncios vão sendo penetrados, não vamos simplesmente costurar um conceito novo no tecido velho, mas considerar necessário reorganizar todo o *conjunto* de conceitos. Não há nenhum altar mais recôndito que seja sacrossanto a ponto de impedir o questionamento e a revisão.

Aí reside a diferença entre marx*ismo* (*sic*), e tradição marxista: é possível ter uma prática marxista, mas considerar os marx*ismos* (*sic*) obscurantismos – algo que eles manifestamente se tornaram, em uma dezena de formas. Isso não tem nenhuma relação com a admiração que se possa ter por Marx e sua obra. Pelo contrário, admirar essa obra é colocar-se como aprendiz dela, empregar seus termos, aprender a trabalhar em um diálogo do mesmo tipo que ela faz. Mas a emulação não deve se basear em uma reverência servil – nem mesmo (como é o caso de Althusser) em uma reverência fingida pelo que Marx pretendia dizer mas, inexplicavelmente, esqueceu-se de fazê-lo. Deve surgir do entendimento da natureza provisória e exploratória de toda teoria, e da abertura de mente com que se deve abordar todo conhecimento. Isso tem também de implicar um respeito pela continuidade da cultura intelectual, que não deve ser vista como dividida em duas metades, o A.C. e o A.D. do "ruptura epistemológica" de Marx, e na qual todas as outras mentes e conhecimentos devem ser medidos pelo padrão da ciência marxista.

É na própria noção do marx*ismo* como "ciência" que encontramos a autêntica marca registrada do obscurantismo, e de um obscurantismo copiado, como tantas outras coisas, de uma ideologia burguesa de grande longevidade. Utilitaristas, malthusianos, positivistas, fabianos e funcionalistas-estruturalistas, todos eles se consideram praticantes de uma "ciência", e o mais desavergonhado centro acadêmico de ideologia capitalista brutalizada na Inglaterra contemporânea se proclama Escola de Economia e *Ciência* Política [School of Economics and Political *Science*]. Quando Marx e Engels alegaram estar aplicando métodos científicos ao estudo da sociedade, eles mostravam uma pretensão que pode, em certas circunstâncias, ser defendida; mas quando supunham estar fundando uma ciência (o marx*ismo*), eles estavam colocando muros de prisão ao redor de seu próprio conhecimento.

A questão é agora ainda mais grave. O marx*ismo* vem sofrendo há décadas de uma devastadora doença, o economicismo vulgar. Seus movimentos foram enfraquecidos, sua memória está falha e sua visão obscurecida. Ele entrou agora, rapidamente, no delírio final do idealismo, e essa doença pode ser terminal. A prática teórica já é o *rigor mortis* do marx*ismo* se iniciando. O marx*ismo* já não tem nada a nos dizer sobre o mundo, nem alguma maneira de descobri-lo.

O impulso é fugir, em favor de nossa sanidade mental, dessa cena de devastação. Homens honrados, como Cornelius Castoriadis, que não abandonou nem por um instante sua luta contra o capitalismo, deixaram a tradição marxista desse modo: eles a veem como incorrigível, inerentemente elitista, dominadora e antidemocrática (os "cientistas" e o vulgo) e condenada pelos seus frutos ortodoxos e stalinistas[167]. E concordo com boa parte

---

167. Cornelius Castoriadis, *L'éxperience du mouvement ouvrier* (Paris, 1974), *La société bureaucratique* (Paris, 1973); *L'institution imaginaire de la société* (Paris, 1975); *Les Carrefours du labyrinthe* (Paris, 1978). Em anos recentes, a revista *Telos* apresentou trabalhos de Castoriadis e de Claude

da sua crítica (uma saudação, velhos camaradas de *Socialisme ou Barbarie* [Socialismo ou Barbárie!]): alguma parte disso apresentei em meus próprios termos. Contudo, mesmo em sua acerba polêmica com o "marxismo", vemos que estão usando – e de maneira muito melhor – conceitos que aprenderam inicialmente em Marx. Pois os marx*ismos* e a tradição de pesquisa empírica aberta, os dois advindos da obra de Marx, e os dois usando, desenvolvendo e revendo seus conceitos, nunca foram a mesma coisa.

Por que, então, lutar por causa de um nome? Por um marx*ismo*, eu não o faria, porque lutaria com a consciência pesada. Marx errou várias vezes, e em alguns casos de maneiras prejudiciais. Nem todas as validações que Althusser exibe são tão espúrias quanto a sua frase de *A miséria da filosofia*. Alguma parte de Marx sugere o sistema e a "ciência" de maneira que ensejam uma incômoda continuidade aos "ismos" e às ideologias estatais de nossa época. O "lado *Grundrisse*" de Marx, a noção da "imanência" do capital, oferece um presságio de Althusser, embora esse presságio seja claramente contraditado em cem outras passagens. Marx partilha com outros grandes e fecundos pensadores (Hobbes, Maquiavel, Milton, Pascal, Vico, Rousseau) uma ambiguidade inerente ao próprio rigor e abertura de seu pensamento. Ao nos fazer cruzar um limiar, ele nos deixa à porta; abandonamos velhos problemas e ganhamos precisamente uma perspectiva do um novo campo de problemas à nossa frente, alguns dos quais ele pôde perceber, mas poucos dos quais pôde (antecipadamente) resolver. Ele nos situa em um novo espaço teórico, a partir do qual novos desenvolvimentos alternativos nos fazem avançar. Um nome para esse espaço é ambiguidade, sendo o outro possibilidade. A própria diversidade de escolas de pensamento, todas reivindicando

---

Lefort. Infelizmente, não posso recomendar a descrição de sua obra por um entusiasta americano, Dick Howard, *The Marxian legacy* (Londres, 1977), porque o estudo deste é um extraordinário ensaio de leviandade a-histórica e apolítica que reduz tudo a um interminável seminário acadêmico da pós-*New Left* [Nova Esquerda] norte-americana acerca de algo que ele chama (impropriamente) de "ontologia". Castoriadis nunca se dedicou a academismos desse tipo. O grupo inglês "Solidarity" publicou alguns extratos pertinentes de Castoriadis ("Paul Cardan") em forma de folheto ("Solidarity", c/o 123 Lathom Road, Londres, E. 6), merecendo destaque *Modern capitalism and revolution* (75 pence) e *History and revolution* (20 pence). Este último é o melhor vomitório de 20 pence a ser receitado aos teólogos marxistas e praticantes teóricos – um vomitório sectário a ser administrado apenas aos sectários.

um legado marxista comum (cada uma podendo exibir distintas validações), é prova disso.

O marx*ismo* foi somente uma evolução possível, embora tendo apenas uma fraca relação com Marx. Mas a tradição marxista aberta, exploratória, autocrítica, foi um desenvolvimento totalmente distinto. Sua presença pode ser constatada em todas as disciplinas, em muitas práticas políticas e em todas as partes do mundo.

Eu pretendia, neste ponto, incluir comentários sobre uma tradição marxista que conheço bem – a da historiografia. Mas reservarei essas notas para outro lugar[168]. Não quero personalizar aquilo que é uma crise intelectual grave e generalizada, nem permitir que se suponha que estou opondo alguma "tradição anglo-marxista" ao "franco-marxismo" de Althusser. A primeira tradição não é anglo-saxã, mas é vigorosa não apenas na Escócia e no País de Gales, como também na França e na Índia, na Itália e (como é o caso da tenaz tradição da *Monthly Review*) nos Estados Unidos; nem está ela, em algum sentido, restrita à historiografia. O segundo "ismo" não é representativo do melhor pensamento socialista francês, limitando-se a uma sistematização extrema de sistemas encontradiços igualmente na forma de ideologias estatais ou no "marxismo ocidental". Nem tenho alguma autoridade para falar por meus colegas historiadores da tradição marxista britânica.

Assim, vou apenas indicar a historiografia como um lugar de uma tradição alternativa. E fazer um comentário. Quem supõe (e aí se inclui metade da *lumpen-intelligentsia* de Oxford e Cambridge) que Althusser e seus colegas estavam fazendo novas e "flexíveis" reavaliações da "problemática" marxista quando falavam de "autonomia relativa" e de "em última instância" – e que antes dessa "revolução" todos os marxistas praticantes estavam subjugados

---

168. Considero útil o trabalho de James Henretta, *Social history as lived and written* (Newberry Library, Chicago, 1977). Parecem-me claramente inúteis recentes tentativas de sugerir um rompimento na historiografia marxista britânica entre a obra de Maurice Dobb e a historiografia da década de 1960 (inclusive meu próprio trabalho, bem como o de Eugene Genovese). Vejo, em ambos os lados dessa pretensa "ruptura", uma tradição comum de historiografia marxista, submetida a um discurso empírico (embora com ênfases diferentes). E "culturalismo" é um termo que rejeito (cf. R. Johnson, G. McLennan, B. Schwarz, *Economy, culture and concept*. Birmingham University: Centre for Contemporary Cultural Studies, 1978.

ao dogma vulgar ou "empirismo" burro – está simplesmente revelando sua ignorância sobre o materialismo histórico e cultural. Em particular, seu conhecimento da história só pode ter sido extraído de anedotas de viajantes, e de viajantes como "Sir John Mandeville", o bom burguês de Liège, que nunca deixou seu gabinete de notário.

Começamos pela "autonomia relativa", e começamos com a ajuda de outros que haviam começado ali antes de nós. Afinal de contas, teria sido um pouco difícil para nós examinar o drama de Ésquilo, a antiga ciência grega, as origens do budismo, a cidade-Estado, os mosteiros cistercienses, o pensamento utópico, as doutrinas puritanas, os arrendamentos feudais, a poesia de Marvell, o revivalismo metodista, o simbolismo de Tyburn, as *grandes peurs* [manifestações populares] e levantes, seitas behmenistas, rebeldes primitivos, ideologias econômicas e imperialistas, e todos os tipos de confrontos de classe, negociação e retração, sem tropeçar, em algum ponto da linha, em alguma dificuldade. Não pretendo de modo algum que tenhamos feito tudo isso como especialistas, e sequer que o tenhamos feito bem. Minha preocupação é outra: é a de ressaltar que entramos, através da experiência histórica, diretamente nos silêncios reais de Marx.

O que encontramos? Não, receio, uma teoria melhor (o materialismo histórico como um novo *ismo* fechado). Encontramos algum conhecimento novo, desenvolvemos nossos próprios métodos e o discurso de nossa disciplina, e avançamos no sentido de um entendimento comum de todo o processo histórico. As outras coisas que descobrimos são mais controversas, e só posso falar de minha visão pessoal. Confirmamos todas as advertências feitas por Engels no final de sua vida: é impossível passar, mediante uma mudança de letras, do modo capitalista de produção para o capitalismo como formação social. Exploramos, tanto na teoria como na prática, os conceitos de junção (como "necessidade", "classe" e "determinação"), pelos quais, através do termo ausente, "experiência", a estrutura é transmutada em processo, e o sujeito é reinserido na história. Ampliamos sobremaneira o conceito de classe, que os historiadores da tradição marxista empregam comumente – de maneira deliberada e não por uma "inocência" teórica – com uma flexibilidade e uma indeterminação desautorizadas tanto pelo marx*ismo* como pela sociologia ortodoxa. E, no tocante à "experiência", fomos levados a reexaminar todos esses sistemas densos, complexos e elaborados pelos quais a vida familiar e social é estruturada e a consciência social se realiza e se exprime (sistemas que o próprio rigor da disciplina, em Ricardo ou no Marx de *O capital*, visa excluir): parentesco, costumes, as regras visíveis e invisíveis da regulação social, hegemonia e deferência, formas simbólicas de dominação e de resistência, fé religiosa e impulsos milenaristas, maneiras, leis, instituições e ideologias – sistemas que, em seu conjunto, constituem a "genética" de todo o processo histórico, sistemas que se reúnem todos, em um certo ponto, na experiência humana comum, que exerce ela mesma (na forma de experiências de *classe* peculiares) sua pressão sobre o conjunto.

Quando digo que "nós" exploramos o exterior dessa maneira, não quero dizer que fomos os pioneiros, ou que não fomos ajudados por historiadores, antropólogos e outros de diferentes tradições. Nossas dívidas são múltiplas. Mas, a meu ver, não descobrimos outros *sistemas*, coexistentes, de *status* e coerência iguais ao sistema da (anti) Economia Política exercendo pressões que fossem todas igualmente determinantes: um Modo de Parentesco, um Modo Simbólico, um Modo Ideológico etc. A "experiência" (descobrimos) foi, em última instância, gerada na "vida material", estruturada em termos de classe e, consequentemente, o "ser social" determinou a "consciência social". *La Structure* ainda domina a experiência, mas, dessa perspectiva, sua influência determinada é pequena. As maneiras pelas quais toda geração viva, em todo "agora", "lida com" a experiência desafiam previsão e fogem a toda definição estreita da determinação.

Creio que descobrimos outra coisa, de significação ainda maior para todo o projeto do socialismo. Introduzi, algumas páginas antes, outro termo médio necessário, "cultura". E descobrimos que, com "experiência" e "cultura", estamos em um ponto de junção de outro tipo. Porque as pessoas não se limitam a vivenciar sua própria experiência apenas como ideias, no âmbito do pensamento e de seus procedimentos, ou (como supõem alguns praticantes teóricos) como instinto proletário etc. Elas também vivenciam sua expe-

263

riência como *sentimento* e lidam com esses sentimentos na cultura, como normas, obrigações e reciprocidades familiares e de parentesco, como valores ou (mediante formas mais elaboradas) na arte ou nas convicções religiosas. Essa metade da cultura (e ela é uma metade completa) pode ser descrita como consciência afetiva e moral.

Isso significa, precisamente, *não* propor que a "moral" seja alguma "região autônoma" da escolha e vontade humanas que surge independentemente do processo histórico. Essa visão da moral nunca foi suficientemente materialista, e por isso frequentemente reduziu essa formidável inércia – e às vezes formidável força revolucionária – a uma ficção idealista marcada pelo desejo. Ao contrário, significa dizer que toda contradição é um conflito de valores, tanto quanto um conflito de interesses; que, em cada "necessidade", há um afeto, ou "vontade", a caminho de se tornar um "dever" (e *vice-versa*); que toda luta de classes é ao mesmo tempo uma luta relativa a valores; e que o projeto do socialismo não está garantido *POR COISA ALGUMA* – certamente não pela "Ciência" ou pelo marxismo-leninismo – e pode assim encontrar suas próprias garantias somente mediante a *razão* e uma ampla *escolha de valores*.

É neste ponto que o silêncio de Marx, e da maioria dos marx*ismos* é ensurdecedoramente gritante. É sem dúvida um estranho silêncio, porque, como já observamos (p. 101), Marx, em sua ira e compaixão, era um moralista em cada palavra que deixava no papel. Acossado pelo moralismo triunfante do capitalismo vitoriano, cuja retórica disfarçava as realidades da exploração e do imperialismo, seu aparato polêmico foi denunciar todo moralismo como um danoso engodo: "A Igreja Inglesa Oficial perdoará com mais facilidade um ataque a 38 de seus 39 artigos do que a 1/39 de sua renda". Sua posição tornou-se a de um antimoralista. O mesmo ocorreu, em igual medida, com Engels, cujos argumentos inadequados em *Anti-Dühring* não pretendo examinar. Na década de 1880, a declarada aversão de Engels ao moralismo era tamanha que seu olhar atravessou o gênio extraordinário do ativista socialista inglês William Morris e sequer percebeu o que havia ali.

Até o final de sua vida, quando encontrou, em suas pesquisas antropológicas, problemas que evidentemente requeriam exame em termos não oriundos da Economia Política, Marx – embora reconhecesse esses problemas – sempre tentava remetê-los de volta a um quadro de referência econômico. Quando o antropólogo inglês Maine falou da "massa de influências, que, por uma questão de concisão podemos chamar de moral", Marx anotou no texto, impaciente: "Essa 'moral' mostra que Maine entende pouco do assunto; na medida em que essas influências (econômicas, antes de tudo) têm um *modus* 'moral' de existência, trata-se sempre de um *modus* derivado, secundário, e nunca do principal"[169]. Mas isso não é análise; é simplesmente recusa a quebrar o silêncio. Se as influências "morais" existem como um "*modus*" moral, então elas existem e devem ser analisadas em um vocabulário de normas, valores, obrigações, expectativas, tabus etc. Dizer que são "econômicas, antes de tudo", e um *modus* "derivado, secundário", é prejulgar ou, mais delicadamente, é uma hipótese que em nenhuma das obras de Marx é plenamente examinada, hipótese cuja consideração é excluída de seu principal projeto, e que, por sua vez, é derivada de uma definição particular e limitada de "econômico". Em toda essa área, Morris foi imensamente mais perceptivo do que Engels ou Marx.

Esse silêncio foi transmitido à tradição marxista ulterior na forma de uma repressão. Esta, por seu turno, tornou mais fácil para a tradição principal dar as costas a Morris (e a muitas outras vozes) e capitular diante de um economicismo que, na verdade, simplesmente usou uma noção utilitária burguesa de "necessidade"; e, como complemento necessário disso, estimulou um reles filisteísmo perante as artes. A ciência marxista só precisava entrar no reino do socialismo, e tudo o mais lhe seria acrescentado. E foi o que o marxismo-leninismo-stalinismo fez. E sabemos com que resultados!

Esta é uma exposição grosseiramente simplificada de um desenvolvimento mais complexo, e mais contestado. Mas agora localizamos o último ogro de Althusser, o "moralismo". Descobrimos que sua toca se encontra menos na floresta da ideologia burguesa do que no fundo do coração do próprio movimento operário internacional. Esse ogro conferiu ao movimento os nervos utópicos da aspiração, os músculos da solidariedade e,

---

169. Krader, op. cit., p. 39, 329.

ocasionalmente, a coragem do autossacrifício revolucionário. E, repetidas vezes, também causou revoltas e defecções em partidos comunistas, bem como uma polêmica ainda corrente contra as práticas desses partidos e o vazio moral do vocabulário marxista. Em 1956, essa polêmica assumiu as proporções de uma repulsa em massa, no movimento comunista internacional, às práticas stalinistas e à sua apologética. Seus porta-vozes mais destacados (os ogros encarnados) foram, muito comumente, poetas e romancistas: Tuwim, Wazyk, Pasternak, Dery, Illyes, Boris Soljenítsin. Mais uma vez, longe de apresentar uma crítica do stalinismo, Althusser dedicou-se a uma ação policial ideológica contra essa crítica, tentando desautorizar os termos mais importantes em que ela foi feita.

Nesse caso, e somente nesse caso, a validação exibida por Althusser é autêntica. Está de fato assinada por Marx e endossada (com ressalvas quanto à "moral verdadeiramente humana") por Engels. Talvez por isso Althusser nunca se dá ao trabalho de discutir a questão, e pode simplesmente supor que todos os marxistas têm de concordar que o "moralismo" é monstro medonho. O que ele tem a dizer sobre o "moralismo" raramente é específico. (Em *A favor de Marx* e *Ler O capital*, a presença do problema pode ser notada principalmente nas cuidadosas estratégias usadas para garantir sua ausência do texto. De um lado, todas as questões referentes a normas, relações afetivas e regras são descartadas com o mesmo gesto que recusa a "antropologia" (p. 145). Isso lhe permite (e a todos os praticantes teóricos) deixar de lado, sem ler, 50 anos de trabalhos de história social, antropologia e disciplinas afins, realizado em parte por praticantes marxistas, trabalhos, todos eles, esclarecedores quanto ao problema da "autonomia relativa" que é, supostamente, um objeto dos rigorosos labores de Althusser.

Por outro lado, a "moralidade" é simplesmente equacionada à "moralidade burguesa", isto é, à ideologia. Trata-se de um "mundo de álibis, sublimações e mentiras" ou, com "política e religião", um mundo de "mitos e *drogas*" (*FM*, 140), e os marxistas não podem ter interesse a não ser de desmistificá-lo. O "moralismo", ou "o recurso à ética", é a sombra do 'humanismo'", cuja função (lembramos) é oferecer "um tratamento imaginário de problemas reais". Os velhos camaradas certamente vão reconhecer essa invencível fórmula stalinista – pronunciada em todas as situações incômodas por escrevinhadores de todos os partidos: a verdadeira moral equivale a tudo o que favorece os melhores interesses da classe operária. O Partido, guiado pela "ciência" marxista, é quem está mais bem capacitado para decidir quais são esses melhores interesses (e como tem sorte a classe operária ao contar com um Papai para fazer isso!). E como o que está em questão são *interesses*, passíveis de ser determinados com a precisão da ciência, nenhuma escolha de valores (ou de meios) pode estar envolvida. Quando, *depois* da morte de Stalin, o Partido decidiu que ele estava errado em alguns pontos, não se abordou o fedor moral do stalinismo; uma investigação *disso* poderia ter colocado sob suspeita mesmo o marxismo e o partido. O vocabulário só permitia reconhecer "erros" e "enganos" (juízos errôneos quanto aos melhores interesses). O fato de, passados alguns anos, ter sido permitida a palavra decididamente não científica "crimes" pode ser atribuído não ao revisionismo, mas a um reflexo oportunista diante da sensibilidade moral acusadora de milhões de pessoas.

Há algo mais no ensaio subsequente de Althusser sobre "Ideologia e aparelhos ideológicos de Estado" (*L. & P.*, 123-173). Talvez seja essa a coisa mais feia que ele já fez, a crise do delírio idealista. Vou me poupar do tédio da crítica, pois, em sua ingenuidade, sua rejeição de todas as evidências relevantes e suas absurdas invenções idealistas, esse ensaio se denuncia a si mesmo, e só a "ética" etc., é apresentada como um aparelho ideológico de Estado (e apenas isso) imposto ao homem inocente e totalmente passivo, receptivo, por meio do "aparelho familiar do Estado" e do "aparelho educacional do Estado". Essa ideologia impõe aos indivíduos uma "relação imaginária (...) com suas condições reais de existência". E, para explicar como ela o faz, Althusser inventa o recurso (totalmente imaginário) da "interpelação" ou "chamado", pelo qual o Estado, através de seu aparelho ideológico ("religioso, ético, legal, político, estético etc.), grita para os indivíduos: "Ei, você aí!" Basta que o Estado grite, e eles são imediatamente "recrutados" para qualquer "relação imaginária" que esse Estado exija. O ato de chamar sempre ocorreu, e sempre vai ocorrer, em toda sociedade. E assim é não porque as pessoas não possam viver e manter relações sem valores e normas, mas porque a "ideologia (...) é indispensável em qualquer sociedade para que os homens *sejam formados, transformados e equipados* para atender às demandas de suas condições de existência" (*FM*, 235). (Observe-se, mais uma vez, a forma passiva, transitiva, de reificação do agir pelo Outro.) Mediante a "interpelação", ou chamado, homens e mulheres são constituídos (na ideologia) como sujeitos (imaginários): por exemplo, como Jovens Estudantes Católicos, ou protestantes do Ulster.

É um cenário comovente, e que só poderia ter sido escrito por um cavalheiro de vida tranquila. Sugere que seu autor tem futuro como roteirista de filmes infantis. A malvada bruxa do Estado aparece! A varinha de condão da ideologia é agitada! E, pronto! Não só o príncipe se transforma em sapo, como toda a carruagem, puxada por seis cavalos, do movimento sindical reformista (outro aparelho ideológico do Estado) se torna uma caixa de fósforos puxada por seis camundongos brancos. Mas se algum leitor da Inglaterra foi levado (ou "interpelado") pelos altos chamados das várias agências britânicas de importação do "marxismo ocidental" (inclusive uma grande agência de importação que, por infelicidade, ajudei a fundar anos atrás) a supor que isso é o melhor que a tradição marxista na França consegue fazer em relação à sociologia, às comunicações e à teoria educacional etc., então eu lhe peço que deixe de acreditar nisso. Essa pessoa poderia começar sua reeducação com Pierre Bourdieu.

O que fica patente nessas construções atormentadas é que elas constituem recursos desesperados, usados por um racionalismo ingênuo, na tentativa de fabricar uma nova explicação racionalista para um comportamento não racional: a consciência afetiva e moral deve ser construída de algum modo como uma racionalidade deslocada ("ideologia") e não como uma experiência vivida, com que se "lida" de maneiras características. (Althusser poderia ao menos ter aprendido com Merleau-Ponty que a consciência é tão *vivida* quanto *conhecida*)[170]. Esses recursos podem, como sempre, gabar-se de formidáveis credenciais na ideologia burguesa.

---

170. "La conscience est plutôt un reseau d'intentions significatives, tantôt claires pour elles-mêmes, tantôt au contraire vécues plutôt que connues" [A consciência é antes uma rede de intenções significativas, ora claras por si mesmas, ora, pelo contrário, mais vividas do que conhecidas].

A antinomia "valor"/"fato", na qual "valor", ou "moral", constitui supostamente uma área autônoma de escolha sustentada pelo indivíduo dessocializado, reapareceu continuadamente como seu *alter ego*: a expulsão do valor da "ciência" social e econômica, a segregação da "moral" nas paliçadas do "pessoal" – um espaço socialmente infrutífero de preferências privadas. (Permitem-nos hoje ter preferências "morais" sobre comportamento sexual, mas as questões de "crescimento" econômico são assuntos científicos que não implicam nenhuma escolha de valor.) A velha e boa noção utilitarista de que todos os fatos são quantificáveis e mensuráveis (e podem, portanto, ser alimentados no computador), bem como de que tudo aquilo que não pode ser medido não é um fato, está viva e ativa, dominando grande parcela da tradição marxista. Ainda assim, aquilo que não pode ser medido teve consequências materiais mensuráveis.

Isso pode explicar por que os praticantes teóricos se recusam a admitir as evidências históricas em seus seminários sobre "moralismo" e "ideologia". Os historiadores logo terão de mostrar que tudo o que se estava fazendo era somente inventar para o utilitarismo uma nova série de credenciais idealistas. Os valores não são "pensados", nem "chamados"; eles são vividos, e advêm do mesmo vínculo com a vida material e as relações materiais de que surgem as nossas ideias. São as normas, regras, expectativas etc. necessárias e aprendidas (e "aprendidas" no sentimento) no "*habitus*" de viver; e aprendidas, antes de tudo, na família, no trabalho e na comunidade imediata. Sem esse aprendizado, a vida social não poderia sustentar-se, e toda produção cessaria.

Isso não significa dizer que os valores são independentes da coloração da ideologia: evidentemente, não é esse o caso, e como o poderia ser se a própria experiência está estruturada segundo classes? Mas supor com base nisso que sejam "impostos" (por um Estado!) como "ideologia", é equivocar-se com respeito a todo o processo social e cultural. Essa imposição será sempre tentada, com maior ou menor sucesso, mas não pode realizar-se por inteiro a menos que exista certa *congruência* entre as regras e a visão da vida impostas

---

La structure du comportement (Paris. 1942). Cf. também James Miller, "Merleau-Ponty's Marxism", *History and Theory*, XV (1976).

e a questão necessária de viver em um determinado modo de produção. Ademais, os valores, tanto quanto as necessidades materiais, serão sempre um terreno de *contradição*, de luta entre valores e visões da vida alternativos. Se dizemos que os valores são aprendidos na experiência vivida e estão sujeitos às suas determinações, não precisamos por esse motivo render-nos a um relativismo moral ou cultural. Assim como não precisamos supor alguma barreira intransponível entre valor e razão. Homens e mulheres discutem acerca de valores, escolhem entre valores, e, em sua escolha, apresentam evidências racionais e interrogam seus próprios valores por meios racionais. Isso equivale a dizer que *são tão determinados em seus valores quanto (e não mais) o são* em suas ideias e ações; *são tão "sujeitos" de sua própria consciência afetiva e moral quanto (e não mais)* o são de sua história geral. Conflitos de valor, e escolhas de valor, sempre acontecem. Quando uma pessoa entra em um, ou atravessa um, piquete grevista, ela está fazendo uma escolha de valores, mesmo que os termos da escolha e parte daquilo *com que* a pessoa escolhe sejam social e culturalmente determinados.

O materialismo histórico e cultural não pode explicar a "moral" diluindo-a como interesses de classe disfarçados, pois a noção de que todos os "interesses" podem ser classificados em objetivos materiais cientificamente determináveis não passa do mau hálito do utilitarismo. Os interesses são aquilo que interessa às pessoas, incluindo o que lhes é mais caro. Um exame materialista dos valores deve situar-se não de acordo com proposições idealistas, mas diante da permanência material da cultura: o modo de vida das pessoas, e acima de tudo as relações produtivas e familiares delas. E é isso que "nós" estamos fazendo, e há várias décadas.

As noções althusserianas de "ideologia" têm a estranheza de uma antiguidade, uma peça ornada de racionalismo vitoriano. Examinamos os sistemas de valor do campesinato, da família patriarcal, os valores aquisitivos do capitalismo insurgente (e as intensas lutas em torno destes), os valores dos silvicultores, dos pequenos proprietários, dos artesãos, dos tecelões manuais, dos trabalhadores de fábricas. Examinamos esses elementos como foco de conflito, em níveis inarticulados, subarticulados, sublimados, e em níveis

270

complexos e violentamente contestados de articulação (de que mais trata *The Country and the City* [O campo e a cidade], de Raymond Williams?). Porque a consciência afetiva e moral se desvela a si mesma no âmbito da história e das lutas de classes, por vezes como uma inércia mal articulada (costumes, superstição) e outras vezes como um conflito articulado entre sistemas alternativos de valores de classe (a "economia moral" da multidão, o confronto em torno das Leis dos Pobres de 1834), ou como um embate deslocado, confuso, mas ainda assim "real" e apaixonado, no âmbito das formas religiosas (metodismo, milenarismo), como a imposição brutal de um "moralismo" pela Igreja ou o Estado (a queima santificada de hereges, os "julgamentos" santificados do Estado stalinista), e outras vezes ainda como uma das mais rigorosas e complexas disciplinas conhecidas da cultura intelectual – o pleno desvelamento dos valores, e a discussão racional entre valores, exemplificada na literatura e em certo tipo de crítica moral disciplinada.

Nada disso vai desaparecer por ter sido apartado de nossa Teoria. Posso somente supor, a partir de certas referências dos praticantes teóricos ao "moralismo", que eles supõem que uma escolha moral, ou uma escolha entre valores, seja uma espécie de grunhido, um grunhido reflexo da "ideologia"; e que supõem também que um grunhido é tão bom quanto qualquer outro, sem nunca notarem que esses grunhidos podem tomar a forma de uma disciplina com seu próprio "discurso de prova", árduo e relevante. Claro que há "moralismos" deteriorados, tal como há ideologias e filosofias deterioradas (temos estado examinando uma delas). E na medida em que o pleno desvelamento das escolhas entre valores é inibido e em que o "discurso de prova" articulado é ativamente sufocado, toda visão da vida informada pelo valor vai se degradar em uma oratória moralista retórica e hipócrita. É justo esse o caso do stalinismo; é justo por isso que o stalinismo sempre desconfiou, e muito, dos poetas; é justo por isso que os apologistas intelectuais do stalinismo sempre buscaram bloquear toda possível crítica moral; e é justo por isso que uma forma de protesto contra a ideologia e as formas stalinistas tem frequentemente sido "moralista", embora, já que lhe foi negada toda oportunidade de articulação aberta, ela surja muitas vezes como um tipo de moralismo *deslocado*, ilusório e necessariamente "utópico" – como uma reversão à fé ortodoxa grega, uma autoexclusão nacionalista, um autoisolamento personalista, ou como Soljenítsin – como o pulsar agonizado de um coração em um mundo sem coração. Desse modo, podemos prever com segurança que a União Soviética continuará a nos surpreender; formas ainda mais imateriais e bizarras de consciência moral haverão de surgir como "superestrutura" sobre aquela "base" material rigorosamente científica. Os aparelhos repressivos e ideológicos do Estado soviético, ao inibir toda discussão aberta sobre valores, não só negaram aos "indivíduos" o direito de "autoexpressão", como também negaram à sociedade soviética os meios de ela se exprimir e se examinar a si mesma.

Portanto, a crítica moral ao stalinismo nunca foi um grunhido de autonomia moral. Tem sido uma crítica política muito específica e prática. Referiu-se a determinadas formas e práticas no movimento comunista internacional; à subordinação da imaginação (e do artista) à sabedoria do Partido; à imposição de uma noção de "realismo político" que recusa todo debate sobre valores, em qualquer nível da organização do Partido; às estratégias econômicas e à estreita propaganda da necessidade material, que é cega a áreas inteiras de necessidades (sexuais, culturais), que despreza os próprios recursos culturais do povo e que decide, sem permitir que as pessoas escolham, o que elas realmente "querem". Como resultado, em sua inibição de todo "utopismo", e em sua repressão da "educação do desejo", ela reproduz, no capitalismo, as próprias razões do capital – a definição utilitarista de "necessidade" – e por isso, no próprio momento em que se propõe a lutar contra seu poder, inculca a obediência às suas regras[171]. A prática teórica, em suas espúrias pretensões a ser Ciência, procura justificar a má-fé da tradição marxista, e reproduz, como ideologia, o vazio fundamental do stalinismo.

---

171. Discuti isso recentemente também em meu pós-escrito ao livro *William Morris*. O tema vem sendo há muito usado por Castoriadis em seus ataques de flanco à teoria e à organização marxistas: ver, por exemplo. "On the history of the worker's movement", *Telos*, 30, inverno de 1976-1977. Agnes Heller desenvolve, em *The theory of need in Marx* (1976), alguns elementos para a necessária discussão, mas também devemos ver as úteis críticas de Kate Soper, *Radical Philosophy*, 17, verão de 1977, p. 37-42.

O mais antigo erro do racionalismo foi supor que, definindo o não racional como alheio ao seu vocabulário, havia, de alguma forma, conseguido eliminá-lo da vida. Redescobri isso, com uma feliz sensação de reconhecimento, em um recente debate sobre "moralismo" nas páginas de *Radical Philosophy* [Filosofia radical]. Os praticantes que ainda são apenas aprendizes da Teoria não devem ser censurados demais. Mas movemo-nos aqui, solenemente, mediante três proposições: (1) Toda moral = ideologia. Assim, para Marx, a "moral era uma instituição ideológica historicamente específica que funciona para mistificar e disciplinar as pessoas de acordo com as necessidades opressoras e exploradoras da sociedade de classes"[172]. (Marx por certo nunca disse *isso*; na medida em que ele autorizou que algo parecido fosse dito, só podemos exclamar "infelizmente!", e recordar como o pensamento de sua época estava saturado das mesmas ilusões racionalistas.) Porém a equação é derivada não só de Marx, mas também do "materialismo histórico" (cujos produtos esses autores evidentemente julgaram desnecessário consultar). A história marxista, ao que parece, demonstrou que a "ideologia moral tem uma função socialmente repressiva".

Proposição (2): em contraposição à "ideologia moral" (que a classe dominante inculca por conveniência própria) devemos supor que "é possível haver uma forma de razão prática que não seja, em nenhum sentido, moral ou socialmente repressiva". A ideologia moral "tem de ser antagônica aos valores naturais (felicidade, satisfação das necessidades)". Logo, há imperativos "naturais" (simples, como "felicidade") e estes podem ser imediatamente deduzidos pela "razão". "A remoção dos motivos morais permitiria ao homem (...) buscar racionalmente seus fins naturais". Isso, além de colocar a razão em uma cisão infinita, acabaria com todos os problemas:

> A razão prática de um tipo não moral envolve a compreensão de nossas próprias necessidades, desenvolvendo-as de uma maneira que possibilite sua forma mais satisfatória de satisfação, a obtenção de conhecimento e, portanto, de poder sobre o mundo, selecionando os melhores meios para a satisfação das necessidades etc.

---

172. Tony Skillen, "Marxism and morality". *Radical Philosophy*, 8, verão de 1974.

Não obstante – uma sombra percorre esse campo ensolarado diante da lembrança do possível egoísmo de *outras* pessoas, que poderia interferir na satisfação satisfatória de nossas necessidades –, essa "razão prática" tem de se realizar "com frequência de modo coletivo, ou seja, a questão não será 'o que farei', mas 'o que faremos', sendo o terreno de escolha o interesse próprio naturalista coletivo".

Nosso erudito tebano, tendo equacionado esse problema da maneira que lhe apraz, passa à proposição (3): uma sociedade sem classes verá o desaparecimento de toda moral. "A eliminação da ideologia moral (...) é tomada como um objetivo racional":

> A posição clássica do marxismo sobre esse assunto é que a moral como forma autônoma de razão prática desapareceria com a abolição dos antagonismos de classe.

Ademais, podemos apressar isso se vivermos agora naturalisticamente:

> Não há uma base moral para o socialismo, nada que se assemelhe a um "viver como socialista" no seio da sociedade capitalista, e nenhum imperativo se impõe aos socialistas senão o de trabalhar pelo socialismo. O modo como um socialista obtém seu dinheiro ou seus prazeres é politicamente irrelevante[173].

Proposição (1): Moral = Ideologia. (2) Mas há "fins naturais", um "interesse próprio coletivo natural", que pode ser determinado pela razão. (3) A sociedade sem classes vai garantir o desaparecimento da moral, com uma ressalva quanto ao dinheiro e aos prazeres do dia, o que (é justo notar) um ou dois companheiros praticantes contestaram[174]. O resto poderia, ao que parece, ser tomado como a "posição clássica do marxismo"! A moral é um mecanismo repressivo para inibir a libido natural.

"Oh, não racionalize a necessidade ...!" Poderíamos ser perdoados por supor que alguns praticantes aprendizes não têm uma noção melhor da formação social (e do conflito) de valores do que a que oferecem as recorda-

---

173. Andrew Collier, "The production of moral ideology". *Radical Philosophy*, 9, 1974.
174. Uma crítica bem mais séria foi iniciada por Philip Corrigan e Derek Sayer, "Moral relations, political economy and class struggle". *Radical Philosophy*, 12, inverno de 1975, que começa muito bem, mas, em seguida, se dispersa, talvez porque os autores não estivessem dispostos a levar a sua crítica ao ponto de reconhecer o "silêncio" em Marx.

ções de estúpidas regras de escola e brigas familiares ainda mais estúpidas. O "aparelho ideológico de Estado" (*sic!*) da única família que aparece em seus escritos é, com efeito, medonhamente repressivo:

> Na família nuclear monógama, por mais liberal que seja, a criança está à mercê de sua família, privada de responsabilidade (que determina o agir) ou escolha de amigos, sendo-lhe negada a oportunidade de relações plenas, amplas e multifacetadas com companheiros e pessoas mais velhas. São assim reforçadas as estruturas de caráter competitivas, criadoras de ansiedade, isoladas, da burguesia e igualmente do proletário domesticado que anseia pela lei[175].

Essa descrição talvez seja um tanto moralista (e mesmo pedante) – e, como o "marxismo" (ou Althusser) demonstrou que a noção de "responsabilidade" (que determina o agir) nos *adultos* é uma ilusão humanista nociva, como podem as crianças escapar à mesma proposição teórica?

Não importa. As discussões (poderíamos arriscar) giraram em torno de "fins naturais" como sexo, dinheiro e bebida. E isso nos lembra que o repúdio a todo "moralismo" esteve muito em voga por algum tempo. Os jovens burgueses revoltados há muito estão cuidando da própria vida, e se de algum modo são moralistas, isso se mostra em sua desaprovação de todos os "tediosos" discursos dos mais velhos sobre "deveres". Os mais sensíveis entre eles não só estão *cuidando* da própria vida como já estão *saindo* dela, purificados, em seu outro lado. Descobriram que ter a "forma mais satisfatória de satisfação" deixa por vezes a fonte de satisfação como um trapo de coração partido, que os egos devem ser socializados e humanizados (ou controlados) para que não transformem a vida uns dos outros em um inferno, que a "felicidade" não vem, como um cachorro, ao assobio da razão, que os "socialistas" que conseguem seu dinheiro e seus prazeres de determinadas maneiras também estarão em algum outro lugar em alguma emergência política e que mesmo esses monstruosos aparelhos, a família e a escola, têm uma ou duas funções subsidiárias à função de repressão.

---

175. Skille, op. cit.

Por conseguinte, alguns desses jovens burgueses revoltados estão se saindo BEM. Eles ainda poderão assumir seus papéis no movimento socialista, enquanto os outros – os egoístas que posam de "revolucionários" como uma de suas fontes de "prazer" – sem dúvida vão ser diretores de escola e pais tirânicos. (Vi tudo isso não só em minha própria "experiência" empírica, como também, repetidamente, na pesquisa histórica.) Muito em breve, os melhores entre eles se afastarão do escrutínio moral exclusivo de seus próprios assuntos interpessoais e vão adotar uma visão mais ampla da sociedade. E então vão descobrir a mesma lógica em escala mais ampla. "Obter conhecimento e, portanto, poder sobre o mundo" vai significar, para o egoísta empedernido, submeter outras pessoas ao seu poder. As razões da Razão, libertas da consciência moral, cedo se tornam as razões do interesse e, depois, razões de Estado, e então, em uma progressão incontestada, racionalizações do oportunismo, da brutalidade e do crime.

Não há, nem nunca pode haver, uma moral "natural" ou "fins naturais". Certamente o materialismo histórico e cultural jamais as encontrou. Os fins são escolhidos pela nossa cultura, que nos proporciona ao mesmo tempo nosso próprio meio de escolha e de influir na escolha. Supor outra coisa seria pensar que nossas "necessidades" *estão aí*, em algum lugar fora de nós mesmos e de nossa cultura, e que se ao menos a ideologia fosse embora, a razão as identificaria imediatamente.

E este é, naturalmente, o momento do reconhecimento. Pois voltamos, em um célere passo, a um dos mais claudicantes momentos do Iluminismo. Os "fins naturais" foram apresentados por Adam Smith, de maneira racional, como o interesse próprio, mas coube a Bentham inventar um meio de determinar essas necessidades "de um modo que seja possível sua forma mais satisfatória de satisfação" – o Cálculo da Felicidade. E a noção de "interesse próprio natural coletivo" foi proposta, de maneira racional, por Rousseau e outros (a vontade geral, o bem comum), mas coube a William Godwin ascender, pela espiral da psicologia associacionista de David Hartley, do interesse próprio à "benevolência" – de cujas alturas majestosas a Razão entronizada poderia ver para além de todos os espúrios laços ideológicos de sentimento –, a gratidão, o amor aos parentes, a família, a servidão da multidão irracional:

Foi então que, tendendo céleres todas as coisas
À depravação, a Filosofia,
Que prometeu abstrair as esperanças do homem
De suas sensações, para fixá-las doravante
Para sempre em um elemento mais puro,
Viu-se muito bem recebida. Região tentadora que
Por Zelo de entrar e revigorar-se,
Onde as paixões tinham o privilégio de agir
E nunca ouvir o som de seus próprios nomes;
Mas, falando mais em caridade, o sonho
Era lisonjeiro para a ingênua mente jovem
À qual apraziam com extremos, e não menos aquilo
Que torna o eu nu da Razão humana
Objeto do seu fervor. Que delícia!
Que glória! Em autoconhecimento e autonomia,
Examinar todas as fragilidades do mundo,
E, com o domínio resoluto abalando
Os acidentes, tempo e lugar da natureza
Que constituem o ser débil do passado,
Construir a liberdade social em sua única base,
A liberdade da mente individual,
Que, contra as cegas restrições das leis gerais,
Superior, magistralmente adota
Um guia, a luz das circunstâncias, brilhando
Sobre um intelecto independente.

[This was the time, when all things tending fast
To depravation, the Philosophy
That promised to abstract the hopes of man
Out of his feelings, to be fix'd thenceforth
For ever in a purer element
Found ready welcome. Tempting region that
For Zeal to enter and refresh herself,
Where passions had the privilege to work
And never hear the sound of their own names;
But, speaking more in charity, the dream
Was flattering to the young ingenuous mind
Pleas' d with extremes, and not the least with that
Which makes the human Reason's naked self
The object of its fervour. What delight!
How glorious! in self-knowledge and self-rule,
To look through all the frailties of the world,
And, with resolute mastery shaking off

The accidents of nature, time, and place,
That make up the weak being of the past,
Build social freedom on its only basis,
The freedom of the individual mind,
Which, to the blind restraints of general laws
Superior, magisterially adopts
One guide, the light of circumstances, flash' d
Upon an independent intellect.]

Esse grande trecho de uma grande obra, *The Prelude*, de William Wordsworth, nos lembra que a mente já percorreu esses penhascos. Ele é – quando tomado em seu contexto global – exemplar quanto àquela discussão de valores, àquele disciplinado "discurso de prova" a que me referi. O marxismo também se propôs com frequência a "abstrair as esperanças do homem / De suas sensações", e fixá-las no elemento mais puro da "ciência". E o stalinismo foi o império, sendo a prática teórica o vocabulário (do qual foram expulsos, em ignomínia, o "moralismo", o "humanismo" e a iniciativa humana) –

Onde as paixões tinham o privilégio de agir
E nunca ouvir o som de seus próprios nomes.

O próprio godwinismo, doutrina moral de William Goodwin, que impregnou metade da jovem intelectualidade da Inglaterra entre 1794 e 1798, foi exatamente um desses momentos de extremismo intelectual, divorciado da ação correlativa ou do compromisso social real, como vimos na última década.

Assim, se mudarmos um número de lugar (1798/1978), estaremos no mesmo momento sincrônico do tempo estruturado. Mas..., da segunda vez, como farsa. Pois aqueles godwinianos, no único momento em que a *intelligentsia* inglesa adotou, em sua teoria, uma postura ultrajacobina, tinham um certo espírito. Eles questionavam tudo. Questionavam a própria Razão. Secundados por Wollstonecraft (que vinha menos de uma tradição racionalista que de uma tradição de Dissensão e Romantismo) abalaram a instituição do casamento. Atemorizaram a todos. Atemorizaram sua própria cultura, levando-a a um vitorianismo prematuro, antes mesmo do nascimento da Rainha Vitória. Atemorizaram, acima de tudo, a si mesmos. Mas a prática teórica só pôde reivindicar uma realização na Inglaterra: atemorizou o senhor Julius Gould, que, nesses assuntos, é sabidamente uma pessoa incomumente nervosa. Quanto ao resto, foi uma diversão, um refúgio na privacidade de um discurso interno complacente, o *des*engajamento das lutas políticas e intelectuais reais de nossa época.

Quanto ao momento godwiniano, e suas consequências trágicas, espero contar essa história em outra ocasião.

XVI

Deixamos o nosso leitor "pós-stalinista" perguntando, muitas páginas atrás: "Bem, e vocês identificaram as fontes do stalinismo? Construíram uma teoria melhor?"

Espero que a resposta a essas duas perguntas se tenha tornado clara a essa altura. O stalinismo nos parecia, naqueles velhos dias, menos como um sistema teórico coerente do que como uma mistura de práticas repressivas, formas de dominação, retórica hipócrita, "teorias errôneas", formas e táticas leninistas derivadas das necessidades da agitação ilegal e transformadas em axiomas universalistas, e tudo isso unido ao mais insensato oportunismo das razões do poder do Estado Soviético. O stalinismo como teoria excelsa não precedeu, mas seguiu-se, ao fato.

Se quiséssemos traduzir suas práticas em um sistema teórico coerente, elaboraríamos uma teoria na qual a análise empírica detalhada de suas práticas seria, por uma questão de princípio epistemológico, desautorizada ("empirismo"); em que toda crítica moral seria totalmente proibida ("moralismo"); em que a validade universal das formas leninistas (mas de formas em um estado avançado de degeneração burocrática) seria adotada sem exame (o curto-circuito teórico característico: o proletariado = o Partido); em que um reducionismo estruturalista garantiria a saúde fundamental do sistema soviético em sua "base" econômica supostamente socialista (deslocando assim todas as questões políticas, jurídicas e culturais para áreas secundárias ou terciárias) e rejeitaria toda análise histórica materialista desse sistema ("historicismo"); em que os homens e mulheres seriam vistos como suportes de determinações estruturais inelutáveis, nas quais sua responsabilidade e iniciativa histórica fossem negadas ("humanismo") e em que seria, em consequência, mais fácil vê-los como "elementos apodrecidos" ou coisas; e tudo isso reunido no âmbito de uma noção de Teoria como fronteira e como "ciência", Teoria que pudesse ser apreendida em seus elementos essenciais pela rigorosa contemplação de textos escritos mais de 100 anos antes das grandes experiências históricas que ela procura explicar. Em resumo, o althusserianismo *é* o stalinismo reduzido ao paradigma da Teoria. É o stalinismo finalmente teorizado como ideologia.

Logo, em certo sentido fomos inteiramente incapazes de identificar o stalinismo como teoria, porque estávamos esperando Althusser para que essa teoria fosse inventada. Mas ao menos identificamos os componentes essenciais dessa teoria, em seu característico modo de pensar idealista (p. 223) e nunca nos satisfizemos com a desculpa de que o stalinismo representava apenas uma inexplicável "ruptura da teoria com a prática"[176]. Ademais, vimos muito claramente que, a partir de sua matriz particular na história soviética, o stalinismo penetrou profundamente a teoria, as práticas, estratégias e formas do movimento comunista internacional; e mais do que isso, que a cumplicidade do marxismo ortodoxo ao fornecer ao stalinismo seu vocabulário de apologética – ao mostrar-se flexível o bastante para proporcionar os elementos à Ideologia Estatal da burocracia soviética – deixava implícita a grande probabilidade de que o próprio marxismo precisava de um exame radical e que nunca seria apropriado desemaranhá-lo outra vez para transformá-lo em um *sistema* melhor.

Isso nos dava uma pauta, e não surpreende que ela não pudesse ser concluída em seis ou sete anos – anos de intensa atividade política. Isso igualmente nos dá uma resposta à segunda pergunta. Foi exatamente a noção do marxismo como uma suma teórica autossuficiente que constituiu a essência da heresia metafísica contra a razão, e inibiu a investigação ativa do mundo na tradição em desenvolvimento, provisória e autocrítica, do materialismo histórico. Já discuti o suficiente essa questão.

---

176. Uma frase vazia que Perry Anderson volta a utilizar em sua autocrítica *Considerations on western marxism*, p. 103.

O althusserianismo é apenas uma forma, sofisticada, dentre vários "marxismos" que colocaram de lado nossa pauta inacabada e invadiram a mente de um setor da *intelligentsia* ocidental a partir da década de 1960. O caso do althusserianismo é dos mais simples, porque, como vimos, é uma evidente ação de polícia ideológica. Constrói uma teoria que garante não só que questões radicais sobre o stalinismo, formas comunistas e o próprio "marxismo" não sejam formuladas, mas também que *não possam ser formuladas.* Se considerarmos Althusser segundo sua autoavaliação – se o considerarmos "inocente" –, então só poderemos dizer que ele se perdeu em tal medida no âmbito de sua própria cabeça que, ao olhar para o mundo, vê apenas a projeção de seus próprios conceitos: o P.C.F. é a ideologia proletária materializada, o stalinismo em decomposição é o "humanismo socialista", o assassinato dos quadros de uma revolução é a ditadura do proletariado, as conquistas substanciais obtidas durante décadas pelas classes operárias ocidentais são um índice de sua exploração mais intensa. Em certo sentido, podemos ser caridosos: há uma lógica em tudo isso. O materialismo mecânico ("economicismo"), quando todas as provas do mundo real refutam suas teorias, quando toda expectativa socialista é abjetamente frustrada, tem de tapar os ouvidos e fechar os olhos e passar abruptamente ao delírio do idealismo.

Nem todos os "marxismos" foram totalmente reacionários como esse. Houve também vários maoismos, trotskismos[177], e inúmeros marxismos acadêmicos. A maioria deles partilha, contudo, do mesmo tipo de pensamento religioso em que o marxismo é proposto como um sistema da verdade última: isto é, como uma teologia. Todos buscam colocar Marx de volta na prisão do marx*ismo.* Por que deveria ter havido essa "ruptura epistemológica" da racionalidade para o idealismo, essa rejeição das origens, ocorrida na década de 1950 e no começo da década de 1960, essa reversão a um mundo interior de fórmulas mágicas e ilusão teórica exaltada, esse bloqueio dos sentidos empíricos, esse autofechamento de uma tradição? Esse é outro problema, um

---

177. Os trotskismos, contudo, raramente ofereceram a "Teoria" em formas tão pretensiosas e mistificadoras. Representaram, o mais das vezes, um retorno mais antiquado a um leninismo nocional purificado que, mesmo habitualmente "economístico", muitas vezes inepto e sempre estridentemente arrogante, ao menos é redimido por certa atividade política no curso da qual os "quadros" aprendem muito, e muitas vezes o suficiente para afastá-los de suas seitas fechadas em si mesmas.

problema da ideologia e da sociologia das ideias, que exigiria um tratamento distinto e mais extenso. No momento, posso apenas fazer algumas sugestões.

O althusserianismo é apenas uma forma extrema – e talvez passageira – de uma moléstia generalizada, não só da teoria, mas também da presença política do movimento socialista de hoje. Ao ressaltar suas características como *ideologia*, pretendo destacar também certas características que ele tem em comum com outros marxismos do fechamento.

A ideologia surgiu, e foi reproduzida, não na União Soviética, mas em uma cultura intelectual avançada no Ocidente. As universidades e outras instituições de educação foram seu ambiente característico. A cultura intelectual em meio à qual se situa está ela mesma marcada pela estruturação das instituições educacionais e por outros motivos, por uma acentuada separação entre "teoria" e "prática". A radicalização dos intelectuais nessas instituições é frequentemente um processo um tanto fechado e autônomo sem correlação direta com outros setores da sociedade. Os partidos comunistas, longe de oferecerem essa correlação que falta, chegam em alguns casos (o P.C.F., por exemplo) a exprimir diretamente, em suas formas de organização, outro tipo de separação entre a "teoria" e a "prática" – os escalões superiores da máquina partidária são os donos da "ciência" que guia os "militantes" da "base". Os intelectuais do Partido estão, com frequência, ainda mais segregados, em Paris (o gueto provinciano da *intelligentsia*) e nos departamentos de suas próprias universidades.

Começamos, portanto, com uma segregação intelectual e sociológica *de fato* entre a teoria e a prática. E, por razões políticas mais amplas, o tipo de experiência de atividade política de massa em que os intelectuais desempenharam um papel minoritário e subordinado (por vezes excessivamente subordinado) com camaradas de experiências diversas – e, em particular, com camaradas em posições práticas de liderança em suas próprias comunidades e locais de trabalho –, esse tipo de experiência em larga medida os deixou de lado. Não houve experiência de luta antifascista, de guerra e de resistência, e sequer uma luta eleitoral ou programática coerente e dura, que os intelectuais tivessem podido sustentar; maio de 1968 acabou em poucos dias;

lutas trabalhistas como as da greve dos mineiros britânicos, que derrubou um governo, foram realizadas sem a necessidade de qualquer participação intelectual. Naturalmente, aqui e ali eclodiram lutas reais, e alguns camaradas ganharam uma experiência autêntica na intensa vida interna dessa ou daquela seita. Mas em geral é possível afirmar que nunca houve uma geração de intelectuais socialistas no Ocidente com *menos* experiência da luta prática, com menos compreensão das iniciativas dos movimentos de massa, com menos compreensão daquilo que os intelectuais podem aprender com homens e mulheres de experiência prática, e com as próprias dívidas de humildade que o intelecto deve pagar a isso.

Isto equivale a dizer que a *intelligentsia* esquerdista ocidental se distingue hoje por sua falta de experiência e critério políticos. Mas isso não é dito em nenhum sentido como uma acusação de pecado. É uma consequência necessária das determinações de nossa época. Não podemos corrigir isso desejando que tivesse sido de outro modo. Ainda assim, vem daí o terreno necessário em cujo âmbito se nutrem as deformações ideológicas de nossa época. Isolado em enclaves intelectuais, o drama da "prática teórica" pode tornar-se um *substituto* de engajamentos práticos mais difíceis. Ademais, esse drama pode assumir formas cada vez mais teatrais, um estilo caricato e artificial, um jogo deveras competitivo em que cada teórico procura ser "mais revolucionário do que o outro". Como não há *relações* políticas envolvidas aí, nem uma luta constante, duradoura, para comunicar-se e aprender com um público que julga, cautelosamente, mais pelos atos do que pelas palavras, as máquinas impressoras podem exalar terror ideológico e sangue.

Acresce que esse é precisamente o terreno que pode alimentar um *élitisme* [elitismo] para o qual os intelectuais, por uma multiplicidade de precedentes, estão muito bem preparados. Uma geração doutrinada, por meio de procedimentos educacionais seletivos, para crer que seus próprios talentos especializados são uma garantia de valor e sabedoria superiores está demasiado propensa a aceitar o papel que é oferecido por Althusser. É fácil para ela posar de "um tipo muito específico de militante intelectual, um tipo sob muitos aspectos sem precedentes":

São verdadeiros iniciados, armados com a mais autêntica cultura científica e teórica, instruídos pela realidade esmagadora e pelos múltiplos mecanismos de todas as formas de ideologia dominante, constantemente em vigília contra eles, e capazes de trilhar em sua prática teórica – contra a corrente de todas as "verdades aceitas" – os fecundos caminhos abertos por Marx, mas interditos por todos os preconceitos reinantes (*FM*, 24).

A recomendação de Althusser, de "uma confiança inabalável e lúcida na classe operária, e a participação direta em seu combate" (Ibid.), pode ser facilmente seguida, seja obtendo uma carteira do Partido ou concebendo hipoteticamente uma classe operária ideal (porque a existente está mistificada em uma falsa consciência) que será gerada à imagem da Teoria. Porque, como Althusser insiste, a "teoria marxista é produzida por uma prática teórica específica, *fora* do proletariado", e "a teoria marxista deve ser '*importada*' para o proletariado" (*RC*, 141). Na verdade, toda a sua explicação da "ruptura epistemológica" de Marx propõe que a Teoria era anterior e independente da autodescoberta do movimento operário, e que, desde então, esse movimento tem seguido, embora de modo ineficiente, o roteiro da Teoria.

O que é bastante óbvio é que esse novo elitismo se apresenta como um sucessor direto em uma velha linhagem: benthamismo, "a casta" coleridgeana, o fabianismo e o leavisismo do tipo mais arrogante. Uma vez mais, os intelectuais – um grupo escolhido entre eles – receberam a tarefa de iluminar o povo. Não há marca mais característica dos marxismos ocidentais, nem mais revelador de suas premissas profundamente antidemocráticas. Seja Escola de Frankfurt ou Althusser, estão marcados por sua forte ênfase no peso inelutável dos modos ideológicos de dominação – a qual destrói todo espaço para a iniciativa ou criatividade da massa do povo –, dominação da qual só uma minoria esclarecida de intelectuais pode libertar-se[178]. Essa predisposição ideológica foi decerto alimentada pelas experiências terríveis do fascismo, da

---

178. A depender de quem use, o conceito gramsciano de "hegemonia" pode induzir ao mesmo determinismo pessimista, tal como o podem as noções marcusianas de cooptação da classe trabalhadora e de suas organizações; o mesmo pode suceder com certas noções teorizadas de dominação patriarcal e masculina que, embora por vezes sejam apresentadas por autoras feministas, acabam depreciando a presença das mulheres, e confiscando sua identidade histórica.

doutrinação da massa pelos meios de comunicação e do próprio stalinismo. Mesmo assim, é uma triste premissa para a teoria socialista começar (a de que todos os homens e mulheres, exceto nós, são originalmente estúpidos), premissa destinada a levar a conclusões pessimistas ou autoritárias. Afora isso, é provável que reforce a falta de inclinação do intelectual para dedicar-se à atividade política prática. A bem dizer, o proletariado (ideal) pode, nessa ou naquela conjuntura crítica, adotar de repente, como uma falha geológica, uma postura revolucionária, quando estará pronto a receber os ensinamentos da Teoria. Até que isso aconteça, para que incomodar-se em tentar comunicar – educar, agitar e organizar – quando a razão é impotente para penetrar a névoa da "ideologia"?

Dessa forma, uma crítica "revolucionária" e "marxista" que não acredita na comunicação e que tem apenas um correlato político fictício e que, além disso, revela que todos os males sociais são insolúveis no âmbito do capitalismo, termina como "a casca ideológica da passividade", na qual a necessidade proclamada da "revolução" se transforma em uma licença para um afastamento intelectual. Dessa forma, como advertiu Enzensberger,

> a teoria marxista (...) pode se tornar uma falsa consciência, se, em lugar de ser usada para a investigação metódica da realidade através da teoria e da prática, for mal-usada como uma defesa contra essa mesma realidade (...) Os que desejam privar o marxismo de seu poder crítico e subversivo, e transformá-lo em uma doutrina afirmativa, geralmente se entrincheiram atrás de uma série de lugares-comuns que, em sua abstração, são tão irrefutáveis quanto destituídos de resultados[179].

A teoria althusseriana adaptou-se perfeitamente a essa função, e foi concebida exatamente para essa *couche* [camada] intelectual elitista. Ela permite, em especial, que o acadêmico aspirante se empenhe em um psicodrama revolucionário inofensivo, ao mesmo tempo em que se dedica a uma respeitável e convencional carreira intelectual. Como vimos, toda posição teórica central de Althusser deriva, em larga medida, de posições burguesas ortodoxas, da epistemologia, da sociologia estruturalista etc. O amesquinhamento das ini-

---

179. Enzensberger, op. cit., p. 276-277

ciativas humanas pelas ideologias e coisas é perfeitamente compatível com o senso comum dominante das disciplinas conservadoras. Ademais, como teoria política – graças à negação da experiência e o repúdio aos controles empíricos – a prática pode levar a *qualquer coisa*, bem como justificar *tudo*; em toda "conjuntura", pode-se levantar a hipótese de que uma "instância" política ou ideológica é a "dominante", e o "fator canguru" a levará alegremente de um preconceito ao seguinte.

Se o althusserianismo for apenas isso, como ideologia – se não passar de mais uma das modas sucessivas mediante as quais a nauseante *intelligentsia* ocidental pode fazer o que faz sem esforços práticos –, teremos perdido nosso tempo. Mas ele é algo bem mais grave. Reforça e reproduz a passividade efetiva diante da "estrutura" que nos mantém prisioneiros. Implanta a ruptura entre a teoria e a prática. Afasta os bem-intencionados do engajamento teórico ativo. E, no nível do mais vulgar discurso político, oferece legitimações ideológicas a todas as mais estúpidas e perigosas meias-verdades que pensávamos ter sido finalmente banidas: que "moral = interesses da classe operária", que "filosofia = luta de classes", que "direitos e práticas democráticos = ideologia 'liberal'" – e assim por diante. Se algum dia lhe for dado algum poder, essa teoria, longe de "libertar" a classe operária, vai, com sua insuportável arrogância e pretensão a ciência, entregá-la nas mãos de uma casta intelectual burocrática: a *próxima* classe dominante esperando na fila.

Parece improvável que isso suceda. A maioria dos que caíram sob a influência althusseriana não tem perfil de sacerdotes stalinistas. São apenas homens e mulheres jovens que *gostariam* de ser revolucionários socialistas, que não encontraram uma forma de engajamento prático e por isso foram dar um passeio com o althusserianismo. O fim do passeio é fora da cidade dos empreendimentos humanos e do domínio do conhecimento. Por esse motivo, é de esperar que estejam ausentes dos dois. Mesmo assim, simultaneamente, não devemos nos esquecer de que essa Teoria está oferecendo apoio e argumentos aos elementos mais conservadores nos mais conservadores aparelhos comunistas. Como todas as ideologias, esta confirma a situação da qual surgiu. Ao fortalecer a facção de extrema-direita da "Esquerda", o al-

286

thusserianismo reproduz a inércia e a paralisia da vontade socialista, vontade que foi a precondição de sua existência.

Não posso dizer se a prática teórica está sendo adotada nas ortodoxias do Estado na União Soviética e na Europa Oriental. Ela é, suspeito, demasiado sofisticada e claramente stalinista para tal; afinal de contas, se estivesse vivo hoje, Stalin seria o primeiro a reconhecer que Stalin... cometeu erros. O sonho último da prática teórica é ressuscitar a dualidade entre os poderes temporal e espiritual do cristianismo medieval: o Santo Imperador Proletário fará sua peregrinação à sede da Teoria, e, ali, passado o devido interrogatório sobre a doutrina, será coroado. Não é provável que isso venha a acontecer. Porém nos ocorre um cenário mais sombrio, e mais concebível, quando contemplamos a situação em certos países do Terceiro Mundo. Porque o althusserianismo é perfeitamente talhado segundo os requisitos ideológicos de uma classe dominante aspirante – a *próxima* classe dominante – em sociedades nas quais um setor da intelectualidade, bastante distanciado das massas, adota políticas que exigem uma impiedosa "modernização", uma retórica marxista e anti-imperialista, desprezo pelas práticas democráticas, e acesso efetivo à proteção econômica e militar do Estado soviético. Se consideramos por um momento as possíveis consequências caso o Partido Comunista da Índia (um dos partidos stalinistas menos reconstruídos do mundo) reforçasse suas atuais tendências antilibertárias e seu desprezo pelas massas "pequeno-burguesas" – tendências amplamente patenteadas em sua participação no recente [Estado de] Emergência [decretado por Indira Gandhi] – mediante uma dose de arrogância althusseriana, se seus quadros dirigentes superiores, em larga medida burgueses e intelectuais, se tornassem praticantes teórico-práticos e tivessem a possibilidade de praticarem, não só na teoria mas também no corpo da Índia – não poderíamos esperar nada menos do que uma reprodução de todo o repertório do alto stalinismo no tenebroso inferno da "escassez" indiana[180].

---

180. Lembramos, com apreensão, que alguns dos principais quadros do [partido comunista] Khmer Rouge no Camboja foram treinados em "marxismo" em Paris na década de 1960.

Mas podemos confiar isso ao bom-senso de nossos camaradas da Índia ou da América Latina, que enfrentam todos os dias problemas mais palpáveis e mais graves do que os nossos, e que não podem descartar a experiência ou colocar sua teoria em um lugar e sua prática em outro. Seja como for, seria bom falar disso e trocar experiências sobre os problemas políticos que temos em comum. Seria bom que o autêntico diálogo internacional do comunismo libertário pudesse ser retomado.

XVII

Vou concluir, como hoje é praxe, com uma *auto-critique*.

Há cinco anos, em minha "Carta aberta a Leszek Kolakowski" (neste volume, p. 427), discuti vários significados dos marxismos contemporâneos e concluí com uma noção geral do marxismo como Tradição. No âmbito dessa "tradição", vi uma ampla variedade de discursos e subtradições incompatíveis entre si. Mesmo assim, aleguei que (por menos agradável que essa coexistência possa ser) todos estavam unidos quanto a empregar um vocabulário comum de conceitos, muitos dos quais oriundos de Marx e Engels. Sugeri que tínhamos de nos resignar à extenuante atividade de definir continuamente nossas posições no âmbito dessa "tradição"; e que a única alternativa era o abandono conjunto dessa tradição – opção que rejeitei. Preferi permanecer nessa tradição, ainda que alguns de nós continuássemos apenas como "proscritos".

Percebo agora que essa foi uma resolução inadequada e evasiva. Há muito se tornou impossível politicamente a coabitação entre posições stalinistas e antistalinistas. Vejo com clareza agora, pelo exame do althusserianismo – e pela minha crítica implícita de outros marxismos correlatos – que já não podemos atribuir nenhum significado teórico à noção de tradição comum. Porque o fosso que se abriu não foi entre diferentes ênfases ao vocabulário de conceitos, entre uma dada analogia e uma dada categoria, mas sim entre modos de pensar idealista e materialista, entre o marxismo como fechamento e o marxismo como uma tradição, derivada de Marx, de pesquisa e crítica abertas. Aquele é uma tradição teológica e, este, uma tradição de razão ativa. Os dois podem buscar certa autorização em Marx, embora o segundo tenha credenciais amplamente melhores em termos de linhagem.

Em consequência, tenho de declarar inequivocamente que não mais posso falar de uma tradição marxista única, comum. Há *duas* tradições, cuja bifurcação e afastamento mútuo foram lentos e cuja declaração final de antagonismo irreconciliável foi adiada – como fato histórico – até 1956. A partir desse ponto, foi necessário, na política e na teoria, declarar fidelidade a uma ou à outra. Entre a teologia e a razão não pode haver espaço para negociação. O comunista libertário e o movimento socialista e trabalhista em geral não podem ter relações com a prática teórica, a não ser para denunciá-la e expulsá-la.

Se julgasse o althusserianismo o destino último lógico do pensamento de Marx, eu jamais poderia ser marxista. Seria em vez disso cristão (ou esperaria ter a coragem de certo tipo de radical cristão). Ao menos receberia um vocabulário que permite escolhas de valores e a defesa da personalidade humana contra as invasões do Estado Capitalista Profano ou do Santo Estado Proletário. E se minha descrença, bem como meu desgosto com relação a igrejas, impedisse esse caminho, então teria de me conformar com um humanismo empírico, liberal, moralista.

Mas recuso essas escolhas espúrias que a prática teórica (e marxismos aliados) procura impor. E, em vez disso, declaro uma guerra intelectual incessante contra esses marxismos: e o faço no âmbito de uma tradição que tem Marx como um de seus principais fundadores. Há uma frase feita que há muito tempo tenta evitar esse combate. Ela diz: "Não há inimigos na Esquerda!" Esse lema tem uma origem necessária e honrosa, que foram as emergências da resistência antifascista, emergências que, em termos políticos, vão ressurgir com frequência. Mas ainda será possível dizer que não há inimigos, passada a experiência do stalinismo, depois de Budapeste em 1956 e Praga em 1968? E, no âmbito da teoria, que significado se atribui a "Esquerda" quando ela prega uma lição de antimoralismo e anti-humanismo e o fechamento de todas as aberturas empíricas da razão? Poderia Marx, ou Morris, ou Mann, ter reconhecido algo da teoria ou da prática do stalinismo como tendo talvez uma relação distante com "a Esquerda"? Poderia a supressão da razão, e a obliteração da imaginação, ter algum lugar na "Esquerda"? Poderia o confisco, por um partido ou vanguarda oniscientes e substitucionistas, da atividade própria e dos meios de autoexpressão e auto-organização do proletariado, constituir a prática de uma "Esquerda"?

Esse *slogan* serve simplesmente para construir uma defesa moralista em torno da organização e de práticas comunistas ortodoxas – defesas suplementadas pelo "terrorismo ideológico" de Althusser – pretendendo criar em todo crítico socialista um sentimento de culpa, uma ruptura da solidariedade. Dessa maneira, o *status quo* se torna inviolável; toda crítica socialista é ilícita (ou prova de "calúnia burguesa ou trotskista" maldosa) e a única crítica lícita tem de ser feita segundo os procedimentos lentos e oportunistas do próprio aparato. Em consequência, a luta contra o stalinismo como teoria e prática tem de ficar irresolvida para sempre. E por isso estamos limitados a um espaço no qual cometemos quebras diárias de solidariedade com nossos camaradas que lutam para desmontar o stalinismo e sofrem sob as razões do poder comunista.

Ao declarar "guerra" dessa maneira – e ao pedir que outros também se declarem menos equivocamente – não formulo uma equação simples que equipare o stalinismo a todas as organizações e formas comunistas. Não digo que todo comunista está contaminado e passando por uma doença terminal. Não rejeito alianças políticas necessárias e conscientes com movimentos comunistas. Não ignoro os elementos honrados (e efetivamente democráticos) na história da luta comunista, no Ocidente e no Terceiro Mundo. Não duvido da coragem e dedicação dos quadros comunistas em uma centena de lutas anti-imperialistas e anticapitalistas. Não confundo o stalinismo, como teoria e como forças e práticas específicas, com a existência histórica e sociológica dos movimentos de massa comunistas. Não nego que, na virada para o "eurocomunismo" estejam envolvidas lutas sinceras quanto a princípios, assim como adaptações oportunistas ao eleitorado. Não me recuso a reconhecer a preocupação autêntica – e o registro público dessa preocupação – com aspectos da realidade soviética que estão se tornando cada vez mais evidentes no "eurocomunismo" desde a época de Praga de 1968. Não descarto tudo isso como hipocrisia; são indícios importantes e bem-vindos de uma mudança ulterior, frequentemente imposta à liderança por sua própria "base" militante. Espero, sobretudo, que nas próximas décadas surjam novos reforços para a guerra contra o stalinismo – seja no Oriente ou no Ocidente – no âmbito dos próprios movimentos comunistas. Os modos como se vão manifestar essas lutas – e com que diferenças na Polônia, na Espanha ou em Bengala – é uma questão histórica com respeito à qual seria tolice a teoria fazer previsões.

Mas o que de fato quero dizer é o seguinte: em primeiro lugar, que o comunismo libertário, ou um socialismo que seja ao mesmo tempo democrático e revolucionário em seus meios, estratégia e objetivos, tem de manter-se firme, em uma base independente, em seus próprios pés, desenvolvendo sua própria crítica teórica e, crescentemente, suas próprias formas e práticas políticas. Apenas com esses pressupostos se pode negociar alguma "aliança". E se emergências exigirem tal aliança, então ela não poderá ocorrer nos termos imperativos habituais do comunismo ortodoxo: obscurecer ou silenciar as outras diferenças, teóricas e estratégicas, em benefício de uma "Esquerda Ampla" (cujos interesses são, em última análise, os do Partido).

Em segundo lugar, que as condições para toda ação comum têm de ser uma crítica continuada e inequívoca de todos os aspectos do legado stalinista. Enquanto a "pauta" de 1956 não for concluída, até o último item de "Outros Assuntos", toda pretensão a uma autorreforma do eurocomunismo só pode se fundar em compromissos incertos de oportunismo eleitoral. A luta tem de irradiar-se em todos os níveis da teoria e da prática – levando a modificações radicais nas formas de organização do Partido Comunista, e nas relações práticas dos comunistas com outros órgãos socialistas e com seus próprios "eleitorados" – e somente com essas precondições, de que a ação comum *acelere* essas modificações e *desvele* diferenças ulteriores, poderão nossos propósitos ser atendidos.

Na Grã-Bretanha, com seu pequeno e decadente Partido Comunista, essas questões têm importância secundária. Mas, de igual forma, o fracasso da tradição alternativa, libertária, em penetrar nesse vazio e se estabelecer como presença política ao lado do movimento trabalhista – esse fracasso é dos mais graves e dos menos explicáveis. Na tão propalada "revivescência do marxismo" na Grã-Bretanha, nas duas últimas décadas, uma montanha de pensamentos ainda não pariu um mísero rato político. Encerrados no elitismo habitual da *intelligentsia*, os teóricos desdenham a entrada em todo tipo de relação com um movimento trabalhista *que eles sabem (a priori)* ser "reformista" e "corporativo", cujas lutas criaram as instituições em que estão empregados, cujo trabalho fez as cadeiras em que se sentam, que consegue existir e se reproduzir sem eles e cujas pressões defensivas são tudo o que se interpõe entre eles e as razões do poder capitalista. Nem conseguiram esses teóricos criar quaisquer órgãos independentes de comunicação e de educação políticas: os únicos órgãos criados são publicações mediante as quais podem conversar uns com os outros. Mas isso levanta uma nova série de questões políticas, a serem discutidas algum outro dia.

Talvez eu esteja dando a impressão de ser mais amargo do que sou. Creio que há de fato muita energia e capacidade no âmbito desses barris de marxismos fechados que se enfileiram, fileira após fileira, nos corredores das Escolas Politécnicas e Universidades. Ao dar um golpe agudo e amargo nas rolhas althusserianas desses barris, espero fazer escapar um pouco dessa energia. Se isso acontecer, talvez os problemas de criar na Inglaterra uma Esquerda independente, engajada em um contínuo e fraterno diálogo prático com o movimento trabalhista mais amplo, não sejam, no final das contas, insuperáveis. Essas "estruturas" maciças e impassíveis de nossa época poderão mostrar-se mais vulneráveis às iniciativas humanas do que os marxismos supõem.

E se algumas mentes escaparem aos barris, espero que tragam Marx consigo. Espero que não tragam *somente* Marx; e certamente terão de se livrar da noção verdadeiramente escolástica de que os problemas de nosso tempo (e as experiências de nosso século) serão compreendidos pelo rigoroso escrutínio de um texto publicado há cerca de 120 anos. Voltar, em todo movimento de análise, às proposições de Marx é como participar de uma corrida rústica usando botas de chumbo. William Morris exprimiu a questão com exata lucidez: "Por mais dura que seja a tarefa, é preciso ler Marx. Até agora, ele é o único economista integralmente científico do nosso lado" – aconselhou a um correspondente[181].

Enquanto as fileiras reunidas de marxistas se mostram escandalizadas, ou caem na gargalhada, continuarei minha argumentação. A questão não consiste em ser ou não adequado definir Marx como "Economista". Era esse o Marx à disposição de Morris e, poderíamos acrescentar, é o Marx a que o homem é reduzido pelos manipuladores do "modo de produção" e pelos grupos que ficam contemplando o umbigo de *O capital*. A questão é: *Marx está do nosso lado, mas nós não estamos do lado de Marx*. A sua é uma voz cujo vigor jamais será silenciado, mas não foi nunca a única voz, e seu discurso não tem um alcance ilimitado. Ele não inventou o movimento socialista, nem o pensamento socialista ficou, de alguma maneira, sendo sua propriedade exclusiva, ou a de seus legítimos herdeiros. Ele tinha (por opção) pouco a dizer sobre os objetivos socialistas, em relação aos quais Morris e outros disseram mais – e mais coisas que são pertinentes agora. Ao dizer esse pouco, ele esqueceu (e em alguns momentos pareceu negar) que não só o socialismo, mas todo futuro construído pelos homens e mulheres não se funda apenas na "ciência", ou nas determinações da necessidade, mas também em uma escolha de valores e nas batalhas para tornar concretas essas escolhas.

A escolha que a tradição marxista tem hoje diante de si, e que há muito está presente, é entre o irracionalismo idealista e a razão operativa e ativa. Quanto aos althusserianos, estes há muito já fizeram essa escolha, tendo se retirado para os rituais de seu observatório isolado:

> Como se um observatório astronômico devesse ser construído sem janelas, e o astrônomo, lá dentro, devesse ordenar o universo estelar unicamente com pena, tinta e papel, assim também Messier Althusser, em *seu* Observatório (e há muitos observatórios como este) não precisou lançar um olhar às miríades palpitantes de seres humanos ao seu redor, mas pôde registrar os destinos de todos em uma lousa, e enxugar todas as suas lágrimas com um sujo pedacinho de esponja[182].

---

181. Cf. meu livro *William Morris* (ed. de 1977), p. 761.

182. Desculpo-me porque, ao copiar esse trecho de *Tempos difíceis* [de Dickens], confundi o nome de Mister Gradgrind com o de *Messier* Althusser.

Talvez esse observatório já esteja desabando sobre seus carcomidos alicerces. Mas outros observatórios mais *avant-garde* serão construídos nas cercanias de suas ruínas. Antes que estes sejam encerrados em algum "marxismo" ainda mais bem aparelhado, peço também a meus leitores que escolham.

Defini em três oportunidades os limites de "1956". Meus críticos sem dúvida têm razão: o retorno àquele momento do passado tem sido, em mim, uma obsessão: "houve poucas confissões de fossilização tão tristes quanto esta"[183]. A cada derrota, devemos levantar-nos, sacudir a poeira dos joelhos e caminhar alegremente de cabeça erguida. Mas que fazer se a derrota for total e abjeta, e questionar a racionalidade e a boa-fé do próprio projeto socialista? E se os protagonistas do movimento socialista finalmente se separarem naquele ponto, e seu antagonismo absoluto se tornar declarado? Podemos então continuar, de cabeça ainda erguida, como antes? Não creio. Prometo, contudo, não voltar a mencionar a questão. Minhas dívidas com "1956" estão agora totalmente pagas. Posso assim, de consciência tranquila, voltar ao meu trabalho propriamente dito e ao meu jardim. Vou ficar olhando como crescem as coisas.

Pós-escrito

O texto de *A miséria da teoria* foi concluído em fevereiro de 1978. Em março, a União da Esquerda foi derrotada nas eleições francesas. No final de abril, Althusser publicou quatro artigos em *Le Monde* polemizando contra a liderança do Partido Comunista Francês. Esses artigos foram mais tarde publicados pela Maspero (*Ce qui ne peut durer dans le parti communiste français* [O que não pode continuar no Partido Comunista Francês]) e traduzidos para o inglês na *New Left Review*, número 109, em maio-junho de 1978.

Esses artigos foram apresentados de várias maneiras, em diferentes órgãos da Esquerda britânica, como uma "intervenção dramática e eloquente" e como o "devastador" pronunciamento de um marxista "não dogmático" e "flexível". Althusser virou agora um novo herói da cultura antistalinista da

---

183. Anderson, *Socialism and Pseudo-Empiricism*, p. 39.

intelligentsia britânica francófila, e eu mostrei minha incapacidade habitual quando escolhi esse momento para publicar minha crítica.

Infelizmente, não pude conseguir esses "eloquentes" e "devastadores" artigos. Eles ainda não chegaram a mim em Worcester. Os que li se dedicavam ao tipo de luta política interna previsível após uma lamentável derrota política – derrota provocada pela duplilíngua e as duplitáticas, bem como pelo oportunismo desavergonhado do PCF. Ao que parece, se a União da Esquerda tivesse obtido mais 2% na votação, *Messier* Althusser teria negado ao mundo o benefício de suas opiniões. Mas a derrota, repetindo a experiência da promessa adiada que se tornou perpétua para várias gerações da Esquerda francesa, lançou uma rajada de consternação na qual Althusser deve ou erguer sua voz acima da dos outros ou ser relegado à nulidade.

Teria sido mais impressionante se a crítica de Althusser (e, em particular, sua recomendação de uma ação conjunta da Esquerda na "base") tivesse sido feita *antes* da derrota, e a tempo de ter influenciado a campanha. Afinal, políticos malsucedidos estrão acostumados a se ver expostos à desforra depois da derrota – e Althusser e amigos estão desempenhando o papel da senhora Thatcher contra Edward Heath que é, no caso, Marchais

O que distingue a polêmica de Althusser não é a sua eloquência, mas seu tom farisaico e sua completa falta de autocrítica. O Comitê Político do PCF é responsabilizado por tudo – pela história do Partido, suas estratégias e sua ideologia. O ataque é violento, às vezes cáustico, em sua denúncia da organização burocrática do partido e de seu controle quase militar. Mas essa é, afinal, uma história muito antiga, e bem conhecida de todos que tenham um conhecimento prático (em contraposição a teórico) da Esquerda francesa. Ela vem sendo escrita, há várias décadas, por muitas mãos: trotskistas e sindicalistas, oposições comunistas de 1956 e, mais tarde, Sartre no final da década de 1950, nossos camaradas da primeira *Nouvelle Gauche* [Nova Esquerda], do *France-Observateur* e da U.G.S. [*Union de la Gauche Socialiste* – União da Esquerda Socialista], a revista *Socialisme ou Barbarie*, os ativistas de maio de 1968 e muitos outros. Durante todas essas décadas, Althusser rejeitou por completo essa crítica e, como vimos, a denunciou como "o mais violento anticomunismo burguês e antistalinismo trotskista".

Sem dúvida deveríamos louvar seu marxismo "flexível", ágil até. Ele conseguiu passar do "culto à personalidade" (1965) a "um desvio stalinista" (1973) e, mais tarde, a uma dissidência bem explícita com respeito à teoria e às formas stalinistas – tudo isso em menos de 20 anos! Talvez devêssemos louvar Althusser como um fruto temporão, um filósofo inocente do conhecimento político prático, que finalmente foi esclarecido por uma *débacle* [derrota] eleitoral na arena clássica da democracia burguesa. Mas a que conclusões práticas leva essa polêmica? Bajulando bastante os "militantes da base", ele pede "uma crítica e uma *reforma* completas *da organização interna do Partido*". Excelente! E em que deveria consistir essa reforma? Em pouca coisa, talvez, já que Althusser insiste que o "centralismo democrático" deve ser sacrossanto: os "militantes" e as "massas" não precisam de conselho de "peritos em democracia burguesa – sejam eles comunistas ou não". Trata-se de um ataque preventivo: os críticos comunistas são advertidos antecipadamente de que, se propuserem reformas que não agradem a Althusser, este colocará seus nomes no Livro Negro da Democracia Burguesa. O restante é de uma inescrutabilidade délfica. Meu amigo Douglas Johnson, que segundo se diz dispõe de informações privilegiadas, nos conta (*New Statesman*, 7 de julho de 1978) que as reformas propostas por Althusser seriam de amplo alcance: "A discussão deveria ser possível nas células. O militante poderia escrever ao Comitê Central e ter direito a receber uma resposta". Tenho de me lembrar de propor essas reformas devastadoras à minha célula do Partido Trabalhista.

O que mais dá a pensar é o terceiro artigo de Althusser (*Le Monde*, 26 de abril) sobre "Ideologia". Neste ele pede "uma teoria marxista ressuscitada; não endurecida e deformada por fórmulas consagradas, mas lúcida, crítica e rigorosa". E explica cuidadosamente que essa teoria deve ser acompanhada de *análise concreta!* E, mais do que isso, de *análise concreta das relações de classe!* Muito notável! E é igualmente muito notável o fato de que ele possa proferir esses chavões sem um único estremecimento de autocrítica! Por duas décadas Althusser e seu círculo imediato tiveram maior influência sobre a ideologia dos intelectuais comunistas franceses do que qualquer outro grupo. E essa influência pode ser identificada precisamente na redução do marxismo a elaboradas fórmulas consagradas, no divórcio abjeto (sob o ataque geral ao "empirismo") entre "teoria" e análise concreta, bem como na redução da análise das relações de classe a permutações metafísicas. Logo, a primeira exigência de uma crítica da ideologia do PCF tem de ser uma crítica rigorosa e impiedosa das próprias obras de Althusser.

Tomo de empréstimo a palavra "impiedosa" de Althusser. Ele nos diz que a análise concreta e a teoria "não têm piedade". Mas a crítica necessária à teoria e às práticas do PCF será muito menos piedosa do que ele supõe, porque o PCF foi durante muitos anos o principal bastião do stalinismo no mundo não comunista, e seus líderes tinham posições de influência incomuns nos conselhos da *Comintern*, a Internacional Comunista.

É verdade que Althusser dá um passo na direção da honestidade quando admite que ("entre 1948 e 1965") o PCF fez também seus próprios julgamentos fraudulentos dos críticos e intimidou e chantageou seções independentes da Esquerda francesa fazendo campanhas caluniosas. Mas, ao lado disso, ele invoca duas vezes a memória de Maurice Thorez e uma suposta Idade do Ouro da teoria vital e da prática honesta. Eis um útil truque demagógico a ser empregado com os "militantes", em cuja memória Thorez está indelevelmente identificado com as grandes lutas de massa antifascistas da década de 1930. Mas Althusser também não sabe que Thorez (o exilado da Resistência em Moscou) foi um dos importantes engenheiros do stalinismo no *Comintern*, o arquiteto da subordinação da Internacional aos interesses soviéticos e das estruturas, das práticas e da ideologia que *hoje* (em 1978) Althusser pode finalmente identificar como stalinistas? Não sabe ele que, segundo o testemunho de dois membros do Comitê Central do PCF na época (*Politique Hebdo*, primavera de 1976; *Socialist Register*, 1976), Thorez tentou em 1956 ocultar dos membros do Comitê o relatório secreto de Kruschev ao XX Congresso, e que esteve ligado a Molotov, Malenkov e Kaganovitch em sua tentativa de derrubar Kruschev com um *coup*? Althusser é signatário do apelo para a reabilitação do nome de Bukarin, e isso lhe dá crédito. Ele sem dúvida gostaria de saber que, quando Kruschev e seus colegas demonstraram a intenção de "reabilitar" Bukarin, Rikov e Zinoviev, foi Thorez quem pegou um avião para Moscou para implorar que mantivessem silêncio (Ken Coates, *The Case of Bukharin*, Pós-escrito)?

Se Althusser deseja reviver a tradição de Thorez, então o novo Althusser é somente o velho Thorez ampliado. Com Althusser, a crítica ao stalinismo sequer começou, nem pode ela começar, pois seu próprio pensamento é consequência do stalinismo e sua continuação. Mas não quero me intrometer ainda mais nos assuntos franceses: podemos deixar essa explicação impiedosa aos nossos camaradas franceses.

O que me preocupou, em *A miséria da teoria*, não foi a situação particular de Althusser na França – posso não ter entendido sempre com acerto os indícios e complexidades dessa situação –, mas a influência do pensamento althusseriano transposto para fora da França. E é preciso chamar a atenção para a consistente desinformação quanto às realidades políticas francesas, bem como a mistificação sobre as questões intelectuais francesas, que foram impostas à Esquerda de língua inglesa pelos francófilos britânicos que há cerca de 15 anos têm promovido um suposto "renascimento do marxismo" na Grã-Bretanha.

Não faço objeções à francofilia. Há muito a admirar e a aprender com a vida intelectual e política francesa. Mas nossas agências, que usaram suas franquias para importar Althusser, Balibar, Poulantzas, Lacan & Cia., apresentaram sistematicamente imagens da vida e da política francesas que são pouco mais que contos de fada derivados de conversas fúteis de cafés parisienses. A *New Left Review* e a *New Left Books* são particularmente responsáveis por isso, pois nos últimos 15 anos publicaram, acompanhados de extasiadas "apresentações" e sofreguidão teórica, todos os produtos da *fabrik* [fábrica] althusseriana, por mais banais que fossem, mas, da França, ou sobre a França, *não publicaram nada mais*. Assim, apesar das esotéricas restrições que os diretores da *Review* possam ter quanto a Althusser, foi imposta a um público inocente a noção de que o proletariado francês e o PCF são a mesma coisa, um Partido supostamente composto de uma "base" militante heroica e sem complicações junto à qual estão teóricos marxistas rigorosos e lúcidos, engajados na vida concreta do partido.

Um aspecto desagradável desse conto de fadas é que ele contribuiu, no mesmo período, para uma efetiva quebra de solidariedade entre nós e a verdadeira e vigorosa Esquerda, libertária e antistalinista, da França, com a qual a primeira *New Left* teve a mais fraterna das associações, mas cujas atividades não são hoje examinadas, e sequer noticiadas. Portanto, em nome da francofilia, na realidade dificultou-se o intercâmbio com os intelectuais e ativistas franceses independentes que o PCF escolheu como vítimas de suas calúnias ou de sua condenação. Uma consequência igualmente desagradável disso é a de que a *soi-disant* [autodeclarada] Esquerda marxista na Grã-Bretanha está totalmente despreparada para compreender o desastre, há tanto tempo adiado, que agora finalmente desabou sobre a tradição intelectual comunista na França.

Porque o drama das duas últimas décadas foi integralmente mal noticiado na Inglaterra. Jamais foi a árdua epopeia intelectual que os promotores britânicos supuseram. Vários episódios foram uma farsa – e foram vistos como tal por um crescente número de intelectuais franceses. Não se precisa ter a idade de Matusalém para lembrar a época em que Roger Garaudy (o Dr. John Lewis da França) ocupava o cargo de Corregedor das Heresias Burguesas em todo o Mundo Ocidental – cargo do qual foi deposto como medida preliminar para sua reconciliação com a Igreja Católica! Mais do que em qualquer outro país ocidental, o PCF conseguiu intimidar seus intelectuais e neutralizá-los com a culpa burguesa. Eles foram segregados em seus guetos e subordinados à disciplina da casta dominante do Partido. A consequente ruptura entre a teoria e a prática encontrou uma expressão clássica no pensamento althusseriano. Mais resistente do que qualquer outro partido comunista ocidental à educação pela experiência, o PCF enfrentou o desaparecimento do stalinismo e o revigoramento do capitalismo com a valente atitude de um avestruz. Para sua liderança, isso significou um colapso no pragmatismo e no oportunismo; e, para os intelectuais, uma rápida passagem ao idealismo – uma *rejeição* teoricamente justificada das evidências, da história, do "empirismo". Neste momento, depois de passar tantas décadas esmurrando a porta, o ser social está finalmente entrando à força na consciência social.

De repente, os intelectuais do partido, em suas fortalezas já abaladas, estão dando "eloquentes" e "devastadoras" mostras de reconhecimento... daquilo que todos fora da fortaleza há muito sabiam.

Não vou prever a evolução futura de Althusser. É improvável que siga o caminho de Garaudy. Mas vou prever que toda essa altaneira e rigorosa teoria vai, em uma década, se desfazer em ruínas, e esse tenaz stalinismo póstumo da *intelligentsia* comunista francesa vai desaparecer em um ou dois anos, em meio a gritos de *sauve qui peut* [salve-se quem puder]. Não posso dizer que essa perspectiva me desagrade. Julguei trágica a *débacle* cruel e em larga medida imerecida de uma honrosa tradição comunista francesa da década de 1930, e da Resistência. Mas, nas duas últimas décadas, vi menos honra e mais má-fé nessa região. A tarefa de reconstruir uma tradição revolucionária libertária na França há muito vem ocorrendo em outro lugar.

Em alguns dessas avaliações posso estar mal-informado. É até possível que Althusser se mostre mais sério em seu antistalinismo recente do que suponho. Esperemos que sim. No entanto, para que assim seja, ele deverá repudiar a maior parte de sua teoria publicada. E é disso que trata *A miséria da teoria*. Porque a teoria permanece *como* teoria, é reproduzida como teoria e transplantada como teoria, sejam quais forem as contingências públicas ou pessoais que venham a surgir. Nisso ao menos tenho a satisfação de encontrar confirmação em Althusser. Porque, como ele observou de maneira bastante pomposa em uma entrevista a *Les Nouvelles Littéraires* (8 de junho de 1978): "*Philosophe, je ne suis pas piégé par les effets de la politique publique quotidienne...* [Filósofo que sou, não me deixo apanhar pelos efeitos da política pública cotidiana...] Historiador que sou, também não me deixo apanhar. Não há em *A miséria da teoria* uma só palavra de que eu deseje me retratar.

6 de agosto de 1978.

Fora da baleia*

> "Sabe como é, eu tenho meus contatos – até na Califórnia"
>
> ["You know, I have connections – even in California."]
>
> T.S. Eliot, *The Cocktail Party*

"A visão que se furta a todos nós" [*"The Vision that Eludes us All"*]

Na eleição geral de 1955, o povo britânico elegeu o governo que iria guiá-lo durante as crises de Quemoy, Suez, Hungria, os testes de bomba de hidrogênio, a Jordânia e outros incidentes vitais do século XX. Os três partidos principais asseguraram que a eleição seguiu inteiramente as diretrizes políticas e estratégicas da OTAN. E foi uma eleição na qual a grande maioria de intelectuais britânicos silenciou.

Houve uma exceção notável. Lord Russell, filósofo de 83 anos, interveio – com relação à plataforma de um candidato trabalhista – para lembrar ao eleitorado que "a única alternativa a viver em conjunto é morrer em conjunto". Foi, apropriadamente, o senhor Alistair Cooke, correspondente em Nova York do *Guardian* de Manchester, que se dedicou a reduzir essa intervenção à escala própria das trivialidades eleitorais. O senhor Cooke lançou um olhar irônico sobre "Lord Russel's Modern Apocalypse [O apocalipse moderno de Lord Russel]":

> Anão suspenso em uma enorme tela de CinemaScope, o último dos Liberais dirigiu seus olhos de pequena águia por sob o tufo de cabelos brancos e flexionou os braços na altura dos cotovelos em um passe de mágica, como uma marionete encantadora tentando fazer um milagre e, no ato, derrubando a pequena armação de arame que compõe seu corpo.

---

* Em *Out of Apathy*, org. por E.P. Thompson (1960). Quanto ao estatuto desse texto, cf. "Uma observação sobre os textos aqui contidos", neste volume, p. 561.

301

Depois de mais algumas palavras, o senhor Cooke permitiu que a "marionete encantadora" falasse:

> "Esta é a questão mais importante que os homens já tiveram de encarar em toda a história da raça humana" – disse ele, com sua alta voz anasalada.

Mesmo os mais vulgares detratores de Pasternak fingiam um pouco que atacavam suas ideias. Não ficavam relinchando contra "sua voz anasalada" nem zombavam das fragilidades de um idoso: "a débil figura" – o senhor Cooke prosseguiu nos dizendo – "tamborilou ao meio do palco". Mas a conclusão da matéria deve ser citada extensamente. Lord Russell falava dos perigos da guerra química, bacteriológica e nuclear: "Não há limites para o que a ciência pode fazer por meio da destruição, e também nenhum limite ao que pode fazer na direção oposta":

> Houve uma grande salva de palmas por esse sentimento e os apáticos proprietários socaram as mãos na esperança de que a crença criasse seu objeto. O próprio nobre, e envelhecido, lorde se viu tomado da mesma emoção, e as medidas práticas que poderíamos tomar para... fazer que os grandes protagonistas amem uns aos outros foram esquecidas em uma passagem longa e pungente sobre a brilhante alternativa para o mundo que conhecemos...
>
> A pobreza foi inteiramente desnecessária. "A China, a Índia e a África poderiam, todas elas, alcançar um padrão da vida que se igualasse àquele dos países mais prósperos... as coisas de que compartilhamos são infinitamente mais importantes do que as coisas que nos separam". Mais uma onda de aplausos esperançosos.
>
> "A fraternidade dos homens é uma ideia antiga que tem sido proposta por muitos homens sábios. Esta é a alternativa à morte".
>
> Ele juntou firmemente, mais uma vez, suas mãos ossudas, para apreender a visão que se furta a todos nós, inclusive nossos legisladores, e pediu que eles se empenhassem em promover uma era "de felicidade que nunca existiu antes... Se o fizéssemos, poderíamos tornar a vida esplêndida e bela".
>
> Ele o conseguira. A decente multidão o aplaudiu por todo o caminho que ele percorreu movendo cuidadosamente as pernas...

Desde então o velho filósofo descobriu outros que têm a mesma posição sua. Mas as questões levantadas por Lord Russel e a maneira como o senhor

Cooke as tratou ainda permanecem. E são em grande número. Por que, em 1955, a ação de Lord Russel foi uma exceção à regra da passividade intelectual? (Um número razoável de "trabalhadores culturais" compartilhava as suas opiniões, mas na "democracia mais antiga do mundo", sentiu que não havia "nada que pudessem fazer". Por quê?) O que se tinha tornado, em 1955, a geração socialista da década de 1934-1945? E aqueles que o senhor Cooke via paternalisticamente como os "apáticos proprietários" e a "decente multidão"? Esses sobreviventes da vitória de 1945 não parecem ter renunciado à cidadania política. Como pôde o senhor Cooke supor, escrevendo para o jornal favorito dos intelectuais britânicos, que a própria imagem de "multidão decente" provocaria um sofisticado riso? Ele pôde supor, além disso, uma sensibilidade condicionada que podia manipular para que dessem as respostas conhecidas – que endossariam serem as ideias da fraternidade de homem e da felicidade humana um *vieux jeux* [joguinho obsoleto], e julgariam o espetáculo débil e ineficaz de um velho humanista que oferece à humanidade a perspectiva (a fraca perspectiva) do progresso?

Essas questões estão relacionadas. Elas são a preocupação específica deste ensaio. O que se argumenta aqui é que, nos anos de 1950, houve uma polarização da consciência humana que correspondia à polarização do poder mundial. As ortodoxias do mundo se construíram no mútuo antagonismo. Na União Soviética, a ideologia é claramente definida, uma vez que é restringida pela censura, reforçada por instituições repressivas e periodicamente confirmava ou revisada pela Autoridade. No "mundo livre" (ou Otanópolis [terra da OTAN]), os centros da ortodoxia ideológica raramente se definem. A diversidade de tendências intelectuais no âmbito da ortodoxia, o caráter indeterminado e mutante de seus limites, a existência de reais centros de divergência (e a licença dada mesmo à oposição stalinista) – tudo isso conspira para criar a ilusão central da cultura "otanopolitana"*, a de que não há, na verdade, ortodoxia, mas apenas uma variedade infinita de opiniões entre as quais cada homem está livre para escolher. Mas por sob essa ilusão há tanto compulsões exteriores como interiores que conferem à ideologia otanopolitana seu poder peculiar.

---

* Otanópolis e Otanopolitana são neologismos referentes à OTAN (Organização do Tratado do Atlântico Norte). N.T.

Percorria toda a Europa não só a fronteira do poder, como também uma falha cultural. E essa falha se manifestou no âmbito da mente de homens individuais de ambos os lados da divisão. Ela vai ocupar sua posição entre aquelas suposições sobre a natureza do homem, e sobre a maneira pela qual os homens fazem, ou não podem fazer, sua própria história que constituem a base da maioria das disciplinas. E embora as pressões que induzem à conformidade pareceram de vez em quando esmagadoras dos dois lados, nunca foi inevitável que as mentes individuais devessem submeter-se a elas. Na verdade, o "stalinista" puro ou o "otanopolitano" puro foi algo raro; houve muitas posições intermediárias dentro de cada modelo padrão e muitos centros obstinados de resistência. Não introduzimos o termo "otanopolitano" como mais um rótulo para um abuso indiscriminado, mas sim para indicar a existência de um modelo ideológico ativo.

Esta ideologia é o componente *ativo* da apatia, do mesmo modo como circunstâncias prevalecentes provocaram a apatia como uma resposta passiva. É um fato intelectual e cultural por direito próprio – certa *posição* em relação às circunstâncias, uma capitulação dos centros de ação. Embora a prevalência dessa ideologia da apatia ponha o mundo em risco, não foi ela inventada por algum mestre do engano em uma conspiração consciente para destruir o mundo. Em vez disso, ela se desenvolveu por sua própria lógica em um contexto social conducente ao seu crescimento. Em seu crescimento, ela percorreu duas etapas. Na primeira, as mentes responsáveis recuaram diante de uma realidade social que achavam inexplicável ou insuportável. A forma característica do recuo foi a desilusão com o comunismo, de modo que, em meados de anos de 1940, esse desencanto se tornou um *motivo* central no âmbito da cultura ocidental. O resultante afastamento lembrou a desilusão, entre os intelectuais radicais da Grã-Bretanha, no período posterior à Revolução Francesa, em que, com a ascensão de Napoleão:

> ...tudo se fez calma devido aos laços de ferro
> De cunho militar. As metas mutáveis,
> Os interesses morais, o poder criativo,
> As funções variadas e altos atributos
> Da ação civil, entregues a um poder
> Formal, e odioso, e desprezível.

– Na Grã-Bretanha, governava um medo pânico da mudança;
Os débeis eram louvados, recompensados e promovidos;
E, do impulso de em justo desdém,
Mais uma vez, refugio-me em mim mesmo.
(William Wordsworth, *Excursion* III, 821ss.)

[...all was quieted by iron bonds/Of military sway. The shifting aims, /The moral interests, the Creative might, /The varied functions and high attributes/Of civil action, yielded to a power/Formal, and odious, and contemptible./-In Britain, ruled a panic dread of change;/The weak were praised, rewarded and advanced;/And, from the impulse of a just disdain,/Once more did I retire into myself.]

Na segunda etapa, a retirada levou à capitulação ao *status quo*, cabendo falar de uma *apostasia* cultural. O desencanto deixa de ser um recuo do responsável diante da experiência social difícil e se torna uma abdicação da responsabilidade intelectual diante de toda experiência social. E, no contexto da Guerra Fria, e do imperialismo esgotado, a retirada ou desespero por causa do desencanto foram deturpados – muitas vezes por homens menores – em uma apologia da cumplicidade com a reação. Essa apologia foi mais que uma "norma" cultural – aqueles pressupostos frouxos e ideias recebidas que a mente exposta nos anos de 1950 tendia a tomar como "dados". Foi um modelo cultural ativo, uma *lógica* que fez a mente passar, por caminhos estabelecidos, de uma premissa à seguinte, uma *deriva* da sensibilidade correnteza abaixo. Ela permanece sendo a ideologia dominante ao entrarmos nos anos de 1960, e tende à negação do homem.

Se a história se repetiu, ela bem certamente o fez como farsa. Meio século, e anos de autoanálise, separam o Wordsworth revolucionário ardente do Wordsworth Laureado pela Rainha Vitória. Em nossa época, a reversão realizou-se em uma década. Desencanto napoleônico e conformidade vitoriana se fundiram em uma só coisa. O Solitário de Wordsworth e o senhor Podsnap de Dickens habitavam uma só pele*.

---

* Solitário: Referência a poemas de Wordsworth em que este se apresenta como um lobo solitário, um ser livre. Senhor Podsnap: uma personagem de classe média inglesa apresentada satiricamente como demasiado pomposa por Charles Dickens. N.T.

"As formas ameaçadoras de nossa febre..." [*The Menacing Shapes Of Our Fever...*]

Para entender a primeira etapa dessa regressão, podemos recorrer a *Espanha*, de [Wystan Hugh] Auden, publicado na forma de panfleto em 1937. Foi reproduzido no volume *Another Time* [Outro tempo] em 1940, com significativas omissões e revisões. O poema se constrói em quatro movimentos. Vem em primeiro lugar uma série de versos cujo impressionismo histórico cumulativo traz a luta de "hoje" da perspectiva da evolução da civilização. Depois há uma passagem na qual o poeta, o cientista e o pobre invocam uma força de vida amoral que os resgate de sua situação aflitiva; e a força de vida responde colocando a responsabilidade pela escolha moral e a ação sobre eles ("Sou tudo aquilo que vocês fazem... Sou sua escolha, sua decisão. Sim, sou a Espanha". *[I am whatever you do... I am your choice, your decision. Yes, I am Spain]*). O terceiro movimento, central, do poema, vem imediatamente depois desta resposta:

> Muitos o ouviram em penínsulas remotas,
> Ou prados sonolentos, nas ilhas de pescadores aberrantes,
> Ou o coração corrupto da cidade;
> Ouviram e migraram, como gaivotas ou as sementes de uma flor.
>
> Grudaram-se como aves aos longos trens expressos
> Guinando por terras de injustiça, pela noite, pelo túnel alpino;
> Flutuaram por sobre os oceanos;
> Atravessaram passagens. Todos ofertaram sua vida.
>
> Naquele árido quadrado, fragmento decepado à escaldante
> África, toscamente unida à inventiva Europa;
> Naquele chapadão cortado, eivado de rios
> Nossos pensamentos têm corpos; as formas ameaçadoras de nossa febre
>
> São precisas e vívidas. Porque os medos que nos fizeram responder
> Ao anúncio de remédio, e à brochura de cruzeiros de inverno
> Se transformaram em batalhões invasores;
> E nossos rostos, o rosto institucional, a cadeia de lojas, a ruína

Projetam sua ganância como o esquadrão de fuzilamento e a
bomba
Madri é o coração. Nossos momentos de ternura florescem
Como a ambulância e o saco de areia;
Nossas horas de amizade em um exército do povo.

Amanhã, o futuro talvez...

[Many have heard it on remote peninsulas, Or sleepy plains,
in the aberrant fisherman's islands Or the corrupt heart of
the city, Have heard and migrated like birds or the seeds of a
flower.
They clung like birds to the long expresses that lurch Through
the unjust lands, through the night, through the alpine tunnel;
They floated over the oceans; They walked the passes. All
presented their lives.
On that arid square, that fragment nipped off from hot Africa,
soldered so crudely to inventive Europe; On that tableland
scored by rivers, Our thoughts have bodies; the menacing
shapes of our fever.
Are precise and alive. For the fears which made us respond
To the medicine ad. and the brochure of winter cruises Have
become invading battalions; And our faces, the institute-face,
the chain-store, the ruin
Are projecting their greed as the firing squad and the bomb.
Madrid is the heart. Our moments of tenderness blossom As
the ambulance and the sandbag; Our hours of friendship into a
people's army.
To-morrow, perhaps the future...]

No quarto movimento, percorremos, mais uma vez, por causa da guerra espanhola, uma passagem de impressionismo inventivo (que equilibra o primeiro
movimento) sugestiva do futuro socialista imaginado. E isto leva à coda, que
retoma de novo o tema do terceiro movimento, e que coloca "hoje" em uma
posição vital de ação e escolha entre ontem e amanhã:

Hoje, o aumento deliberado das chances de morte,
A aceitação consciente da culpa no assassinato necessário;
Hoje o dispêndio de forças
No chato panfleto efêmero e na reunião maçante.
Hoje os consolos temporários: o cigarro compartilhado,
As cartas no celeiro iluminado por velas e o concerto

estridente,
Os chistes masculinos; hoje
Tenteado e insatisfatório o abraço antes de ferir.

As estrelas estão mortas. Os animais não olharão.
Deixaram-nos solitários com o nosso dia, e o tempo é curto, e
Aos derrotados a História
Pode dizer "Ai!" – mas não pode ajudar nem perdoar.

[To-day the deliberate increase in the chances of death,
The conscious acceptance of guilt in the necessary murder;
To-day the expending of powers
On the Hat ephemeral pamphlet and the boring meeting.
To-day the makeshift consolations: the shared cigarette,
The cards in the candlelit barn, and the scraping concert,
The masculine jokes; to-day the
Fumbled and unsatisfactory embrace before hurting.
The stars are dead. The animals will not look.
We are left alone with our day, and the time is short, and
History to the defeated
May say Alas but cannot help nor pardon.]

Esse poema costuma ser subestimado hoje. E os leitores da versão emendada, tal como apresentada em *Outro Tempo* (1940) e nos *Collected Shorter Poems* [Poemas mais Curtos Reunidos] (1950), podem ser perdoados por não perceber suas forças. A seção essencial do terceiro movimento agora diz:

Naquele árido quadrado, fragmento decepado à escaldante
África, toscamente unida à inventiva Europa;
Naquele chapadão cortado, eivado de rios
as formas ameaçadoras de nossa febre são precisas e vívidas.

Amanhã, o futuro talvez...

[On that and square, that fragment nipped off from hot
Africa, soldered so crudely to inventive Europe;
On that tableland scored by rivers,
Our fever's menacing shapes are precise and alive.
To-morrow, perhaps the future…]

Dois versos foram retirados, extirpando por meio disso, em uma só operação, o fulcro da organização formal do poema e o foco das imagens precedentes e seguintes. Auden não pode ser exonerado de um ato calculado de mutilação de seu próprio poema.

Seus motivos não são o nosso tópico imediato, embora devamos observar que todos os seus primeiros poemas se submeteram a um processo semelhante de bowdlerização* política. O importante é que as estrofes foram excluídas porque indicavam uma afirmação que, por volta de 1940, Auden havia abjurado. Em seus primeiros poemas há uma ambiguidade frutuosa no seu diagnóstico do mal-estar humano. Há um conflito sustentado entre a "mudança de coração" invocada no soneto *Sir, No Man's Enemy* ["senhor, inimigo de nenhum homem..." e o conceito do homem que "se modifica mediante sua maneira de viver" no Coro de *The Dog Beneath the Skin* [O Cão Por Sob a Pele]:

> Não fale de uma mudança de coração, pensando em quinhentos
> por ano e um quarto somente seu,
> Como se fosse só isso o necessário...
>
> [Do not speak of a change of heart, meaning five hundred/a year and a room of one's own, /As if that were all that is necessary...]

As culpas e ansiedades, as deformidades "do amor", são vistas no contexto de uma sociedade doente, que só pode curar-se por meio da revolução política. No entanto, o fascismo e a reação são vistos como a projeção de neuroses, e a revolução é enfrentada como o produto de uma afirmação do amor, devendo um e outro originar-se do coração individual. A ambiguidade é produtiva de tensões em pensamento e sensação, e confere a alguns poemas um tom de busca, não doutrinário e diagnóstico. Mas por ser também a expressão de um pensamento irresoluto e de um conflito não resolvido, também pode ser sentida como uma limitação, a fonte da de um tartamudeio de definições, de mudanças abruptas de foco e evasões ocultas por passagens atormentativas ou pastichos inteligentes. A importância de *Espanha* consiste

---

* Referência a Thomas Bowdler, que editou uma versão de obras de Shakespeare em que expurgou tudo o que julgou ofensivo à religião e aos cidadãos de bem. N.T.

no fato de que Auden achou na guerra civil Espanhola um tema capaz de suportar o pleno peso dessa ambiguidade e exigir uma resolução.

Essa resolução foi oferecida nos dois versos extirpados. Era na Espanha que o coração deveria modificar-se, e desse desfecho poderia depender a resposta às questões do poeta, do cientista e do pobre. A "significação" da história permanece indefinida porque ainda tem de encontrar sua definição no seu desfecho; e este desfecho não é inevitável, mas será o produto de ações e escolhas humanas que a guerra espanhola simboliza. A guerra é a objetivação do mal-estar humano; mas é um mal-estar capaz de cura, uma vez que os homens podem refazer sua própria natureza em ação. "Nossos pensamentos têm corpos", e as culpas, as neuroses e as inquietudes são objetivadas nos "batalhões invasores" do fascismo, enquanto "o amor" ("nossos momentos de ternura") e os valores sociais afirmativos são objetivados no "exército do povo". Se a fonte do conflito ainda pode ser encontrada no coração humano individual, a questão deve ser decidida no teatro espanhol da guerra. E a decisão, se favorável, pode igualmente mostrar ser um divisor de águas da natureza humana. "Amanhã" ("Os passeios pelo lago... as corridas de bicicleta/Pelos subúrbios em tardes de verão...") ["Tomorrow" ("The walks by the lake... the bicycle races/Through the suburbs on summer evenings...")] pode ser uma época de convivência social não heroica, mas afirmativa e não atormentada. Não há ambiguidade. E, visto nesse contexto, o estribilho do poema ("Mas hoje a luta" ["But to-day the struggle"]) não parece mais impróprio do que o estribilho de *Easter 1916* [Páscoa 1916] de Yeats. Se a questão era de fato tão rica em consequências históricas, então a geração de "hoje" podia com razão sentir-se chamada para suportar o sacrifício nos interesses de "amanhã", e (mas há areias movediças aqui) não ter demasiados escrúpulos pelo caminho:

> Não se preocupando se o vento aqui e ali
> Soprava, agudo, sobre uma eminência que trazia
> Tão amplas perspectivas de futuro.
>
> [Not caring if the wind did now and then/Blow keen upon an eminence that gave/ Prospect so large into futurity/
>
> (Wordsworth, *The Prelude* [O Prelúdio] (1805), X, 750)

Auden não pode ter ignorado a significação dessa resolução – que lançava luz para trás sobre sua obra inicial. E, em 1940, chegou a sentir que essa luz era obscuridade. As razões dessa mudança residem nos eventos internacionais do período de 1937-1939; entre eles, os expurgos soviéticos e suas repercussões em todo o movimento comunista internacional, a debacle de Munique*, a luta pelo poder no âmbito das forças republicanas espanholas, a ortodoxia ideológica crescente da Frente Popular espanhola e o pacto russo-alemão de 1939. E, sabendo que a guerra mundial era iminente, Auden escreveu o poema, *September 1, 1939* [Primeiro de setembro de 1939].

Trata-se de um poema que exprime com grande perícia a tensão de uma mente fugindo de experiências demasiado difíceis e dolorosas para admitir qualquer resolução fácil. Mas a queda das ilusões dos anos de 1930 ("Como as esperanças inteligentes/De uma baixa década desonesta expiram" ["*As the clever hopes expire/Of a low dishonest decade*"]) é talvez demasiado fácil. (Que esperanças? Foram todas as esperanças desonestas? E a responsabilidade pessoal do poeta pode ser tão facilmente descartada?) E disso decorre uma rejeição da "significação" da história, que ele tinha oferecido em *Espanha*. Caso se possa encontrar aí algum sentido, este é, na melhor das hipóteses, irrelevante, uma vez que, sob a sequência da causa e efeito, podemos encontrar uma causa extra-histórica na natureza humana:

> A exata erudição pode
> Desenterrar toda a ofensa
> De Lutero até agora,
> A que enlouqueceu uma cultura,
> Desvelar o que ocorreu em Linz,
> Que enorme imago criou
> Um deus psicopata:
> Eu e o público sabemos
> O que todos os escolares aprendem,
> Aqueles a quem se faz mal
> Fazem o mal em troca.

> [Accurate scholarship can/Unearth the whole offence/From Luther until now/That has driven a culture mad,/Find what occur-

---

* Alusão ao Acordo de Munique, de 1938, que pretendia proteger a Checoslováquia da invasão alemã, e que foi desrespeitado por Hitler em 1939. N.T.

red at Linz,/What huge imago made/A psychopathic god:/I and the public know/What all schoolchildren learn,/Those to whom evil is done/Do evil in return.]

A loucura da cultura europeia já não é vista como a função de uma sociedade aquisitiva; ela é em última análise a função da capacidade do homem de praticar maldade. De onde vem essa maldade? É "o erro inscrito no osso/De cada mulher e cada homem" [*the error bred in the bone/ Of each woman and each man*]: amor-próprio. O amor-próprio pode estar arraigado na natureza biológica, psicológica ou moral do homem – mas estamos entrando de modo reconhecível no padrão da doutrina cristã tradicional e no lócus do pecado original. O remédio, se houver algum remédio, deverá estar em uma mudança de coração: "Devemos amar uns aos outros, ou morrer" ["*We must love one another or die*"]. Mas de onde essa mudança deve vir, uma vez que tanto os soberanos como os governados (os "firmes viajantes habituais" [*dense commuters*] e os "dirigentes impotentes" [*helpless governors*]) são vítimas comuns no circuito recíproco da maldade? Só pode vir do exterior do circuito – do curandeiro, do profeta ou do sacerdote, ou então do punhado de intelectuais desencantados que perceberam a mentira:

> Indefeso sob a noite
> Nosso mundo jaz em estupor;
> Contudo, por toda parte
> Pontos irônicos de luz
> Relampejam onde quer que os Justos
> Troquem suas mensagens:
> Que eu possa, composto como eles,
> De Eros e do pó,
> Sitiado por iguais
> Negação e desespero,
> Mostrar uma chama afirmativa?

[Defenceless under the night/Our world in stupor lies;/Yet, dotted everywhere/Ironic points of light/ Flash out wherever the/ Just Exchange their messages:/May I, composed like them/Of Eros and of dust,/ Beleaguered by the same/Negation and despair,/Show an affirming flame.]

Pela segunda vez, a ambiguidade da obra inicial de Auden se resolve. Mas a resolução contradiz em cada ponto a resolução de *Espanha*.

Vejamos novamente a revisão desse poema:

> Naquele chapadão cortado, eivado de rios
> as formas ameaçadoras de nossa febre são precisas e vívidas.

> [On that tableland scored by rivers,
> Our fever's menacing shapes are precise and alive.]

Nada mais: não há Madri, batalhão invasor, hora de amizade, exército do povo; nenhum conflito histórico entre o bem e o mal, neurose e saúde, objetivado em um conflito político real. Embora a estrutura do poema tenha sido sacrificada e as imagens precedentes e seguintes tenham sido privadas de sua ligação, Auden julgou necessário extirpar as noções de compromisso histórico útil e da redenção do homem por meio da ação política. "Nossa febre" agora não é diagnosticada; poderia até ser "o erro alimentado no osso" [*the error bred in the bone*]. A Espanha é agora o símbolo não de um dilema determinado e crítico de homens na história, mas "o dilema humano" [*the human predicament*].

"E, do impulso de um justo desdém, / Mais uma vez, refugio-me em mim mesmo" [*And, from the impulse o f a just disdain, /Once more did I retire within myself*]: Em *September 1, 1939*, Auden chegou a esse ponto de afastamento. Não há desonra aqui. O grau do desastre europeu em 1939 não poderia ser medicado com algum bálsamo intelectual barato. Mas se é verdade que "Devemos amar uns aos outros, ou morrer", ainda estamos apenas enunciando o problema; o próprio problema – *como* esse "amor" deve exprimir-se em relações humanas e personificar-se na história – permanece. O lugar central do conflito cultural é o lugar em que os argumentos do "amor" e os argumentos da necessidade inevitavelmente se chocam. Mas se é parte do "dilema humano" que o amor sempre seja dominado pelo poder, então a afirmação do "amor" pode aparecer somente como uma resolução pessoal: "o amor" aparece como um estado de experiência pessoal, porém não mais como uma atitude social eficaz e ativa. E é aqui que a *segunda* etapa da regressão começa, ali onde o recuo pode levar à capitulação. Já podemos descobrir elementos que mais tarde foram distorcidos em uma discreta ideologia da alienação intelectual e do quietismo, a apologia da apatia. Nos "firmes viajantes habituais" já temos uma sugestão dos "proprietários impassíveis" e da "multidão decente" do senhor Cooke. Nos "dirigentes impotentes" temos "a visão que se furta a todos nós, não menos aos nossos legisladores". No irônico "Justos", que percebem a "mentira da Autoridade", mas que são fracos demais para fazer qualquer desafio, prenunciamos a atitude que informou os intelectuais "otanopolitano" dos anos 1950.

Não é a autenticidade da experiência de Auden que discutimos, mas a desistência implícita em sua resposta. Há, afinal, alguma diferença entre enfrentar um problema e desistir de resolvê-lo. A desistência acentuou-se devido à sua emigração para a América. No intervalo entre 1939 e 1945, quando muitos dos governantes e viajantes habituais mostravam uma chama de afirmação nas sete frentes de fogo e opressão desencadeadas pela derrota espanhola, a própria chama de Auden tinha se molhado: ele se entregou à "negação e desespero". Apareceu em 1945 como uma espécie de amanuense literário não autorizado de um senhor Eliot kierkegaardiano. O sorriso do senhor Cooke diante da visão do senhor Russell (de *toda* visão) da irmandade humana encontra sua sanção nesta – ou em uma dezena de outras passagens igualmente derivativas:

> Em nosso banho, no metrô ou no meio da noite,
> Sabemos muito bem que não somos azarados, e sim maus,
> Que o sonho de um Estado Perfeito ou Nenhum Estado,
> No qual nos refugiamos é parte de nossa punição.
> Sejamos, pois, contritos, mas sem inquietude,
> Porque os Poderes e Tempos não são deuses, mas presentes
> mortais de Deus;
> Reconheçamos nossas derrotas, mas sem desespero,
> Porque todas as sociedades e épocas são detalhes passageiros,
> Que nos oferecem uma oportunidade eterna
> De que o Reino dos Céus venha, não em nosso Presente
> E não em nosso Futuro, mas no devido tempo.
> Oremos.
>
> [In our bath, or the subway, or the middle of the night, We know very well we are not unlucky but evil, That the dream of

a Perfect State or No State at all, To which we fly for refuge, is a part of our punishment. Let us therefore be contrite but without anxiety, For Powers and Times are not gods but mortal gifts from God; Let us acknowledge our defeats but without despair, For all societies and epochs are transient details, Transmitting an everlasting opportunity That the Kingdom of Heaven may come, not in our Present And not in our Future, but in the Fullness of Time. Let us Pray.]

A chama individual corajosa, ardendo apesar de um mundo aparentemente incompreensível e mau, tornou-se uma oração aquiescente; e uma oração por algo cuja topografia no Tempo e cronologia no Espaço são portentosamente evasivas.

E aqui devemos efetuar uma transição da regressão pessoal de Auden para a maneira como, em um determinado contexto social, a regressão exemplificada com seu caso foi distorcida no modelo da ideologia otanopolitana. Porque essa civilização dentre as mais materialistas, caraterizada pelo consumo conspícuo no interior e uma estratégia de energia nuclear no exterior, segregou uma ideologia protetora tão metafísica na forma e tão privada de referentes sociais que deixaria o faquir envergonhado por depender de uma cama de pregos. A coisa mais maravilhosa sobre uma aderência estrita à doutrina do pecado original (em suas conotações maniqueias) consiste em que não há nada a ser feito quanto a isso. O pecado está *aí*; e tentar qualquer projeto de demolição em grande escala seria blasfêmia. O quietista sabe que "todas as sociedades e épocas são detalhes passageiros": alcançou, por meio da meditação e do exercício espiritual, a grande verdade otanopolitana que o primeiro a encontrar foi Henry Ford: "A história é uma bobagem".

E essa verdade leva a uma moral determinista não menos rígida do que o stalinismo ortodoxo. Se, naquele, a maldade pode ser justificada "em nome da necessidade histórica", então, nesta outra ela é aceita como parte necessária da "condição humana". Não é uma questão de "perda de visão"; se se aceitam as premissas, toda visão social afirmativa é suspeita (o Herodes de Auden foi, sem dúvida, um humanista liberal). Em certo ponto da descida, estridentes autofalantes morais ("progresso", "humanismo", "história" e tudo mais) simplesmente foram desligados com um gesto cansado, porque, se a maldade é parte *necessária* da condição humana, não há muito sentido em lançar nossos protestos morais a seu respeito.

No âmbito dessa regressão, podemos entender por que Auden eliminou dos *Collected Shorter Poems* a estrofe de primeiro de *September 1, 1939*, que personificava sua afirmação mais forte:

> Tudo o que tenho é uma voz
> para desfazer a mentira retorcida,
> a mentira romântica no cérebro
> Do homem sensual na rua
> E a mentira da Autoridade,
> Cujos edifícios tateiam com a mão o céu:
> Não há coisa alguma que seja o Estado
> E ninguém existe sozinho;
> A fome não permite nenhuma escolha ao Cidadão ou à polícia:
> Devemos amar-nos uns aos outros, ou morrer.

> [All I have is a voice
> To undo the folded lie
> The romantic lie in the brain
> Of the sensual man-in-the-street
> And the lie of Authority
> Whose buildings grope the sky:
> There is no such thing as the State
> And no one exists alone;
> Hunger allows no choice
> To the Citizen or the police:
> We must love one another or die.]

Foi fútil (possivelmente perigoso) tentar "desfazer a mentira retorcida", fútil tentar falar ao "homem sensual na rua". A realidade da arte e a realidade social tinham-se dividido em dois mundos entre os quais a comunicação era impossível ou despropositada:

> Não mais movimentos. Não mais manifestos. Cada poeta fica sozinho... O público ideal que o poeta imagina compõe-se das beldades que vão dormir com ele, do poderoso que o convida para o jantar e lhe diz segredos do estado e de seus companheiros poetas.

[No more movements. No more manifestoes. Every poet stands alone. . . The ideal audience the poet imagines consists of the beautiful who go to bed with him, the powerful who invite him to dinner and tell him secrets of State, and his fellow poets.]
(W.H. Auden – *Poets at Work* (1948).)

Também foi fútil afirmar "o amor" em suas conotações sociais ativas; disso decorreu aquela retirada, no verso subsequente de Auden, em um abstrato "Amor" em maiúsculas, indefinido por qualquer contexto da obrigação humana. E nisso, mais uma vez, Auden exemplifica um modelo mais geral de regressão. Entre os desencantados de meia-idade, apenas uma manifestação do "mal" provoca de fato uma resposta aguda, comprometida. Uma vez que a desilusão com o comunismo tem a mesma origem do modelo padrão, renová-la constantemente se torna uma necessidade psicológica. Assim como, no ritual cristão, Deus deve ser crucificado de novo a cada ano, assim também, no ritual otanopolitano, deve-se verificar todo ano que o Deus Comunista "falhou". Mas a natureza do fracasso requerido se torna, a cada ano, mais complexa. Em um nível, a União Soviética, nação de foguetes na lua e crescimento industrial imenso, é demasiado bem-sucedida. Em outro nível, o fracasso da ideologia stalinista – sua redução a uma ortodoxia estatal perfunctória, carregada de contradições e na expectativa iminente da desintegração geral – é tão manifesta que toda crítica parece supérflua. Mas não se tem de ver Stalin, nem Khrushchev, nem mesmo Gomulka como quem falhou, mas antes toda a luta histórica para alcançar uma sociedade sem classes com a qual os sistemas, particulares, e mais ou menos efêmeros, de organização de Partido comunista e doutrina se associaram. O que se deve ver como "fracassado" é a própria aspiração: o potencial revolucionário – não apenas no âmbito da sociedade russa – mas em toda e qualquer sociedade, no próprio homem.

Há alguns anos a circunstância da Guerra Fria ficou esquecida. Ela agora organiza a vida da humanidade mediante sua própria inércia. A economia da guerra permanente é uma razão de sua existência; a rivalidade entre estratégias militares e políticas tem a sua própria lógica de desenvolvimento. E, cada vez mais, no âmbito da cultura otanopolitana é a ideia, e não a realidade, do comunismo que constitui o ponto da origem de uma ideologia defensiva permanente. As demolições rituais do marxismo executam funções teológicas necessárias. Permaneceriam como uma necessidade da Otanópolis, como uma ideia satânica, mesmo que a União Soviética desaparecesse da terra. E os apologistas intelectuais restantes do stalinismo são tão necessários ao funcionamento da vida cultural do mundo livre como foi o ateísta esquisito, a bruxa ou o sarraceno no âmbito do cristianismo medieval.

Em larga medida, o tom característico da ideologia otanopolitana é de desencanto cansado. Não é necessário seguir a lógica até o fim: a doutrina cristã do pecado original não é obrigatória; algum sucedâneo racionalista pode servir a esse fim, como a doutrina da ganância original, da repressão sexual original ou da credulidade original do homem de massa. É suficiente que as amplas perspectivas de aspiração social sejam frustradas e que se pendure um aviso em escrita gótica – PASSAGEM PROIBIDA. Seu tom é aquele de uma geração que "teve" todas as grandes abstrações otimistas e tapou os ouvidos à "retórica do tempo" em ascensão. Esse tom permeou as artes e as ciências sociais por ele reconhecidas. Mas as ciências utilitárias, que fazem a Bomba e as mercadorias para o consumo conspícuo, são rejeitadas como irrelevantes. Herodes (o liberal) nunca é tão maçante do que quando tem a aparência externa do homem de ciência melhorativo, oferecendo automação ou métodos aprimorados de controle da natalidade como remédios para a "condição humana". Não viu o senhor Eliot tudo isso em *The Rock* [A rocha]?

> O cansaço de homens que substituem DEUS
> Pela grandeza da sua mente e a glória de sua ação,
> Artes e invenções, e ousados empreendimentos,
> Esquemas de grandeza humana completamente
> desacreditada...
> Pondo a terra e a água a seu serviço,
> Explorar os mares e desenvolvendo as montanhas,
> Dividindo as estrelas em comuns e preferidas,
> Voltados para inventar o refrigerador perfeito,
> Para desenvolver uma moralidade racional,
> Voltados para imprimir o máximo de livros possível,
> Mapeando a felicidade e juntando garrafas vazias,
> Passando de sua inação ao entusiasmo febril
> Pela nação ou raça ou o que chama de humanidade...

> [O weariness of men who turn from GOD
> To the grandeur of your mind and the glory of your action
> To arts and inventions and daring enterprises,
> To schemes of human greatness thoroughly discredited. . .
> Binding the earth and the water to your service,
> Exploiting the seas and developing the mountains,
> Dividing the stars into common and preferred,
> Engaged in devising the perfect refrigerator,
> Engaged in working out a rational morality,
> Engaged in printing as many books as possible,
> Plotting of happiness and Binging empty bottles,
> Turning from your vacancy to fevered enthusiasm
> For nation or race or what you call humanity...]

Daqui vem o caráter esquizofrênico da ideologia otanopolitana, as "duas culturas": uma delas é o imenso Caim armado com a Bomba e, a outra, um aquiescente e pietista Abel que retira o delicado cilício para receber o golpe:

> Oh, não vá fraquejar no último pedido,
> Mas, vindo a enorme cabeça deformada te dar um fim,
> Responde à ânsia dela com um nítido Sim.

> [O do not falter at the last request
> But, as the huge deformed head rears to kill,
> Answer its craving with a clear I Will.]

Esse tom de desencanto permeou, por fim, a "imaginação liberal" e as atividades intelectuais vestigiais associadas com o movimento trabalhista ortodoxo. Ela coabitou com Herodes por muito tempo na *New Statesman*. E (por uma daquelas chalaças históricas que os marxistas costumam anunciar dizendo "Não por acaso...") foi morar permanentemente na *Encounter*. E a *Encounter* é subsidiada pelo Congresso da Liberdade Cultural. E o Congresso da Liberdade Cultural é subsidiado pela Ford Foundation. Desse modo, Stephen Spender, coeditor da *Encounter*, um dia autor do passado de "oh jovens, oh camaradas", é agora um velhinho no grande oleoduto internacional que bombeia até a província mais remota da Otanópolis a mensagem do Fundador do Admirável Mundo Novo: "A história é uma bobagem".

Dentro de que *baleia*?

Já não há boas causas, não devido à falta de causas, mas porque, no âmbito da cultura otanopolitana, a própria noção de boa causa é uma fonte de embaraço. "A atitude passiva voltará", previu Orwell em *Dentro da baleia* (publicada em 1940 – o mesmo ano no qual Auden revisou *Spain*):

> A atitude passiva voltará, e será mais conscientemente passiva do que antes. Tanto o progresso como a reação mostraram ser enganos. Aparentemente, não há nada mais exceto o quietismo – despojar a realidade de seus terrores submetendo-se simplesmente a ela. Entrem na baleia – ou melhor, admitam que estão dentro da baleia (porque, naturalmente, vocês *estão*). Rendam-se ao processo mundial, parem de lutar contra ele ou fingir que o controlam; simplesmente aceitem-no, suportem-no, registrem-no.

Mas, como Orwell lembrou, o anseio pelo mito de Jonas não é heroico: "a barriga da baleia é simplesmente um ventre grande o suficiente para um adulto":

> E aí estão vocês... com metros de gordura entre vocês e a realidade, capazes de manter uma atitude de mais completa indiferença, aconteça o que acontecer... Afora estar morto, essa é a etapa final, insuperável, da irresponsabilidade.

Mesmo assim, *Dentro da baleia* deve ser lido como um pedido de desculpas pelo quietismo. É verdade que a atitude que Orwell louvou em Henry Miller – "balançando o rosto diante do fogo" – pode ser vista como um gesto de dissociação pessoal do "processo mundial", e mesmo como um ato de protesto. Mas o balanço de Henry Miller se aproxima da troca de pontos de vista irônicos entre os Justos. E, naquele ensaio, podemos ver a maneira como a mente de Orwell, exposta aos mesmos desastres europeus que Auden, estabeleceu um modelo semelhante ao padrão. O profundo pessimismo político de Orwell tendeu na mesma direção que o pessimismo espiritual de Auden e, como o deste, passou a seguir (*1984* ajudou a dar essa guinada) o modelo da ideologia otanopolitana. Isso não significa que Orwell estava errado em enunciar o problema: em 1940, era sem dúvida mais honrado enunciá-lo do que fugir dele com desculpas comunistas. Contudo, mais uma vez, em certo momento o problema simplesmente foi deixado de lado.

Não queremos dizer que esse pessimismo não tinha causa adequada. *Homage to Catalonia* [Homenagem à Catalunha]* traz parte do contexto; o colapso da Frente Popular traz o resto dele. 1940 foi um nadir de esperança que podemos comparar com 1948-1951. E, na experiência pessoal de Orwell, isso também significou amizades desfeitas, o fracasso de anos de esforço, exposição diária à propaganda fraudulenta tanto da esquerda como da direita. Devemos dar crédito à crítica teimosa, à afirmação do valor da integridade intelectual, que Orwell mostrou durante a década de 1936-1946. Mas, como a *forma* do pessimismo de Orwell contribuiu bastante para a forma de pessimismo generalizado que foi além do contexto no qual surgiu, e que ficou dominante no âmbito da ideologia otanopolitana, é necessário examinar as premissas. O pressuposto de um padrão determinado de piora institucional se mostra, no fundo, incrivelmente parecido com a suposição do pecado original. A premissa encontra-se na frase "Tanto o progresso como a reação mostraram ser enganos" – algo que muito lembra a despedida de Auden de uma "década baixa, desonesta". "Engano" é um instrumento impreciso de análise, um clamor de repugnância. Orwell tinha usado primeiro a noção de que "o progresso é um engano" em *The Road to Wigan Pier*, no contexto da sua polêmica contra o utopismo científico eufórico de Wells; nesse outro momento, essa noção se vincula ao "progresso" em geral, e, especialmente, a todas as manifestações do comunismo.

É verdade, naturalmente, que Orwell oferecia um ensaio de interpretação individual: seu estilo é agressivamente idiossincrático e admitidamente tendencioso. Esse ensaio é uma tentativa de diagnóstico contemporâneo imediato da espécie que se executa em uma ala de emergência onde não há tempo para uma disciplina clínica estrita (ou, no caso, histórica). Mas quantos de seus juízos históricos podemos levar a sério? "Em 1930, o Partido Comunista Inglês era uma organização muito pequena, mal-legalizada, cuja principal atividade era acusar o Partido Trabalhista". Quantos leitores, transportados pela rude assertividade de Orwell, notam o odor de *Establishment* daquele "muito pequeno, mal-legalizado"? Que tal "acusar o Partido Traba-

---

* Texto de Orwell sobre sua participação na Guerra Civil Espanhola, 1936-1937. N.T.

lhista"? Quantos leitores hesitam por tempo suficiente até colocar a questão em contexto, recordar que em 1930 o Partido Trabalhista era dirigido por MacDonald, Snowden, Jimmy Thomas, e que Oswald Mosley era membro do Gabinete – um partido bastante difícil para um socialista "atacar"?

Por todo *Dentro da baleia* podemos ouvir o mesmo tom de rejeição total e indiscriminada sempre que ideias comunistas ou a organização comunista entram na discussão:

> Os anos 1935-1939 foram o período do antifascismo e da Frente Popular, o auge do Left Book Club [Clube do Livro Esquerdista], quando duquesas vermelhas e reitores "liberais" visitavam os campos de batalha da guerra da Espanha e Winston Churchill era o rapaz de olhos azuis do Daily Worker.

Isso é certo? É verdade que havia *uma* duquesa e um reitor, e o *Daily Worker* de vez em quando achava Churchill um pau útil para espancar Chamberlain. Mas foi *só* isso que o antifascismo, a Frente Popular e o movimento do Clube do Livro Esquerdista fizeram? Claro que o próprio Orwell não pensava assim, embora o leitor mal possa adivinhar a partir disso que *The Road to Wigan Pier* foi um dos Livros Esquerdistas mais bem-sucedidos e largamente discutidos.

Aquilo que foi, em 1940, uma provocação, foi aceito por muitos, em 1960, como uma avaliação histórica sóbria. De fato, fica-se a pensar que diabos a geração do pós-guerra pode fazer da "história" apresentada fora do contexto e fora da sequência cronológica, nos *Ensaios selecionados* da Penguin; deve parecer um jogo de futebol infinito no qual um lado (fascismo, reação) é invisível, enquanto o outro (antifascismo, comunismo, progresso) passa o tempo todo cometendo faltas entre si ou chutando a bola em seu próprio gol. Orwell se parece com um homem que está todo ferido de um lado e entorpecido do outro. É sensível – às vezes obsessivamente – à menor insinceridade de sua esquerda, mas a desumanidade da direita raramente o provocava a escrever um só parágrafo de polêmica. À direita ("pessoas decentes", "pessoa pensadora média"), total permissão; à esquerda ("multidão de bebedores barbados de suco de frutas que caminham para onde está o cheiro de 'progresso' como varejeiras azuis rumo a um gato morto"), nada.

O que é evidente na caracterização do comunismo por Orwell em *Dentro da baleia* é que repetidas vezes seus preconceitos são respostas zangadas, antagônicas, à ortodoxia da esquerda dirigente, propondo então as bases de uma nova ortodoxia por oposição. Supõe que o comunismo é uma coisa ruim, impelida para a frente pela mola principal de sua própria má vontade – as rodas de engrenagem do estado russo e o romantismo desarraigado dos intelectuais ocidentais. Uma frase como:

> "O movimento comunista na Europa Ocidental começou como um movimento de derrubada violenta do capitalismo e degenerou depois de alguns anos em um instrumento da política externa russa"

contém uma meia-verdade que, em certo nível da política e da ideologia, é uma ajuda para a interpretação da evolução da Terceira Internacional [comunista]. Mas em outro nível não faz nenhuma das perguntas históricas. Até que ponto essa "degeneração" foi causada (ou acelerada) pela contrarrevolução europeia que culminou no fascismo? Até que ponto decorreu das políticas antissoviéticas ativas da Alemanha nazista, e da Grã-Bretanha Conservadora? Até que ponto, nesse contexto, o argumento Comunista – de que se deve defender a "pátria" do socialismo – tem validade? Até que ponto a política externa de Litvinov *merece* o apoio dos socialistas ocidentais, em contraste com aquela de Ribbentrop, Laval ou o senhor Samuel Hoare? Até que ponto, de qualquer maneira, é ela uma afirmação sobre as *deformidades* do movimento, mas não sobre a natureza e a função do próprio movimento?

Mas, para todas essas perguntas o tom de repugnância ("engano") foi resposta suficiente. Em consequência, o caráter complexo e contraditório do movimento comunista, as tensões interiores, nunca foram vistos. Quem suporia, considerando a rejeição indiscriminada de Orwell, que havia muitos comunistas – de Tom Wintringham a Ralph Fox – que compartilhavam suas críticas à ortodoxia? Que nem todos os intelectuais comunistas eram rapazes de escola pública com "gosto pela violência", "debilmente pacifistas" e "a espécie de gente que está sempre em outro lugar quando se aperta o gatilho"? Que, no âmbito da organização rígida e da ortodoxia, o movimento comunista dos anos de 1930 (e de 1940) conservava (em graus diferentes em diferentes contextos) um conteúdo profundamente democrático, nas inúmeras iniciativas voluntárias e no sentido profundo de responsabilidade política do soldado raso? Mas Orwell ficou cego a todas essas discriminações; e, nisso, antecipou a rejeição global do comunismo, que se tornou uma característica central da ideologia otanopolitana. E esse fracasso foi importante, não só porque ajudou a cegar uma geração posterior com relação às forças no âmbito do comunismo que promoviam sua transformação, mas também porque negou a possibilidade da *esperança* no padrão da mudança social onde quer que a influência comunista pudesse ser descoberta. Essa negação da esperança tinha a força de um tabu irracional; e, como o próprio Orwell observou, "mesmo um único tabu pode ter um efeito mutilador geral sobre a mente" (*The Prevention of Literature*). Nesse caso, o tabu contaminou toda a confiança no homem social e prendeu Orwell nas negações de *1984*.

Também devemos observar outro dispositivo característico da polêmica de Orwell. Ele substituía constantemente o exame de situações objetivas pela imputação de um motivo. Se se supõe que o comunismo é uma coisa ruim ("Por que estes jovens se voltaram para algo tão distante quanto o comunismo russo?"), o problema é descobrir os motivos de os intelectuais se voltarem para ele. Os motivos que eles mesmos fingiram haver são, naturalmente, suspeitos. Os intelectuais nos anos de 1930 (Orwell descobriu) estavam revoltados por causa da "suavidade e segurança da vida na Inglaterra" da "classe média malcozida emancipada" (observe-se o tom anti-intelectual de *malcozida*, e que *emancipada* tornou-se uma palavra de escárnio). O internacionalismo foi na verdade o patriotismo dos desenraizados, o apelo à segurança coletiva foi na verdade "belicismo", e a Esquerda foi Reação. Ironicamente, Orwell oferecia argumentos que mais tarde ficaram proeminentes no duplipensar otanopolitano.

Em apoio a essa interpretação, Orwell ofereceu uma estrofe da seção concludente de *Spain* de Auden e uma glosa dela:

> Hoje o aumento deliberado nas possibilidades de morte,
> A aceitação consciente de culpa no assassinato necessário;
> Hoje o desperdício de forças
> No chato panfleto efêmero e na reunião maçante.

> A... estrofe pretende ser uma espécie de esboço resumido de um dia na vida de um "bom homem do Partido". Pela manhã, dois assassinatos políticos, um intervalo de dez minutos para sufocar o remorso "burguês", e então um almoço apressado, uma tarde ocupada e uma noite pichando paredes e distribuindo folhetos. Tudo muito edificante. Mas observe-se a expressão "assassinato necessário". Ela só pode ser escrita por uma pessoa para quem o assassinato é no máximo uma *palavra*. Pessoalmente, eu não falaria tão levianamente de assassinato. Acontece que vi o corpo de inúmeros homens assassinados... Para mim, o assassinato é algo a se evitar. E assim é para qualquer pessoa comum... A marca de amoralismo do senhor Auden só é possível para a espécie de pessoa que sempre está em outro lugar quando apertam o gatilho.

Trata-se, naturalmente, de uma total caricatura; mas, como tinha renunciado à sua antiga lealdade política quando o ensaio foi publicado, Auden não parece ter-se preocupado em responder. (Contudo, ele alterou a segunda estrofe para "o fato do assassinato".) Por isso a avaliação de Orwell passou para o folclore otanopolitano: Kingsley Amis fez algum uso dele em um panfleto fabiano sobre "O socialismo e os intelectuais" em 1957. No contexto do poema, que é sobre a Espanha e os voluntários que foram para lá, os dois primeiros versos têm pouco que ver com a vida de "um bom homem do Partido" (algo que Auden nunca pretendeu ser) nem com "assassinatos políticos". Os voluntários que aderiram à causa republicana espanhola (e o próprio Orwell foi um deles) estavam engajados, como soldados, na atividade de "assassinar"; Auden sem dúvida escolheu a palavra com cuidado para acentuar exatamente que o serviço militar, em toda causa, *não* é "muito edificante" e que a matança implica uma "aceitação da culpa"; mas esse "assassinato" Auden julgava então "necessário" porque – como a estrutura inteira do poema em sua primeira versão se esforça para estabelecer – acreditava que a guerra espanhola foi um confronto de fundamental importância histórica.

É verdade que havia apologética especiosa e atitudes românticas entre os intelectuais de esquerda dos anos de 1930. Orwell acerta ao indicar com precisão aqueles que mais o irritavam. O que ele *não* faz é sugerir que algum outro motivo, mais honorável, poderia ter coexistido com as trivialidades.

E nesse aspecto ele falsifica o registro. Nem nos diz algo sobre as escolhas reais diante das quais ficaram os intelectuais de sua geração em um contexto objetivo de crise europeia. A Frente Popular, o Clube do Livro e tudo o mais são vistos não como uma resposta política em um contexto político definido, mas como a projeção das neuroses e de motivos insignificantes de um setor da classe média inglesa.

Foi nesse ensaio, mais do que em qualquer outro, que as aspirações de uma geração foram enterradas; enterrou-se não apenas um movimento político, que personificou muita coisa honorável, mas também a noção de dedicação desinteressada a uma causa política. Orwell, ao considerar a causa um engano *e* ao ridicularizar as motivações daqueles que a apoiaram, desativou as próprias "plataformas de ação". Semeou no âmbito da geração desencantada as sementes de uma profunda autodesconfiança. O idealismo socialista foi não somente menosprezado, mas também *convincentemente descartado* como função de culpa, da frustração ou do enfado da classe média. Uma "mudança de coração", como Orwell nos lembrou em seu ensaio anterior sobre Dickens – "é na verdade *o* álibi de pessoas que não desejam pôr em perigo o *status quo*". Mas então também pode ser uma visão pessimista de um modelo *determinado* de mudança institucional para pior (um "processo mundial") – que no fundo se revela como um pressuposto do pecado original, ou da maleabilidade, da estupidez e da capacidade de autoilusão original dos homens na massa.

A consequência final do desencanto foi adiada. A própria Europa foi sitiada pelas forças de negação. A geração do pós-guerra, embora completamente doutrinada pela lenda do "engano" dos anos de 1930, tem apenas uma compreensão nebulosa dos anos de 1940. Talvez seja necessário recordar que um dia quase toda a Europa se perdeu no Fascismo, e que os judeus, os sindicalistas (pessoas), os intelectuais liberais (pessoas) e comunistas (pessoas) estavam – bem, *sofrendo*. A guerra quase foi perdida. Se tivesse sido, teria feito provavelmente uma diferença – embora "todas as épocas" sejam "detalhes passageiros", teríamos tido de morrer *naquela* época. Não foi ganha pelo quietismo, mas por pessoas que ainda mantinham, de forma menos articulada, a "ilusão" de Auden segundo a qual eram, para o bem ou para o mal, atores em uma disputa histórica vital, e que conscientemente aceitaram sua parte na culpa pelo "assassinato necessário". Poucos daqueles que lutaram tinham qualquer "gosto pela violência". Os comunistas (intelectuais ou outros) não estavam em outro lugar quando se puxou o gatilho – e o maior influxo de intelectuais para os partidos comunistas da Europa ocorreu nesse período, e não nos anos de 1930. Entre 1941 e 1945, *Dentro da baleia* se perdeu. As pessoas pensavam que *faziam* o "processo mundial" – não como desejariam fazer, mas em uma situação inevitável de urgência. E as vozes dos motivos pessoais tenderam a ser levadas (perigosamente, como o mostra a história comunista subsequente) pelos ventos do imperativo histórico.

Foi depois da guerra e depois de Hiroxima, quando as Quatro Liberdades* se fizeram em pedaços e a Guerra Fria começou, que as pessoas voltaram a *Dentro da baleia*. Mais uma vez, a desilusão na política de poder do comunismo foi sentida mais agudamente (e vista mais claramente) do que na política de poder do Ocidente. Incitados por Orwell e Koestler, os desencantados se apegaram ao problema do motivo. Todas as obstinadas questões do contexto real – eles *realmente* tinham estado enganados ao considerar a guerra espanhola um prelúdio vital da guerra mundial? Poderiam os liberais (e quietistas) ocidentais se eximir tão inteiramente da responsabilidade pela evolução pós-guerra do stalinismo? – puderam então ser descartadas. Supôs-se que o que quer que tenha acontecido aconteceu necessariamente deste modo: que o fato de os elementos democráticos na tradição comunista terem sido dominados pelos autoritários tinha sido inevitável e, assim, revelou o "verdadeiro" caráter do comunismo; e que tudo o que se observasse na história ou na prática comunistas que não pudesse ser assimilado a um diabolismo essencial deveria – por definição – ter sido associado ao movimento por acaso ou por engano. E os desencantados passaram a considerar o apologista stalinista autor de sua traição. Ele tinha pedido isso, é verdade, e foi por vezes seu agente imediato. Mas o verdadeiro autor estava inextricavelmente

---

* Foram propostas em um discurso do Presidente Roosevelt, dos EUA, as seguintes liberdades: liberdade de expressão, liberdade religiosa, liberdade de viver sem penúria e liberdade de viver sem medo. N.T.

envolvido no contexto da revolução e da contrarrevolução europeias, nas atrasadas aldeias russas, nas cadeias de Horthy, no desespero dos oprimidos e desempregados. Os desencantados, no entanto, não conseguiram distinguir entre suas próprias ilusões perfeccionistas e as aspirações que os tinham alimentado. Era um longo trabalho "desenterrar toda a ofensa" mediante "o conhecimento exato". Mais fácil rejeitar todo o episódio como um "engano" e considerar corruptos os motivos que tinham levado a seu envolvimento.

Era mais fácil, igualmente, para o intelectual desencantado, ver-se como a vítima incapaz de um "processo mundial". Não valia a pena tentar arregimentar os desencantados –

> Porque, com energias superiores; lealdade
> mais estrita uns aos outros; fé mais firme
> Em seus princípios profanos, os maus
> Alcançaram uma grande vitória contra os débeis,
> Vacilantes e inconsistentes bons.

> [For by superior energies; more strict
> Affiance in each other; faith more firm
> In their unhallowed principies, the bad
> Have fair ly earned a victory o'er the weak,
> The vacillating, inconsistent good.]

> (Wordsworth, *Excursion*, IV, 304ss.)

A desilusão, a razão, o egoísmo – tudo parecia levar à passividade. Um "processo mundial" + motivos corruptos = pecado original. "Todas as sociedades e épocas são detalhes efêmeros..." mostra ser quase o mesmo que "o progresso e a reação" são "enganos". Auden e Orwell tinham convergido em um ponto comum. Quer esteja dentro da baleia ou considere todas as baleias como detalhes efêmeros, a pessoa não vai se incomodar muito com a navegação.

Em algum lugar por volta de 1948, a *verdadeira* baleia da Otanópolis nadou ao longo desse caminho pelos mares da Guerra Fria. Depois de olhar os salpicos perto dos desencantados, com um ar malvado em seus pequenos olhos, ela abriu a grande boca e tragou – não, na verdade, para que os intelectuais pudessem sentar-se em sua barriga com postura eminente, mas para oferecer nutrição a seu sistema digestivo. A redução do idealismo político a motivação suspeita foi uma bem-vinda sobremesa. Por volta dos anos de 1950, a literatura, de Dostoievsky a Conrad, tinha sido esquadrinhada para confirmação. Os psicólogos foram chamados a testemunhar. Escreveram-se romances, peças teatrais e teses expondo não só o comunismo, mas também o radicalismo, como projeções das neuroses de intelectuais mal-ajustados. O tema entrou no repertório das tramas de espionagem de Hollywood. O intelectual ficou abismado diante da sedução de seus próprios impulsos mais generosos. A última gota de sua consciência social subnutrida foi silenciada para não vir a se tornar algum "gosto pela violência" ou um vestígio de culpa. "E, mais uma vez, por trás disso" – alertou Kingsley Amis – "talvez estejam suas relações com os pais". O intelectual otanopolitano foi invalidado pela autodesconfiança, não menos do que o intelectual stalinista o foi pelo medo de reverter a modos burgueses de pensamento. O próprio fato de esposar intelectualmente qualquer causa pública (a menos que como político de carreira) era bastante para levantar a suspeita. Os desencantados ocidentais se entregaram, por suas próprias mãos e com atitude confessional, ao macartismo, assim como uma geração anterior de intelectuais comunistas, por sua capitulação diante do partido "infalível", se tinha entregado a Zhdanov e a Beria. Na cultura otanopolitana de hoje, nenhum palavrão é mais devastador do que "romântico", tal como "utópico" ou "idealista" é o auge do abuso stalinista. Coube ao senhor Amis fazer a definição final de romantismo político: "uma capacidade irracional de ficar inflamado por interesses e causas que não são seus, que lhe são alheios (*Socialismo e os intelectuais*, 1957). O egoísmo é não só cômodo como também é sadio e são – e não faz revoluções. As aspirações de duas décadas foram desta para melhor sem um mísero lamento.

Foi um repúdio da responsabilidade, uma *trahison des clercs** tão abjeta quanto todas que a precederam: não o repúdio ao stalinismo, mas a rendição inerte aos fatos estabelecidos da Otanópolis; não a descoberta de que as motivações de alguns homens eram um engano, mas a capitulação ao sofisma de Eliot de que as motivações humanas, em um contexto social afirmativo, sem-

---

* Traição dos intelectuais. Julian Benda usou "clercs", no livro *La trahison des clercs*, no sentido medieval de "escribas", ou intelectuais. N.T.

pre têm de estar erradas. No entanto, foi dos libelos difamatórios dos desencantados que a geração do pós-guerra recolheu fragmentos da "história". A revolta dos intelectuais de Oxford nos anos de 1930, diz-nos um jovem socialista "(embora bastante sincera), foi inócua como o furor de uma criança mimada":

> Podemos dar gritos e alaridos no quarto das crianças – porque sabemos que as paredes foram feitas para durar. Podemos até dar pontapés e arranhar a velha babá – porque sabemos que ela nunca nos abandonaria e até nos perdoaria no fim. (David Marquand, *Manchester Guardian*, 18 de agosto de 1958.)

Talvez os autoemasculados tenham recebido o triste epitáfio que mereciam; tinham transmitido à próxima geração apenas a negação da impotência.

Mas não é esse epitáfio que os anos de 1930 históricos mereciam; a verdadeira descrição dos homens das Sociedades Correspondentes é mais do que a autoflagelação do "Solitário" de Wordsworth. Podem ser necessários anos até se poder fazer uma avaliação objetiva do período. Não, contudo, antes de as especulações sobre os motivos serem firmemente situadas em todo o contexto da época. Os homens não se colocaram em algum clima puro de escolha, mas em um contexto de contrarrevolução selvagem e política militar que nenhum tinha escolhido. Se suas escolhas tivessem sido mais sábias, talvez se tivesse podido evitar ou amenizar a guerra mundial. Se suas ações tivessem sido mais egocêntricas, então a guerra certamente teria sido perdida. E é difícil ver como as evidências dos anos de 1930 e de 1940 (tomadas em conjunto) podem ser lidas como um veredicto irrevogável sobre a maldade do coração humano. A pior maldade foi derrotada. E se toda forma de maldade – a luxúria do poder, o sadismo e a corrosão do humanismo em abstrações de poder – se manifestaram no lado vencedor, também o fizeram os atos de abnegação, o heroísmo e toda outra qualidade generosa em superabundância. Só os anais do comunismo já contêm bastantes mártires para fornecer um ciclo de religiões. Mais do que um som de escárnio deve chegar até nós vindo da batalha de Jarama na guerra civil espanhola e dos campos de concentração. Em nossa repulsa aos opressores, esquecemo-nos da integridade dos oprimidos. Se homens bons, sábios e grandes foram para o paredão – alguns de seu próprio lado –, esquecemo-nos de que essa morte também foi uma afirmação:

Zomba, depois disso, de zombadores
Que talvez sequer levantem a mão
Para ajudar os bons, sábios ou grandes
A impedir os loucos de caírem sobre nós, pois
Vivemos em zombarias.

[Mock mockers after that
That would not lift a hand maybe
To help good, wise or great
To bar that foul storm out, for we
Traffic in mockery.]

Os dentes das crianças

De pequena modificação, grandes provisões. Só uma minoria dos intelectuais dos anos de 1930 estava ativamente associada com o comunismo. Só uma minoria deles passou por todas as fases do desencanto ao quietismo aquiescente. Mas é verdade que a forma da história cultural é decidida pelas minorias. E foi o padrão dos desencantados que deu à ideologia otanopolitana sua forma. Sua fuga do humanismo não se realizou em alguma vaga conspiração, mas dentro da baleia do capitalismo ocidental. E, com ele, a velha baleia engordou.

Aconteceu antes disso de os revolucionários, desencantados ou domesticados na juventude, se tornarem, na meia-idade, apologistas da reação. Seus argumentos são os mais persuasivos, uma vez que surgem, não do egoísmo, mas do desespero. Poluem as forças de mudança já em sua fonte, destruindo toda esperança. Os revolucionários desencantados viram a cabeça da Górgona e foram visitados pelo horror último. Sua negação cai sobre os rebeldes como um jato de água fria e absolve o opressor de sua culpa. Para que as crianças da próxima geração não sejam visitadas por um horror parecido, o penitente passa entre elas com cinzas na cabeça. Passado algum tempo, ele é perdoado e nomeado tutor dos filhos do Rei.

Os desencantados não *escolheram* essa função, nem foram conscientemente escolhidos. Seu desespero foi autêntico e as razões dele se confirmaram na época do julgamento de Rajk [do PC da Hungria] e do Aniversário de Stalin. Como o comunismo tinha "falhado", era mais fácil negar todas as noções de progresso social. No centro de tudo estava o motivo da desilusão revolucionária.

Um complexo padrão de interação pode ser visto – enquanto uma mente abandonava uma posição, outra mente já preparava a evacuação da seguinte. O jovem John Dos Passos descobriu que suas aventuras terminavam em uma traição suja na Espanha; o sino de Hemingway dobrou seu dobre fúnebre. Orwell encontrou a confirmação de seu "processo mundial" na *Revolução Administrativa* do ex-trotskista James Burnham; e, na escrita do ex-comunista Arthur Koestler, encontrou a confirmação da corrupção das motivações humanas. Antes de 1946, a política parecia a Orwell "uma massa de mentiras, evasões, loucura, ódio e esquizofrenia" (*Politics and the English Language* [Política e a Língua inglesa]). *1984* foi o produto não de uma mente, mas de uma cultura.

Depois do *Solitário, senhor Podsnap*. A mente, privada de fé, mergulha, esgotada, nos sofismas bem fundamentados do passado. Em alguns foi uma simples reversão ao padrão mais antigo de resposta que tinha coexistido com o novo. Assim como Orwell tinha observado em Auden a persistência do escoteiro, assim também Viktor Gollancz tinha observado, em seu Prefácio a *The Road to Wigan Pier*, a "compulsão" de Orwell para "conformar-se aos hábitos mentais de sua classe". Está presente em todos os seus primeiros escritos, não apenas em seu reconhecimento honesto de seus próprios preconceitos de classe, mas também nas atitudes não ditas que informam juízos mais ativos. A genuína classe trabalhadora intelectual (escreveu em *The Road to Wigan Pier* –

> ...é um dos tipos mais perfeitos de homem que temos. Posso pensar em alguns que encontrei de quem nem o mais recalcitrante membro do Partido Conservador poderia deixar de gostar e admirar.

E, implícito aí, o elogio supremo: Um bom homem! – façam dele um suboficial! Antes de 1941, em *England Your England* [Inglaterra, sua Inglaterra], ele escrevia de uma maneira ("esquerdistas... destroçando a moral inglesa", "antibritânicos", "sabotagem intelectual", "uma nação moderna não pode suportá-los") que é difícil desculpar. Isso não era *tudo* que escrevia. Mas é importante observar a deriva que, mesmo onde havia aspectos positivos, tornava mais fácil uma acomodação a ideias e instituições tradicionais.

As maneiras como a acomodação otanopolitana se realizou foram variadas; a reversão ao nacionalismo foi apenas uma. Em algumas mentes, a acomodação só foi parcial – várias permutações de fé vestigial e de novo tradicionalismo se disseminaram em nossa cultura. Em alguns lugares, as formas do liberalismo estavam contidas no derrotismo total; em outros, travaram-se importantes campanhas radicais (muitas vezes em termos de causas "pessoais", "não políticas", como a abolição da pena capital) na margem da retirada geral. Quando entramos nos anos de 1950, a retirada começou a parecer uma fuga. As artes, a imprensa, a B.B.C., as universidades, os bancos trabalhistas – cada um tinha sua quota do romântico Robert Southey.

Ficou difícil distinguir entre os velhos desencantados (cuja capitulação tinha se acompanhado de dor e hesitação) e os novos otanopolitanos (que tinham absorvido mecanicamente os argumentos do desespero). Uns e outros se uniram no desprezo aos "encantadores dodôs" inseparáveis das ilusões humanistas dos anos de 1930.

Os Costumes, a Lei, a Monarquia, a Igreja, o Estado, a Família – todos esses vieram na enxurrada. Todos eram índices do bem supremo – a estabilidade. Nasceu uma nova sociologia do ajustamento. Aquela qualidade mercurial, a paixão humana, tem de "fixar-se" de alguma maneira em uma solução de estase social; mesmo as relações pessoais passaram a ser vistas como "padrões de comportamento" no âmbito de "instituições". A reincidência de Sue Bridehead em uma ortodoxia atormentada (na parte final de *Judas, o Obscuro*) prefigurou a regressão de nossa época. Os sociólogos, os psicólogos e os maridos descobriram que as mulheres são "diferentes"; e, sob a capa da conversação sobre "igualdade na diferença", não se atendeu à reivindicação das mulheres à plena igualdade humana. Mas se foram reavivadas, velhas tradições foram usadas com uma nova sofisticação – como joias falsas, que todos sabem que são sem valor, mas que combinam com a atitude contemporânea. Ninguém acreditava no direito divino dos reis, é claro; mas o ritual estatal da monarquia poderia "fixar" ou sublimar impulsos irracionais mais feios entre os vulgares. Isso contribuía para a estabilidade. Talvez o ensaio supremo da nova socioteologia tenha sido oferecido, em 1953, por dois ex-esquerdistas, Michael Young e um americano, o professor Edward Shils. Eles aclamaram "a assimilação da classe trabalhadora no consenso moral da sociedade britânica" (onde estivera ela antes?) como "a grande realização coletiva dos tempos modernos":

> Além disso, muitos intelectuais britânicos que, nos anos de 1920 e 1930, tinham se alienado e se afastado, como tantas outras pessoas, voltaram ao seio da pátria durante a guerra.

(Chamberlain e Godfrey Winn estavam no *interior* do "seio da pátria"; o Orwell de *Wigan Pier* – e a classe trabalhadora –, no *exterior*)*. Em consequência dessa reunião feliz das ovelhas desgarradas, "A Grã-Bretanha entrou no período da Coroação com um grau de consenso moral que poucas grandes sociedades já manifestaram". Assim, a Coroação da Rainha foi um "grande ato de comunhão nacional", uma celebração do valor supremo, a Família: "uma família se uniu a outra, formando uma grande família nacional por meio da identificação com a monarquia":

> A devoção à Família Real... de fato significa, de modo muito direto, a devoção a nossas próprias famílias, porque os valores personificados em uma e nas outras são os mesmos.
>
> (*Sociological Review*, dezembro de 1953)

Cada uma dessas retiradas começou com uma tentativa de corrigir um equilíbrio que os anos de 1930 tinham estabelecido obliquamente – um justo sentido de tradições e forças verdadeiras que os iconoclastas tinham ignorado, uma sadia rejeição de atitudes utilitárias. Mas, como não estavam contidas em nenhum arcabouço afirmativo, o equilíbrio simplesmente decaiu no pior desequilíbrio do outro lado. Em todos os campos, a mesma retirada. Quando Raymond Williams, em 1958, abriu uma janela para deixar sair o bafo, o resenhista de seu livro *Cultura e sociedade* no *Manchester Guardian* (Anthony Hartley) aconselhou "tanto ao senhor Williams como a todos cuja profissão é, grosso modo, pensar" parar "de passar noites acordados preocu-

---

* O uso de itálico em parte da palavra reproduz um jogo de palavras do autor com *inside* e *without*. N.T.

pando se consigo mesmos, com a sociedade e a democracia e tentar trabalhar um pouco mais em sua atividade profissional". Os historiadores solenes e os cientistas sociais nos asseguraram que os camponeses chineses e os marinheiros russos nunca se teriam revoltado caso os intelectuais não tivessem lançado a semente do desajuste em solo desprivilegiado. As ideias revolucionárias eram "construtos" de classe média; nunca poderiam ter gerado por si próprias no solo da cultura da classe trabalhadora, em que todas as ideias e relações são densas, locais, determinadas e inarticuladas. Os intelectuais de classe média, alarmados com suas próprias tendências inatas ao desarraigamento, encostaram o nariz nas janelas dos Institutos de Trabalhadores e nos alojamentos decadentes, procurando ter participação vicária nos rituais do denso e do concreto. Todos os termos marxistas foram expulsos da conversação educada, exceto um: alienação. E a alienação divorciou-se do contexto de Marx, de propriedade e classe, e foi considerada uma doença contagiosa do homem moderno cujo hospedeiro era o intelectual. O intelectual não tinha diante da sociedade um dever mais importante do que se conter. Ele tinha de ficar em seu lugar.

Tudo isso também foi visto pela baleia com aprovação. Durante quase uma década, ela foi capaz de engolir e digerir a maioria das coisas que ficavam em seu caminho. Só quando tinham se refugiado na segurança institucional de seu estômago os intelectuais notaram que no escuro lá dentro escondia-se um companheiro de viagem: a bomba de hidrogênio. Cada vez que a baleia balançava, intelectual e bomba rolavam juntos no assoalho. Só então alguns deles começaram a longa subida de volta.

Mas não é verdade que todos eles foram companheiros de viagem inconscientes. Alguns sabiam desse passageiro e tinham combinado viajar assim. "O desejo não realizado produz pestilência" [*Unacted desire breeds pestilence*], avisara Blake; e assim como as aspirações-padrão na fonte do movimento romântico deram origem a mais de um tumor mórbido no âmbito da cultura vitoriana, pode-se ver o mesmo ocorrendo em nossa época. O quietismo está a apenas um passo da misantropia. Se "todas as épocas... são detalhes efêmeros", pode-se (embora não se precise) concluir que toda compaixão humana, em qualquer forma ativa, é um desperdício de energia. Não é necessário haver relação entre o mundo da experiência interior e aquele da conformidade exterior. Por mais pretensioso que seja o drama espiritual, nenhuma ação precisa resultar dele. Terminamos assim que começamos, com as mesmas pessoas tomando coquetéis na mesma sala da mesma maneira. (Aprenderam, possivelmente, a suportar seu desgosto umas pelas outras, especialmente no matrimônio; mas só indivíduos muito raros precisam de fato ir a algum lugar e ser devorado por formigas.) "O afastamento/De si mesmo e de coisas e de pessoas" [*Detachment/From self and from things and from persons*] pode dar-se ao luxo de considerar com desinteresse os preparativos para um holocausto nuclear. E isso, se acontecer, acontecerá não para algum grande ato de paixão, mas porque os homens (no Ocidente e no Oriente) perderam o sentido de seu verdadeiro eu em um vazio de palavras abstratas. As afirmativas vão se corroer: as negações permanecem. A bomba vai ser posta a caminho em nome da Ditadura do Proletariado ou do Amor que Está Além de Toda Compreensão.

O significado interior de nosso tempo poderia revelar-se em uma história crítica da palavra "amor" em suas conotações sociais: da afirmação não qualificada de Blake ("À clemência, compaixão, paz e amor") às energias morais ativas de Wordsworth ("Porque poderosos foram os auxiliares que se mantiveram de pé/De nosso lado, nós que fomos fortes no amor!" [*For mighty were the auxiliars which then stood/Upon our side, we who were strong in love!*] e então às apóstrofes autoconscientes e ambíguas do primeiro Auden ("Oh amor, o próprio interesse no Céu irrefletido" [*O love, the interest itself in thoughtless Heaven*]), à culpa e às vozes baixas mórbidas de Graham Greene ("Porque, admirou-se, desviando o carro para evitar um cão morto, amo tanto este lugar?"), às tergiversações às negações de Eliot ("Esperem sem amor de amor/Porque o amor seria amor da coisa incorreta" [*Wait without love/For love would be love of the wrong thing*]) até chegar ao abstrato "Amor" com maiúscula do último Auden. Em seu último contexto, a palavra está tão purgada de associações humanas e referentes sociais que pode ser tomada como não mais do que uma vaga aquiescência à vontade de Deus. A afirmativa central de nossa cultura desfez-se em pó.

Foi a partir de tais componentes que a ideologia otanopolitana se formou. Não foi inventada por ninguém; em vez disso, ela *surgiu*. Observamos as compulsões interiores que permitiram amarrar em uma só corda comum os argumentos do desencanto e aqueles da tradição. Mas uma ideologia não se constrói apenas com respostas interiores, e sim quando estas são selecionadas e endossadas em um determinado contexto de poder e de relações sociais. E houve ainda compulsões exteriores. Essa ideologia surgiu dentro da "baleia" – no contexto de Guerra Fria, do imperialismo esgotado e da "afluência" capitalista. E uma acomodação entre os intelectuais desencantados e o centro do poder não ofereceu nenhuma dificuldade. Se se consideram todas as causas como enganos e se mutilamos nossos próprios impulsos generosos, então não há nada (exceto a voz cada vez mais espectral da integridade pessoal) para inibir a rendição mais completa ao sucesso material. Uma ideologia não é construída somente por aqueles que trabalham com ideias, mas sim com a passagem das ideias pelas telas do poder de classe e do interesse econômico. As ideias são transmitidas por instituições de educação, inextricavelmente implicadas no contexto do poder, e se alimentam por meios de comunicação de massa possuídos por milionários interessados na manutenção do *status quo*. Os intelectuais podem ser empregados, promovidos, negligenciados de acordo com sua aceitabilidade pelos interesses dirigentes. Poucos são silenciados pela força e poucos são comprados por atacado; porém um número ainda menor pode resistir aos processos econômicos "naturais" e às pressões para que se conformem. E, desse modo, a ideologia otanopolitana fica, não mais débil, e sim mais forte; seus apologistas são "interiormente dirigidos". O intelectual quer seu pirulito, em dinheiro, estima ou crédito moral, tanto quanto o funcionário cansado implanta com as próprias mãos (e, por isso, "quer") o programa que deprecia os seus valores. Não é necessário nenhum som impróprio de baionetas ou fechar tudo com ferrolhos. E mais ainda porque o isolamento evidente, na Otanópolis, do intelectual com relação às consequências de sua teoria lhe permite efetuar alguma acomodação parcial ou retirada no academicismo sem perda do autorrespeito. Nenhum está tão afastado "de si mesmo e de coisas e pessoas" que não consiga ouvir a voz tentadora:

> Não é mesmo grande valentia ser rei
> E passear em triunfo por Otanópolis?
>
> [Is it not passing brave to be a king
> And ride in triumph through Natopolis?]

Essas são as maneiras como uma ideologia adquire sua força e energias sociais. Examinada do exterior (tal como examinamos a ideologia soviética e *vice-versa*) a mente individual parece quase impotente para resistir às pressões objetivas para conformar-se; e a consciência social parece submeter-se aos imperativos do poder de maneira mecânica. Mas, examinada de dentro, como examinamos a ideologia otanopolitana, parece que temos uma multidão de mentes autônomas que fazem escolhas livres entre uma diversidade de opiniões. Só quando entra em conflito com um dos pressupostos "estratégicos"-chave da ideologia passa a mente a ser sujeita a graves pressões sociais e psicológicas; e, nesse caso, mostra-se mais difícil pensar como o "indivíduo livre, autônomo" do que Orwell supôs.

A assimilação do quietismo pelos poderes estabelecidos se realizou com a tranquilidade de um processo "natural". Nem sempre tinha sido assim. Os poemas *Prufrock* e *The Waste Land* tinham sido um protesto contra o mundo da guerra de trincheira e Horatio Bottomley. Em 1940, *Dentro da baleia* ainda dava pontapés no "processo mundial". Mas, por volta de 1950, o contexto havia se modificado. A ideologia otanopolitana é a ideologia do imperialismo na era defensiva da Guerra Fria. Acabou-se o progressivismo (*sic*) otimista da expansão industrial. Acabou-se a firme assertividade do imperialismo militante. A Sociedade de Negócios fica incomodada com qualquer filosofia que vá além do sucesso material. Não oferece nenhuma missão de civilização, nenhuma utopia moral; oferece bens de consumo. Não deseja que o cliente faça perguntas sobre as fórmulas na base da marca. Só precisa conservar o que tem, e que seus inimigos sejam neutralizados. Não pergunta nada melhor do que aquilo que se pode conceber como "a baleia".

E os inimigos da baleia também são aqueles do intelectual desencantado. No confronto com o comunismo, o homem de negócios, o general e o poeta descobriram que tinham uma linguagem comum, embora a interpretação de seus termos pudesse diferenciar-se. Encontramos as partes dessa ideologia no caminho, e podemos reconciliá-los agora. Sua *raison d'être* [razão de ser] política é o refreamento do comunismo, não para que possamos construir a boa sociedade, mas para que possamos conservar uma tradição filosófica que ensina que nenhuma sociedade pode ser boa. Seu princípio moral é o refreamento da maldade, não para que os bons possam prosperar, mas para que o conflito espiritual entre o bem e o mal possa ser retomado perpetuamente. A política é um engano, a história é bobagem. A arte não deve poluir-se por nada desse mundo de enganos. Só um punhado de "Justos" – os "alienados" de Matthew Arnold – podem perceber o engano; mas estes são fracos para agir porque os "dirigentes impotentes" são demasiado crédulos, e o engano é endêmico na condição humana (o processo mundial). Mas os Justos devem manter sua liberdade de trocar "pontos irônicos de luz". Os intelectuais podem viajar no âmbito da OTAN e rolar no assoalho com a bomba para defender sua liberdade de perceber enganos. Apatia é fé. Fé é apatia. Passificai o macaco (*Passify ith ape*). Dois Um ZERO...

E o que essa contagem regressiva transcendental tinha a fazer com as ortodoxias reinantes na teoria econômica e política? Não nos dizem três vezes por dia que "a política é a arte do possível"? Não é a ortodoxia que une o senhor Macmillan e o senhor Gaitskell na confiança em uma cautelosa "engenharia social por fases"? O Movimento Trabalhista não está cercado por um empirismo estreito, distante de todo pensamento segundo esses absolutos otanopolitanos? E acabamos aqui em uma ironia final. Porque o quietismo e as políticas moderadas de reforma social não estão em polos opostos; são as duas faces da moeda otanopolitana. Mais exatamente, o empirismo político é a "fuga para dentro" da doutrina do pecado original. É o espaço confinado no qual você ainda pode se mover quando está dentro de uma baleia. O "possível" é o pequeno espaço de ajustes que é tudo o que a "natureza humana" permite. Na política prática, os termos só estão *misturados*. O pecado é agora "a pressão das circunstâncias" (ou "o humor do eleitorado") diante da qual os políticos fazem mesuras. Pensam na Guerra Fria como uma condição infinita da vida internacional, porque o conflito entre o bem e o mal (mesmo que só em "competição pacífica") sempre deve durar.

Apesar de seu vocabulário abstrato e universal, as características interiores da ideologia otanopolitana são o filisteísmo e a atrofia imaginativa. O filisteísmo que é incapaz de realmente aceitar a redução da influência do mundo "ocidental" se combina com um provincianismo temporal. A cultura otanopolitana adotou como mote as palavras do senhor Keynes: "a longo prazo, todos estaremos mortos". Os economistas estarão eternamente "catalisando"; os políticos, "enfrentando contingências"; os líderes sindicais, acompanhando o índice do custo de vida. A questão mais desafiante se reduz a uma bela escolha de conveniências. No coração de um sistema imperial que se desintegra, com as armas de aniquilação assentadas sobre a terra, o otanopolitano anda cuidadosamente por ruas bem conhecidas, pondo sua fé em seus títulos bancários, e refletindo sobre a "ajuda" que poderia dar (qualquer dia, na próxima semana) a seus sobrinhos subdesenvolvidos (que, entrementes, terão atingido a maioridade). Ele iria se sentir nu sem as "circunstâncias", que são como lojas e escritórios familiares que o protegem por todos os lados.

As circunstâncias, é claro, existem, embora a maioria delas seja criação otanopolitana. O que falta, assim, evidentemente, é a vontade de mudá-las. Até que ponto podem mudar não se pode dizer até que se tente fazê-lo. Mas podemos estar seguros de que, se *nós* não mudarmos as circunstâncias, elas ainda assim vão mudar; e provavelmente para pior. Não é a mudança, mas a estase social, que é a ilusão. A apatia é uma condição mórbida da vontade; se não nos livrarmos dela, a "pestilência" de Blake vai nos atacar.

"Cabeça de porco em uma vara"

Houve ocasião bastante para esse desespero. A lógica aparentemente compulsória de sentir derivada das evidências de duas décadas das quais agora desviamos os olhos. A geração dos anos de 1930 tinha (como Lawrence antes dela) lutado para escalar o Monte Pisgah; a geração do pós-guerra nasceu no topo: as duas olharam para baixo e viram por entre as nuvens a "conversa sobre fraternidade, amor universal, sacrifício e assim por diante... o cemitério da humanidade". Hiroxima ridicularizou todos os protestos de fraternidade humana. Talvez a conversa tenha se limitado a "meras frases nobres para encobrir a autoafirmação, a presunção e a intimidação malévola... somente atividades do ego feio, voltado para si mesmo?" [*just noble phrases to cover up self-assertion,. self-importance and malevolent bullying... just activities of the ugly, self-willed ego?*] "Pouco importa!" disseram com Lawrence: "As próprias palavras *humano, humanidade, humanismo* nos deixa doentes". ["The very words *human, humanity, humanism* make one sick."] (*Climbing Down Pisgah*", "Nobody Loves Me"). [Descendo Pisgah, "Ninguém me ama.")

Não foi bobagem fazer perguntas sobre a natureza do homem. Foi mais bobagem fingir que a maldade não existia; que pertencesse, não a homens, mas a alguma besta surgida da espessura das circunstâncias que, uma vez superada, deixaria a liberdade da inocência original do homem andar pelo mundo sem restrições – que, como os ideólogos soviéticos ainda insinuam (mas como as pessoas soviéticas há muito deixaram de acreditar), toda maldade é "alheia" ao sistema, todos os homens maus são agentes do Ocidente, todo pecado é uma sobrevivência burguesa. Com essa evasão, todos os problemas de valor e escolha podem ser reduzidos a problemas de poder, todos os preceitos morais podem ser derivados dos imperativos da "história" e das necessidades do Estado soviético. A ortodoxia comunista reduziu-se assim ao problema único da conquista do poder pela classe trabalhadora, e toda moralidade se submeteu a essa *realpolitik*.

Mas foi igualmente bobagem só usar as evidências da maldade e ignorar as testemunhas do bem; ou procurar separar o bom indivíduo do mau estado (ou "história" ou "processo mundial") ao qual todas as más propensões são assimiladas. Se os otanopolitanos separaram o "deve" da moralidade do "é" das circunstâncias, no stalinismo o "é" ficou bem acima do "deve". A moralidade, no Oriente e no Ocidente, deu origem a dois absolutos opostos: o Absoluto do Poder da Classe Trabalhadora e o Absoluto da Integridade Pessoal. Mas cada absoluto, dentro de seu próprio sistema, serviu ao *status quo*; era utópico desafiar quer as leis objetivas da história ou as limitações subjetivas da natureza humana. O homem foi acorrentado pela necessidade, dentro ou fora, e, acima dele, reinou um único absoluto: o Fato Consumado.

Mas sob esse absoluto os homens tinham abandonado sua iniciativa. Não podiam deter a mudança; mas a mudança ocorreu com os caprichos enganosos das circunstâncias. Os eventos pareciam querer os homens, e não o contrário. Porque só se pode atribuir significação à história na disputa entre "deve" e "é" – temos de lançar o "deve" da escolha no "é" das circunstâncias, que, por sua vez, define a natureza humana com a qual escolhemos. A natureza humana não é nem originalmente mal nem originalmente boa; é, na origem, potencial. Se a natureza humana é aquilo *com que* os homens fazem a história, então é ao mesmo tempo a natureza humana que eles fazem. E a natureza humana é potencialmente revolucionária; a vontade de homem não é um reflexo passivo dos eventos, mas traz em si o poder de rebelar-se contra as "circunstâncias" (ou as limitações até aqui prevalecentes da "natureza humana") e, a partir dessa faísca, pular os obstáculos para chegar a um novo campo de possibilidades. É o objetivo do socialismo, não abolir "a maldade" (o que seria um objetivo estúpido), nem sublimar a luta entre o "mal" e o "bem" em um estado paternal todo perfeito (de cunho "marxista" ou fabiano), mas encerrar a condição de toda a história precedente mediante a qual a luta sempre era manipulada fraudulentamente contra o "bem" no contexto de uma sociedade autoritária ou aquisitiva. O socialismo não é só um modo de organizar a produção; também é um modo de produzir a "natureza humana". Nem há apenas um modo, prescrito e determinado, de fazer a natureza humana socialista; na criação do socialismo, devemos descobrir o modo e discriminar entre muitas alternativas, derivando a autoridade de nossas escolhas não de leis historicistas absolutas nem da referência a textos bíblicos, mas das reais necessidades e possibilidades humanas, reveladas em um debate intelectual e moral sempre aberto e incessante. O objetivo não é criar um estado socialista que se eleve acima do homem e do qual *dependa* sua natureza socialista, mas criar uma "sociedade *humana* ou uma humanidade socializada" em que (para adaptar as palavras de Thomas More) o homem, e não o dinheiro, "tenha toda a importância".

"O trabalho do pensador", escreveu Orwell em *Wigan Pier*, "não é rejeitar o socialismo, mas decidir-se a humanizá-lo". "Devemos amar uns aos outros, ou morrer". Mas como vamos levar esse "amor" para o contexto da política e do poder? A esse ponto o socialista, do Ocidente e do Oriente, volta constantemente. Aqui esteve Orwell (em seu ensaio sobre Dickens) antes de cair em desespero: "O moralista e o revolucionário solapam constantemente um ao outro... O problema central – como impedir o abuso de poder – permanece irresolvido". É a esse ponto que os comunistas "revisionistas" refizeram seus passos até o Marx das Teses contra Feuerbach e ao moralista dos manuscritos de 1844, na tentativa de tirar do marxismo a erva daninha luxuriante do predeterminismo:

> Entre a obediência ao mundo da realidade e a obediência ao imperativo moral há um abismo aberto em cujas bordas os grandes dramas históricos se desenrolam... Em ambas as bordas também se organizou a história moral do movimento revolucionário dos últimos anos (Leszek Kolakowski, "Responsibility and History" ["Responsabilidade e história"]).

Mas já não podemos nos contentar com um argumento cíclico interminável. Sabemos que o poder é demasiado mortal agora para nós para tolerarmos seu abuso. E aqui encontramos um paradoxo. Porque o poder da bomba também é uma expressão de nossa própria natureza humana, é nossa apatia que pende acima de nós. Porque a história do poder político e a história da natureza humana sempre foram interdependentes. O professor Popper defendeu outro caminho:

> Não há história da humanidade; há apenas um número indefinido de histórias de todo gênero de aspectos da vida humana. E um deles é a história do poder político. Mas *a história do poder político não é nada mais do que a história do crime internacional e do assassinato em massa...* (*The Open Society* [A sociedade aberta e seus inimigos, v. II, p. 270. Itálicos do professor Popper]).

Respondemos ao sentimento. A história da política de poder *tem sido* assim, mas não tem de ser assim. Mas o fato é que todas as histórias dependem do poder. O poder de alguns homens reprimiu a natureza potencial de outros homens. Estes outros homens descobriram sua própria natureza só na resistência àquele poder. Não só o seu ser econômico, mas seu ser intelectual – suas ideias, conhecimentos, valores – tomou forma de acordo com a posse do poder ou a resistência ao poder – neste ponto todas as "histórias" encontraram um nexo comum. Hoje já não podemos duvidar de que temos de humanizar o poder e que toda outra história depende dessa questão. As vítimas da política do poder têm de entrar na arena do poder.

Mas como vamos humanizar nossa própria paralisia de vontade? O "amor" virá correndo depois de um apito apático? É aqui, entre as negações desoladas da terra arrasada, que se ouve o primeiro repique do trovão. Ou, se temos de usar imagens de batalha, ao final do dia – ali, escorrendo pela testa mais próxima, estão as reservas de história. E entre os primeiros a correr estão muitos que se acham bem longe dos veteranos – guerreiros de classe militantes – de quem fomos levados a esperar. Zombam de toda a batalha ainda que se lancem em seu coração. Os discípulos de Lawrence voltam para subir Pisgah e os discípulos de Orwell desejam, finalmente, caçar a baleia.

Porque, sob a polarização de poder e ideologia no mundo da Guerra Fria, formava-se uma nova natureza humana, rebelde, tal como a grama nova aparece sob a neve. Essas ideologias abstratas lutaram pela mente das pessoas; mas as pessoas, educadas por circunstâncias, mudaram segundo uma lógica que desafiava essas abstrações:

> A mudança no sistema social como um todo é inevitável; não simplesmente porque as condições mudam – embora em parte por essa razão – mas porque as próprias pessoas mudam... Novas sensações surgem em nós, velhos valores se depreciam, novos valores surgem... As coisas sobre as quais construímos nossa vida viram pó e desaparecem... (D.H. Lawrence, "The State of Funk [A condição do Funk]).

Além disso, a *verdade* sempre é o ponto de maior fraqueza de uma ideologia, já que, quando se examina a realidade à luz dessa verdade, a ideologia pode vir a ser condenada. Da mesma maneira como os rituais e os absolutos ressonantes do stalinismo ortodoxo induziram uma náusea na geração soviética mais jovem, dando origem à crítica dos "revisionistas", à rebelião positiva de "56", à resistência negativa dos *stilyagi**, assim também a ideologia ota-

---

* Jovens soviéticos que defendiam a contracultura. N.T.

nopolitana engendrou dentro de si mesma sua própria negação – um novo temperamento crítico, os positivos do assentamento inglês de Aldermaston, as negações da música "hip" e "beat".

Da verdade do quietismo parece surgir um novo humanismo rebelde: a política da antipolítica. A geração do pós-guerra adquiriu consciência entre o fedor dos mortos, o fedor da política do poder. Optaram em vez disso pelo absoluto da integridade pessoal. Parece que de um lado houve progresso, necessidade histórica, humanismo, totalitarismo, Zhdanov, campos de concentração, *1984*; no outro houve integridade, tradição cristã, empirismo, relações pessoais e reforma social. A velha esquerda, por ter se recusado a encarar o mal de frente, por ter falsificado a verdade sobre o comunismo ou sugerir que a natureza humana pode estabelecer-se diretamente por algum golpe de administração, pareceu mecânica, "abusiva", desumanizada: só podia falar na linguagem do poder, não da humanidade socializada. Pareceu que foi no âmbito de instituições tradicionais e da doutrina cristã que os verdadeiros valores do amor e da comunidade se tinham conservado. E, até certo ponto, isso era verdade. Porque o anseio humano de comunidade encontrou consolo nos rituais da tradição, e porque foi no âmbito do mito cristão que se puderam encontrar símbolos impolutos pela linguagem do poder. Pela segunda vez, sentiu-se que a religião era o "coração de um mundo sem coração".

A geração do pós-guerra permaneceu na terra desolada. E foi a alvorada da insurreição húngara que – negando o horror de *1984* – quebrou o encanto da impotência. Foi a ameaça da aniquilação nuclear que levou os quietistas a se rebelarem. Eles tinham procurado retirar-se do mundo da política, mas encontraram, em sua vida pessoal, por todos os lados, as "cruéis armadilhas de aço" que o mundo exterior ali havia colocado. Tinham abraçado uma ideologia que alardeava sua espiritualidade, mas que, na sua arte, podia dar à luz imagens da maldade, mas não uma imagem do amor afirmativo; personagens doentes de culpa, mas não uma imagem autêntica do bem. Tal como Jo em *A Taste of Honey* [Um gosto de mel], rodeada na adolescência por falsas conversas sobre o amor, tinham optado pela honestidade: "Não sei muito sobre o amor. Nunca tive muita familiaridade com ele". Mas quando a última

345

ilusão acaba, surge o sentimento vindo de uma lógica que está além da ilusão ou da crença. A compaixão se manifesta sem uma preparação intelectual quando a mão se eleva para proteger a criança ameaçada.

Portanto, esse humanismo rebelde tem como origem o ataque do poder ao aspecto pessoal – o ataque do poder a pessoas com pigmento diferente na pele, o ataque do poder a pessoas de outra classe social, o ataque da bomba à própria personalidade humana. Os antipolíticos se veem mais uma vez na arena da escolha política. Como "o amor" deve ser lançado no contexto do poder, o moralista descobre que deve tornar-se revolucionário.

Trata-se de uma junção que jamais pode ser completa. É mais uma disputa constante entre moralidade e circunstância que se mantém perpetuamente. Mas é uma disputa frutuosa, que não deve cessar porque, do contrário, entre o ímpeto da "integridade" e o ímpeto da "necessidade", a correnteza das circunstâncias vai se impor. E é uma disputa que deve mobilizar a mente consciente e toda a vontade. Requer-se hoje do intelectual uma dedicação especial. É em sua capacidade de visão utópica que a vontade humana de mudar tem de residir. Se os homens se deixarem paralisar pelo horror de sua história recente, então nada de bom virá seja de nutrir o horror ou de desviar os olhos e fingir que não existe horror. É no mito de nossa época, *O Senhor das Moscas*, de William Golding, que, em meio ao pessimismo, podemos encontrar finalmente uma imagem comovente do bem:

> O senhor das Moscas posta-se suspenso no espaço diante dele.
> – "O que fazes aqui fora sozinho? Não estás com medo de mim?"
> Simon tremeu.
> – "Não há ninguém para ajudá-lo. Só eu. E eu sou a Besta".
> A boca de Simon se esforçou, e produziu palavras audíveis.
> – Cabeça de porco em uma vara.
>
> [The Lord of the Flies hung in space before him.
> "What are you doing out here all alone? Aren't you afraid of me?"
> Simon shook.
> "There isn't anyone to help you. Only me. And I'm the Beast."
> Simon's mouth laboured, brought forth audible words.
> "Pig's head on a stick."]

A Besta é verdadeira; mas sua realidade existe no âmbito de nossa própria conformidade e medo. Temos de nos reconhecer na Besta da história, pois só assim poderemos quebrar o encanto do medo e reduzi-lo ao nosso próprio tamanho. E logo temos de enfrentá-lo tal como ele é. Como Simon disse, "O que mais há a fazer?"

"O vale aos que souberem irrigar"

Temos de sair da baleia. Das duas baleias. Como o historiador vai descrever nossa época? A idade de quê? Do Stalinista Estridente ou do Otanopolitano Tranquilo? A Idade da Apatia? Ou a idade em que começou a rebelião do humanismo socialista?

A cada um suas senhas; de cada um, seus tabus. Stalin foi denunciado, Dulles desautorizado; mas o *show* tem de continuar. A hegemonia soviética brilha no campo democrático das pessoas no Mundo Livre defendida pela aliança norte-americana. O pecado original olha furiosamente para o Novo Homem Comunista. O Herói Positivo faz discursos de intimidação contra a Criatura da Culpa. O indivíduo livre, autônomo, zomba do homem coletivo. Os jovens saem do auditório e fazem sua própria música nas ruas, mas o *show* tem de continuar...

Pode a nova natureza humana que se formou sob a neve ortodoxa exprimir-se em uma rebelião positiva? Pode uma nova geração, no Oriente e no Ocidente, romper simultaneamente com o pessimismo do Velho Mundo e com o autoritarismo do novo, e construir em conjunto a consciência humana em um único humanismo socialista?

É a essa possibilidade que as nossas ações devem dedicar-se; e tem de ser nosso trabalho definir esse "humanismo socialista". Se o padrão dos desencantados os levou a um lugar de negação em que mesmo as fontes do sentimento humano estão secas, nem por isso devemos voltar pelo mesmo caminho deles e reendossar ali as noções fáceis diante das quais eles bateram em retirada. Experiência é o outro nome da Besta da história; e mesmo os enganos têm algo a ensinar. Um humanismo socialista que não considere *September 1, 1939* e *Dentro da baleia* terá uma pobre textura e estará exposto ao erro no ponto em que as experiências válidas têm sido negadas.

"Terrível é a tentação da Bondade", escreveu Brecht. Aprendemos o que Wordsworth não aprendeu antes de nós: a boa vida não é "uma estrutura mecânica construída por regras". O socialismo, mesmo no ponto da transição revolucionária – talvez principalmente nesse ponto –, deve derivar-se das forças existentes. Ninguém – nem a vanguarda marxista nem o administrador esclarecido ou o humanitário intimidador – pode impor uma humanidade socializada de cima para baixo. Um Estado socialista pode fazer pouco mais do que oferecer "circunstâncias" que estimulem o homem social e desencorajem o homem aquisitivo; que ajudem as pessoas a construir sua própria comunidade igualitária, ao seu próprio modo, porque a tentação da Bondade fica demasiado grande para a ela resistirmos. O socialismo pode trazer água ao vale; mas tem de entregar "o vale aos que souberem irrigar, para bons frutos dar"*.

---

* Referência a O Círculo de Giz Caucasiano, peça de Bertolt Brecht. N.T.

As peculiaridades dos ingleses*

> *Naturalmente, temos de suportar o tosco método inglês de desenvolvimento.*
>
> Marx referindo-se a Darwin

I

No início de 1962, quando as atividades da *New Left Review* passavam por certa confusão, o conselho editorial da revista convidou um hábil colaborador, Perry Anderson, para assumir sua editoria. Tivemos no camarada Anderson, como esperávamos, a decisão e a coerência intelectuais necessárias para garantir a continuidade da revista. Mais do que isso, vimos que havíamos indicado um verdadeiro doutor Beeching** da *intelligentsia* socialista. Todos os ramais secundários e desvios socioculturais não rentáveis da *New Left*, que estavam, na verdade, recebendo cada vez menos tráfego, se viram abruptamente desativados. As principais linhas da revista sofreram uma modernização igualmente radical. As antigas máquinas a vapor da Velha Esquerda foram varridas dos trilhos, as paradas marginais ("Compromisso", "Qual o futuro do CND" [Campanha de Desarmamento Nuclear]?, "Mulheres apaixonadas") foram fechadas, e as linhas, eletrificadas para o tráfego expresso das máquinas marxistencialistas de esquerda. Em menos de um ano, os fundadores da revista perceberam, tristemente, que o Conselho Editorial vivia em um ramal que, sujeito a detido balanço intelectual, foi considerado deficitário. Vendo que éramos supérfluos, colocamos os cargos à disposição.

---

* Publicado em *The Socialist Register*, Ralph Miliband e John Saville (orgs.), N. 2, 1965. Cf. "Uma observação sobre os textos aqui contidos", neste volume.

** Importante personalidade que revolucionou o sistema ferroviário inglês. Thompson se refere a isso, por exemplo, ao falar de "ramais". N.T.

Três anos passados desde a posse da nova direção, parece possível examinar a tendência geral da "nova [new]" *New Left*. Para fins de simplicidade, podemos identificá-la em três áreas principais: análise do "Terceiro Mundo", definições (geralmente vagas) da teoria marxista e o ambicioso trabalho de análise da história e da estrutura social britânicas iniciado em uma série de artigos de Anderson e Tom Nairn[1]. A primeira delas – o Terceiro Mundo – está fora do alcance deste artigo. Esta é, sem dúvida, a área na qual têm sido realizados alguns dos mais originais e bem documentados trabalhos dos novos editores. Aqui, vou me restringir às outras duas.

Esses artigos, em seu conjunto, representam uma bem fundada tentativa de elaborar um balanço histórico coerente da sociedade britânica. O artigo fundamental é com certeza o de Anderson ("Origins of the present crisis" [Origens da crise atual). Ainda que o trabalho de Nairn seja menos inspirado, os dois autores habitam o mesmo universo mental. Os dois se sentem exilados da "ideologia inglesa", que, "em sua tola velhice, cria uma espécie de crepúsculo no qual 'empirismo' se tornou miopia, e, 'liberalismo', uma espécie de incômoda cegueira"[2]. Nairn amplia a acusação:

> O isolamento e o provincianismo ingleses, o atraso e o tradicionalismo ingleses, a religiosidade e a aura moralista inglesas, o empirismo mágico mesquinho ou a desconfiança instintiva da razão[3].

Há ainda "a nulidade das tradições intelectuais nativas", o "embrutecimento secular insular" da cultura britânica, "o impenetrável manto de complacência" da vida social britânica, "os rígidos meandros do conservadorismo sindical britânico" e "os séculos de constipação decadente e culto sedimentado dos ancestrais" da sociedade britânica. A ideologia inglesa

---

1. Perry Anderson, "*Origins* of the Present Crisis", New Left Review, 23 (doravante *Origins*)/ Tom Nairn, "The English Working Class", NLR, 24; "The British Political Elite", NLR, 23; "The Anatomy of the Labour Party 1", NLR, 27, e "The Anatomy of the Labour Party 2" , NLR, 28 (doravante Nairn 1 and 2).

2. Nairn, "Crowds and Critics", *NLR*, N. 17, p. 31.

3. "The English Working Class", *NLR*, 24, p. 48.

abraçou uma cultura literária diletante advinda da aristocracia e da mais tosca filosofia utilitária lumpemburguesa, e as amalgamou em uma bizarra união Jekyll-Hyde de atração e repulsa[4].

"O próprio mundo urbano" da Inglaterra é "a imagem desse conservadorismo arcaico, bastardo, um mundo urbano que não tem nada que ver com a *civilização* urbana tal como concebida em outros países dotados de uma cultura burguesa antiga e unificada"[5]. Essas avaliações estão resumidas em "*Origins*", de Anderson:

> Os dois grandes elementos químicos dessa névoa envolvente inglesa são o "tradicionalismo" e o "empirismo"; nela, a visibilidade de toda realidade social ou histórica é sempre nula. Disso resulta um conservadorismo abrangente e coagulado, pelo qual a Inglaterra merecidamente adquiriu reputação internacional, que encobre toda a sociedade com um espesso véu a um só tempo filisteu (em relação às ideias) e mistagógico (em relação às instituições.

E a essência da análise dos dois autores sobre o trabalhismo pode ser encontrada na frase de Anderson: "na Inglaterra, uma burguesia apática engendrou um proletariado subordinado"[6].

Não há dúvida de que, em contextos particulares, algumas dessas opiniões podem ser sustentadas. O que, no entanto, é evidente, onde quer que estas se imponham, é a perda do controle emocional e a substituição da análise pela condenação. Paira sobre elas algo de senhor Podsnap* a contrapelo: "Nós ingleses temos muito orgulho de nossa Constituição, senhor, explicou o senhor Podsnap com um senso de meritória propriedade":

> – Ela nos foi conferida pela providência. Nenhum outro país foi tão favorecido quanto o nosso.
>
> – E os *outros* países – disse o cavalheiro estrangeiro. – Como fazem eles?

---

4. Nairn – 2, p. 61, e 1 and 2, *passim*.

5. "The British Political Elite", *NLR*, 23, p. 22.

6. Origins, p. 40, 43.

* Personagem de Dickens próximo do Cândido de Voltaire. Para ele não há nada desagradável ou negativo na Inglaterra. N.T.

> – Eles fazem, sir – retrucou o senhor Podsnap, meneando com gravidade a cabeça –, eles fazem, lamento ser obrigado a dizê-lo, *como* fazem*.

Mas agora os papéis se inverteram. O senhor Podsnap (que foi inflado como uma bola para incorporar toda a cultura britânica dos últimos 400 anos) é quem está sendo acusado.

> – E os *outros* países – disse o senhor Podsnap, tomado pelo remorso. – Como fazem eles?
>
> – Eles fazem – replicaram severamente *Messieurs* Anderson e Nairn: – Eles fazem, lamentamos sermos obrigados a dizê-lo, melhor sob todos os aspectos. Suas eevoluções burguesas foram maduras. Suas lutas de classe foram sanguinárias e inequívocas. Sua *intelligentsia* tem sido autônoma e verticalmente integrada. Sua morfologia foi tipologicamente concreta. Seu proletariado foi hegemônico.

Há, em suas análises, com efeito, um modelo não declarado de outros países cuja simetria tipológica fornece uma reprovação ao excepcionalismo britânico. Comparada a esse modelo, a classe trabalhadora inglesa é "um dos enigmas da história contemporânea"[7], a experiência histórica da burguesia inglesa tem sido "fragmentada, incompleta"[8], e os intelectuais ingleses não constituíram "uma verdadeira *intelligentsia*"[9].

Toda experiência histórica é, obviamente, única em certo sentido. Demasiada ênfase nisso põe em questão não a experiência (que continua a ter de ser explicada), mas a relevância do modelo com o qual ela está sendo julgada. (Podemos deixar de lado o fato de que, se examinarmos nações industriais avançadas nos últimos 50 anos, os outros países nem sempre, nem sob todos os aspectos, fizeram melhor do que os britânicos, a despeito de sua *intelligentsia* vertical e seu proletariado hegemônico.) Fica claro que o modelo Anderson-Nairn se aproxima mais estreitamente da experiência francesa, ou de uma interpretação particular dessa experiência, e nisso eles seguem

---

* Aqui e a seguir, mantive a tradução literal de "to do" como "fazer" para manter a ironia de "fazem... como fazem", em vez de "como se saem eles". N.T.

7. "The English Working Class", p. 43.

8. *Origins*, p. 40.

9. Ibid., p. 42.

a tradição marxista predominante pré-1917. Quando comparada com esse modelo, a experiência inglesa fracassa em três importantes aspectos. (1) No caráter prematuro e incompleto da revolução do século XVII. Nos acordos decorrentes de 1688 e 1832, a burguesia industrial não conseguiu obter hegemonia inconteste nem refazer as instituições dominantes da sociedade à sua imagem e semelhança. Em vez disso, houve "uma simbiose sistemática e deliberada" entre a aristocracia proprietária de terras e a burguesia industrial, simbiose na qual, no entanto, a aristocracia permaneceu como sócia majoritária. (2) Como a revolução do século XVII foi "impura", e a luta conduzida em termos religiosos, a burguesia, além de nunca ter desenvolvido uma visão de mundo ou autoconhecimento coerentes, se contentou com uma "ideologia" de "empirismo", que aparentemente caracteriza a cultura intelectual inglesa até os nossos dias:

> "(...) o legado ideológico da revolução foi quase nulo... Dado seu caráter 'primitivo', pré-iluminista, a ideologia da revolução não fundou nenhuma tradição significativa nem produziu consequências relevantes".

3) Uma revolução burguesa prematura produziu um movimento prematuro da classe trabalhadora, cujas heroicas lutas durante a Revolução Industrial foram anuladas pela ausência de um avanço teórico correspondente: "seu imenso ardor e insurgência coincidiram com a pouca disponibilidade do socialismo como ideologia estruturada". Quando este movimento se desintegrou após o cartismo* (até a "exaustão"), foi produzido uma "profunda cesura" na história da classe trabalhadora inglesa, e a "classe trabalhadora mais insurgente da Europa se tornou a mais apática e dócil". "O marxismo veio tarde demais", enquanto nos outros países "o marxismo arrebatou a ciasse trabalhadora". Como decorrência, o movimento trabalhista do pós--1880 anulou toda sua existência ao expressar exclusivamente virtudes corporativas (e não hegemônicas) e ao se sujeitar a uma ideologia (o fabianismo)** que imita, com instrumental empobrecido, o empirismo banal da burguesia.

---

* Movimento trabalhista que defendia a Carta [Constituição] do Povo. N.T.
** O fabianismo, formado por reformistas moderados, pretendia "reconstruir a sociedade conforme o mais alto ideal moral". N.T.

Nossos autores imprimem à sua análise o ardor de exploradores. Eles se lançam em sua circunavegação descartando com desprezo os velhos mapas especulativos. Anderson observa a completa ausência de toda história global séria da sociedade britânica e "a pusilanimidade de nossa historiografia": Nenhuma tentativa foi feita para pelo menos esboçar uma história totalizante da sociedade britânica moderna. Nairn descobre não haver "sequer uma iniciativa de esboçar de forma 'totalizante' o desenvolvimento da sociedade britânica". Nossos exploradores, contudo, são heroicos e missionários. Prendamos o fôlego em suspense enquanto ocorre a primeira incursão marxista nesse Norte inexplorado. Em meio à tundra e ao musgo do empirismo inglês, eles estão tentando construir verdadeiras capelas para converter os pobres sindicalistas aborígines de seus mitos corporativos para a luz hegemônica:

> Dominada pela densa teia da arcaica superestrutura enxertada no capitalismo britânico (...) a classe trabalhadora não pôde se distanciar agressivamente da sociedade e constituir seu próprio movimento autônomo com vistas à hegemonia social. Faltava-lhe o instrumento cortante necessário para essa tarefa. Quer dizer, um extrato intelectual apartado do consenso social com força suficiente e capaz de agir como catalisador da nova força lutando por expressão contra o consenso[10].

O problema é "criar teoria em um meio ambiente que se tornara refratário à racionalidade como tal", criar "a consciência racional e a atividade intensas" que são "pré-requisitos necessários da revolução nesta sociedade de consciência fetichizada e emasculada"[11]. Tapando as orelhas com seus gorros, eles desembarcam e avançam, lutando para levar a intensa consciência racional de seus instrumentos cortantes da "*intelligentsia* tradicional um dia enterrada inteiramente nos ritos tribais de Oxford ou da Londres literária"[12]. Há uma sensação de crescente suspense enquanto eles – os Primeiros Marxistas Brancos – abordam os atônitos aborígines.

---

10. Nairn – 2, p. 49 [*sic*].
11. "The English Working Class", p. 57.
12. Nairn – 2, p. 60.

II

Dizer isso não é generoso, porque *"Origins"* de Anderson é um estudo estimulante – na verdade, como provocação, é um *tour de force*. Se não pode ser aceito como um enunciado histórico, é ainda assim um estímulo ao estudo e alcança uma alta nota de intensidade conceptual. Se não é certo que a Grã-Bretanha seja uma *terra incógnita* para o marxismo, ainda é verdade que essas tentativas de autoconhecimento histórico têm de ser feitas repetidamente, a cada avanço no conhecimento e a cada aprimoramento de nosso instrumental analítico.

Há, porém, uma questão que me perturba: o instrumental usado por esses autores para sua tarefa foi aprimorado ou apenas maquiado? Podemos voltar à primeira proposição do excepcionalismo inglês, isto é, à revolução do século XVII e a suas consequências:

> De que tipo de Revolução se tratou? Pode-se, talvez, dizer que foi um conflito entre dois segmentos de uma classe de proprietários de terras, nenhum dos quais era uma cristalização *direta* de interesses econômicos opostos, mas antes lentes *parcialmente* contingentes embora *predominantemente* inteligíveis com as quais as forças sociais mais amplas e mais radicalmente antagônicas passaram a ter focos temporários e distorcidos.

Por ter sido basicamente travada *no âmbito* de uma classe e não *entre* classes, embora pudesse destruir, como o fez, os numerosos obstáculos institucionais e jurídicos do feudalismo ao desenvolvimento econômico, não pôde alterar o estatuto básico da propriedade na Inglaterra. O resultado foi transformar "o conjunto de proprietários de terra em uma classe basicamente capitalista", e "ela o conseguiu ao transformar profundamente os *papéis*, mas não o *pessoal* da classe dominante".

> Nesse sentido, ela foi uma revolução *capitalista* supremamente bem-sucedida. Ao mesmo tempo, contudo, deixou intacta quase toda a estrutura social.

Isso está na página 30 de *"Origins"*. Mas, na 39, dizem-nos que essa "revolução amarga e catártica (...) transformou a estrutura, mas não a superestrutura da sociedade inglesa".

O que foi ela afinal? Que modelo estamos usando? Se for um modelo simples base-superestrutura, então será difícil conceber "uma revolução *capitalista* supremamente bem-sucedida" que, no entanto, não altera o "estatuto básico da propriedade na Inglaterra". Não percebo com clareza o sentido de "estatuto" nesse contexto, mas, se fôssemos examinar a decomposição do exercício e das relações da propriedade feudal, deveríamos começar uma análise da "Revolução" vários séculos antes do período que Anderson autoriza. Se a conquista principal da revolução tiver sido "destruir os numerosos obstáculos institucionais e jurídicos do feudalismo ao desenvolvimento econômico", como seria possível afirmar que ela "transformou a estrutura, mas não a superestrutura da sociedade inglesa". Em todo caso, considerando 1640 e 1688 em conjunto, costuma-se supor que foi consideravelmente modificada a função de uma instituição muito importante, isto é, a monarquia, e nesse caso temos uma transformação tanto do papel quanto da pessoa.

Na verdade, o sentido da análise de Anderson parece ser o de que a revolução produziu *certas* mudanças na superestrutura institucional, removendo obstáculos cruciais ao desenvolvimento capitalista na metrópole e nas colônias, mas que o confronto entre as forças sociais foi, em outros aspectos, dúbio, deixando intactas partes da superestrutura feudal (ou pós-feudal, transicional-paternalista). Essa descrição é claramente verdadeira, embora pouco original.

Mas há outra ambiguidade cuja importância aumenta à medida que suas análises passam do século XVII para o XIX. Apesar das negativas, nem Anderson nem Nairn se mostram capazes de aceitar, *au fond* [no fundo], a noção de uma classe agrária, rentista ou empresarial, como uma verdadeira burguesia[13]. Enquanto, em "*Origins*", os proprietários de terra são identificados como uma "classe basicamente capitalista", sendo-nos ainda dito que "não havia [..,] desde o começo nenhuma contradição antagônica fundamental entre a velha aristocracia e a nova burguesia", na análise do desenvolvi-

---

13. Quanto a isso, eles diferem de Marx, cuja análise resumida da gênese do capitalismo, em *O capital*, aborda amplamente o capitalismo agrário, declarando inequivocamente: "no sentido categórico, o fazendeiro é tanto um capitalista industrial como o é o manufatureiro" : *O capital*, org. por Dona Torr (1939), I, p. 774, n. 2.

mento do século XIX a aristocracia e a classe média industrial são descritas como "classes sociais distintas" que, depois de 1832, passaram por uma "simbiose", processo no qual a burguesia de fato capitulou diante da aristocracia ("sua coragem se desfez", "ela teve duas modestas vitórias, perdeu o vigor e terminou por perder a identidade"). Nairn traz um contraste ainda mais acentuado: os proprietários de terra são "protagonistas de uma civilização distinta, a cavaleiro entre o feudal e o moderno... uma civilização..., apesar de seus traços burgueses, qualitativamente distinta da nova ordem social": a elite política aristocrática, suas instituições e seu etos eram "a emanação de uma classe social distinta, independente e separada dos principais conflitos e questões da sociedade capitalista urbana"[14]. Ademais, cada "classe" específica projetava uma ideologia distintiva: "(...) o tradicionalismo (...) foi o idioma ideológico natural da classe latifundiária", emergindo com Burke[15]; o "empirismo", por sua vez, "transcreveu fielmente o caráter fragmentário e incompleto da experiência histórica da burguesia inglesa". No século XIX, as duas sucumbiram à mesma espessa névoa sufocante.

Os problemas aqui envolvidos certamente não são fáceis. É um abuso de nossa paciência semântica imaginar uma classe de *bourgeois* [*sic*] espalhados no campo e morando em suas propriedades, sendo mais fácil ver no capital mercantil "o único núcleo burguês verdadeiro da revolução". Se, no entanto, deixamos de lado as associações com o modelo francês que o termo *bourgeois* introduz, e pensamos, em vez disso, no modo capitalista de produção, devemos claramente seguir Marx, vendo os proprietários de terra e os grandes fazendeiros como um nexo capitalista muito poderoso e autêntico. É Sir Giles Overreach quem prefigura a Revolução Inglesa, e é seu parente, Edmund, o Bastardo, quem derruba a Legitimidade, obtendo um título de propriedade de terra não por origem, mas por esperteza, substituindo as sanções de uma ordem mais antiga por aquelas da Lei [direito] natural:

> Tu, Natureza, és minha Deusa, à tua Lei
> Meus serviços se prestam, e por que deveria eu

---

14. "The British Political Elite", p. 20-21.
15. Ao que parece, não se trata do editor de *Peerage*, de Burke, mas o próprio E. Burke que Marx caracterizou, curto e grosso, como um "completo burguês vulgar" : *O capital*, p. 786 n.

Obedecer à praga dos costumes, e permitir
Que a curiosidade das Nações me despoje?

[Thou Nature art my Goddess, to thy Law
My Services are bound, wherefore should I
Stand in the plague of custom, and permit
The curiosity of Nations, to deprive me?]

É essa mesma lei natural ("Natureza que odeia futilidade") cuja cruel energia em sobrepujar "os antigos direitos" ("porque estes se sustentam ou ruem, conforme sejam os homens fortes ou fracos") tanto fascinou como repeliu os dramaturgos elisabetanos e que o poeta Marvell viu personificado por Oliver Cromwell. Não podemos dizer que a revolução "possibilitou a transformação do conjunto de proprietários de terras em uma classe basicamente capitalista", porque, nos lugares em que a lã ou a produção de mercadorias para Londres e os mercados urbanos predominavam, esse processo já estava muito avançado. Porém, do mesmo modo, não podemos dizer que a revolução produziu uma dramática aceleração desse processo: o equilíbrio de forças sociais era tal que as plenas consequências da revolução foram adiadas por 100 anos.

O que estava em questão, de um dado ponto de vista, era justamente uma redefinição capitalista do "estatuto básico da propriedade": da "lei antiga" para a "lei natural" e a compra; do modo e da lógica de produção: de uma quase autossuficiência ao comércio de mercadorias com vistas ao lucro; e das relações produtivas: das compulsões orgânicas do senhor e da guilda às compulsões atomizadas de um mercado de trabalho livre. E isso envolvia um amplo conflito e redefinição em todos os níveis, pois a visão orgânica e mágica da sociedade cedeu lugar à lei natural, assim como a ética aquisitiva foi substituída por uma economia moral autoritária. E, de outra perspectiva, o movimento real foi enormemente complexo e prolongado, começando (por conveniência histórica) com os grandes produtores de lã monásticos de Domesday e passando pelo enfraquecimento dos barões nas guerras, o aumento do "trabalho livre", o cercamento das pastagens, o confisco e redistribuição das terras da Igreja, a pilhagem do Novo Mundo, e a drenagem de pântanos para alcançar, mediante a revolução, a eventual aceleração dos cercamentos e a reivindicação de terras devolutas.

O movimento que tão frequentemente parece se reproduzir é aquele descrito por Eileen Power, referindo-se à crise financeira do século XIV, como tendo "reduzido o topo, enquanto ampliava a base, das classes médias inglesas". Ela percebe, já três séculos antes da revolução, uma "tendência orgânica" nessa classe média: "(...) embora fosse continuamente recrutada a sair da terra, ela sempre tendia a voltar à terra, levando a fortuna consigo"[16]. É impossível até mesmo compreender as origens do capitalismo inglês se formos examinar com olhos parisienses as "províncias" atrasadas, vendo nos proprietários de terra somente uma aristocracia feudal "com características burguesas". As aldeias de lã das montanhas de Cotswold e a reconstrução rural do século XVI deixaram marcas, até os nossos dias, de um estilo, uma solidez e uma difusão da opulência.

A Revolução confirmou um título, não de nova propriedade, mas de propriedade existente, um título que se via ameaçado pelas exigências desreguladas da monarquia e que não encontrava sanção segura na ideologia autoritária e mágica que sobrevivera a seus portadores feudais. Mas tão logo a revolução começou, uma ameaça bem diferente à propriedade apareceu na Esquerda Leveller*. A famosa explosão do comandante Henry Ireton ("Tudo de mais importante que defendo se explica pelo fato de eu estar de olho na propriedade") prefigura o acordo de 1688. E esse acordo registra não algum ponto médio entre "feudalismo" e "capitalismo", nem algum ajuste de interesses entre uma superestrutura feudal tenaz e uma base capitalista embrionária, mas antes um arranjo precisamente ajustado ao equilíbrio das forças sociais naquele momento – elaborado bem meticulosamente, mas ainda assim,

---

16. Eileen Power, "The Wool Trade in English Medieval History" (1941), p. 122-123. Dobb nos lembrou de que já tinha havido uma total transferência da propriedade fundiária – uma mudança no pessoal – entre os reinados de Henrique VII e Jaime I ("Studies in the development of capitalism", 1946, p. 181-189, especialmente p. 187). Isso remete à célebre análise de Harrington, em *Oceana*, que conclui: "uma monarquia despojada de sua nobreza não tem refúgio sob o céu, e sim sob um exército. *Logo, foi a dissolução desse governo que causou a guerra, e não a guerra que causou a dissolução desse governo*". O problema geral foi discutido por Sweezy, Dobb, Hilton e outros em *The Transition from Feudalism to Capitalism* (1954).

* Grupo que defendia reformas, direitos iguais e liberdade religiosa. N.T.

em suas ambiguidades, flexível a ponto de durar não apenas uma centena de anos de relativa estase social, mas também ao longo dos próximos 50 anos de revoluções duais.

Os beneficiários do acordo foram justamente as pessoas representadas no Parlamento, isto é, os homens de propriedade substancial, especialmente propriedade de terra[17]. O título para o usufruto de sua propriedade foi garantido pelos mecanismos constitucionais com os quais se cerceou a Coroa e pelo domínio de uma lei que era tão moderada em seu reconhecimento de direitos de propriedade substancial quanto passionalmente vingativa contra aqueles que transgrediam esses direitos. Simultaneamente, um sufrágio limitado e manipulado por medidas restritivas tais como a Test Act e a Corporation Act* limitaram a ação dos pequenos manufatureiros, artesãos e outros. O reduzido carisma da Coroa e da aristocracia ajudou a manter coesa a ordem social, sem permitir (devido à agitação jacobita)** a formação de uma base para a reafirmação da antiga autoridade. A vacilante magia de uma Igreja sordidamente erastiana*** (ela própria sob controle local da *gentry*****) suplementou a autoridade dos proprietários com relação ao povo. A *gentry* viu em Locke, com sua teoria naturalista da delegação de poderes ao magistrado principal, no interesse do individualismo possessivo, um apologista desse acordo.

No século XVIII, o capitalismo agrário tomou plena posse de sua herança. Agruparam-se em torno da *gentry* (como Anderson nos lembra) "grupos afins" – não somente o capitalismo mercantil propriamente dito, mas também a (amplamente dispersa) indústria manufatureira, que ainda buscava um abrigo protetor no Estado. O capitalismo agrário ascendente implicou não apenas melhorias nas formas de arrendamento e cercamentos, mas igualmente mudanças de amplo alcance nos negócios, na moagem, no transporte, no comércio de exportação e importação. A *gentry*, entrementes,

---

17. Cf. a discussão de Christopher Hill em "Republicanism After the Restoration": *NLR*, 3, p. 46-51.
* Leis que impunham a políticos o pertencimento à Igreja Anglicana. N.T.
** Jacobitas eram seguidores de Jaime II. N.T.
*** Seguidora de doutrina que pregava a submissão da Igreja ao Estado. N.T.
**** Uma tradução aproximada é "pequena burguesia ou fidalguia", mas há polêmicas, e por isso mantive o termo em inglês. N.T.

conseguiu empregar uma classe profissional de serviçais recrutada no baixo clero, advogados do interior, cirurgiões, agrimensores, professores etc. A "complexa interpenetração" da riqueza agrária, mercantil e industrial, para a qual Anderson chama a atenção, tem sido uma preocupação antiga de nossa "historiografia pusilânime", e os delicados mecanismos – econômicos (crédito e transações bancárias, os interesses dos proprietários de terra por carvão, transporte e madeira etc.), sociais (casamentos arranjados) ou políticos (compra de influência política ou terra como um passo nessa direção) – pelos quais essa interpenetração era regulada não escaparam a exame. A comédia de costumes advinda desse processo de ajuste de estilos foi com efeito uma preocupação central da cultura literária do século XVIII:

> Todo novo rico de fortuna, portando adereços da moda, desfila em Bath. Funcionários e agentes das Índias Orientais, carregados de espólio das províncias saqueadas; capatazes, choferes negros e mascates de nossas fazendas americanas, enriquecidos sabe-se lá como; agentes, comissários e empreiteiros que engordaram, em duas guerras sucessivas, com o sangue da nação; agiotas, corretores de apostas e atravessadores de todo tipo; homens sem berço, e nenhuma educação – viram-se repentinamente elevados a um estado de afluência, desconhecido em épocas passadas; e não admira que seus cérebros estejam intoxicados pelo orgulho, a vaidade e a presunção... Todos eles acorrem a Bath, porque aqui, sem nenhuma qualificação adicional, podem misturar-se aos príncipes e nobres da terra. Mesmo as esposas e filhas de pequenos homens de negócios, que, como tubarões onívoros, sugam óleo daquelas incultas baleias da fortuna, estão infectadas com a mesma ânsia de ostentar sua importância; e a mínima indisposição lhes serve de pretexto para insistir em ser levadas a Bath, onde podem coxear danças campestres e quadrilhas em meio a frangotes de sangue azul, cavaleiros, conselheiros e clérigos... Eis a composição da chamada companhia da moda em Bath, onde uma proporção irrelevante de gente de bem fica perdida em meio a uma turba de impudentes plebeus (...) (Smollett, *Humphrey Clinker*).

Mesmo um conhecimento superficial das fontes deve dissipar todas as dúvidas quanto ao fato de a *gentry* do século XVIII ter constituído uma classe capitalista extremamente bem-sucedida e autoconfiante. Combinou, em seu estilo de vida, características de uma cultura agrária e de uma cultura urbana. Em suas bem fornidas bibliotecas, o "senhor Urban[o]", da *Gentleman's Magazine* [Revista dos Cavalheiros], os mantinha mensalmente informados sobre os assuntos da cidade. Suas elegantes capitais provinciais e suas sólidas cidades comerciais ofereciam alguma vida social na baixa estação, seus filhos eram urbanizados em Oxford e Cambridge, nas associações de advogados de Londres e nas viagens pela Europa, e, suas filhas e esposas, na vida social de Londres. Para compensar o isolamento do campo, suas mansões (seguindo seletos exemplos urbanos) eram ampliadas para acomodar os intercâmbios sociais estendidos que forneciam assunto para os romances de costumes. Em Bath, Harrogate, Scarborough etc. eles produziram monumentos peculiares de uma civilização em que uma urbanização sofisticada constituía um rito de passagem periódico para os adolescentes, para os casadouros, as matronas e os doentes de gota. Sendo uma burguesia que ainda não aprendera a hipocrisia, seu critério de avaliação recíproca não eram escalas de berço e antiguidade, mas imensos rendimentos anuais.

E esse não era o limite do reconhecimento econômico. Talvez haja um importante momento de transição, em meados do século, quando um número crescente de membros da *gentry* (incluindo os magnatas aristocráticos) deixaram de entender suas funções em termos *passivos* (como beneficiários de rendas e proprietários de parques com rendimentos mais ou menos estáveis) e assumiram uma postura agrária mais *agressiva* tanto em sua condição de fazendeiros abastados por direito próprio como no estímulo, junto a seus arrendatários, das melhorias sobre as quais tinham de se fundar suas esperanças de uma receita crescente. Um passar de olhos pelo mais importante periódico de negócios, *Annals of Agriculture*, em cujas páginas nobres clérigos e homens comuns se engajavam em discussões sobre as vantagens da adubação, o custo dos cercamentos e da criação de gado, serve para nos mostrar o estilo profundamente capitalista de pensamento dessa classe – prazerosamente aquisitiva e meticulosa em relação à contabilidade.

Além disso, a penetração do etos capitalista teve um resultado de importância consideravelmente maior. Costuma-se supor (algo subestimado por Anderson e Nairn, mas certamente não por Karl Marx) que a contribuição específica da ideologia inglesa no final do século XVIII não foi nem tradicionalismo nem empirismo, mas uma economia política naturalista, mais claramente com Adam Smith. Mas há um persistente esquecimento de que – devido aos eventos de 1832 e o subsequente conflito entre interesses agrícolas e manufatureiros no tocante às Leis dos Cereais – o *laisser-faire* surgiu não como a ideologia de algum *lobby* manufatureiro ou como uma enganação intelectual produzida pela indústria têxtil algodoeira, mas sim no grande cinturão cerealista. O argumento de Smith deriva em grande parte da agricultura; um de seus principais oponentes era a regulamentação paternalista do comércio de cereais, que – embora em um avançado estágio de decomposição real – ainda assim era sustentado por um substancial corpo de teoria econômica paternalista e por uma enorme força do sentimento popular (e urbano). A revogação da antiga economia moral de "provisão" não foi obra de uma burguesia industrial, mas de fazendeiros capitalistas, proprietários de terras favoráveis ao progresso técnico, grandes moageiros e comerciantes de cereais. Enquanto Arkwright* disciplinava a insistente obstinação de sua primeira força de trabalho, e as indústrias de lã e de malhas eram prisioneiras do tradicionalismo, o interesse agrícola adotou uma economia antipolítica cujos fortes purgativos de perdas e lucros esvaziaram o corpo político das velhas noções de dever, mutualidade e cuidado paternal. E foi exatamente essa ideologia que forneceu uma ponte, durante as guerras napoleônicas, para ligar os interesses do algodão e os da terra; as primeiras administrações profundamente imbuídas da perspectiva do *laisser-faire* não foram as formadas depois de 1832, mas as de Pitt, Percival e Lorde Liverpool.

É difícil ver como a experiência dessa classe, que privava dessa longa ascendência e gerou essa ideologia, possa ser descrita como "fragmentária" ou "incompleta". Ela parece incomumente plena. Não há dúvida de que a mistura capitalista-agrária inglesa foi amplamente excepcional, se não única. Ela surgiu, como *toda* situação histórica real, de um equilíbrio particular de forças; foi apenas uma dentre um número aparentemente infinito de

---

* Produtor que criou uma máquina de tecer fios de algodão. N.T.

mutações sociais (em que cada uma delas mantém contudo uma afinidade genérica com as advindas de circunstâncias comparáveis) que a história real fornece em grande profusão. Se não há lugar para ela no modelo, este tem de ser abandonado ou aprimorado.

O que parece criar dificuldades para nossos autores é a passagem do capitalismo agrário e mercantil do século XVIII ao capitalismo industrial do século XIX. Eram os capitalistas agrários e os capitalistas industriais grupos com interesses diferenciados no âmbito da mesma classe social ampla ou classes sociais distintas? Se a mútua interpenetração já estava bem avançada no século XVIII, como explicar o conflito tão considerável de 1832? O que *era*, de todo modo, a "Velha Corrupção"? O que os incomoda especificamente é o fracasso da burguesia industrial em realizar uma experiência "jacobina" avançada, o que toda burguesia bem alimentada e educada deveria fazer.

A solução pela qual Anderson e Nairn optam já está implícita na sua incapacidade de levar a sério a revolução burguesa ocorrida do século XV ao XVIII. Os capitalistas agrários e os capitalistas industriais *eram* classes sociais distintas, embora não tão hermeticamente impermeáveis a ponto de ter antagonismos irreconciliáveis. Mas, como a expressão "capitalismo agrário" vai sendo cada vez mais substituída por "aristocracia" (com suas associações feudais), antagonismos secundários em formas institucionais e em termos de ideologia podem ter portentosas consequências. O medo inspirado pela Revolução Francesa e o desafio trazido por um proletariado doméstico insurgente jogaram essas duas classes uma nos braços da outra:

> (...) nenhuma "concessão" ou "aliança" – os termos comumente empregados – era, na verdade, possível entre duas civilizações opostas. Nenhum arranjo tático consciente, nenhum acordo temporário era concebível entre forças sociais de tal complexidade e magnitude. A única possibilidade real era um amálgama, uma fusão de classes diferentes e de suas culturas diversas em uma ordem social capaz de garantir estabilidade social e manter o proletariado em seu lugar.

Não há aí um paradoxo dialético genuíno, mas um truque dialético: duas forças (dizem eles) eram tão incompatíveis em termos de interesses e pontos de vista que não era possível haver entre elas nenhum compromisso, mas, subitamente, descobrimos que se *fundiram*. A enganação lógica é encoberta por uma implicação de que não era uma fusão genuína, pois a aristocracia, diante da inevitável fraqueza política e ideológica da burguesia emergente, se manteve como governante do sistema capitalista mais dinâmico do mundo:

> E a civilização fundiária sobreviveu com eles, como um modo de vida, uma cultura e uma linguagem, um tipo de personalidade e de psicologia, todo um etos dominante[18].

Nessa "simbiose" de duas classes, a aristocracia emergiu como "*senhor*", mantendo o "controle do Estado e de seus principais órgãos" e permanecendo como "a vanguarda da burguesia". O fracasso da burguesia (que nessa etapa da argumentação de Anderson se torna uma "classe média" subordinada a uma "classe dominante"[19] aristocrática) em conseguir uma hegemonia incontestada e racionalizar as instituições do Estado é a principal condição histórica para a "crise profunda, difusa mas obscura" que afeta a sociedade britânica: "o palimpsesto vivo que é o bloco dirigente da Grã-Bretanha se acha agora em decadência por causa de suas ampliações imemoriais"[20].

Claro que se pode ver a Grã-Bretanha desse modo depois de assistir o primeiro-ministro sir Alec Douglas-Home na televisão. E se essa análise se aplica à perpetuação de certo *estilo* aristocrático e certas continuidades institucionais arcaicas, então ela é tanto verdadeira quanto importante. Mas o que se sugere vai muito além: "todo um etos dominante", "governantes", "controle do Estado", "vanguarda" ou (em outro ponto de "*Origins*") "classe hegemônica", "confrontada pela ascensão da burguesia"[21]. Logo, não se quer oferecer uma análise de estilos, mas do real movimento e equilíbrio de forças sociais. Nesta última condição, ela não funciona. Não vou discutir a ideia de que Marx viu "a mais burguesa das nações" de maneira bem diferente. O questionável – afora a supressão de cláusulas históricas inteiras – é a maneira como

---

18. "The British Political Elite", p. 21-22.
19. Cf., por exemplo, nota em *Origins,* p. 33.
20. Nairn, op. cit., p. 20-21; *Origins*, p. 26, 33, 51.
21. Ibid., p. 49.

giramos em torno de uma terminologia mutável cuja instabilidade traiçoeira é escamoteada por certa virtuosidade metafórica.

É certo que todo aquele que faça esse tipo de análise de classe da história britânica moderna se envolva em confusão terminológica[22]. As ambiguidades se impõem à análise porque estão na própria história. Mas um modo de abordar isso é praticar, por um momento, um jogo de história em que supomos que A não aconteceu, e B (que não aconteceu) aconteceu. Sugeri, em *A formação da classe operária inglesa*, que, em 1832, só se evitou uma explosão revolucionária no último momento. Houve razões, embora não razões esmagadoras, para que essa explosão fosse evitada. Se ela não tivesse sido, seria razoável supor que a revolução teria precipitado um processo bem rápido de radicalização, passando por, e indo além de, uma experiência jacobina; e, qualquer que fosse a forma de uma contrarrevolução e possível estabilização, é pouco provável que muitas instituições do século XVIII tivessem sobrevivido: a Câmara dos Lordes, a Igreja Oficial, a monarquia, as elites jurídica e militar seriam provavelmente varridas do mapa, ao menos temporariamente. Se tivesse acontecido assim, ao menos os construtores do modelo estariam satisfeitos. 1832 marcaria *a* Revolução Burguesa inglesa, e 1640 teria caído no esquecimento como uma irrupção "prematura", uma espécie de amálgama de guerras huguenotes e da Fronda*. Seria reforçada a tendência de supor que algum tipo de sociedade "feudal" existia na Grã-Bretanha até a véspera de 1832 (como testemunha a estranha noção, surgida das margens de algumas interpretações marxistas da Revolução Francesa, de que o "feudalismo" prevalecia na França em 1788).

Rearrumemos agora as peças e comecemos o jogo com uma jogada diferente. Nesse caso, vamos supor que 1832 aconteceu tal como aconteceu, mas (menos plausivelmente) 1640 não – que a reação anglicana laudiana foi menos provocativa, que Carlos capitulou diante das reivindicações do Parlamento e que uma monarquia constitucional e limitada foi estabelecida, sem derramamento de sangue, em 1640, sem a batalha de Marston Moor, a fer-

---

22. Não há dúvida de que cometo esse erro mais de uma vez em *A formação da classe operária inglesa*.

* Guerras civis na França entre 1648 e 1653. N.T.

366

mentação Leveller, a execução do rei e a Revolução Gloriosa. Nesse caso, os construtores do modelo estariam completamente perdidos ao procurar *a* Revolução e, paradoxalmente, poderiam, por força das circunstâncias, ser melhores historiadores. Porque teriam de construir – a partir das Guerras das Rosas, da monarquia Tudor (há um Robespierre prematuro em Henrique VIII, uma ditadura da burguesia?), da cassação de ministros reais e dos conflitos religiosos dos séculos XVI e XVII, assim como a partir de 1832 – peças daquele grande arco que, na verdade, em termos históricos, formam a revolução burguesa.

Estou me opondo a um modelo que concentra a atenção em um episódio dramático – *a* Revolução –, com o qual tudo o que vem antes e depois tem de estar relacionado; e que insiste em um tipo ideal desta revolução com relação ao qual todas as outras devem ser julgadas[23]. Mentes que anseiam por um platonismo higienizado cedo se impacientam com a história real. A Revolução Francesa foi um momento fundamental na história do Ocidente e, em sua rápida passagem por toda uma gama de experiências, ofereceu incomparáveis percepções e prefigurações de conflitos subsequentes. Mas ter sido uma experiência gigantesca não a torna necessariamente típica. Uma fase jacobina de esquerda avançada e igualitária está longe de ser parte intrínseca de toda revolução burguesa plena. Pesquisas recentes sobre o papel da multidão parisiense, a real composição social das seções e instituições do Terror e dos exércitos revolucionários[24], assim como sobre a emergência nacional da ditadura de guerra, questionam em que medida faz sentido caracterizar o jacobinismo do Ano II como experiência "burguesa" autêntica. E sem dúvida não se pode atribuir à burguesia *industrial* o papel de "vanguarda" do jacobinismo nem de principal força social de sustentação desse momento político profundamente ambíguo.

Aconteceu de uma maneira na França e de outra na Inglaterra. Não estou questionando a importância da diferença – e das diferentes tradições que

---

23. Minha objeção se aplica com igual força a tipos ideais da revolução proletária; ver "Revolution", em *Out of Apathy* (1960).

24. Cf. especialmente R. Cobb, *Les Armées Révolutionaires, Instrument de la Terreur dans les Departements* (1961), I, cap. 3 e 5.

se sucederam –, mas a noção de tipicidade. Transplantado para a Inglaterra, o modelo nos impele sub-repticiamente a tentar explicar conjuntamente 1832 e os distúrbios em torno das Leis dos Cereais como uma espécie de reprodução, pusilânime e mais fraca, do conflito na França. O termo "aristocracia" fornece a ponte: os dois foram conflitos entre aristocratas e burgueses, mas quão insignificante e inconcluso um deles se mostra diante do outro! A profunda diferença de situações de vida de uma *ordem* aristocrática e de uma *gentry* capitalista (bem como daquelas dos grupos descontentes) se confunde em uma *mélange* [mistura] esquemática aceitável.

Pode-se dar outra explicação do conflito de 1832. Apesar de tudo o que se tem observado desde a época de Marx, no tocante à operação das elites, das burocracias etc., os marxistas em geral tentam reduzir os fenômenos políticos ao seu "real" significado de classe, e muitas vezes, na análise, deixam de admitir uma distância suficiente entre um e outro. Mas, na verdade, os momentos em que as instituições governantes aparecem como órgãos diretos, destacados e imediatos da "classe dominante" são muitíssimo raros, assim como transitórios. É mais comum que essas instituições operem com uma boa margem de autonomia, e, por vezes, com interesses bem definidos e próprios, em um contexto geral de poder de classe que prescreve os limites além dos quais essa autonomia não pode ir sem maiores riscos, e que, muito geralmente, revela as questões que surgem para decisões executivas. Tentativas de abreviar as análises acabam por não explicar coisa alguma[25].

Uma análise da elite governante da Inglaterra antes de 1832 tem certamente de se realizar nesse nível. O acordo de 1688 inaugurou cem anos de relativa estase social quanto a um conflito de classe aberto ou a um amadurecimento da consciência de classe. Os principais beneficiários foram os vigorosos capitalistas agrários, a *gentry*. Mas isso não quer dizer que as instituições governantes representassem, sem qualificação, a *gentry* como "classe dominante". No nível local (a magistratura), elas o fizeram de maneira espantosamente escancarada. No nível nacional (obsolescência das velhas restri-

---

25. Anderson diz mais ou menos o mesmo em *Origins*, p. 47, com ilustrações de Honduras, da China confuciana etc. Mas, em sua análise concreta, não seguiu suficientemente seu próprio princípio.

ções ao comércio, facilitação dos cercamentos, expansão imperial), fizeram avançar seus interesses. Mas, ao mesmo tempo, um período prolongado de estase social costuma ser palco da degeneração das instituições predominantes, do estabelecimento da corrupção, da obstrução dos canais de influência e do entrincheiramento de uma elite em posições de poder. Produziu-se uma distância entre a maioria da *gentry* média e baixa (e grupos associados) e certos grandes magnatas agrários, comerciantes capitalistas privilegiados, e seus parasitas, que manipularam os órgãos estatais em favor de seus interesses particulares. E não se tratou de uma simples tensão "de classe" entre uma aristocracia de grandes magnatas e a baixa *gentry*. Só alguns magnatas estavam "dentro", e a influência variava segundo a política de facções, a diplomacia das conexões de grandes famílias, o controle de distritos etc.

Isso significa que o exercício do poder na segunda metade do século XVIII era de fato muito semelhante ao que o marxista invertido sir Lewis Namier descreveu em *The Structure of Politics*, ainda que ele, inexplicavelmente, não tenha chegado a caracterizá-lo como um sofisticado sistema de banditismo. Esse exercício do poder deveria ser visto menos como um governo de uma aristocracia (um estamento distinto com estilo de vida e ponto de vista comuns e legitimado institucionalmente) do que como *parasitismo* – uma roleta viciada em que o próprio rei só poderia entrar se se tornasse o crupiê. Não era de todo um parasitismo: os negócios da nação tinham de ser tocados; de vez em quando a *gentry* "independente" – e seus representantes no Parlamento – tinha de ser aplacada, havendo mesmo ocasiões (embora uma após outra questionadas à medida que os discípulos de Namier invadiam os arquivos dos últimos dos grandes mafiosos) – em que os interesses da nação ou da classe, mais do que os da família ou da facção, eram considerados. Nem era *apenas* um parasitismo: sendo conduzido em escala gigantesca, com base em fortunas públicas e privadas de tal magnitude e mobilizando a influência que conseguiu, pelos meios mais diretos, no Exército, na Marinha, nas companhias exploradoras de concessões reais, na Igreja, na magistratura, sua única opção era congelar-se em algo semelhante a um estamento, revestir-se de um casulo de apologética ideológica e alimentar um estilo de vida de consumo conspícuo (na verdade, espetacular) associado à verdadeira aristocracia. Na verdade, esses grandes bandoleiros constitucionais chegaram, não sem razão, a se confundir com seus primos franceses, prussianos e até russos – uma confusão que iria custar caro à Europa durante as guerras.

Não obstante, tudo isso não chega a constituir plenamente uma aristocracia, concebida como classe dominante. Ela era... nada senão ela mesma. Uma formação única. A Velha Corrupção. Ela dificilmente teria sobrevivido ao século XVIII se a Revolução Francesa não tivesse surgido providencialmente para salvá-la. Ela exerceu imensa influência, mas também gerou grandes ressentimentos. Alienou as irmãs, os primos e os tios daqueles que não conseguiram ascender, os oficiais que não foram promovidos, os clérigos que não conseguiram patronos, os empreiteiros que não tiveram encomendas, os talentosos que foram preteridos e as esposas que tinham sido desprezadas. Pode-se ter uma ideia disso considerando o deleite irresponsável com que muitos dos proprietários de terra apoiaram [o jornalista e político radical] John Wilkes. Nem eram apenas elementos da City de Londres e da nascente burguesia industrial críticos da Velha Corrupção. A distância surgida, depois da guerra de secessão americana, entre os bandoleiros e a *gentry* (da qual, em última análise, aqueles derivavam seu poder) pode ser percebida na força do movimento da Associação Wyvill nos condados – aqueles encontros de condado em defesa da reforma que foram no século XVIII uma das poucas ocasiões em que a *gentry* se reuniu e se exprimiu como classe.

A Revolução Francesa salvou a Velha Corrupção por razões evidentes. (Ao menos quanto a isso concordo com Anderson e Nairn.) A inimizade entre a *gentry* e os fazendeiros evaporou no ápice dos cercamentos e dos preços dos cereais. Pitt, um dia filho dileto dos associacionistas, conseguiu racionalizar o Estado em alguma medida. A burguesia industrial foi mantida de bom humor – seu maquinário foi protegido; os sindicatos foram reprimidos, a legislação de proteção ao trabalho foi desmantelada[26]. A "simbiose" entre riqueza agrária, comercial e manufatureira prosseguiu nos níveis político, social e econômico. Mas a Velha Corrupção saiu das guerras, apesar de todas as modifi-

---

26. Cf. *The Making of the English Working Class* (1963), p. 544-545.

cações, mais ou menos tal como havia ingressado nelas. Em alguns aspectos, mediante seu envolvimento com a reação europeia, sua repressão aos impulsos democráticos (e sua autossupressão entre a *gentry* e as classes médias), sua proliferação de credores da dívida pública e a ascensão do misticismo e da ideologia do constitucionalismo, ela saiu ainda mais parasitária do que antes. E Cobbett, ao caracterizá-la como a Velha Corrupção, ou "a Coisa", pode ter sido melhor marxista do que aqueles marxistas que tentaram corrigi-lo.

Temos, portanto, de nos acautelar ao caracterizar 1832. O inimigo dos reformadores não era um estamento aristocrático nem a classe capitalista agrária como um todo, mas um complexo secundário de interesses predatórios. Enquanto a burguesia industrial tinha ressentimentos particulares e desempenhou como grupo um papel bem mais ativo do que tivera nas agitações reformistas anteriores, parte considerável da *gentry* também ficou insatisfeita. A partir da década de 1770, o movimento pela reforma sempre encontrou apoio na *gentry*, tendo muitos de seus dirigentes vindo dela (Cartwright, Wyvill, Burdett, Hunt) – enquanto Cobbett sempre tivera apoio entre os fazendeiros. Nas eleições gerais vitais anteriores a 1832, a Velha Corrupção manteve a maioria de seus próprios burgos podres, mas os condados (onde admitidamente havia muitos votos urbanos) foram ganhos pela reforma. E a reforma foi promulgada no Parlamento por uma facção da *gentry* e de grandes magnatas contra outra.

Quando do confronto, a Velha Corrupção descobriu que tinha pouco mais do que aquilo que sua própria generosidade podia comprar, e as próprias instituições do Estado. Se tivesse havido de fato um confronto direto entre burguesia industrial e burguesia agrária, a revolução deveria ter ocorrido. Mas, com efeito, à medida que a crise se revelou, pareceu cada vez mais que "a Coisa" e o povo estavam "em jogo". E isso também explica por que é tão tentador dizer que os beneficiários do acordo de 1832 foram as "classes médias". Se a burguesia industrial tinha sido excluída do jogo político em 1688, não foi porque sua propriedade era industrial, mas porque não tinha relevância. Quando se tornou mais substancial, passou por um correspondente aumento de ressentimento, mas esse ressentimento era compartilhado por muitos de seus primos (por vezes literalmente primos) no campo e na cidade. O ano de 1832 trocou, não um jogo por outro, mas as regras do jogo, restaurando a flexibilidade de 1688 em um contexto de classe profundamente alterado. Ofereceu uma estrutura em cujo âmbito a nova e a velha burguesias podiam ajustar seus conflitos de interesse sem recorrer à força. Esses conflitos, não apenas de interesses diretos, mas de perspectivas, estilos de vida, religião, eram consideráveis, mas as forças de atração também o eram. Podemos situar, de um lado, o conflito relativo às Leis dos Cereais, mas, do outro (e simultaneamente), temos de colocar a existência de um inimigo comum, o cartismo, e o *boom* ferroviário, ao qual um Parlamento ainda abarrotado de *gentry* deu bênçãos tardias, e cujos benefícios foram partilhados pela *gentry*.

É verdade que o papel da burguesia industrial nisso tudo não foi especialmente heroico; ela deixou aos plebeus radicais a maior e mais difícil parte da agitação; a condução do Parlamento estava nas mãos de um setor da *gentry* e de advogados, que se infiltraram pela brecha aberta por esses contestadores. Nisso ela não foi totalmente atípica em relação a outras burguesias industriais: proprietários de fábricas, contadores, organizadores de companhias, banqueiros provinciais não são historicamente notórios por sua desesperada propensão a precipitar-se, com cartucheiras nos ombros, nas barricadas. O mais comum é que entrem em cena quando as batalhas decisivas da revolução burguesa já tiverem sido travadas.

Depois disso, ampliaram sua influência mais ou menos de acordo com o ritmo de seu avanço no poder socioeconômico real. O exame desta afirmação exigiria, não um exercício de virtuosidade teórica, mas uma análise detida, escrupulosa e – ai de nós – empírica da história real, do tipo oferecido, para um importante momento, 1867, por Royden Hamson[27]. Exigiria uma anatomia sociológica dos componentes das "classes médias" – pequena *gentry*, fazendeiros, empresários industriais com interesses diversos, grandes e pequenos financistas, grupos profissionais (autônomos e assalariados), servidores públicos, instituições do imperialismo –, seus conflitos e acomodações, diferentes pontos de vista e estilos. Exigiria ainda um

---

27. Cf. Royden Harrison, *Before the Socialists*, Studies in Labour and Politics (1965), cap. III.

exame em termos estritamente políticos de como as posições sobreviventes do antigo privilégio foram desgastadas, de como interesses diferentes selecionaram um ou outro dos dois partidos básicos como seu protagonista, de como as mediações do sistema partidário se tornaram mais complexas e de como o recurso a, e a criação de, uma opinião pública de classe média passou a ser parte importante do jogo. Seria possível ter na trajetória política de Joseph Chamberlain – do radicalismo individualista dos negócios familiares competitivos à racionalização municipal e, eventualmente, do Estado, e daí (conforme a indústria armamentista, com suas encomendas estatais e sua ligação íntima com o capital financeiro, crescia em importância) ao imperialismo, para, no final, com o endurecimento da competição mundial, chegar ao protecionismo e à racionalização imperial –, uma representação, talvez demasiado oportuna, desse processo.

Anderson alega que a "coragem" da burguesia industrial acabou depois de 1832. Mas para que essa burguesia precisava de coragem se o dinheiro lhe servia melhor? Por que ela pegaria em armas contra a primogenitura se, com crescente rapidez, a terra estava se tornando apenas mais um interesse, ao lado do algodão, das ferrovias, do ferro e aço, do carvão, da navegação e das finanças? Não existem classes como categorias abstratas – platônicas –, mas apenas na medida em que as pessoas passam a desempenhar papéis determinados por objetivos de classe, a se sentir *pertencentes* a classes, a definir seus interesses tanto entre si mesmos como contra outras classes. No caso dos conflitos do período 1760-1832, há sem dúvida momentos em que a *gentry* e os manufatureiros parecem oferecer os polos em torno dos quais instituições antagônicas de classe podem efetivamente ser vistas: na magistratura e na Igreja, de um lado, e em encontros unitarianos ou quacres e na expansão da imprensa de classe média, do outro. Os motins Priestley (Birmingham, 1791) mostram a que extremos esse antagonismo de classes pode chegar. Dado isso ou aquilo, tudo poderia ter se passado de algum outro modo. Mas na verdade isso não aconteceu. Depois da Revolução Francesa, o evangelismo apagou algumas das diferenças entre as instituições oficiais e o não conformismo (a preocupação compartilhada em disciplinar as ordens inferiores facilitou o movimento)[28]. Alguns dos manufatureiros assumiram seus lugares na magistratura. O carvão e os canais os uniram, tal como o fizeram a participação no Corpo de Voluntários das Forças Armadas, os esforços comuns contra o luddismo, o ressentimento comum contra o imposto de renda. Eles partilharam, ainda que com graus variados de intensidade, um ressentimento comum com respeito à Velha Corrupção. E foi assim que tudo aconteceu como aconteceu. Dado o mais perfeito modelo de relações com os meios de produção ("base"), ninguém, em 1760 ou 1790, poderia ter certeza sobre como as formações culturais e institucionais se configurariam na prática. Mas, tendo acontecido como aconteceu, registrou-se o fato de elas não virem a tomar parte na história como antagonistas de classe e o fato de que a "simbiose" entre esses dois grupos sociais já estava bem avançada.

Em que sentido podemos então aceitar a tese de Anderson e Nairn de que a aristocracia emergiu disso tudo como "senhor" e "vanguarda" do "controle do Estado"? É evidente que o acordo de 1832 permitiu a perpetuação de certas instituições "aristocráticas", áreas de privilégio e um estilo de vida aristocrático. Esse acordo deu ainda alguma contribuição ao "etos" do grupo dirigente (embora não ao "etos dominante") e às normas de liderança, que, como observa Anderson, se mostrariam valiosas na administração do império. Quando, porém, chegamos mais perto, temos de qualificar a avaliação. No plano do governo local (exceto no campo), a influência aristocrática em geral foi deslocada: o cargo honorífico de Lord Lieutenancy (representante do rei nos condados) efetivamente desapareceu, a magistratura foi parcialmente tomada, o Corpo de Guardas e os órgãos do governo municipal eram instituições burguesas satisfatoriamente urbanas, e a força policial (uma das primícias de 1832) seguia um modelo burguês-burocrático aceitável. No nível nacional, os fatos foram ambíguos. Modos aristocráticos perpetuados na City foram muito menos evidentes nas grandes instituições do capitalismo industrial. A Velha Corrupção ainda presidia Oxford e Cambridge, mas, em Londres, as universidades públicas, as faculdades técnicas etc. desde cedo se desenvolveram segundo padrões diferentes. O privilégio aristocrático per-

---

28. Cf. V. Kiernan, "Evangelicalism and the French Revolution", *Past and Present*, I, February 1952; *The Making of the English Working Class*, cap. XI.

sistia nas Forças Armadas, mas seu controle da imprensa começou a acabar, mesmo antes de 1832, e a aristocracia nunca obteve controle sobre os meios de comunicação mais recentes.

Em consequência, o mais breve exame dos dados concretos comumente observados mostra um quadro bem distinto do retrato excessivamente enfático de nossos autores. Esse senhor aristocrático de que falam estaria governando a monarquia, a Câmara dos Lordes, as Forças Armadas, Oxford e Cambridge, a City e as instituições do Império, e tendo uma excessiva influência sobre os dois partidos políticos mais antigos. Eis sem dúvida uma relação impressionante que se mostra menos surpreendente se lembrarmos que as Forças Armadas (por razões que são bem resumidas por Anderson)[29] nunca exerceram, no campo da elite de poder britânica, uma influência comparável àquela verificada na história alemã e norte-americana contemporânea ou se lembrarmos que a influência da Câmara dos Lordes foi progressivamente restringida. Além disso, o exemplo das antigas universidades e dos antigos partidos políticos é extremamente complexo e, no caso destes últimos, muitíssimo mais complexo do que poderiam nos fazer supor os métodos quantitativos de análise de historiadores pós-namieristas. Em uma frase: os políticos de quem o povo se lembra são Peel, Bright, Gladstone, Disraeli, os Chamberlains, Lloyd George e Baldwin, e não lorde Derby ou lorde Salisbury, ou mesmo, injustamente, lorde Palmerston.

Mesmo assim, a influência aristocrática é formidável. Mas mostrar que a aristocracia é uma "vanguarda" requer que se mostre uma série de momentos históricos significativos em que sua influência se opôs, direta e efetivamente, a importantes interesses da burguesia então emergente. Momentos assim podem ser encontrados (a Velha Corrupção transplantou sua bandeira, depois de 1832, para o Castelo de Dublin), mas não são comuns, e, de modo geral, ambíguos ou de resultado insignificante. O *locus classicus* que Anderson e Nairn parecem ter deixado de lado é *English Constitution* [Constituição Inglesa], de Bagehot (1867). Porque o cinismo devastador com que Bagehot justifica o destaque dado na Constituição a "uma viúva aposentada e um

---

29. *Origins*, p. 47-48.

jovem desempregado" é uma questão muito diferente do "tradicionalismo sufocante" que eles supõem ter perdurado desde a época de Burke[30]. O problema não é saber se o argumento de Bagehot é ou não preciso, mas que o tipo de cinismo, bem como a autoconfiança que sua descrição exemplifica, emasculou o republicanismo burguês na Inglaterra. Locke tinha dado à *gentry* uma justificativa aceitável e naturalista para a instituição da monarquia. Na crise da Revolução Francesa, Burke elevou o naturalismo a um tradicionalismo em que a sabedoria de épocas passadas se mostrava como uma vasta dívida pública cujo serviço estava perpetuamente a cargo da geração atual. Bagehot restaurou o naturalismo de Locke, mas de maneira abertamente utilitária. As instituições monárquicas e aristocráticas (a "parte dignificada da Constituição") foram consideradas *úteis* para distrair a atenção da operação real de poder da "parte eficiente" (que Bagehot não duvida estar sob o controle "despótico" das classes médias). O "espetáculo teatral" da parte dignificada mantinha as massas em reverência e ficou mais do que menos necessário depois de 1867, já que, como ele destaca em sua introdução à segunda edição de 1872, "em todo caso tem-se de lembrar que a combinação política das classes baixas por si sós e com seus próprios objetivos é uma desgraça de primeira magnitude". Bagehot até encontrou uma justificativa para a perpetuação de alguma influência aristocrática na parte efetiva:

> Enquanto mantivermos um duplo conjunto de instituições (...), devemos cuidar que se combinem bem e esconder onde uma começa e a outra termina. Isso se consegue, em parte, concedendo-se algum poder subordinado à augusta parte de nossa comunidade política, mas recebe igual auxílio da manutenção de um elemento aristocrático na parte útil de nossa comunidade política.

E a história tem confirmado inequivocamente a tese de Bagehot. Em 1688, um parlamento burguês exilou um rei porque este ameaçou abusar demais das partes eficientes da Constituição. Em 1937, bastou um primeiro-mi-

---

30. É divertido ver Bagehot levando uma reprimenda do senhor R.H.S. Crossman por compartilhar a ingenuidade de Marx: "os dois sucumbiram à tentação de explicar a política em termos de luta de classes". *The English Constitution* (ed. de 1964), p. 30-32.

nistro burguês para outro rei ser posto em xeque, dada sua incapacidade de desempenhar satisfatoriamente a parte augusta do "espetáculo teatral".

Mas apresento Bagehot não como um cientista social, e sim como um momento interessante na ideologia burguesa. Ele deu às classes médias uma apologia das partes aristocráticas da Constituição à melhor maneira burguesa: 1) proporcionaram segurança; e 2) ajudaram a manter a classe trabalhadora em ordem. Bagehot e Gilbert-e-Sullivan tomados em conjunto nos lembram a soberba confiança da classe média vitoriana diante da "vanguarda" de Anderson. Eles nos apresentam as razões pelas quais a classe média tolerou a abominável imperatriz Brown e não deu apoio a Dilke. Mas, como mostram as descobertas que até os marxistas estão fazendo, a história não funciona com o cinismo bem azeitado proposto por Bagehot. O etos aristocrático ainda tinha vida própria e algumas bases reais para um crescimento continuado, e uma das melhores passagens de *Origins* é aquela em que discute a transfusão de sangue que o clímax imperialista deu a essa influência depois de 1880[31]. Mas mesmo nesse caso se pode sugerir certa dialética – um limite de tolerância além do qual não se permite o aumento da influência aristocrática. Isso pode ser detectado já desde a Revolução Francesa: a retórica de Burke provocou a resposta cáustica de Byron. À pompa inflada do espetáculo teatral no clímax imperialista seguiu-se rapidamente sua retração quando mesmo Churchill podia ameaçar os lordes com a memória dos "lanceiros de armadura", e Lloyd George (como chanceler do Tesouro) podia se dirigir a animadas plateias com tons indubitavelmente emprestados de Tom Paine:

> [Os Nobres] não precisam de credenciais. Eles não precisam sequer de um atestado médico. Não precisam ser sãos nem de corpo nem de mente. Requerem apenas uma certidão de nascimento – só para provar que foram os primeiros da ninhada. Ninguém escolheria um *spaniel* nessas bases..."[32]

E, na patética coda de nossa própria época, a nervosa recaída conservadora que levou à ascensão de lorde Home foi um presente dos céus para o

---

31. *Origins*, p. 34-35; 41.

32. Frank Owen, *Tempestuous Journey* (1954), p. 187. Cf. também a advertência de Lloyd George aos Nobres (novembro de 1909): "Os Lordes podem decretar uma Revolução, mas o Povo a vai comandar. Se eles começarem, surgirão questões cuja existência eles nem imaginam" (p. 183).

trabalhismo, tendo produzido, por um reflexo há muito condicionado, a face tecnocrática e o sotaque nortista do primeiro-ministro Harold Wilson e do falsete de Gilbert-e-Sullivan em *That Was the Week That Was* [Essa Foi a Semana que Foi].

A aristocracia britânica mostrou sem dúvida ser, como a descreveu Beatrice Webb, "uma substância curiosamente resistente". Mas, se queremos apreender a real correlação de forças, em vez de importar o esquema sartriano de "totalidade sem totalizador"[33], podemos piorar as coisas se não fizermos referência ao relato mais completo de Webb sobre a "sociedade londrina" no auge do imperialismo. Essa aristocracia, em sua observação, certamente circundava e solidificava a "Sociedade" e com certeza influenciava seu estilo de vida. Mas

> ...não circundava nem isolava a Corte; já era um elemento menos importante no gabinete e... mal estava representada no grupo sempre mutante de financistas internacionais que comandavam o mercado financeiro. O grosso da massa mutável de pessoas abastadas que estavam conscientes de pertencer à sociedade londrina (...) se compunha, no último quarto do século XIX, de fazedores de lucro profissionais, famílias há muito estabelecidas de banqueiros e cervejeiros, frequentemente de ascendência quacre, que atingiam facilmente proeminência social, um ou dois grandes editores e, a certa distância, armadores, diretores de ferrovias e de algumas outras grandes empresas, os maiores banqueiros comerciais – mas ainda não os varejistas.

Não havia nenhuma espécie de "barreiras de classe fixas":

> Mas, no fundo do instinto inconsciente de rebanho da classe dirigente britânica, *havia* um teste de aptidão para o ingresso no mais gigantesco dos clubes sociais, um teste no entanto raramente reconhecido por quem o aplicava e menos ainda por quem o fazia: *a posse de alguma forma de poder sobre outras pessoas*"[34].

A admissão na elite não constava, de fato, das prerrogativas da aristocracia. Esta, em vez disso, registrava as mudanças e flutuações de poder que

---

33. *Origins*, p. 32.
34. *My Apprenticeship* (Pelican, 1938), I, p. 64-69.

ocorriam em algum outro lugar e honrava uma "sociedade" que tinha vindo a existir independentemente de sua influência. Era como o corpo de funcionários de um grande e prestigioso hotel que não podia de forma alguma influenciar as idas e vindas da clientela – quem ou a que horas ou com quem –, mas podia organizar o baile e escolher o mestre de cerimônias.

A descrição de Beatrice Webb precede a notória "baixa de tom" da Corte e da aristocracia depois da ascensão de Eduardo VII: a admissão dos barões da imprensa (que, durante a guerra, levaram o principal inimigo da aristocracia a ocupar o cargo de primeiro-ministro), para não mencionar vulgarizações mais recentes. É certo que cada burguesia nacional tem sua própria característica desagradável, muitas vezes herdada da classe antecedente. Entre os alemães, militarismo e estatismo; entre os franceses, chauvinismo e metropolitomania intelectual; entre os italianos, corrupção; e, entre os norte-americanos, a grosseira celebração de uma natureza humana feroz e sanguinária. É também certo que a característica desagradável peculiar da burguesia britânica reside na observância desavergonhada do *status* e na obsessão por uma fidalguia espúria. É certo, por fim, que as partes "dignificadas" da Constituição têm sido, neste século, uma eficaz fonte de mistificação e que – como registrou Ralph Miliband em *Parliamentary Socialism* [Socialismo parlamentar] – o Partido Trabalhista tem sido, no Parlamento, o primeiro, e mais ávido, objeto de hipnose. Tudo isso é importante, mas, quando se sugere que a racionalização capitalista se acha hoje deficiente devido à sua herança aristocrática e que isso é o elemento mais importante de nossa atual crise (*Origins*, de Anderson, conclui: "O trabalho inacabado de 1640 e 1832 deve ser retomado no ponto em que foi abandonado"), julgo que nossos autores fizeram uma má leitura de nossa história e confundiram o verdadeiro caráter de nossa classe dirigente.

Ademais, seu tom tem uma incômoda afinidade com o daqueles comentaristas jornalísticos da enfermidade britânica que nossos autores afirmam desprezar. Tudo isso – a fúria contra o *establishment*, as queixas quanto às técnicas comerciais britânicas, a falta de conforto do aeroporto de Londres ou as práticas restritivas dos sindicatos britânicos, o atrasado empirismo inglês e a sufocação aristocrática – está muito na moda atualmente. O senhor

David Frost, o senhor Shanks e o camarada Anderson estão dizendo coisas diferentes, mas sua voz tem a mesma rispidez. Grande parte do que dizem é verdade, mas o que me alarma são as coisas que nenhum deles diz: que, ao mesmo tempo, a vida britânica exibe certas forças e tradições humanas que outros países, incluindo aqueles cujos aeroportos são magníficos, cujo marxismo é maduro e cuja mercadologia é altamente eficiente, nem sempre apresentam.

Mais do que isso, não tenho total certeza quanto a terem os autores identificado o real antagonista. A Velha Corrupção morreu. Mas um novo complexo, completamente diferente, de cunho predatório, ocupa o Estado. Não é certamente a esse novo complexo – com sua interpenetração entre indústria privada e Estado (contratos governamentais, especialmente para material bélico, de uma magnitude sem precedentes; subsídios; endividamento municipal com financistas privados etc.), seu controle dos principais meios de comunicação, sua chantagem na City; sua redução do setor público a papéis subordinados; e sua capacidade de estabelecer as condições nas quais um governo trabalhista tem de operar –, não é certamente a essa nova Coisa, com sua influência alcançando o serviço público e as profissões, bem como nos sindicatos e no próprio movimento trabalhista, que (em vez de se sair à caça de algum Tubarão aristocrático) se deve dirigir uma análise das formações políticas de nossa época?

III

O que há de extraordinário, na discussão que fazem nossos autores da "ideologia inglesa", é o grau de seu próprio enredamento na visão míope pela qual exprimem tanto desprezo. Eles jamais tiveram ideia do grande arco da cultura burguesa. Só conseguem ver, na ideologia burguesa, dois momentos significativos: o Iluminismo e o momento em que surgiu o marxismo. Nos dois casos (sugerem eles) não houve a participação da burguesia britânica. Sobre 1640:

> Devido a seu caráter "primitivo", pré-iluminista, a ideologia da Revolução não fundou nenhuma tradição significativa, nem

teve efeitos relevantes. Nunca uma ideologia revolucionária importante foi tão completamente neutralizada e absorvida. Politicamente, o puritanismo foi uma paixão inútil[35].

A partir de então, a burguesia inglesa cumpriu seu destino mediante o "empirismo cego", tornando-se "alheia à corrente central da evolução burguesa posterior". Ficou à margem da Revolução Francesa e não acompanhou o jacobinismo ("o ápice do progresso burguês"). "A burguesia inglesa (...) podia se dar ao luxo de dispensar o perigoso instrumento da razão e abastecer a mente nacional com lixo histórico"[36]. Não transmitiu à classe trabalhadora "impulsos de libertação, valores revolucionários, nem linguagem universal. Em vez disso, transmitiu os germes mortais do utilitarismo" – a "única ideologia autêntica e articulada" que foi capaz de produzir[37]. Quanto ao marxismo, não se conhece nenhum contato entre ele e estas costas bárbaras.

Os equívocos são tão grandes que é tentador capitular perante eles. Eles pressupõem, de todo modo, divisões herméticas entre culturas nacionais que se mostram um tanto irreais (pensemos em Hobbes e Descartes, Hume e Rousseau, Coleridge e a filosofia alemã)[38]. Mas nossos autores conseguiram, *inter alia* (depois de deixar de lado toda a fase da anunciação heroica do individualismo burguês na qual a contribuição inglesa, ainda que um tanto tardia, não foi desprezível, qualquer que seja a interpretação dada), 1) ignorar a importância do legado protestante e democrático-burguês; 2) desconsiderar a importância da economia política capitalista como uma "ideologia autêntica e articulada"; 3) esquecer a contribuição, por mais de três séculos, dos cientistas naturais britânicos; e 4) confundir um idioma empírico com uma ideologia.

Deveria ser suficiente mencionar esses pontos para que sejam autoevidentes. E mais se poderia acrescentar. Seria possível fazer uma discussão do

---

35. *Origins*, p. 28, 30.

36. "The English Working Class", p. 45, 48.

37. *Origins*, p. 40-43.

38. Suspeito que os equívocos envolvam uma confusão ainda maior entre ideologia e ideias, entre cultura intelectual e universo mental, sistema de valores e ilusões características de grupos sociais particulares, confusão que penetrou tão profundamente na tradição marxista que exige uma análise à parte.

romance realista, ou do romantismo, se já não se tivesse sido advertido pela referência de Nairn a "uma cultura literária diletante descendente da aristocracia" – o pensamento de uma cultura literária *profissional* e genuinamente burguesa, que iria fazer jus à aprovação *daquele* tom, já basta para nos fazer desistir. A questão não é sair em defesa das tradições intelectuais britânicas, ou minimizar suas limitações características. Trata-se antes de pedir uma análise mais serena e informada que considere, de algum modo, suas forças históricas. O mau humor não é um instrumento cortante particularmente eficaz.

A Grã-Bretanha é, afinal, um país *protestante*. O catolicismo (como centro de autoridade espiritual ou intelectual) foi esmagado neste país mais completamente do que em qualquer outra parte da Cristandade, com duas ou três exceções. Mais do que isso, foi esmagado não por uma ideologia religiosa rival dotada de sua própria autoridade, disciplina e teologia bem estruturada, e sim pela decomposição comparativa de todo centro de autoridade. Todos aqueles sermões e panfletos, todas aquelas preces antes das batalhas, todo aquele conflito em torno de juramentos, altares e bispos, toda aquela fragmentação sectária, considerada por Anderson tão obscurantista, tão tristemente distanciada dos motivos econômicos reais, foram na verdade parte de um confronto cultural que marcou época. A Revolução Inglesa foi travada em termos religiosos não porque seus participantes estivessem confusos a respeito de seus interesses reais, mas porque a religião *importava*. As guerras tinham como foco, em larga medida, a autoridade religiosa. Um direito de propriedade do homem sobre sua própria consciência e adesão religiosa se tornara tão real quanto, e momentaneamente *mais* real do que, direitos econômicos de propriedade. Precisamente nesse ponto da história ocorreu uma crise psíquica entre velhas e novas práticas.

Nossos autores prefeririam que tivesse ocorrido não em torno da religião, mas contra toda religião. Um historiador não pode se preocupar com esse tipo de objeção. Tem mais importância observar as consequências daquilo que de fato aconteceu. Sugerir que o "legado ideológico da revolução foi quase nulo" é confundir atributos formais com atributos reais. Destruindo a magia instituída da Igreja, o protestantismo triunfante possibilitou a multiplicação da racionalidade e a dispersão de iniciativas racionais por todo o país e em diferentes meios sociais. Mesmo antes de tomar posse da economia de mercado, da iniciativa privada e de um *laissez-faire* qualificado, ele já havia assumido a direção da economia cultural. Não foi necessário, na Grã-Bretanha, que uma *intelligentsia* radical se mobilizasse sob o comando de seus chefes para atacar o clericalismo e o obscurantismo, porque o inimigo, ainda que persistisse, não dispunha de poder para obstruir a vida intelectual. E como dificilmente se pode afirmar que a Igreja do século XVIII tinha uma ideologia articulada, seus críticos não precisavam, ao menos nessa área, desenvolver uma oposição sistemática. Na França, os exércitos da ortodoxia e do Iluminismo se enfrentaram diretamente. Mas a Grã-Bretanha parecia mais um débil país ocupado em que a ortodoxia, cada vez que repelia um pequeno ataque frontal, se via atacada pelos flancos, pela retaguarda ou até pelo meio. O Iluminismo agiu na Grã-Bretanha não como uma enchente arremetendo contra um dique prestes a se desfazer, mas como uma corrente escorrendo em margens erodidas, planícies lamacentas e córregos de um estuário cujos declives estavam prontos para recebê-la.

Outros países podem ter produzido uma "verdadeira *intelligentsia*", uma "comunidade intelectual internamente unificada", mas é absurdo sugerir a existência de alguma mutilação incapacitante no fracasso dos intelectuais britânicos em formar "um enclave intelectual independente" no âmbito do corpo político. Em vez disso, formaram-se no século XVIII *dezenas* de enclaves intelectuais dispersos pela Inglaterra, o País de Gales e a Escócia, que compensaram a perda em termos de coesão com a multiplicidade de iniciativas oferecidas por essas múltiplas bases e (como o testemunha todo registro do avanço científico e técnico) com as oportunidades criadas para a interpenetração entre teoria e práxis. Grande parte do melhor de nossa cultura intelectual veio sempre não das antigas universidades ou dos círculos metropolitanos autoconscientes, mas de indistintas regiões remotas. O que nossos autores não consideraram é a imensa importância dessa parcela do legado revolucionário que pode ser descrita, em termos seculares, como a tradição da *dissidência*.

Em um polo da escala, a *gentry* (Newton, Fielding, Gibbon) deu uma contribuição, e, no outro, os artesãos (com seu grande número de inventores) deram outra. Oxford e Cambridge, em seu esforço para instituir um platonismo teocrático irrelevante, pouco contribuíram, exceto por uma repulsa que acentuou o tom cético daqueles que eram repelidos. Edimburgo e Glasgow foram além (Hume, Smith, os fisiocratas escoceses e mesmo – *hélas* – James Mill e a *Edinburgh Review*), tendo compensado a insularidade do pensamento inglês mediante sua conversação mais fluente com a França. No meio de tudo isso, como principal portadora dessas tradições, estava a sociedade de classe média mista, tanto metropolitana como provinciana, de caráter um tanto unitarista – as faculdades de Hoxton, Hackney e Warrington, a Sociedade Lunar de Birmingham, a Sociedade Literária e Filosófica de Manchester e os círculos de Nonwich, Derby, Nottingham e Sheffield cuja conversação Coleridge considerou (quando trabalhava para *The Watchman* em Birmingham) "sustentada com grande animação [e] enriquecida com grande variedade de informação".

Nem todos esses burgueses ingleses eram os idiotas completos que Nairn e Anderson julgam ser. Não há uma controvérsia entre eles e os de outros países. Aconteceu de um modo na França e de outro aqui. A experiência francesa foi marcada por um confronto nítido, uma *levée en masse* [revolta em massa] da *intelligentsia* e uma disposição para a sistematização e a hierarquia intelectual – os chefes de equipe, adidos etc. que se agruparam em torno dos grandes *chefs de bataille* [comandantes] radicais. A experiência inglesa decerto não estimulou esforços de síntese persistentes: como poucos intelectuais assumiram proeminência em um conflito com a autoridade, poucos sentiram necessidade de desenvolver uma crítica sistemática. Viam-se a si mesmos, em vez disso, como pessoas que trocam produtos especializados em um mercado toleravelmente livre, considerando que a soma de suas mercadorias intelectuais criava a soma do "conhecimento". Isso estimulou em algumas áreas negligência e irresponsabilidade. Porém o número de produtores especializados era muito grande; e o historiador da cultura intelectual britânica no final do século XVIII e em grande parte do XIX se impressiona com o vigor da tradição da dissidência, das múltiplas colisões e mutações – não a superioridade desse ou daquele intelecto, mas a quantidade de talentos menores, cada qual com alguma distinção particular, embora limitada.

Pode-se concordar que uma tradição como essa fosse incapaz de gerar um Marx, ainda que, sem ela, *O capital* não pudesse ter sido escrito. Mas conseguiu gerar um Darwin. E a importância com que esse momento ilumina a força de certas tradições intelectuais ilumina também a cegueira fatal da crítica Anderson-Nairn ao "empirismo". Com a costumeira recusa obstinada de aceitar as propriedades esquemáticas de muitos fenômenos britânicos, a ciência inglesa foi agraciada com um estatuto, não por enciclopedistas insurgentes, mas por um Lorde Chancellor partidário do rei. Vale a pena relembrar os termos do estatuto:

> Porque o espírito e a mente do homem, se trabalham sobre a matéria, que é a contemplação das criaturas de Deus, trabalham segundo a substância e por ela são limitados; mas, se trabalham sobre si mesmos, assim como a aranha prepara sua teia, são infinitos e efetivamente disseminam teias de aprendizado, admiráveis pela fineza do fio e elaboração, mas sem nenhuma substância ou proveito[39].

E, com base nisso, seguia-se a espantosa exortação:

> O objetivo de nossa instituição é o conhecimento das causas e dos movimentos secretos das coisas e a ampliação dos limites do império humano para a efetivação de todas as coisas possíveis"[40].

A natureza exata da relação entre a burguesia e as revoluções científicas na Inglaterra está por indicar. Mas elas claramente eram algo mais do que apenas boas amigas. No curso de bem poucas décadas, abriram-se grandes territórios de fenômenos naturais antes vedados ao público intelectual. A casuística de Bacon, de primeiras e segundas causas ("a contemplação das criaturas de Deus") dissociou claramente fenômenos manifestos – cuja exploração foi amplamente autorizada – de causas ideológicas ulteriores, com

---

39. Bacon, *Advancement of Learning* [Da Proficiência e o Avanço do Conhecimento Divino e Humano] (Ed. Everyman), p. 26.
40. *The New Atlantis* [A Nova Atlântida].

respeito às quais se esperava uma reverência ritual formal, mas cujas influências efetivas podiam ser ignoradas. E isso era bem compatível com o estado
de espírito dos intelectuais no século XVIII que, vendo a pouca oposição da
parte da autoridade teológica, se mostravam bem satisfeitos em ignorá-la e
continuar a exploração da natureza. Muitos dos próprios clérigos, da segurança de suas instalações eclesiásticas, puderam impulsionar o Iluminismo.
Mesmo o atroz bispo de Llandaff no início fundou sua reputação em suas
contribuições não à teologia, mas à química. Os unitaristas levaram Deus
para tão longe, em seu paraíso baconiano de primeiras causas, que Ele se tornou, exceto para propósitos de encantação moral, sobremodo supérfluo. Foi
abandonado (ai de mim!) para ser trazido de volta mais tarde contra o povo
na condição de um papa furioso, enquanto a burguesia mergulhou em sua
verdadeira herança: a exploração da natureza.

Não deveria ter acontecido dessa maneira. O céu deveria ter sido inva-
dido, *molto et con brio* [com grande animação] e os frutos do conhecimento
arrancados das garras dos padres. Mas aconteceu da maneira que aconteceu.
(O contraste entre, permitam-me, Émile Zola, de um lado, e Thomas Hardy e
George Moore, do outro, ou entre Anatole France e E.M. Forster, mostra uma
persistente diferença de estilos literários.) Foi um acontecimento tão marcante
que podemos desculpar nossos autores por não o perceber: é bem comum
vermos as casas, mas ignorarmos a paisagem. Mas foi um avanço que, embora espetacular, estava restrito a suas próprias limitações ideológicas. De um
lado, a estrutura oferecida por Newton à física e às ciências naturais tendia a
partilhar a mesma inclinação naturalista e mecânica da teoria constitucional
inglesa. Do outro, a licença para explorar a natureza não foi estendida com a
mesma liberalidade à exploração da natureza *humana*, a sociedade.

É isso que faz do momento de *A origem das espécies* algo tão comovente
e, em seus próprios termos, uma defesa do método empírico. Porque, a partir de sua base em "causas secundárias", as ciências naturais estavam agluti-
nando suas forças contra a própria Causa Primeira ou, se não contra Deus
(que, como os fatos demonstraram, estava disposto a ser transferido para um
empíreo ainda mais remoto), ao menos contra interpretações mágicas da ori-

gem do mundo natural e do homem. Biologia, geologia, história natural, astronomia, passadas décadas de acúmulo empírico – todas elas mantinham a expectativa de respostas a questões. E a ruptura, o momento de síntese, veio, não com algum Voltaire inglês mergulhado no tumulto metropolitano, mas com um homem neurótico, solitário, intelectualmente evasivo, antes destinado a uma carreira clerical, mas que foi o protagonista de um hábito empírico herdado que alcançou nele semelhante grau de intensidade que assumiu a forma de uma coragem intelectual de tirar o fôlego, tendo reestruturado laboriosamente ciências inteiras e realizado assim uma nova síntese. Não podemos dar nenhuma descrição de Darwin sem a convicção de que o respeito pelo fato não é apenas uma *técnica*, podendo ser igualmente uma força intelectual em si mesmo. Feito o trabalho, o conflito podia começar. Huxley podia assaltar o céu. Darwin, mais sábio, agiu com sutileza ao oferecer um comentário sobre fertilização de orquídeas[41]. Ele sabia que ninguém no Paraíso tinha paciência para estudar cracas o suficiente para lhe dar alguma resposta. Lembramos de Huxley como ideólogo e de Darwin como cientista.

Isso mostra um lugar no qual a tradição intelectual inglesa ofereceu mais do que "nulidade". Em certo sentido, o darwinismo aparece como o resultado natural e inevitável de uma cultura de capitalistas agrários que haviam passado décadas na horticultura e na pecuária empíricas. A maioria das revoluções no pensamento tem essa aparência "natural", de modo que alguns estudiosos se perguntam não por que o darwinismo aconteceu, e sim por que ele demorou tanto para acontecer. Em outro sentido, nada havia de natural em uma transmutação do pensamento científico que refutou categorias fixas vigentes há séculos e elaborou uma nova visão da natureza humana. Deveria ter havido mais crise do que de fato houve, mais comoção nos céus ideológicos. Os intelectuais deveriam ter assinalado seus compromissos, firmado manifestos, identificado suas lealdades nas revistas. O fato de isso ter acontecido em escala relativamente pequena pode ser satisfatoriamente explicado pelo fato de ter Darwin se dirigido a um público protestante e pós-baconiano que

---

41. Quando Darwin começou a escrever *A descendência do homem*, Emma Darwin escreveu resignadamente: "Creio que vai ser bem interessante, mas vou desgostar bastante dele porque vai levar Deus para ainda mais longe".

há muito havia suposto que, se Deus estava em conflito com um fato considerável (ou se um dogma estava em desacordo com a consciência humana), era o primeiro quem deveria ceder. A *intelligentsia* de outros países tem sido mais afortunada. Tem podido travar suas batalhas com mais *panache* [desenvoltura] e mais apelo a universais, porque conseguiu manter a Santa Igreja como inimigo até os nossos dias.

Dois outros legados ideológicos da Revolução (despercebidos por nossos autores) têm a mesma aparência "natural". Não posso ir aqui, no exame da tradição democrático-burguesa, além de insistir que, para o bem ou para o mal, ela contribuiu vastamente mais para o universo intelectual da classe trabalhadora inglesa do que o utilitarismo, a que se dá tanta importância. Essa contribuição não foi dada apenas em um nível institucional e articulado, mas também ao consenso subpolítico de um povo que (como dois marxistas ingleses bem perspicazes certa vez notaram) "sempre se ressentiu de uma organização mecânica e rígida de qualquer tipo"[42]. (Não é por certo essa resistência – fortemente reforçada pela experiência stalinista – que tem gerado uma grande objeção à ampla aceitação do "marxismo"? Tenho notado muitas vezes o olhar desanimado vindo de um público de trabalhadores quando ouve um estridente defensor dessa ou daquela tendência do marxismo ortodoxo, como se o *tom*, bem mais que o argumento, provocasse no inconsciente coletivo alguma lembrança do oficial de justiça ou dos tribunais eclesiásticos.)

Já comentei sobre a gênese da economia política capitalista. Ela foi uma ideologia bem mais sistemática, e altamente estruturada, do que as encontradiças em áreas puramente políticas ou filosóficas. Isso ocorreu em parte porque os agricultores mais avançados, bem como alguns dos manufatureiros, se viram impedidos tanto pelo sistema da teoria mercantilista e paternalista, razoavelmente sistemático (embora em desintegração) como pelas restrições estatutárias. Um sistema gerou outro, contrário e superior a ele.

Bacon expulsou Deus das ciências naturais. Adam Smith o expulsou da teoria econômica. Tawney e Hill examinaram as fases preparatórias, as

---

42. William Morris e E.B. Bax, *Socialism, its Growth and Outcome* (1893), p. 116.

representações morais mutáveis dos homens em suas relações econômicas, que levaram a essa súbita e rápida desmoralização de todas elas. Smith levou para as funções econômicas do Estado o mesmo zelo que Locke demonstrou ter com suas funções políticas; assim como Locke, ele queria que o poder e a iniciativa se disseminassem entre os proprietários.

> Nenhum estímulo à solicitude do soberano pode jamais contrabalançar o menor desestímulo ao desvelo do senhor de terras. A solicitude do soberano pode, no melhor dos casos, ser apenas uma consideração geral e vaga daquilo que tem probabilidade de contribuir para o melhor cultivo da maior parte de seus domínios. O zelo do senhor de terras é uma consideração particular e minuciosa do que tem mais probabilidade de ser a aplicação mais vantajosa possível de cada polegada do solo que possui. A principal preocupação do soberano deve ser a de estimular, através de todos os meios a seu dispor, o zelo tanto do senhor de terras como do grande arrendatário, permitindo aos dois que busquem seus próprios interesses por seus próprios meios.

O protestantismo econômico – a economia "política" (porém, mais verdadeiramente, antipolítica) – fundado por Smith não ameaçou derrubar o Estado; ele apenas lhe deu as costas, deixando-lhe somente funções residuais: manter a segurança, facilitar o transporte, remover restrições ao comércio. O triunfo dessas teorias e o modo satisfatório de seu funcionamento explicam a relativa indiferença da burguesia industrial com respeito à teoria política como tal: ela não tinha importância. Comparado com essa ideologia imensamente coerente, dotada de persuasivas analogias com processos "naturais", o utilitarismo não aparece como a "única ideologia autêntica" da burguesia, mas apenas como uma tradição subordinada no âmbito desta – um lembrete (a cada dia mais premente por causa das complexidades do industrialismo) de que o Estado tinha funções importantes e uma tentativa de racionalizar suas instituições.

Nem foi a construção teórica de Smith e de seus sucessores em nenhum sentido produto do "empirismo cego". Tratou-se de uma configuração sistemática de pensamento tão abrangente e, no entanto, tão flexível, que formou a estrutura em cujo âmbito as ciências sociais e o pensamento político da

Inglaterra vitoriana já estavam moldados; ela garantiu o imperialismo comercial, tendo conquistado a inteligência da burguesia do mundo inteiro; e, passada uma forte e impressionante resistência (Hodgskin, Owen, O'Brien), o movimento operário inglês capitulou diante dela, e se reorganizou para maximizar seus benefícios dentro dos marcos por ela ditados. Por fim, sobreviveu, menos na teoria sofisticada do que na mitologia popular, até os nossos dias. É em nome de alguma lei "natural" da livre-iniciativa que o público tolera sua falta de liberdade diante de monopólios, especuladores de terras e donos de meios de comunicação.

Como podem marxistas ignorar isso quando o próprio Marx a viu de imediato como seu mais formidável oponente ideológico, devotando o esforço de toda uma vida para derrubá-la? Mas, em tudo isso, de modo algum consigo ver o empirismo como *ideologia*. Anderson e Nairn confundiram um *idiomatismo* intelectual, que por vários motivos históricos veio a ser um hábito nacional, com uma ideologia. Bacon e Hazlitt, Darwin e Orwell, podem ter, todos eles, usado esse idiomatismo, mas dificilmente podem ser vistos como estando ligados aos mesmos postulados ideológicos ulteriores. É certo que tem havido recentemente uma tentativa de estabelecer o empirismo *como* ideologia, ou fim da ideologia. Contudo, embora isso sem dúvida tenha sido uma lisonja para com os britânicos, acabou não sendo convincente, e a moda está bem perto de acabar.

Nossos autores decerto sofreram uma penosa exposição a esta fase da Guerra Fria intelectual, e sua rebelião contra ideólogos ingleses – Popper, Hayek, Beloff, Elton etc. – lhes dá algum crédito. Minha objeção tem como foco a transformação de um momento de rebelião em uma interpretação da história. Parte do que eles dizem é verdade. O idiomatismo não é sem importância. O idiomatismo empírico pode favorecer resistências insulares e oportunismo conceitual. Mas pode também disfarçar uma inteligência aguda e uma firmeza conceitual que é antes imanente do que explícita; no melhor dos casos, tem sustentado o realismo do romance inglês e servido (notadamente nas ciências naturais) como idiomatismo soberbamente adaptado à interpenetração entre teoria e práxis.

Darwin escreveu em uma de suas primeiras cartas, depois de um encontro com um amigo, que tinha "um grande fato de um certo dente molar no Triássico"[43]. Marx também tinha esse respeito por "grandes fatos", e podemos ver nos dois a estimulante dialética de fazer e destruir, a formação de hipóteses conceituais e a apresentação de evidências empíricas para reforçar ou derrubar essas hipóteses, essa fricção entre pesquisa "molecular" e generalização "macroscópica" a que Wright Mills se referia com frequência. Em toda tradição intelectual vital, essa dialética, esta zona de atrito entre modelos e particularidades, é sempre evidente. O que há de tão profundamente deprimente em muitas das diversas variantes do marxismo desde a morte de Engels é sua resistência obstinada a todos os "grandes fatos" que o século XX jogou em nossa cara, e sua defesa igualmente obstinada (ou apenas modificações triviais) do modelo herdado. Podemos concordar quanto à mediocridade, indolência e paroquialismo de boa parte do pensamento britânico contemporâneo. E temos de concordar que o movimento da classe trabalhadora britânica "*precisa* de teoria como nenhum outro"[44]. Eu mesmo posso concordar que essa teoria deveria ser derivada da tradição marxista, ainda que de modo algum isso seja evidente por si mesmo. Mas Anderson e Nairn estão muito tristemente enganados se julgam que, nestes últimos tempos, vão destronar o "empirismo" em nome de um sistema marxista autossuficiente, mesmo que esse sistema tenha sido adornado com alguns neologismos. Nem lhes deve ser permitido empobrecer o impulso criativo da tradição marxista dessa maneira. Porque aquilo de que seu esquema carece é o controle dos "grandes fatos", e é improvável que a Inglaterra capitule diante de um marxismo que sequer consegue entabular um diálogo com o idiomatismo inglês.

IV

Os relatos que Anderson e Nairn nos oferecem da história da classe trabalhadora britânica dificilmente encorajam a investigação. À medida que deslizamos pelas ladeiras da prosa de Nairn (em seu *Anatomy of the Labour*

---

43. *Life and Letters of Charles Darwin* (Nova York, 1896), I, p. 495.
44. "The English Working Class", p. 57.

Party), não há terra firme nem surgem fatos históricos nos quais possamos nos agarrar, mesmo que fossem atrofiados ou superficialmente enraizados. Aparecem fabianos, de surpreendente influência e longevidade a quem – com exceção dos Webbs – nenhum nome é dado; é repreendida uma "esquerda" que permanece, de 1900 a 1960, quase anônima e sem voz; sindicatos são movimentados ao longo do tabuleiro retórico, mas não se diz *quais* sindicatos são. A história é aplainada, estreitada, condensada; não se mencionam fatos inconvenientes; décadas incômodas (por exemplo, de 1920 a 1940) são simplesmente suprimidas. Adiante, o tom farisaico se torna (para pegar emprestada uma expressão) sufocante. Não é apenas o fato de ninguém nunca ter acertado, mas também o de que ninguém nunca esteve errado de modo interessante ou respeitável. É "duvidoso (...) que algum outro movimento da classe trabalhadora tenha produzido tantos 'traidores' quanto o trabalhismo". Mas essa tese deve ser contrabalançada por um escárnio quanto à "denúncia irada dos líderes a quem os sectários e a esquerda trabalhista sempre aceitaram". Essa "esquerda", nunca identificada, é admoestada por seu "moralismo característico", sua "aflitiva e vergonhosa impotência", sua "paixão insensata, que é apenas o anverso de sua submissão ideológica" e sua "total ignorância sobre como o partido funciona e deveria funcionar". O "etos dominante" do trabalhismo tem sido uma "medrosa rabugice e [um] moralismo funerário", "mergulhados em rotinas desesperadamente empoeiradas pelo tempo e em uma retórica indescritivelmente tediosa", com "seu lugar apropriado no firmamento britânico, a meio-caminho entre a Casa dos Lordes e os Escoteiros".

Todos fazemos em particular esse tipo de careta às vezes, mas não confundimos carranca com alta teoria. Podemos selecionar quatro áreas críticas de fraqueza apresentadas pelos dois autores. Em primeiro lugar, mostram inabilidade em compreender o *contexto político* das ideias e das escolhas. Em segundo, falta toda dimensão sociológica séria em suas análises. Em terceiro lugar, há uma fatal vulgarização da noção gramsciana de "hegemonia". E, em quarto, não revelam o menor discernimento quanto ao impacto do comunismo no movimento trabalhista britânico.

O primeiro aspecto – a inocência política de nossos autores – é o de mais difícil discussão, pois só seria satisfatoriamente discutido mediante um exame detido de peculiaridades. É a opacidade de sua argumentação, evidente a cada vez que nos aproximamos de contextos históricos particulares, que inibe o debate e confere às suas teses certa plausibilidade compulsiva. De vez em quando Nairn suspende momentaneamente seu serviço de condenação e indica, da maneira mais esquemática que pode, algum evento histórico real, mas logo nos vemos atropelados por frases como "os episódios e personalidades particulares do período" têm "pouca importância", retomando a algaravia sardônica do presbítero marxista.

Mas a história é feita de episódios e, se não pudermos adentrar os episódios, não poderemos de modo algum adentrar a história. Para os esquemáticos, isso é sempre inconveniente, como Engels observou em 1890: "(...) a concepção materialista da história (...) tem hoje muitos amigos, aos quais serve como desculpa para *não* estudar a história":

> Nossa concepção de história é sobretudo um guia para o estudo, não uma alavanca de construção à maneira dos hegelianos. Ocorre que muitos dos jovens alemães simplesmente usam a expressão "materialismo histórico" (...) para obter seu próprio conhecimento histórico relativamente parco (...) enquadrado em um sistema arrumado com a maior rapidez possível, e então pensam ser algo realmente maravilhoso[45].

O foco da argumentação de nossos autores é que a tragédia de nossa história foi o fato de o marxismo ter passado em branco pela classe trabalhadora britânica. A culpa é atribuída ao isolamento e ao conservadorismo sociológico dos sindicatos britânicos e à omissão dos intelectuais britânicos. Usa-se um modelo simples de objetividade-subjetividade por meio do qual os sindicalistas são vistos como cegos prisioneiros de uma práxis instintiva, e os intelectuais, a personificação de uma consciência política articulada. Como a *intelligentsia* marxista não apareceu, os trabalhadores ficaram sujeitos a uma corrente tributária da ideologia capitalista, o fabianismo. Fica evidenciada a proposição de um novo voluntarismo elitista – se ao menos os nossos primeiros marxistas brancos tivessem nascido mais cedo, o curso da história teria sido alterado!

---

45. Marx and Engels, *Selected Correspondence* (1943), p. 472-473.

Mas se inserirmos esse modelo em um contexto político particular, ele não se sai muito bem. A qualquer momento entre 1590 e os nossos dias, identificamos uma tradição minoritária deveras substantiva, que influencia alguns dos principais sindicatos, pertencente à esquerda organizada. Identificamos uma formação marxista de base de cunho sistemático – SDF, NCLC, Partido Comunista – que, embora certamente doutrinária, não é mais doutrinária do que o marxismo oferecido (até recentemente) ao proletariado de outros países. Do mesmo modo, um exame do registro factual mostraria que nossos autores exageraram demais a influência dos "fabianos" e, se descartarmos a influência direta do comunismo, a maioria dos intelectuais com influência relevante sobre o movimento trabalhista britânico entre 1920 e 1945 era formada tanto por reformadores sociais no interior da tradição liberal (J.A. Hobson, Beveridge, Boyd Orr) como de independentes marxizantes (Brailsford, Laski, Strachey, Cole) ou socialistas éticos (Tawney, Orvell) – cuja contribuição foi além do "moralismo sentimental". Nenhum desses grupos vagamente definidos cabe na caracterização que Anderson faz do fabianismo – "confusão complacente de influência com poder, admiração bovina pela burocracia, desprezo maldisfarçado pela igualdade, filisteísmo abissal". A influência do "verdadeiro" fabianismo webbiano nesses anos foi pouca e, principalmente, restrita a certos políticos de carreira do Partido Trabalhista. Ela se tornou bem mais importante depois de 1945, mas neste particular deveríamos examinar o contexto político que favoreceu essa tendência em vez de outras disponíveis que pareciam mais influentes em 1945. O que nossos autores fizeram foi tomar uma impressão casual do conservadorismo sindical e da inércia intelectual dos últimos 15 anos e apresentá-la como interpretação de 100 anos de história.

A história real só vai se revelar depois de uma pesquisa bastante árdua; ela não vai aparecer com um estalar de dedos esquemático. Porém, se quisermos começar a compreender a esquerda britânica desde 1880, deveremos levar muito mais a sério o contexto internacional e imperialista. Um dos "grandes fatos" do século XX, ao qual o modelo marxista ortodoxo tem dificuldades para se ajustar, é o nacionalismo ressurgente no auge imperialista. Esse terrível clima político-cultural, que contamina profundamente as massas nos países metropolitanos, tem apresentado à esquerda problemas deveras excepcionais. É um disparate total apresentar os últimos 50 anos sugerindo que têm sido oferecidas à esquerda durante todo esse tempo alternativas claras de desenvolvimento de uma estratégia "hegemônica" voltada para a conquista do poder de classe ou de capitulação diante de formas capitalistas. Houve momentos fugazes – o início da década de 1890, 1911-1914, 1945-1947 – em que, em termos políticos reais, era viável uma forte estratégia socialista. O movimento de 1890 ruiu por causa da Guerra dos Boeres; a onda sindicalista de 1911-1914 foi sufocada na Primeira Guerra Mundial; e as potencialidades de 1945-1947 foram anuladas pela Guerra Fria. Foi a noite do cerco de Mafeking, na África do Sul, em que as mais sagradas distinções de classe se dissolveram na histeria nacionalista, que marcou a entrada nessa época tenebrosa. Na ação dos portuários das docas de Victoria e Albert, que se recusaram a trabalhar com qualquer navio que não estivesse decorado em homenagem à rendição de Mafeking – os mesmos portuários em cujo apoio Tom Mann havia buscado fundar o internacionalismo proletário – podemos ver o prenúncio das derrotas esmagadoras que se seguiriam[46]. A partir de então, a experiência comum da esquerda britânica tem sido a de ver-se em um contexto que oferece bem pouca oportunidade para um avanço estratégico, mas que ao mesmo tempo impõe excepcionais deveres de solidariedade com outros povos. A mentalidade "oposicionista" da esquerda britânica é sem dúvida uma perspectiva limitadora, mas ela só se desenvolveu porque nossa esquerda tem tido coisa ruim demais a que se *opor*. Todos os que tenham mais do que um conhecimento livresco da esquerda sabem que esse é o caso.

Essa esquerda, tanto da classe trabalhadora como intelectual, com sua recusa, tosca e por certo "moralista" em fazer um acordo com o imperialismo, não aparece no cânone de Anderson-Nairn. Na realidade, em alguns momentos a descrição é claramente falsificada:

> Todos os grupos políticos – conservadores, liberais e fabianos – foram militantemente imperialistas em suas aspirações. O mo-

---

46. Cf. F. Bealey, "Les Travaillistes et la Guerre des Boers", *Le Mouvement Social*, 45, October-December 1963, p. 69-70; J.A. Hobson, *The Psychology of Jingoism* (1901).

vimento socialista nascente partilhou do chauvinismo geral: Webb, Hyndman e Blatchford – fabiano, "marxista" e partidário do International Labour Party (ILP – Partido Trabalhista Internacional) –, respectivamente o mais influente, o mais "avançado" e o mais popular porta-voz da esquerda, foram todos, de diferentes maneiras, abertamente imperialistas[47].

Trata-se de retalhar a história para enquadrá-la em um modelo – com uma vingança. A única maneira de Anderson poder fazê-lo é ignorar as agudas tensões no âmbito do liberalismo (o conflito irlandês, Lloyd George aparecendo como "pró-Boer" etc.); confundir a tradição socialista com o pequeno grupo fabiano elitista[48]; e escolher exemplos isolados sob medida. William Morris, Tom Mann e Keir Hardie teriam apresentado uma interpretação diferente. (Do mesmo modo, Nairn apresenta a notória erupção de chauvinismo de Tillett no I Congresso Anual do ILP como o autêntico ILP, sem mencionar que Tillett foi repreendido imediatamente.)[49] Claro que o imperialismo se arraigou profundamente no movimento operário e mesmo em grupos socialistas. Essa é a tragédia do socialismo europeu do século XX. Mas um exame dos próprios exemplos citados por Anderson – a suspeita com que o chauvinismo dissimulado de Hyndman e Blatchford foi recebido por uma parcela considerável de seus próprios seguidores e a rapidez com que perderam esses seguidores quando o chauvinismo se mostrou claramente – revelaria um quadro muitíssimo mais complexo.

Nos últimos 80 anos, nunca foram oferecidas opções teóricas abstratas à esquerda britânica, mas esta tem estado imersa em contextos políticos inelutáveis característicos do poder imperialista metropolitano. Se contemplarmos os últimos *50 anos* enfocando as questões em torno das quais o conflito

---

47. *Origins*, p. 35.

48. Cf. especialmente B. Semmel, *Imperialism and Social Reform* (1960), cap. III, para a incrível história dos coeficientes. E.J. Hobsbawm, *Labouring Men* (1964), cap. XIV, enfatiza (em termos talvez exagerados) que "as políticas reais da Sociedade, até por volta do início da Primeira Guerra, quase sempre diferiam daquela da maioria dos outros setores da esquerda política, sejam radicais ou socialistas" (p. 264).

49. *Independent Labour Party, Report of First Annual Conference* (1893), p. 3, 5. Cf. Nairn – 1, p. 50, e seu comentário: "aqui estava o autêntico espírito do Trabalhismo; orgulhosamente antiteórico, vulgarmente chauvinista etc." Na verdade, Hardie chamou Edouard Bernstein, o fraterno delegado alemão, para responder do púlpito ao ataque de Tillett.

esquerda-direita foi travado mais acerbamente, descobriremos que a maioria delas veio desse contexto: oposição à guerra, reação à Revolução Russa, independência da Índia, ascensão do fascismo, Guerra Civil Espanhola, Segundo Front, Guerra Fria, rearmamento alemão, guerras do Quênia e Chipre, Campanha do Desarmamento Nuclear. E esse é o ciclo de vida recorrente de uma esquerda sobre a qual nossos autores nunca param de acumular escárnio por seu isolamento; a paróquia em que eles supõem que a esquerda britânica está confinada é na verdade aquela de sua própria compreensão histórica imperfeita. Cada vez mais comprometida, bem como confundida, por suas respostas ao comunismo, trata-se de uma tradição que perdeu muito de sua coerência e autoconfiança desde a última guerra. Ainda assim esta se mantém, e o triunfo temporário da CND na Labours Annual Conference [Simpósio Trabalhista Anual], em 1960, se mostra não como um "milagre" (como Nairn indica), mas como autêntica expressão de uma tradição, profundamente arraigada não apenas em uma *intelligentsia*, mas nos sindicatos e bases do partido.

Claro que os triunfos têm sido raros. Eles também o foram nos outros países, qualquer que seja a forma final. Mas apenas um platônico supõe que a política é uma arena onde os iluminados podem ingenuamente buscar somente fins teleológicos como "a conquista do poder de classe". A política tem que ver tanto com os que vivem hoje, os que são oprimidos, os que sofrem, como com o futuro. Uma política que ignore solidariedades imediatas vai se tornar peculiarmente teórica, impiedosa e autodestrutiva. Há mesmo um sentido (não fabiano) em que, em um país imperialista metropolitano, a política da esquerda tem de ser, em certas conjunturas, a infame arte do possível. Terão nossos autores de fato começado a perceber a escala de sofrimento humano neste século, e como *muitas* questões candentes específicas jogadas sobre nossa esquerda envolviam obrigações de solidariedade que não admitiam outra opção? Ora eram os prisioneiros de Meerut, ora Munique, logo Suez, depois Ibadan, Rodésia, depois Abissínia, o Quênia, a Espanha e então o Vietnã.

A derrocada do imperialismo não tem sido de modo geral o primeiro item da pauta, vindo antes logo abaixo – entre outras tarefas –, quando tentamos salvar essas vidas ou, quem sabe, impedir a aniquilação de todas as pautas históricas. Enquanto isso, temos podido protestar, alertar a opinião pública, mobilizar grupos de pressão para mitigar o controle imperialista ou mostrar solidariedade para com outros países. As estruturas democráticas britânicas, com suas inumeráveis defesas contra qualquer confronto último de forças de classe, oferecem ainda assim oportunidades excepcionais para pressões parciais de oposição. Nairn nos conta que a esquerda e a direita no Partido Trabalhista estão há quase 60 anos engajadas em um pseudoconflito, mas não faz o mínimo esforço para nos dizer *em torno de que* gira esse conflito. De quem então era o sangue que correu debaixo daquelas pontes, carregando a história até o tempo presente? Não temos condições de julgar a esquerda por suas falhas, a não ser que possamos avaliar se ela conseguiu ou não influenciar eventos nessa ou naquela situação concreta. Se se pudesse mostrar que a esquerda teve sucesso em influenciar os acontecimentos que efetivamente contribuíram para a derrota do nazismo ou para a independência da Índia do domínio imperial sem um banho de sangue indochinês ou argelino, seria então possível persuadir Nairn a controlar por um momento seus ímpetos de nojo? Obviamente, teria sido muito melhor que a esquerda tivesse tomado o poder do Estado; qualquer sectário novato sabe disso.

Assim sendo, vamos considerar a história *como* história – homens situados em contextos reais (que eles não escolheram) enfrentando forças incontornáveis com uma premência esmagadora de relações e deveres, dispondo apenas de uma parca oportunidade de inserir sua própria ação – e não como um texto para vociferar "assim deveria ter sido"! Uma interpretação do trabalhismo britânico que atribua tudo ao fabianismo e à negligência intelectual é tão supérflua quanto uma explicação da Rússia de 1924 a 1953 que atribua tudo aos vícios do marxismo ou ao próprio Stalin. E outra coisa que lhe falta – nosso segundo ponto – é alguma dimensão sociológica.

Podemos percebê-lo no uso esquemático que fazem nossos autores do conceito de *classe*. Em sua apresentação extraordinariamente intelectualizada da história, a classe é revestida de imagens antropomórficas. As classes têm aí os atributos de identidade pessoal, vontade, metas conscientes e qualidades

398

morais. Mesmo quando o conflito aberto é apenas latente, devemos supor que há uma classe dotada de identidade ideal intacta que se acha adormecida ou tem instintos e tudo o mais.

Isso é em parte uma questão de metáfora, que – como vemos nas mãos de Marx – por vezes oferece uma explicação magnificamente vívida de alguma regularidade histórica. Mas nunca devemos esquecer que continua a ser uma descrição metafórica de um processo mais complexo que ocorre sem identidade ou propósito. Se, nas mãos de Marx, a metáfora às vezes engana, nas de Anderson e Nairn ela substitui a história. Supõe-se que "ela" – a burguesia ou a classe trabalhadora – permanece com a mesma personalidade indivisa, ainda que em diferentes estágios de maturidade, ao longo de épocas inteiras; o que se esquece é que estamos lidando com pessoas diferentes, tradições em mutação e relações que também se alteram, tanto entre as pessoas como entre elas e outros grupos sociais.

Um exemplo pode ser o tratamento do declínio do cartismo. Este (descobre Anderson) foi "destruído por sua estratégia e sua liderança lamentavelmente débeis". A classe trabalhadora passou então por uma "extrema exaustão" e, com o declínio do cartismo, "desapareceram por 30 anos o ímpeto e a combatividade da classe. Disso decorreu uma profunda ruptura na história da classe trabalhadora inglesa". "Doravante ela se desenvolveu, separada, mas subordinada, no âmbito da estrutura aparentemente inabalável do capitalismo britânico"[50]. Como descrição, isso é em parte verdade. O fim do cartismo é um ponto de mutação bastante significativo de mudança nos rumos da agitação da classe trabalhadora, ponto que pode ser encontrado (em geral mais tarde e nem sempre de forma tão decisiva) na história de outros capitalismos industriais avançados. No entanto, caso tivesse levado em consideração alguma versão de nossa "historiografia pusilânime", Anderson teria pensado que a mutação já podia ser detectada alguns anos antes de 1848 e que estava ocorrendo uma mudança de larga escala no âmbito da própria classe trabalhadora[51]. Parte dessa mudança, em termos sociológicos, foi a separação de

---

50. *Origins,* p. 33, 39.
51. Cf., p. ex., Asa Briggs, "Chartism Reconsidered", *Historical Studies.* Org. por M. Roberts, II, (1959), p. 42-59.

diferentes grupos ocupacionais – novos e velhos, qualificados e desqualificados, organizados e desorganizados, metropolitanos e provincianos – que tinham estado momentaneamente unidos pelas grandes agitações que levaram ao clímax cartista de 1839.

Essa mudança pode ser registrada de várias maneiras – a introdução da regra da "não política" em certos sindicatos (por exemplo, a Associação dos Mineiros, 1842) é uma delas e o novo modelo do movimento de cooperativas de consumidores é outra (Rochdale, 1844). O que se observa é a formação das raízes sociológicas extraordinariamente profundas do reformismo. O que impressionou um observador perspicaz em sua visita a Lancashire, na pior fase da depressão de 1842, não foi a fragilidade do "sistema de fábrica", mas sua durabilidade:

> O sofrimento aqui não afrouxou as amarras da confiança; milhões de bens à mercê de um prego enferrujado ou das cinzas de um cachimbo, e ainda assim ninguém teme pela segurança de seu estoque ou maquinário, mesmo que, no caso de uma revolta operária, nem toda a força militar da Inglaterra pudesse defendê-los.

Pelo contrário, a miséria "levou os mestres e os homens a se aproximarem cada vez mais e a exibirem abertamente seus interesses mútuos". Os trabalhadores começaram a temer, acima de tudo, não a máquina, mas sua *perda* – a perda do emprego[52].

O ajuste psicológico ao "sistema fabril" envolveu ajustes adicionais. Há uma "ruptura profunda" não na história, mas na análise de Anderson, ou melhor, no tipo de história que ele aprova. Porque os trabalhadores, não tendo conseguido derrubar a sociedade capitalista, puseram-se a povoá-la por inteiro. É exatamente nessa "ruptura" que são construídas as instituições de classe características do movimento trabalhista – sindicatos, federações, a central sindical (TUC), cooperativas e tudo o mais – vigentes até os dias de hoje.

---

52. W. Cooke Taylor, *Notes of a tour to the manufacturing district of Lancashire*, 1842, especialmente p. 7, 43, 64 e 115. Compare-se com Marx: "O avanço da produção capitalista desenvolve uma classe trabalhadora que, por educação, tradição e hábito, vê as condições do modo de produção capitalista como leis autoevidentes da natureza. A organização do processo de produção capitalista, tão logo plenamente desenvolvida, quebra toda resistência. A compulsão inerte das relações econômicas completa a sujeição do trabalhador ao capitalista" (*O capital*, p. 761).

Era parte da lógica dessa nova direção que cada avanço no âmbito da estrutura do capitalismo integrasse ao mesmo tempo a classe trabalhadora ainda mais profundamente no *status quo*. À medida que fortaleciam sua posição por meio da organização nos locais de trabalho, os trabalhadores se tornavam mais relutantes em aderir a tumultos quixotescos que poderiam comprometer ganhos acumulados a tão alto preço. Cada afirmação da influência da classe trabalhadora no âmbito da máquina de Estado democrático-burguesa ao mesmo tempo lhe conferia a condição de sócia na direção da máquina (mesmo uma sócia antagonista). Mesmo os índices da força da classe trabalhadora – as reservas financeiras dos sindicatos e das cooperativas – estavam seguros apenas sob a custódia da estabilidade capitalista[53].

Não podemos rever toda a história. Esse foi o rumo tomado e, por sob todas as diferenças de expressão ideológica, vai-se encontrar uma imbricação semelhante das organizações da classe trabalhadora com o *status quo* em todas as nações capitalistas avançadas. Não se precisa concordar necessariamente com Wright Mills e afirmar ser esse fato a indicação de que a classe trabalhadora só pode ser revolucionária em seus anos de formação[54]; mas, creio eu, temos de reconhecer que, passado um dado momento, a oportunidade para certo *tipo* de movimento revolucionário se vai para sempre – não tanto por causa da "exaustão", mas porque pressões reformistas, mais limitadas, advindas de bases organizacionais sólidas, trazem retornos evidentes. Com demasiada frequência, Nairn, ao descrever os desenvolvimentos do século XX, atenta para os epifenômenos parlamentares e os toma pelo movimen-

---

53. Estima-se que, no começo da década de 1860, havia, nas cidades algodoeiras do sul e leste de Lancashire, 118 lojas cooperativas com um capital de 270.267 libras e um movimento anual de 1,17 milhão de libras; 50 cooperativas manufatureiras com capital nominal de 2 milhões de libras; hipotecas de sociedades construtoras de 220 mil libras ("o grosso desta soma é constituído por depósitos da baixa classe média e do estrato superior da classe trabalhadora"); cerca de 500 mil libras em 250 sociedades de amigos e "provavelmente a metade ou mais nas mãos de sociedades de ofício"; e 3,8 milhões de libras mantidas por 14.068 depositantes (muitos deles trabalhadores qualificados) em cadernetas de poupança (em toda Lancashire). J. Watts, *The Facts of the Cotton Famine*, 1866, p. 58-59.

54. C. Wright Mills, "The New Left", in *Power, polities and people*, 1963, especialmente p. 256: "em geral, parece que apenas em alguns estágios (iniciais) de industrialização, e em um contexto político de autocracia etc., os trabalhadores assalariados tendem a se tornar uma classe para si. Cf. também meu "Kevoltmon again", *NLR* 6, esp. p. 24-30.

to real; subestima assim tanto a intensidade dos conflitos concretos na base como a soma realmente astronômica de capital humano investida na estratégia de reforma gradual. Essa base sociológica e institucional do reformismo é que o torna tão seguro, e nenhum conjunto de denúncias – por Hyndman de seus "paliativos", ou de Nairn de sua "ideologia corporativa" – vai perturbá-lo de algum modo.

A partir dessas formações sociológicas, podemos visualizar três tipos de transição socialista, nenhum dos quais se realizou na prática de forma bem-sucedida. O primeiro é a revolução sindicalista em que as instituições de classe deslocam a máquina de Estado existente; suspeito que o momento para uma revolução desse gênero, se é que foi algum dia praticável, já passou no Ocidente. O segundo é a pressão feita para uma rápida transição revolucionária por intermédio de um partido político, mais ou menos constitucional, baseado nas instituições de classe e com uma estratégia socialista claramente articulada, cujas reformas cumulativas levem o país a um ponto crítico quanto ao equilíbrio de classes. O terceiro é provocar o colapso das velhas instituições de classe e sistemas de valores e a criação de outros novos mediante mudanças adicionais de longo alcance na composição sociológica dos grupos que constituem a classe histórica.

A segunda possibilidade é a mais debatida na esquerda britânica, embora, a meu ver, a terceira – ou alguma combinação da segunda com a terceira – ainda deva ser levada em conta. É abundantemente evidente que o operariado tem alcançado posições de poder no âmbito da sociedade capitalista. É *evidente* que, "no balanço final de forças", a "permanente superioridade líquida da classe hegemônica" não está em discussão[55]. É óbvio que a tarefa da esquerda tem sido há muito tempo formar aquilo que Nairn descreve como "uma síntese ideológica e prática que articule o imediatismo das reformas com o ideal mais remoto de uma sociedade socialista"[56]. É exatamente esta a perspectiva que a antiga Nova Esquerda colocou para si, ainda que a chamássemos, um pouco mais sucintamente, de "táticas reformistas no âmbito de uma estratégia revo-

---

55. *Origins*, p. 49-50.
56. Nairn – l, p. 64.

lucionária". Causa satisfação ver toda essa pesada artilharia teórica finalmente mirar a mesma área de alvo. Mas, de todo modo, qualquer que seja o método analítico usado, boa parte disso é mero exercício retórico; formulamos um problema, mas não nos aproximamos de sua solução. O real trabalho de análise permanece: a análise sociológica de grupos em mutação, tanto no estrato horista como no mensalista; os pontos de potencial antagonismo ou aliança; a análise econômica; a análise cultural; e a análise política, não só das formas de poder de Estado, mas igualmente das burocracias do movimento trabalhista. Por mais assistemática e inacabada nossa abordagem, julgo que estávamos de fato avançando nesse trabalho mais do que a nova Nova (*sic*) Esquerda, com sua hostilidade ao "empirismo" (isto é, atenção a fatos inconvenientes) e sua pressa em costurar a história segundo moldes pré-desenhados – o poderia ser.

Um exemplo do esquematismo de nossos autores está na noção gramsciana de "hegemonia". "Hegemonia", nos diz Anderson,

> foi definida por Gramsci como o domínio de um bloco social sobre outro, não simplesmente por meio de força ou riqueza, mas mediante uma autoridade social total cuja sanção e expressão últimas é uma profunda supremacia cultural (...). A classe hegemônica é o determinante principal da consciência, do caráter e dos costumes em toda a sociedade.

Anderson adiciona a isso a antítese de uma "classe corporativa". O proletariado inglês surgiu no século XIX como uma classe "distinguida por uma *consciência de classe corporativa imutável e quase nenhuma ideologia hegemônica*":

> Este paradoxo é o fato singular mais importante acerca da classe trabalhadora inglesa. Se uma classe hegemônica pode ser definida como aquela que *impõe seus próprios fins e sua própria visão à sociedade como um todo,* uma classe corporativa, inversamente, *é aquela que busca alcançar seus próprios fins no âmbito de uma totalidade social cuja determinação global se acha fora dela.*

Uma resposta breve a isso é: segundo essa definição, *só* uma classe dirigente pode ser hegemônica e, pela mesma definição, uma classe subordinada *tem* de ser "corporativa". Mas Anderson leva isso para o terreno da aspiração ideológica:

403

> Uma classe hegemônica busca transformar a sociedade à sua própria imagem, inventando novamente seu sistema econômico, suas instituições políticas, seus valores culturais e todo seu "modo de inserção" no mundo. Uma classe corporativa busca defender e melhorar sua própria posição em uma ordem social aceita como dada"[57].

A partir daí, Anderson e Nairn podem empregar termos como "hegemônico" e "corporativo" exatamente da mesma maneira que os socialistas costumavam empregar os termos "revolucionário" e "reformista". Não temos aqui um novo instrumento de análise, mas a sofisticação do antigo[58].

Os novos termos poderiam representar um avanço em relação aos antigos; ou isso pode não importar. Mas seria uma infelicidade se esse uso forçado do conceito viesse a distrair a atenção das intuições de Gramsci, originais e profundamente enraizadas na cultura (embora com frequência ambíguas). Gramsci não escreveu sobre classes hegemônicas, mas sobre a hegemonia de uma classe – "a hegemonia de um grupo social sobre toda a sociedade nacional, exercida através das chamadas organizações privadas, como o são a Igreja, as municipalidades, as escolas etc." Ou, nas palavras de um comentador sensível:

> Por "hegemonia" Gramsci parece indicar uma situação sociopolítica, em sua terminologia, um "momento" em que a filosofia e a prática de uma sociedade se fundem ou ficam em equilíbrio; uma ordem em que certo modo de viver e de pensar é dominante, em que um conceito da realidade se difunde em todos os planos da sociedade em todas as suas manifestações institucionais e privadas, informando com seu espírito todo o gosto, moralidade, costumes, princípios religiosos e políticos, bem assim todas as relações sociais, particularmente em sua conotação moral e intelectual. Isso implica um elemento de direção e controle não necessariamente consciente. Essa hegemonia corresponde a um poder de estado concebido na terminologia marxista convencional como ditadura de classe[59].

---

57. *Origins*, p. 39 e 41.

58. Cf. as críticas de Gwyn Williams (*ubi infra*) a Togliatti por sua "crua vulgarização, com classes rivais vestindo suas ideologias como uniformes, uma grosseira mutilação das teses de Gramsci".

59. Cf., especialmente, A. Gramsci, *Il materialismo storico* (Turim, 1955). Não sei italiano a ponto de oferecer traduções. Sigo aqui a notável análise de Gwyn Williams, "The concept of Hegemonia

Gramsci estava rompendo com o modelo esquemático a que Lenin havia reduzido a teoria do Estado em *O Estado e a Revolução*, e lhe conferindo assim uma flexibilidade e uma ressonância cultural muito mais amplas. O poder de classe poderia agora ser visto não mais apenas como uma ditadura maldisfarçada, mas de formas bem mais sutis, penetrantes e, portanto, mais atrativas*.

Não posso dizer se os conceitos de Gramsci superam plenamente as dificuldades inerentes ao modelo marxista de poder de classe, mas por certo não trazem nenhuma autorização para seu uso à maneira de Anderson e Nairn: *um estado de hegemonia* não pode ser reduzido a uma propensão adjetivante atribuída a uma classe. A antítese da hegemonia de uma classe parece ser, não o corporativismo de uma outra classe, mas um estado de ditadura declarada de uma classe que não dispõe de recursos culturais nem de maturidade intelectual para deter o poder de outro modo (ou seja, aquilo que Gramsci denominou "Estado como força" ou "estatolatria", condição que segundo sugestão sua se seguiu à Revolução Russa). Estritamente, esse conceito só pode ser relacionado ao poder de Estado, não sendo aplicável a uma classe subalterna que, pela natureza de sua situação, não pode dominar o etos de uma sociedade. Pode haver um sentido em que uma classe subordinada poderia *se preparar* para a hegemonia, e avançar na direção de alcançá-la, ao exercer uma influência crescente sobre a vida intelectual e moral de uma nação no âmbito de suas instituições educacionais, do controle de órgãos de governo local etc. Mas está claro que é mais provável que se tente isso com a mediação de um partido político (como o extinto Partido Comunista Italiano) *em lugar da* classe – e, de súbito, passemos a um contexto muito diferente da confiante dominação de classe sugerida por *egemonia***. O máximo que nos é dado dizer é que uma classe subalterna pode exibir uma hegemonia embrionária, ou uma hegemonia em áreas restritas da vida social.

---

in the thought of Antonio Gramsci. *Journal of the History of Ideas,* XXI, 4, October-December 1960, p. 586-599. Cf. ainda H. Stuart Hughes, *Consciousness and Society* (1959), p. 101ss.

* No inglês britânico, *compulsive* nesse contexto pode ser traduzido por algo que sugira "interessante". "Atrativa" me pareceu pertinente. N.T.

** Em italiano no original. N.T.

O perigo inerente à aceitação desses novos termos é que somos levados a supor que alguma explicação radicalmente nova foi fornecida, quando na verdade são apenas novos modos de descrever um conjunto de fatos há muito conhecido. E a nova descrição não consegue atribuir o peso adequado nem ao vigor sociológico do reformismo britânico nem às suas realizações reais. Ele é forte porque, com limitações muito sérias, tem funcionado. Embora não devamos jamais esquecer a sombra do imperialismo que paira sobre nós, a Grã-Bretanha tem sido uma sociedade comparativamente humana; foram consolidados certos valores democráticos que estão longe de manifestos no mundo socialista; o poder de barganha dos trabalhadores é grande, não só quanto a salários como também quanto a um amplo espectro de demandas adicionais. A classe trabalhadora britânica tem-se entrincheirado em uma densa rede de posições defensivas. E se há tantas décadas vem se recusando a sair delas e a assumir uma postura ofensiva, o motivo não é apenas algum conservadorismo "corporativo", mas também uma rejeição ativa daquilo que parecia ser a única ideologia e estratégia alternativa – o comunismo.

Eis a mais espantosa lacuna das teses de Anderson e Nairn. Este conseguiu o impossível: uma anatomia do trabalhismo, de 25 mil palavras, cobrindo os últimos 50 anos, na qual o comunismo como influência efetiva, seja ela interna ou externa, jamais aparece[60]. Isto equivale a escrever *O morro dos ventos uivantes* sem Heathcliffe. Nossos autores protestaram tanto contra o isolamento dos britânicos que tiveram os olhos nublados por uma cegueira voluntariosa. Eles deveriam olhar um mapa: aqui está a ilha, e lá, cruzando-se algumas milhas de água, estão os outros países. Essas águas por vezes foram atravessadas. Essa cidade, Londres, não fica na região antártica, mas tem sido, na companhia de Paris, Viena e Praga, uma grande capital *europeia*. Em seu East End têm chegado muitas levas de refugiados e trabalhadores imigrantes. As universidades têm recebido levas e levas de intelectuais emigrados. Por essas águas chegaram, nos anos de 1930, ondas e ondas de refugiados do fascismo; por essas águas saíram, no início dos anos de 1940, ondas e ondas de tropas para ajudar na libertação do sul e do oeste da Europa; e por essas águas

---

60. Só vi uma menção a uma influência interna: "depois de 1941, com a aliança soviética, o comunismo virou moda", Nairn – 2, p. 37.

chegou, no final dos anos de 1940 e de 1950, mais uma onda de refugiados do Leste Europeu.

O comunismo é parte inerradicável da história do trabalhismo britânico há cerca de 50 anos. Não alimento a esperança de apontar aqui o alcance de sua irradiação tanto na vida intelectual como nas "grutas empedernidas" do sindicalismo. Nem creio que essa influência, com toda a sua ambiguidade, já tenha encontrado um intérprete. Aqueles de nós que viveram a experiência nunca poderão mantê-la a distância que a análise requer. Em certo sentido, o comunismo tem estado presente, desde 1917, na condição de polo oposto da ala direita ortodoxa do trabalhismo. O anticomunismo forneceu uma apologia à paralisia, uma capa ideológica à acomodação, que são os principais meios mediante os quais a socialdemocracia ortodoxa (por vezes em ativa associação com empresários, a imprensa popular ou o Estado) buscou isolar a esquerda. As grandes traições e retrocessos – e mais particularmente os posteriores a 1945 (Bevin, Deakin, Gaitskell) – se acompanharam de um crescendo de propaganda e medidas anticomunistas.

Em outro sentido, o comunismo foi sempre o *alter ego* da esquerda sindical e trabalhista. É, antes de tudo, um erro elementar supor que a influência política e industrial do Partido Comunista Britânico – ou sua influência intelectual – possa ser avaliada por uma contagem de carteirinhas. Em algum ponto dessa história se haverá de encontrar uma pista fundamental do circuito rompido entre teoria e práxis quando os militantes de 1920, seguindo as orientações de Lenin, formaram um grupo isolado, com sua intensa vida interior, e assumiram o modelo de autoisolamento já fixado pela Federação Social-Democrata. Essa história é em si muito importante, principalmente nos anos de 1930 e de 1940, e não menos em termos de consequências intelectuais. E, além disso, a incompreensão por Nairn da vacilação estratégica e das ambiguidades teóricas da esquerda trabalhista teria sido menor se ele tivesse examinado as relações peculiarmente íntimas – embora nem sempre cordiais – entre essa esquerda e o Partido Comunista. As grandes crises traumáticas da esquerda nos últimos 30 anos ocorreram em algum ponto aqui – os expurgos soviéticos, a Espanha, o pacto germano-soviético, Praga, o zhdanovismo, a

Revolução Húngara –, mas ainda assim a esquerda trabalhista e mais especialmente seus sindicatos agiram, por longos períodos, a partir de bases ideológicas e, em certa medida, organizacionais, totalmente externas ao Partido Trabalhista. Essas bases foram mantidas pelo Partido Comunista: em sua imprensa, em seus sindicatos e na militância no local de trabalho, e, de tempos em tempos, em organizações de frentes populares muito mais amplas.

A natureza vital dessa relação não veio de alguma fraqueza nacional peculiar, mas das exigências do contexto histórico e na imersão da Grã-Bretanha nele. Circunstâncias semelhantes, que assumiram formas diferentes, podem ser observadas nos outros países. E, com exceção da Itália, a esquerda dos outros países não tem tido maior facilidade para romper esse campo de força ideológico para construir autênticas bases independentes, libertas não só da infiltração comunista como também das recriminações obsessivas e do vanguardismo autodramatizador, tantas vezes presentes na tradição trotskista. Houve um dia um fio de esperança de que nossa Nova Esquerda pudesse, de maneira embrionária, fazer exatamente isso. E o "milagre" da CND foi um fenômeno relacionado em que a falência moral do PC depois de 1956 acabou por dar origem ao ressurgimento de uma esquerda *independente*. Foi um momento histórico precioso e, considerando que o perdemos, foi uma clara derrota.

Derrotas acontecem. As velhas compulsões ideológicas se enfraquecem ano após ano, e a oportunidade pode voltar. Mas a ideia de nossos Primeiros Marxistas Brancos, de que basta proclamar um "marxismo" indefinido para que a *intelligentsia* nativa abandone seus ritos empíricos primitivos e corra em sua direção para ser batizada, decorre de equívocos particularmente obtusos. Faz já algum tempo, cem anos, digamos, que tem havido trânsito marxista nestas costas. Ele assumiu muitas formas. Como padrão de atração e repulsa, o marxismo e o antimarxismo permeiam nossa cultura. Atingem também nosso movimento trabalhista, e de modo bem mais amplo do que supõem nossos autores. Não é preciso abordar as deficiências do marxismo da SDF e do PC. O movimento característico tem sido aquele no qual centenas de milhares de pessoas no movimento operário passaram por algum tipo de experiência educacional marxista e terminaram, passados alguns anos – desiludidos com sua irrelevância ou seu tom doutrinário –, em alguma variante *marxizante* eclética, articulada ou inarticulada, e sujeitada pelo idiomatismo empírico. Talvez 100 mil pessoas tenham passado pela SDF; um número várias vezes maior deve ter passado pela grande correia de transmissão do PC e seus auxiliares: as seitas trotskistas atuais repetem, com maior intensidade faccionária, essa mesma experiência. Se deixarem de lado por um momento suas revistas parisienses e encontrarem as pessoas reais do movimento operário, nossos autores vão considerar muitos deles bem mais sofisticados que os *semplici* conservadores de sua imaginação.

Vão ainda descobrir que, em seu papel autoproclamado de *illuminati*, encontrarão tediosos obstáculos. Quando afirma que o "marxismo é o único pensamento que integrou rigorosamente a análise estrutural e a do desenvolvimento, sendo ao mesmo tempo pura historicidade (negação de todas as essências supra-históricas) e funcionalismo radical (as sociedades são totalidades significativas)[61], Anderson provoca, mesmo entre os de boa vontade, uma tendência a fazer ouvidos moucos. Quando Nairn aclama o marxismo como "ao mesmo tempo a doutrina natural da classe trabalhadora e a realização de uma nova síntese do Iluminismo com os mais altos estágios do pensamento burguês em uma nova síntese"[62], a plateia começa a arrastar os pés e tossir. *Este é um velho país europeu.* Já vimos não apenas a chuva que o novo Deus levou a outros países, mas também o trovão e o relâmpago – o *déluge* [dilúvio] de sangue. Ao longo de mais de uma geração, os intelectuais britânicos têm feito pouco mais do que apresentar projetos para a Arca.

V

Nossa cultura intelectual é tornada sensível aos conceitos marxistas por centenas de maneiras. Algumas das mais formidáveis posições da reação estabelecida foram apresentadas em polêmicas com o marxismo. A crise de

---

61. "Portugal and the End of Ultra-Colonialism", *NLR*, 17, p. 113. Não pretendo fazer nenhuma crítica geral a esse estudo deveras competente.
62. Nairn – 1, p. 43.

confiança no comunismo lançou uma parte substancial da *intelligentsia* de esquerda dos anos de 1930 de volta ao velho padrão de recuo cultural estabelecido na época da Revolução Francesa. Porém de forma alguma todos os membros daquela geração intelectual – e menos ainda aqueles do desencanto de 1956 – assumiram o padrão de sempre. Pelo contrário, nossa vida intelectual manifesta, com respeito à esquerda, um estranho ecletismo *marxizante* – uma submissão assistemática e por vezes mal-articulada de um marxismo residual ao idioma empírico. Qualquer novo *núncio* marxista que aqui aporta deve esperar encontrar não apenas uma oposição muito bem informada, mas igualmente um questionamento profundo da parte daqueles dispostos a lhe dar ouvidos. E os questionadores têm em particular o direito de perguntar sobre os pontos em que esse novo marxismo se distinguiria do de ideólogos stalinistas e pós-stalinistas.

Pode ser útil, para concluir, retomar alguns problemas teóricos relativos ao marxismo e à história que surgiram neste artigo. Os mais importantes se referem a um modelo do processo histórico que sem dúvida derivou de Marx. Embora nossos autores tenham criado algumas dificuldades por sua própria conta, dada sua formação histórica imperfeita ou sua abordagem superesquemática, outras deficiências parecem inerentes ao próprio modelo. Podemos examinar, dentre elas, as seguintes: 1) a questão do modo correto de uso de *todo* modelo; 2) a questão da base-superestrutura; 3) a dificuldade da representação costumeira do processo "econômico"; 4) o conceito de classe; e 5) os problemas advindos de um modelo ideológico preocupado com questões do poder. Como cada uma delas foi apresentada ao longo do percurso, podemos proceder agora com o mínimo de exemplificação.

I) Um modelo é uma metáfora do processo histórico. Indica não só suas partes significativas como a forma pela qual se inter-relacionam e se alteram. Em certo sentido, a história se mantém irredutível: permanece sendo *tudo* o que aconteceu. Em outro, a história só se torna história quando há um modelo: quando as mais elementares noções de causa, processo ou padronização cultural entram em cena, adotou-se algum modelo. O melhor é que esse modelo seja explicitado. Mas, no próprio momento em que é explicitado, o modelo começa a petrificar-se em axiomas. Não há nada mais fácil que levar um modelo *até* o desenvolvimento proliferador da realidade, selecionando-se apenas as evidências que se enquadram nos princípios de seleção. Sugeri que foi isso que Anderson fez com a Revolução Inglesa. Quase podemos ouvir o estiramento de texturas históricas enquanto as vestes dos eventos ingleses ("lentes *parcialmente* contingentes, mas *predominantemente* inteligíveis") são forçadas a cobrir o peitudo modelo de *La Révolution Française*. No final, com algumas costuras rompidas, o trabalho é realizado; ele sempre pode ser. No entanto, se os primeiros marxistas tivessem sido menos obcecados com a Revolução Francesa e se preocupado mais com a Inglesa, o próprio modelo poderia ter sido diferente. Em vez de um único momento de clímax, *a* Revolução, poderíamos ter tido um modelo mais cumulativo, um modelo de época, com mais de uma transição crítica.

Um perigo adicional é que um modelo, mesmo quando seu uso é flexível, predispõe o observador a olhar apenas para *certos* fenômenos e a examinar a história em busca de *conformidades*, quando talvez as evidências descartadas ocultem novas significações.

Temos de prescindir dos modelos? Se o fizermos, deixaremos de ser historiadores, ou nos deixaremos escravizar por algum modelo que nós mesmos mal conhecemos em alguma área inacessível de preconceitos. A questão é, antes: como utilizar um modelo com propriedade? Não há resposta simples. No momento mesmo de empregá-lo, o historiador tem de poder considerá-lo com um ceticismo radical e manter-se aberto a respostas para evidências para as quais não disponha de categorias. Na melhor das hipóteses – vista às vezes nas cartas de Darwin ou de Marx –, temos de esperar por um delicado equilíbrio entre os procedimentos de síntese e os empíricos, uma batalha entre o modelo e a realidade. Esta é a tensão criadora que está no cerne do processo cognitivo. Sem essa dialética não pode haver crescimento intelectual.

Essa dialética está sempre entrando em desequilíbrio. Não podemos fazer coisa alguma sem aceitarmos um modelo aproximado como base de nosso trabalho. E o *hábito* do modelo assume tamanha força, sendo frequentemente suplementado por determinações ideológicas, que se torna quase impermeável à crítica empírica. Ou, sob o impacto de uma série de "grandes fatos", se desintegra por inteiro, e singramos então mares de fenômenos nunca dantes navegados. A tradição marxista se acha hoje dividida nas duas direções: de um lado, uma variedade de ortodoxias concorrentes, todas elas esquemáticas e, do outro, destroços e lastros de um sistema que aderna em águas empíricas. É de modo geral verdade que muito poucos neste país examinaram com suficiente audácia e persistência quão valioso pode ser, não revisar ou reformular, mas tentar uma reestruturação radical do modelo.

2) Sugeri em 1957 que um dos pontos vitais da questão estava na inadequação do modelo de base e superestrutura[63]. Não tenho a menor ilusão de que minhas incursões na teoria tenham sido quer hábeis quer originais. Reivindico apenas certa obstinação: milhares dentre nós têm percorrido essa estrada intelectual, mas bem poucos deixaram mapas claros ou assinalaram os becos sem saída.

A relação dialética entre ser social e consciência social – ou entre "cultura" e "não cultura"[64] – está no cerne de toda compreensão do processo histórico no âmbito da tradição marxista. Se tiramos isso, esvaziamos por completo essa tradição. Quando chegaram a esse ponto da estrada, meus colegas, de modo geral, ou abandonaram a tradição (mas eu não posso ver nenhuma outra que compreenda essa dialética) ou tentaram sofisticar o modelo (porém, por mais que enfatizem as complexidades etc., o modelo continua a produzir resultados errados). Assim, estamos paralisados.

Isso pode dever-se ao fato de que estamos lidando com um pseudoproblema. A tradição herdou uma dialética que está correta, mas a metáfora mecânica por meio da qual ela se exprime está errada. Essa metáfora, vinda da engenharia civil (semelhante às metáforas de compartimentos e termos de construção apreciados por alguns sociólogos) tem de todo modo de ser inadequada para descrever o fluxo do conflito, a dialética de um processo social mutável. Uma metáfora do reino vegetal ("esta ideia está enraizada neste contexto social" ou "floresceu neste clima") muitas vezes é mais útil, uma vez

---

63. Cf. "Socialist Humanism", *New Reasoner*, 1, 1957.
64. Cf. minha discussão do texto de Raymond Williams "The Long Revolution", *NLR*, 9 e 10.

que envolve a noção de crescimento orgânico, tal como, em alguns casos, as metáforas biológicas ("simbiose", "esclerose" etc. de Anderson). No entanto, elas ainda excluem a dimensão *humana*, as iniciativas da cultura humana – a dificuldade (se seguirmos a metáfora vegetal até o fim) não é que a árvore não possa pensar, mas que, caso pensasse, seu pensamento não poderia mudar – por mais imperceptivelmente que fosse – o solo em que está enraizada. No final, a dialética da dinâmica social não pode ser vinculada a nenhuma metáfora que exclua os atributos humanos. Só podemos descrever o processo social – como Marx mostrou em *O 18 Brumário* – escrevendo história. E, ainda assim, terminaremos apenas com um relato de um processo *particular*, e um relato seletivo.

Todas as metáforas que se costuma oferecer tendem a levar o pensamento a modos esquemáticos e distantes da interação entre ser e consciência. Seja como for, quão útil o modelo base-superestrutura tem se mostrado para o exame de todos os "grandes fatos" do século XX – nacionalismo ocidental ressurgente, nazismo, stalinismo, racismo? Embora ele ofereça um ponto de partida, a análise *real* desses fenômenos tem de assumir formas bem distintas daquelas em que a "superestrutura" geralmente se apresenta para interferir de maneiras totalmente impróprias em sua "base". O modelo tem, na verdade, uma tendência inerente ao *reducionismo*, algo deveras evidente em Anderson:

> (...) os termos ideológicos com que a luta foi travada eram sobretudo religiosos e, por isso, ainda mais dissociados das aspirações econômicas do que os idiomas políticos o costumam[65].

E não menos evidente em Nairn:

> (...) a consciência real é mediatizada pelo complexo das superestruturas, e apreende o que lhes é subjacente apenas parcial e indiretamente[66].

O reducionismo é um lapso na lógica histórica por meio do qual eventos políticos ou culturais são "explicados" em termos das afiliações de classe dos atores. Quando se estabelece entre esses eventos uma conexão, ou relação

---

65. *Origins*, p. 28.
66. Nairn – 1, p. 44.

causal, (na "superestrutura") com certa configuração de interesses de classe (na "base"), pensa-se que exigências de explanação histórica – ou pior, de avaliação – sejam satisfeitas ao se caracterizar essas ideias ou eventos como burgueses, pequeno-burgueses, proletários etc. O erro do reducionismo não reside em estabelecer essas conexões, mas na sugestão de que as ideias ou eventos são, em essência, *o mesmo* que o contexto causal – que ideias, crenças religiosas ou obras de arte podem ser reduzidas (tal como se reduz uma equação complexa) aos "reais" interesses de classe que exprimem.

Mas não é porque conhecemos o contexto causal em que um evento histórico se desenvolveu que esse evento pode ser explicado ou esclarecido em termos causais. Deve-se atentar para a autonomia dos eventos políticos ou culturais, que, não obstante, são causalmente condicionados por eventos "econômicos": Uma psicologia que reduza a infinita variedade da expressão sexual (do amor platônico a um estupro nos pântanos Romney) a "sexo" nos dirá tudo e nada. E uma história e uma sociologia que reduzam continuamente uma superestrutura a uma base são falsas ou tediosas. A Velha Corrupção permanece sendo Velha Corrupção. Os conflitos religiosos da Revolução Inglesa não foram "aspirações econômicas" diluídas em ilusões, mas sim conflitos em torno da autoridade e da doutrina da Igreja. Só entenderemos a intensidade do conflito, a tenacidade dos autoritários ou a energia dos puritanos se entendermos que espécie de gente eles eram e, em consequência, o contexto socioeconômico. Mas a mediação entre "interesse" e "crença" não era obra dos "complexos de superestruturas" de Nairn, mas *do próprio povo*. Os puritanos não apreciavam a autoridade da Igreja por serem pessoas que já haviam dispensado a autoridade do Estado na vida prática (ou se ressentiam dela). E os autoritários defendiam a Igreja estatal com tamanha tenacidade porque sentiam que seu *status* e poder – toda uma maneira de organizar a vida – estavam escapando de suas mãos e tinham de ser defendidos em algum momento. Para compreender essa mediação precisamos não de uma metáfora extraordinariamente desajeitada e irrelevante, mas de uma psicologia social sutil e responsiva.

3) O problema consiste em encontrar um modelo para o processo social que admita a autonomia da consciência social em um contexto que, em úl-

tima instância, sempre foi determinada pelo ser social. Pode algum modelo abarcar a dialética humana singular em que a história não aparece de maneira voluntariosa nem fortuita, nem *regida por leis* (no sentido de ser determinada por leis involuntárias do movimento) nem ilógica (no sentido de que se pode observar certa *lógica* no processo social)?

> O que fez tudo isso foi a mente, porque os homens o fizeram com inteligência; não foi o destino, porque o fizeram por escolha; não foi por acaso, porque os resultados de seu agir sempre assim são perpetuamente os mesmos.

Mas, de igual forma, como Vico também sabia, não foi a *vontade*, porque o resultado foi "completamente oposto... aos fins particulares que os homens se haviam proposto"[67]. "O que falta a todos esses senhores é dialética", explodiu Engels quando, em seus últimos anos, tentava revisar o modelo esquemático que ele, mais do que Marx, foi responsável por implantar:

> Eles nunca veem nada exceto aqui causa e ali efeito. Que isso é uma abstração vazia, que essas oposições polares metafísicas só existem no mundo real durante crises, enquanto todo o vasto processo procede na forma da interação (embora de forças muito desiguais, sendo o movimento econômico de longe o mais vigoroso, mais elementar e mais decisivo), e que, aqui, tudo é relativo e nada absoluto – eis o que eles sequer começam a ver[68].

O problema aqui é de dois tipos. O primeiro não se refere tanto à validade do modelo quanto à sua funcionalidade. Se o "movimento econômico" é lançado de volta em uma área de causação última, então, assim como a primeira causa de Bacon, podemos esquecê-lo no empíreo. Se nós o relegamos à determinação em última instância (e nesse caso apenas na acepção de que as relações de produção contêm certas fontes de conflito características e inerradicáveis, assim como certos limites que a evolução social não pode transcender), então se pode perguntar: até que ponto – exceto em momentos de transição entre épocas históricas – esse modelo tem alguma relevância real?

---

67. *Autobiography of Giambattista Vico* (Cornell, 1944), p. 55.
68. *Selected Correspondence*, p. 484.

Podemos supor contextos de época – feudal, capitalista, socialista – nos quais é possível uma variedade sem fim de formas de poder de Estado, modificações das relações sociais etc. Jamais podemos imaginar sua extensão e diversidade porque, sendo a história rica como é, nunca podemos esgotar as possibilidades. Mas, embora infinito, o número de variantes só o é no âmbito das categorias de "espécies" sociais. Do mesmo modo como, embora possa haver um número ilimitado de permutações de raças de cachorros e de cruzamentos de raças, todo cachorro é canino (eles cheiram, latem, bajulam os seres humanos), assim também todos os capitalismos permanecem capitalistas (nutrem valores aquisitivos; têm por natureza necessidade de explorar o proletariado etc.). A transmutação de uma espécie para outra é o que denominamos revolução[69]. Quando, porém, (como historiadores) estamos no meio de um período histórico, as características de uma época podem, para nós e para as gerações ali presentes, parecer insignificantes diante das particularidades locais. Para as pessoas importava não se era ou não capitalismo, mas se era um capitalismo cruel ou um capitalismo tolerável, se os homens eram lançados em guerras, se estavam sujeitos a inquisições e prisões arbitrárias ou se havia alguma liberdade pessoal e de organização.

A fim de seguir esse pensamento até as últimas consequências, ultrapassei o garantido, porque não suponho (não mais do que Engels) que o "movimento econômico" opere somente em termos de transições de épocas. Ele está presente o tempo inteiro, definindo não apenas uma época, mas também as formas características de conflito e de desequilíbrio social no cerne dessa época. Surge, contudo, uma segunda dificuldade em relação à representação marxista costumeira do termo "econômico". Uma parte disso, suficientemente compreendida, é a assimilação grosseira de forças produtivas e relações de produção, que alcançou seu apogeu com Stalin. Mas mesmo que estabeleçamos uma clara distinção, a noção de relações econômicas (em oposição a relações sociais, morais, culturais) mostra ser uma categoria analítica e não uma distinção que possa ser confirmada pela observação empírica.

---

69. Uso isso apenas para fins de analogia. Está claro que a metáfora das espécies introduz novos perigos e novos tipos de rigidez.

> Produção, distribuição e consumo não são apenas plantio, transporte e alimentação, mas também planejamento, organização e desfruto. Faculdades imaginativas e intelectuais não estão confinadas à "superestrutura" e erigidas sobre uma "base" de coisas (incluindo homens-coisas); elas estão implícitas no ato criado do trabalho que torna o homem homem[70].

Antropólogos e sociólogos já demonstraram o bastante o entrelaçamento inextricável entre relações econômicas e não econômicas na maioria das sociedades, bem como a interseção entre satisfações econômicas e culturais. Os historiadores que conseguiram escapar das armadilhas da *Economic History Review* (ou da *Marxism Today*) começam a entender a questão. Até o final do século XVIII o povo comum da França e da Inglaterra aderia a um profundo sentimento de "economia moral" para o qual a simples noção de um "preço econômico" (isto é, a dissociação entre valores econômicos e obrigações morais e sociais) para o trigo constituía uma ofensa à sua cultura. E algo dessa economia moral resiste em partes da Ásia e da África até hoje. Além disso, na Inglaterra foram necessários 200 anos de conflito para subjugar o operariado à disciplina dos estímulos econômicos diretos, e esse domínio nunca deixou de ser parcial.

As próprias categorias da economia – a ideia de que é possível separar as relações sociais econômicas das não econômicas, de que todas as obrigações humanas, exceto o vínculo com a moeda corrente, podem ser dissolvidas – foram o produto de uma fase particular da evolução capitalista. Christopher Caudwell* descreveu o movimento sob um aspecto:

> (...) enquanto nas primeiras civilizações [a] relação entre os homens é consciente e clara, na cultura burguesa, ela está disfarçada como um sistema livre de relações compulsórias de domínio entre os homens contendo apenas relações inocentes entre os homens e uma coisa (...). Ao se libertar de toda restrição social, o burguês se sentiu justificado em manter uma única restrição, a da propriedade privada, porque esta não lhe parecia em abso-

---

70. "Socialist Humanism", loc. cit., p. 130-131.

* Um dos primeiros críticos marxistas ingleses, que influenciou tanto Hobsbawn como Thompson. N.T.

luto uma restrição, mas sim um direito inalienável do homem, o direito humano fundamental.

E mais:

> Em todas as relações distintamente burguesas, é característico que se descarte por completo a ternura, pois a ternura só pode existir entre os homens, e, no capitalismo, todas as relações parecem ser entre um homem e uma mercadoria (...). O homem é completamente livre, exceto do pagamento do dinheiro. Eis o caráter manifesto das relações burguesas[71].

Desse movimento podemos deduzir um contramovimento – que na verdade alcançou plena expressão na grande crítica romântica do capitalismo que é um dos tópicos do livro de Williams, *Culture and Society* – surgido quando homens que estavam no universo real e mental da "economia política", do qual parecia não haver escapatória, ainda assim se rebelaram contra as consequências dessa racionalidade desumanizada em nome de valores mais amplos e obrigações humanas sagradas.

Marx e Engels, no entanto, consideraram essa economia política seu antagonista direto, e recorreram a suas próprias categorias de análise a fim de derrubá-la. Foram inevitavelmente marcados pelo confronto. Não nos primeiros manuscritos filosóficos de Marx (que partilham muitas posições românticas), mas em seu pensamento maduro, o homem *econômico* revolucionário é oferecido como antítese do homem *econômico* explorado. Contudo, em primeiro lugar isso era deduzir demais a partir de uma fase particular da evolução capitalista. Os modos de exploração têm variado enormemente, não apenas entre épocas, mas em momentos distintos de cada uma delas. Não podemos ler Marc Bloch e sair com a ideia de que a exploração feudal era, em todo sentido contemporâneo, principalmente econômica, em oposição a militar, política etc. Na Inglaterra do século XVIII, os trabalhadores manufatureiros, mineiros e outros eram bem mais conscientes de ser explorados como consumidores pelos capitalistas agrários e atravessadores do que por seus pequenos empregadores mediante o trabalho assalariado. E neste

---

71. C. Caudwell, *Studies in a Dying Culture* (1938), p. 101, 151.

país a exploração cultural e a dos consumidores são hoje tão evidentes quanto a exploração "no coração da produção" e talvez tenha mais probabilidade de se traduzir explosivamente em consciência política. Em segundo lugar, temos de ser cautelosos ao pensar em um movimento "econômico" oposto a um movimento cultural, moral etc. Quando reuniu a crítica romântica e a marxista e escreveu sobre a "baixeza moral inata" do sistema capitalista, William Morris não descreveu uma superestrutura moral derivada de uma base econômica. Ele quis dizer – e o demonstrou abundantemente – que a sociedade capitalista estava fundada em formas de exploração *simultaneamente* econômicas, morais e culturais. Tomemos a relação produtiva determinante essencial (propriedade privada dos meios de produção e produção para fins de lucro), viremo-la, e ela se apresenta ora em um aspecto (trabalho assalariado), ora em outro (um etos aquisitivo) e depois em mais um (a alienação de certas faculdades intelectuais julgadas desnecessárias ao trabalhador em seu papel produtivo).

Mesmo que "base" não fosse uma metáfora ruim, teríamos de acrescentar que, seja qual for seu significado, ela não é apenas econômica, mas também humana – uma relação humana característica em que se entra involuntariamente no processo produtivo. Não questiono que esse processo possa ser descrito em linhas gerais como econômico e que podemos então concordar que o "movimento econômico" mostrou-se o "mais elementar e decisivo". Mas minha discussão de definições pode ter algum interesse além do semântico se se considerarem dois aspectos. Em primeiro lugar, no curso real das análises históricas ou sociológicas (bem como políticas) tem grande importância recordar que os fenômenos sociais e culturais não correm atrás dos econômicos a partir de algum recôndito; eles se acham, em sua origem, imersos no mesmo nexo relacional. Em segundo, embora uma forma de oposição ao capitalismo se funde no antagonismo econômico direto – resistência à exploração, seja como produtor ou como consumidor –, outra forma é justamente a resistência à tendência inata do capitalismo de reduzir todas as relações humanas a definições econômicas. Esses dois aspectos na verdade estão inter-relacionados, mas não há como saber, de modo algum, qual deles vai ser, no final, o mais revolucionário. Sugeri que uma maneira de ler o movimento da classe trabalhadora durante a Revolução Industrial seria como um movimento de resistência à anunciação do homem econômico. A crítica romântica é outro tipo de resistência, com implicações revolucionárias. A mais recente longa luta para conquistar serviços em prol do bem-estar humano é parte do mesmo impulso profundamente anticapitalista, mesmo que capitalismos avançados tenham mostrado uma grande flexibilidade para assimilar suas pressões[72]. Caudwell escreveu: "A miséria do mundo é econômica, mas isso não significa que ela seja dinheiro vivo. Esse é um erro burguês". É um erro em que os marxistas estão demasiado dispostos a incorrer. E, na conclusão de seu estudo sobre o "Amor", Caudwell apresentou um argumento talvez simétrico demais:

> É como se as relações amorosas e as econômicas tivessem se agrupado em dois polos opostos. Toda a ternura não usada dos instintos do homem se reúne em um polo, e as relações econômicas no outro, reduzidas a meros direitos coercitivos a mercadorias. Essa segregação polar é a fonte de uma terrível tensão e dará origem a uma vasta transformação da sociedade burguesa[73].

Porque os homens, esporadicamente, não desejam apenas satisfações econômicas diretas, mas igualmente se libertar do grotesco disfarce "econômico" que lhes impõe o capitalismo para então reassumir forma humana.

4) Não há dúvida de que Anderson poderia, ao refletir, aceitar algumas dessas sugestões. O fato de ele ter consciência das inadequações do modelo pode ser percebido em sua ênfase nas complexidades tanto quanto nas observações reais e sutilezas em seu manejo dos fenômenos políticos. Onde ele e Nairn são mais esquemáticos é no tratamento do conceito de *classe*. Essas classes que, ao longo de séculos inteiros, são recrutadas, enviadas para manobras, e levadas de cima para baixo por países inteiros, mostram pouquíssima relação com as pessoas reais reveladas pelos arquivos – ou, com efeito, com os transeuntes nas ruas a nosso redor. Trata-se de um jogo histó-

---

72. Duas maneiras de considerar esse impulso são: J. Saville, "The Welfare State: an Historical Approach", *New Reasoner*, 3, e Dorothy Thompson, "The Welfare State: Discussion", *New Reasoner*, 4, p. 125-130. Cf. ainda, naturalmente, os escritos recentes do Professor Richard Titmuss.
73. Caudwell, op. cit., p. 157.

rico contagioso: ao discutir seus trabalhos, vi-me hipostasiando identidades de classe – grandes atribuições personalizadas de aspirações ou vontades de classe – que sabemos ser, na melhor das hipóteses, uma expressão metafórica de processos mais complexos e, de modo geral, involuntários.

Não podemos fazer objeções ao emprego, nas ocasiões adequadas, desse tipo de metáfora personalizada. É a atribuição *cumulativa*, em seus escritos, de identidade, vontade, e mesmo de noções de um destino particular que levanta suspeitas. Quando, discutindo classe, se passa a começar frequentemente frases com "ela", é hora de impor a si mesmo algum controle histórico, para não correr o risco de ser escravizado pelas próprias categorias. Os sociólogos que pararam a máquina do tempo e, com boa dose de pretensão e mau humor conceitual, desceram à casa de máquinas para dar uma olhada nas coisas, nos dizem que em nenhum lugar puderam localizar e classificar uma classe. Só puderam encontrar uma multiplicidade de pessoas com diferentes profissões, rendas, hierarquias de *status* e tudo o mais. Eles sem dúvida têm razão, porque a classe não é essa ou aquela parte da máquina, mas *a maneira como a máquina funciona* uma vez posta em movimento; não esse ou aquele interesse, mas o *atrito* entre interesses – o próprio movimento, o calor, o ruído tonitruante. Classe é uma formação social e cultural (que muitas vezes recebe expressão institucional) que não pode ser definida de modo abstrato ou isoladamente, mas apenas em termos de relação com outras classes; e, em última análise, só se pode dar dela uma definição por meio do *tempo*, isto é, ação e reação, mudança e conflito. Quando falamos de *uma* classe, pensamos em um corpo de pessoas, definido de modo impreciso, que compartilham as mesmas categorias de interesses, de experiências sociais, tradições e sistema de valores, pessoas que têm uma *disposição* para se *comportar* como classe, para definir a si próprias, em suas ações e em sua consciência, em relação a outros grupos de pessoas em termos de classe. Mas a classe em si não é uma coisa, e sim um acontecimento[74].

Se usarmos esse controle, se continuarmos a lembrar que classe como identidade é uma metáfora, útil às vezes para descrever um fluxo de relações,

---

74. Repito aqui sugestões feitas no Prefácio a *The Making of the English Working Class,* p. 9-11.

pode então haver um diálogo muito útil entre os historiadores e os sociólogos dispostos a mudar novamente a posição da chave do tempo. Se não o usarmos, ficaremos com um instrumento de corte cujo fio é cego ao extremo. Porque, embora possamos imaginar certa lógica interna, um arco burguês, que se estende do século XII até nossa época, raramente tem utilidade pensar a burguesia em termos temporais tão amplos que associem William de la Pole Oliver Cromwell e o senhor Edward Heath*. Mas o uso que Nairn e Anderson dão ao conceito de "classe trabalhadora" faz exatamente isso: somos levados por esse pronome impessoal [ela] de 1790 a 1960, supondo-se haver uma classe de composição sociológica mais ou menos imutável e (depois de 1832) com a mesma cultura "corporativa" hermeticamente fechada. *Há de fato* continuidades e semelhanças de família; mas, para a maioria dos propósitos, não são as semelhanças de época, mas as descontinuidades, que requerem análises mais aprofundadas. Costuma ser razoavelmente fácil localizar polos sociais opostos em torno dos quais se congregam lealdades de classe: o *rentista* aqui, o trabalhador industrial ali. Mas esses grupos, quanto a tamanho e força, sempre se acham em ascensão ou em declínio; sua consciência de identidade de classe é incandescente ou bem pouco visível; suas instituições são agressivas ou mantidas apenas pela força do hábito. Ocorre que há entre eles grupos sociais amorfos em constante mutação em cujo âmbito a linha de classe é constantemente desenhada e redesenhada, nessa ou naquela direção, no tocante à sua polarização, grupos que esporadicamente tomam consciência de seus interesses e de sua própria identidade. A política muitas vezes gira exatamente em torno disso: como a classe vai acontecer? Onde a linha será traçada? E seu desenho não é (ao contrário do que o pronome impessoal induz a mente a aceitar) questão de vontade consciente – ou mesmo inconsciente – "dela" (da classe), mas o resultado de habilidades políticas e culturais. Reduzir classe a uma identidade é esquecer justamente onde está a *iniciativa*, que não é na classe, mas nos homens.

5) Uma restrição final, que ficou mais forte e não mais fraca enquanto eu lia esses autores, não se refere àquilo que o modelo pretende explicar, mas

---

* Personalidades políticas de épocas bem distintas. N.T.

àquilo que ele absolutamente não considera. A preocupação é com o poder e, para os fins dos analistas políticos, isso é adequado. Mas nem todos os fenômenos humanos podem ser assimilados a categorias de poder, ou de classe; mas ainda assim parece haver uma tendência entre marxistas em supor que podem, ou devem, sê-lo. Isso é decorrência das características teleológicas do modelo tal como se costuma empregá-lo. A meta – poder da classe trabalhadora – sempre está aí, em algum lugar adiante, e a história – especialmente a da classe trabalhadora – é avaliada apenas em termos do atingimento dessa meta.

Trata-se de uma questão bastante ampla, mas três comentários são possíveis. Em primeiro lugar, a história não pode ser comparada a um túnel por onde um trem expresso corre até levar sua carga de passageiros a planícies ensolaradas. Ou então, se o puder, gerações após gerações de passageiros nascem, vivem na escuridão e morrem enquanto o trem ainda está no interior do túnel. Um historiador deve decerto interessar-se, muito além do que o permitem os teleologistas, pela qualidade de vida, os sofrimentos e satisfações daqueles que vivem e morrem no tempo não redimido. A abolição do trabalho fabril para menores de 11 anos ou a instituição do divórcio, ou então a do preço baixo da carta simples, dificilmente podem afetar o modelo de poder; mas, para aqueles que viviam na época, isso pode tê-los afetado seja de modo inexpressivo ou bem perceptivelmente. No esquema de Nairn, as reformas sociais dificilmente podem ter lugar, exceto como desvios das aspirações "hegemônicas". As inflexões mais sutis na qualidade de vida simplesmente não têm lugar aí. Sem dúvida, contudo, qualquer visão mais madura da história (ou da realidade contemporânea) tem que combinar de alguma forma avaliações de ambos os tipos – dos homens como consumidores de sua própria existência mortal e como produtores de um futuro, dos homens como indivíduos e como agentes históricos, de homens sendo e se tornando homens[75].

---

75. Isso envolve ainda a questão de julgamentos históricos ulteriores e contingentes (*com que se julga?* Pode-se descobrir um ponto de vista "verdadeiramente humano" emergente?), questão por vezes revelada na confusão sobre forças históricas que parecem a marxistas "objetivamente progressistas", mas subjetivamente muito asquerosas, ou vice-versa. Nesse sentido, Anderson ("*Origins*", p. 29) analisa que a "imensa 'carga' racionalizadora da Revolução foi detonada no além-mar", o que acelerou o imperialismo mercantil, a economia escravista do Caribe etc. Outros marxistas têm tido dificuldades para decidir se *levellers, sansculottes* e outros eram forças "objetivamente" reacionárias. Esse problema é amplo demais para ser tratado aqui.

Em segundo, há outras coisas descartadas. O modelo parece varrer impacientemente para longe experiências e problemas sociais que parecem bem pouco afetados pelo contexto do poder de classe. Por exemplo, a disciplina do trabalho implicada pela industrialização parece ter afinidades em contextos bem diferentes, seja ela imposta pela ideologia wesleyana ou pela stalinista. Mais uma vez, a escala das sociedades industriais avançadas – o investimento maciço e o âmbito do controle centralizado – parece restringir certos gêneros de iniciativas individuais e distanciar os indivíduos do poder, seja qual for a natureza desse poder. Problemas como esses – e há muitos deles – parecem produzir somente fumaça e zumbidos furiosos em um modelo de poder que, como um computador, só pode responder a perguntas nele alimentadas que seus circuitos foram construídos previamente para responder. O que não se sustenta nos exemplos citados não é um modelo que insiste na dialética entre ser social e consciência social, mas um modelo que insiste que essa dialética só pode ser mediada pela classe social e só desta pode adquirir sua significação.

E, por fim, não escapou a toda atenção, mesmo nesta ilha empírica, que a tradição marxista não ofereceu defesas muito eficazes contra uma obsessão bem pouco saudável pelo poder – seja em termos intelectuais, na assimilação de todos os fenômenos a toscos acessórios de classe ou de maneiras mais "objetivas". É estridente o modo como nossos autores martelam a classe e moldam fenômenos culturais em termos de categorias de classe, assim como há impiedade em seu desdém pela experiência inglesa, algo que evoca inquietantes lembranças. Isso é mais comum em Nairn:

> (...) eles tenderam a uma rejeição impossível e utópica do capitalismo e do industrialismo (o caso de Ruskin e William Morris) ou recuaram para a obscuridade e a excentricidade (como os romancistas Meredith e Samuel Butler)[76].

Há homens que ouviram esse *tom* nos últimos 50 anos e recuaram para uma obscuridade de fato profunda. Foi contra esse tom – que soa como ferrolhos usados contra a experiência e a pesquisa (e o eco mais remoto de fer-

---

76. Nairn – I, p. 41.

rolhos mais objetivos) – que uns poucos dentre nós usamos nossas copiado-ras em 1956. Se é a isso que se chegou em 1965, então o gafanhoto comeu nove anos. Mas se assim fosse, e se houvesse algum risco de esse tom ser confundido com a voz do humanismo socialista, então, caso se chegue a isso, alguns de nós vão assumir outra vez as posições de 1956.

Carta aberta a Leszek Kolakowski*

Caro Leszek Kolakowski,

Devo antes de tudo me apresentar, pois esta é uma carta incomum. Você não me conhece, mas eu o conheço bem.

Esse fato deve ser bem comum no caso de um homem com reputação internacional, que sem dúvida costuma ser objeto de impertinências de estranhos.

Mas meu propósito é bem mais insistente e corriqueiro. Sou o estranho que entra em sua casa, dá-lhe um tapinha nas costas, puxa uma cadeira à mesa e começa a troçar de suas aventuras juvenis, com a desculpa de ser um parente distante de que você nada sabe. Sou, em termos políticos, o enteado do irmão de sua mãe. Um hóspede insuportável e presunçoso não convidado – você pode mesmo suspeitar que sou um impostor –, mas as cortesias do parentesco o impedem de me jogar porta a fora.

Nós dois fomos vozes do revisionismo comunista de 1956, ainda que isso pouco signifique. A esta altura, as partículas intelectuais produzidas naquele momento de fissão ideológica já viraram pó em quase todas as partes do globo político.

---

* Bem poucos escritos políticos e filosóficos de Leszek Kolakowski foram traduzidos para o inglês. Mas há valiosas coletâneas: Leszek Kolakowski, *Marxism and Beyond* (Londres, 1969; Paladin, 1971), com introdução de Leopold Labedz e "A Leszek Kolakowski Reader", In: *TriQuarterly*, n. 22, outono de 1971. Esta última traz uma útil bibliografia selecionada. Nas notas, uso as abreviações L.K. para Leszek Kolakowski e E.P.T. para mim mesmo. Em vários momentos indico em quais textos meus alguma questão está mais desenvolvida. Em muitos casos de obras de outros autores pode haver fontes melhores, mas o método por mim escolhido define com maior precisão a tradição específica com base na qual desenvolvo minha argumentação. Agradeço a Ralph Miliband, John Saville, Dorothy Thompson e Martin Eve por terem lido o manuscrito desta carta e sugerido revisões. Claro está que eles não são responsáveis pelos resultados.

Mas havia em nossas preocupações uma identidade mais próxima e contínua. Nós dois passamos de uma crítica frontal ao stalinismo a uma postura de revisionismo marxista; nós dois tentamos reabilitar as energias utópicas no âmbito da tradição socialista, e nós dois assumimos uma posição ambígua, ao mesmo tempo crítica e afirmativa, perante a tradição marxista. Nós dois nos preocupamos em especial com os problemas em torno do determinismo histórico, de um lado, e da iniciativa, da escolha moral e da responsabilidade individual, do outro.

Quando digo que "nós dois" introduzimos questionamentos similares, não sugiro, obviamente, que o tenhamos feito com o mesmo sucesso. O silêncio em que caíram meus escritos testemunha sua insuficiência. Seus escritos, por outro lado, ainda me parecem figurar entre as poucas consequências construtivas e duradouras daquela experiência. A polêmica que você sustentou em "Responsibility and History" [Responsabilidade e história], publicado inicialmente na *Nowa Kultura*, em 1957[1], continua inigualável.

Em 1956, passamos por uma experiência comum, mas a vivenciamos de modos distintos. Na Grã-Bretanha, o pequeno número de intelectuais comunistas existente pertencia a uma tradição derrotada e desacreditada – ou assim se dedicavam a nos garantir as ortodoxias de nossa cultura. Não éramos hereges, mas bárbaros que, com nossa presença, profanávamos os altares dos deuses liberais. Muitas são as histórias pessoais e cada uma delas tem um destaque distinto. Podemos, contudo, afirmar que, de modo geral, nosso compromisso com o comunismo era político: surgiu de escolhas inexoráveis em um mundo partidário no qual a neutralidade parecia impossível. Você conhece bem isso, e assim isso não vou citar todas as omissões da verdade e os autoenganos envolvidos.

Nosso engajamento intelectual era, no entanto, com o marxismo. Ele era, ao menos em parte, pré-stalinista ou stalinista submisso e envergonhado. Podíamos, por um sentimento de solidariedade, agir como defensores do stalinismo. Podíamos mesmo iniciar uma casuística para justificar o zdanovis-

---

1. *Marxism and Beyond* (1969, p. 105-177).

mo (como consequência dos trágicos sofrimentos da guerra). Mas poucos de nós não desejavam, do fundo do coração, que se rompesse a mentalidade de perseguição ao comunismo. Logo, em certo sentido, já antes de 1956, nossa solidariedade se dirigia não aos estados comunistas existentes, mas ao seu potencial – não pelo que eram, mas pelo que poderiam se tornar no caso de uma atenuação da Guerra Fria.

Assim sendo, consciente ou inconscientemente, já esperávamos justo o que aconteceu em 1956. As "revelações" representaram menos uma ruptura em nosso entendimento do que a realização de nossas esperanças semiconscientes. Esperávamos que daquela ortodoxia militar absurda surgisse a controvérsia, o reconhecimento da fragilidade humana e um vocabulário moral. Por esse motivo, apesar de sua agonia e mesmo da tragédia húngara, 1956 foi um ano de esperança. Víramos não o potencial (pois este logo foi esmagado), mas os agentes vivos e indomáveis desse potencial agindo naquelas sociedades. Por trás dos pôsteres, romances e filmes de stakhanovistas, vimos (para nosso alívio) trabalhadores que faltavam ao serviço, roubavam e adulavam, assim como trabalhadores que aprendiam a se defender, a se organizar e a se unir aos intelectuais em uma causa comum. E, por trás do absurdo de "formulações corretas" autovalidadoras, víamos o velho Adão de uma inteligência crítica e cética. O velho homem invicto da consciência nos parecia ainda vivo entre as abstrações preliminares do novo homem da história.

Vocês poloneses eram os piores e mais antigos adamistas de todos! Seus poetas – Tuwim e Wazyk –, seus cineastas e sociólogos e, o pior de todos, seu Leszek Kolakowski. Em nossas revistas, *The Reasoner* e *The New Reasoner*, nós, comunistas britânicos dissidentes, fizemos algo para tornar pública sua obra. Um membro do nosso conselho editorial, Alfred Dressler, acompanhou de perto as discussões na *Nowa Kultura* e na *Po Prostu*, tendo além disso visitado a Polônia mais de uma vez para intercâmbios com nossos amigos.

Sua voz era a mais clara da Europa Oriental naqueles anos, ainda que não oferecesse as respostas mais fáceis. Você oferecia não um pacote de soluções prontas para abrir ("liberdade", "democracia", "controle operário" – embora indicasse cada uma delas como um objetivo complexo por natureza que esperavam ser atingidos) –, mas a retomada de antigos modos de aspiração intelectual e moral e de discurso. E, também quanto a isso, fomos solidários com você o mais que pudemos.

O que nós, dissidentes comunistas, fizemos na Grã-Bretanha (essa pequena conquista pela qual ainda teimo em sentir um profundo orgulho) foi nos recusar a entrar nos gastos caminhos da apostasia. Depois da derrota da Revolução Húngara, cerca de 10.000 pessoas, ou um terço do total de membros, abandonaram o Partido Comunista Britânico; e, dentre aqueles 10.000, não encontro um que tenha assumido o papel aceito na sociedade capitalista liberal de delator público e renegado. Ninguém foi correndo até a imprensa com revelações sobre conspiração comunista, e ninguém escreveu ensaios elegantes nos jornais e periódicos publicados pelo Congresso pela Liberdade da Cultura reclamando que Deus havia falhado. Afinal, tínhamos tido nossas razões políticas experienciais para nos opor à sociedade capitalista, independentemente de toda evolução na Europa Oriental. Tínhamos motivos intelectuais para nos associarmos à tradição marxista, independente de todas as loucuras ou autoenganos do stalinismo. Assim, diante do aplauso liberal, que pouco durou, e da ridicularização intelectual, com a qual estávamos acostumados, começamos a fazer o que podíamos. Alguns, sem dúvida, se retiraram, exaustos, para suas trajetórias privadas. Outros continuaram seu trabalho nas organizações da classe trabalhadora às quais já pertenciam. Outros participaram do início da *New Left* [Nova Esquerda] e da Campanha pelo Desarmamento Nuclear. Alguns de nós, em sindicatos ou na vida intelectual, ainda não estamos totalmente mortos.

Mas nenhum de nós, creio eu, é um renegado clássico. E o digo como uma dívida de vocês para conosco, uma solidariedade que lhes foi prestada, embora talvez vocês não o vejam absolutamente assim. E não o digo em retrospectiva. Entre 1956 e o início dos anos de 1960, eu e vários camaradas afirmamos nossa lealdade geral, não ao Partido Comunista como instituição ou ideologia, mas ao movimento comunista em seu potencial humanista. E o fizemos por dois motivos.

O primeiro é que você e seus camaradas, esforçando-se, nas circunstâncias mais complexas e por vezes ameaçadoras, por influenciar suas próprias sociedades, estavam, a todo momento, presentes em nossa consciência política. Se homens como você estavam contentes em permanecer comunistas (e você há de recordar que sua própria associação ao partido polonês se interrompeu em 1966, e por expulsão, não por renúncia), se homens e mulheres como os insurgentes tchecos de 1968 haviam vindo diretamente da tradição comunista, quem éramos nós para negar os pedidos de solidariedade? Rejeitávamos – e ainda rejeito – toda descrição do comunismo ou das sociedades de governo comunista que os defina em termos das ideologias dominantes ou das instituições de suas elites dominantes e que exclua, pelos próprios termos de sua definição, uma avaliação dos conflitos característicos dessas sociedades, dos sentidos, valores, tradições e potenciais alternativos que possam conter. E digo isso com ainda mais ênfase desde que observei recentemente, com espanto, que você mesmo, nos últimos dois anos, parece ter recaído nessas definições liberais condicionadas.

O segundo motivo tem relação direta com o primeiro, e talvez seja uma reformulação dele. Nada distinguia mais o zênite do stalinismo do que a polarização absoluta entre dois mundos. Como você escreveu em 1957, "devido à ausência de um foco social maior que pudesse manter as críticas na órbita do pensamento socialista, os dissidentes do comunismo stalinista foram facilmente transformados em renegados". E, em seguida, acrescentou:

> Não há perigo maior para o desenvolvimento do movimento socialista em sua fase atual do que permitir uma intensificação renovada da polarização política que tende para uma única alternativa (...) O resultado seria forçar a crítica legítima a assumir a posição de contrarrevolução[2].

Em 1958, eu estava escrevendo mais ou menos sobre o mesmo dilema:

> Podemos afirmar com Pasternak que os "resultados indiretos (da Revolução) têm começado a se fazer sentir – os frutos dos frutos, as consequências das consequências". Ao fazê-lo, não temos de limitar nossa crítica ao stalinismo, que tem de ser desintegrado de fato e na consciência humana, para que os frutos

---

2. *Marxism and Beyond* (1969, p. 126).

amadureçam; mas não devemos nos alinhar na antiga trilha que se iniciou nos anos de 1930, quando se seguiu, a uma adoção romântica do comunismo, um afastamento purista da vida. Isso, com efeito, serve apenas para abandonar a passagem ao stalinismo ou ao anticomunismo e fortalecer os defensores do "não há posição intermediária". Creio que temos de ser mais firmes, e, por esse motivo ainda prefiro chamar a mim mesmo de comunista dissidente (...) Além disso, ainda temos um dever comunista a cumprir: o de exprimir nossa solidariedade para com outros dissidentes no mundo comunista, afirmar nossa confiança na linha humanista da tradição comunista e ajudar o movimento ocidental dos trabalhadores a compreender o tipo de sociedade imanente nas formas stalinistas últimas, para assim fazer renascer uma apreciação da unidade de aspirações entre os trabalhadores do Leste e do Ocidente (...)[3].

O mundo mudou muito em quinze anos e nenhum de nós precisa ser acusado de inconsistência por termos mudado com ele. O isolamento dos estados russo e chinês, a sobrevivência do Estado iugoslavo, a cautelosa diversificação das ortodoxias comunistas (na Itália, por exemplo) e o crescimento em todo o mundo de movimentos feitos nos moldes da esquerda que, às vezes, efetivamente são de esquerda[4], e que por certo não são subordinados a instituições stalinistas (na verdade, o crescente anacronismo do próprio termo "stalinismo") – todos esses eventos reais significam que nem você nem eu sentiríamos a necessidade de definir as coisas tal como o fizemos na época.

Mas eu estava explicando um aspecto da história e o motivo dessa cobrança mesquinha em relação a você. (É claro que eu também contraí contigo uma dívida ainda maior, graças a seus escritos e sua coragem demonstrada em 1956 e novamente em 1966). Minha cobrança é trivial e abstrata. Em um dado momento – e em parte devido a um sentimento de solidariedade com você e seus camaradas –, eu e outros camaradas assumimos determinadas posições intelectuais e políticas. Recusamo-nos a rejeitar o "comunismo", porque comunismo era um termo complexo que incluía Leszek Kolakowski. Estou certo de que essa solidariedade, expressa em pequenos periódicos de

---

3. Thompson, E.P., "Agency and Choice", *New Reasoner* 5, Summer 1958, p. 105-106.
4. No sentido que você definiu em "The Concept of the Left", *Marxism and Beyond*, p. 87-104.

má reputação acadêmica, não lhe fez nenhum bem. Não lhe fornecemos carros de combate nem minas contra eles, e sequer uma plateia composta por um público britânico "respeitável".

Logo, a cobrança é insensata. Travamos um dia a mesma batalha; isso se deu por acaso, e, seja como for, perdemos. Vê-se assim que sou na verdade um impostor – um leitor, um admirador, mas não um parente.

E mesmo como leitor estou tristemente fora de moda. Porque os editores que trazem seus escritos aos leitores "ocidentais" em geral evitam indulgentemente os de 1956-1957, e passam aos mais recentes, que consideram melhores. Segundo Leopold Labedz:

> Enquanto em seus primeiros escritos pouco havia de onde um ocidental pudesse aprender algo de importância universal, ele agora saiu da fase de redescoberta de pontos de referência intelectuais bem conhecidos no Ocidente para uma fase de busca mais original...[5]

Pelo menos – e talvez esta seja nossa única reclamação – nós, os "orientais" no cerne do "Ocidente" iluminado, líamos suas obras mais antigas sem esse gênero de autoadmiração e condescendência. E mesmo agora, relendo seu *Responsibility and History*, não consigo perceber quais eram esses "pontos de referência intelectuais bem conhecidos no Ocidente" que você teria redescoberto. Continuidades, extensões de indagações anteriores, sim; mas quanto a pontos de referência "bem conhecidos no Ocidente", jamais detectei uma familiaridade. Parecia-me, e ainda parece, que, apesar do caráter experimental, esse estudo permanece sendo o exame mais substancial dos temas de importância universal desde a metade do século. Para mantê-lo comigo, eu daria em troca dez volumes de Sir Karl Popper. Porque seu pensamento se constrói a partir daquilo de que realmente consistem as escolhas nos contextos reais, e não de alguma organização estiolada de conceitos acadêmicos; e porque, no final, você deixa o vitimismo e a iniciativa, o realismo e a utopia discutindo entre si nos corredores da história, como sempre fizeram e talvez sempre façam.

---

5. *Marxism and Beyond* (1969, p. 14).

Depois de 1957, a censura e um renovado conformismo (embora mais oportunista e menos letal) o cercaram. Você continuou suas pesquisas sobre a história do pensamento[6] e outros campos acadêmicos da filosofia. Manteve e ampliou suas posições de revisionista marxista, apesar de ter sido forçado a falar com menos frequência (ou a falar por meio de enigmas) a um público não especializado. Em 1966, a pedido dos estudantes da Universidade de Varsóvia, você quebrou o silêncio forçado: seu relato honesto sobre as deformidades e falta de liberdade da vida cultural e intelectual e sobre a traição do "outubro "polonês garantiu sua expulsão do partido. Em 1968, no princípio de uma nova noite nacionalista e anti-intelectual, você perdeu seu cargo docente. Desde então, esteve na Alemanha Ocidental, em Montreal, na Califórnia, e está agora no All Souls, em Oxford.

Essa é uma biografia abreviada. Em sua obra disponível em inglês, podemos detectar outros temas. Você iniciou um diálogo filosófico em muitas áreas do pensamento contemporâneo (que o senhor Labedz sem dúvida chamaria de "ocidental"), manejando de maneira crítica, porém respeitosa, ideias de pensadores positivistas, fenomenológicos, existencialistas e católicos. Sou leigo nesses assuntos, mas não percebo quaisquer descontinuidades ou fraturas abruptas em suas preocupações. Em 1966, você retornou vigorosamente aos temas da explanação histórica, do determinismo e das escolhas morais: vejo nesses estudos uma maior precisão filosófica, mas talvez, igualmente, uma maior impaciência em relação a argumentos que, para um historiador, permanecem válidos (existiram e existem), ainda que, para um filósofo, sejam logicamente falhos[7].

A partir de seu exílio forçado no "Ocidente", em 1968, sinto-me menos seguro quanto à sua identidade. Poucos são seus pronunciamentos publicados. Tenho de reconstruir o que posso com base em fragmentos – um artigo na revista *Socialist Register*; outro na *Daedalus*; uma entrevista na *Encounter*,

---

6. Especialmente o maior estudo, *Chrétiens sans Église* (Varsóvia, 1965; Paris, 1969), ainda não traduzido para o inglês; e *The Alienation of Reason: a History of Positivist Thought* (Varsóvia, 1966; Nova York, 1968; Londres: Penguin, 1972).
7. Cf. esp. "Historical understanding and the intelligibility of history" (discutido adiante) e "The epistemological significance of the aetiology of knowledge: a gloss on Mannheim", ambos em *TriQuarterly* 22

os anais de uma conferência – fragmentos que se interseccionam em negativas. Com respeito a cada uma das negativas específicas – a expressão de desprezo pela ortodoxia comunista, um "não" inequívoco a Althusser, uma franca objeção a *slogans* socialistas não examinados –, posso concordar parcial ou completamente. Mas fico vivamente preocupado com a intersecção de determinadas negativas em um sentido geral de derrota e negação: a ausência de qualificações; a ausência (sobretudo) de uma consciência – contida, como deve ser, no mesmo momento do pensamento – quanto às razões do poder e da ideologia capitalistas; com a ausência de expressões de companheirismo intelectual para com seus pares políticos e antigos camaradas neste "Ocidente", a ausência do reconhecimento de que já tínhamos (em nossos contextos tão distintos) buscado examinar algumas das objeções ao socialismo revolucionário que você agora propõe na *Daedalus* ou na Universidade de Reading – para as quais tínhamos proposto, se não respostas, pelo menos formas de agir diante desses problemas.

Meus sentimentos têm inclusive um tom mais pessoal. Tenho, ao virar as páginas de seu texto na *Encounter*, uma sensação de injúria e traição. Meus sentimentos não são problema seu: você tem de fazer o que julga correto. Mas eles explicam por que não escrevo um artigo ou uma polêmica, mas esta carta aberta.

Seria impertinente de minha parte especular em demasia sobre as experiências que o levaram a esse ponto de negação. Talvez não seja tão fácil quanto imaginam os "ocidentais" um polonês ou tcheco abandonar seus amigos e colegas, seu contexto de engajamento, e vir para o Ocidente. Sua chegada a Berlim Ocidental coincidiu com a ascensão de um movimento juvenil revolucionário alemão particularmente impetuoso e intransigente. Sua chegada à Califórnia coincidiu com uma cultura de "radicalismo" que, embora tivesse membros sérios e corajosos, estava envolvida por uma aura de histeria e que – capturada e ampliada pelas lentes da mídia sensacionalista – reproduziu-se em meio mundo como uma cultura juvenil de emotividade autocomplacente e estilo exibicionista. De Paris a Berkeley, de Munique a Oxford, o "Ocidente" oferecia um supermercado de produtos *avant garde*, alguns rotulados como marxismo, competindo entre si pelo preço mais baixo. Mas quantos desses produtos, ao ser desempacotados, continham somente argumentos velhos e desacreditados por trás de um rótulo novo ou então um horrendo *kit* de acessórios (um carro esportivo potente, uma mansão nos Apeninos e os Pensamentos de Mao Tsé-Tung) para que a jovem burguesia revoltada pudesse executar sua transitória pantomima da moda? Pôsteres de Che Guevara ao lado de minissaias, "túnicas de Mao" e jaquetas militares de couro decoravam as butiques mais avançadas e vibrantes de King's Road e do Royal Leamington Spa; durante um ou dois anos, intoxicados pelos acontecimentos de "maio de 68" em Paris – ou melhor, por esse evento assimilado como um mito instantâneo –, grupos de estudantes de esquerda imaginavam que, ocupando alguns gabinetes de autoridades, poderiam anunciar, no âmago da sociedade repressora capitalista, uma "base vermelha" que faria surgir nas ruas uma instantânea revolução proletária voluntária. Aquele foi o ano dos *gauchistes* [esquerdistas], o ano em que foi revivida a tragédia do anúncio da profetisa Joanna Southcott do nascimento iminente do *Shiloh* [Messias], só que, dessa vez, como a farsa revolucionária de um riquinho; e, em ambos os casos, finalmente a gravidez do milênio foi diagnosticada como psicológica.

Reconheço a irracionalidade daquele ano. Foi um ano ruim para alguém com seu refinado temperamento intelectual chegar ao "Ocidente". Pode-se perceber, em suas referências posteriores ao "entusiasmo cego pela ideia sem sentido de revolução global" (ver p. 446), a impressão que essas experiências lhe causaram. Mas há maneiras mais esperançosas de avaliá-las: o desafio ao gaulismo, as grandes greves na indústria automobilística francesa, as primeiras grandes fissuras no maciço e ritualizado tradicionalismo tanto das instituições acadêmicas francesas como da política e da ideologia rotinizadas do Partido Comunista Francês.

Tenho de todo modo de lhe perguntar a partir de que *perspectiva* observou estes fenômenos. Você considerou *em alguma medida* que o notável no movimento juvenil alemão não foi sua forma impulsiva ou sua falta de coerência, mas o simples fato de que esses filhos de legionários de Hitler foram para as ruas, e de maneira afirmativa? Você se recordou, ao desdenhar a harmonia histérica da cultura californiana, de que se tratava apenas de ressonâncias de um coro humano profundo e saudável, coro que assinalava a decomposição do conformismo ideológico endossado pelo Estado (chauvinismo, anticomunismo histérico – com seus rituais de denúncia e exorcismo – e consumismo tecnológico irracional) que dominara a cultura universitária americana nos anos do auge da Guerra Fria? Foi *daquela* matriz de *playboys* de 1946-1960, de cabelos raspados e corpos sarados, universitários mimados, "cristão-científicos", adaptados ao sistema, ambiciosos, moralmente adaptáveis e intelectualmente nulos que, um após outro, veio o espantoso elenco de Watergate. Você considerava "cego" o entusiasmo dos revolucionários de 1968 da costa oeste. E talvez em um ou outro aspecto eu concorde com você. Mas que importa? Sempre foi serviço seu, tanto em Berkeley como em Varsóvia, ajudar os cegos a ver. O entusiasmo – e um entusiasmo generoso o bastante para agir contra o racismo, declarar-se contra a guerra, submeter-se às pregações dos padres estatais (cristãos científicos?) protegidos com elmos do Prefeito Daley – é um ponto de partida melhor, seria possível pensar, do que a cultura de *campus* anterior, a qual gerara homens e mulheres que, como proposições advindas de uma página de Talcott Parsons, não dispunham de um vocabulário que pudesse abarcar mentiras, suborno, espionagem de cidadãos e corrupção.

Advertido por uma experiência suficiente para todo percurso de vida, seria suficiente que passasse os olhos pelos marxismos hoje oferecidos para identificá-los como manias. E eu concordo com isso. Só o critico pelo seguinte: por ter pressuposto que as vozes mais altas, mais estridentes, mais da moda ou de "maior reputação" seriam as mais significativas. Talvez você não conhecesse a grande "lei de desenvolvimento" da vida intelectual no "Ocidente". Ela sustenta que, neste estágio de sociedade consumista competitiva, os modos culturais têm de mudar, tal como a moda das roupas, ano a ano, e com velocidade estonteante; que, nas ideias, assim como nas mansões suburbanas, o estilo e a ostentação – e não a estrutura – é que determinam sua aceitação e, por fim, que grande parte dos trabalhadores intelectuais – inclusive homens e mulheres cujo ofício é ensinar os jovens, escrever ou apresentar programas de televisão – literalmente não se lembra das posições que adotavam dois ou três anos antes, ardorosa e obstinadamente, contra todos os oponentes.

Com efeito, essa lei parece se aplicar mais particularmente à esquerda intelectual. Do voluntarismo ao determinismo, das "bases vermelhas" nos *campi* à dependência exclusiva de uma revolta proletária, da não violência à agressão, da defesa (em nome de universais supranacionalistas) do Mercado Comum à glorificação do Exército Republicano Irlandês Provisório – as pessoas oscilam entre todas essas posições, adotando cada uma delas com igual fervor, sem nunca baixar a voz para fazer uma reflexão entre uma e outra. Na verdade, essas contradições coexistem em uma mesma mente. A coerência é um vício dos "quadrados" e "*démodés*". Não pode ser conciliada com as "contradições da realidade" nem com o imperativo de "fazer o que quiser". A coerência é uma velha incômoda[8].

A voz do chato está fadada, no final, a enfraquecer-se até virar silêncio. E essa é, em resumo, minha própria história como algum tipo de voz política. Durante um ou dois anos, alguns de nós continuaram a explorar os antigos temas de 1956 na *The New Reasoner* e na *New Left Review*. As exigências de nossas preocupações ativistas, no esforço por dar corpo a uma verdadeira Nova Esquerda independente das velhas polaridades (e a Nova Esquerda britânica, por menos importante que possa ter sido, foi um dos primeiros dessa geração particular de movimentos) alteraram perceptivelmente nossas antigas preocupações. A renovação da Guerra Fria, da censura e do conformismo no "Oriente" reduziram nossas expectativas quanto a uma resolução rápida dos nós atados pela história e pela ideologia das sociedades comunistas. Dedicamo-nos à tarefa de estimular o surgimento, na Grã-Bretanha, de um movimento de pensamento e prática socialistas que fosse liberto do antigo anticomunismo religioso, fundado experiencialmente nas condições britânicas, e revolucionário, racional e democrático, um movimento que enfatizasse a autoatividade, fosse sensível às formas culturais de exploração e afirmasse os valores da *égalité* [igualdade].

---

8. Um curioso indicador dessa reescrita autoconsciente da história pode ser encontrado na *New Left Review* , n. 60, mar-apr 1970, número que faz uma retrospectiva dos artigos publicados nos primeiros 10 anos de existência da revista. Dos 131 artigos relacionados, só um estava nos primeiros 18 números da revista: e era de Ronald Laing. Nenhum artigo era de um membro fundador do corpo editorial da revista.

Ó, que bons pensamentos tínhamos, porque pensávamos
Que os piores tratantes e malandros tinham desaparecido.

[O what fine thought we had because we thought
That the worst rogues and rascals had died out.]

No tocante a isso, deixamos de lado as árduas tarefas de um autoexame mais filosófico – tarefa para a qual, de todo modo, a maioria de nós não estava preparada, e sem probabilidade de achar tempo para se preparar, em meio às exigências da marcha de Aldermaston, dos discursos em Clubes de Esquerda, da busca de fundos para nossa revista (que não recebeu, *mirabile dictu* [quem diria?], fundos da Fundação Ford) e da tentativa de improvisar movimentos a partir de atitudes. Na verdade, as responsabilidades de trabalhador intelectual ficaram esquecidas em meio às tarefas de empresário.

Bem, eu poderia discorrer a esse respeito. Mas não agora. Nossos debates intelectuais não resolvidos permaneceram não resolvidos (embora muito mais tenha sido feito em áreas como a teoria econômica e industrial e a análise histórica e cultural). E a história não tem muita paciência com os irresolutos. Chegáramos a um ponto de exaustão pessoal, financeira e organizacional; e, nesse momento, apareceu o agente da história, na forma de Perry Anderson. Estávamos exaustos: ele era intelectualmente fértil, imensamente autocentrado e decidido. Vimos, na parceria com ele e seus colegas, uma oportunidade de regenerar a revista e recuperar nossos próprios recursos intelectuais esgotados. Não imaginávamos, porém, que a primeira expressão de sua assertividade seria dispensar os fundadores da revista do Conselho Editorial.

Ao que parece, éramos pouco rigorosos – e isso era verdade. Estávamos restritos a uma estreita cultura nacionalista e alheios ao discurso marxista verdadeiramente internacionalista – o que significava que, de fato, havíamos prestado atenção sobretudo às vozes de Kolakowski, Hochfeld e Wazyk, de Tibor Dery e Illyes, de Basso e de Djilas, de C. Wright Mills e Isaac Deutscher, tendo dado menos atenção a um diálogo particular entre marxistas e existencialistas parisienses. E não éramos intelectualmente "respeitáveis" – e isso queria dizer que nosso trabalho não era benquisto em Oxford.

Este não é o lugar para tentar uma definição da transição de uma tradição à outra. Mas esse debate nunca foi levado ao nível da articulação teórica, tendo sido resolvido por uma decisão administrativa. A velha Nova Esquerda poderia ou destruir o velho e o novo em uma disputa pelo controle da revista ou votar em favor de sua própria dissolução administrativa, afastando-se de uma matriz de compromissos definidos e encarando a selva do empreendimento intelectual individual. Essa [*Socialist*] *Register* é o último sobrevivente na linha direta de continuidade da velha Nova Esquerda; e seus editores e casa editorial se esforçaram para manter viva a tradição de análise marxista não doutrinária, ecumênica e substantiva. Mas acredito que eles concordariam que a *Register* não incluía todas as tendências que coexistiram frutuosamente no movimento mais antigo.

Explico isso porque ainda hoje percebo, fora da Grã-Bretanha, certa confusão quanto à relação intelectual entre a primeira e a segunda *New Left Review*. Desde que assumiram o controle editorial em 1963, Perry Anderson e seus colegas têm conduzido a revista com ordem, convicção e firmeza. Mas houve uma cisão na passagem de uma tradição à outra, e ela nunca foi exposta a uma discussão fundamentada. Foi uma transição bastante inglesa, quer dizer, a depender do ponto de vista, podemos descrevê-la como cortês e tolerante ou como desnecessária e manipuladora. Só em 1965 levantei, nas páginas desta *Register**, algumas objeções a certas interpretações da *New Left Review* (modificada): elas se referiam a questões de fundo de alguma importância, embora eu tenha sido desencorajado de chegar ao cerne de cada objeção tanto por meu próprio sentido de camaradagem compartilhada no interior da esquerda como pelos conselhos do corpo editorial. Em tempo hábil, e talvez com menos sentido de ambas as reservas, Anderson replicou. Sua resposta, a meu ver, não refutou minhas objeções nem sugeriu novos problemas significativos.[9]

E assim permanecem as coisas. Eu e meus colegas voltamos ao trabalho em nossos respectivos campos de especialidade, profissionais ou práticos. Já

---

* O texto foi publicado originalmente na *Socialist Register*, v. 10, 1973, p. 1-100. N.T.

9. Thompson, "The Peculiarities of the English", *Socialist Register* [e neste volume], 1965; Perry Anderson, "The Myths of Edward Thompson", *New Left Review*, 35, January-February 1966.

não representávamos uma posição coerente e identificável. Alguns de nós se reagruparam entre 1967 e 1968 a partir de uma iniciativa de Raymond Williams, para formar essa posição e perspectiva mediante o *Manifesto de 1º de Maio*. Ele adveio, creio eu, de posturas teóricas substancialmente distintas daquelas da *New Left Review* atual; mas as diferenças de fundo ficaram (exceto em algumas partes da obra de Williams) sem discussão.

Discutir pela posse da expressão "nova esquerda" não vale a pena, e sequer pelo termo "marxismo" compensa gastar a saliva que tem sido gasta. Disso eu tenho certeza. Há discussões de maior relevância a realizar. Mas toda discussão delas requer certa moral, certo sentido de público.

Se, depois de uma ofegante introdução eufórica, caí em um silêncio político mal-humorado, talvez tenha sido pela falta dos dois últimos requisitos:

> Minha mente, por terem as mentes que amei,
> O tipo de beleza com que me deleitei,
> Bem pouco prosperaram, acabou por secar...

> [My mind, because the minds that I have loved,
> The sort of beauty that I have approved,
> Prosper but little, has dried up of late...]

Uma das causas para isso, a que breve voltarei, é, paradoxalmente, o renascimento dos marxismos na Grã-Bretanha, mas de marxismos aos quais não posso me associar. Outra causa é ainda mais profunda; ela penetra a própria linguagem do discurso político, o idiomatismo do pensamento.

Ser um comunista britânico, nesta ilha empírica ancorada fora da Europa, jamais foi algo de grande relevância internacional. Os comunistas britânicos ajudaram nas lutas por independência colonial e ajudaram, mais do que hoje se lembra, a derrotar o fascismo entre 1942 e 1945. Mas ser um comunista dissidente ou revisionista, ou um sobrevivente dessa tradição, no ano de 1973, é ser uma quantidade nula como um selo postal estrangeiro cancelado duas vezes, não reutilizável e sem valor para colecionadores.

A própria linguagem provoca uma ridicularização malcontida. Mas quando acompanhada de um sotaque provinciano carregado – como a *Política* de Aristóteles declamada na variedade de Liverpool –, é uma piada tão boa

441

que pode até atrair uma plateia. Porque pertenço a uma nação que perdeu a autoconfiança e cujo povo por certo reivindica menos na escala dos direitos humanos (direitos como a autodeterminação) do que os noruegueses. Nossa cultura intelectual tem sido insular há tanto tempo, amadora, crassamente empírica, fechada e resistente ao discurso internacional, que o dano provavelmente é irreparável. Mas ainda nos resta uma chance. Estamos indo para "dentro" da Europa, e Tom Nairn e outros colaboradores da *New Left Review* estão tentando nos ensinar o vocabulário que os verdadeiros intelectuais usam naquelas plagas.

É isso que nos garantem, de vários lados, e muitas vozes além da de Tom Nairn. Estou tentado a crer que é assim mesmo. Afinal, se nossa taxa de crescimento fica atrás da taxa europeia, se a libra cai em relação ao marco, se as maças inglesas não aguentam a competição francesa, segue-se, como a noite segue o dia, que a intelectualidade inglesa não tem chance de sobrevivência exceto se – exposta a uma competição acirrada de Paris e Milão – aprender um novo vocabulário e uma nova eficiência. Claro que o processo pode ser doloroso. Certos setores retrógrados e não competitivos (o empirismo, o romantismo e o tradicionalismo ingleses) deverão ser fechados. Não se pode esperar que o senhor Sartre e o senhor Althusser subsidiem essas antiguidades remanescentes. Vai haver necessariamente, na fase de transição, desemprego. Até alguns executivos poderão (com uma compensação adequada) ser dispensados.

Foi em nome dessa lógica que os fundadores da *New Left Review* foram despedidos bem no começo. E é por sentir certa justiça em minha própria dispensa que permaneci por alguns anos calado sobre as questões mais amplas da discussão política. Claro que não se trata de discutir somente com Tom Nairn. Entre os trabalhadores intelectuais britânicos mais jovens, tem havido há uma década indicações de uma mudança significativa no idiomatismo. Como afirmou Raymond Williams,

> Os pensadores e escritores britânicos se veem continuamente impelidos de volta a uma linguagem comum, não apenas quanto a certos ritmos e escolhas de palavras, mas também em uma forma de expressão que pode ser considerada não sistemática,

mas que também representa uma rara consciência de um público imediato.

Essa "forma de expressão", que descrevi como "idiomatismo", e na qual Williams percebe qualidades tanto negativas como positivas, era considerada por vários estudantes na Inglaterra, a partir do início dos anos de 1960, como um obstáculo a que se tornassem "outro tipo de intelectuais":

> Uma sensação da existência de certas restrições absolutas no pensamento inglês, restrições que pareciam estar intimamente ligadas a certas restrições e impasses da sociedade mais ampla, tornou imperativa a busca de tradições e métodos alternativos.

"Subitamente, parecia que todos, exceto os ingleses, pensavam ou ao menos escreviam" de forma mais especializada e sistemática. E, na busca de uma teoria mais rigorosa, muitos da nova geração procuraram adquirir "o vocabulário altamente especializado e interno" de uma casta intelectual, por vezes adquirindo, ao mesmo tempo,

> Uma linguagem e um ar de monografia ou de palanque: uma enumeração no quadro-negro, uma ênfase ditada, uma insistência pedagógica em definições repetíveis: hábitos que interagiam estranhamente com o rigor genuíno das novas e ousadas indagações e termos[10].

Eis uma boa colocação, que se relaciona de modos específicos com a mudança na tradição da *New Left Review*. Não posso fazer aqui uma avaliação detalhada das conquistas da revista com a conduta adotada desde 1964. E, se indicar apenas certos pontos em que eu e outros fundadores e colaboradores da revista anterior fomos excluídos do discurso da revista, darei a impressão de fazer uma avaliação parcial e mesquinha. Mas preciso indicá-los brevemente para poder lhe explicar a posição com base na qual escrevo neste momento. E, em primeiro lugar, houve uma exclusão real: a revista não apenas se desviou de seus fundadores, mas ignorou seu pensamento sem exame e negou veementemente que houvesse existido neste país quaisquer tradições marxistas sérias antes de algum ponto em 1963. Em segundo, embora a revista

---

10. Raymond Williams, "In Memory of Goldman", *New Left Review*, 67, May-June 1971, e introdução a L. Goldmann, *Racine* (Cambridge, 1972).

tenha por certo expandido algumas dimensões internacionais, outras foram severamente restringidas, em especial o interesse por (e por vezes o diálogo com) o "revisionismo" e a "dissidência" comunistas, que marcaram a tradição da *The New Reasoner*. (Por exemplo, na última década a revista não deu atenção a você e sua obra, mas dedicou uma respeitosa e contínua atenção a Althusser.) Em terceiro lugar, a intenção da revista de aprofundar e esclarecer a exegese marxista se acompanhou de um nítido estreitamento dos referenciais intelectuais e do fechamento de certas áreas abertas de exame – ou seja, houve uma insistente pressão no sentido de reafirmar o marxismo como um tipo de doutrina – embora altamente sofisticada –, algo que logo vai ser discutido. Em quarto, acrescentou-se a tudo isso uma rejeição obrigatória ao modo empírico de pesquisa, rejeição em que, ao lado da resistência adequada ao empirismo e ao positivismo em si, se descartaram também os controles empíricos (bem evidentes nos procedimentos do próprio Marx). Assim, uma organização heurística e estrutural de conceitos passou a ter prioridade (até prioridade hegeliana, embora expressa em termos fortemente anti-hegelianos) sobre a análise substantiva. Estamos sempre – e não apenas nas páginas da *New Left Review*, nos preparando para fazer análise, recebendo instruções sobre *como* a análise pode ser realizada e (mais frequentemente) como *não* pode ser realizada. Mas o resultado substantivo desses arranjos é menos claro. E, em quinto – e, ao menos por agora, último – lugar, podemos duvidar (você e eu certamente duvidaríamos) de ter havido algum dia uma absorção ou elaboração, na tradição mutante, da experiência histórica total do stalinismo. Na verdade, vejo no próprio vocabulário desse novo marxismo, com sua carantonha obrigatória diante do "humanismo", do "moralismo" etc. – sua incapacidade de discutir as artes exceto traduzindo-as em um cerebralismo –, e sua carência de termos com os quais manejar o processo moral ou de formação de valores, indício de que aquela experiência ultrapassou a nova tradição.

Essas ressalvas podem ter força. Ainda assim, parece que eu e alguns colegas não conseguimos penetrar esse discurso. Não dominamos os termos apropriados. E quando enfrento seus escritos dos anos de 1960, encontro uma dificuldade análoga. Segundo um de seus editores, você, em seus "escritos pós-revisionistas", mostra a influência, em medida mais ou menos igual, das ideias filosóficas de Spinoza, Kant, Hegel, Marx, Dilthey, Mannheim, Husserl, Sartre, Heidegger e Camus[11].

Diante desse panteão (que, devo enfatizar, não é indicado por você), meu primeiro comentário, instintivo, mas irreprimível, seria: Humpf! – termo demasiado inexato para ser usado no discurso filosófico.

Se me for permitido tomar emprestada sua imagem do padre e do bobo da corte, os intelectuais ingleses fizeram papel de bobo da corte para os padres universalistas (católicos ou anticatólicos) da Europa Ocidental durante centenas de anos[12]. Nosso melhor idiomatismo tem sido protestante, individualista, empírico, desintegrador de proposições universais; nosso melhor moralismo, contextual. Nossos poetas de quando em vez desenvolveram a filosofia mais do que nossos filósofos. Se eu, formado nesse idiomatismo, penso nos problemas de determinismo e livre-arbítrio ou de processo social e iniciativa individual, não parto de Spinoza, passando por Marx, Heidegger e Sartre, caindo antes em outro tipo de meditação, condicionado por uma cultura literária, por entre instâncias, objeções, qualificações e metáforas ambíguas.

Quando se diz que você afirma, tal como relatado na *Encounter* (embora você o tenha dito com mais elegância alhures), que, embora seja "ateu inconsistente", ainda crê que "os homens não têm nenhum meio mais completo de autoidentificação do que o simbolismo religioso", e que "a consciência religiosa (...) é parte insubstituível da cultura humana, a única tentativa de o homem se ver como um todo", não é apenas o ateu, mas também algum [religioso] lollardo ou anabatista primitivo dentro de mim, que se rebela. Você pode afirmar isso na Polônia, ou, se quiser, na Itália ou na França. Mas com que direito, com que estudo das tradições e sensibilidades locais, pode pressupor que seja uma proposição universal no âmago de uma antiga ilha protestante, obstinadamente resistente à magia do simbolismo religioso, ainda que permaneça fiel e cultivando, como tantos jardineiros urbanos, a consciência individual em oposição a alguma "consciência religiosa" ditada por um padre?

---

11. George L. Kline, "Beyond revisionism: Leszek Kolakowski's recent philosophical development", *TriQuarterly* 22, p. 14.

12. Leszek Kołakowski ,"The Priest and the Jester", *Marxism and Beyond*, p. 29-57.

Temo que você não vai me compreender. Vai pensar que sua reflexão casual provocou em mim alguma fúria ateia. Não é esse o caso, em absoluto. Em meu trabalho de historiador, compartilho e aceito sua empatia imaginativa e seu respeito intelectual pelas formas, movimentos e ideias cristãs, que, como você defende (e como Christopher Hill tem insistido há longo tempo neste país), têm de ser estudados em sua própria realidade e autonomia, e não como fragmentos de uma suposta "falsa consciência" na qual estariam escamoteados outros interesses, mais reais e materiais. Se fosse criar meu próprio panteão, eu não hesitaria em colocar o antinomiano cristão William Blake e o poria ao lado de Marx.

O que você desperta em mim – e por isso levantei a questão – é simplesmente o velho Adão do idiomatismo inglês. Você interrompe meu trabalho. Não quero ser atraído de volta a tudo *aquilo*, não quero ser levado a uma discussão cuja forma e mesmo cujos termos filosóficos vêm de uma cultura em que o antigo debate entre universalistas católicos e ateus não cessa; uma cultura na qual, geração após geração, os teólogos e filósofos católicos, como ardilosos jardineiros de algum clube esportivo, preparam novos campos e determinam que seus oponentes têm de, mais uma vez, jogar em cada centímetro desse novo campo ou perder o campeonato; em que ficar em algum ponto entre a filosofia católica e a não católica é atribuir a si mesmo o *status* singular de árbitro.

Se "entrar na Europa" implica voltar a tudo aquilo, poderíamos igualmente entrar no Eire. Por ora, pode restar algum tempo para continuarmos nosso trabalho. Não entendo bem o que você quer dizer com autoidentificação, nem com que meios julgamos um tipo de autoidentificação "mais completo" do que outro, exceto se a conclusão estiver implicada na premissa de que apenas a autoidentificação "pelo simbolismo religioso" pode ser completa. Nesse caso, se você é ateu, sua autoproclamada "inconsistência" tem de ser decorrência do fato de você crer que uma autoidentificação mistificada seja mais completa do que outra, nua e desmistificada. Isso não combina muito com a sua defesa (e exemplo pessoal) dos valores da racionalidade, seja lá aonde nos levem, nem com seus lembretes sobre o aspecto trágico da cultura humana.

A autoidentificação pelo simbolismo religioso pode por certo ser mais reconfortante. Contudo, oferecer conforto nunca foi sua ou minha responsabilidade. Não consigo ver você na ala da mortalidade, como uma garçonete que traz uma bandeja filosófica. Mas sua outra proposição toca mais intimamente na história: "a consciência religiosa (...) é parte insubstituível da cultura humana, a única tentativa de o homem se ver como um todo – isto é, como objeto e como sujeito".

Se a consciência religiosa é "insubstituível", a frase se refere não só ao passado (como o homem já viu a si mesmo), mas também ao futuro. Isso me surpreende, porque você sempre foi bastante ácido ao falar desses visionários que sabem o que o futuro reserva. Nesse caso, sua afirmação deve advir da observação do passado e do presente, a partir da qual você deduziu um componente constante, intrínseco à natureza do homem, que só pode encontrar expressão como "consciência religiosa".

Há nessa curta sentença muitas proposições de fato e de valor, bem como de valor disfarçado de fato. Pode-se reconhecer prontamente que a consciência religiosa foi parte da cultura humana passada. Até que ponto ela esteve presente em *todas* as culturas do passado é uma questão altamente técnica, para cuja resposta teríamos de consultar antropólogos, de definir o termo "religioso" e decidir até que ponto se pode considerar como religião algum mito (apoiado ou não por uma doutrina, por sacerdotes ou homens santos, e envolvendo ou não ideias de vida após a morte, recompensas e punições etc.). A definição de "religioso" por certo influenciaria bastante nossas conclusões: se (em favor da discussão) definíssemos "religioso" de modo a incluir todas as tentativas feitas pelo homem para se ver como um todo, seu argumento atravessaria triunfante, como uma canoa bem construída, todas as correntes sucessivas.

O segundo aspecto é: se aceitamos que a consciência religiosa foi parte da cultura humana passada, daí se segue que ela foi insubstituível, porque não se pode substituir qualquer parte de algo que já passou. Mas, terceiro aspecto: se "insubstituível" não é uma afirmação sobre fato, mas uma imputação de valor, então a afirmação é de cunho bem diferente. Se você sugere

447

que a consciência religiosa era, é, e, por implicação, pode vir a ser sempre insubstituível por preencher alguma necessidade humana intrínseca – necessidade profundamente significativa e valiosa (porque ninguém negaria que o homem deva se autoidentificar e se ver a si mesmo como um todo) –, teremos sido levados a uma discussão demasiado ampla para ser realizável, uma discussão que, adicionalmente, implica tantas inserções de julgamentos normativos que não poderia ocorrer apenas por meios lógicos. Um dos braços do compasso está fixado naquela única palavra: "insubstituível"; o outro girou 180 graus, passando de uma proposição banal de fato a uma asserção deveras ampla de valor sobre a função aprovada da consciência religiosa no passado, a natureza essencial do homem e a evolução social futura. Como você sabe, muitos homens aceitariam prontamente o segundo aspecto, mas veriam (no terceiro) apenas um motivo de pesar: ele mostraria que a consciência religiosa restringiu e confundiu o avanço cultural ou inibiu o autoconhecimento do homem – talvez até sua autoidentificação. Pessoalmente, não serei no momento puxado para nenhum lado dessa discussão.

Quarto aspecto: ao dizer que essa entidade não examinada é "a única tentativa de o homem se ver como um todo", você faz uma afirmação que é – como história – ou evidente e absurdamente inexata ou então, mais uma vez, a conclusão está implicada pela premissa. Não me refiro apenas aos pensadores que se detiveram conscientemente sobre formas e ideias religiosas no esforço de ver o homem como um todo, mas também a uma cultura artística e literária (à qual aliás muito devo) que sempre esteve, no curso da história, envolvida na mesma busca. Se você me disser que *Rei Lear, O vermelho e o negro, Guerra e paz* e *O prelúdio* são, no fundo, manifestações da consciência religiosa, só me restará depor as cartas na mesa e pedir que recomecemos o jogo, mais lentamente, sem cartas marcadas.

E se (eis o quinto aspecto) você insiste em marcar cada carta de pensamento, de arte ou de ritual social secular como "religião" por causa da derivação de seus símbolos ou formas, então ainda estamos na juventude do autoconhecimento secular do homem. Como você pode prever, ou eu contradizer, as formas que pode assumir o autoconhecimento do homem, em suas expressões emocionais e simbólicas mais completas? Ao menos (sexto aspecto) se pode esperar que a cultura ateia consiga transcender a aridez da negação da consciência religiosa e seguir em direção a uma apropriação e uma expressão mais positivas e desinibidas das necessidades (que continuam imperfeitamente definidas) a que essa consciência atendeu. Na verdade, eu pensava que era isso que estava acontecendo e já acontecia há cerca de duzentos anos. Faço essas objeções não por desejar fechar as portas à empatia imaginativa para com as formas de consciência religiosa passadas ou presentes, mas porque me ressinto de ser puxado de volta a uma discussão infrutífera em termos que rejeito.

Mas a questão era minha fidelidade a um exausto idiomatismo inglês. Opero por meio de digressões, o que também é um idiomatismo – um artifício de ensaísta. Não importa. Avançamos mesmo com rodeios e talvez haja até mais lógica no processo do que pretendo apresentar por enquanto. Estive em zombarias com você, seu bobo da corte indomável e vivido, porque sou o produto, e quem sabe o prisioneiro, de uma cultura zombeteira. Se você vem até nós fazer perguntas, farei perguntas sobre suas perguntas.

Mas não posso voar. Enquanto você abre as asas e se alça ao firmamento onde pairam Kierkegaard, Husserl, Heidegger, Jaspers e Sartre e outras grandes águias, fico no chão como uma das últimas abetardas, aguardando a extinção de minha espécie no solo desgastado de um idiomatismo em erosão, esticando meu pescoço no ar, balançando minhas asas minúsculas[13]. Ao meu redor, meus primos mais novos, plumosos, estão lidando com mutações; se tornaram pequenas águias, e vuuuf!, com uma lufada de vento, lá se vão a Paris, a Roma, à Califórnia. Pensei mesmo em me unir a eles (tenho praticado as palavras "essência", "sintagma", "conjuntura", "problemática", "signo"), mas minhas asas não aumentam. Se o tentasse, sei bem que, estando com o

---

13. Devo me desculpar com os ornitólogos devido às definições incorretas sobre a abetarda, que obviamente tem alguns atributos mais próprios do dodô. Só que o dodô já foi muito usado e a abetarda foi um dia um pássaro inglês. Ela está na verdade longe da extinção e vive nas planícies da Polônia. Voa um pouco melhor do que sugiro, mas demora para levantar voo. Assim, na Grã--Bretanha, era presa fácil para as raposas e os nativos, que valorizavam sua carne como alimento. Aliás, na vila de Empírica Parva, na Floresta de Windsor, houve época em que não se comia outra carne; a abetarda morta era então um quitute altamente apreciado nas altas mesas acadêmicas.

corpo pesado por meus moralismos românticos, minha curta visão empírica e meus tocos de asas idiomáticas, eu cairia – pluft! – no meio do Canal.

Sou parte de uma tradição política emaciada, encapsulada em uma cultura nacional hostil que é ela mesma esnobe e resistente à intelectualidade, além de carente de autoconfiança. Mesmo assim, compartilho do idiomatismo dessa cultura, que é minha relutante anfitriã; e compartilho não apenas por meio dos hábitos de escritor, mas por preferência. Eis, para ser sincero, meu eu, minha sensibilidade. Se se tirar Marx, Vico e alguns romancistas europeus, meu panteão mais íntimo seria um chá provinciano: uma reunião de ingleses e anglo-irlandeses. Se se fala de livre-arbítrio e determinismo, eu penso em primeiro lugar em John Milton; da desumanidade do homem, penso em Swift. De moralidade e revolução, minha mente vai em busca do poema *The Solitary Reaper*, de Wordsworth. Se se fala dos problemas de autoatividade e trabalho criativo na sociedade socialista, em um instante estou de volta com William Morris – uma grande abetarda como eu, a quem nunca se permitiu privar da companhia de águias antiquadas (mas "respeitáveis") como Kautsky ou Plekhanov, Bernstein ou Labriola – embora, se lhe tivesse sido dada a oportunidade, ela talvez lhes tivesse dado algumas bicadas na barriga.

Bem, eis o que sou – alguém em condição risível. É desculpa para todo silêncio. Apegar-se por demasiado tempo, e com muito poucos companheiros, a uma posição não apreciada é – como o demonstra esta carta – algo que fomenta sintomas idênticos aos do egoísmo. Em meu silêncio, tornei-me demasiado consciente dos movimentos de minha mente; desligado em demasia do pensamento ao meu redor, em que meus próprios argumentos nunca podem ser inseridos; teimoso demais na resistência à assimilação.

* * *

E eis que, abruptamente, vem daquele passado não assimilado uma voz familiar: Leszek Kolakowski! Houve algo no elã de nosso pequeno desligamento que, muitos anos atrás, ficou preso entre duas fogueiras ideológicas prestes a se extinguir, o que me faz prender o fôlego e retomar aquele passado: questionar sobre para onde estamos indo, sobre aquilo que me tornei. Não é culpa sua que todas estas folhas de papel estejam caindo em sua cabeça.

É claro que nós dois mudamos. Examinemos um pouco como mudamos e por quê.

Nós dois adotamos (em meu entendimento) uma postura comum em relação à tradição marxista. Poderíamos classificar as ideias oferecidas como marxismos de várias maneiras. Há (1) o marxismo concebido como um corpo de doutrina autossuficiente, completo, interiormente coerente e plenamente realizado em um conjunto particular de textos escritos: de Marx (iniciais ou posteriores); de Marx e Engels; ou, com um acréscimo hifenizado, Lenin-Trotsky-Mao Tsé-Tung. Embora haja aqui e ali indivíduos que aleguem conhecer o verdadeiro conjunto de textos melhor do que ninguém, esse marxismo é em geral encontrado em alguma forma institucionalizada; como ninguém pode impedir a realidade de mudar de formas que os textos não podem (sem uma esticada ou torcida) antecipar, deve haver não somente textos aprovados, mas também interpretações aprovadas desses textos (ou opiniões externas a eles). Isso implica um gabinete, um padre ou (no caso de uma seita intelectual), ao menos um conselho editorial sacerdotal que possa sinalizar a aprovação e as mudanças no corpo da verdade textual.

Nós dois conhecemos bem isso – agudamente. A realidade muda, mas os textos não o fazem: eles são interpretados de novas maneiras. A interpretação pode ser obra de homens de grande competência, mas eu aceitaria sua definição, de muitos anos antes, segundo a qual marxista no sentido (1) "se refere a um homem com atitude mental caracterizada pela disposição em aceitar opiniões institucionalmente aprovadas"[14]. Podemos detectar rapidamente as artimanhas desse modo de pensamento: quando alguém começa uma frase com "O marxismo ensina que...", ou "Vamos aplicar o marxismo a...", já se sabe que o texto está sendo trazido *para* o objeto em exame. É difícil, quando se dá um passo com o pé direito, impedir o pé esquerdo da autoconfirmação de o seguir. Mas todo trabalho intelectual verdadeiro exige uma imagem mais dialética do que essa: o pensamento luta com seu objeto e os dois se alteram no encontro.

---

14. Esta e outras citações posteriores são de L.K.: "Permanent and Transitory Aspects of Marxism", *Marxism and Beyond*, p. 193-207; e *The Broken Mirror*, org. por P. Mayewski (Nova York/Londres, 1958), p. 157-174.

Não precisamos ser lembrados das desgraças engendradas por este modo de pensamento no zênite de sua personificação institucional mais notória, sob os cuidados sacerdotais do "Maior Filólogo do Mundo". Você as descreveu em "Permanent and Transitory Aspects of Marxism [Aspectos permanentes e transitórios do marxismo]" ([1957):

> O marxista de 1950 sabe que a teoria da hereditariedade de Lysenko é correta, que Hegel representou uma reação aristocrática à Revolução Francesa, que Dostoiévski não era nada além de decadência (...) bem como que a teoria da ressonância na química é uma bobagem reacionária. Todo marxista de 1950 *sabe* essas coisas, mesmo que nunca tenha aprendido o que são cromossomos, não faça ideia do século em que Hegel viveu, nunca tenha lido um dos livros de Dostoiévski nem estudado um livro de química do segundo grau. Para um marxista, tudo isso é absolutamente desnecessário enquanto o conteúdo do marxismo for determinado pelo Gabinete.

Em suas piores expressões institucionais, esse marxismo já causou muitos males à cultura do homem. Está suficientemente desacreditado. Podemos descartá-lo sem maiores comentários.

Mas, alternativamente, podemos supor que *deveríamos* ser capazes disso. Na realidade, marxismos precisamente desse tipo têm mostrado uma espantosa vitalidade. Onde, em 1956, encontrávamos um desses marxismos, hoje encontramos três. No final de 1960, quando nossos Clubes da Nova Esquerda (que pretendiam ser tanto fóruns locais abertos de teoria sociológica como locais de iniciativas socialistas) já estavam se desfazendo sob a atenção dos emissários de vários setores marxistas "fraternais" (e com frequência vituperantes), fiz o seguinte comentário:

> Estou ficando entediado com alguns membros de seitas "marxistas" que aparecem nos encontros do Clube de Esquerda (...) para perguntar, em um tom de voz do tipo "a bolsa ou a vida" se o orador é marxista, se acredita na luta de classes e se está disposto a aderir imediatamente a essa ou aquela versão do Credo.

Esses interlocutores conseguiriam ter o mesmo efeito se tivessem simplesmente plagiado os versos do personagem de Shakespeare, Ancient Pistol: "De que rei, vagabundo? Fala, ou morre!"

> A maioria dos Clubes sofreu com um ou mais desses profetas, heterodoxos ou ortodoxos, do misterialismo diabólico e histérico. As conexões são vistas, mas o são como se fossem tudo; e tudo pode ser reduzido a alguns textos básicos (...) O marxismo é concebido não como tradição viva, mas como doutrina autocontida, recurso para planificar e simplificar todo fenômeno que esteja sob investigação, de modo que se possam selecionar certos fatos plausíveis (e descartar todos os outros) para ornamentar ou "provar" suposições preexistentes. Boa parte do que hoje se reconhece mais estridentemente como "marxismo" não passa de um pensamento desse tipo, independentemente de partir do pressuposto de que os líderes soviéticos são todo-pecadores ou então todo-sapientes. Isso explica o estilo escolástico que formata tantas frases "marxistas" – teses e antíteses costuradas tão perfeitamente em cada ponto que a realidade não consegue se infiltrar em nenhuma delas[15].

Escrevi isso em 1960. Desde então, esses marxismos se reproduziram, mantiveram seus adeptos e aumentaram seu número, enquanto eu e muitos antigos camaradas, exceto em nossos papéis mais profissionais, caímos no silêncio. Os sacerdotes se multiplicaram, sendo os bobos da corte calados pelo escárnio. Esses marxismos podem não ter sentido; mas certamente atendem a alguma necessidade humana.

Óbvio que não são totalmente sem sentido. Seu conjunto de textos selecionados pode ser melhor do que o antigo; uma discussão entre várias seitas é imensamente mais frutífera do que a apologética de uma única ortodoxia; e, mesmo ali onde o modo de pensamento é errôneo, podem-se encontrar mentes sutis e perceptivas trabalhando. Contudo, se é nessa direção que o marxismo leva necessariamente, então nenhum de nós pertence a esse grupo.

Passemos (2) a outro modo de pensamento identificado como marxismo. Nele, o marxismo é sustentado menos como doutrina do que como método. É uma definição que apresenta dificuldades, mas estas não o invalidam. Claro que queremos algo mais do que sustentar que Marx era um acadêmico; que (como você nos lembrou) sua obra se distinguia por "uma atitude firmemente racionalista, um sentido de crítica radical, um desgosto pelo senti-

---

15. E.P.T., "Revolution Again", *New Left Review* 6, nov-dec 1960.

mentalismo na pesquisa social, um método determinista". Essas qualidades, como você observou, não são "características apenas dele e de seus seguidores", nem "são suficientes para definir uma corrente de pensamento distinta".

O método tem de ser definido com mais exatidão. Mas, se tentamos fazê-lo (e esta discussão poderia ser – como tem sido – imensamente prolongada), esbarramos no final em uma dificuldade insolúvel para distinguir o método de Marx de algumas de suas premissas e, na verdade, de algumas de suas conclusões. Se dissermos que seu método era dialético, estamos dizendo alguma coisa: creio que estamos dizendo bastante. Contudo, encontramos problemas insolúveis ao tentar distinguir sua dialética concebida como método puro da dialética de outros pensadores. E, o que é pior, esses problemas nos desviam de questões substantivas por causa de disputas que só posso definir como escolásticas. Devemos por isso afirmar que o método de Marx era dialético e que também era o do materialismo histórico. Penso que isso também diz alguma coisa. Contudo, para definir esse significado, temos de definir mais o conceito de materialismo histórico; dizer que ele envolve certas propostas quanto às relações entre ser social e consciência social; na verdade, essa seria uma concepção estiolada do método de Marx que não nos indica seu modo de examinar o capital e o conflito de classes.

Não estou menosprezando quem se associa ao marxismo como método. Muitos daqueles cuja obra merece meu respeito definiriam desse modo sua posição. Mas não estou convencido de que essa definição seja satisfatória. Se usamos "método" em um sentido amplo e metafórico – que de minha parte associo, de modo bastante geral, com o modo de trabalhar de Marx, com algumas de suas premissas, seus termos de análise histórica e algumas conclusões – declaramos, na verdade, que nos associamos a uma "tradição", ou corrente de pensamento, trata-se de uma posição diferente, e logo vai ser discutida. Mas se por "método" queremos designar algo mais exato, vamos finalmente perceber que esse método é inseparável da obra:

> Ó castanheira bem plantada e florida,
> És a folha, o botão ou o tronco?
> Ó corpo movente, visão que tudo alcança,
> Como distinguir a dançarina da dança?

[O chestnut-tree, great-rooted blossomer,
Are you the leaf, the blossom or the bole?
O body swayed to music, o brightening glance,
How can we know the dancer from the dance?]*

Sua prova pode ser encontrada na experiência. Pois quem adota a noção de marxismo como método, com o maior rigor intelectual, é exatamente quem, sem perceber, cai na contracorrente que reconduz ao marxismo (1), como doutrina. Nos esforços de definir o que é "essencial" ou "básico" no método de Marx, eles têm de definir os textos essenciais. Como revisionistas, podem indicar corrupções posteriores ou deformidades na tradição marxista; escavam sob o xisto e a escória acumulados por sobre a carga pura e original de minério; descartam Lenin, ou Engels; desvelam o Marx inicial. Passam do "método" ao "modelo"; há um modelo essencial a ser descoberto, antes ou depois de 1844; fertilizadas pela semiótica ou pelo estruturalismo, suas pesquisas penetram em regiões da epistemologia jamais sonhadas por Marx; criam um mundo miraculoso de finos fios como uma teia, "admirável pela fineza dos fios e do trançado, mas sem nenhuma substância ou proveito". Marx, cuja imaginação histórica concreta "trabalha de acordo com a matéria, e é por ela limitada", teria caminhado por esse mundo filigranado de fantasia tomado pelo espanto.

Você deve me perdoar, mais uma vez, pelo idiomatismo inglês. Eu tinha suposto que Bacon há muito tivesse manifestado uma séria objeção aos marxismos (1) e (2) quando se opôs, em *The Advancement of Learning* [Da proficiência e o avanço do conhecimento divino e humano], aos escolásticos:

> Porque assim como a água não pode subir para além da fonte primeira de que veio, assim também o conhecimento derivado de Aristóteles, se isentado do livre-exame, não vai se elevar novamente para além do conhecimento de Aristóteles.

Mas isso foi antes do avanço da tecnologia fenomenológica moderna e da descoberta, feita por alguns projetores na margem esquerda do Sena, do Poço Cartesiano.

---

* Do poema "Among School Children" [Entre crianças de escola], de William Butler Yeats (1865-1939).

Digamos mais uma vez que a coexistência de muitos marxismos (2) é uma situação eivada de conflitos e, portanto, mais carregada de vitalidade intelectual do que os conformismos ou anticonformismos dogmáticos que passavam tão amplamente por marxismos em 1950. E acrescentemos que – como você argumentou em "In Praise of Inconsistency [Elogio da incoerência]" – há virtudes no fato de os homens não serem todos pensadores rigorosos[16]. Pois o "marxismo como método", quando seguido com menos rigor, já serviu de desculpa para um ecletismo crítico. Os homens podiam usar a noção, talvez com a ajuda de alguma evasão ou oportunismo, a fim de deixar de lado indagações difíceis para as quais estavam malpreparados, enquanto trabalhavam e faziam avançar o conhecimento em seus respectivos campos mais especializados.

Há, no entanto, um oportunismo maior e mais evasivo do que esse: vou descrevê-lo como Marxismo como herança (3). Toda a cultura humana é um supermercado no qual se pode comprar à vontade, mesmo que alguns produtos sejam mais vistosos e pesados do que outros. Karl Marx foi um grande homem, e Jesus Cristo também; e ainda Hegel, Husserl, Tolstoy e Blake. O produtor das ideias pode ser esquecido, pois é o cliente que deve ficar satisfeito. Se algum dia nos sentirmos inclinados a realizar algo intelectual, seja do tipo marxista, existencialista ou hegeliano, podemos passar no fluorescente mercado de cultura e pegar um produto da marca escolhida. Pagamos em uma nota de rodapé e todas as dívidas são quitadas. Por que nos deveríamos preocupar com o ardor e a habilidade do trabalhador que, em sua oficina mal-iluminada, teve pela primeira vez aquele produto nas mãos?

Você conhece esse argumento. Na verdade, você mesmo um dia o apresentou em um sentido mais sério (mas com uma cláusula que o limitava às ciências naturais e sociais):

> O maior triunfo de um acadêmico eminente ocorre precisamente quando suas conquistas deixam de ser uma escola de pensamento separada; quando elas se fundem no próprio tecido da vida científica e dela se tornam parte elementar, perdendo, no processo, sua existência separada.

---

16. L.K., "In Praise of Inconsistency", *Marxism and Beyond*, p. 231-240.

E você sugeriu:

> Podemos supor que, com o gradual aprimoramento das técnicas de pesquisa nas Ciências Sociais e Humanas, o conceito de marxismo como escola de pensamento separada se tornará gradualmente mais indistinto e por fim desaparecerá por inteiro. (Não há nenhum "newtonianismo" na Física, ou "lineísmo" na Botânica, "harveyismo" na Fisiologia ou "gaussismo" na Matemática). Isso implica que o que é permanente na obra de Marx vai ser assimilado no curso natural do desenvolvimento científico. No processo, algumas de suas teses terão sua abrangência reduzida, outras serão reformuladas com mais precisão e outras ainda serão descartadas.

Nas Ciências Sociais e Humanas (você concedeu), esse processo de assimilação seria muito mais lento do que na analogia das ciências naturais. Na Filosofia, você previu uma evolução um tanto diferente: tal como o platonismo, o marxismo permaneceria como escola de pensamento distinta.

Eu me sentia e ainda me sinto incomodado com essa alegação, com a qual talvez você mesmo já não concorde. Você não estava, naturalmente, prevendo uma assimilação instantânea: mas sua metáfora de "gradualmente indistinto" sugeria uma assimilação já bastante avançada, e com pouca ênfase nos conflitos ideológicos que se poderia encontrar pelo caminho.

Sua proposta veio de sua experiência particular na Polônia em 1956. Você estava muito mais cônscio (e não poderia ser diferente) das deformidades e constrições da ideologia stalinista mascarada de marxismo do que das deformidades da ideologia capitalista. Pode até ter parecido às vezes que a influência de Marx estivesse sendo mantida prisioneira na instituição proibitória que recebera seu nome; que ele só precisasse ser liberto para poder percorrer à vontade a cultura intelectual; que somente a animosidade stalinista estivesse impedindo suas ideias de encontrar a merecida aprovação entre os homens de boa vontade que formavam as Ciências Sociais do resto do mundo.

Você propunha um intercâmbio fluente entre pensadores marxistas e não marxistas, a remoção de falsas suspeitas e de polaridades fictícias entre acadêmicos. E sua proposição recebeu assentimento instantâneo de um acadêmico de notável coragem e verdadeira boa vontade no Ocidente. Penso em C. Wright Mills, que imediatamente aceitou sua mão estendida; e ele, por sua vez, sugeriu que essa assimilação estava bastante avançada, e que Marx era – ao lado de Weber, Mannheim e Veblen – parte da "tradição clássica" da sociologia.

Mesmo assim não estou convencido de que se possa fazer muita coisa com essa assimilação. É por certo enorme a influência de certas ideias talvez originárias da tradição marxista. Trata-se de uma influência por vezes criativa e, outras vezes, apresentada em formas vulgarizadas e atrofiadas nas obras de antimarxistas ardentes e apologistas do capitalismo (penso no reducionismo econômico mesquinho da obra de W.W. Rostow). Mas ao menos nas Ciências Sociais, penso que você subestimou muito a capacidade da sociedade capitalista de gerar e regenerar suas próprias formações ideológicas defensivas. (Sei que você julga ofensiva aquela metáfora "historicista" que oculta um processo mais complexo. Vou tentar esclarecer a questão da formação ideológica adiante.) A Ciência Social, tal como fomentada por muitas instituições da sociedade capitalista, nem sempre é um furacão de boa vontade, nem algo que um marxista julgue fácil assimilar (Wright Mills escreveu mais de um testemunho eloquente a esse respeito). O stalinismo pode ter acentuado, mas sem dúvida não inventou nem determinou sua evolução intelectual. Afinal, havia outros insurgentes (como uma classe trabalhadora nativa) a ser mantidos em ordem.

Esses argumentos não pertencem à epistemologia, mas à sociologia do conhecimento. Minha objeção, contudo, poderia se sustentar em outros níveis. Você ao menos pode concordar que uma asserção imprecisa do marxismo como (3), poderia, caso não fosse examinada mais a fundo – estimular aquele oportunismo de supermercado em que todo produto é tão bom quanto os outros, e tudo é escolha do consumidor –, oportunismo de que você pessoalmente seria tão incapaz que o poder de atração que exerce em outras pessoas pode nem mesmo ser concebível para você. Se pensa em assimilação, você pensa em um encontro trabalhoso: outros, porém, pensam em uma miscelânea de livros enfileirados. Se pensa em herança, você pensa no processo ativo de autorreprodução intelectual: excluir do pensamento os conceitos inexatos e modelar outros mais exatos. Mas, na Grã-Bretanha, quando pensamos em herança (e, apesar de todas as minhas brincadeiras, *parte* do que Tom Nairn diz é verdade), nós nos entregamos à inércia; deitamo-nos em nosso legado como se fosse um colchão Dunlopillo e esperamos que, durante o sono, aqueles bons homens mortos da história nos façam avançar. Somos medicados com ecletismo (ou com oportunismo, sob o admirável nome de empirismo) com a mesma frequência do que com Librium; o serviço de saúde pública paga por um e o Comitê de Fundos Universitários paga pelo outro – e pouco importa quem paga pelo quê, pois o governo paga por tudo. Alguém um dia vai ter lucros enormes com a distribuição pública do marxismo como herança.

Estamos outra vez de volta à sociologia do conhecimento. Não posso evitar: fui treinado como historiador e preciso estar sempre indo e vindo, porque a própria história sempre foi uma tecelã. Mas se propusermos uma quarta posição, a do marxismo como tradição (4), poderemos então escapar das objeções que tenho quanto a (3), e que você e eu temos contra (1) e (2).

Ao escolher o conceito de "tradição", eu o faço com um sentido dos significados já estabelecidos para essa noção na crítica literária inglesa. Você talvez prefira, sendo filósofo, o termo "escola". Para minha mente, contudo, é mais fácil pensar em uma pluralidade de vozes conflitantes que, não obstante, discutem no âmbito de uma tradição comum, do que pensar nessa pluralidade no interior de uma escola.

O conceito de tradição traz algumas vantagens e evita certas dificuldades do marxismo (2). Ele permite um alto grau de ecletismo – demasiado alto, dirão os marxistas (1) e (2) – sem o convite inescrupuloso à autodissolução de (3). Uma das dificuldades de (2) é a tendência a excluir (em um certo momento) todas as formas de autocrítica que não sejam autovalidadoras. Isto é, o marxismo como método deve insistir que se defina *algum* método, algo que, como tentei demonstrar, implica endossar certas premissas, certos textos e até conclusões, como a essência inviolável do marxismo. Isso pode permitir um pensamento criativo e flexível, mas o que fica proibido é a crítica do método em si com base em critérios externos a ele: podemos criticar um texto com base em outro ou um texto anterior com base em um posterior. Mas se somos coerentes em relação ao marxismo como essência de método ou doutrina, vemo-nos confinados, em última análise, à sua crítica em seus próprios termos, em termos dele mesmo.

Pode-se escrever, sem ironia, que "os manuscritos contêm material suficiente para abastecer talvez várias gerações de tratados filosóficos adicionais", o inteligente editor dos *Grundrisse*, pela Pelican, demonstra com bastante precisão o tipo de escolasticismo envolvido nessa exegese, além de indicar o *couche* [estrato] sociointelectual em cujas mãos o marxismo (2) vem caindo cada vez mais. Perdemos precisamente os controles empíricos e as transfusões empíricas – que levam à recusa e renovação de conceitos – intrínsecos ao método do materialismo histórico. A recente ênfase, em vários agrupamentos marxistas, na organização estrutural dos conceitos de Marx e à sua função de revelar relações sociais "ocultas", em oposição a manifestas, é válida, e, na verdade, conhecida. O que não tem validade é a suposição de que essas relações ocultas estão além do alcance da crítica e da verificação empíricas, ou a inferência de que uma competência em algum tipo de filosofia "estrutural" dá acesso a alguma academia marxista superior, alheia às contradições entre evidências e aos incômodos confrontos com a experiência concreta.

Se, por outro lado, dispomo-nos a colocar toda e qualquer parte do pensamento marxista sob escrutínio – e a empregar todo instrumento de crítica que pareça legítimo (seja evidência histórica, o exame de sua coerência interna ou objeções bem fundamentadas de opositores intelectuais) –, então só podemos nos descrever como marxistas no quarto sentido. E, ao contrário do que muitos, condicionados pela existência e alegações de outros marxismos supõem, essa não precisa ser uma posição especulativa e indefinida.

Isso se deve em parte à própria estatura, universalidade, originalidade e força da obra de Marx; às disciplinas que ele dominou e remodelou; a seus métodos e preocupações característicos; às muitas vozes que se somaram à tradição a partir de sua morte; e à extensão do discurso marxista contemporâneo. Essa tradição existe, tendo-se definido na obra de Marx e na evolução de suas ideias (por contraditório que isso seja). A questão (para quem se diz pertencente a essa tradição) é menos a de definir a tradição em si do que a de definir a posição que ocupa em seu âmbito.

Ao fazê-lo, ainda estamos de certa forma definindo a parte da tradição que mais valorizamos e nos impele a ser fiéis a ela – apesar dos inquisidores e impostores. Quando o fez por si mesmo, em 1957, você selecionou exatamente as partes que também me mobilizam:

> É típica de Marx (...) a tendência a enfatizar as divisões sociais primárias mais influentes na determinação do desenvolvimento histórico (...) É típico de Marx um tipo de historicismo que não apenas elimina a avaliação de fenômenos históricos a partir da posição de um moralizador que se dedica à proteção de valores eternos, que não só se baseia em um princípio geral quanto à relatividade histórica dos sujeitos em estudo, mas também na convicção de que a natureza humana é o produto da história social humana e de que toda a nossa concepção do mundo é "socialmente subjetiva".

E, mais uma vez, quando você definiu a continuidade do marxismo como uma escola mais ou menos no mesmo sentido da minha "tradição":

> O marxismo, neste sentido do termo, não se refere a uma doutrina que pode ser aceita ou rejeitada como um todo. Não designa um sistema universal, e sim uma vibrante inspiração filosófica, que afeta por inteiro o nosso modo de ver o mundo; um estímulo sempre ativo na inteligência e na memória social da humanidade. Sua validade permanente decorre das novas e sempre importantes perspectivas que nos abriu, permitindo-nos olhar para as questões humanas pelo prisma da história universal; ver, de um lado, como o homem em sociedade se forma na luta contra a natureza, e, do outro, o processo simultâneo de humanização da natureza mediante o trabalho do homem; considerar o pensamento como produto da atividade prática; desmascarar mitos sobre a consciência como sendo o resultado de alienações sempre recorrentes na existência social, e rastrear suas reais fontes...

A essas afirmações eu (em minha própria lealdade à tradição marxista), pouco acrescentaria e nada retiraria, com exceção de um sentido do termo historicismo que rejeito. Adicionaria, de modo mais explícito do que você,

461

que, na condição de historiador, creio que o método dialético de análise – não reduzido a termos de lógica formal, mas tal como evidenciado repetidamente na fluência das análises de Marx e de Engels – é a chave para milhares de significados ocultos: a intuição sobre os dois lados das coisas, do potencial dentro da forma, das contradições do processo, das consequências das consequências. E acrescentaria, tal como você, meu tributo ao compromisso generoso de Marx com o movimento concreto do proletariado.

Quando se torna aprendiz de um mestre artesão, a pessoa não o faz para se tornar um copista, mas para se tornar ela mesma um artesão. O aprendizado pode até envolver (como aconselhou certa feita o poeta Gerard Manley Hopkins) o preceito: "Admire e faça diferente". E há um problema adicional quando o pensamento passa de um mestre para seus discípulos: aquilo que era todo um modo de pensar se torna instantaneamente codificado, reduzido a um sistema; uma metáfora é transformada em regra. Na verdade, o próprio mestre, instado por discípulos inquietos diante de seus cabelos grisalhos ou movido pela necessidade de oferecer leis ou escrever programas, pode ser cúmplice da redução de seu próprio pensamento a um código. Bem sabemos a que isso levou no caso de Marx e Engels.

Assim sendo, é possível ser fiel a uma tradição em que se aprendeu um ofício e mesmo assim sustentar que sua expressão codificada é amplamente errônea; que não só algumas ideias do mestre eram erradas (o que tem de ser evidente exceto se formos servos de Deus), como também – o que talvez seja mais significativo – que certas ideias, profundamente corretas, foram expressas (quando estabelecidas em sistema) de uma maneira que perceptivelmente as falsificou. Não tenho dúvidas de que você e eu estamos de acordo quanto a isso. Mas, sendo nossas preocupações profissionais diferentes, tendemos a enfatizar os problemas de modo distinto. Por isso, uma vez mais, devo lhe pedir que me acompanhe em uma digressão que pode ajudar a esclarecer alguns pontos que vão ser levantados no final desta carta.

Você se preocupa em examinar a linguagem de Marx no âmbito de uma disciplina epistemológica; explica as passagens cuja lógica é obscura, corrige as imperfeitas ou apressadas, e, onde a lógica está demasiado afetada para ser reparada (ou envolve algum pressuposto oculto e insuspeitado), destaca esse fato. Também me preocupo com a linguagem de Marx, mas no sentido de que ela às vezes mascara ou enrijece o sentido mais profundo que ele propõe. Para um filósofo, este exercício pode parecer impróprio; como se pode examinar um sentido à parte das palavras pelas quais é expresso – ou, se podemos intuir um sentido, que ferramentas estão disponíveis para explorar essa intuição?

A isso um historiador pode, creio eu, dar uma resposta legítima. Se, no processo de análise histórica, um escritor logra demonstrar a interconexão de fenômenos e regularidades díspares (em contextos causais semelhantes) de formações culturais; se ele consegue mostrar "ao próprio corpo e idade do tempo sua forma e pressão", essa conquista pode ser diferenciada satisfatoriamente de toda descrição formal dada por ele sobre seus próprios procedimentos ou, com efeito, de toda exposição sistemática que ele possa generalizar a partir de suas descobertas relativas ao processo histórico. É comum encontrar evidências dessa distinção. Quanto mais nos afastamos dos ramos mais rígidos da filosofia, tanto mais é verdadeiro que todo relato que um produtor cultural pode dar sobre seu próprio modo de trabalho pode, por mais importante que seja, diferir do modo como ele de fato trabalha.

A obra de Marx (e parte do que há de melhor na de Engels) é marcada por uma apropriação fluente e sensível das inter-relações dialéticas entre ser social e consciência social. Quando tentaram explicar esse modo de apropriação e seu objeto (reduzir processo a sistema), eles só podiam oferecer definições aproximadas. E essas definições, se examinadas cuidadosamente, parecem ambíguas no sentido de poderem ser lidas como proposições sobre fatos (pode-se dizer que uma dada estrutura da sociedade ou certa lei histórica existam) ou como metáforas do processo social (o processo pode ser mais bem compreendido se supusermos que ocorreu dessa forma). Não tenho habilidade nesse tipo de linguagem: você exprimiu com mais clareza argumentos um tanto semelhantes[17]. Mas ao menos sei que o pensador que confundir metáfora com fato estará em apuros.

---

17. Cf., p. ex., L.K., "Karl Marx and the Classical Definition of Truth", *Marxism and Beyond*, p. 58-104.

Já fiz (há oito anos) objeções a uma dessas reificações teóricas da metáfora: a lamentável imagem de "base e superestrutura". A tradição marxista contou com bem poucos poetas que se arriscaram na filosofia. Porque todo poeta perceberia instantaneamente que todo processo existencial humano expresso em uma metáfora de manual de engenharia civil *tem de* ter sido restringido e deformado. A questão nada tinha de original, embora o modo particular como eu a propus o fosse menos – o de que temos de lembrar que a placa estava apontando para a direção errada, e, ao mesmo tempo, temos de aceitar a existência do lugar para o qual a placa estava apontando erroneamente[18].

No entanto, comentários como este, feitos demasiado cruamente e no idiomatismo inglês, não alcançam o nível de sofisticação necessário para merecer a atenção do atual discurso marxista. Quando centenas de milhares de palavras brilhantes – e *sobre este mesmo tema*, infraestrutura e superestrutura – fluem das impressoras euromarxistas, quando há tamanha concatenação de águias sobrevoando as mais elevadas montanhas, por que iriam elas interromper sua reunião à passagem de uma das últimas abetardas – upa, flop, poft! – de um tufo irrisório a outro? Entrementes, nos círculos intelectuais sérios, a discussão sobre base/superestrutura prossegue *infinitamente*. O debate é viciado na raiz por esse erro, que, por sua vez, irradia erros para as discussões sobre ideologia, estética, classe social. Vem sendo desenvolvido – com seus centros metropolitanos e suas mansões nas montanhas – todo um continente de discurso que se apoia não no globo sólido da evidência histórica, mas no sentido precário de uma metáfora gasta.

Desdenho essa metáfora porque ela afeta negativamente o próprio sentido de processo, de interação entre ser social e consciência social, que aprendi com Marx. E porque toda metáfora desse tipo (ou modelo derivado dela) se mostrou na prática inútil em meu trabalho de historiador. Não proponho outro modelo. O mais próximo que cheguei disso, há muitos anos, em uma discussão surgida a partir de *The Long Revolution* [A longa revolução], de Raymond Williams, foi:

---

18. E.P.T., "The Peculiarities of the English", op. cit., neste volume, p. 349.

464

Se o senhor Williams abandonar seu vocabulário de "sistemas" e "elementos", e seu pluralismo difuso, e se os marxistas abandonarem a metáfora mecânica de base/superestrutura e a ideia determinista de "lei", um e os outros vão poder considerar novamente uma frase de Alasdair MacIntyre: "aquilo que (...) o modo de produção faz é fornecer (...) uma semente de relacionamento humano a partir da qual tudo o mais brota". Eles poderão então aceitar que o modo de produção e as relações de produção determinam os processos culturais em um sentido de *época*; que, quando falamos de modo capitalista de produção para fins de lucro, estamos indicando ao mesmo tempo uma "semente" de relações humanas características – de exploração, dominação e aquisitividade –, que são inseparáveis desse modo, e se exprimem ao mesmo tempo em todos os "sistemas" do senhor Williams. Nos limites da época, há tensões e contradições características que só podem ser transcendidas transcendendo-se a própria época: há uma lógica econômica *e* uma lógica moral, sendo fútil discutir qual delas priorizar, porque são diferentes expressões de uma mesma "semente de relacionamento humano". Poderemos então reabilitar a noção de cultura capitalista ou burguesa (...), (com) seus padrões característicos de aquisitividade, competitividade e individualismo[19].

Isso foi dito de forma menos enfática do que eu diria agora. Permanecemos dependentes de uma metáfora, embora a de "semente" tenha o mérito de

---

19. E.P.T., "The Long Revolution II", *New Left Review*, jul-ago 1961, p. 28-29. Raymond Williams, é claro, já manifestara ferozmente, muito antes, sua crítica à metáfora de base-superestrutura: ver, por exemplo, *Culture and Society* (Penguin, 1961, p. 272-273). Como ele mesmo diz, o que o levou a "crer que tinha de desistir ou, ao menos, deixar de lado aquilo que conhecia como tradição marxista foi sua insatisfação radical com esta fórmula recebida" e sua convicção de que ela era inválida como metodologia para a história e a crítica cultural (com efeito, ele a descreve como "uma fórmula burguesa (...), uma posição central do pensamento utilitarista"). Logo, Williams e eu compartilhamos uma objeção central a essa "fórmula recebida" do marxismo. A solução que ele tentou dar em *The Long Revolution* foi a de oferecer uma teoria alternativa, e original, "das relações entre os elementos em todo um modo de vida", ao mesmo tempo em que entrava em um diálogo cada vez mais íntimo com a tradição marxista (ver R. Williams, in *New Left Review* , 67, mai-jun 1971, e "Introdução", in Lucien Goldmann, *Racine* (Cambridge, 1972, p. xiii-xiv). Fiquei e continuo insatisfeito com a solução dada por ele pelos motivos citados no mencionado artigo. Minhas próprias tentativas de explorar as inter-relações dialéticas entre ser social e consciência social, ou entre cultura e "não cultura", no âmbito da tradição marxista, mas sem recorrer à fórmula, ocorreram fortemente na prática histórica: em *The Making of the English Working Class* [A formação da classe operária inglesa] , em trabalhos históricos subsequentes e a ser publicados. A análise histórica não precisa ser – ao contrário do que supõem alguns leitores – inocente em termos de conceitualização ou de interesse apenas como explicação de "fenomenologia".

465

ser vitalista e generativa, sem levar inevitavelmente a formulações "concretas" e "torres de marfim". Ela tem o mérito, mais considerável, de expelir de nosso próprio modo de apreensão histórica uma ideia esquizoide do homem na qual a dualidade corpo/alma o deixa no final imprensado contra antinomias em que a comida é trocada por moral ou pensamento. A dificuldade da metáfora da "semente" é que ela ainda sugere que todas as possibilidades de crescimento e evolução estão implícitas ou nucleadas na noz original, o que ainda a leva a não englobar a totalidade do processo dialético, que implica qualidades (consciência e intenções) que não podem ser expressas por nenhuma analogia vegetativa, orgânica[20]. Pode inclusive ser impossível criar alguma metáfora com termos não especificamente humanos.

Mencionei também a noção determinista de "lei", e podemos empregar exatamente o mesmo método de crítica para examiná-la. No curso da análise histórica, podemos identificar padrões recorrentes de comportamento e sequências de eventos que só podem ser descritos (em sentido retrospectivo ao invés de preditivo) como causalmente relacionados. Como esses eventos ocorrem independentemente da vontade humana consciente, é fácil tornar o processo inteligível dizendo que ele está sujeito a certas "leis". Porém "lei", mais uma vez, pode ser considerado como metáfora ou como fato. É diferente afirmar que um processo se desenrola de uma maneira conhecida e

---

20. O empréstimo que fiz antes de MacIntyre não oferece o contexto total de sua definição. Ele escreve: "Conforme Marx a descreve, a relação entre base e superestrutura é fundamentalmente não apenas não mecânica como nem mesmo causal. O que pode ser enganoso é o vocabulário hegeliano de Marx. Marx certamente fala da base 'determinando' a superestrutura e de uma 'correspondência' entre elas. Mas o leitor da *Lógica* de Hegel percebe que Marx pensa em algo a ser compreendido em termos da maneira como a natureza do conceito de uma dada classe, por exemplo, pode determinar o conceito de pertencimento a esta classe. O que a base econômica, o modo de produção, faz é oferecer uma estrutura no interior da qual surge a superestrutura, um conjunto de relações ao redor do qual as relações humanas podem se entrelaçar, uma semente de relacionamento humano a partir da qual tudo o mais cresce. A base econômica de uma sociedade não são suas ferramentas, mas as pessoas que cooperam usando essas ferramentas particulares do modo necessário para seu uso; e a superestrutura consiste na consciência social moldada por essa cooperação e na forma dessa cooperação. Compreender isso é repudiar a moralidade de fim-meios, porque não se pode criar a base econômica como um meio para a superestrutura socialista. Criando-se a base, cria-se a superestrutura. Não há duas atividades, mas uma única". Alasdair MacIntyre, "Notes from the Moral Wilderness, 1", *New Reasoner*, 7, inverno 1958-1959. Essa descrição muito lúcida não me parece capaz de superar as dificuldades de um uso não hegeliano de "determinação", nem as da metáfora desajeitada. Cf. também E.P.T., *The Communism of William Morris* (William Morris Society, 1965, p. 17-18).

esperada – que se conforma a leis – e dizer que ele surge como consequência da lei, que ele é *regido pela lei*.

Quando falamos metaforicamente de uma "lei da natureza" ou das "leis do amor", ou mesmo, como Marx, da "lei econômica do movimento da sociedade capitalista", podemos remeter a algo bem diferente de uma lei preditiva, científica. Uma lei, no segundo sentido, implica imediatamente determinismo – não podemos ser agentes voluntários estando submetidos a uma lei. No primeiro sentido, podemos estar dizendo (mesmo que eu não possa provar que Marx sempre pensava nesse sentido de "lei") algo próximo de: "é assim que funciona". E, nesse caso, ainda temos à mão um termo alternativo. Porque, se substituirmos a noção de *leis* de mudança social pela de *lógica* – metáfora que pode envolver a ideia de relações causais e ao mesmo tempo exclui as conotações deterministas e preditivas –, certas características "historicistas" do pensamento de Marx caem por terra e os marxistas se mostram como homens honestos. Como disse William Blake, "Todo homem honesto é um profeta":

> Ele manifesta sua opinião sobre assuntos tanto privados como públicos. Desta maneira: se fizeres Isto, o resultado será Este. Ele nunca diz que tal coisa vai ocorrer independentemente do que faças. Um Profeta é um Visionário, não um Ditador Arbitrário.

Foi mediante essa confusão semântica (da qual por certo Marx e Engels foram cúmplices) que a ideia de leis de mudança histórica, cuja existência é metafísica (portanto, extra-histórica), independente da iniciativa humana, se arraigou na tradição marxista. Mas se essas leis tinham força preditiva, então a liberdade última do homem se reduziu ao reconhecimento da necessidade: submissão ao processo histórico geral, ou, no máximo, uma aceleração deste; submissão que ecoava outra, muito mais antiga, presente ao pensamento humano: *"nel sua voluntade è la nostra pace"* [em sua vontade está nossa paz]*. E também na subtradição mais corrupta, e mais influente, do marxismo – o marxismo (1), que, ainda assim, permanece historicamente como parte do marxismo (4) –, a noção de iniciativa se reduziu à de planejamento: para a manipulação da economia, ou das pessoas, por uma elite com conheci-

---

* Dante, *A Divina Comédia*, 79. N.T.

mento científico da história, a vanguarda marxista. O reino da liberdade se tornou o reino em que apenas um partido, e depois apenas um homem, era livre, e no qual seu capricho era a necessidade dos outros homens.

Esta digressão veio de uma consideração do marxismo (4). Sugeri que a tradição marxista se definiu histórica e existencialmente e, portanto, contém, gostemos ou não, todas essas subtradições – marxismos (1) e (2) – que podem alegar alguma descendência relevante das ideias de Marx, de seus erros e ambiguidades, bem como de suas descobertas. Também pode conter subtradições ou pensadores individuais que afirmam ser leais à tradição porque reconhecem que Marx, mais do que qualquer outro homem, percebeu a raiz do problema; mas que, apesar disso, se julgam livres para examinar e rejeitar qualquer aspecto de seu pensamento. Argumentei que essa posição, longe de ser oportunismo ou ecletismo – que ocorrem no marxismo (3) – pode ser (e no momento é) incômoda e trabalhosa para todo pensador que busque um sistema, porque implica necessariamente uma definição (e definições constantemente renovadas) relativa ao lugar em que se está no âmbito do sistema. E fiz então esta digressão sobre a metáfora e o processo social para indicar modos pelos quais eu mesmo procuro chegar a essa autodefinição.

Surge a questão: se grande parte do marxismo (1) é politicamente prejudicial, uma caricatura do pensamento racional, e se alguma parte do marxismo (2) é intelectualmente limitadora e resistente ao desenvolvimento, por que afinal se deveria manter lealdade à tradição? Parte da resposta, que é intelectual, espero já ter mostrado: porque, sem isso, não se pode ser fiel ao próprio pensamento. Outra parte é política: pois permanecem, na maioria dos marxismos, fortes compromissos políticos, podendo acontecer (e vejo que acontece às vezes no caso da minha própria relação com os marxistas (1) de tendência trotskista) de um marxista compartilhar fortes compromissos políticos com marxistas com os quais sua maior razão de desentendimento gira, não obstante, em torno do marxismo. Não que se queira "resgatar" o marxismo desses marxistas, algo que considero inútil. Mas há nesses marxismos homens ponderados com quem se compartilha o engajamento em lutas políticas comuns, com quem se pode continuar a dialogar e que, no final, podem resgatar a si próprios.

Outra parte da resposta é circunstancial. Depende de onde se está posicionado e, no caso de produtores intelectuais, pode depender até da disciplina na qual se trabalha. No meu caso, a escolha não envolve dificuldade alguma. A historiografia marxista na Grã-Bretanha nunca se deformou para além de toda possibilidade de recuperação, mesmo quando não conseguiu separar-se intelectualmente com clareza do stalinismo. Afinal, tínhamos continuamente presente a linha viva da análise que Marx fez da história britânica em *O capital* e na correspondência de Marx e Engels. Ser historiador marxista na Grã-Bretanha significa trabalhar no âmbito de uma tradição fundada por Marx, enriquecida por formulações independentes e complementares de William Morris e ampliada em épocas recentes de maneiras especializadas por homens e mulheres como V. Gordon Childe, Maurice Dobb, Dona Torr e George Thomson, bem como ter como colegas estudiosos como Christopher Hill, Rodney Hilton, Eric Hobsbawm, V.G. Kiernan e (ao lado de outros que se poderia mencionar) os editores desta *Register**. Não pude encontrar causa alguma para desonrar a busca de um lugar nessa tradição.

Com efeito, é a força criativa dessa tradição por trás de mim e ao meu lado que me permite a audácia de ir batendo asas de tufo a tufo de pensamento. Considero até possível comparar a tradição inglesa de historiografia marxista com a de qualquer outro país. E (para acabar com as zombarias), por fim, não estou convencido de que o idiomatismo intelectual inglês tenha *necessariamente* de se tornar extinto ou arcaico a ponto de privar as pessoas da conversação do mundo, sob a pressão em favor de um estilo intelectual eurocêntrico ou universal. Não conheço alguma cláusula do Tratado de Roma que me obrigue a ceder minha identidade intelectual a alguma comissão supranacional de universalistas. Na verdade, examinei esse novo euromarxismo e duvido de suas afirmações de ser uma linguagem mais avançada e mais rigorosa: pode-se detectar nele não universalismo, mas aquele velho irmão e antagonista nosso, o idiomatismo de Paris – idiomatismo que sempre apre-

---

* O texto foi publicado originalmente na *Socialist Register*, v. 10, 1973, p. 1-100. N.T.

senta como característica historicamente constante a alegação de ser não um idiomatismo, mas o pensamento universal.

Ao dizer isso se acrescenta que esse idiomatismo por vezes quase sustentou essa alegação. E com mais eficácia do que os ingleses, cujo melhor pensamento (em parte imbricado nos contextos do drama e do verso, de ditos e exemplos sábios e moralismos idiomáticos) desafia tradução. A dialética desses idiomatismos vem de longa data, e cada um deles precisa do outro como a faca da pedra de amolar; e, cada faca, da pedra de amolar da outra, sistema afiado pela substância, moralismo afiado pela lógica. Vou mesmo concordar que, em muitas (ainda que não todas) as áreas da cultura, o idiomatismo francês é antecedente: eles propõem e nós objetamos. Se há outra diferença, talvez seja a de que muitos franceses, e a maioria dos intelectuais ingleses que adotam um idiomatismo francês, supõem (como o devem os possuidores de um idiomatismo disfarçado de imperativo universal) que podem viver perfeitamente bem sem o inglês, ao passo que todo intelectual inglês que avance até um certo ponto em seu pensamento sabe que deve tanto aprender com o idiomatismo dos franceses como brigar com ele. Temos de dar atenção e admirar o senhor Sartre e o senhor Lévi-Strauss, mas, no âmago dessa admiração, permanecer com um olhar atento e inquisitivo.

Se assim for, poderá haver, afinal, uma chance remota de adiamento da execução da abetarda. Dá-se atenção àquilo que é dito e ao que se consegue entender. Mas ainda não é certo que se tenha de mudar completamente o vocabulário mental. A decimalização pode ter nos levado a uma cultura europeia comum: ao "supranacionalismo" de se juntar a uma burguesia europeia com o mesmo tipo de casamentos ansiosos, os mesmos sabões em pó, os mesmos motéis, os mesmos astros populares, os mesmos anticorpos culturais contra jovens que largam os estudos e contra o haxixe, assim como os mesmos estudantes rebeldes com as mesmas grifes marxistas. Mas mesmo isso lembra ao viajante que é *outro* país que ele viaja para ver. Não é graças a nossas identidades, mas devido às nossas diferenças, que podemos aprender uns com os outros.

No caso dos itinerários do pensamento, pode se tratar da mesma situação. É certo que o idiomatismo inglês viajou muitas vezes para longe, protegido pelas marinhas do imperialismo. Como todo historiador de ideias percebe, uma tradição pode ser transmitida pelo vetor mais improvável e, então, devido a alguma guinada nos acontecimentos, surgir como uma arte ou voz criativa. E, enfim, só se pode agir e escrever como se é; esperando, como todos os palhaços infelizes, que algum dia alguém se vire em sua direção – como o faz Kent diante de Rei Lear – e diga: "Milorde, isso não é totalmente destituído de sentido".

Expliquei por que afirmo minha lealdade à tradição marxista: em minha disciplina e idiomatismo, tenho colegas que me apoiam, e posso mesmo (embora com dificuldade) sustentar a ideia quixotesca de que, em algum momento, por alguma guinada imprevista dos eventos (a transmissão de alguma nova ênfase ao pensamento de alguma tendência marxista emergente em Calcutá, Nairóbi ou na América dos muitos idiomatismos), algum elemento dessa tradição empírica particular do marxismo inglês possa voltar a um discurso internacional. Concordo que pode vir uma época em que, por motivos políticos, não se possa mais escolher afirmar-se marxista. Se os marxismos institucionais, endossados pelo poder, proliferarem e justificarem novos crimes contra o intelecto e crimes ainda piores contra os homens; se todos os marxistas – exceto um último grupo cinza – se tornarem sacerdotes do poder estabelecido ou sectários quiliásticos [milenaristas] que se iludiram, seremos obrigados, por um dever que está além da coerência intelectual, a dizer "Discordo!" E seremos levados a aceitar a evidência: há alguma causa na natureza marxista que fomenta esses corações endurecidos.

Mas esse momento não chegou. Ele de forma alguma chegou. E o fato de devermos contestar, até e para além da última gota de esperança, a fim de impedir que esse pesadelo se torne realidade, é uma razão para permanecermos – como combatentes ou mesmo foras da lei – na tradição marxista.

* * *

Não sei se você aceita esses argumentos, nem onde se posicionaria hoje na tradição marxista. Pelo que sei, você não chegou ao ponto de dizer "discordo". Imagino que você se sinta um marxista fora da lei. Você pode até (a partir de suas experiências na Polônia, na Alemanha Ocidental, na Califórnia – e, se me perdoa, de sua falta de *outras* experiências e sua desatenção a outras vozes) se sentir mais fora da lei do que é, como se (exceto por alguns amigos) toda mão marxista estivesse voltada contra você.

Eis três comentários seus feitos em entrevista à revista *Encounter* (outubro, 1971)[21]:

> Quando, no Ocidente, ouço o socialismo sendo interpretado em tamanha variedade de termos obscurantistas e mesmo bárbaros – por exemplo, a nostalgia romântica por uma sociedade pré-industrial ou uma fé bakuniniana no potencial revolucionário do *lumpen proletariat** –, eu me lembro da ideia de Hegel e Marx de que o progresso só é levado a cabo através de suas piores manifestações.

> * * *

> O entusiasmo cego pela ideia sem sentido de revolução global, que encontrei particularmente nos Estados Unidos, foi especialmente repugnante para mim. Não posso negar a possibilidade de que essa revolta irracional seja sintoma de uma doença generalizada da civilização. Mas ser o sintoma de uma doença não equivale a ser seu remédio.

E (em resposta à pergunta "Há bastante terreno comum entre a Nova Esquerda no Ocidente e a Esquerda polonesa?":

> Penso que as diferenças são mais acentuadas do que as semelhanças. Os estudantes poloneses que se manifestaram em março de 1968 reivindicavam apenas as liberdades tradicionais – liberdade de expressão, de imprensa, aprendizado e reunião – algo que, para alguns elementos da Nova Esquerda, não passa de "traiçoeiras armadilhas burguesas". Um amigo polonês (...) me escreveu recentemente da Suécia dizendo que sempre que está em contato com a Nova Esquerda tem a impressão de ver um filme cujo fim já sabe. É exatamente assim que me sinto. O tipo de linguagem usada no passado para justificar a mais brutal opressão é repetido agora como se nada tivesse acontecido.

---

21. "Intellectuals, Hope and Heresy", *Encounter*, October 1971. A entrevista não foi concedida originalmente à *Encounter*, tendo por fonte uma publicação da Alemanha Ocidental.

* Segundo Marx, no *Manifesto Comunista*, trata-se do estrato mais baixo da classe trabalhadora industrial. N.T.

Bem, que complicado! Estas passagens me provocam tamanha irritação que é impossível continuar alguma carta. Eu poderia simplesmente rasgar estas páginas e rabiscar "apóstata!" na parede. Julgo que nunca poderei fazê-lo compreender a sensação de dor com a qual alguns de nós lemos este parágrafo final, *escrito por você*, e *naquele lugar particular*.

É certo que você menciona apenas "alguns elementos" da Nova Esquerda. Mas, caso haja outros "elementos", você nada tem a dizer sobre eles ou a eles. E, de todo modo, seria supérflua alguma familiaridade conosco ou com nosso pensamento, porque estamos precisamente no final daquele filme cujo final você já "sabe".

Quando nos asseguram de antemão que nosso final já é conhecido, que nosso pensamento pode ser antecipado e já é um teorema refutado (e, ademais, um teorema malévolo que justifica opressão brutal), fica difícil continuar. Sei que você não pretendia fazer uma ofensa pessoal. Como você afirma na mesma entrevista: "Simplesmente tento responder às questões que me parecem importantes sem refletir em particular sobre o efeito que minhas respostas possam produzir". O efeito, no caso, foi o de causar danos internos àqueles que julgavam ser seus aliados e amigos.

Mas desejo continuar uma discussão, embora você não me dê nenhuma esperança de estar disposto a iniciar um diálogo. E, neste ponto, devo voltar às passagens ofensivas e reconhecer que, *em parte*, suas objeções a "elementos" no interior da miscelânea chamada "Esquerda" ocidental são idênticas a algumas que eu mesmo já fiz, no início desta carta, e com igual veemência. Por que então deveria eu objetar? Em que curiosa situação – um nexo de linhas cruzadas, velhos ressentimentos fermentados e velhas ligações, a contracomunicação da raiva pura – nos encontramos agora!

Parte de minha objeção se refere não a seus argumentos, mas à sociologia de sua apresentação, ou seja, a suas consequências em um contexto particular. Voltarei a isso em minha conclusão. Aqui, digo apenas o seguinte: no Leste, o crítico do marxismo institucional ortodoxo tem de ser corajoso e intransigente, como você tem sido. Ele enfrenta uma ortodoxia alimentada pelos órgãos do Estado, por razões de poder, pela inércia de uma ideologia aprovada. No

Ocidente, um crítico cujas premissas intelectuais sejam idênticas pode ainda ter de aprender um tipo distinto de sabedoria. As razões de Estado, a inércia da ideologia estabelecida – tudo isso pende para o outro lado.

Neste país, em que os componentes intelectuais de todos os marxismos juntos são poucos, tivemos de aprender certas reticências e cortesias. Se você critica estridentemente algum setor da esquerda em certos lugares – e a *Encounter* é, por intenção e subsídio, o primeiro desses lugares –, sua crítica não é tomada em termos de alguma discriminação específica que contenha. Ela é absorvida instantaneamente na ideologia, ou seja, é simplesmente assimilada como mais um *barulho* contra a esquerda, mais uma evidência de que *toda* a esquerda falhou, é brutal, e *todo* marxismo é incoerente etc.; e se vem de Leszek Kolakowsky (não por seu poder de convicção, mas por sua elevada reputação) essa evidência é um verdadeiro troféu a ser colocado no altar enevoado dos deuses estabelecidos.

Se se tiver de fazer uma afirmação pública sobre a dissociação de algum setor da esquerda (autêntico ou autoproclamado) – como às vezes acontece –, deve-se ser o mais específico possível ou ela se voltará imediatamente contra si mesma. Expressões como "alguns elementos" não servem. Na verdade, elas me lembram de outro vocabulário impositivo: você mesmo também não foi muitas vezes tratado como "certos elementos"? Claro que não peço que deixe de fazer suas críticas, mas que, antes de tudo, assegure-se de que elas têm um *embasamento* sério (que não seja a impressão casual de uma exibição estudantil aberrante e absolutamente transitória), e, em segundo lugar, reflita sobre *onde* fazê-las.

A outra parte da minha objeção é menos contingente. Nos últimos dois anos, você tem passado da crítica irônica à crítica por meio da caricatura. Percebe-se isso nas passagens que citei: "nostalgia romântica por uma sociedade pré-industrial" e "traiçoeiras armadilhas burguesas". E, em outra pérola largada para os leitores da *Encounter*, você descarta a crença "em uma revolução total ou global, ou na eliminação *final* de *toda* alienação e um estado de sociedade *totalmente* pacífico, sem conflitos ou contradições". Os grifos são meus, e grifei também, em uma passagem de outro artigo recente, as palavras

474

que têm essa mesma função desdenhosa, caricatural. Em um ensaio sobre "Intellectuals against Intellect" [Intelectuais contra o Intelecto], publicado na *Daedalus* (revista por acaso também subsidiada, tal como a *Encouter*, pela Fundação Ford, embora não se dedique com o mesmo zelo a objetivos ideológicos)[22], você escreve:

> *Os ideais* do anarquismo e *todas aquelas outras* utopias sociais que tiveram como motivação subjacente antes a inveja do que a luta por justiça, e que propuseram como seu objetivo o rebaixamento *de toda a humanidade* ao nível de seu estrato *mais ignorante, glorificando assim a ignorância* como caminho adequado à libertação da humanidade.

Não se trata de crítica a algum marxismo, e não tenho nenhuma especial lealdade com respeito a nenhum pensador anarquista. Mas ela envolve a mesma postura impositiva indiscriminada contra um setor da esquerda e usa o mesmo método de caricatura. Poderia você demonstrar, por exemplo, que "os ideais do anarquismo", tal como representados nas reais aspirações sociais do movimento anarquista europeu mais significativo deste século – os anarquistas da Espanha – se enquadram em sua descrição? Orwell, Brennan e outros observadores nos ofereceram um relato diferente. Mas (dirá você) sua crítica se direcionava a outro nível, Bakunin, digamos. Por que, então, essa crítica foi feita (na revista da Academia Americana de Artes e Ciências) de maneira tão imprecisa? E é ela de fato uma crítica em termos de ideias? Ela me parece pertencer (seguindo uma distinção feita por você muitas vezes) mais à crítica "genética" do que à epistemológica[23], isto é, você está criticando menos as ideias do que a condição psicológica ou social (inveja) da qual surgiu o pensamento. Mediante esses métodos de crítica filosófica, podem-se alcançar resultados muito rápidos; e, ademais, resultados que confirmam por inteiro os pressupostos dos quais se partiu. E que dizer dessa outra pequena frase, largada ali tão calmamente: "todas aquelas outras utopias sociais" igualmente baseadas na inveja? Não haverá aqui novamente nosso velho conhecido "certos elementos que..."? Como não se oferece nenhuma precisão,

---

22. L.K., "Intellectuals against Intellect", *Daedalus*, Summer 1972.
23. L.K., "The epistemological significance of the aetiology of knowledge", *TriQuarterly*, 22.

o barulho que permanece na mente depois que a voz cessa é simplesmente: *todas as utopias sociais... inveja.*

Há aqui uma pequena questão. No Leste, você criou o hábito de fazer críticas precisas, mas com identificações imprecisas quanto a pessoas e legislações, bem como dogmas criticados. Esse hábito era adequado a seu contexto, a sabedoria arcana imposta por censores e burocratas. Todo leitor reconhecia instantaneamente as corrupções, irracionalidades ou os porta-vozes aprovados do partido aos quais as críticas se dirigiam – todo leitor, talvez com a exceção de um censor desconfiado. Uma crítica geral pode sobreviver e criar asas, enquanto uma crítica particular e ponderada incorreria em alguma restrição administrativa. Porém um bom hábito no Leste pode ser um mau hábito no Ocidente. Há tal variedade de doutrinas em oferta, que ninguém vai identificar aquela a que se dirige uma condenação geral: a categoria como um todo – "marxistas", "anarquistas", "Nova Esquerda", "utopistas" – vai receber o ataque. E por que deveria ser diferente? Se você proclamasse saber que alguns artigos de couro, como bolsas de mão, estão infectados com antraz e avisasse a população também quanto a "todos aqueles outros artigos de couro" igualmente infectados, toda a indústria do couro – jaquetas e cintos, selas, estofamentos e sapatos – seria vista com ansiedade como foco de infecção. Há muitas passagens como essas nesse artigo. Assim é que você se refere às

> conversões de intelectuais ao hitlerismo ou ao stalinismo, que foram conversões conscientes ao barbarismo, conhecidas e aceitas... O stalinismo também atraiu algumas pessoas como personificação do universalismo marxista e tentou outras como uma marcha dos "esplêndidos asiáticos" chamados para destruir a civilização europeia em decomposição.

O contexto indica que você se refere a intelectuais "ocidentais" dos anos de 1930 e 1940. Sua crítica é, mais uma vez, "genética": você *imputa* certas motivações (sem mencionar outras): mas, ao mesmo tempo, não *examina* motivo nem contexto. Todo historiador acadêmico competente explicaria a seus alunos por que não se pode abordar assim as ideias ou a história social. Penso ainda que seu julgamento não é bem-informado, assim como não revela um sentido da *política* daqueles dias ou da maneira como surgiam as escolhas. Logo, creio que se poderia mostrar que muitos intelectuais ocidentais, corretamente descritíveis como iludidos ou autoiludidos pelo stalinismo, estavam menos interessados na União Soviética (quanto você sabe, ou eu sei, sobre a China de hoje, embora os eventos requeiram que tomemos uma atitude?) do que na crise manifesta da economia capitalista (e nos conflitos de classe em seus próprios países), ou então nos eventos na Espanha ou Alemanha ou, mais tarde, nos movimentos de resistência na França, Itália, Iugoslávia e Grécia – eventos dos quais eles próprios eram participantes e acerca dos quais estavam mais informados. Eles eram "conversos" a um movimento comunista existente em um contexto social real cuja ferocidade de compromissos não era sua invenção intelectual, tendo sido a partir daí que foram levados a outras deformidades "stalinistas" de pensamento.

Sua premissa é a de que os intelectuais (que diferem de outros cidadãos com consciência e responsabilidade sociais) sempre se mobilizam a partir da cabeça. E a cabeça deles sempre ruma para um sistema de pensamento (eles se "convertem" ao stalinismo ou ao anarquismo), embora, geneticamente, seja possível mostrar que eles apenas pensam que suas cabeças se movem, quando na realidade é sua má intenção ou paixão ("inveja") que as invade. Talvez seja assim em um mundo de racionalidade pura ou malevolência pura, mas o mundo não é tão puro: não se pode "pendurá-lo, como propõe o camarada do campo, pela geometria"[24]. Não é questão de se preferir as impurezas, uma mistura de mente e coisas humanas mais falíveis. Seja qual for o caso, temos de compreender o mundo tal como é; a capacidade de incoerência da mente, que você um dia exaltou[25], tem de estar presente para nós sempre que buscamos analisar, não a ordenação lógica das ideias nos movimentos sociais, mas sua imbricação histórica.

Os intelectuais ocidentais não se converteram ao stalinismo (ou, no primeiro caso, "ao hitlerismo ou ao stalinismo" – e por que "hitlerismo", e não os termos mais analíticos "nazismo" ou "fascismo"?) simplesmente porque

---

24. Como Harrington disse de Hobbes.
25. L.K., "In Praise of Inconsistency", *Marxism and Beyond*, p. 231.

eram ou (1) conversos conscientes ao barbarismo, (2) estavam atraídos pelo universalismo marxista ou (3) – e finalmente – porque se sentiam tentados pela visão dos asiáticos esplêndidos que destruíam a decadência europeia. Havia muitas motivações, e mais potentes, tanto no plano intelectual como na experiência real. Não vejo com muita clareza, dentre as motivações que você selecionou, a distinção entre duas delas: será que em (1) se trata de um amor pelo barbarismo *tout court* [propriamente dito] enquanto em (3) temos uma precisão mais sutil: o barbarismo tem de ser "asiático"? Por mais velada que seja, essa discriminação não deve nos deter, porque, embora aqui ou ali se possam encontrar algumas pessoas específicas ou frases ditas por outras pessoas e retiradas de seu contexto, que apoiam seu argumento sobre a presença dessas motivações, eu o desafio a provar que elas estavam tão disseminadas que podem ser generalizadas dessa maneira, ou que pudessem receber, dentre outras motivações, algo próximo da prioridade que você lhes atribui. Sustento a visão ultrapassada – visão que hoje é a mais ultrapassada dentre todas na esquerda não comunista ou anticomunista – de que, no tocante às escolhas que lhes eram apresentadas, os comunistas dos anos de 1930 e 1940 não estavam completamente errados, seja intelectual ou politicamente, de que eles decerto não estavam errados o tempo inteiro. *Sei* que os intelectuais comunistas ocidentais com quem me associei não se sustentavam com visões de asiáticos esplêndidos marchando rumo ao Ocidente; suas visões eram de carros de combate Panzer ou Sherman rolando Oriente adentro, respirando pureza racial ou a liberdade do capital através do cano de suas armas.

Esta não é uma página de apologética. Apenas peço análise em vez de caricatura. Sei que uma das primeiras vítimas do pensamento "realista" stalinista foi a Polônia. E você, um polonês, não pode simplesmente perdoar esse erro. Ao dizer que seu pensamento vem daquele contexto trágico – e o digo com humildade – também estou dizendo que você só poderia pensar nesse assunto em um idiomatismo polonês.

A questão que me propus a ilustrar é: você tem passado da ironia à caricatura, ou ao abuso puro e simples. A ironia pode se dirigir tanto a um amigo como a um antagonista. Se usada com eficácia, é uma arma pequena,

478

certeira, de metal bem temperado. Pode ferir, mas fere somente o ponto particular – a ideia, a característica – a que se dirige. Não é um instrumento beligerante e cego como o abuso. A ironia tem de atingir exatamente aquilo para que aponta. Se erra o alvo, então é o irônico, e não a vítima, que fica desnorteado. E se a pontaria é boa, as ideias da vítima não são "desintegradas" ou totalmente expostas: têm questionado ou corrigido algum ponto particular seu. A ferida pode arder por um momento, mas se cura. A vida é um testemunho diário de como a amizade e mesmo o casamento podem sobreviver à troca recíproca de ironias.

Mas nenhum deles sobrevive ao abuso ou à caricaturização repetidos. Porque a caricatura, quando aplicada ao pensamento ou aos movimentos sociais, assinala exatamente que o diálogo não mais pode ser sustentado. O objeto caricaturado é primeiramente posto a certa distância, depois apontado como "o outro" e então contradito de um modo que confirme nosso sentido de antagonismo, a fim de tornar mais fácil apontar aos estranhos suas deformidades – seu maxilar pesado, sua pança, seus olhos inquietos. A caricatura significa a total desistência da discussão racional.

Bem, assim, Leszek Kolakowski, velho camarada de outra época, a que ponto chegamos? Outros na esquerda dirão que você "foi longe demais": toda esperança de diálogo acabou. Mas eu não o *direi*. Estimo demais seu passado e tenho muitas dívidas para com a sua obra. Além disso, você escreve como alguém ainda em estado de choque, alguém cujo desespero subjetivo engoliu, embora somente por um tempo, a moral de trabalhador:

> Não se pode excluir completamente a possibilidade de que os admiradores contemporâneos do barbarismo representem uma tendência real no processo histórico, e de que todas as conquistas tecnológicas e espirituais dos tempos modernos venham a ser destruídas em um cataclismo sem precedentes que fará a queda do Império Romano parecer um mero tropeço...

Concordo: não se pode excluir a possibilidade[26]. Ela na verdade esteve bem perto de nós na forma da guerra nuclear, mais de uma vez nas duas últi-

---

26. L.K., "Intellectuals against Intellect", op. cit., p. 13. Cumpre lembrar que William Morris também percebeu essa possibilidade a partir do *fracasso* dos movimentos de socialismo revolucioná-

mas décadas, ainda que os agentes humanos não fossem exatamente aqueles que você aponta. Não excluímos coisa alguma: e Marx (não podemos esquecer) não excluiu "a ruína mútua das classes em luta".

Nós não excluímos. Nem nos desesperamos na ausência de uma razão evidente ou avassaladora. Pois, caso o façamos, estaremos instantaneamente adicionando mais uma partícula aos motivos para desespero. Contudo, no seu caso, tem-se a sensação de que o desespero já penetrou mais profundamente. Ele já derrubou os portões da razão.

* * *

Desesperar-se é sofrer, e não devemos acusar um homem por seu sofrimento. Muito menos quando não compartilhamos a sequência de experiências trágicas por que passou. Tudo o que podemos fazer, e que você gostaria que fizéssemos, é raciocinar.

Há três áreas de pensamento que parecem figurar entre suas atuais preocupações: (1) o perigo ativo de um elemento messiânico, que você vê como intrínseco à tradição marxista; (2) uma falta de confiança, não no intelecto, mas nos intelectuais; (3) algo que tenho de apresentar como uma assimilação imperfeita de algumas partes da experiência ocidental, algo que o deixa presa de bem conhecidos pesadelos sociológicos. Tentarei comentar cada um deles.

Ao trabalhar o primeiro tema, você demonstrou grande coerência. Em *Responsibility and History* ([Responsabilidade e história – 1957), mostrou as consequências que se seguem quando "uma esperança messiânica se torna o senhor único da vida, a fonte exclusiva de preceitos morais e a única medida da virtude"[27]. Eu não dispunha então da linguagem necessária para dissecar esses problemas. Mas (e mostro isso para ilustrar que partilhamos de mais de uma premissa formal: mesmo marxistas "ocidentais" e antigos "stalinistas" viveram momentos de sofrimento moral) vou citar as linhas cruas de um

---

rio: "Se o atual estado da sociedade simplesmente se rompe sem um esforço consciente de transformação, o fim, a queda da Europa, pode demorar a chegar; mas, quando vier, será muito mais terrível, muito mais confuso e mais pleno de sofrimento do que o período da queda de Roma". E.P.T., *William Morris, Romantic to Revolutionary* (Londres, 1955), p. 838.

27. *Marxism and Beyond*, p. 158-159.

poema que encontrei entre minhas notas de 1956. O poema é *In Praise of Hangmen* [Em louvor dos enforcados]:

Que mais há a fazer senão
Honrar aquele homem
Que se dedica a essa fé social
Porque alguém tem de fazê-lo?

O quanto devemos então honrar
Todos aqueles homens dedicados
Que salvaram a sociedade
Usando corda e calúnia!

Assim, ao honrá-los, nós que
Moralizamos a necessidade
Com sofisticadas ripas, fazemos
Uma forca do intelecto.

E, com essa sua abominável e abstrata corda,
Penduramos toda esperança social
Até que, com a língua intumescida,
Penda dela a própria moralidade,
Em cujos distensos olhos dedicados
Toda a honra perece.

[How can we other than
Honour that man
Who undertakes this social trust
Since someone must?
How much more honour then
To all those dedicated men
Who saved society
By rope and calumny!
So giving honour, we
Who moralise necessity,
With slats of sophistry erect,
A gibbet of the intellect,
And from its foul and abstract rope
Suspend all social hope
Until with swollen tongue
Morality herself is hung
In whose distended dedicated eyes
All honour dies.]

Esse problema o preocupa (e a mim também) desde então. Em *The Priest and the Jester* ([O sacerdote e o bobo da corte] – 1959), você sugeriu que

> A esperança mais comum da historiosofia (*sic*) consiste em identificar ou ajustar a essência do homem à sua existência, isto é, garantir que as aspirações inalteráveis da natureza humana sejam atingidas na realidade.

Essa "escatologia secular", diz você implicitamente, estaria imbricada com a tradição marxista: "a história atual pode ser caracterizada por seu esforço em busca de um objetivo duradouro que possa ser definido e que venha a encerrar irrevogavelmente todos os conflitos existentes". Todo homem é influenciado, mesmo em suas "atividades cotidianas", por seus pressupostos escatológicos: persuadidos de que a "história" se dirige a alguma meta final, podemos considerar nossos próprios atos e escolhas "uma espécie de coleta de centavos para um fundo de pensão para nós mesmos ou para a humanidade, correndo com isso o risco de rejeitar fatos correntes e valores momentâneos".

Naquele lugar você não desenvolveu o argumento em sua relação com o pensamento de Marx, embora tenha de fato sugerido (em uma referência bastante geral) que todos os sistemas de pensamento "que deveriam nos dar a certeza como resultado final de sua busca, sempre a oferecem bem no começo" e, nesse sentido, começam revelando o fato que desvelam. Em 1966, você retomou um problema relacionado em um breve estudo sobre "Historical Understanding and the Intelligibility of History" [A compreensão histórica e a inteligibilidade da história][28].

Esse precioso estudo, cuja brevidade é uma censura à minha verbosidade, reluz a cada faceta. Você inicia com precisões filosóficas quanto aos sentidos de "compreensão". Mostra a falácia de notações expressivas ou comportamentalistas de "compreensão" que procedem mediante analogias impróprias do comportamento dos indivíduos com o processo social ou os eventos históricos. Você insiste que, para a história ser inteligível – ou seja, "compreendida" como significação valorada e não como processo natural –, esses valores devem ser inseridos pelo observador. Como você indica, "A es-

---

28. *TriQuarterly* 22, p. 103-117.

pécie humana não tem a proteção de ninguém"[29]. Toda interpretação que ofereça um significado universal à história do homem "tem de pressupor uma *potentia*[*] não empírica que atualiza a si mesma, graças à história, mas que se situa fora dela e, em consequência, não pode ser inferida ou deduzida a partir do conhecimento histórico".

> É em relação a esta *potentia*, ou "essência", que a história é imbuída de significação, que se torna daí por diante não somente a sequência de causa e efeito, mas, sobretudo, uma sucessão de abordagens da essência objetivada. É difícil imaginar uma construção teórica da ideia de progresso sem ela.

E, logo acima, você tinha escrito:

> Desejo enfatizar a coincidência fundamental das três diferentes construções teóricas de Hegel, Marx e Husserl. Essa coincidência é reencontrada (e o digo consciente da blasfêmia) em seu ponto de vista anti-histórico; logo, na convicção de que uma essência não atualizada do homem (ou mesmo uma essência não humana de que a humanidade constitui um estágio ou "momento") é *dada* de maneira tal que impõe à história, por assim dizer, a necessidade de sua atualização.

Seu argumento esclarece muito, mas deixa uma questão em aberto. Mas, antes de apresentá-la, sigamos um pouco mais seu argumento. Você nega que a "história" tenha em si mesma "inteligibilidade imanente". Mas se sabemos que os homens inserem nela uma atribuição de significação – por um "ato de fé" –, então o problema se mostra distinto. Esse ato de fé é "criativo e fértil", uma projeção que "atribui ao passado seu significado":

> Este projeto tem de conter (...) a esperança de que seja *de fato possível*, bem como a fé de que suas possibilidades residam no *eidos* [essência] pré-histórico de uma *humanitas* cujo doloroso curso de encarnação nos é fornecido pela história. O projeto é, contudo, uma decisão sobre a escolha de valores. Logo, não constitui um procedimento científico.

---

29. Ibid., p. 32.

* Em latim no original. Referência à distinção aristotélica entre "potência" e "ato", aquela atualizada por este. N.T.

Nesse estudo, você não examina de modo particular o próprio ato de fé de Marx nem seu pressuposto de uma "essência não atualizada do homem". Você se aproxima bem mais ao afirmar que

> Hegel, Marx e Husserl tinham plena consciência de que, quando escreviam sobre a história, não estavam de fato escrevendo sobre história. Estavam escrevendo a autobiografia do espírito. Ao escrever, davam continuidade àquilo acerca de que escreviam. Seu projeto, por assim dizer, inscrevia-se diretamente na história, conferindo-lhe inteligibilidade.

O que constitui a chave para a "autobiografia do espírito" escrita por Marx? Em um recente artigo, "The Myth of Human Self-Identity" [O Mito da Autoidentidade Humana], você desenvolve a questão[30]. Aponta um "mito soteriológico"[31] oculto na tradicional antecipação marxista do socialismo baseado na "identidade entre sociedade civil e sociedade política". Esse mito concerne à divisão histórica entre sociedade "civil" e sociedade "política", que Marx supôs que terminaria e seria superada na unidade da sociedade comunista. Você detecta uma fonte dessa "esperança primordial" quanto ao futuro "reino da liberdade" em uma passagem de *On the Jewish Question* ("A questão judaica", 1843), embora a ideia seja expressa ali "ainda em forma filosófica e embrionária, e não em termos de classe". Na passagem que você cita[32],

> o conceito de "emancipação humana" não faz nenhuma menção à luta de classes e à missão do proletariado. No entanto, essa mesma visão do homem voltando à unidade perfeita, vivenciando diretamente sua vida pessoal como força social, constitui o arcabouço filosófico do socialismo marxiano*. Em todos os escritos posteriores (...) permanece o mesmo conceito escatológico do homem unificado.

---

30. Mimeografado para apresentação em uma conferência na Universidade de Reading (Berkshire, Inglaterra). A ser publicado por Weidenfeld & Nicolson.

31. Soteriológico: relativo à salvação.

32. "Somente quando o homem individual concreto reabsorver o cidadão abstrato do Estado e – na qualidade de homem individual, em sua vida empírica, seu trabalho individual, em suas relações individuais – e se tornar um *ser da espécie*; somente quando o homem reconhecer e organizar suas *forces propres* [forças próprias] como forças *sociais* e, consequentemente, não mais separar de si mesmo a força social na forma de força *política*, só então estará completa a emancipação do homem".

* Segui a tendência de traduzir "marxista" por" "marxismo" e "marxian" por "marxiano", por ser aquela referente ao marxismo e, esta, referente a Marx. N.T.

Você questiona: "O que há de errado com essa esperança?" "Existe alguma ligação entre a visão marxiana do homem unificado e o fato de o comunismo real aparecer somente de forma totalitária, isto é, como tendência a *substituir* todas as cristalizações da sociedade civil por meio dos órgãos coercivos do Estado?" Uma maneira de abordar esse problema poderia ser uma consideração da história real na qual apareceu em forma totalitária aquilo que você chama de "comunismo real". Mas você se afasta dessa abordagem com um abrupto gesto de repulsa[33]:

> Para quem pensa sobre as perspectivas do desenvolvimento socialista, a verdadeira questão é: acaso a própria indagação sobre a ideia marxiana da unidade da sociedade civil e da sociedade política nos permite supor que toda tentativa de criar essa unidade possivelmente vai produzir uma ordem com traços totalitários deveras pronunciados?

Você dá uma resposta afirmativa não qualificada a essa pergunta. E o faz em parte sobre bases experienciais ou empíricas. A distinção entre administrar as coisas e governar pessoas é demasiado indefinida para se sustentar. "O gerenciamento da economia envolve comando sobre as pessoas", e não podemos distinguir efetivamente entre comando "político" e comando "econômico". O definhamento do Estado pressuporia que, entre os trabalhadores, incentivos materiais ou coerção física dariam lugar a motivações morais; mas a "experiência dos países socialistas" é um forte testemunho contra essa "formidável revolução moral na mente dos homens". Além disso, assim que a produção não for mais motivada pelo lucro privado, o Estado tem de se tornar "a única fonte remanescente de iniciativa econômica": o socialismo tem então de inaugurar instantaneamente "um tremendo crescimento nas tarefas do Estado e de sua burocracia". A seu ver, esses argumentos

> podem justificar a suspeita de que, longe de prometer a fusão entre a sociedade civil e a sociedade política, a perspectiva marxiana do homem unificado, se testada na prática, tem mais probabilidade de engendrar um crescimento canceroso da quase onipotente burocracia, tentando despedaçar e paralisar a socie-

---

33. Para a explicação de por que "podemos dispensar o conhecimento histórico", ver p. 513.

dade civil e levando o anonimato (corretamente acusado) da vida pública a suas consequências extremas.

A esses argumentos você acrescenta considerações de ordem semelhante. Não há motivo para supor que, uma vez abolidas as classes sociais no sentido de Marx, a luta entre interesses privados vá cessar. (Deixo a discussão de seus argumentos sobre isso para mais adiante, p. 488-491.) A "restauração da unidade perfeita entre vida pessoal e comunal" é mito, pois "pressupõe uma revolução moral sem precedentes contra todo o curso da história da cultura":

> O sonho da unidade perfeita só pode se tornar realidade na forma de uma caricatura que nega sua intenção original; uma unidade artificial imposta de cima para baixo por coerção, porque o corpo político impede que os conflitos reais e a real segmentação da sociedade civil se expressem.

Naturalmente, não se trata de uma conclusão que possa ser encontrada na "intenção primordial" do próprio Marx: as intenções dele eram bem diferentes. Mas essa "intenção primordial não é inocente (...). Ela dificilmente seria colocada em prática de forma essencialmente diferente, e não por causa de circunstâncias históricas contingentes, mas por seu próprio conteúdo (...). Não há razão para esperar que esse sonho algum dia possa se tornar realidade, exceto na forma cruel do despotismo. O despotismo é uma simulação desesperada do paraíso".

Tentei mostrar de modo justo uma longa sequência de intricada argumentação. Mas agora tenho de refazer meus passos e acompanhar seu pensamento de modo mais argumentativo. Voltemos antes de tudo a "Historical Understanding and the Intelligibility of History".

Considerei o ensaio questionável em um aspecto vital. Este pode ser abordado em três passos. Em primeiro lugar, não estou convencido de sua conclusão de que "do ponto de vista do historicismo – que leva em consideração apenas o que é efetivamente dado no material histórico –, a história é inexoravelmente ininteligível e totalmente opaca"; e, portanto, a "compreensão" (quando considerada como significação valorada ao invés de reconstrução de um processo natural) "tem de se impor ao conhecimento como regra hermenêutica", ou seja, como uma regra de interpretação já imposta pelo intérprete.

Eis uma questão difícil e técnica que concerne ao que denominamos *processo* social ou histórico, em que é possível observar sequências de causa e efeito no próprio trabalho de pesquisa empírica e demonstrar a ocorrência de regularidades de comportamento, de formação institucional e de expressão cultural na vida social. Esta questão, naturalmente, levanta ainda outras quanto a processo, causação e categorias trazidas pelo pesquisador aos seus materiais. Considerando as várias referências que você faz – por exemplo, a "uma tendência real no processo histórico" (p. 479 supra) – julgo que estamos suficientemente de acordo quanto à existência objetiva do "processo" para deixar de lado esta questão particular de definição.

Mas você se recusa a dignificar a descrição do processo com o nome de "compreensão". Sem a atribuição de significação pelo observador, você alega, "a história é *um processo natural* (itálico meu) similar à evolução dos sistemas estelares e igualmente impossível de ser compreendida". Mas, e você bem o sabe, é tão perigoso fazer analogias entre um processo histórico e um processo natural quanto entre um evento histórico e as motivações ou ações de um indivíduo. As estrelas não são criaturas conscientes; não dispõem dos atributos de agentes morais ou seres racionais. Se dispusessem, não se poderia fazer uma descrição coerente da evolução do sistema estelar sem que a própria evidência impusesse ao mais neutro observador problemas de explicação de ordem distinta daquela comumente pressuposta a partir da expressão "processo natural". O observador teria então de perceber que as intenções de certos atores estelares são negadas pelas intenções de outros, que certos significados alcançam ascendência e outros se perdem no espaço interestelar. Em consequência, a "explicação" do observador não poderia deixar de absorver alguma explicação das significações atribuídas à sua evolução pelos próprios atores. E a "explicação" vai se aproximar da "compreensão" (no uso comum da palavra), no sentido de que será descrito tanto o processo natural como a significação valorada.

Supomos até agora um sistema estelar, composto por estrelas com atributos morais e racionais, sendo pesquisado por um observador neutro e não estelar. Claro que esse observador não precisa em momento algum partilhar das significações atribuídas a si mesmo pelas estrelas. Sua explicação da evolução do significado pode ser feita inteiramente em termos das próprias autoatribuições do sistema. Se ele se tornar partidário, se adotar os sentidos de um dado sol e rejeitar as intenções de um dado planeta, ele estará projetando *naquela* história seus próprios critérios de inteligibilidade. Mas, obviamente, o pressuposto indica outra fratura na analogia entre a explicação do processo histórico e do processo natural. Porque agora temos de ver que nosso pesquisador estelar (para se aproximar de um historiador) tem de ter uma mente e uma sensibilidade que sejam elas mesmas produto do próprio processo de evolução por ele pesquisado: ele mesmo é consequência do processo e sua natureza é exatamente uma das possibilidades que se desenvolveram. Logo, os próprios significados que ele pode atribuir a essa evolução são uma seleção dentre os produtos dessa evolução, e mesmo que ele consiga levar sua consciência a um estado extraestelar – perspectiva do qual todos os significados estelares podem ser vistos como fenômenos transitórios destituídos de significação, por exemplo, como "processo natural" –, ainda assim estará se enganando, porque vai estar demonstrando apenas que uma das possibilidades no âmbito do processo de que sua consciência é um resultado é precisamente que sua própria evolução histórica possa ser vista dessa maneira.

Acrescento aqui – apesar de ter claro que o adendo de modo algum está implicado no argumento anterior – que, para alguém que se coloca em uma relação afirmativa com a tradição marxista, o fato de que muitos pensadores em meados do século XX chegaram independentemente à concepção de que a história do homem pode ser vista como destituída de significação pode ter uma causa não apenas lógica, mas também genética: isto é, embora respeite a argumentação, gostaria de examinar sua situação no campo da sociologia das ideias. Se, no século XIX, em um cenário de crescente inovação tecnológica e democracia burguesa ascendente, ficou bem fácil para os pensadores na Europa Ocidental assumir a ideia de progresso – em um cenário de guerra, terror, fascismo e suas decorrências (na *Realpolitik* de Estado, em um equilíbrio de terror nuclear e a derrota quase universal da utopia socialista) –, assim também o é hoje assumir a ideia de processo desprovido de valor.

Nos dois casos, o observador está projetando na história, em retrospectiva, uma atribuição de significação. Não é que o primeiro caso faça isso e o segundo recuse estoicamente essa consolação, uma vez que o estoicismo do segundo caso (e, na verdade, suas próprias categorias de significação) é ele mesmo derivado de uma matriz experiencial em um certo ponto dessa evolução. Logo, nos dois casos, aquilo que o observador projeta *na* história é uma notação de valor que figura entre as possibilidades que lhe são dadas *por* essa história.

Se observamos um processo natural, a questão da significação valorada sequer é evocada, mas, se observamos a história, ela surge compulsivamente, não apenas por causa de seu objeto (seres que valoram e que são conscientes), mas também porque o observador é, por sua própria natureza moral e intelectual, uma criatura dessas compulsões. Negar significação à história não é adotar uma postura "neutra" ou científica, extra-histórica: é fazer um tipo particular de declaração de valor[34].

Espero que possamos concordar que a analogia entre processo natural e processo histórico é infeliz; e, mais do que isso, que a metáfora, tão sedutora para a mente acadêmica, de um observador extra-histórico examinando a história como se fosse um fenômeno não humano é enganosa. Podemos chegar à objetividade; mas não podemos chegar a uma objetividade interestelar, extra-humana, que seria, portanto, extrassensorial, extramoral e extrarracional. O historiador pode escolher entre valores, mas não existir sem valores, pois não pode optar por sentar-se em algum lugar para além dos portões de sua própria natureza humana historicamente dada.

Eis, pois, o primeiro passo de meu argumento: um filósofo pode imaginar uma história isenta de valores, mas ele está enganado, e não há historiador capaz de produzi-la. Mas vamos ao segundo passo. Será verdade, como

---

34. Cf. sua insistência, em "Determinism and Responsibility" de que "a negação de uma norma é uma norma", *Marxism and Beyond,* p. 211; e seus comentários sobre "a ideologia tecnocrática" em L.K., *Positivist Philosophy* (Pelican, 1972), p. 235.

você propôs, que toda interpretação que atribua uma significação universal à história do homem "tem de pressupor uma *potentia* não empírica que se atualiza, mas que se posiciona fora da história e, portanto, *não pode ser inferida ou deduzida a partir do conhecimento histórico*"? (itálico meu).

Vamos inverter esta asserção, e abordá-la a partir de um aspecto de sua conclusão. Você enfatizou a "coincidência fundamental" das três diferentes construções teóricas, de Marx, Hegel e Husserl. Todos adotam um "ponto de vista anti-histórico"; todos atribuem um significado à história como "sucessão de abordagens à essência atualizada"; todos "tinham plena consciência de que, quando escreviam sobre a história, não estavam de fato escrevendo sobre história. Estavam escrevendo a autobiografia do espírito". Você propõe isso – talvez saboreando sua insolência metafísica com indulgência um tanto exagerada – "consciente da blasfêmia".

Ora, a blasfêmia, ultimamente, não nos incomoda. Mas um historiador – e não só um historiador na tradição marxista – tem de se preocupar ao menos um pouco com uma conclusão filosófica que é deveras convincente em sua apresentação, mas confunde o trabalho de três homens cujos procedimentos conhecidos e demonstráveis de pesquisa histórica – isto é, a própria posição que adotaram quanto ao objeto da pesquisa, a evidência histórica – são tão radicalmente opostos.

Façamos uma pausa com o nome de Husserl. Duvido que o mais ardente discípulo dele pudesse um dia propor que seu mestre tinha tido com os materiais históricos uma familiaridade mais do que casual, eclética e secundária. Um intérprete recente explica que o árduo projeto de Husserl, "de assentar as bases para uma filosofia estritamente científica" lhe impôs "uma escolha que exigia dele um grande ascetismo e o impedia de adquirir o amplo arcabouço histórico cuja ausência é tão clara em seus escritos"[35].

Não há dúvida de que Husserl sabia perfeitamente que escrevia, não sobre história, mas a autobiografia do espírito:

---

35. Quentin Lauer, "Introduction" a E. Husserl, *Phenomenology and the Crisis of Philosophy* (Nova York, 1965), p. 4.

> O *telos* espiritual do homem europeu, em que se inclui o *telos* particular de nações distintas e de seres humanos individuais, encontra-se no infinito, é uma ideia infinita à qual, em segredo, a evolução espiritual coletiva, por assim dizer, luta por chegar.

Pode ser admirável que Husserl tenha tido, por assim dizer, a inocência de escrever (em *Praga* e em *1935*), embora seja uma questão difícil saber como foi possível, o seguinte trecho:

> Por mais hostis que as nações europeias possam ser umas com as outras, ainda assim elas são dotadas de uma especial afinidade interna de espírito que permeia todas elas e transcende suas diferenças nacionais. É uma espécie de relação fraterna que nos dá a consciência de estar em casa neste círculo.

E Husserl "prova" sua asserção contrastando os "europeus" com os "indígenas": "todos os outros grupos humanos" são motivados pelo desejo "constante de europeizar a si mesmos, enquanto nós, se nos entendemos corretamente, nunca vamos, por exemplo, nos indigenar". Deus nos livre de semelhante ideia!

> Em nossa humanidade europeia há uma enteléquia inata que controla minuciosamente as mudanças na imagem europeia e lhe confere o sentido de um desenvolvimento na direção de uma imagem ideal de vida e de ser, como se se movesse na direção de um polo eterno[36].

Podemos concordar que Husserl não estava escrevendo história: ele estava voltado para um determinado conceito culturalmente construído do espírito da racionalidade – e atribuindo conscientemente essa significação *à* história. Concordo que podemos ver esses conceitos com simpatia, mas *não* que a atenção dada a eles possa ser considerada "prévia" à, ou independente da, atenção ao fato, à evidência, nem que algum conceito que algum filósofo se dê ao trabalho de criar e atribuir como significação à história seja tão bom quanto qualquer outro. Um filósofo que deseja propor visões grandiosas da história e do destino humano, mas que seja "ascético" em sua aquisição de conhecimento histórico, não pode esperar receber a atenção de um historiador.

---

36. Husserl, op. cit., p. 156-158.

Para o conceito ser trazido *para a* história, ele deve se equipar a cada ponto para discutir com os fatos; tem de mergulhar na acidez da evidência histórica e ver se sobrevive; e, se pretende generalizar sobre a natureza do "homem", poderia tentar indigenar-se antes. Mesmo que lancemos nossa própria significação de volta na história – se aclamarmos aqueles homens como os progenitores de um resultado que endossamos, se sustentamos aqueles valores como sendo os que nós, em nosso presente, desejamos perpetuar e expandir – ainda teremos de lutar com esses homens e valores históricos nos termos mais estritos da disciplina histórica (definição contextual, recuperação de inflexões e sentidos esquecidos), ou estaremos apenas usando a história como espelho e vislumbrando nela projeções de nós mesmos.

É um absurdo – e vou concordar finalmente em considerar uma blasfêmia – encontrar uma "coincidência fundamental" no "ponto de vista anti-histórico" de Husserl e Marx. E quase igualmente absurdo trazer o nome de Hegel para a mesma conjunção. Não sou competente para discutir a difícil questão do método histórico de Hegel, um método que, às vezes, como na *Fenomenologia do Espírito*, inspira o respeito do historiador, e, outras vezes, como na *Ciência da Lógica*, o deixa indignado. Porque Hegel é capaz de afirmar em um único e mesmo momento que, de um lado, a história "constituiu o curso racional necessário do Espírito do Mundo", cuja identidade imutável se manifesta "nos fenômenos da existência do mundo" e aparece "como o *resultado* último da história" e, do outro, que "temos de tomar este último [isto é, o resultado] tal como é. Devemos proceder historicamente – empiricamente"[37]. É a tensão entre esses dois métodos que constitui muito da excitação e da percepção histórica de Hegel, sendo a superdominância do primeiro sobre o segundo que leva o historiador – e levava Marx – à exasperação.

Mas não precisamos resolver essa difícil questão. Claro que o método histórico proposto e usado por esses três homens não pode ser categorizado sob uma mesma perspectiva. Husserl descarta completamente os controles empíricos, e, assim, sua "história" é, na verdade, anti-histórica. Em Hegel

---

37. Hegel, *Lectures on the Philosophy of History* (Londres, 1878), p. 10-11. Cf. ainda os comentários de Alasdair MacIntyre sobre as diferenças no método histórico da *Fenomenologia* e da *Lógica*, em seu livro *Marcuse* (Londres, 1970), p. 32-33.

há uma tensão complexa (mas decrescente) entre a atribuição do ideal e a investigação do factual, tensão na qual, contudo, o ideal sempre mantém a primazia em relação ao factual e nunca pode ser totalmente reformulado pela autocrítica empírica. Em Marx, que não era "ascético" em seus estudos históricos e cujo engajamento com a evidência foi heroico e constante, é empregado um método histórico no qual há uma contínua interação dialética entre conceito e realidade – a seleção conceitual da evidência, a organização estrutural dos dados e, depois, a desconstrução e remodelagem de conceitos e estruturas à luz das críticas que a pesquisa empírica posterior pode trazer. Logo, o argumento que você oferece parece organizado demais em suas proporções filosóficas: por amor ao delicioso sabor da blasfêmia, você inseriu nele sua própria falácia lógica de *reductio ad absurdum* [redução ao absurdo]. Esses três homens não poderiam todos "saber" da mesma maneira que "não estavam de fato escrevendo sobre história"; dificilmente se acha alguma passagem do Marx maduro que não esteja permeada pela consciência de que era precisamente sobre a história e seus sentidos sobrepostos que ele escrevia. O que mais se mantém, esvaecidas as vibrações de pesquisas específicas de Marx, é a impressão duradoura de seu método histórico.

Seu argumento foi o de que Marx – assim como Husserl e Hegel – interpretava a história pela atribuição de "uma *potentia* não empírica", que "não pode ser inferida ou deduzida a partir do conhecimento histórico". Isso permanece como possibilidade, embora seja evidente que, em sua obra madura, Marx pensasse que podia fazer essas deduções. É parte intrínseca de seu método histórico a ideia de que o historiador não pode trazer conceitos para os materiais da história e selecionar dentre eles apenas as provas que se conformem aos conceitos: estes devem, no momento mesmo da pesquisa, ser expostos a toda evidência disponível e relevante, tanto aos fatos inconvenientes como – em verdade, até mais do que – aos convenientes. O "*telos* espiritual do homem europeu", de Husserl, é pura bobagem, porque não sobrevive de modo algum ao escrutínio da evidência. O "Espírito do mundo" de Hegel é mais interessante, pois produz uma conjunção com a evidência – e, na verdade, organiza a evidência e lhe atribui significação –, mas frequentemente de modos fortuitos e invertidos. O homem "plenamente humano" de Marx – homem mantido sob rígido controle em seus escritos maduros, e sobre o qual ele era talvez demasiado reticente – foi na verdade exposto a alguma pesquisa empírica, embora não tivesse sido exposto (como mais tarde o seria) à pesquisa do fascismo, de uma classe trabalhadora aparentemente complacente em uma sociedade capitalista de consumo, e nem, sobretudo, ao stalinismo. Logo, a questão sobre se esse homem pode ou não "ser inferido ou deduzido a partir do conhecimento histórico" não admite, ao contrário do que você supõe, uma solução filosófica rápida – ou que possa ser discutida no nível da intenção de Marx –, sendo antes uma questão que requer pesquisa histórica.

Toda pesquisa sobre toda a história e destino do homem só pode, é claro, requerer um conhecimento supra-humano. Mas o fato de que nenhum homem poderá um dia empreendê-la – e como seus resultados não podem ser mais do que aproximações, bem assim de que estas serão relativas ao ponto particular da história em que se situa o observador – não significa que ela seja artificial. A tentativa de chegar a uma ampliação coletiva desse autoconhecimento constitui uma das justificativas para nos situarmos na tradição marxista de historiografia. Ademais, a pesquisa pode ser mais trabalhosa, e mais ativa, na formação e desconstrução de conceitos do que parecem supor – em referências um tanto casuais à historiografia – alguns filósofos. A disciplina histórica não é um campo no qual diferentes intérpretes montam seus estandes e solicitam a preferência dos clientes. A argumentação histórica demanda sempre a exposição do conceito à evidência ou a organização da evidência pelo conceito. As formas comuns de disputa são, em consequência: "este conceito, ou esta ordenação dos fatos, explica o fenômeno A, mas ignora o B e está em desacordo com o C", ou então: "esta descrição de A, B e C é conceitualmente vazia e desprovida de organização estrutural: nem nos mostra como A, B e C se relacionam nem nos prepara para o fato de que ABC deram origem a D". Logo, se a ideia marxiana, parcialmente encoberta em sua história, do "plenamente humano" caminhando para a realização mostra ser um conceito inadequado, insuficientemente definido (aspecto sobre o qual acho que agora temos de concordar), o historiador não pode simplesmente dispensá-la e deixar uma lacuna conceitual desestruturada: ele tem de começar a elaborar um conceito que tenha maiores chances de sobreviver ao escrutínio de nossas tristes evidências do século XX.

Retomo o segundo passo de minha argumentação. Mesmo que concordemos (para fins de discussão) que a significação valorada vem, não da evidência histórica em si, mas de uma atribuição feita pelo observador, não é verdade que todo tipo de significação que se queira atribuir seja tão "bom" quanto outro qualquer. Há uma distinção crucial a fazer entre as atribuições do neófito (e, em matéria de disciplina histórica, o filósofo mais notável pode ser um neófito: já é hora de os historiadores defenderem a integridade de sua disciplina) e a submissão sustentada dessa atribuição à crítica histórica. Apresento Husserl como exemplo do primeiro caso e Marx do segundo. Logo, toda "projeção" que Marx tenha feito na história deve ser discutida com referência à evidência histórica.

O terceiro passo é: você é um tanto desdenhoso na atenção dada à questão central que Marx enfrentou – isto é, a sociedade capitalista e, em menor grau, a sociedade feudal e as formações pré-capitalistas. Mas se situarmos (como devemos) a noção de potencial humano de Marx no contexto real das formações sociais preexistentes – e, em especial, se a colocarmos com relação a seus conceitos de classe e contradição – veremos que lidamos com um problema mais real do que propõe seu ensaio e que não pode ser descartado por tão hábeis meios filosóficos.

Nesta etapa, ainda tendo sob as vistas seu primeiro ensaio, eu gostaria de considerar também alguns pontos de seu ensaio subsequente, "The Myth of Human Self-Identity" [O Mito da Autoidentidade Humana]. E, aqui, devo compensar minhas próprias deficiências na argumentação filosófica com uma espécie de estenografia. Porque nos aproximamos do difícil e tão disputado território da relação entre o Marx "jovem" e o Marx "maduro". Não desejo reproduzir em termos intelectuais um evento sobremodo material de minha juventude, quando me surpreenderam cruzando a encosta aberta de um morro sem nenhuma proteção, e sujeito à atenção pessoal de uma bateria de morteiros. Como não quero ficar deitado com o rosto colado na terra enquanto os senhores Marcuse, Althusser e sua numerosa estirpe lançam granadas hegelianas e anti-hegelianas na direção do meu corpo trêmulo, direi que rejeito grande parte da obra de Marcuse, e pelas razões lucidamente expressas por Alasdair MacIntyre em seu estudo crítico: aceito em particular os argumentos que mostram que o pensamento característico de Marcuse deriva não do Marx maduro, mas dos jovens hegelianos[38]. Ao mesmo tempo em que rejeito por inteiro a forma, e, em sua maioria, o conteúdo, da maior parte da obra de Althusser pelas razões que você exprimiu com lucidez em um recente estudo seu[39], não somente rejeito, no caso desses dois autores, a sua falta de controles empíricos abertos e oferecidos com sinceridade – sua redução e esvaziamento do método do materialismo histórico – como me oponho a elas.

Isso, espero, limpa um pouco o terreno. Mas é óbvio que Althusser acerta ao dizer que o pensamento de Marx foi reunido em um novo tipo de totalidade ao final da década de 1840 e que foram atribuídos novos significados, no contexto recém-descoberto do materialismo histórico, aos conceitos fundantes presentes nos escritos iniciais – essência e existência, alienação e sociedade civil e sociedade política. Sua ênfase não é, evidentemente, nova: a primeira "aula de instrução" a que assisti depois de aderir ao Partido Comunista em 1942 foi uma demonstração deveras vulgar de como Marx virou Hegel "de cabeça para baixo"[40]. Althusser também não foi o único a perceber que, depois de 1956, o renovado interesse pelo conceito de alienação fez que algumas ideias fossem retiradas do conjunto, organizado por Marx em sua maturidade, dessas ideias em um todo[41]. De igual forma, não é necessário gastar mais tempo com o vocabulário particular de Althusser: estrutura, conjuntura e sobredeterminação. Neste ponto, prefiro tomar emprestado um ensaio do argumento conhecido, mas nos termos mais diretos de MacIntyre:

---

38. Cf. Alasdair MacIntyre, *Marcuse*, passim.
39. L.K., "Althusser's Marx", *Socialist Register*, 1971, p. 157-184.
40. O educador está há uns vinte anos de cabeça para baixo na Câmara dos Comuns, como um membro bastante previsível do Partido Trabalhista no Parlamento.
41. Cf., por exemplo, meus comentários em "Commitment in Politics" [Compromisso na política], *Universities & Left Review*, 6, Spring 1959.

496

...o conhecimento do próprio homem depende de se apreender o indivíduo como parte de uma totalidade. Mas só podemos apreender a totalidade se compreendemos os indivíduos que a constituem. Marx escreveu:

> "O tear é uma máquina de tecer fio. É somente em certas condições que ele se torna *capital*; fora dessas condições, ele está tão longe de ser capital quanto o ouro, em seu estado natural, o está de ser a moeda do reino."

Quais são estas condições? Elas compreendem tanto a existência de todo um sistema de atividade econômica como a transmissão das atividades e intenções humanas mediante conceitos que exprimem as relações características do sistema. Identificamos o tear como capital ou o ouro como moeda somente quando apreendemos um sistema total de atividades, como um sistema capitalista ou monetário. O objeto ou ação individual só é identificável no contexto da totalidade, e esta só é identificável como um conjunto de relações entre indivíduos. Por conseguinte, temos de ir das partes ao todo e voltar do todo às partes[42].

Esse recital admirável serve a dois propósitos: nos lembra daquilo de que estamos falando ao discutir o sistema capitalista e de que a noção de "totalidade" pode ser levada, por analogia, a um sistema de pensamento, e, especificamente, ao pensamento maduro de Marx. Rastrear um conceito de alienação, ou, como neste caso, um "mito da autoidentidade humana" dos escritos imaturos ao pensamento maduro, e sistemático, de Marx, sem contudo estabelecer ao mesmo tempo os significados atribuídos a esses conceitos no contexto total do materialismo histórico, é embarcar com demasiada facilidade em uma refutação filosófica.

Percebo que, em todos os escritos seus, nunca aparece com todo o seu peso o conceito de capitalismo como sistema. Talvez seja uma consequência de você ter passado os anos de sua formação intelectual em um sistema (supostamente) socialista, mas cuja presença manifesta nem era socialista (de nenhum dos modos que Marx ou os socialistas utópicos deram razões para

---

42. Alasdair MacIntyre, "Pascal and Marx: on Lucien Goldmann's Hidden God", *Against the Self-Images of the Age* (Londres, 1971), p. 83-84; comparar com M. Godelier, "Structure and Contradiction in Capital", *Socialist Register*, 1967.

esperar) nem (a não ser como repressão estatista) sistemática. Em "The Myth of Human Self-Identity", você chega a propor um "esquema" do pensamento marxista no qual se esforça por empregar sinônimos – "sociedades europeias medievais" em lugar de feudalismo e "sociedades industriais" em lugar de capitalismo – que, talvez sem ser sua intenção, desintegram as construções sistemáticas de Marx. Não há dúvida de que a experiência o tornou cético quanto à existência histórica de todo sistema social.

Não posso esperar, em algumas páginas, justificar as descobertas de Marx sobre o capitalismo como sistema, com suas descobertas concomitantes de luta de classes, formações morais e ideológicas características e contradição inata. Só posso dizer que, em meu próprio trabalho como historiador, não encontrei nada que desafiasse essa definição do capitalismo como sistema, mas muita coisa que a confirmava. Isso não significa que eu julgasse o capitalismo como sendo sempre o mesmo sistema, que ele seja sempre exatamente tal como descrito por Marx, nem (como já expliquei na p. 497) que eu possa sempre aceitar os modelos teóricos do próprio Marx que estabeleceram as "leis", ou a lógica, do processo capitalista. Não obstante, minha própria pesquisa e as de colegas meus na tradição marxista de historiografia parecem confirmar a descoberta de Marx sobre o capitalismo visto (nos termos de MacIntyre) como "um sistema total de atividades, como um sistema capitalista"* e como atividades e intenções humanas fundamentadas por "conceitos que exprimem as relações características do sistema".

Nem o afirmo somente como historiador do capitalismo nos séculos XVIII e XIX, quando (pode-se argumentar) a existência histórica mais se aproximou das descrições de Marx. Diga-se o que se disser quanto ao fracasso de certas previsões de Marx (quando consideradas "leis" preditivas), os últimos vinte anos ofereceram abundantes oportunidades para a observação do funcionamento, na experiência social, de uma *lógica* do sistema identificada inicialmente por Marx.

---

* Usei aqui o texto citado acima, de MacIntyre, que difere da versão aqui apresentada, "a whole system of economic activity", "um sistema total de atividade econômica". N.T.

Darei apenas um exemplo. Nos anos imediatos do pós-guerra, o Movimento Operário Britânico, com um espírito assertivo incomum, tentou construir e expandir, no âmbito da estrutura do sistema capitalista, instituições de conteúdo alternativo, de cunho socialista. Nacionalizaram-se as minas e ferrovias; introduziu-se um Sistema de Saúde gratuito; a oferta de educação foi expandida de modo a oferecer maior igualdade de oportunidades aos filhos da maioria dos cidadãos; houve tentativas de atribuir à tributação um papel redistributivo, bem como de desenvolver serviços e benefícios sociais segundo critérios de necessidade. Na teoria social-democrata clássica, essas medidas, em conjunto, poderiam ser vistas como um "estágio" do socialismo, um passo a mais do gradiente regular de transição de uma sociedade capitalista a uma sociedade socialista, um avanço que poderia (depois de uma necessária pausa para respiração e meditação) ser retomado. Rejeito essa visão, mas também rejeito a visão apresentada por alguns marxistas doutrinários segundo os quais essas reformas seriam excreções do próprio mecanismo de defesa maquiavélico do organismo capitalista. Pode-se mostrar (e Raymond Williams, em sua apresentação dos valores alternativos gerados no âmbito da própria experiência da classe trabalhadora, contribuiu muito para isso) que os anos de 1944-1946 foram um ponto alto no moral e na consciência dos trabalhadores britânicos: mineiros e ferroviários queriam colocar as minas e ferrovias sob "propriedade comum"; sessenta anos de propaganda e organização socialistas, fortalecidos pelas circunstâncias particulares de escassez e solidariedade da época da guerra, haviam difundido bem amplamente os critérios de necessidade no bem-estar social e de "equidade" na distribuição de produtos e oportunidades. Um número bem grande de trabalhadores aspirava a inserir cada reforma particular na totalidade de uma sociedade igualitária, socialista.

Em poucos anos ficou claro que essas aspirações não iriam, nos termos de "1945", se concretizar. Pode-se tentar descrever as razões para isso como uma sucessão de eventos e contingências: a má-fé de líderes trabalhistas; crises no balanço de pagamentos; o início da Guerra Fria; a imposição de uma forma estatista e burocrática de nacionalismo etc. Mas cada um desses fatos assume novo significado quando observado segundo a lógica controladora mais ampla do *processo* capitalista. Não suponho – e isso é importante diante da atitude desdenhosa, doutrinária, e em última análise "anticlasse trabalhadora", de alguns sectários marxistas com relação ao "reformismo" – que todas as reformas estejam fadadas ao fracasso sem uma revolução cataclísmica instantânea. Essas reformas, se sustentadas e expandidas por uma estratégia socialista agressiva, poderiam muito bem ter provocado tamanha ruptura na lógica do capitalismo que o sistema teria chegado a um ponto de crise – uma crise não de desespero e desintegração, mas uma crise em que a necessidade de uma transição revolucionária pacífica rumo a uma lógica socialista alternativa se tornaria a cada dia mais evidente e mais possível.

Foi exatamente isso que não aconteceu. As reformas de 1945 foram assimiladas e reordenadas no âmbito do sistema de atividades econômicas e no dos conceitos característicos do processo capitalista. Isso implicou uma tradução de significados socialistas em significados capitalistas. As minas e ferrovias socializadas se tornaram "serviços públicos" que ofereciam carvão subsidiado e transporte à indústria privada. O atendimento privado, os leitos privados nos hospitais, as clínicas privadas de repouso e os seguros privados empobreceram o serviço público de saúde. A igualdade de oportunidades na educação foi parcialmente transformada em um mecanismo adaptador mediante o qual o trabalho especializado era treinado para a indústria privada: a oportunidade não era *para* a classe trabalhadora, mas para que o garoto com bolsa de estudos escapasse *dessa* classe. Contadores e advogados de empresas em primeiro lugar e, depois, ministros da Fazenda, provocaram rombos na intenção redistributiva da tributação e o dinheiro cedo encontrou novos cursos pelos quais correr e se amalgamar. O sistema de habitação municipal esqueceu sua função social primordial em função de outra que o capitalismo ditava como prioritária: a de servir aos agiotas.

Em suma, o que fracassou não foi cada "reforma" (porque em torno de cada uma – as escolas, o futuro das minas e seu autogerenciamento, a venda de habitações populares – ações persistentes continuam a ocorrer e devem ocorrer), mas o próprio sentido de reforma como lógica alternativa à do empreendimento privado, do lucro, e da autorreprodução descontrolada do dinheiro. Os sentidos socialistas de cada reforma capitularam (algo a que estão sempre fadados se não forem sustentados por um movimento socialista forte, consciente e agressivo) porque as reformas ocorreram em meio a uma totalidade alheia: o capitalismo. A cada capitulação o movimento socialista enfraquecia o moral e a direção, e os protagonistas do capitalismo cresciam em arrogância e agressão. Hoje, os órgãos do capitalismo – os suplementos financeiros dos jornais, por exemplo – celebram a guerra aquisitiva e as motivações puramente monetárias com um descaramento e um hedonismo que teriam sido impossíveis, não só diplomática, mas também moralmente, em 1945.

Usei esse exemplo porque pretendo enfatizar o capitalismo como sistema e como lógica de processo não no território seguro abordado em *Das Kapital* [O capital], mas em um período no qual algumas de suas características parecem ter contrariado previsões de Marx. Não me interessa em absoluto se estas foram ou não desmentidas: Marx não supunha que o capitalismo fosse durar por tanto tempo, mas, se tivesse suposto, duvido que imaginasse que ele permaneceria *exatamente* o mesmo tipo de sistema e, se supôs, então estava errado. De todo modo, pode-se mostrar sem dificuldades que contemporâneos de Marx compartilhavam sua definição do capitalismo como sistema, mas que previram com clareza a possibilidade de que o capitalismo, sem mudar sua natureza "inata", mostrasse uma considerável capacidade de prolongar sua existência e se adaptar à pressão da classe trabalhadora, figurando entre eles William Morris, que reconheço como um pensador socialista de peso, apesar do persistente desprezo que recebe seu pensamento.

Esta digressão nos auxilia a reconsiderar as questões de *potentia* e autoidentidade. Podemos ver que as reformas de "1945" personificaram uma *potentia* socialista que não apenas foi nutrida por influências ideais (o pensamento de Marx, de Morris e de socialistas utópicos; as estratégias dos partidos socialista e comunista britânicos), mas cuja realização parcial tomou corpo em valores e práticas socialistas já existentes na comunidade da classe trabalhadora em oposição a valores e práticas individualistas do sistema capitalista no qual, em última análise, estavam contidas essas reformas. Logo, essa *potentia* socialista pode ser vista ao mesmo tempo como realização imanente e como aspiração, isto é, não deve ser percebida apenas como uma aspiração teórica expressa em alguma passagem dos escritos de Marx, mas como uma aspiração que demanda um exame *tanto* lógico *como* histórico. Acresce que a derrota dessa aspiração – ou seu fracasso em atingir plena realização – pode ser abordada não apenas em termos de insuficiência teórica (porque, com efeito, sua expressão teórica "reformista", ou social-democrata, foi tristemente inadequada) como também em termos das contradições reais da vida social – o abandono dos anseios socialistas em uma totalidade cujo sentido e lógica de processo eram capitalistas.

Este exemplo breve e simplificado não satisfaz a ninguém. Entretanto, a não ser que escreva um livro, não posso fazer nada melhor[43]. E sou obrigado a dar este exemplo, mesmo insuficiente, como paradigma do processo de contradição mediante o qual, na sociedade de classes, a aspiração briga com a realização. Porque, embora o feudalismo e o capitalismo não tenham de modo algum a mesma forma em todos os períodos e lugares, e embora devamos dar aos dois até mais flexibilidade do que lhes foi dada na tipologia já bem flexível de Marx, ainda assim eles podem ser descritos como sistemas devido a: (a) conformidades na maneira como as partes se relacionam com o todo, formando uma totalidade fundamentada por conceitos característicos e (b) uma identidade na lógica do processo social. Como sistema, cada um deles é igualmente uma matriz de possibilidades para a realização das relações humanas; por isso, cada sistema define um possível na "natureza humana", sendo ao mesmo tempo uma *negação* de possibilidades alternativas.

Quando examinamos a fecundidade e as improvisações no âmbito da extensa família das sociedades burguesas, parecem ter sido infinitas as pos-

---

43. Claro que há grande quantidade de análises qualificadas feitas por economistas, cientistas sociais e cientistas políticos que tendem a seguir as conclusões dos parágrafos precedentes: análises particularmente lúcidas de alguns fenômenos foram feitas por Raymond Williams, Ralph Miliband, Bob Rowthorne, Dorothy Wedderburn, Michael Barratt Brown (notadamente "From Labourism to Socialism: the political economy of Labour in the 1970's". Spokesman Books e Bertrand Russell Peace Foundation, 1972); e em algumas seções do *May Day Manifesto* [Manifesto do Dia dos Trabalhadores] (1967 e 1968), editado por Raymond Williams.
[O título do Manifesto usa "May Day", que designa tanto o Dia dos Trabalhadores como um pedido de socorro usado por aeronaves e aviões. Sua intenção era a de unificar as lutas da classe trabalhadora contra o capitalismo.] N.T.

sibilidades abertas pelo capitalismo à "natureza humana". Contudo, embora genericamente ilimitadas, elas se viram limitadas pelo sistema, o capitalismo. Isso significa que, embora sem dúvida indivíduos dessas sociedades possam ter sido (ao menos em teoria) capazes de tentar viver qualquer grupo de relações ou imaginar quaisquer formas sociais, a lógica do processo capitalista definiu limites na possibilidade de essas formas serem realizadas com êxito. Houve uma multiplicidade de experimentos comunitários nas sociedades capitalistas, mas o historiador observa que, em cada um dos casos, a realidade dos experimentos foi rapidamente desgastada ou desintegrada pelo processo capitalista, ou teve seus significados assimilados ou estritamente delimitados por mecanismos capitalistas, ao passo que, na sociedade feudal, certos tipos de associação comunitária, na devida forma institucional, tinham seus sentidos endossados pela lógica do processo feudal, dela obtendo inclusive *status* e sustentação.

Em consequência, insisto, a noção de "contradição" não deve ser vista apenas como categoria teórica trazida *para* a história, pois ela contém igualmente um conteúdo empírico amplo e identificável. A aspiração pode ser demonstrada como real, e sua derrota por uma lógica alternativa de processo também o pode. Quando dizemos que as possibilidades abertas à natureza humana são limitadas pela lógica do processo capitalista e só podem ser realizadas se se superar essa lógica (revolução), nós o dizemos em termos tanto teóricos como empíricos. Além disso, a pesquisa empírica da contradição característica do processo capitalista pode muito bem levar à conclusão preditiva de que essa contradição não pode ser superada de qualquer forma que se escolha, mas somente de determinadas formas, bem como de que a lógica atomizada e predatória do capitalismo (que persiste mesmo nas formas estatistas) só pode ser substituída pelas intenções e aspirações alternativas de uma consciência social (como fato histórico empiricamente comprovado) capaz de assumir uma personificação parcial e fragmentada no movimento concreto da classe trabalhadora. A história britânica comprova por mais de 150 anos que essa possibilidade alternativa cresceu e mingou, e depois voltou a crescer – não como *exatamente a mesma* possibilidade, mas sim como a mesma em termos de uma lógica alternativa, socialista.

Se consideramos o pensamento do Marx maduro, então os conceitos de "alienação", de sociedade civil *versus* sociedade política e de *potentia* têm de ser vistos no âmbito dessa totalidade; e a contradição da possibilidade nunca é apresentada como categoria abstraída, e sim como contradição no contexto do sistema social, com uma consequente possibilidade de superação, não de *qualquer* modo concebível, porém segundo os modos impostos pela contradição prévia e pela lógica alternativa de processo. Há precisamente uma *potentia* empírica que na verdade não se atualiza "na história" e que pode ser inferida a partir do conhecimento histórico.

Mas concordo que dizer isso ainda não responde à sua questão sobre a atribuição de significação valorada pelo observador. A história revelou inúmeras possibilidades, mas (você pode alegar) não há nenhum fundamento na evidência empírica para que se atribua prioridade valorada a uma ao invés de à outra. E mesmo que a história tenha revelado bem menos lógicas sistematizadas de processo social do que possibilidades no âmbito de cada lógica, por que deveríamos tomar como fato empiricamente comprovado que o que vem depois é sempre mais digno de valor do que o que vem antes? A lógica de uma sociedade primitiva (*sic*) pode bem (como nos lembra Lévi-Strauss) revelar uma *potentia* humana tão valiosa quanto a da Paris do século XX; e alguns observadores dos estados "socialistas" contemporâneos podem dizer e de fato dizem preferir a lógica do processo capitalista a qualquer alternativa demonstrável.

Uma resposta curta é que *estamos* depois e não antes. Não podemos escolher ser nueres ou habitantes das Ilhas Trobriand. E se a noção marxista de contradição capitalista for bem-fundada, não podemos escolher entre lógica capitalista (indefinidamente prolongada) e lógica socialista, mas apenas entre a queda última do capitalismo como sistema, por caminhos que podem envolver a destruição da civilização e sua superação. Contudo, não vou me contentar com uma resposta curta, que parece menos confortadora em 1973 do que poderia parecer em 1873. Uma resposta mais longa vai encontrar duas dificuldades principais: (1) dificuldades filosóficas decorrentes da atribuição de valor ao processo, e (2) dificuldades teóricas e empíricas apresentadas pela noção de superação (ou revolução) diante de cinquenta anos de estatismo socialista.

* * *

(1) O que descrevi nos parágrafos precedentes pode ser visto como processo, mas não como progresso. Haverá alguma razão para selecionarmos dentre as possibilidades reveladas pela história um conjunto particular a ser aclamado como *potentia* "realmente humana"? Porque a história revelou tantas possibilidades para o mal quanto para o bem (no uso comum dos termos), e, neste momento, estamos tão a par do primeiro quanto do segundo.

Pois bem, isso eu aceito. Aceito ainda que, se selecionarmos como *potentia* um dentre vários conjuntos de possibilidades, o "projeto é uma decisão sobre a escolha de valores". Mas, mesmo nesse caso, pode-se admitir uma esperança racional (e não escatológica) de que a atribuição de *potentia* não seja apenas uma inserção *post-factum* feita pelo observador, mas ao mesmo tempo uma possibilidade demonstrável e empiricamente comprovada do processo histórico real. Isso significa que uma proposição não invalida a outra: posso dizer que, por uma questão de "fé", escolho identificar-me com uma dada *potentia* e não com outras, assim como posso dizer, na qualidade de pesquisador da história, que a *potentia* escolhida é uma das possibilidades de escolha empiricamente observáveis e então acrescentar que, ao escolher e avaliar a natureza, sou um produto desta *potentia*.

Como neófito na filosofia, eu me atrapalho com meus termos: e me atrapalho no pórtico de um dos mais difíceis problemas filosóficos – os domínios segregados do "é" e do "deve".* O máximo que espero é poder indicar a alguns filósofos que certos historiadores também estão conscientes do problema. O que o historiador pode oferecer ao discurso é a consideração de que a ideia do possível humano pode ter um fundamento tanto naturalista como escatológico. Podemos ver este argumento em três etapas:

---

* Referência ao "ser" [ontológico] e ao "dever-ser" [imperativo]. N.T.

(a) Na argumentação filosófica quanto a valor e processo, não posso oferecer definições originais. Posso somente (talvez de maneiras proibidas) recorrer a argumentos de filósofos, e vou escolher dentre os seus e os de MacIntyre. Parece que as integridades epistemológicas mutuamente exclusivas de "fato" e "valor", um dia axiomáticas no pensamento anglo-saxão, podem, afinal, não ser incomunicáveis. Ademais, você observou no âmbito da tradição marxista, como "patrimônio comum", a convicção de que a atividade cognitiva humana deve ser sempre interpretada como um aspecto da práxis histórica total e de que, por esse motivo, a pesquisa epistemológica não pode ser inteiramente separada da pesquisa genética"[44]. O mesmo "patrimônio comum" supõe uma relação entre a atividade humana de avaliação e a pesquisa genética. Como você argumentou em "History and Hope" [História e esperança] (1957),

> O "dever" é apenas a voz de uma necessidade social. Nesse sentido, o mundo dos valores não é um céu imaginário acima do mundo real da existência, mas também parte dele, uma parte que não só existe na consciência social, mas está arraigada nas condições materiais da vida[45].

Você parece reafirmar em 1971, embora de modo bastante passivo, essa relação "genética", argumentando que "a tradição é o único instrumento que nos permite a apropriação de *valores*"; ou seja, os valores afirmados pelos homens em sua experiência passada persistem no presente como um arsenal no qual fazemos escolhas, embora eu queira acrescentar que as artes e o presente experiencial também são formadores de valores[46]. Seja como for, esses valores são geneticamente derivativos do "fato" experienciado socialmente.

Essa derivação de valores a partir de fatos não nos diz como escolhê-los. O historiador e o sociólogo podem nos dizer algo sobre como *realmente* os escolhemos; e, em MacIntyre, detectamos os contornos de uma ponte episte-

---

44. L.K., "The Fate of Marxism in Eastern Europe", *Slavic Review*, 29, n. 2, June 1970, p. 181.
45. L.K., *Marxism and Beyond*, p. 164.
46. L.K., "On the Meaning of Tradition", *Evergreen Review*, 88, April 1971, p. 44. Percebo nesse artigo uma apresentação demasiado passiva da formação de valor. Você diz: "a tradição é o modo pelo qual os valores são preservados e transmitidos". Não discute as maneiras como se formam novos valores no curso da experiência mutável da vida, nem a função operacional das artes nas mudanças de valores dos homens.

mológica. Examinando Hume, ele observa que "a transição do 'é' para o 'deve' é feita (...) pela noção de 'querer'".

> Isso não ocorre por acaso (...) Poderíamos fornecer uma longa lista de conceitos que podem formar essas noções-ponte entre 'é' e 'deve': querer, precisar, desejar, prazer, felicidade, saúde – e estes são apenas alguns. Julgo haver sólidos fundamentos para afirmar que as noções morais são ininteligíveis sem conceitos como estes[47].

Mas o "querer" é derivativo de homens em contextos históricos particulares e das possibilidades conferidas por esses contextos à sua natureza. E MacIntyre esboçou uma história da ética que revela como se modificou não só o querer moral dos homens como também seus próprios critérios de avaliação. Nesse sentido, ele propôs que podemos ver o "liberalismo como uma doutrina política e moral (que) depende de uma imagem do indivíduo como soberano em sua escolha de valores":

> Os fatos não restringem nem podem restringir essa escolha, mas o indivíduo livre não é determinado por coisa alguma a não ser ele mesmo. Para ser assim, tem de haver, discernível na linguagem que falamos, uma classe de enunciados factuais e uma classe de enunciados avaliativos cuja relação seja tal que nenhum conjunto de enunciados factuais possa, separada ou conjuntamente, implicar um enunciado avaliativo. Ao mesmo tempo, o liberalismo claramente só encontra seu ambiente, e suas contendas só são inteligíveis, contra um pano de fundo contendo determinados tipos de cenário histórico e social. Logo, uma doutrina lógica sobre fato e valor poderia de fato basear-se em alguma doutrina moral e política mais geral que, por sua vez, pressuponha o pano de fundo de certo tipo de sociedade[48].

Esses "determinados tipos de cenário histórico e social" eram identificados por MacIntyre (em seus escritos anteriores) mais especificamente com a sociedade capitalista e com uma disjunção histórica entre experiência vivida e lei moral, vista não mais como parte da ordem natural das coisas ou como os ditames da "natureza humana", mas como um conjunto de regras morais

---

47. *Against the Self-Images of the Age*, p. 120.
48. MacIntyre, *Marcuse*, p. 20.

(alternativas) apresentadas como "*fiats* arbitrários"[49]. E, em outra passagem do "jovem MacIntyre", ele esboça a visão possível de que a consciência socialista emergente na sociedade capitalista, opondo-se aos "desejos individuais anárquicos que uma sociedade competitiva fomenta" e mediante "uma redescoberta do desejo mais profundo de compartilhar o que é comum à humanidade", pode nos levar a atravessar a ponte do "querer" e ir do fato ao valor: "as regras morais e aquilo que fundamentalmente queremos não mais estão em contraste radical"[50].

Eu gostaria que MacIntyre pudesse concluir seu próprio pensamento[51], porque ele parece vincular efetivamente pesquisa histórica e ética de modos relevantes. Esse passo, se o compreendo bem, poderia transpor o hiato, mas, ao mesmo tempo, nos privar de algumas das dignidades liberais da escolha. Um socialista poderia com razão dizer que, em suas aspirações, ele realizou uma *potentia* imanente (e passível de ser descoberta empiricamente) na história; mas o diria não como um agente independente extra-histórico e infenso a valores que escolhe um valor dentre várias alternativas, mas como sendo ele mesmo o produto condicionado por valores exatamente desta *potentia*.

(b) Quanto ao segundo passo, serei breve, porque ele me parece, no estado atual do conhecimento, arriscado e incerto. Talvez se possa, com o desenvolvimento de uma psicologia social muito sutil e empiricamente fundamentada, traduzir certas noções de valor, de comportamento bom ou mau, em noções capazes de diagnosticar a saúde mental ou neurose. Claro que já se tentou isso (como nas obras de Reich, Fromm, Foucault, Marcuse e muitos outros). Eu a julgo uma abordagem arriscada porque, embora haja fragmentos convincentes e promissores dessa análise histórica (eu mesmo tentei realizá-la em uma discussão bastante notória do me-

---

49. *Against the Self-Images of the Age*, p. 123-124.

50. MacIntyre, "Notes from the Moral Wilderness, II", *New Reasoner*, 8, Spring 1959.

51. Pode-se ter a impressão de que MacIntyre, por não ter republicado suas "Notes from the Moral Wilderness" nem seu "Breaking the Chains of Reason" (in *Against the Self-Images of the Age*), tenha deixado de confiar nesses argumentos ou na forma como os exprimiu. É possível avaliar sua dificuldade: os problemas enfrentados nesses escritos são muito grandes, e um pensador com o rigor dele pode ter ficado insatisfeito com as soluções ali propostas. Para um historiador, contudo, esses ensaios, ao lado de "Hume on 'is' and 'ought'" (*Against the Self-Images of the Age*, p. 109-124), continuam a ser da maior importância. Espero que MacIntyre retome esses temas.

todismo), ainda não vi nenhuma obra que me pareça ultrapassar as dificuldades que lhe são intrínsecas.

As deficiências surgem mais obviamente de duas maneiras: em primeiro lugar, as categorias psicológicas (sobretudo freudianas) insatisfatórias e questionáveis trazidas para a pesquisa[52]; e, em segundo, a proficiência insatisfatória da maioria dos praticantes nas disciplinas históricas. Se isso mostrar ser apenas uma questão de uma disciplina intelectual que ainda está em sua infância, teremos, é claro, a promessa de um passo importante em nossa argumentação. A "história" revelou as possibilidades do ardor racional ateniense e da efervescência artística do *Quatrocento**; assim como as possibilidades do Campo de Buchenwald e dos expurgos soviéticos dos anos de 1930. Se uma psicologia social de base empírica pudesse nos mostrar que a moralidade ou as normas implicadas no primeiro caso eram um índice real de saúde humana e que as implicadas no segundo poderiam ser diagnosticadas como doença, então a noção de *potentia* humana iria adquirir uma justificativa racional independente, ou paralela, às inserções normativas.

Essa suposição tem plausibilidade e já ocupou a atenção de muitos acadêmicos. Quando se examina, por exemplo, a história da classe trabalhadora do século XIX, é possível com frequência perceber maneiras como, ao agirem coletivamente em rebelião (ou resistência) conscientes contra o processo capitalista, homens e mulheres parecem mais "realizados" como agentes racionais ou morais. De igual modo, pode-se perceber que a privatização da vida, que muitas vezes resulta de derrotas políticas e sociais, parece trazer consigo, para as relações pessoais mais íntimas, uma vingança, e que a ausência de um contexto social afirmativo (mesmo que seja de rebelião contra o contexto dado) parece fomentar o comportamento individual que os psiquiatras diagnosticariam como neurótico. Assim, torna-se plausível fazer uma analogia entre a personalidade individual neurótica ou realizada e a "personalidade" de uma sociedade como um todo. Assim como a doença psicótica pode impedir a pessoa de "ser ela mesma", de concretizar

---

52. Julgo convincente quanto a isso L.K., "The Psychoanalytic Theory of Culture", *TriQuarterly*, 22, p. 68-102; cf. MacIntyre, *Marcuse*, p. 41-54.

* Época de certo conjunto de eventos artísticos e culturais na Itália do século XV. N.T.

suas possibilidades, a analogia de uma *potentia* social "plenamente humana" promove seu próprio avanço.

Mas ainda há graves fissuras na lógica a se transpor. Sabemos muito bem que as noções de saúde ou doença psíquica implicam inserções normativas. Por isso, esse método de análise – por mais importante e frutífero que mostre ser – pode não oferecer uma solução para o problema, mas somente um meio de o apresentar de outra forma. E temos ainda de transpor o hiato entre o diagnóstico de doença individual e o de processo histórico ou de lógica histórica. O que me deixa com reservas em relação a esta etapa são minhas dúvidas quanto à possibilidade de este hiato ser legitimamente transposto.

(c) O terceiro passo pode ser dado, contudo, sem necessidade de intervenção do segundo. O que sugere em alguns pontos como *potentia*, Marx delineia em outros como a noção de passagem do reino da necessidade ao da liberdade. E essa noção, que no Marx maduro certamente se acha em contextos sociais sistematizados, é oferecida ao mesmo tempo como conceito e como consequência da pesquisa empírica.

A história do homem é uma narrativa de vitimidade humana, não porque alguns homens (ou todos) tenham sido irracionais ou imorais, mas porque o processo histórico resultou não da soma de intenções individuais, e sim de uma colisão entre intenções mutuamente contraditórias:

> O sujeito da história é a espécie humana e, portanto, ele é um todo cujos elementos se comportam de um modo direcionado para um fim, mas que, como um todo, não se comporta dessa maneira –

diz Kolakowski[53]. Mas – e isso é vital – no pensamento de Marx o evento histórico não é mero resultado de uma colisão entre vontades ou grupos de interesse. Ao menos hipoteticamente, essa colisão poderia ser mediada por instituições concebidas para conciliar interesses opostos, de forma que o resultado – o processo histórico – pudesse ser visto como racionalidade coletiva, como intenções conciliadas e ajustadas ou como a "vontade geral". A colisão se dá sempre no âmbito de um contexto sistematizado, de um sistema

---

53. L.K., *TriQuarterly*, 22, p. 109.

social concebido como totalidade; temos de substituir o conceito de grupos de interesse pelo de classe e ver a forma tomada pela colisão não como casual, mas como caracterizada pela lógica do processo capitalista (ou feudal) já discutida.

Em cada época,

> o caráter das regras é determinado pelas relações entre homens envolvidos naquele modo particular de produção, e essas relações não se dão entre indivíduos, mas entre agrupamentos de homens unidos por um papel econômico e social comum e separados dos outros agrupamentos pelos antagonismos de interesse econômico e social. Logo, "toda a história é a história da luta de classes". Não se trata tanto de uma generalização construída a partir de instâncias quanto de uma estrutura sem a qual não seríamos capazes de identificar nossas instâncias; mas ela é também uma estrutura que não poderia ser desenvolvida sem um estudo empírico detalhado –

diz MacIntyre[54].

O reconhecimento do papel dual do homem, de vítima e de agente, no fazer sua própria história, é fundamental para o pensamento de Marx. Mesmo no *petit point* [detalhe] de expedientes corriqueiros, damos forma ao processo mais amplo de mudança social. Mas há uma diferença crucial no grau de agentividade implicado nas duas ações. Nos detalhes da vida política, parece que ao menos alguns homens são agentes livres: eles parecem escolher dentre políticas alternativas, e os resultados de suas ações podem até ter alguma relação com suas intenções. Porém os padrões mais amplos do processo social parecem se definir a si mesmos. Ainda que surjam como consequência de ações individuais, o modo como surgem e as formas que assumem são irrelevantes e imprevisíveis. As circunstâncias ou eventos parecem impelir os homens, e não os homens impelir os eventos – e os homens parecem ser vítimas de forças sociais que, em última análise, são o produto da vontade humana.

---

54. Alasdair MacIntyre, "Breaking the Chains of Reason", *Out of Apathy*, org. por E.P.T. (Londres, 1960), p. 218.

O crescente controle que os avanços em conhecimento e técnica deveriam nos dar é anulado pelos propósitos partidários e pela consciência partidária da sociedade de classes. Apenas em uma sociedade sem classes vão os interesses opostos e sistematizados e suas distorções derivativas dar lugar a um interesse humano comum: é aí que parecemos alcançar o limiar do reino da liberdade no sentido de Marx. E esse é também o limiar da realização da *potentia* imanente. Esta "fé" do marxismo foi apresentada em duas passagens relacionadas de MacIntyre:

> Para Marx, a emergência da natureza humana é algo a ser compreendido somente em termos da história da luta de classes. Cada época revela um desenvolvimento da potencialidade humana que é específico daquela forma de vida social e limitado especificamente pela estrutura de classes daquela sociedade. O desenvolvimento da possibilidade chega a uma crise no capitalismo. Porque os homens viviam, até aquele momento, da melhor forma, de um modo que lhes permitia perceber sua própria natureza como algo muito mais rico do que aquilo que eles mesmos realizavam. Sob o capitalismo, o crescimento da produção torna possível que o homem se reaproprie de sua própria natureza, e que os seres humanos reais percebam a riqueza da possibilidade humana. Mas não basta o crescimento da produção. A experiência de igualdade e unidade humana, fomentada na vida da classe trabalhadora industrial, é igualmente uma condição para superar a alienação dos homens deste processo e de si mesmos. E somente do ponto de vista dessa vida e de suas possibilidades é que podemos ver cada estágio anterior da história como uma forma particular de aproximação rumo a um clímax que agora pode ser aproximado diretamente.

E, em outra passagem, MacIntyre admite que Marx herdou de Hegel uma concepção de essência humana:

> A vida humana não é a qualquer momento dado uma realização dessa essência porque a vida humana é sempre limitada de modos característicos com base em uma determinada forma de sociedade. A liberdade humana, em particular, é sempre limitada dessa forma. Mas, em nossa época, chegamos a um ponto em que isso pode mudar, em que a possibilidade humana pode ser realizada de um modo bastante novo. Mas não podemos ver a possibilidade dessa realização como o resultado previsível de

leis que governam o desenvolvimento humano independentemente das vontades e aspirações humanas. Porque o próximo estágio deve ser caracterizado precisamente como a época em que as vontades e aspirações humanas assumem o controle e deixam de ser subservientes à necessidade econômica e à inevitabilidade do passado regido por leis. Mas os marxistas afirmam com certeza não que isso poderá acontecer, mas sim que vai acontecer? Se dizem isso, não mais estão prevendo. Estão reafirmando a crença de Marx de que a potencialidade humana é de tal ordem que os homens vão dar esse novo passo, e esta afirmação é de uma ordem diferente daquela da previsão. Porque a visão marxista da história pode ser escrita, no final, como narrativa de como o ideal humano foi traduzido, depois de muitas vicissitudes, em realidade humana[55].

Discutir sobre *potentia* dessa maneira tão abstrata é provocar, em 1973, um ceticismo instantâneo. Tivemos nesse século bastantes relances da "possibilidade" humana, e nem todos mostram a natureza humana como "rica". Preocupamo-nos mais com a necessidade de controlar certas propensões da natureza humana do que com a libertação de uma *potentia* questionável.

Mas o fato de que o problema da *potentia* tem contínua significação nos será dito instantaneamente por qualquer mulher reflexiva. Porque as mulheres estão, neste momento, muito preocupadas em examinar sua própria natureza culturalmente transmitida. E elas trazem a esse exame exemplos históricos do que têm sido as mulheres para definir o que elas podem vir a ser. Porque, se é verdade que em contextos históricos amplos e duradouros a natureza da mulher tem sido condicionada pelas categorias e práticas de culturas dominadas pelos homens – nas quais o papel das mulheres é definido sobretudo em termos de funções sexuais, maternais e familiares, e só secundariamente em termos de funções produtivas, sociais e culturais mais gerais –, então parece igualmente importante investigar o que poderia ser a *potentia* da natureza da mulher liberta dessas definições culturais. Uma maneira de criticar a rigidez das definições tradicionais é exatamente submetê-las à crítica das possibilidades alternativas reveladas por culturas

---

55. "Notes from the Moral Wilderness, II", *New Reasoner*, 8, Spring 1959, p. 94-95; "Notes from the Moral Wilderness, I", *New Reasoner*, 7, Winter 1958-199, p. 100.

alternativas, ou mesmo por exemplos individuais de mulheres que, em circunstâncias excepcionais, transcenderam as definições de sua própria cultura habitual. Neste momento, essa necessidade crítica é tão evidente que se tem a tentação de excluir o caso da *potentia* feminina de uma importante qualificação nessa argumentação geral. Se não podemos localizar na história um homem "plenamente humano" em *potência*, talvez possamos descobrir uma mulher "plenamente humana", potencialmente presente, mas cuja realização foi negada nas culturas dominadas pelos homens?

Mas é preciso resistir a essa tentação. E, antes de tudo, porque toda história do "homem" deve ser também, mesmo que de modo imperfeito, uma história da mulher. Uma cultura dominada pelos homens pode mostrar ser uma cultura que, ao atribuir às mulheres certos papéis e funções e privá-las de certas expressões, é uma cultura igualmente privada de alguns componentes definidos como "femininos" e, por isso, degradados. Contudo, as mulheres não têm uma história independente daquela cultura ou daquele sistema e daquele processo já discutidos, ainda que os historiadores não tenham dado atenção suficiente a seus papéis naquela história. Os valores do individualismo possessivo, característicos de uma certa fase do processo capitalista, se manifestam nas atitudes dos homens em relação às mulheres, das mulheres com relação aos homens e dos dois com respeito às crianças, e assim por diante.

Mas, em segundo lugar, o que tem sido potencial na história não tem sido uma única essência "plenamente humana" da feminilidade, porém precisamente *o potencial de autodeterminação feminina nos contextos históricos mutáveis*, de libertação do condicionamento e da limitação impostos por uma definição masculina de seu papel e de sua natureza ou, talvez, de liberdade para que homens e mulheres determinem mutuamente seus papéis em uma cultura sexualmente igualitária*. O potencial que tem sua realização negada seria distinto em cada contexto; não se pode supor uma mulher oculta como a soma das possibilidades vislumbradas; a mulher oculta é a mulher que poderia "ser ela mesma", ou os homens e mulheres que poderiam, em questões

---

* A expressão "cultura sexualmente igualitária" se refere ao que chamaríamos hoje de "cultura com igualdade de gêneros". N.T.

sexuais, ser mutuamente "eles próprios" – e, além disso, sê-lo não como essência abstraída, mas no contexto mais amplo de uma dada sociedade.

Esta ilustração pode nos levar de volta à *potentia*, bem como nos mostrar que seus argumentos em "Historical Understanding and the Intelligibility of History" podem ser conciliados com a noção de *potentia* historicamente emergente. Você alega que a atribuição de inteligibilidade à história deve sempre surgir de um ato de "fé" do atribuidor; essa inteligibilidade – como significação valorada – não pode ser derivada da evidência empírica: "é em relação à nossa *intenção* que se organiza nossa herança histórica, que representa tão somente uns quantos atos preparatórios para essa intenção". O fato de ser um ato de "fé" não invalida esse ato; os homens *têm de* atribuir significação, mas, ao fazê-lo, devem ter claro que argumentam a partir do terreno do "deve" e não do "é".

Mas o exemplo da "natureza" feminina pode nos ajudar a superar a seguinte dificuldade: aquilo que um observador vê como "rico", outro pode ver como "decadente", e em toda seleção na história de exemplos do possível, o observador introduz princípios normativos de seleção. Porque o exemplo nos lembra de que a *potentia* não é de algum homem "plenamente humano" único; nem de um produto resultante da soma de filósofos atenienses com escultores renascentistas, subtraindo-se policiais secretos e empreendedores bem-sucedidos, e multiplicando o produto por amantes românticos. A *potentia* é um conceito condizente com o da passagem do reino da necessidade para o da liberdade. E ela é exatamente o potencial humano para agir como agente racional e moral, para entrar em uma época "em que as vontades e aspirações humanas assumem o controle e deixam de ser subservientes à necessidade econômicas e à inevitabilidade do passado regido por leis".

Na utopia marxista, o comunismo é a sociedade em que se atiram coisas para fora da sela e estas deixam então de cavalgar a humanidade. O homem se liberta de sua própria maquinaria e a subjuga a necessidades e definições humanas. Ele deixa de viver em uma postura defensiva, tentando evitar o ataque das "circunstâncias", sendo seu maior triunfo na engenharia social um sistema de balanço de poderes que busca se contrapor a suas próprias más intenções. Ele começa a viver a partir de seus próprios recursos de possibilidade criativa, liberto do determinismo do "processo" em sociedades divididas em classes. Em termos empíricos, o historiador e o sociólogo podem demonstrar que determinadas sociedades, com determinados sistemas sociais e níveis tecnológicos, tanto revelam como impõem limites às possibilidades humanas. Isso é *potentia* como fato, ou como negação. E podemos partir disso para uma reafirmação (como E.J. Hobsbawm fez recentemente em um convincente estudo)[56] da ideia tradicional de progresso como uma hierarquia de níveis, de técnicas ampliadas e formações socioeconômicas harmônicas, cada qual significando "uma crescente emancipação humana da natureza e sua crescente capacidade de controlá-la". Isso equivale a dar ao menos alguma substância empírica à ideia de *potentia* crescente, o incremento e a diferenciação das possibilidades humanas.

Mas hesitamos, neste momento de história inacabada, em aceitar com muita facilidade esta hierarquia de níveis como progresso. Porque já vimos que a capacidade de controlar a natureza é ao mesmo tempo capacidade de devastar a natureza, trazendo consigo oportunidades tanto para a emancipação como para a autodestruição humana. Assim, o ponto fundamental da *potentia* permanece sendo uma fé: a de que os homens podem passar da "necessidade" determinada pelo processo à "liberdade" da intencionalidade racional. Como mostra MacIntyre, não há nenhuma "lei" histórica preditiva que implique a certeza de que assim vai acontecer. Mas a fé exigida não é ilimitada nem arbitrária. Não é fé em uma definição particular de *potentia*, definição para a qual pode haver muitas fés. É, simplesmente, fé na capacidade última dos homens de manifestarem a si mesmos como agentes racionais ou morais: "há somente o requisito de reconhecermos que é em virtude daquilo que podem ser, e não do que sempre são, que os homens são considerados animais racionais"[57]. E estes não teriam tido nenhuma história, e certamente não uma história de avanço científico e de complexa organização social, caso

---

56. E.J. Hobsbawm, "Karl Marx's contribution to historiography", *Diogenes* 64, Winter 1968, republicado em *Ideology in Social Science*, org. por Robin Blackburn (Londres, 1972).
57. MacIntyre, *Against the Self-Images of the Age*, p. 210.

não fossem capazes, mesmo imperfeitamente, de ação racional e submissão a valores sociais coesivos.

Se mantemos a fé de que os homens podem realizar a transição para o reino da liberdade, é verdade que a projetamos retrospectivamente na história e tentamos, através de nossa própria iniciativa, no presente, dar *à* história esse resultado. Mas, quando fazemos essa projeção, reconhecemo-nos em um milhão de progenitores históricos; e esse ato de fé não é grande demais para ser feito por um ser racional. Esse ser é ele mesmo sua razão normatizadora.

(2) Mas se esse reino da liberdade for conquistado, o argumento não oferece nenhuma garantia de que os homens farão escolhas sábias ou serão bons. E então chegamos à segunda grande dificuldade (ver p. 416), que deve ter surgido em sua mente e na de todos os leitores ao longo das últimas passagens, deixando-os impacientes, céticos ou cínicos. "Mostre-me esse reino da liberdade", dirá você. "Entra-se nele pelo muro de Berlim ou por algum ponto na fronteira tcheca?"

Você já assegurou aos leitores da *Encounter* que não crê "na eliminação final de *toda* alienação e em um estado de sociedade *totalmente* pacífico, sem conflitos ou contradições" (ver p. 474). Mas, se suprimimos os termos caricaturais dessa frase, podemos lê-la de outra forma; por exemplo, como: "o desenvolvimento rumo à eliminação das formas de alienação socialmente determinadas e a um estado de sociedade em que conflitos e contradições de interesse são conciliados pelo processo democrático racional". Se cometo violência contra suas palavras, eu o faço para acentuar que está em questão uma lógica de processo *rumo a* algum objetivo, ao invés de um atingimento instantâneo desse objetivo. E ainda é relevante inquirir se o socialismo como sistema pode ser concebido de alguma forma que torne mais provável que essa lógica opere em seu âmbito do que no do capitalismo como sistema.

Você bloqueia o caminho dessa inquirição ao supor que, considerando cinquenta anos de experiência, a questão já tenha sido resolvida: "o comunismo real aparece somente de forma totalitária, isto é, como tendência a *substituir* todas as cristalizações da sociedade civil por meio dos órgãos coercivos do Estado" (ver p. 485). Isso lhe permite seguir duas linhas bem distintas de pesquisa: (a) supõe que os conceitos marxistas podem eles mesmos "engendrar" essa consequência, esse "crescimento cancerígeno da quase onipotente burocracia" (ver p. 485); a "intenção primordial" do "sonho" de Marx "não era inocente": nunca poderia "se tornar realidade, exceto na forma cruel do despotismo" (p. 486); (b) supõe simultaneamente que haja tendências humanas ou forças mais profundas ou intrínsecas que tenham passado despercebidas para Marx e que tendem ao mesmo resultado.

Vou com você até este ponto. Hoje, só um tolo não sabe que as questões fundamentais da teoria socialista prática são, em primeiro lugar, as do Estado socialista, de suas instituições, e da relação do Estado com as pessoas; e, em segundo, a questão do socialismo como sistema, do processo socialista. Considerando que as expressões crípticas de fé da parte de Marx, com respeito às dramáticas consequências da revolução desarmaram a teoria socialista, levaram a uma grosseira simplificação do processo, a uma gravíssima subestimação das dificuldades de estabelecimento de instituições socialistas, a um ceticismo com relação aos valores democráticos (que adveio de uma crítica necessária à retórica democrática dos políticos burgueses), a um otimismo indevido quanto à transformação revolucionária da natureza humana e a uma inibição do utopismo – na medida em que isso é verdade, e que a evolução contingente de um elemento dominante na tradição marxista enfatizou cada uma dessas omissões ou inibições –, reconheço que o "sonho" não era "inocente". Mas esta é uma pequena concessão, que não admite que a fé de Marx tenha "engendrado" essas consequências, mas apenas que ele fracassou quanto a antecipá-las e a advertir sobre elas.

O problema (ou um dos problemas) de seus [de L.K.] métodos de pesquisa é que eles se afastam dos problemas críticos do Estado e do sistema socialistas. Eles sequer se aprofundam na pesquisa do caráter das sociedades existentes na Rússia e no Leste Europeu (embora *pressuponham* que esteja subentendido e que se façam generalizações a partir dessa base). Eles simplesmente capitulam diante da experiência não examinada e fazem alegações frouxamente vinculadas em um nível de fácil assimilação para quem está habituado à forragem habitual da *Encounter*.

Acompanhemos mais detidamente uma dessas passagens da argumentação de "The Myth of Human Self-Identity". Você afirma que não vê razões para crer que "uma vez abolidas as classes sociais, a luta entre interesses privados vá cessar":

> A luta de classes na sociedade capitalista é uma forma histórica de luta pela distribuição da produção excedente. Por que deveríamos presumir que essa mesma luta pela produção excedente não acontecerá em uma economia baseada na propriedade pública (...)?

Essa posição suporia "uma súbita restauração da natureza angelical da raça humana". Mas agora que chegamos à "natureza humana", estamos no bem conhecido território antigo e pré-liberal: na verdade, no território da *antipotentia* humana: a maldade inata do homem restringida pela lei, pela cultura e por instrumentos institucionais. Considerando algumas referências recentes ao "estoque de instintos da espécie humana" e à "totalidade dos reflexos herdados biologicamente", suspeito que você esteve lendo recentemente, e com plena atenção, Lorenz, Desmond Morris etc.)[58]. Marx admitira em seu pensamento "duas falsas premissas bastante gerais":

> [a de] ...que todo o mal humano está arraigado em circunstâncias sociais (distintas das biológicas) e [de] que todos os conflitos humanos importantes são, em última análise, (...) redutíveis a antagonismos de classe. Portanto, ele ignorou por completo a possibilidade de que algumas fontes de conflito e agressão pudessem ser inerentes às características permanentes da espécie e dificilmente passíveis de erradicação por mudanças institucionais. Nesse sentido, ele realmente permaneceu um rousseauísta[59].

Em passagens como essas, pareço ver um sofisticado e controlado método de análise filosófica em estado de desintegração. Na verdade, de modo algum você está examinando a lógica dos conceitos do próprio Marx, mas antes contrapondo a eles um conjunto de contra-asserções não examinadas que você não tem condições de submeter a uma análise conceitual em termos dos conceitos que critica. Como todos os argumentos ruins, a melhor manei-

---

58. L.K., "On the Meaning of Tradition", *Evergreen Review,* April 1971, p. 43.
59. L.K., "The Myth of Human Self-Identity", *passim.*

ra de voltar a premissas falhas é partir de conclusões falhas. Podemos observar, na penúltima frase, a passagem entre duas asserções de ordens bastante diferentes, em que a primeira não implica de modo algum a segunda. Dificilmente podemos discordar da suposição de que "algumas fontes de conflito e agressão... [podem] ser inerentes às características permanentes da espécie". De fato, podemos até visualizar uma pluralidade de Justice Shallows* acadêmicos acenando em assentimento em uma variedade de salas de professores. As boas frases são seguramente, e sempre o foram, muito louváveis":

> Certo, é certo; com toda certeza, com toda certeza. A morte, como diz o salmista, é certa para todos; todos haveremos de morrer. – Qual o preço de uma junta de bois na feira de Stanford?

Um mero historiador terá a impressão de que *quaisquer* características expressas pelos homens a *qualquer* momento de sua história têm forçosamente de pertencer às possibilidades da natureza humana e ser, portanto, "inerentes" à espécie. Se se reproduzirem as mesmas condições e a mesma cultura, elas talvez reapareçam. É bem improvável que Marx tivesse admitido a premissa de que a maldade humana se "enraíza" no social de forma distinta das circunstâncias biológicas, pois Marx não pensava no mal como rabanete, nem nas circunstâncias biológicas como solo. Assim, todo o peso de sua asserção deve cair na segunda das duas "falsas premissas": a de "que todos os conflitos humanos importantes são, em última análise, (...) redutíveis a antagonismos de classe". Mais uma vez, parece que você ainda está pensando no mal e nos conflitos como se fossem rabanetes, "dificilmente passíveis de erradicação por mudanças institucionais". Ocorre que estamos pensando em um contexto humano *expressivo* total, de cultura (incluindo socialização e educação) e de instituições, não sobre propensões (boas ou más) organizadas e controladas por instituições. E a equação "conflitos humanos" = "antagonismos de classe" também não é algo que deixe um marxista contente. Como você observou alhures, o marxismo tem uma "antiga orientação antimecanicista"[60]. O que Marx propôs (e estou pensando nas teses sobre Feuerbach) é que todos os conflitos humanos são observáveis apenas em contextos sociais específicos. E o bípede desnudo,

---

* Juiz de paz das peças de Shakespeare *Henrique IV*, e *As felizes esposas de Windsor*.
60. L.K., "The Fate of Marxism in Eastern Europe", *Slavic Review*, Jun 1970, p. 181.

o homem biológico nu, não é um contexto que se possa algum dia observar, porque a própria ideia de homem (em oposição a seu antecessor antropoide) coincide com a cultura; o homem só existe na medida em que é capaz de organizar partes de sua experiência e de transmiti-la de modos especificamente humanos. Logo, propor a pesquisa do homem separado da cultura (ou da história vivida) é propor uma abstração irreal, a pesquisa de um não homem. E, ao menos na história humana recente, os conflitos humanos têm tido expressão em contextos sociais e culturais sistematizados, de modo que o próprio conflito se exprime em termos desse contexto: como é o caso, por exemplo, do fato de não conseguirmos entender certos tipos de agressão independentemente dos conceitos contextuais de posse de propriedade ou de nacionalismo.

A asserção de que a história de todas as sociedades que existiram até hoje é a história da luta de classes – feita por Marx em uma obra mais de propaganda do que filosófica – é verdade apenas nesse sentido. É uma afirmação sobre um modo de interpretar a história de *sociedades*, não do "homem" ou dos homens individuais. Portanto, se desejamos propor (para fins de análise) uma categoria de pulsão instintiva (como agressão, sociabilidade etc.) e uma categoria de fenômenos realizados (como guerra, ajuda mútua etc.), ainda assim veremos que a segunda não pode ser *reduzida* à primeira. Porque isso é exatamente tão verdadeiro e tão falso quanto afirmar que o estupro e o amor romântico podem ser reduzidos a sexo. Só podemos dizer que a pulsão (a) é realizada em (b) certas formas e instituições culturais expressivas. Os conflitos humanos não são o mesmo que antagonismos de classe. Na sociedade de classes, eles se exprimem, se definem e se resolvem segundo a lógica do processo de classe.

Assim, uma sociedade sem classes por certo não erradicaria essas pulsões. Claro que a descoberta desagradável de que assim é constitui uma das maneiras de ler a história prática do socialismo nos últimos cinquenta anos. Desarmados por uma noção abertamente utópica de "revolução", os socialistas ficavam estarrecidos cada vez que algum antigo Adão da história subia nos palcos do Estado socialista. Se é de fato o reino da liberdade, este parece ser o reino em que os homens são livres para praticar o mal.

Mas essa leitura bem parcial de cinquenta anos de história – se bem que salutar –, é uma distração que nos faz fugir do ponto vital de análise. E você já nos distraiu dessa forma em estágios anteriores de sua argumentação. Não tenho muito saber sobre a natureza dos anjos, ainda que imagine que seja bem próxima de sua descrição por Blake em "O casamento do céu e do inferno". Só que Marx desfrutava da companhia dos anjos com menos frequência do que Blake; e ele parece propor, não uma natureza angelical, mas homens que, no contexto de certas instituições e culturas, podem conceituar coisas em termos de "nosso" e não de "meu" ou "deles". Em 1947, no eufórico período subsequente a uma transição revolucionária, fui uma testemunha participativa de exatamente uma transformação de atitudes desse gênero. Os jovens camponeses iugoslavos, estudantes e trabalhadores que construíam com moral alta sua própria ferrovia, com certeza tinham presente esse novo conceito afirmativo de *nasha* ("nosso"), embora esse *nasha* – que pode ter-se mostrado favorável para a Iugoslávia – fosse em parte o *nasha* da consciência socialista e, em parte, o *nasha* da nação[61]. O fato de aquele momento de euforia ter se mostrado evanescente – e de que tanto a União Soviética como "o Ocidente" fizeram de tudo para reverter o impulso – não refuta a validade da experiência.

Você diz que a luta de classes na sociedade capitalista é "uma forma histórica de luta pela distribuição da produção excedente". E questiona por que não poderia acontecer a "mesma luta pela produção excedente" em uma economia baseada na propriedade pública. Uma resposta breve é que, se a forma histórica da luta se alterasse, já não seria a mesma luta. E não podemos conhecer a luta de modo amorfo, descontextualizado. Mas você faz agora com os impulsos sociais manifestos e ocultos o mesmo que fez com o mal inato e sua expressão social real. Propõe um "conflito" subjacente que assume diferentes "formas". Brinquemos um pouco com essa frase: (1) Deixaremos de lado "produção excedente", embora a maioria dos historiadores econômicos fosse preferir começar pelo conceito de escassez ao invés do de excedente; (2) Poderíamos testar várias frases análogas na forma, como, por

---

61. Cf. *The Railway*, org. por E.P.T. (Londres, 1948), *passim*.

exemplo, "a controvérsia nos tribunais de justiça em relação aos direitos de propriedade é..." ou "as negociações entre o governo e a Central Sindical TUC são..." uma forma histórica de luta pela distribuição da produção excedente. Ou poderíamos experimentar formas como: "o futebol é uma forma histórica de expressão da agressão humana", ou "os bordéis e o casamento monógamo são formas históricas para a satisfação dos impulsos sexuais masculinos". As primeiras analogias revelam a profunda falta de especificidade de sua definição, e as segundas revelam seu reducionismo abjeto.

O capitalismo é uma forma histórica de poder de classe, sendo também uma organização particular das relações produtivas com conceitos adjacentes como o de propriedade etc. A frase que você propõe é generosa demais em um certo sentido, porque o capitalismo distribui iniquamente várias outras coisas além da produção excedente, incluindo oportunidades culturais e o próprio poder. Ela não é generosa o suficiente em outro sentido, porque o capitalismo envolve também um modo mais dinâmico de produção do que todo outro já conhecido. A luta de classes na sociedade capitalista ocorre, primordialmente, entre os que detêm e os que não detêm os meios de produção. Não faz sentido propor uma "luta de classes" genérica sem dizer que classes lutam. Assim, por sob sua proposição aparentemente concreta, podemos detectar a premissa oculta, que é, simplesmente, a de que a ganância pela maior parte possível da produção está na base de todas as "formas históricas". Logo, as "duas' premissas que Marx "ignorou por completo" são, quanto a seu caráter, apenas uma: é da natureza do homem ser ganancioso e agressivo (embora talvez moderado por uma "consciência religiosa" – a única outra parcela "insubstituível" da cultura humana sobre a qual você aceita se pronunciar) e ele continuará sendo assim em toda sociedade possível.

É surpreendente que Marx tenha ignorado um argumento tão antigo quanto esse. De fato, embora nesta carta eu me posicione deliberadamente contra exercícios de citação e contracitação, posso mostrar, sem dificuldades, que Marx de modo algum ignorou o argumento. Mas agora podemos perceber por que você preferiu argumentar usando o conceito de "produção excedente" ao invés do de "escassez". Porque, como Marx argumentou que o comunismo só seria possível em uma sociedade que houvesse atingido certo nível de afluência, você – caso começasse pelo segundo conceito – teria sido obrigado a questionar: "Por que devemos presumir que a mesma luta pela distribuição de produtos com oferta escassa não acontecerá em uma economia afluente baseada na propriedade pública?" E isso teria imediatamente mostrado a falácia de seu argumento. Pois, embora pudesse continuar, a luta provavelmente se reduziria em intensidade, mudaria de forma e deixaria de ter prioridade diante de outras motivações – exceto, naturalmente, se propuséssemos uma ganância *insaciável* como uma das maiores motivações humanas: uma natureza humana não angelical, mas verdadeiramente diabólica.

O capitalismo é um sistema que não apenas sanciona a ganância do empreendedor e do rentista, como não pode funcionar sem ela. Sua ideologia e seus modos ortodoxos de socialização fomentam ativamente a competição e os valores individualistas. Em seu último, e mais afluente, estágio, ele tem mesmo de estimular novos "desejos", consumistas, ou a avidez. O que está em questão é se você pode demonstrar que o socialismo como sistema fará o mesmo, ou que as instituições socialistas terão de se mostrar impotentes para inibir, ou desviar, a ganância e a agressividade inatas do homem de formas similares de expressão.

Mas você não nos ajuda a ver o socialismo como sistema ou processo, nem a explicar a base lógica das formas particulares de estatismo sob as quais padeceu. Você apenas afirma: "Lá vivi, sofri, eu sei!" E deixa implícito que, a partir da experiência dos últimos cinquenta anos na Rússia e na Europa Oriental, pode-se legitimamente tirar conclusões sobre o "comunismo real".

É difícil argumentar contra isso, e o faço com humildade. Vou apenas fazer brevemente duas considerações substanciais. A primeira, que em certo sentido é um insulto às pessoas que vivem e sofrem, é simplesmente que, para um historiador, cinquenta anos é um período muito curto para julgar um novo sistema social, caso esteja surgindo um novo sistema. A comparação, obviamente, é com os eventos prolongados e contraditórios que sinalizaram a chegada do capitalismo como sistema no cenário da história. A segunda é tão conhecida que não preciso reproduzi-la aqui; nem sou competente para fazê-lo com autoridade. Ela reside na gama de contingências limitadoras e restritivas nas quais se realizaram as primeiras revoluções socialistas. Qualquer relato global dessa história nos deixa com a dificuldade extrema de extrair uma lógica de processo socialista, ou uma lógica inata do marxismo como ideologia, de circunstâncias, contingências, acidentes, eventos supremamente ponderosos e imediatos, bem como da lógica das polaridades em um mundo dividido.

Prefiro apresentar aqui, sem ter nenhuma autoridade a não ser a da ordem com que uma ideia segue a outra, o esboço pouco desenvolvido de uma terceira linha de inquirição. Em primeiro lugar, que definições e evidências temos do socialismo como sistema e como processo? Você nos oferece pouco disso aqui, embora remeta, em um ponto de "The Myth of Human Self-Identity", à proposição: "como a propriedade pública deve inevitavelmente originar camadas sociais dotadas de privilégios no controle dos meios de produção, da força de trabalho e dos instrumentos de coerção", tem-se de supor que "serão empregados todos os procedimentos para assegurar a essas camadas a estabilidade de sua posição e o aumento de seus privilégios".

Isso parece constituir a teoria da apropriação do Estado socialista por uma nova casta burocrática que, mediante o autorrecrutamento e privilégios – educacionais e outros –, se estabelecerá indefinidamente como uma nova classe dominante. Haverá um antagonismo de interesses entre essa classe e a força de trabalho mais geral, porém, na medida em que aquela possa fornecer um padrão crescente de consumo material (e de certos bens culturais), esse antagonismo não deverá – ou não deverá no futuro próximo – causar nenhuma explosão social. Além disso, a classe dominante controlará vastos meios centralizados de influência, informação e repressão e, portanto, de autoperpetuação.

A essa altura já estamos acostumados com essa teoria, que se distingue em alguns aspectos de teorias alternativas, como a do "capitalismo de Estado". A Iugoslávia, tendo produzido uma geração de partidários da liberdade política, produz agora partidários da liberdade intelectual; e alguns deles avançaram mais no exame das implicações dessa teoria. Entre eles, Stoyanovic ofereceu a exposição mais lúcida do "estatismo oligárquico". Seus argumentos contra teorias que tentam "desculpar" o stalinismo em termos de contingências são a meu ver convincentes:

> A fórmula pouco explicitada relativa à "crise do socialismo" perdeu seu poder de persuasão há muito tempo, porque estamos falando de um sistema que gera essas "crises" normal e regularmente. Do mesmo modo, não mais podemos falar de "socialismo com graves deformações", já que estas são tão numerosas e de tal natureza que introduziram uma nova qualidade – o estatismo. Uma terceira muleta teórica comumente empregada se vincula com os "abusos" no socialismo. Contudo, há um certo limite além do qual muda o caráter da entidade maltratada. Portanto, este é um momento propício para resolvermos não mais falar de abusos, e sim de uso *sistemático* de meios sociais para a consecução de objetivos não socialistas[62].

A experiência histórica, alega Stoyanovic, mostrou "duas possibilidades e tendências inerentes ao capitalismo, isto é, a estatista e a socialista". Ele propõe várias categorias subsidiárias de estatismo: primitivo-politocrática, tecnocrática, oligárquica etc.

Mas não me convence de que tenha mostrado o estatismo como sistema ou processo. Talvez isso seja pedir demais a qualquer pensador. Afinal, revelar o capitalismo dessa forma foi algo que requereu os melhores anos da vida de Marx, e ele dispunha de várias centenas de anos de manifestações em que se apoiar para extrair evidências. Ainda assim, temos de tentar perguntar: Que lógica ou dinâmica pode haver no estatismo? Em que direção ele parece estar evoluindo? Que funções a classe dominante estatista executa, e é seu poder condicionado à execução destas funções? Está essa classe envolvida intrinsecamente na posse ou apropriação dos meios de produção? Ela mantém, por meio de seus representantes no corpo de gestores econômicos, uma relação singular com outros grupos sociais ou é um *parasitismo* poderoso e altamente estruturado, derivativo de relações de produção alternativas?

Somente os eventos mostrarão qual é a verdade: e é possível que ambas as resoluções se mantenham no âmbito de uma mesma conjuntura. Há uma

---

62. Svetozar Stoyanovic, *Between Ideals and Reality* (Oxford, 1973), p. 60.

observação empírica que poderia levar a supor que a alternativa de um parasitismo estatista sobre relações de produção socialistas semirrealizadas pode ser um útil recurso de análise: sempre que o governo se manifesta em formas claramente predatórias, e sempre que as instituições de Estado são usadas para assegurar uma vantagem privada ou setorial, só se pode explicar o processo político em termos da rivalidade entre diferentes grupos de interesse no seio da própria classe dominante. Estes podem ser nobres rivais, "conexões" aristocráticas rivais, ou mesmo (mas isso nos leva diretamente a um nível mais profundo de análise socioeconômica) interesses rivais de cunho "fundiário" e das grandes empresas comerciais. Sabemos que os observadores do processo político na União Soviética o descrevem precisamente desta forma, como um processo movido pelas rivalidades do partido (e das regiões do partido), do Exército, dos gerentes das indústrias, da polícia secreta e assim por diante.

Contudo, a soma dessas rivalidades não resulta em um único processo ou base lógica coerente. Se tentarmos acompanhar retrospectivamente cada interesse até sua função última, tanto a teoria do estatismo como a do parasitismo se mostrarão possíveis. Se revelarão funções que não são, quanto a seu caráter, antissocialistas, como a organização e expansão dos meios de produção, a administração da educação e das instituições culturais, a garantia de defesa do Estado socialista contra inimigos externos, mesmo que as formas e a ideologia em que se executam essas funções sejam as do "estatismo oligárquico".

Isso ocorre notadamente nas formas e na ideologia do Partido Comunista dominante. Nas palavras de Stoyanovic:

> *Permanentemente* baseado nos princípios do centralismo estrito, na hierarquia e na absoluta monopolização da vida social, o partido naturalmente aspirava a moldar todo o sistema social à sua própria imagem[63].

Isto me recorda as palavras de nosso camarada Alfred Dressler, que visitou a União Soviética pouco antes de morrer, e comentou: "Sempre dissemos que a nova sociedade traria as marcas de nascença da antiga; mas nunca su-

---

63. Ibid., p. 50.

pusemos que essas marcas seriam exatamente o PCUS (B)"*. E, em seguida, ele enfatizou sua confiança no potencial socialista da Rússia contemporânea: apenas as formas restritivas, dominadoras, e a ideologia repressiva do Partido Comunista impediam o povo russo de realizar um potencial socialista-democrático alternativo.

A fé de Dressler não prova que assim será. Ou, caso venha a ser, as formas atuais de estatismo poderão perdurar e fortalecer-se por várias gerações antes de ceder. Mas, se forem formas parasíticas, haverá dois motivos para um prudente otimismo quanto à lógica do processo. Em primeiro lugar, um parasitismo político ou estatista só poderá sobreviver enquanto não se opuser de forma ativa ou inibir seriamente o processo social mais amplo do que parasita. Se o fizer, ou a sociedade mergulhará em uma crise ou o parasitismo vai encontrar uma contestação tão forte que terá de recuar de vez ou então "domar-se" a si mesmo, executando suas funções sociais positivas com mais eficácia.

Sendo esta uma metáfora demasiado orgânica, vou usar um exemplo da história da Inglaterra no século XVIII. Muitas das características da vida política no século XVIII, ou ao menos na época de Sir Robert Walpole, só podem ser analisadas em termos de parasitismo. Os familiares dos grandes membros do partido "liberal" (*Whigs*) eram desavergonhadamente predatórios em sua apropriação do Estado: os ministros sugavam a renda pública e indicavam membros de sua "família" para as sinecuras; mediante um sistema impiedoso de influência e interesses, garantia-se a subordinação e se continha a oposição; as instituições democráticas eram restringidas ou corrompidas pelo dinheiro. Mas esse parasitismo realizava funções discretas (notadamente para abrir caminhos ao imperialismo comercial), e não interferia na autorreprodução dos grupos sociais – a *gentry* capitalista proprietária fundiária e os aventureiros comerciais e financeiros –, cujos interesses regia (ou a que "representava") e cujo acordo político de 1688 havia estabelecido a base de seu poder. Quando de fato ameaçaram os interesses desses grupos (a Bolha

---

* Partido Comunista da União Soviética. O "B" é abreviatura de "British" [Britânico], em referência ao Partido Comunista da Grã-Bretanha. N.T.

dos Mares do Sul*, a perda das colônias americanas), tiveram de enfrentar um grande desafio, e as últimas décadas do século mostram certa adaptação e retomada de funções. Sua ascensão, ocorrida nas décadas perto da metade do século, de fato levou ao renascimento da força econômica e da influência geral de uma aristocracia que o próprio parasitismo havia em parte criado. Mas não chegou propriamente a formar uma nova classe dominante ou uma nova direção para o processo social mais amplo. E essa formação parasítica acabou por ser (apenas) pacificamente removida (e de modo parcial) em 1832[64].

Este exemplo tem pouca relação com a União Soviética contemporânea. Os *Whigs* eram muito mais predatórios do que costumam ser (que seja de meu conhecimento) os burocratas soviéticos. Mas não tinham sob seu comando um partido todo-intrusivo e estavam sujeitos a certa crítica democrática e ao controle legal. Por isso não proponho o caso como analogia direta. A analogia pode servir para explicar como um parasitismo – mesmo do tipo estruturado e dotado de componentes sociais substanciais "reais" – pode se distinguir de uma "nova classe". O parasitismo que explora e representa os grupos sociais em cujo nome governa deve encontrar uma base lógica não em sua própria autoperpetuação, mas na execução de certas funções para esses grupos. Dentre as funções que o parasitismo soviético tem de executar, e tem de ser visto executando, se acham: organizar a produção; defender o Estado contra inimigos externos – função que não é, nem tem sido nos últimos cinquenta anos, imaginária (mesmo que o stalinismo tenha tido um talento incomum para imaginar os inimigos errados) e que dá ao parasitismo uma grande base lógica prática e ideológica; e defender a integridade do socialismo contra os inimigos internos, função totalmente mistificadora e apropriada à proteção do próprio parasitismo.

Esta última "função" pode dar a impressão de que, mesmo que a burocracia seja um parasitismo *sobre* um potencial socialista, há poucas chances

---

* A falência da Companhia dos Mares do Sul, depois de extraordinária expansão sem lastro, a partir de 1720. N.T.

64. Discuti isso mais profundamente em "Peculiarities of the English", *Socialist Register*, 1965; e espero ter mostrado o caráter do parasitismo de Walpole em *Whigs and Hunters* (1975). [Cf., neste volume, "As peculiaridades dos ingleses". N.T.]

de arrancar o parasita. Mas há no processo um segundo motivo para um otimismo cauteloso. Trata-se da noção de uma ideologia autodefensiva, que mascara a realidade de poder e de exploração que Wright Mills definiu como "retórica" e você como "hipocrisia"[65]. Os dirigentes têm não apenas de executar certas funções, mas também *ser vistos em ação*; e caso não executem essas funções, têm de *dar a impressão* de que o fazem. A retórica de uma sociedade – libertária, moralista, socialista – pode, por longos períodos, parecer tão distante da realidade que se torne um mero mito inerte, mera hipocrisia. Com efeito, para o observador que consegue penetrar na realidade, essa "cortina de fumaça" é simplesmente nauseante. Mas eis que, em algum ponto de crise, a retórica é subitamente ativada e alguns membros da sociedade a colocam em prática como uma de suas convicções internalizadas e profundamente sustentadas. Isso não é surpreendente, porque as crianças foram socializadas e os adultos doutrinados e mistificados precisamente no âmbito desse conjunto assumido de valores. Assim é que, no interior da própria C.I.A., surge um James McCord, que decide não seguir o "plano de jogo" e, como um *verdadeiro* "liberal" que se opõe ao Estado, segue "seu próprio curso", da maneira como surgem as experiências repetidas de corajosos críticos dos partidos comunistas dirigentes no interior desses mesmos partidos comunistas.

Não sei como está hoje a situação da retórica da União Soviética, nem o ponto até o qual a submersão em uma retórica vazia e repressiva gerou cinismo e oportunismo puros. Mas (como dizem alguns observadores), pode ser que, por sob o parasitismo, milhões de cidadãos soviéticos ainda pensem em suas terras e fábricas como *nossas* ao invés de *minhas* ou *deles*; que ainda mantenham orgulho quanto às intenções da Revolução de Outubro; que sejam socializados segundo alguns valores socialistas; que encontrem algo além de mito nos textos marxistas; e, em consequência, que já critiquem e continuem a criticar cada vez mais as práticas de sua própria sociedade nos termos da própria retórica dessa sociedade. Vamos ao menos admitir a possibilidade.

---

65. Cf., p. ex. C. Wright Mills, Power, *Politics and People,* org. Por I.L. Horowitz (Oxford, 1963, p. 190): "Tanto os líderes como os liderados, e mesmo os criadores de mitos, são influenciados por retóricas de justificativa predominantes"; L.K. *Marxism and Beyond,* p. 172: "Em termos gerais, o aumento da hipocrisia é prova de progresso moral, porque indica que aquilo que costumava ser feito abertamente e sem medo de censura não pode mais ser feito sem que se corra esse risco".

Há, no entanto, uma consideração ulterior de maior alcance. É possível, por mais terrivelmente imprópria que pareça a metáfora, que os países "socialistas" já tenham cruzado a fronteira que leva ao "reino da liberdade" de Marx. Quer dizer, enquanto, na história anterior, o ser social parecia, em última análise, determinar a consciência social, porque a lógica do processo se sobrepunha às intenções humanas, em sociedades socialistas pode não haver uma lógica tão determinante do processo e a consciência social possa determinar o ser social. E, mais uma vez, na própria última análise (*sic*), talvez essa análise possa funcionar por vários séculos.

Esse pensamento é demasiado metafísico para um historiador da tradição marxista. Suas consequências, se confirmada sua validade empírica, seriam perturbadoras. Métodos de análise histórica com os quais nos acostumamos deixariam de ter a mesma validade na pesquisa da evolução socialista. Por um lado, isso abre a perspectiva de um longo prolongamento da tirania. Enquanto algum grupo governante, chegado ao poder talvez fortuitamente no momento da revolução, puder reproduzir a si mesmo e controlar ou *fabricar* a consciência social, não haverá uma lógica de processo inerente ao sistema que, como ser social, opere de modo suficientemente eficaz para causar a derrubada desse sistema. Haverá naturalmente, no interior do "ser social", uma multiplicidade de conflitos de interesses aos quais os governantes (para controlar a consciência) terão de se ajustar; e a experiência social real da maioria dos cidadãos fará surgir incessantemente uma consciência social crítica que sempre vai se mostrar de difícil controle pelos governantes, ainda que com o auxílio do terror e da censura. A manipulação da consciência social vai ser difícil. Mas não vejo razão teórica que, ao longo de um período histórico considerável, a impeça de realizar-se.

É óbvio que se o grupo governante falhar completamente em sua função de organizar e expandir a produção, então a antiga lógica do processo, a do ser social, poderia se afirmar. Mas não há razão necessária para que o grupo governante falhe, ou para que padrões materiais em ascensão e uma oferta cultural controlada libertem a racionalidade. Como argumentou outro teórico iugoslavo:

Uma melhora considerável nas condições de vida dos indivíduos não implica automaticamente a criação de uma comunidade humana genuína na qual haja solidariedade e sem a qual uma emancipação radical do homem não seja possível. Pois é possível superar a pobreza e ainda manter a exploração, substituir o trabalho compulsório por diversões sem sentido e igualmente degradantes, permitir a participação em assuntos insignificantes em um sistema essencialmente burocrático, deixar os cidadãos serem virtualmente inundados por meias-verdades cuidadosamente selecionadas e interpretadas, usar a educação prolongada para uma programação prolongada do cérebro humano, abrir todas as portas à antiga cultura e ao mesmo tempo impor limites bem estritos à criação da nova, reduzir a moral à lei, proteger certos direitos sem poder criar um sentido humano universal de dever e solidariedade mútua[66].

Eis o lado sombrio da dialética. Mas há outro. Porque isso sugere que, afora todo desafio derivado do "ser social", o grupo governante tem *especialmente* a temer do desafio da "consciência social" racional. É justamente a racionalidade e um processo moral aberto, de cunho avaliativo, que "devem" constituir a lógica do processo socialista, expresso em formas democráticas de autogerenciamento e instituições democráticas. A dispersão da crítica racional não constitui um dentre vários perigos para o parasitismo burocrático, sendo em vez disso o maior deles. O parasitismo não pode sobreviver sem sua ideologia defensiva mistificadora; nem poderia sobreviver à ativação efetiva da retórica socialista inerte. E a ativação dessa retórica pode ser um processo mais rápido do que imaginamos. É por isso que, na União Soviética, se trava com tanta persistência cada luta por liberdades intelectuais e culturais.

Podemos ilustrar esse aspecto comparando o impacto causado pelo discurso secreto de Khrushchev no 20º Congresso [do PCUS] com o Caso Watergate. Não quero de modo algum subestimar a importância de Watergate, tanto em termos dos perigos do governo autoritário centralizado que ele por pouco evitou – ou adiou – como dos amplos realinhamentos políticos aos quais o escândalo pode levar. Tanto Watergate como o discurso secreto de

---

66. Mihailo Markovic, "Human Nature and Present-day Possibilities of Social Development" [A natureza humana e as atuais possibilidades de desenvolvimento social]. *Tolerance and Revolution*, org. por Kurtz e Stojanovic (Beograd, 1970), p. 94.

Khrushchev foram dramaticamente desmistificadores; e os dois reativaram uma retórica que poderia ser considerada hipocrisia vazia. No caso dos Estados Unidos, a retórica do constitucionalismo e da liberdade pessoal mostrou-se mais forte, mais internalizada, do que se chegara a supor que fosse. Contudo, por maior o alcance das consequências políticas, não há neste momento nenhuma perspectiva de que essa reativação vá de alguma maneira desafiar o capitalismo como sistema.

Nem foi o discurso de Khrushchev capaz de desafiar o socialismo como sistema. Entretanto, ao desmistificar a ideologia ortodoxa, ao desafiar a legitimidade do Partido, ao reativar a retórica socialista, ele de fato desafiou bem seriamente o parasitismo dominante. A dispersão da racionalidade ocorreu com grande rapidez. Em um período de aproximadamente seis meses, tanto a Polônia como a Hungria foram levadas ao ponto de insurreição; e esses dois casos, assim como o caso subsequente da Tchecoslováquia, não me convencem de que o processo estava levando necessariamente à contrarrevolução capitalista. Afora isso, se não interrompido, ele poderia ter ido bem além na própria União Soviética. E a interrupção não foi ocasionada *apenas* pelas medidas autoprotetoras da burocracia.

Temos de lembrar que o fracasso de "1956" foi imposto, em parte, pelo "Ocidente". O Ocidente na qualidade de agressão anticomunista e como resposta socialista inadequada. A Guerra de Suez consolidou a reação soviética; a dança da morte de Kennedy na crise dos mísseis em Cuba precipitou a queda do pragmático Khrushchev; as bombas caindo no Vietnã foram um pano de fundo para a ocupação de Praga. Porque a função mais manifesta das oligarquias estatistas nos países socialistas é a organização da defesa contra a agressão capitalista. Foi sobretudo essa função que proporcionou ao parasitismo argumentos com base lógica.

Essa não tem sido uma função imaginária. E a hostilidade dos social-democratas e liberais ocidentais em relação ao comunismo não tem se baseado, sempre e em todos os casos, em uma oposição fundamentada a suas "deformidades"; essa hostilidade tem sido direcionada, com a mesma intensidade e frequência, contra as conquistas ou a promessa comunistas. Há uma polaridade complexa e uma relação mútua entre o "Oriente" e o "Ocidente". Nos momentos em que o comunismo mostrou uma face verdadeiramente humana, entre 1917 e o início dos anos de 1920, e, mais tarde, da batalha de Stalingrado a 1946, o movimento trabalhista ocidental gozou de bom e assertivo humor. Mas o inverso também é verdadeiro. Sou um socialista ativo há trinta anos, e por todo esse tempo (excluindo o período 1944 a 1946), o maior e principal obstáculo tem sido a caricatura de socialismo apresentada com base na realidade de estados socialistas. Porém, o fracasso dos movimentos socialistas ocidentais em realizar uma transição para um sistema socialista com modelos de processo alternativos e mais democráticos obviamente contribuiu para perpetuar essa caricatura.

Apresento essa hipótese sobre a inversão entre consciência social e ser social sem grande confiança. Seja como for, é uma noção um tanto abstrata, e o papel decisivo pode ser desempenhado pelas contingências. Ela se propõe a reafirmar a ideia de Marx sobre a passagem do reino da necessidade para o reino da liberdade, de modo minimizante, envergonhado. Se supôs que essa passagem pudesse ser instantânea e dramática, Marx estava errado. O reino da necessidade nunca existiu plenamente: podemos ver as intenções dos homens se impondo no âmbito do processo, especialmente quando consideramos histórias distintas (como, por exemplo, as de instituições) – embora essas intenções sejam em geral negadas ou transformadas pelas "circunstâncias", ou pela lógica mais ampla de processo, lógica que é ela mesma, em parte, composta por intenções. O reino da liberdade não é algo para proclamação instantânea. Podemos agora observar no Leste Europeu um mundo intermediário, de conquista e aproximação; a consciência social pode começar a determinar o ser social, mas, se não o fizer mediante um processo democrático racional e moral aberto, não será a consciência de todos os homens, mas a de alguns aos quais os outros se mantêm subjugados.

Para além disso – se esse processo aberto pudesse ser inserido –, poderíamos recuperar motivos para um relativo otimismo. O que definimos como reino da liberdade é a possibilidade de os homens passarem a ter ao menos alguma vantagem em relação às "circunstâncias". Como as intenções não mais

534

serão desviadas de seus resultados por uma lógica alternativa de sistema, vai haver mais possibilidades de prever o resultado de alguns tipos de escolha social. Se uma maré de afluência algum dia englobar o mundo inteiro, essas escolhas podem deixar de ser ditadas pela necessidade e poderão advir de considerações ideais reveladas no processo democrático. Cessaremos de ser obrigados a produzir o máximo que pudermos – ou tanto quanto os publicitários consigam nos induzir a consumir – pelos meios mais adequados. Poderemos decidir produzir da maneira que desejarmos, com um novo olhar quanto à autorrealização individual – em favor de nosso ambiente de trabalho e de vida, nossa necessidade de variedade e de expressão criativa no trabalho. As energias e ansiedades de produzir e consumir poderão dar lugar a modos mais tranquilos de existir e de experienciar o homem, cujas metas deveremos procurar em precedentes atenienses ou mesmo "indígenas"[67].

Além disso, as escolhas dos homens vão afetar não só as coisas que produzem, mas também os tipos de natureza humana que produzem. Não descrevo com isso a intolerável tentativa de manipular todos os homens para que se encaixem em um molde comum predefinido, mas antes que, nas áreas em que não pode deixar de acontecer uma modelagem da natureza, os processos de socialização e de formação de valores vão ser menos involuntários e mais plenamente revelados. Se a "natureza" culturalmente condicionada do homem mudar, as mudanças vão se mostrar cada vez mais como o produto de um processo avaliativo aberto.

O que isso não implica é alguma fé sobre a possibilidade de que os homens se tornem naturalmente "bons" ou que interesses opostos entre si venham a desaparecer. Não existe nenhuma varinha de condão capaz de banir as propensões à ganância ou à agressão. Aceito sua insistência na ideia de que os conflitos humanos vão persistir. Tudo vai depender da capacidade humana de criar dispositivos institucionais mediante os quais os conflitos de interesses possam ser revelados e racionalmente conciliados. As instituições, a cultura e a natureza socialmente condicionada não vão ser idênticas em

---

67. Cf. E.P.T., "Time, Work-Discipline and Industrial Capitalism", *Past and Present*, 38, December 1967

todas as partes do mundo socialista. Suponho que a controvérsia intelectual e moral possa ser mais, e não menos, trabalhosa nesse novo reino: como as pessoas vão estar livres dos ditames das "circunstâncias", as escolhas subsequentes terão mais consequências sociais imediatas. Se se puder controlar os grandes grupos de interesse, como o exército, o partido e a polícia secreta, os grupos de interesse menos robustos (ou os centros alternativos de compromisso e identidade) poderão se afirmar como o compromisso dos seres humanos com instituições particulares: o interesse desta fábrica, desta universidade, daquela cidade.

Minha própria utopia, duzentos anos à frente, não seria como a "época de descanso" de Morris. Seria um mundo (como diria D.H. Lawrence) em que os "valores do dinheiro" dariam lugar aos "valores da vida", ou (como diria Blake), a guerra "corpórea" daria lugar à "guerra mental". Com fontes de poder facilmente acessíveis, alguns homens e mulheres poderiam escolher viver em comunidades unificadas, localizadas, como monastérios cistercienses, em centros de grande beleza natural nos quais se poderiam combinar atividades industriais, intelectuais e ligadas à agricultura. Outros poderiam preferir a variedade e o ritmo da vida urbana, que redescobre algumas das qualidades da cidade-Estado. Outros ainda prefeririam uma vida de reclusão, e muitos passariam pelas três possibilidades. Os acadêmicos acompanhariam as disputas de diferentes escolas, em Paris, Jakarta ou Bogotá.

Mas não ficamos muito à vontade com sonhos como esses. A imaginação utópica, hoje, se desvia para o reino da ficção espacial, em que os autores examinam exatamente que sociedades poderiam ser criadas se a consciência social pudesse impor-se ao ser social. Suas especulações nem sempre são reconfortantes. Nada vai "acontecer" por conta própria, sem conflito ou sem a afirmação da escolha.

Nessa perspectiva, não podemos supor imediatamente que as sociedades socialistas estatistas sejam mais "avançadas" do que as capitalistas. É impossível, a qualquer dado momento da história, comparar sociedades contemporâneas, pois o que se deve levar em conta não é apenas o *status quo* formal, mas também o potencial; não apenas o que as sociedades parecem ser, mas o que são capazes de vir a ser. Temos de selecionar não apenas uma escala comparativa, mas também um ponto inicial. E, no caso das sociedades contemporâneas de cunho pseudocomunista e capitalistas avançadas, é improvável que os historiadores do futuro venham a encontrar em 1973 seu ponto inicial. E ainda que julguemos do ponto de vista atual, e selecionemos como escala comparativa o grau de aproximação de uma sociedade livre e sem classes, é possível argumentar que a sociedade soviética (que é, em importantes aspectos, mais sem classes, porém certamente menos livre) é mais avançada. Isso significa, é claro, que a conquista de liberdades políticas e intelectuais efetivas na Rússia é mais, em vez de menos, importante, porque somente por meio do processo democrático total pode a posse pelo Estado se tornar posse comum, e o planejamento deixar de ser uma manipulação autoritária e se tornar autoatividade.

Contudo, seguindo a mesma escala, seria possível argumentar também (e apenas o resultado vai mostrar) que uma sociedade capitalista com tradições democráticas maduras poderia estar mais próxima de se tornar uma sociedade democrática sem classes do que um país socialista retrógrado com um parasitismo corrupto e autoritário dominante. Ainda que sujeita a coerções nas formas capitalistas, a *potentia* socialista poderia ser maior. O que estaríamos comparando não seriam *coisas* estáticas, mas processos de *vir a ser* cujo resultado é incerto, porque depende do que os homens escolhem fazer.

Ser utópico em 1973 é ser desconsiderado, na maioria dos círculos "respeitáveis", um romântico e um tolo. Mas pode ser que cair em um "realismo" resultante de uma obsessão com as más propensões do homem seja apenas o sintoma de um romantismo invertido ou depressivo. Porque perder a fé na razão do homem e em sua capacidade de agir como agente moral é desarmá-lo diante das "circunstâncias". E estas, apoiadas nas más intenções do homem, nas últimas décadas, pareceram mais de uma vez propensas a matar todos nós. É a coragem utópica de fracassar, da qual você foi um dia testemunha eloquente, que ainda devemos alimentar.

Em toda essa longa argumentação precedente, não lhe ofereci nenhuma razão convincente para refutar o desespero. Não anuncio, em novos termos, o antigo milênio. Ofereci somente uma refutação de suas razões particulares para desespero. Neste momento do tempo histórico, nem o desespero nem o otimismo me parecem fundados em argumentos racionalmente convincentes. Cabe aos homens agir e escolher.

* * *

Pode haver também outra lógica agindo do lado mais "otimista". No início de 1944, um jovem que você talvez descrevesse como stalinista ocidental, mas que na verdade não se entusiasmava em particular com as fantasias de esplêndidas hordas de asiáticos – escreveu o seguinte:

> Quando morre um democrata – isto é, um homem que mostrou, tal como eles [os partidários da Iugoslávia], em palavras e atos, que se preocupa antes de tudo com a liberdade democrática –, então um, dez ou cem novos democratas são criados com base em seu exemplo: um, dez ou cem homens se fortalecem em sua convicção. Quando morre um fascista, o efeito em seus confederados é o inverso. Apenas nos mais confusos e tenebrosos períodos da história parece não ter sido assim[68].

As duas ou três últimas décadas foram justamente um desses períodos confusos e tenebrosos. Ainda assim, é difícil mostrar que existam homens cuja fé se apoia nos exemplos de Beria ou de Rakosi*, enquanto muitas centenas de milhares louvam o exemplo dos insurgentes de Budapeste em 1956 e de Praga em 1968. E uma perspectiva mais longa da história proporciona mais exemplos. É possível que a cultura passada ainda forneça "reservistas" para o "nosso" lado.

Você também tem sido para nós um exemplo de integridade intelectual e coragem moral. O preço que paga é que os homens o observam e o julgam criticamente. Não o repreendo por seu desespero, mas preciso repreendê-lo, e o farei, por um desespero apressado e um mau julgamento político.

Minhas críticas se baseiam em uma entrevista que você deu à revista *Encounter* (já discutida nas p. 445-449); em um artigo publicado na *Daedalus*

---

68. *There is a Spirit in Europe*: a Memoir of Frank Thompson (Londres, 1947), p. 20-21.
* Beria foi o chefe da política política de Stalin; Rakosi, dirigente comunista autoritário da Hungria. N.T.

sobre "Intellectuals against Intellect" [Intelectuais contra o intelecto] e em uma palestra recente, "Is there anything wrong with the socialist idea?" [Há algo de errado com a ideia socialista?"], proferida na Universidade de Reading. Ao que parece, desde que veio para o "Ocidente", você tem feito pouco esforço para iniciar um diálogo com aqueles que se julgavam seus amigos, mas tem sido bastante liberal em seus favores intelectuais alhures.

Do artigo na *Daedalus*, vou selecionar para crítica as proposições ou asserções a seguir. Você afirma que tem havido exemplos históricos de movimentos "das classes oprimidas e não educadas" que suspeitam da racionalidade por ser ela um instrumento de seus opressores. Assim, eles "opunham sua própria pobreza espiritual como marca de superioridade com relação à ordem social existente". "O grande infortúnio" dessas classes, entretanto, tem sido "sua incapacidade de participar do desenvolvimento da cultura espiritual":

> É incontestável que a posição de intelectual é uma forma de privilégio, e que aqueles que têm seu ideal na igualdade absoluta da humanidade, em todos os aspectos, tenham de exigir a destruição da cultura. Se a igualdade em todos os aspectos é o valor mais elevado, então a tarefa mais importante da sociedade é impelir todas as pessoas para baixo, até o nível de seus setores menos iluminados.

Você descarta a ideia de que o próprio Marx tivesse tido essa intenção: "seu propósito era o de oferecer acesso à cultura para todos. É por isso que o culto do conhecimento e a luta por sua conquista foram aspectos característicos do movimento trabalhista na época em que este passava por uma forte influência da teoria marxiana":

> Certas formulações de Marx sugerem que ele acreditava no caráter de classes particular da cultura como um todo. Mas é certo que o marxismo, em suas pressuposições fundamentais, concebe o socialismo como uma continuação do trabalho espiritual da humanidade, como o herdeiro e não o destruidor da cultura burguesa existente...

Para os intelectuais da Segunda Internacional, com poucas exceções, ser socialista "não significava ser um defensor de uma cultura essencialmente diferente (...) com diferentes regras de pensamento e diferentes valores morais".

539

"Não se pensava em absoluto em uma 'cultura proletária' oposta como um todo à 'cultura burguesa' e aos valores burgueses".

Você equaliza essa concepção errônea à loucura da "Proletcult" soviética*, que se propunha a "criar do nada" uma cultura essencialmente diferente. Esse fenômeno é hoje apenas uma "curiosidade histórica". Mas você também sugere que os "desenvolvimentos sociais neste século" (expressão bem amplamente pressuposta e não desenvolvida) descartam a esperança de que possa tornar-se realidade "a ideia de Marx de que o proletariado industrial dos países altamente desenvolvidos devem ser os veículos das transformações socialistas". Entretanto, alguns intelectuais ocidentais que se dizem marxistas continuam ostentatoriamente a descartar os valores da civilização burguesa ocidental (que, cabe lembrar, você mais ou menos igualou à cultura espiritual "do homem") e "a se acanhar diante do esplendor de um segundo barbarismo". Eles agora encontram seu veículo nas "massas de camponeses iletrados provindos das partes mais retrógradas do mundo":

> O atual entusiasmo dos intelectuais pelos movimentos de camponeses e do *lumpenproletariado* ou por movimentos inspirados pela ideologia das minorias nacionais é um entusiasmo por aquilo que há, nesses movimentos, de reacionário e hostil à cultura – por seu desdém pelo conhecimento, pelo culto da violência, pelo espírito de vingança, pelo racismo.

E, a seguir, você retorna a uma defesa dos valores universalistas da razão: "a ideia de que a humanidade deveria se 'libertar' de sua herança intelectual e criar uma ciência ou lógica novas 'qualitativamente diferentes' é um apoio ao despotismo obscurantista".

Há vários níveis possíveis de crítica a esse argumento. Por exemplo, certas afirmações se baseiam em alegações errôneas sobre fatos históricos. Interessa-me saber como você fundamentaria sua ideia de que os intelectuais da Segunda Internacional não defendiam uma cultura socialista com valores morais diferentes quando vários dentre os mais interessantes deles – incluindo Bebel, Jaurès e William Morris – se mostravam profunda e continuamente preocupados com a questão dos valores morais e culturais na sociedade so-

---

* Referência ao movimento cultural russo "Proletarskaya Kultura" (Cultura Proletária). N.T.

cialista. E, mais uma vez – o que é relevante para meu argumento –, pode-se demonstrar sem dificuldade que, na história da classe trabalhadora britânica, o "culto e a luta pelo conhecimento" não resultaram de maneira alguma da "forte influência da teoria marxiana", tendo se formado, em vez disso, a partir das condições de vida da classe trabalhadora – sua cultura e seu conflito total contra a exploração, várias décadas antes de se ouvir o nome de Marx. Sua formulação propõe caracteristicamente a cultura e a racionalidade como prerrogativas dos intelectuais, sendo os trabalhadores ou camponeses iletrados seres inertes e sem cultura, "veículos" esperando na fila para ser conduzidos pelos intelectuais.

Também se pode concordar com alguns aspectos de seu argumento. Sei muito bem em que direção você aponta; não me agradam mais do que a você certas rendições à irracionalidade, certas disposições a capitular intelectualmente perante as complacências de uma culpa branca ocidental, certas tendências de buscar um novo conjunto de "veículos" dentre os derrotados, os simplesmente violentos ou os criminosos, que floresceram por algum tempo nos círculos marcuseanos e sartreanos. Porém, ao mesmo tempo, eu o repreenderia por considerar como pensamento sério e permanente transitórios modismos intelectuais ocidentais, bem como por aceitar os relatos frequentemente mal-informados de intelectuais ocidentais sobre as classes trabalhadoras de seus países em sua própria pretensiosa autoavaliação.

Logo, sei aonde você está indo e por que está irritado. Seria, no entanto, mais útil criticar seu argumento em outros níveis. E eu escolheria dois temas. Em primeiro lugar, a mesma sensação de pensamento não sistemático desintegrador já comentada. Seu pensamento está eivado de suposições apavorantes e não examinadas sobre a realidade que podem ser facilmente identificadas como a moeda desvalorizada, não do *pensamento*, mas da ideologia burguesa corrente. O mundo se compõe de bárbaros intelectuais, nostálgicos românticos, camponeses iletrados, estudantes maníacos, negros racistas, bem como de trabalhadores mudos e massificados, semelhantes a veículos recém-saídos de uma linha de montagem esperando sua entrega a motoristas ideológicos. E por certo podemos encontrar facilmente exemplos existentes de todos eles. Contudo, nenhum exemplo é examinado, nem está presente algum sentido de sistema ou processo. E o erro fatal consiste em considerar a cultura intelectual e a cultura, em seus sentidos antropológicos, como coexistentes; que, por exemplo, uma teoria do *Proletcult* (que, reconheço, foi em larga medida um delírio) poderia propor-se a produzir cultura *ex nihilo* [do nada]. Assim você tem de ver mesmo o desafio da *égalité* [igualdade] como um rebaixamento da cultura às "partes menos iluminadas" do povo, ou seja, a destruição da "cultura". De seu ponto de vista, não se permitiu às classes oprimidas da história participar "do desenvolvimento da cultura espiritual".

Essas suposições – *tão* conhecidas no Ocidente intelectual – me deixam bastante irritado, e esta carta já está tão longa que não posso desenvolver a questão. Tenho de me contentar com contra-asserções. Boa parte das vidas inteiras que eu e muitos outros da tradição marxista ocidental dedicamos ao trabalho intelectual esteve voltada precisamente para revelar, na história e na sociedade contemporânea, a cultura em seus sentidos antropológicos alternativos. Não vejo na experiência da classe trabalhadora britânica nenhum *nihilo*, mas um processo cultural ativo, formador de valores. Não vejo a "cultura espiritual" dos pobres como sempre inferior à dos intelectuais; pelo contrário, uma intelectualidade válida pode coexistir com uma extrema pobreza espiritual. Tenho horror aos jogos intelectuais realizados com os valores da violência, do irracionalismo e da criminalidade, mas não suponho nem por um momento que esses jogadores sempre ofereçam um relato verdadeiro ou uma compreensão sensível dos fenômenos com os quais jogam. Assim, os intelectuais podem exaltar certos fenômenos dos movimentos *"Black Power"* para seus próprios propósitos e segundo seus próprios princípios de seleção, ao mesmo tempo em que fracassam inteiramente em se sensibilizar com qualidades outras, e muito positivas, expressas nesses mesmos movimentos.

Em suma, afirmo essas proposições e negações. Afirmo-as não só como argumentos, mas como frutos da experiência. Aprendi muito com os trabalhadores no passado, e espero continuar a fazê-lo. Aprendi com alguns trabalhadores, em particular, sobre valores de solidariedade, mutualidade e ceticismo diante de "verdades" ideológicas recebidas, que me teriam sido difíceis de descobrir de outra forma, a partir da cultura intelectual existente. Porque os valores da *égalité* não são valores que se possam inventar, tendo antes de ser aprendidos por sua vivência. E eles ensinam que não se pode trazer para as pessoas alguma escala abstrata de mérito intelectual que suponha imediatamente que igualdade implica destruição da cultura ou sua redução às "partes menos iluminadas".

É que o valor do ser humano – sua capacidade de lealdade, suas qualidades como amantes ou genitores, sua criatividade, seu comportamento na presença da morte – de modo algum coincide com seu posicionamento em um conjunto particular de critérios intelectuais. E é a escandalosa ideia de que é assim – produto neste país do elitismo da "escola pública", secundado por décadas de seletividade educacional em um sistema que recompensa não só com dinheiro e *status*, mas com "valor", aqueles que são aprovados nos testes intelectuais – que constitui o erro comprometedor tanto da vida intelectual em geral como também de alguns grupos socialistas e marxistas que, assim como você, estão inspecionando trabalhadores e camponeses como "veículos", e (mas você por certo não compartilha dessa desagradável forma de arrogância) propondo a si mesmos como detentores da racionalidade que tem de direcionar um movimento inerte e pragmático da classe trabalhadora e escolher por ela suas metas.

Dessa maneira, fico muito menos alarmado do que você ao observar a crescente "nostalgia romântica por uma sociedade pré-industrial" e certas afirmações de "valores da vida" contrários aos valores racionalizados da carreira. Sob algumas formas irracionais, vê-se aqui um impulso afirmativo e há muito adiado; trata-se de anticorpos culturais gerados pela exposição muito prolongada ao expansionismo tecnológico insensato. O romantismo neste país ofereceu uma crítica mais radical aos valores do capitalismo industrial do que você parece supor; e Wordsworth, em *The Prelude*, chegou a uma percepção sobre a *égalité* do valor humano que poderia ser alegremente apropriada pela cultura socialista. Você não tem um mandato para ser tão desdenhoso. Temos de ser pacientes como jardineiros, podando e organizando os impulsos de revolta que surgem no âmbito da sociedade capitalista e não – devido ao fato de surgirem espontaneamente e de forma inesperada – lhes dando as costas com irritação. Se alguns jovens intelectuais na sociedade ocidental dão as costas a uma cultura intelectual cerebral, competitiva e sem criatividade, e se voltam para o que julgam ser o zen-budismo, não vou correr instantaneamente para a *Daedalus* em estado de choque. Vou ficar feliz em deixá-los "indigenizar" a si mesmos, enquanto vou argumentando com eles (e talvez aprendendo com eles) pelo caminho.

Nas duas últimas décadas, uma das tragédias dos intelectuais revoltados nas sociedades ocidentais e orientais é que eles – exceto por breves momentos – têm ficado isolados dos movimentos populares mais amplos, movimentos por vezes vistos, inevitavelmente, como antagonistas deles. Assim, em sua expressão intelectual, a aspiração socialista caminha, em desolação, bicando sua própria carne. Ela não aprende humildade diante da experiência, não aprende um modo de discurso com homens da prática, porque sempre vê a experiência e a prática como inimigas. E esse próprio afastamento estimula nos intelectuais atitudes de autoisolamento que tornam mais difícil a comunicação com pessoas que aprendem suas ideias e vivem seus valores de modos mais experienciais. Para uma geração de estudantes radicais norte-americanos, toda a classe trabalhadora branca dos Estados Unidos estava "liquidada"[69]. Havia motivos reais para isso, mas esse descaso prejudicou o próprio crescimento intelectual. E, nessa situação, o desespero e a rebelião podem levar ao mesmo destino.

A patética falácia dos intelectuais é a de que podem mudar o mundo apenas com seu pensamento. E, em seu próprio ofício de pensar, o intelec-

---

69. Você parece compartilhar desta exclusão instantânea ao escrever, em algumas notas preparatórias para a Conferência de Reading: "Imaginemos o que 'ditadura do proletariado' significaria se a classe trabalhadora (real, não imaginária) assumisse hoje, com exclusividade, o poder político nos Estados Unidos". De seu ponto de vista, o absurdo da pergunta parece trazer sua própria resposta. Mas duvido que você tenha dedicado à questão um instante de imaginação histórica séria: você simplesmente supôs uma classe trabalhadora branca, socializada por instituições capitalistas, tal como o é hoje; mistificada pela mídia de massa, tal como é hoje; estruturada em organizações competitivas, tal como é hoje; e sem autoatividade ou suas próprias formas de expressão política, quer dizer, uma classe trabalhadora com todos os atributos de sujeição às estruturas capitalistas, e que então se "imagina" que chegue ao poder sem mudar seja essas estruturas ou ela própria. Temo que se trate de um exemplo típico da fixidez de conceitos que caracteriza boa parcela da ideologia capitalista.

tual se sente um agente livre. Não obstante, quando ele se volta para a ação em um contexto como o nosso, essa liberdade parece se dissolver em ilusão. Suas ideias, infrutíferas, se transformam em mera espuma no choque com os costões de uma realidade social insensata. E esse dilema causa dois padrões reativos. De um lado, o intelectual atribui sua ineficácia à ganância e à agressividade inatas da natureza humana, que só podem ser refreadas por uma "consciência religiosa" inata, ou então aceita seu desespero, busca cautelosamente as "alavancas" do poder e se contenta com a restrição a uma engenharia social fragmentada e hesitante. Ele vê no senhor Karl Popper "o maior filósofo dessa época" e se declara a favor do mais modesto empirismo. Do outro, ele vai ao outro extremo, o do voluntarismo puro. Somente o impossível salto utópico, a rebelião não planejada das barricadas, poderá acabar com a autovitimização do homem. A roda gira: uma cautela pusilânime cede seu posto a um voluntarismo irracional. Os jovens tricotam seu próprio exemplo a partir dos doze homens do *Granma** ou da Paris de maio de 1968. Mas os ossos de Che Guevara nos lembram de que a história é implacável: o que se faz pela pura vontade não é uma revolução, e sim um mito.

O desespero absoluto (ou o desespero redefinido como empirismo cauteloso) e o voluntarismo absoluto são dois lados da moeda da impotência social. Os dois malogram em se conectar com o real potencial dos homens viventes, e os dois fomentam um autoisolamento intelectual. Há ainda um segundo tema em sua argumentação que merece atenção. Ele diz respeito à diferença entre a cultura intelectual como racionalidade e como ideologia, o que se vincula com um problema de definição em que você é mais versado[70], mas com o qual devo discordar em alguns pontos. Quando você e eu falamos de ideologia, parecemos falar de coisas diferentes. Em "The Myth of Human Self-Identity", há uma curiosa passagem:

> É claro, se não notório, que uma ideologia é sempre mais fraca do que as forças sociais que por acaso são seu veículo e tentam transportar seus valores. Em consequência, como nenhum interesse real envolvido nas lutas sociais é redutível à simplicidade

---

* Os dirigentes do jornal oficial do Comitê Central do Partido Comunista Cubano. N.T.

70. Cf. especialmente L.K., "The epistemological significance of the aetiology of knowledge", *TriQuarterly*, 22.

de um sistema ideológico de valores, podemos estar certos de antemão de que nenhum organismo político será a personificação perfeita dessa ideologia. Para dizer isso sobre o marxismo, assim como de qualquer outra ideologia, podemos prescindir do conhecimento histórico.

Desse modo, os organismos políticos personificam imperfeitamente a ideologia, e, mais uma vez, as forças sociais são "veículos" de valores. Eu, contudo, argumentaria bem em contrário. Os organismos políticos selecionam, dentre o estoque de ideias disponíveis, aquelas que melhor servem a seus interesses e justificam (ou mistificam) suas funções, e, em consequência, reduzem ideias *a* ideologia; e muitas vezes o fazem com perfeição. As forças sociais não são "por acaso" o "veículo" de ideologias e valores, mas moldam as ideias *em* ideologia, selecionam ideias e valores. A ideologia e as forças sociais às vezes coincidem em força, outras vezes as forças selecionam para si mesmas uma ideologia inadequada e, outras ainda (eu arriscaria dizer "mais frequentemente"), uma ideologia se mostra mais forte do que as forças sociais que foram sua matriz, e sobrevive a elas. O que aconteceu na União Soviética foi que se efetuou a transformação do marxismo como racionalidade ou ideia em ideologia, em um conjunto fechado, seletivo, justificador e mistificador de ideias que revestia as ações dos grupos dominantes. Afirmar isso sobre o marxismo soviético é precisamente exigir a mais cuidadosa análise histórica.

Podemos mostrar que a passagem citada não foi mero deslize casual da caneta voltando a "Intellectuals against Intellect". Você admite que "certas formulações de Marx sugerem que ele acreditava no caráter de classe particular da cultura como um todo". Mas, obviamente, essas eram formulações errôneas e não o verdadeiro Marx. Porque as "pressuposições fundamentais" do marxismo concebem o socialismo "como uma continuação do trabalho espiritual da humanidade" e "como o herdeiro, e não o destruidor, da cultura burguesa existente". E, bem em seguida, a cultura burguesa existente se torna sinônimo da cultura universal do homem, talvez inclusive da própria racionalidade: "a ideia de que a humanidade deveria se 'libertar' de sua herança intelectual e criar uma ciência ou lógica novas 'qualitativamente diferentes' é um apoio ao despotismo obscurantista".

E de fato o é. Mas, nesta frase, passamos por duas proposições diferentes. Ciência e lógica são palavras cuidadosamente escolhidas, e concordo que a libertação das duas leva ao obscurantismo. Mas a "herança intelectual" do homem não é um conceito unificado tão simples; o "homem" tem muitas heranças, e os vivos não herdam tanta propriedade recebida, mas selecionam, usam, transformam. E não vejo uma contradição necessária entre as formulações de Marx quanto à ideologia ou à cultura burguesa e seus pressupostos sobre os valores universalistas da racionalidade.

Podemos considerar o socialismo como dando continuidade ao trabalho espiritual da humanidade sem considerar ao mesmo tempo que ele herda este trabalho como um modelo genérico recebido; ele lhe dá continuidade ao reativá-lo, selecionando a partir dele e o transformando. Seu método caricatural impede uma argumentação racional. Intelectuais como Marx e Morris não defendiam "uma cultura *essencialmente* diferente" que se "*opunha como um todo*" à cultura burguesa e aos valores burgueses. Defendiam, contudo, bem enfaticamente, a transformação de certos conceitos e valores socialmente fundamentais Não eram as "regras do pensamento" que estavam em pauta, mas, por exemplo, os conceitos de propriedade tal como entronizados na economia, na sociologia e no direito capitalistas. Não eram os valores de lealdade ou perdão, mas os valores de *nasha*, "nosso", em oposição a "seu" e "meu".

Talvez minha noção de ideologia seja idiossincrática. Disseram-me que não é a de Marx, mas continuo não convencido. Não me apraz a noção de "falsa consciência", porque, embora por certo falsifique universais e mistifique a racionalidade, essa consciência pode ser uma consciência muito vívida e "verdadeira" dos interesses particulares que a esposam, uma máscara necessária, um conjunto necessário de conceitos para a exploração sistemática de outros grupos e uma vigorosa fonte de autoengano e retórica que, por si só, constitui uma potente força social. "Falsa consciência" sugere uma máscara, sustentada contra a realidade, que pode facilmente cair. Mas minha noção não oferece nenhuma dificuldade teórica na distinção entre racionalidade e ideologia, ainda que, na prática, as dificuldades sejam imensas, considerando que mesmo o filósofo mais cheio de princípios, por mais alertado sobre os perigos, tem de trabalhar com conceitos que surgem geneticamente no âmbito de uma cultura que tem uma coloração ideológica específica.

Essa discordância quanto a "ideologia" pode evidenciar o motivo pelo qual, ao contrário de você, não considero tão absurda a ideia de "uma formidável revolução na mente dos homens" (p. 485). Essa permanece sendo para mim uma possibilidade socialista. Essa discordância, entretanto, evoca ainda uma outra divergência, de caráter mais prático. Trata-se na verdade da dor que originou esta carta. Refiro-me à sua aparente inocência com respeito à existência, os recursos e o processo da ideologia capitalista contemporânea.

* * *

Em maio de 1973, você reuniu alguns acadêmicos selecionados para um seminário na Universidade de Reading. Sua proposta original era que o seminário se dedicasse ao tema "O que há de errado com a ideia socialista?", embora algumas considerações subsequentes tenham alterado "o que há de...?" para "há algo de...?" O seminário foi organizado sob os auspícios da "Escola Superior de Estudos Europeus Contemporâneos" [Graduate School of Contemporary European Studies], de Reading, uma instituição de reconhecida reputação. Vou me contentar em lembrar que o eminente comitê consultivo da escola – que contava com Sir John Wolfenden, o honorável Michael Astor e o honorável C.M. Woodouse e o direitista honorável K.G. Younger –, não tinha entre seus membros ninguém especialmente conhecido por compromissos dúbios ou neutralidade no contexto da guerra fria ideológica. O seminário, pelo que sei, foi financiado pela casa editorial de Sir George Weidenfeld.

Os propósitos do seminário deveriam ser acadêmicos e não políticos. Por isso, você insistiu que os convites se limitassem a pessoas que, embora compartilhassem "alguns valores socialistas básicos", não estivessem "comprometidas com nenhum sistema de ideias bem-estabelecido". Com esses critérios você excluiu pessoas que integravam uma preocupação acadêmica com o socialismo e a experiência prática e participativa do conflito industrial contemporâneo. Essa exclusão pode ter simplificado a discussão, uma vez

548

que algumas das proposições que você apresentou ao seminário dificilmente teriam sobrevivido sequer à crítica da prática britânica. Desse modo, em sua própria contribuição, você propôs que:

> Se os motivos para o lucro privado na produção forem erradicados, o corpo organizacional da produção – isto é, o Estado – passará a ser o único sujeito possível da atividade econômica e a única fonte remanescente de iniciativa econômica.

Esse é o tipo de falácia em que costumam cair os intelectuais quando sabem pouco sobre a "indústria", quando a sentem como uma estranha e não estão dispostos a trazer, para suas reuniões estritamente "acadêmicas", cooperados e sindicalistas ou trabalhadores e técnicos industriais. E você desenvolve o pensamento, indicando "uma tendência inegável" em "diferentes sistemas políticos" ao aumento do poder centralizado e da burocracia. E, entre as tarefas "que, como é do conhecimento geral, deveriam caber aos poderes centrais", você relaciona "o bem-estar social, os sistemas de saúde e de educação; o controle dos salários, dos preços, dos investimentos e da atividade bancária" etc.

> É difícil ser coerente quando se está atacando, ao mesmo tempo, o crescimento da burocracia e o desperdício descontrolado na operação da indústria privada; na maioria das vezes, o controle crescente sobre os negócios privados significa um aumento na burocracia.

Posso esclarecer facilmente meu argumento sobre a intrusão do pressuposto ideológico na racionalidade destacando as seguintes frases reveladoras: "como é do conhecimento geral" (isto é, por pessoas com quem discuti o assunto em Oxford e Berkeley); "o *controle* dos salários" (é "do conhecimento geral" que estes devem ser controlados de cima para baixo), a "indústria privada" deve ser posta sob um "controle crescente" (de cima para baixo), e assim por diante. Mas todo participante alerta dos sistemas de saúde e de educação, bem como de algumas partes do sistema de bem-estar social, repudiaria instantaneamente a ideia de que estas tarefas "deveriam caber aos poderes centrais". A experiência prática, mesmo na Grã-Bretanha não socialista, mostra uma centena de maneiras de se tentar praticar a descentralização dos poderes

549

e de realizar a intermediação dos conflitos entre autoridades centrais e locais, de os consumidores afirmarem (insuficientemente) suas intenções e de se salvaguardar ciumentamente as iniciativas locais, incluindo o poder de angariar ou alocar recursos financeiros – maneiras essas que vão de organismos eleitos a comitês burocráticos, comunidades acadêmicas autogovernantes e feudais (como a All Souls) a experimentos incipientes de autogerenciamento e controle.

Além disso, de modo algum é verdade que nos países capitalistas avançados o processo social mostre uma propensão unificada, tecnologicamente determinada, ao poder centralizado. Ao lado desse impulso para a centralização, temos visto nas últimas décadas um impacto crescente sobre toda a economia advindo do poder de grupos organizados, mesmo os pequenos, de trabalhadores e técnicos quando se recusam a trabalhar. Trabalhadores e técnicos da eletricidade, dos transportes, das indústrias da comunicação e muitos outros setores detêm um poder que os fundadores do movimento socialista jamais imaginaram. E, com isso, aumentou o número e as formas localizadas de resistência à centralização: greves, ocupações visando a autogestão, organizações de consumidores e organizações comunitárias. Novamente, qualquer pessoa com experiência de participação no movimento socialista contemporâneo poderia ter introduzido esses fatos nas discussões, embora, infelizmente, essa pessoa também pudesse ser desqualificada por seu compromisso com um "sistema de ideias bem-estabelecido", ou seja, o socialismo.

Também me preocupo com o problema de como promover, em uma sociedade capitalista, uma discussão da teoria socialista o mais completa e autocrítica possível. Concordo que ela não pode assumir a forma de uma agradável reunião dos confortavelmente comprometidos, nem de uma desconfortável reunião de sectários antagonistas. Mas também duvido que possa ser feita a seu modo, de vez que seus princípios de seleção excluem certos argumentos, bem como algumas experiências relevantes. Na verdade, alguns daqueles que compareceram a seu seminário tinham excelentes credenciais socialistas, foram trocados artigos sérios e o senhor George Weidenfeld vai escrever um livro passável sobre tudo o que houve. Não pretendo criticar nenhum daqueles que, influenciados por sua reputação e integridade, compareceram.

550

Nem digo isso por ressentimento. Com efeito, não fui convidado para o seminário, mas, caso o tivesse sido, teria sido obrigado a tomar a decisão pessoal de recusar. Porque o secretário da organização do seu seminário (e vice-presidente da Escola Superior de Estudos Europeus Contemporâneos de Reading) era o senhor Robert Cecil, C.M.G. [honorável cavalheiro]. E, consultando a *Who's Who*, descobri que o senhor Cecil esteve no Ministério das Relações Exteriores de Sua Majestade entre 1936 e 1968, quando então se integrou à Escola Superior em Reading. Dentre os cargos que ocupou, estão os de primeiro secretário na Embaixada Britânica em Washington (1945-1948), um cargo em Bonn (1957-1959), diretor geral do Serviço de Informações do Reino Unido, em Nova York, em períodos compreendidos entre 1956 e 1961, bem como chefe do Departamento de Relações Culturais do Ministério das Relações Exteriores (1962-1967).

O senhor Cecil é sem dúvida um homem culto e admirável; publicou um volume de poemas em sua juventude, e um livro sobre a Inglaterra eduardiana em sua maturidade, e seu clube atualmente é o distinto Athenaeum. Foi por certo com modéstia que ele ofereceu seus serviços como ajudante da organização. Assim, não consigo descobrir uma maneira de lhe explicar por que a presença dele (ao lado de algumas outras circunstâncias referentes ao financiamento e aos auspícios do seminário) me teia imposto a decisão pessoal de não comparecer.

Eu me absteria de comparecer pelas mesmas razões que me impediriam de escrever para a *Encounter* (caso fosse convidado, o que não fui)[71].

---

71. Presumo que você saiba os motivos disso. Se não sabe, você e todos os outros possíveis colaboradores da *Encounter* o deveriam. Não há mais desculpa para ignorância. Além das revelações no *New York Times* (27 de abril de 1966) e de várias edições da *Ramparts*, há um notável estudo de Christopher Lasch, "The Cultural Cold War: a Short History of the Congress for Cultural Freedom", em *Towards a New Past*, org. por B.J. Bernstein (Nova York, 1968), que aborda especialmente a questão com o máximo da história da *Encounter* passível de ser descoberto sem o uso de detectores de mentira. Cf. também Conor Cruise O'Brien, *Writers and Politics*, p. 169-173. Claro que agora tudo mudou. O subsídio que costumava chegar à *Encounter*, vindo da CIA, através do Congress for Cultural Freedom [Congresso pela Liberdade Cultural] (ou através de fundações "laranja") – agora vem da Fundação Ford. McGeorge Bundy, presidente dessa fundação, confessa, em carta ao *New York Times*, de 10 de outubro de 1972, que a doação da Ford fora feita no contexto de "um interesse que também nos levou a dar ajuda a outras notáveis revistas que um dia também tiveram o apoio da CIA" (p. ex., *Survey* e *China Quarterly*). A doação de US$ 150.000,00 à *Encounter* foi "uma boa escolha no âmbito dos objetivos de nosso programa".

Iria me sentir incomodado nessa companhia. Não tento impor a ninguém minhas preferências pessoais. Simplesmente não consigo vencer os hábitos de toda uma vida. Nunca participei de um seminário de socialistas sem ter custeado eu mesmo parte do evento. Não foi o senhor George Weidenfeld que financiou a *New Reasoner* ou o *Manifesto de 1º de Maio*; nós financiamos o lançamento de ambas as publicações com doações socialistas coletivas. Eu talvez me sentisse intimidado na presença do senhor Cecil e o chamasse de "Sir". Sei que não há virtude em nenhuma dessas coisas. São confissões de um autoisolamento marcado por uma mentalidade de minoria. Se for tolerante, você pode me considerar um representante de uma tradição residual, como a Antiga Dissidência [primeiros protestantes], aderindo meticulosamente a formas antigas que perdem crescentemente sua significação. Como um quaker do século XVIII, que não tirava o chapéu diante das autoridades nem fazia juramentos, não vou tirar férias na Espanha nem ir a seminários em Roma financiados pela Fundação Ford. Prefiro ficar preso em meu próprio isolamento a pagar algum dízimo à Igreja Otanopolitana.

Não o incito a essas mesmas abstenções. Só lhe digo, como George Fox disse a William Penn*, quando este relutava em largar sua espada: "Segure-a pelo tempo que puder!" Você deve ter notado, se acompanhou minhas notas de rodapé, que minhas críticas à realidade socialista sempre foram feitas em revistas socialistas. E quando não puder mais criticar o socialismo de um ponto de vista autenticamente anticomunista, vou ficar calado. Porque, por mais terrível que possa parecer a alternativa, nenhuma palavra dita por mim será deliberadamente adicionada aos confortos da cadela velha sem dentes que é o capitalismo consumista. Conheço bem essa cadela em sua própria natureza original; ela engendrou guerras mundiais e imperialismos agressivos e racistas, sendo sócia da infeliz história da degeneração socialista. Mas esse é um problema "meu" de modo distinto do que é "seu". "Meus" progenitores, e alguns de meus contemporâneos, plantaram suas vidas em sulcos, não para produzir suas próprias colheitas criativas, mas, tal como profiláticos botânicos, a fim de restringir a virulência da lógica capitalista. E, na medida em que

---

* Quacres ingleses famosos no século XVII. N.T.

eles o conseguiram, os apologistas do capitalismo vêm com rostos recém-ensaboados oferecendo sua besta como se sua natureza tivesse sido modificada. Contudo, sei que essa besta não mudou: ela está atada pelas correntes frágeis, mas bem temperadas, de nossa própria vigilância e de nossas próprias ações.

Seu problema, tal como você o vê, é outro: relatar sua experiência fielmente e sem favorecimentos. Como age em uma cultura de racionalidade universal, você não pode ser incomodado pelas suscetibilidades sectárias da Antiga Dissidência de outra nação. Ainda assim, oferecerei a você duas considerações. A primeira se refere à questão do capitalismo como ideologia. Sua experiência foi essencialmente a do stalinismo como ideologia: uma nova ortodoxia institucional, quebradiça e incômoda, manifestamente irracional. Isso você pode identificar celeremente. Mas talvez você – e outros iguais a você, que encontram refúgio no Ocidente – estejam, por esse motivo, despreparados para identificar as expressões ideológicas e as formas do capitalismo. Você parece ter à disposição recursos que, sobretudo, lhe faltavam na sociedade socialista: liberdade de expressão, tolerância da dissidência, instituições democráticas. Contrastada com o Leste, esta parece ser uma sociedade em que há um processo racional e moral irrestrito.

A ideologia capitalista, entretanto, não é nova, nem quebradiça. Ela exprime, e ao mesmo tempo é, uma hegemonia muito antiga, e tão consolidada que pode prescindir de vários dos meios institucionais mais vulgares de impor a ortodoxia. Sua própria forma serve para sugerir que não é em absoluto uma hegemonia, que *seu* modo de vida é a própria natureza. Ela se mostra hoje em certa fixidez de conceitos: de propriedade e dos direitos do dinheiro; da natureza humana "inata"; do "realismo" político; da "objetividade" acadêmica (que oculta ela própria esses conceitos); dos modos dominadores de comunicação, educação e governo; dos critérios utilitários das decisões econômicas e sociais; das "liberdades" negativas – na verdade, alguns dos próprios conceitos que você vem recentemente assumindo sem muita análise. Obviamente, não é sem as mediações institucionais ativas do capitalismo na indústria das comunicações ou no sistema educacional, e através de delicadas seletividades institucionais, reticências e resistências, que temos de *viver* esses conceitos durante anos antes de virem a ser compreendidos. O senhor Robert Cecil "se vê" organizando seu seminário e o senhor George Weidenfeld "se vê" publicando seus resultados; mas não houve imposição de nenhuma espécie, nem a menor descortesia.

Ah, mas temos de ser dialéticos para entender como o mundo funciona! Uma vantagem substancial de ter sido um comunista organizado é que se adquirem certas compreensões acerca das próprias defesas institucionais e ideológicas. Mas, quando se abandona essa posição – que surpresa, o mundo se abre até onde o olhar alcança e todo pecado é perdoado! E certa exibição de revolta intelectual (mas *não* de revolta prática, como vulgares greves) também conta com seu nicho subsidiário, como ornamentação da hegemonia intelectual. Assim sendo, o problema de um intelectual socialista é duplo: (a) a quase impossibilidade de *não* se vender, de não ser "apanhado" por certas vias secundárias e (b) a quase impossibilidade de simplesmente se comunicar de maneiras primárias e com profunda seriedade. E daí advém o aparente egoísmo de algumas passagens desta carta. Porque, para sobreviver como socialista não assimilado nesta cultura infinitamente assimiladora, temos de entrar em uma escola do embaraço. Temos de tornar a própria sensibilidade protuberante – cheia de joelhos e cotovelos de suscetibilidade e recusa – para não ser pressionados contra a grade e cair na miscelânia de pressupostos recebidos da cultura intelectual. Temos de nos esforçar a cada momento para resistir em pensamento ao pressuposto de que o que observamos e o que somos é parte do próprio curso da natureza.

E até o papel de bobo da corte, pelo qual você optou no Leste, deve ser desenvolvido discretamente. Porque o bobo, caso faça zombarias impensadas ou na presença de qualquer pessoa, pode oferecer argumentos que vão adquirir um sentido diferente quando empregados pelos subalternos do imperador. "O que é a verdade? – disse Pilatos, com ar de brincadeira. Mas se foi sem esperar pela resposta."

E isso me leva à segunda consideração. Vou lembrar a você uma observação sua feita na *Encounter*:

> Um amigo polonês (...) me escreveu recentemente da Suécia dizendo que sempre que está em contato com a Nova Esquerda tem a impressão de ver um filme cujo fim já sabe. É exatamente assim que me sinto. O tipo de linguagem usada no passado para justificar a mais brutal opressão é repetido agora como se nada tivesse acontecido.

Mas, naturalmente, há outros filmes cujos finais também já são conhecidos. E um dos mais conhecidos, deste lado do mundo, é o do desencanto revolucionário. É um filme feito inicialmente por volta de 1792 e que tem tido refilmagens, a intervalos repetidos, em diferentes versões. Uma ponderosa versão dos anos de 1930 tem passado em cinemas lotados desde então[72].

O padrão reativo mediante o qual o desencanto com as aspirações revolucionárias leva, depois de dificuldades e conflitos criativos, à reconciliação última com o *status quo* preexistente – ou mesmo a um zeloso partidarismo ideológico em favor do *status quo* – está profundamente inscrito na cultura ocidental. E ele tem, na ideologia capitalista de nossos dias, uma função confirmatória e legitimadora muito importante. Confirmatória porque se pode então mostrar não só que o capitalismo funciona como que a alternativa é impraticável. Legitimadora porque se pode mostrar não somente que o capitalismo se conforma à natureza humana, como também que a alternativa é perigosa, imoral e antinatural.

Logo, o intelectual refugiado do Leste tem no Ocidente um papel já predefinido para si, papel com o qual acha difícil não se conformar. E seu destino, nesse aspecto, foi antecipado por MacIntyre já em 1958:

> A reafirmação de padrões morais pela voz individual tem sido um dos fermentos do revisionismo do Leste Europeu. Contudo, dada a maneira como é feita, essa reafirmação deixa o fosso entre moralidade e história, entre valor e fato, frequentemente tão amplo quanto sempre foi. Kolakowski e outros como ele enfatizam, de um lado, a amoralidade do processo histórico e, do outro, a responsabilidade moral do indivíduo na história. E

---

72. Estudei este padrão (para os anos de 1790) em E.P.T., "Disenchantment or Default?", in *Power and Consciousness*, C.C. O'Brien e W.D. Vanech (ed.), Londres: University of London Press, 1969; e (para os anos de 1930) em "Outside the Whale", in *Out of Apathy*, E.P. Thompson (ed.), Londres: New Left Books, 1960. Cf. "Fora da baleia". Neste volume, p. 301

isso nos deixa com o crítico moral como espectador, não tendo os imperativos categóricos que ele proclama nenhuma relação genuína com sua visão da história. Não se pode restabelecer o conteúdo moral do marxismo simplesmente assumindo uma visão stalinista do desenvolvimento histórico e lhe acrescentando uma moralidade liberal. Não obstante, como quer que se discorde da posição teórica de Kolakowski, o tipo de integridade envolvido na reafirmação dos princípios morais na situação polonesa é inteiramente admirável (...). Mas afirmar essa posição no Ocidente é se deixar levar pela corrente. É meramente conformar-se[73].

Penso que MacIntyre não fez justiça ao seu pensamento naquele momento. Mas quando vem para o Ocidente e discursa em Reading, você parece materializar uma previsão feita há quinze anos.

Mas não consigo crer que você tenha chegado a um ponto de parada*. Instituições estabelecidas vão preparar para você, é claro, vários pontos de parada, vão tentar fazê-lo chegar a eles; as resoluções intelectuais que lhe serão propostas serão respeitáveis e não vão implicar nenhuma desgraça. Mas acredito que você vai rejeitar todas. Reconheço seu filme, mas não faço de conta que sei como vai terminar. Porque você se distingue em um aspecto dos numerosos atores que desempenharam o mesmo papel transitório de testemunha, na sociedade capitalista, do "fracasso" do socialismo: na busca da verdade, você tem sido implacável. Tem enfrentado ideias sem se preocupar com seu conforto ou sua reputação. Acredito que assim continuará.

Eu lhe pergunto: Será que você não pode, mesmo agora, nos ajudar a romper essa lógica de processo reativo no âmbito de um mundo dividido, que, como uma tesoura moral, corta repetidamente o tegumento universalista das utopias socialistas? Para refazer aquela universalidade de aspiração, precisamos de suas habilidades. Eu lhe pergunto se você pode demonstrar, no âmbito da ideologia capitalista, a mesma tenacidade e resistência à assimilação que demonstrou no âmbito da stalinista.

---

73. Alasdair MacIntyre, "Notes from the Moral Wilderness, I", op. cit., p. 93.
* Referência ao ponto no qual o pêndulo entra em equilíbrio e, portanto, não mais se move. N.T.

Isso é lhe pedir bastante. É exigir de você uma atitude mais firme do que temos o direito de esperar. No Ocidente, poucos de nós, com experiências triviais quando comparadas às suas, têm sido capazes de manter essa atitude. Venho padecendo há dez anos de um desânimo proveniente do ressurgimento dos marxismos "fechados" (1) e (2) por todo o Ocidente, em alguns casos nas formas mais doutrinárias, didáticas e resistentes ao pensamento. Parece estar sendo vedada, há uma década, a possibilidade de realocação e reintegração do pensamento na tradição do marxismo (4). Deixaram-nos falando, ou apenas pensando, conosco mesmos.

Recordei, anteriormente nesta carta, alguns versos de Yeats. Agora devo completar aquele pensamento:

> Minha mente, porque as mentes que amei,
> O tipo de beleza com que me deleitei,
> Bem pouco prosperaram, veio a secar.
> Ela sabe, contudo, que em ódio sufocar
> Pode ser, de todos os males, o mal supremo
> Se não se aloja ódio em nossa mente,
> Ainda que o vento em forte ataque tente,
> Não fará cair da folha o pássaro canoro.
>
> [My mind, because the minds that I have loved,
> The sort of beauty that I have approved,
> Prosper but little, has dried up of late,
> Yet knows that to be choked with hate
> May well be of all evil chances chief.
> If there's no hatred in a mind
> Assault and battery of the wind
> Can never tear the linnet from the leaf.]*

"O ódio intelectual é o pior de todos" – e não podemos reavivar nosso moral sem resistir a esse tipo de rancor intelectual. Mas esta, como você diria, não é uma questão de "procedimento científico". É, em última análise, uma questão de "fé" – e não vale a pena opinar sobre esses assuntos.

Não *podemos* impor à história a nossa vontade da maneira que nos aprouver. Não *devemos* nos render à sua lógica circunstancial. Só podemos

---

* Extraído de *A Prayer for My Daughter*, de William Butler Yeats. N.T.

esperar e agir como "jardineiros de nossa circunstância"[74]. Ao lhe escrever esta carta, estive, de certo modo, tornando públicos cerca de trinta anos de relatos privados. Estive meditando não apenas sobre os sentidos da "história", mas também sobre os sentidos de pessoas que conheci e em quem confiei. Estive enfrentando o paradoxo de que muitos daqueles que a "realidade" provou estar errados ainda me parecem ter sido pessoas melhores do que aqueles que, com seu realismo fácil e conformista, estavam certos. Eu ainda gostaria de justificar as aspirações daqueles a quem a história, a esta altura, parece ter refutado.

Completam-se agora oito anos desde que arrisquei pela última vez um voo "historiosófico". Não sei se deveria esperar mais oito anos para experimentar o ar outra vez – e, depois de dois ou três desses interlúdios, tenho certamente de deixar à história a resolução do argumento. Se me calar, não será porque mudei de opinião, embora isso possa se dever a um enfraquecimento do moral político ou pessoal, ou uma falta de sentido de público.

Contudo, partindo da rigidez do meu atual discurso intelectual, de uma coisa posso estar certo: não serei silenciado pela mera oposição. Porque a abetarda, graças a uma lei bem conhecida da aeronáutica, só pode levantar voo contra um forte vento de proa. É somente enfrentando a oposição que tenho condições de definir meu pensamento.

Assim sendo, exagerei algumas vezes as diferenças e coloquei amizades em risco. Temo que você possa julgar que usei seu pensamento como um veículo de antagonismo para definir meu próprio pensamento.

Mesmo assim – volto às primeiras linhas desta carta – tenho certo direito de falar francamente, porque sou (ou fui) uma espécie de parente seu. Houve época em que você e as causas que defendia estavam presentes em nosso pensamento mais profundo. E, naqueles dias (de que apenas quinze anos nos separam!), cujos sentidos já foram esquecidos ou refutados, dias em que se projetou pela primeira vez uma "nova esquerda", compartilhávamos outro parentesco através de nosso amigo C. Wright Mills.

---

74. Do poema de Thomas McGrath, *In a Season of War*.

Foi Mills quem definiu essa relação, com palavras melhores do que quaisquer das minhas:

> Já não posso escrever seriamente sem sentir desdém pelos professores indiferentes e editores esnobes que lutam a guerra fria tão destemidamente, bem como pelos burocratas e mercenários culturais, capangas intelectuais da linha oficial, que tão prontamente abdicaram ao intelecto no bloco soviético. Não posso mais escrever com certeza moral, exceto se souber que Leszek Kolakowski vai compreender minha posição – e acho que isso significa: exceto se ele souber que tenho os mesmos sentimentos de desdém por ambos os tipos de liderança dos trabalhadores culturais subdesenvolvidos dos países superdesenvolvidos do mundo[75].

Sabíamos, ou julgávamos saber, que batalha você estava lutando – e contra tantas desvantagens abismais – naquele tempo e lugar. Você pensou da mesma forma sobre as desvantagens que Mills – ou qualquer um de nós, em nossos pequenos e desordenados contingentes, deste lado – enfrentava? Você compreendeu o "desdém" de Mills pela ideologia capitalista e suas instituições, e pela "defasagem cultural" de que foram acusados os servidores intelectuais daqueles?

Se também entrar nessa "defasagem", você vai ameaçar a "certeza moral" daquele momento comum de revolta utópica. Nós o compreendemos, e fomos para o seu lado, porque você deu voz a aspirações socialistas que não eram particulares nem seccionais, mas universais. Suas reivindicações para o futuro não poderiam se realizar (pensávamos) sem uma movimentação decididamente para fora das estratégias e dos remédios tanto stalinistas quanto capitalistas.

E agora, à medida que você recua, também recua meio mundo com você. Além disso, hoje as vozes mais divulgadas da dissidência soviética ou do Leste Europeu são as de homens decadentes – corajosos, mas egoístas, passionais apenas em suas negativas, que vão para o autoisolamento, profun-

---

75. C. Wright Mills, *The Cause of World War Three* (Nova York: Simon and Schuster, 1958, p. 128-129).

damente enganados a respeito do "Ocidente" –, vozes que inspiram apenas uma solidariedade desgastada e defensiva.

A solidariedade que você um dia inspirou a era de um tipo bem diferente. Você não pedia nossa caridade política: resoluções, petições, cartas para o *Times* em nome dos desprivilegiados do liberalismo, que procuravam apenas os benefícios da democracia benigna do Ocidente. Você nos pedia, ou parecia pedir, uma luta comum, tão árdua na prática quanto no intelecto.

Não creio que tenha passado o momento dessa luta. Penso que ela está conosco todos os dias. Seja como for, podemos nos encontrar algum dia e tomar um drinque? Eu lhe devo mais de um. E ainda podemos beber pela concretização daquele momento de aspiração comum – "1956"?

Fraternalmente,

E.P. Thompson

Uma observação sobre os textos aqui contidos

"A miséria da teoria" foi escrito para este livro. Devo agradecer a Philip Corrigan, Alan Dawley, Martin Eva, Julian Harber, Harry Magdoff, Istvan Meszaros e Dorothy Thompson pelos comentários, e a Simon Clarke e Derek Sayer por me terem franqueado a consulta a ensaios inéditos. Também defendi minha tese contra Althusser em um encontro da *MARHO* em Nova York, em uma reunião da *Radical America* em Boston e em conferências em Nova Deli e Sussex, e agradeço ao público presente pelo apoio crítico.

"Fora da baleia" foi publicado pela primeira vez em *Out of Apathy* (1960), uma coletânea de ensaios de Raphael Samuel, Stuart Hall, Alasdair MacIntyre, Peter Worsley e Ken Alexander que organizei. O ensaio, tal como publicado, foi rigorosamente reduzido por razões do espaço. Substituí agora algumas passagens do original, mas também apaguei algumas alusões datadas e passagens retóricas das páginas finais da versão publicada.

"A peculiaridade dos ingleses" foi publicado na *Socialist Register*, 1965, organizada por Ralph Miliband e John Saville. Restaurei aqui alguns cortes editoriais feitos no texto original. O ensaio inspirou uma longa resposta de Perry Anderson, "Socialismo e pseudoempirismo" (*New Left Review,* 35, jan-feb de 1966, p. 2-42). O ensaio tinha duas partes: i) uma refutação fervorosa de cada uma de minhas críticas e ii) um contra-ataque à "vacuidade" e "populismo" de meu próprio pensamento. Embora esse número da *New Left Review* ("Tempestade sobre a Esquerda") anunciasse uma discussão continuada que "se estenderá para incluir muitos outros colaboradores", a discussão provou ser natimorta. "Ninguém" mostrou apoio às minhas posições, e as posições Anderson/Nairn se tornaram a ortodoxia inconteste da revista.

Não respondi a Anderson pelas seguintes razões: em primeiro lugar, alguns de meus próprios amigos políticos deixaram bem claro que me consideravam um agressor em uma polêmica imprópria que dividia a "Esquerda". Não creio que tenha sido; se houve agressão, então isso poderia aplicar-se igualmente à exclusão de muitos dos fundadores da *New Left* de suas páginas e na rejeição tácita das posições políticas destes. Mas, em todo caso, a teoria não pode se desenvolver ou ser submetida a teste sem *crítica*, e a crítica tem de implicar a identificação direta de posições alternativas de maneira polêmica. Se nos preocupam ideias, é difícil escrever sobre erros (ou erros imputados) sem certa agudeza de tom. Espero ter sempre discutido *com razões*.

Não respondi, em segundo lugar, porque não julguei que o artigo de Anderson levantasse novas perguntas relevantes, afora o fato de ele não ter manejado bem o tom de sua polêmica. Na primeira página, ele me acusa de "paranoia e má-fé", "caricatura virulenta e abuso" e "falsificação imprudente", acusações mexidas abundantemente nas quarenta páginas seguintes, como peixe no *kedgeree**. Tenho certeza de que o peixe foi apetitoso para muitos paladares, mas o arroz do argumento histórico me pareceu um mal aproveitamento de sobras. O tom foi o daqueles cercados há tempo demais por um círculo de admiradores demasiado deferente; questionar sua autoridade foi tomado como um escândalo.

Quanto à parte (1) do ensaio de Anderson – sua resposta às minhas críticas – só há três questões de interesse: a) concordo que nem minha caraterização teórica nem sua própria sobre a revolução burguesa do século XVII são adequadas. Esse me parece o aspecto mais débil de nossos ensaios; b) talvez seja verdade (como ele sustentou) que meu relato de usos por Gramsci de "hegemonia" seja inadequado. Claro que ele tem mais autoridade do que eu quanto a isso. Contudo, o problema ao qual dirijo a atenção naquelas páginas (p. 374-377) permanece, qualquer que seja a leitura que se faça de Gramsci; c) em meu próprio ensaio emprego o termo "modelo"

---

* Prato típico britânico, à base de peixe, baseado em um prato indiano. N.T.

(como Anderson indica de passagem) de um modo que hoje rejeitaria. Mas penso que esses "modelos" implícitos podem ser detectados em escritos de Anderson, Nairn e muitos outros autores "marxistas".

A parte (2) do ensaio de Anderson, por sua vez – contra-ataque a mim –, julguei melhor ignorá-la na época. Tratava-se de uma montagem impressionista, composta de pedaços de citações arrancadas de seu contexto: especialmente da "Carta aos leitores" da *New Reasoner*, em alguns casos citadas erroneamente e, em outras ocasiões, frases de dois diferentes lugares postas em conjunto como se fossem uma só. No meio dessa *mélange* (mistura) bastante maliciosa, se ocultavam duas questões importantes: em primeiro lugar, a pergunta sobre toda tradição marxista britânica anterior a Anderson, seu caráter e fraqueza, e, em segundo, a questão do "populismo socialista" e da política da primeira *New Left*. Abordei a primeira em "A miséria da teoria". A segunda vou discutir em minha introdução ao segundo volume de *Reasoning*.

"Carta aberta a Leszek Kolaowski" foi publicado na *Socialist Register*, 1973. Leszek Kolakowski respondeu com "My Correct Views on Everyt [Minhas concepções corretas sobre tudo], na *Socialist Register* 1974. Posso aceitar um aspecto de sua resposta – sua rejeição de minha noção de uma "tradição marxista". Ele perguntou: "Você subentende que todas as pessoas que de um modo ou de outro se chamam marxistas formam uma família (desconsiderando o fato de que se têm matado uns aos outros durante meio século e ainda o fazem) oposta como tal ao resto do mundo? E que essa família é para você (e deveria ser para mim) um lugar da identificação?" Reapresentei agora essa questão de modo bem diferente em "A miséria da teoria". Quanto ao mais, a resposta de Kolakowski passou por sobre a maioria de meus argumentos e dirigiu-se, não a mim, mas a algum "novo esquerdista" alemão ou californiano de 1968. Mas sou profundamente grato pelo fato de ele ter respondido. Se se deseja que alguma noção de comunismo libertário sobreviva ao século XX, este deve submeter-se a diálogo e a intercâmbios tão ou mais difíceis do que este.

Teoria e formação do historiador

José D'Assunção Barros

Este livro é proposto como um primeiro passo para o estudo da História como campo de saber científico. A obra apresenta-se como um convite para que os seus leitores, em especial os estudantes de História, aprofundem-se posteriormente em obras mais complexas – como é o caso da coleção *Teoria da História*, em cinco volumes, assinada pelo mesmo autor e também publicada pela Editora Vozes.

O texto é particularmente adequado para o ensino de Graduação em História, especialmente em disciplinas ligadas à área de Teoria e Metodologia da História. A obra também apresenta interesse para outros campos de saber, uma vez que discute, em sua parte inicial, o que é Teoria, o que é Metodologia, o que é Ciência, bem como a relatividade do conhecimento científico. Além disso, a sua leitura beneficiará o leitor não acadêmico que deseja compreender o que é realmente a História enquanto campo de saber científico, pois nela são refutadas perspectivas que, embora já superadas entre os historiadores, ainda rondam o imaginário popular sobre o que é História.

José D'Assunção Barros é historiador e professor-adjunto de História na Universidade Federal Rural do Rio de Janeiro (UFRRJ), além de professor-colaborador no Programa de Pós-Graduação em História Comparada da Universidade Federal do Rio de Janeiro (UFRJ). Doutor em História pela Universidade Federal Fluminense (UFF) e graduado em História pela Universidade Federal do Rio de Janeiro (UFRJ), possui ainda graduação em Música (UFRJ), área à qual também se dedica ao lado da pesquisa em História. Além de uma centena de artigos publicados, trinta dos quais em revistas internacionais, publicou diversos livros dedicados à pesquisa historiográfica, à teoria da história e aos grandes temas de interesse dos estudiosos da área.

CULTURAL

Administração
Antropologia
Biografias
Comunicação
Dinâmicas e Jogos
Ecologia e Meio Ambiente
Educação e Pedagogia
Filosofia
História
Letras e Literatura
Obras de referência
Política
Psicologia
Saúde e Nutrição
Serviço Social e Trabalho
Sociologia

CATEQUÉTICO PASTORAL

Catequese
Geral
Crisma
Primeira Eucaristia

Pastoral
Geral
Sacramental
Familiar
Social
Ensino Religioso Escolar

TEOLÓGICO ESPIRITUAL

Biografias
Devocionários
Espiritualidade e Mística
Espiritualidade Mariana
Franciscanismo
Autoconhecimento
Liturgia
Obras de referência
Sagrada Escritura e Livros Apócrifos

Teologia
Bíblica
Histórica
Prática
Sistemática

REVISTAS

Concilium
Estudos Bíblicos
Grande Sinal
REB (Revista Eclesiástica Brasileira)

VOZES NOBILIS

Uma linha editorial especial, com importantes autores, alto valor agregado e qualidade superior.

PRODUTOS SAZONAIS

Folhinha do Sagrado Coração de Jesus
Calendário de mesa do Sagrado Coração de Jesus
Almanaque Santo Antônio
Agendinha
Diário Vozes
Meditações para o dia a dia
Encontro diário com Deus
Guia Litúrgico

VOZES DE BOLSO

Obras clássicas de Ciências Humanas em formato de bolso.

CADASTRE-SE
www.vozes.com.br

EDITORA VOZES LTDA.
Rua Frei Luís, 100 – Centro – Cep 25689-900 – Petrópolis, RJ
Tel.: (24) 2233-9000 – Fax: (24) 2231-4676 – E-mail: vendas@vozes.com.br

UNIDADES NO BRASIL: Belo Horizonte, MG – Brasília, DF – Campinas, SP – Cuiabá, MT
Curitiba, PR – Fortaleza, CE – Juiz de Fora, MG – Petrópolis, RJ – Recife, PE – São Paulo, SP